高等院校"十四五"经济管理类规划教材

新制度经济学教程

（第三版）

袁庆明 / 著

NEW INSTITUTIONAL ECONOMICS

经济管理出版社

ECONOMY & MANAGEMENT PUBLISHING HOUSE

图书在版编目（CIP）数据

新制度经济学教程/袁庆明著．—3 版．—北京：经济管理出版社，2021.4
ISBN 978-7-5096-7941-8

Ⅰ．①新…　Ⅱ．①袁…　Ⅲ．①新制度经济学—教材　Ⅳ．①F019.8

中国版本图书馆 CIP 数据核字（2021）第 075705 号

组稿编辑：王光艳
责任编辑：姜玉满
责任印制：黄章平
责任校对：王淑卿

出版发行：经济管理出版社
　　　　　（北京市海淀区北蜂窝 8 号中雅大厦 A 座 11 层　100038）
网　　址：www.E-mp.com.cn
电　　话：（010）51915602
印　　刷：唐山昊达印刷有限公司
经　　销：新华书店
开　　本：787mm×1092mm /16
印　　张：26
字　　数：627 千字
版　　次：2021 年 6 月第 1 版　　2021 年 6 月第 1 次印刷
书　　号：ISBN 978-7-5096-7941-8
定　　价：88.00 元

前　言

新制度经济学是一个兴起于 20 世纪 60 年代、影响巨大的经济学分支，其创始人科斯、重要代表人物诺思、威廉姆森和哈特等先后于 1991 年、1993 年、2009 年和 2016 年被授予诺贝尔经济学奖，这既是对新制度经济学理论成果重要价值的充分肯定，同时也极大地提升了新制度经济学的影响力。在西方，有人把新制度经济学与微观经济学和宏观经济学相提并论，认为它们共同构成了当代经济学的完整体系。

在经济学内部，通过引入制度分析对西方主流经济学即新古典经济学的分析框架进行批评与改造，已经成为经济学方法论新成果的主导方向之一。新制度经济学也是发展经济学、规制经济学、产业经济学、区域经济学等经济学分支主要的新学派之一。此外，新制度经济学还是促进经济学向其他学科渗透的重要途径，例如，新制度经济学与政治学的结合推动了新政治经济学的发展；新制度经济学在法律领域的应用催生了法经济学；新制度经济学在历史研究方面的突破，推动了新经济史学的形成和发展；等等。

20 世纪 80 年代后期，新制度经济学传入我国。90 年代初，借鉴新制度经济学的制度变迁理论，分析我国由计划经济向市场经济的过渡，成为当时经济学界的研究热点，推动了我国过渡经济学的形成和发展。从 90 年代中后期开始，国内学者进一步引入新制度经济学的产权理论、契约理论、企业理论和国家理论等内容，对我国市场经济制度的完善、国有企业改革和政府职能转变等众多现实问题展开深入研究。新制度经济学开始在我国全面传播，并迅速形成学习、研究和讨论新制度经济学的学术热潮。

随着新制度经济学成为我国经济学研究的热点，新制度经济学的教学日益受到重视。国内很多高校纷纷在其经济与管理类的相关专业的本科生、硕士生和博士生这三个层次开设了新制度经济学这门课程。新制度经济学教学的需要也催生和推动了新制度经济学教材的建设。

自从 2001 年开始讲授新制度经济学这门课程以来，笔者也十分重视新制度经济学教材的建设。编写出一本全面、系统、深入而又清晰的优质新制度经济学教材，一直是笔者孜孜以求的目标。笔者的努力也取得了一定的成绩，先后出版了《新制度经济学》2005 年版和《新制度经济学教程》第一版（2011）和第二版（2014）教材。这些教材出版以来，已被国内数十所高校的任课教师选为其本科生和研究生的新制度经济学课程教材。能够得到这么多高校任课教师的认可，是笔者莫大的荣幸！

近年来，新制度经济学理论又有了较大的新发展，尤其是其中的国家理论。加之新制度经济学的教学实践也使笔者对其中的一些理论又有了更深的理解，深感有必要对之前的版本进行修订和补充。故而历时一年多，写就了这一新的版本。较之前的版本，本版的主要修改如下：

第一，新增第七章国家理论。近年来，国内先后翻译出版了巴泽尔的《国家理论》(2006)、诺思、沃利斯和温格斯特的《暴力与社会秩序》(2013) 和《暴力的阴影：政治、经济与发展问题》(2018) 以及阿西莫格鲁和鲁宾逊的《国家为什么会失败》(2016) 等。这些重要著作的出版，标志着新制度经济学国家理论的框架体系已经成熟。根据新制度经济学家对国家研究的内容不同，本书将新制度经济学的国家理论归结为国家的起源与性质、国家的范围及其决定、国家的特征及其影响以及国家的类型与转型四个方面的内容，并进行了较为全面的评述。

第二，新增对新制度经济学的未来发展（第一章第四节）、新制度经济学的本质与应该持有的态度（第一章第五节）、威廉姆森对市场、混合制和层级制的维度化特征的分析（第六章第二节）、阿西莫格鲁等有关国家在制度变迁中的作用（第十章第三节）等内容的介绍和讨论。

第三，对一些问题进行了重新阐述。其中，有些是进行补充和丰富，有些则是加以修正。例如，第一章第二节对新制度经济学研究方法的论述，加强了对反设事实和经验与案例研究方法的介绍；第三节对新制度经济学与旧制度经济学的关系的论述，加强了对旧制度经济学的介绍。第二章对交易费用的外延和性质的论述，都做了一定的补充和修正，特别是第四节有关"诺思第二悖论"及其破解的论述是根据笔者的最新思考进行了重新阐述，是对之前版本中的不准确论述的修正；等等。

第四，对篇章结构做了一定的调整。如第十章制度变迁的过程理论，将原来的第一节"基于目标实现途径的制度变迁分类"调到了第四节，并将其修改为"依据变迁结果差异的制度变迁分类"。

第五，对教学内容做了精简。主要是删除了一些不重要的内容。如第五章契约理论就删除了有关"契约的内容"和"契约的实施机制与默认契约的作用"这些内容，第十章则删除了"制度变迁方式的相机组合模式"这一内容，等等。

第六，增加了练习题，丰富了题库。本版增加了大量习题，包括单项选择题、多项选择题、判断说明题、计算与案例分析题。

在本书的编写过程中，笔者始终注意坚持以下原则：

一是体系清晰。美国经济学家斯密德说过，制度经济学的问题不是没有理论，而是拥有太多彼此孤立的理论。把彼此孤立的并且正在发展的理论综合起来是一件难度相当大的工作。笔者认为，理论综合中最大的困难是缺乏清晰的框架，不能够将各种重要的理论兼收并蓄，同时又保证不重复，而且还要把不属于新制度经济学的理论剔除在外。按照新制度经济学产生和发展过程中形成的各个理论分支的研究对象的不同，将新制度经济学的各种理论归结为理论基础、制度特殊理论和制度一般理论这一框架，是本书独有的，也是目前国内外新制度经济学教材中体系最为清晰的。例如，本书将制度理论分为制度特殊理论和制度一般理论，就不会像有些教材那样，把有关人类行为，主要是人类政治行为的理论，如利益集团和集体行动这些新政治经济学的内容当作重点来介绍。

二是注重对理论的梳理，强调逻辑性，阐述有条理。教材中的每一章都是依据新制度经济学家理论研究的内容分门别类进行评介的，如产权理论是按照产权的含义、构成与类型，产权的属性与功能，产权的起源、界定与保护，产权的多样性及效率这四个问题进行评介，而不是像个别教材那样，将其罗列为巴泽尔的产权理论、德姆塞茨的产权理论和奥斯特罗姆的产权理论这样模糊和混乱的结构。

三是重点突出。既然新制度经济学的问题不是没有理论，而是拥有太多彼此孤立的理论。这就意味着，对新制度经济学理论的评介，要有所选择、突出重点。本书对新制度经济学理论的介绍，始终以新制度经济学大师的重要成果为主，并且，即使是大师的成果，也会有所选择。如意识形态和路径依赖理论，虽然是诺思的制度变迁理论中的两个组成部分，但绝不会像个别教材那样，用整整两章来分别介绍它们。

四是强调经济学特色和便于教学。新制度经济学的理论以文字叙述为主，但也有不少非常有趣味和富有启发性的数学和图表模型，本书在阐述这些理论时，都是力图尽力加以介绍。另外，除了配有一定的案例和知识专栏外，本书还提供了大量习题，方便了教师教学和读者巩固所学。

每一次修订的过程，实际上也是笔者自己不断学习和提高的过程。期盼本书读者和高校任课教师提出宝贵的批评和修改建议。本教材配有教学课件和习题参考答案，需要的高校任课教师可与笔者直接联系。笔者的电子邮箱是：hndxyuan@163.com。

最后，衷心感谢经济管理出版社王光艳编辑为本书出版所付出的巨大辛劳！

袁庆明

2021 年 1 月 20 日

目　录

第一篇　理论基础

第二篇　制度特殊理论

第三篇　制度一般理论

第一章

导　论

　　20 世纪 60 年代以来，经济学最为引人注目的发展之一就是新制度经济学的出现和发展。新制度经济学的创始人科斯、重要代表人物诺思、威廉姆森和哈特先后于 1991 年、1993 年、2009 年和 2016 年获得了诺贝尔经济学奖，极大地提升了新制度经济学的影响力。新制度经济学成为微观经济学和宏观经济学之后，当代经济学完整体系中的一个重要组成部分。2001 年诺贝尔经济学奖获得者斯蒂格利茨指出：新制度经济学从新的视角来解释制度并检察它的结果，21 世纪将是新制度经济学繁荣发达的时代，它将对越来越多的引导经济事务的具体制度安排提出自己的真知灼见，并且为改变这些安排以增强经济效率提供理论基础。本章主要就新制度经济学产生和发展的过程、背景、研究对象、方法、基本假设、流派渊源关系、学术地位、未来发展、框架内容和新制度经济学的本质等进行简要的介绍和讨论。

第一节　新制度经济学的产生和发展

　　新制度经济学的产生和发展过程可以分为两个阶段，其中，20 世纪 30 年代至 60 年代是其产生阶段，20 世纪 70 年代迄今是其发展和完善阶段。威廉姆森对新制度经济学的产生和发展过程作了如下简要描述："经济制度研究中出现了文艺复兴是有目共睹的事实。因此，尽管制度经济学的研究在战后初期曾一度跌到谷底，但迟至 20 世纪 60 年代初，人们对制度问题重新产生了研究兴趣，并再次确认了这些制度对经济所起的重要作用（著作包括：科斯 1960 年对社会成本的重新定义；阿尔钦 1961 年对产权问题的开创性研究；阿罗对经济信息财产这一棘手问题的研究等）。自 20 世纪 70 年代初开始，这一理论又增添了有关具体经营的内容（包括威廉姆森 1971 年首次提出的用交易成本理论来重新解释纵向一体化的问题；阿尔钦与德姆塞茨 1972 年用团队理论分析古典资本主义企业的方法以及 1973 年有关产权理论的著作；诺思 1971 年所写的面目全新的经济史等）。……到 1975 年，归入新制度经济学麾下的各种研究已呈波澜壮阔之势。此后十年更是以几何级数的速度在发展。"[①]

---

　　① 威廉姆森. 资本主义经济制度 [M]. 段毅才，王伟，译. 北京：商务印书馆，2002：27-28.

一、新制度经济学的产生

新制度经济学于 20 世纪 60 年代在美国兴起。然而，它的最早作品却发表在英国，出自一个年仅 27 岁的英国人之手，他的名字叫科斯。1937 年 11 月，在英国伦敦经济学院任教的科斯在本国的《经济学》杂志上发表了《企业的性质》一文。在这篇文章中，科斯首次提出了交易存在费用的观点。其实，科斯的这一观点早在此前几年就形成了。1932 年，年仅 22 岁的科斯作为伦敦经济学院一位三年级的学生，利用一笔卡塞尔旅行奖学金，去美国研究工业的纵向和横向一体化问题。在考察中，科斯发现了"把价格系统作为一种协调机制的同时，为什么还存在着管理的协调功能"这个令他大为困惑的问题的谜底，就此科斯叙述："到 1932 年夏季我找到了答案。我觉察到利用价格机制是有费用的。必须去发现价格是什么。要进行谈判、起草合同、检查货物，作出安排解决争议等等。这些费用被称为交易费用。"1991 年 12 月，科斯在接受诺贝尔经济学奖时发表的题为《生产的制度结构》的演讲中指出，这篇文章最重要的贡献，"是将交易费用明确地引入了经济分析。"尽管科斯还没有明确使用"交易费用"这个词，但他指出，利用价格机制是有成本的，它至少包括两项内容：一是发现相对价格的成本；二是交易的谈判与签约成本。这正是交易费用的本质特征和主要构成。

交易费用是新制度经济学的核心概念和理论基础。正是因为有了交易费用概念，新制度经济学家才可能对各种制度现象进行分析和研究，才可能产生各种各样的新制度经济学理论。离开了交易费用范畴，就不会有新制度经济学理论。正如诺思所说："'新'制度经济学与'旧'制度经济学最大的不同就是前者发展出了一个关于制度和制度变迁的经济理论。而这个理论的基本概念就是诺贝尔经济学奖获得者科斯教授提出的'交易成本'。有了交易成本这个发现，我们才找到了解释制度的存在和制度变迁的方式。因为有了交易成本的概念，制度经济学才称得上是'新'的。"[①] 毫无疑问，科斯的这篇论文是新制度经济学的奠基之作。然而，科斯的《企业的性质》这篇文章及其"发现"在当时并没有引起足够的重视。直到科斯 1960 年发表《社会成本问题》这篇文章后，才引起人们的重视。

在 20 世纪 50 年代末 60 年代初，科斯运用交易费用对外部性问题进行研究，强调了产权界定的重要性。科斯对外部性的研究始于 20 世纪 50 年代。当时，美国各类电台之间的相互干扰非常严重，并造成了混乱，影响了消息的正常传递。这对于每一家电台来说，实际上都是一种负外部性。如何解决负外部性，传统的办法是按照庇古的原则采取罚款或征税措施。科斯反对这种做法，认为要从根本上消除外部性，必须从引起它的原因——频率的使用权不明确入手，通过界定频率的使用权加以解决。因此，在 1959 年发表的《联邦通讯委员会》一文中，科斯指出，只要产权不明确，外部性侵害就不可避免；只有在明确界定产权的基础上，利用市场机制，才能有效地消除外部性。尽管科斯的这篇文章在发表的过程中受到了芝加哥大学的一些著名经济学家，如弗里德曼、哈伯格、斯蒂格勒、刘易斯和迪雷克托等人的质疑，但科斯始终坚持自己的观点并最终说服了他们。

---

① 张军. 书里书外的经济学 [M]. 上海：上海三联书店，2002：215.

为了详尽、准确地阐述自己的观点，科斯于 1960 年发表了《社会成本问题》一文。在这篇文章中，科斯全面分析了产权明晰化在市场运行中的重要作用。他指出，产权的明晰界定是市场交易的前提，如果交易费用为零，那么最终的结果（产值最大化）是不受法律状况的影响的，外部性问题也能得到有效的解决。一旦考虑到交易费用，合法权利的初始界定会对经济制度运行的效率产生影响。这就是"科斯定理"的核心内容。

科斯定理最为重要的一点是，它把交易费用、产权界定与资源配置效率联系了起来，揭示了产权安排在资源配置中的重要作用。这是新制度经济学用经济学方法研究制度的又一力作，具有极为重要的意义。毫无疑问，科斯定理的提出，为新制度经济学奠定了坚实的基础。因为正是有了科斯定理，新制度经济学从此才走上了快速发展的轨道。

二、新制度经济学的发展

在 20 世纪 60 年代初科斯明确提出交易费用概念和科斯定理之后，尤其是经过斯蒂格勒 1966 年对"科斯定理"的正式命名，与科斯定理有关的许多问题，如交易费用、产权、契约、企业、国家、法律和制度的演进与变迁等，都成为经济学家们关注的焦点和热点问题。新制度经济学由此形成了不同的振奋人心的分支领域，包括交易费用经济学、产权经济学、契约经济学、组织经济学、宪政经济学、制度变迁经济学和法经济学等。依据所研究的对象和问题，可以看出，这些分支领域主要是围绕三大方面的问题展开的：一是对构成新制度经济学理论基础的交易费用和科斯定理的进一步研究；二是对产权、契约、企业和国家等制度特殊问题的研究；三是对制度及其变迁等制度一般问题的研究。

（一）对新制度经济学理论基础的进一步研究

由于交易费用理论和科斯定理在新制度经济学理论中具有极为重要的基础地位，科斯之后，许多新制度经济学家对其进行了研究，并形成了不少有价值的成果。

第一，交易费用理论。科斯发现了交易费用，但并未对其含义、构成、决定因素、性质和计量等问题做进一步的研究。对这些问题，威廉姆森、诺思、张五常、巴泽尔、弗鲁博顿和芮切特等新制度经济学家进行了较为全面、深入的探讨。以对交易费用理论做出较大贡献的威廉姆森为例，他从人的因素、与特定交易有关的因素和交易的市场环境因素三大方面对交易费用的六种决定因素进行了较深入的分析，并提出了资产专用性和机会主义等重要概念。诺思也对交易费用理论的发展做出了较大的贡献，他主要是从商品和服务的多维属性、信息不对称和交易的人际关系化和非人际关系化特征等方面对交易费用的决定因素进行了分析，并提出了一种从宏观层面计量一国（或地区）总量交易费用的方法。

第二，科斯定理研究。20 世纪 60 年代以来，随着科斯定理的影响日益扩大，对科斯定理的研究受到了极大的关注。这既包括对科斯定理的构成与准确含义的研究，也包括对科斯定理的正确性和适用范围的探讨。以对科斯定理的构成与准确含义问题的研究为例，科斯定理究竟是由两个定理构成还是三个定理构成？科斯定理的本来含义是什么？它们又可以推出哪些新含义？对这些问题，不同学者存在不同的认识。再以科斯定理的正确性问题为例，围绕科斯所构造的外部性的制造者和受损者的案例，许多学者分别从谈判环境

（产权的封闭与开放、生产函数的可分性）、谈判当事人（谈判力量、当事人的禀赋和战略行为）以及财富分配效应等角度、多方面对科斯定理提出了质疑和批评。这些质疑和批评不一定都正确，但对推进科斯定理的研究无疑起到了积极的推动作用。

（二）对产权、契约、企业和国家等制度特殊问题的研究

科斯定理强调了产权、契约等在资源配置中的重要作用，这引起了其后继者对产权、契约、企业、国家和法律等制度特殊问题研究的兴趣，产权、契约、企业、国家和法经济学等理论快速发展。

第一，产权理论。自1966年斯蒂格勒为"科斯定理"正式命名以后，首先受到新制度经济学家们重视的就是产权这一人类社会制度集合中最基本、最重要的具体制度，因为科斯定理主要强调了产权制度安排在资源配置中的重要作用。科斯之后，阿尔钦、德姆塞茨、巴泽尔、张五常、弗鲁博顿、配杰威齐和奥斯特罗姆等对产权的含义、内容、形式、属性、功能、起源、界定、保护、不同产权安排的效率和"公地悲剧"等问题做了进一步的研究，推进了产权理论的发展。

第二，契约理论。契约是交易的"婢女"，有交易必有契约这一治理交易的微观制度。现在，契约理论已经成为新制度经济学的重点和核心研究领域。科斯1937年的《企业的性质》一文已经提到了契约。科斯之后，对契约理论的发展做出了重要贡献的主要有威廉姆森、张五常、哈特、斯宾塞、阿克劳夫和克莱茵等，他们主要就契约的含义、存在的理由、契约的选择、激励契约设计、不完全契约带来的"敲竹杠"问题和契约的实施等进行了系统而又深入的研究，推进了新制度经济学契约理论的发展。

第三，企业理论。新制度经济学的企业理论也是发端于科斯1937年的《企业的性质》一文。在该文中，科斯将企业的性质界定为契约，认为企业不过是用一个长期契约代替一系列市场短期契约，以节约交易费用。他还用企业代替市场节省的交易费用与由此引起的管理费用增加在边际上相等解释了企业的边界问题。科斯的后继者张五常、威廉姆森、阿尔钦和德姆塞茨等则在科斯的基础上，进一步讨论了企业的契约性质和边界问题，其他学者，如詹森、梅克林、哈特和格罗斯曼等则对企业的产权结构特征及其影响和企业的最优所有权结构选择等问题做了深入的研究，丰富了新制度经济学的企业理论。

第四，国家理论。在新制度经济学看来，国家像企业一样也是一种契约组织。因此，正如可以用交易费用、产权和契约理论来探讨企业一样，也可以用这些理论来研究国家，并建立了国家的制度经济学理论。该理论涉及的主要问题包括：国家的性质与起源；国家的范围及其决定；国家的特征及其影响和国家的类型与转型等。在1960年的《社会成本问题》一文中，科斯对国家的职能与范围等做过开创性研究。科斯之后，诺思（1981），诺思、沃利斯和温格斯特（2009，2018）系统分析了国家的起源、性质、特征、类型以及国家在产权保护和制度变迁中的作用等问题。巴泽尔2002年的《国家理论》也对国家的起源、性质、范围和特征等做过论述。

第五，法经济学理论[①]。法律即制度，每一种法律都是特殊的，它们是制度中的正式制度的重要组成部分。现代法经济学也是在科斯定理的基础上发展起来的。按照法经济学

---

① 法经济学涉及的内容较为丰富，其体系也相对独立，限于篇幅，本书不予介绍和讨论。

的代表人物波斯纳的观点，法经济学是将经济学的理论和经验主义方法全面运用于法律制度的分析的结果，其内容涉及的领域包括侵权法、契约法、赔偿法和财产法等普通法领域；惩罚的理论和实践；民事、刑事和行政程序；立法和管制的理论和实践；法律实施和司法管理以及宪法、民法、海事法、家庭法和法理学。法经济学研究的核心问题有三个，即预测特定的法律规则会产生什么样的效果、解释为什么特定的法律会存在以及确定应该存在什么样的法律规则。

（三）对制度及其变迁等制度一般问题的研究

20世纪70年代以来，新制度经济学的发展还有一个十分重要的领域就是有关制度及其变迁的制度一般理论。如果说有关产权、契约、企业和国家的制度特殊理论主要是讨论了什么样的制度是经济生活中最重要和最有效的具体制度的话，有关制度及其变迁的制度一般理论则不仅研究了制度的本质、类型、功能和效率等制度的共性问题，而且从动态上探索了有效制度的形成及其影响（或绩效）的共性问题。20世纪70年代以来发展起来的制度一般理论主要包括有关制度基本问题的理论、制度变迁的动因理论、制度变迁的过程理论和制度变迁的影响理论等内容。

第一，制度基本问题的理论。制度的基本问题主要包括制度的含义、组织与制度的关系、制度的类型、制度安排和制度结构的不同特点、制度形成的主要途径、制度的核心功能和次要功能及其实现途径、制度效率的不同类型及各自的影响因素等。对这一基本理论做出贡献的主要是诺思、舒尔茨、布罗姆利、柯武刚、弗鲁博顿和芮切特等。

第二，制度变迁的动因理论，即制度变迁的原因分析。这一理论是将新古典经济学的供求分析方法借用到制度变迁分析中的结果，是新制度经济学进行制度变迁动因分析的基本工具。它包括制度变迁需求的形成来源和影响因素分析、制度变迁供给的成本收益和影响因素分析、制度均衡与非均衡的含义、制度非均衡的类型及其影响因素分析等内容。对这一理论做出较大贡献的主要有诺思、菲尼、舒尔茨、拉坦和林毅夫等。

第三，制度变迁的过程理论，是制度形成的人为设计理论的重要组成部分。强调对制度变迁过程中的变迁方式的选择，了解制度变迁过程中的现象并合理利用，充分运用和发挥影响制度变迁过程的各种因素的作用等。具体内容主要如下：一是制度变迁的方式的分类分析；二是对制度变迁的过程及主要现象如时滞、路径依赖和连锁效应的分析；三是对国家、意识形态、组织和学习等因素在制度变迁中的作用的分析；四是依据目标实现途径和变迁结果差异的制度变迁分类分析。对这一理论做出重要贡献的主要有诺思、布罗姆利、拉坦、林毅夫、阿西莫格鲁和罗宾逊等。

第四，制度变迁的影响理论。对这一理论做出重大贡献的主要是诺思、托马斯和阿西莫格鲁等。诺思和托马斯（1973）提出了著名的经济增长的"制度决定论"。之后，诺思还对经济制度决定经济增长的机理和决定经济增长的关键经济制度进行了分析，并进行了大量经济史学研究。阿西莫格鲁则进一步研究了政治制度在决定经济制度变迁和促进经济增长中的作用。另外，还有一些学者，研究了制度质量的度量指标并实证研究了制度质量对经济增长的影响。

三、新制度经济学产生和发展的背景

新制度经济学在 20 世纪 30 年代至 60 年代这一段时间孕育和产生以及自 20 世纪 70 年代以来的迅速发展，有着深刻的时代背景和理论背景。

（一）时代背景

新制度经济学在 20 世纪 30 年代至 60 年代产生，与这一时期的时代特征具有较为密切的联系。

第一，20 世纪初至 30 年代发生在西方国家的两次企业合并浪潮和"苏联十月革命"后计划经济体制的实践是新制度经济学产生的直接诱因。如前所述，科斯于 1937 年发表的《企业的性质》一文是新制度经济学产生的最早的代表作，而科斯这篇论文的形成是离不开当时的时代背景的，这个背景就是 20 世纪初至 30 年代发生在西方国家的两次企业合并浪潮和"苏联十月革命"后计划经济体制的实践。发生在西方国家的第一次企业合并浪潮是在 19 世纪末到 20 世纪初转折时期的 1895 年至 1904 年。这次企业合并浪潮以横向合并为特征。第二次合并浪潮出现在 1916 年到 1929 年。这次合并的一个重要特点是纵向合并和混合合并的数量大大增加。在《企业的性质》一文中，科斯谈到了他为什么要研究企业的性质这个问题。他是从对这样两个问题的思考开始的：一是既然传统经济学讲市场是配置资源的最好机制，为什么还会出现企业和企业合并？他的结论是：企业和企业合并可以节约交易费用。二是企业合并可以节约交易费用，那么，为什么还会有市场交易呢？为什么不在一个大企业内进行所有的生产活动呢？如同列宁所说："整个苏维埃是一个大工厂。"科斯的结论是：企业规模扩大会增加管理费用（另一种交易费用），所以，企业的规模决定于它代替市场节约的交易费用与由此引起的管理费用在边际上相等。显然，科斯交易费用思想的形成，是离不开上述时代背景的。

第二，随着 20 世纪以来西方国家的不断发展，"外部性"问题变得越来越普遍、越来越突出，这是新制度经济学产生的又一重要诱因。早在 1912 年，庇古就在其《财富和福利》一书（1920 年扩展为《福利经济学》）中对"外部性"问题进行了研究。作为新制度经济学形成标志的科斯的《社会成本问题》一文，也正是针对西方国家现实中普遍存在的"外部性"问题。例如，科斯在《社会成本问题》一文中谈到的"斯特奇斯诉布里奇曼"案、"库克诉福布斯"案和"巴斯诉格雷戈里"案等，都是现实中普遍存在的空气污染、噪声干扰等"外部性"问题的典型案例。正是因为现实中存在着大量"外部性"问题，才诱使科斯等经济学家进行研究，从而才有了新制度经济学的形成。

20 世纪 70 年代以来，新制度经济学得到迅速的发展，则与以下时代背景具有密切的联系。

第一，20 世纪 70 年代以来世界各国经济增长和发展的绩效差异加强了人们对制度的重要性的认识，促进了新制度经济学的繁荣。20 世纪 70 年代以来世界各国经济增长和发展的绩效差异最突出的表现是战后日本在一片废墟的基础上得以飞速发展（被称为"日本经济奇迹"）以及亚洲"四小龙"（中国香港、中国台湾、新加坡和韩国）在此时期的经济腾飞，与之相对的是其他大量的不发达经济体的长期经济停滞。这一鲜明的增长和发展

的绩效差异，促使新兴工业国家和不发达经济国家的人们意识到，促进经济增长和发展的制度需要培养。西方传统的经济增长理论没有涉及经济发展问题中重要的、真正具有本质的方面，特别是没有涉及实现自由、经济繁荣和安全的制度发展问题。显而易见，当人们在分析东亚国家与非洲经济的增长经历何以如此大相径庭时，制度的关键作用是无疑的。

第二，20 世纪 70 年代以来西方发达国家对凯恩斯主义经济政策实践所导致后果的反思和经济改革的尝试也使人们越来越认识到制度的重要性。第二次世界大战以后，在西方国家，由于受凯恩斯主义宏观经济学思想的影响，政府对经济的干预激增，经济生活也日益政治化，这导致了许多无法预料的后果，其中最突出的就是经济增长停滞和通货膨胀并存的"滞胀"现象的出现。在"滞胀"现象面前，凯恩斯主义的公共政策失灵了。它也表明过多的政府管制和经济生活的政治化需要反思，正是在此背景下，人们对基于凯恩斯主义的公共政策产生了不满，并着手进行了一些顽强的经济改革尝试，例如对国有企业的私有化和对一些行业进入权的管制的解除。这些改革的推进，大大促进了西方经济的增长和发展。这一事实，使人们认识到，日益精简的法律和制度安排对经济后果也是至关重要的。

第三，新制度经济学在近年来的兴旺与大量经济转型国家的存在及其这些国家对制度经济学的需要也存在密切关系。转型国家的人口几乎占世界的 1/3。经济转型主要是从传统的计划经济或管制经济向市场经济过渡。转型的实质是制度变迁或制度创新。几十年来，转变前社会主义的挑战已经吸引了众多经济学家的才智，他们的研究主要聚焦于各种制度在利用知识、鼓励企业和交易上的重要性。同样，在西欧，由于不少人顽固坚持收入再分配和公共福利供给，导致了对经济的大量政府管制，这反过来带来了创新减缓、增长放慢和新就业机会减少的严重后果。那里的许多观察家也在呼吁制度改革。要想理解他们的论据，首先需要将制度明确地纳入经济学理论。如果将制度分析排斥于研究之外，就完全无法满意地解释，为什么将许多像福利供给那样的政府经济活动重新私有化在总体上是有益的，以及为什么解除管制会有好处。新制度经济学关于制度变迁和制度创新等方面的分析，有利于帮助人们掌握转型中的一些规律性的东西，有利于决策者在改革方案的设计上更科学，从而降低制度变迁的成本。

第四，使制度和新制度经济学备受关注的另一重要原因是全球化。近十几年来，国际竞争有了很大发展。在很大程度上，这也是不同制度系统之间的竞争。在吸引推动经济增长的资本和企业方面，有些国家的制度系统已经证明是成功的，而那些经济发展相对落后的国家则开始努力仿效成功国家的制度。尽管国与国之间、地区与地区之间的制度竞争看不见、摸不着，但却客观存在着，并且越来越激烈。我国加入世界贸易组织后，制度竞争对于我们的挑战更加明显。认识制度的重要性，是我们寻找一种好的制度的前提。

（二）理论背景

新制度经济学在 20 世纪 30 年代至 60 年代形成和兴起，其深刻的理论背景是：新古典经济学对制度的忽视。

在西方经济学文献中，新古典经济学泛指从 19 世纪 70 年代初至 20 世纪 30 年代以边际分析方法和原则为特征的各种学说，除马歇尔经济学以外，还包括奥地利学派、洛桑学派、杰文斯经济学、以魏克赛尔为代表的早期瑞典学派以及美国克拉克的经济学说等。也就是说，新古典经济学实际涵盖了从古典经济学到凯恩斯经济学之间西方主流经济学，这种经济学构成后来微观经济学的基础。

最早认识到新古典经济学忽视对制度的分析的新制度经济学家是科斯。科斯的《企业的性质》一文就是在认识到新古典经济学对企业制度和市场制度的忽视的基础上才形成的。科斯指出："主流经济理论经常把企业描绘成一个'黑箱'。这是非常离奇的事情，因为在现代经济体系中，大部分资源是在企业内部使用的，这些资源怎样使用依赖于行政性的决策，而不是直接依赖于市场的运作。结果，经济体系的效率在很大程度上取决于这些组织，当然特别是现代公司，是如何处理它们的事务。甚至更为令人惊讶的是，尽管经济学家的兴趣在于价格制度，他们却忽略了市场这种支配着交换过程的更具体的制度安排。由于这些制度安排在很大程度上决定着生产什么，所以我们现在拥有的是一个非常不完整的理论。"① 这就是说，在新古典经济学里，经济学家们感兴趣的不是组织内部的制度安排，而是市场发生了什么，以及生产要素的配置和这些生产要素所生产出来的产品的销售，一句话，他们感兴趣的是市场体系的价格理论，而对企业内部的组织结构和交易活动所依赖的制度结构根本不感兴趣。

其他新制度经济学家也对新古典经济学忽视制度提出过批评。如舒尔茨说：新古典"经济学家在陈述经济模型时的一个积习难改的特征是，他们并不提及制度。但尽管有这一疏忽，现代经济学仍在着力为制度变迁寻找理论支持。不过一个无法掩饰的事实是，他们在考虑制度问题时，分析的橱子里是空荡荡的，里面只有几个被视为无用了的标有'制度经济学'的旧盒子"② 。林毅夫也说："传统的新古典经济学把现代西方经济的制度视为当然。在建立经济模型时，明确界定的产权、完备的信息和无摩擦交易一般均被当作暗含的假设。……在这种情况下，企业被缩减为生产函数的同义词，除市场之外的制度安排没有考虑的必要（因为市场能更有效地执行资源配置功能），而政府的干预也只有在'古典'环境受侵犯而导致市场失灵时才被允许施行。"③

新古典经济学对制度的忽视造成的后果是，它根本无法对事实上完全不同的经济现象进行区分。例如，产品和服务是不是通过使用货币或者以其他方式进行交易的；生产是如何组织的——是通过市场上的价格机制还是在一个科层结构的组织企业内部；生产要素的使用者是自己拥有这些要素还是租用这些要素；谁拥有生产要素的产权，个人还是社会；企业的所有权和控制是否分离；企业所使用的生产要素是通过贷款还是股份来融资的；交易是仅在相互陌生的双方间进行的，还是在相互熟悉的双方间经常进行的；一种产品是由垄断者还是由大量的独立企业提供的；法律权利究竟是赋予产生外部性的一方，还是受到外部性损害的一方；一个经济体到底是基于分散个体的运行，还是依靠命令式的结构；等等。

新古典经济学对制度的忽视使其模型日趋僵化，如果不进行进一步的修正，很难用于

① 科斯. 论生产的制度结构 [M]//威廉姆森等. 企业的性质：起源、演变和发展. 姚海鑫，邢源源，译. 北京：商务印书馆，2007：300.

② 舒尔茨. 制度与人的经济价值的不断提高 [M]//科斯等. 财产权利与制度变迁. 刘守英，等译. 上海：上海三联书店，1994：252.

③ 林毅夫. 关于制度变迁的经济学理论 [M]//科斯等. 财产权利与制度变迁. 刘守英，等译. 上海：上海三联书店，1994：372.

各类重要的问题的分析。近几十年来，新古典经济学在解释和预测实际世界的现象上一再遭到失败就是证明。例如，在解释经济增长过程方面，标准经济学的贫乏已变得一清二楚。其对发展中国家的政策建议经常是驴唇不对马嘴，因为许多经济顾问都惯于假设制度是无关紧要的。在实践中，许多引进的概念遭到失败。因为发展中国家的制度与发达国家的制度大相径庭，而要使特定的政策概念起作用就必须修改当地原有的制度。因此，能使现代生产和商业赖以繁荣的制度框架不能被习以为常地视为自然天赐。西方经济学家正是在这样一种思维传统中培养出来的，他们没有准备好来诊断为什么持久的增长实现不了，以及应怎样来矫正这种状况。有说服力的是，对新古典经济学的最关键检验来自苏联计划经济的停滞和最终瓦解。西方经济学家——以及由新古典经济学家占据的国际组织——未能预见到这一划时代的事件，并且在起初无法给出恰当的建议。这正是因为他们忽略了制度。

第二节　新制度经济学的研究对象、方法及基本假设

关于新制度经济学的研究对象、研究方法和有关人的行为的基本假设这三个问题，是本章最基本，也是最重要的问题。

一、新制度经济学的研究对象

新制度经济学应该研究什么？科斯说："经济学家应做的一件主要工作就是研究经济制度。我们每个人都生活在一种经济制度中。人类自身的福利依赖于整个社会所能提供的产品与劳务，而后者又取决于经济制度的运作效率。亚当·斯密解释道，经济制度的运作效率由分工所决定，但只有存在交易时，专业分工才有可能；交易成本越低，制度的生产效率就越高。但是，交易成本依赖于一国的制度，如法律制度、政治制度、社会制度以及教育文化等诸方面的制度。制度决定着经济绩效，这正是新制度经济学为经济学家所给出的重要结论。"[1] 科斯还说："用理论来分析制度从而解释制度的运行并使之成为经济模型不可分割的一部分是可能的。"[2] 可以看出，在科斯看来，新制度经济学就是要以对人有约束、对经济绩效起决定作用的经济制度为研究对象。

诺思说："制度经济学的目标是研究制度演进背景下如何在现实世界中作出决定和这些决定又如何改变世界。"[3] 弗鲁博顿和芮切特则说："新制度经济学至少试图说明制度确实重要。它认为，不同的组织结构对激励和行为有不同的影响，而且，在新制度经济学中，制度本身被看作是经济学分析的合理对象。"[4]

综上所述，尽管新制度经济学家们对新制度经济学的研究对象的表述不尽相同，但其

① 科斯. 新制度经济学［M］//梅纳尔. 制度、契约与组织. 刘刚，等译. 北京：经济科学出版社，2003：12.
②④ 弗鲁博顿，芮切特. 新制度经济学［M］. 孙经纬，译. 上海：上海财经大学出版社，1998：2.
③ 诺思. 经济史中的结构与变迁［M］. 陈郁，罗华平，等译. 上海：上海三联书店，1994.

实质是基本一致的。这就是说，在新制度经济学家看来，新制度经济学是以经济学方法研究制度的选择、变迁及其绩效的经济学。对新制度经济学研究对象，需要注意把握以下三个方面的含义：

第一，新制度经济学的研究方法是"经济学"方法。所谓"经济学"方法，其核心就是西方主流经济学——新古典经济学的成本—收益分析，即资源配置的效率分析。以凡勃伦、康芒斯等为代表的旧制度经济学虽然也是以制度作为其研究对象的，但旧制度经济学对制度的研究所使用的是本能心理学和达尔文的进化论方法而不是经济学方法。新制度经济学之所以被称作"新"制度经济学，就在于它对制度的研究采用的是标准的经济学方法，而新制度经济学之所以能够对制度进行成本—收益的经济学分析，则是因为它有了科斯提出的交易费用概念。在新制度经济学家看来，交易费用就是制度的成本，所有制度的选择、制度的效率或者制度的变迁，都是由交易费用的大小决定的。

第二，新制度经济学研究的对象是"制度"这一要素，而不是传统经济学中的资本、劳动力、土地和技术等。所谓制度，就是规范个人或组织的行为的规则。用诺思的话说：制度就是"一个社会的游戏规则，更规范地说，它们是为决定人们的相互关系而人为设定的一些制约"①。依据不同的标准，可以对制度进行不同的分类。如根据制度对人的行为约束的方式的不同，可以把它分为正式制度和非正式制度；从行为规则涉及的人类活动的领域的不同，可以分为政治制度、经济制度、社会制度、法律制度、思想文化制度和宗教制度等；根据时空的不同，分为历史上的制度和现在的制度，国内制度和国际制度；根据形成途径的不同，分为自发演化的制度和人为设计的制度；等等。新制度经济学研究的制度涉及以上所有的领域。对于正式和非正式制度，新古典传统的制度经济学家更注重正式制度的研究，博弈论兴起之后，非正式制度的作用和演化研究也日益受到重视。作为一门经济学科，新制度经济学重点研究的是经济制度，如产权、契约和企业等。但是，由于经济制度是由政治制度决定的，所以，在研究了经济制度之后，政治制度（如国家制度和法律等）也成为新制度经济学研究的重点。作为以"经世济民"为己任的经济学科，新制度经济学当然要把当代制度作为研究的重点，但是，这并不意味着新制度经济学不重视历史上的制度的研究。事实上，专门以研究历史制度为重点的新经济史学发展得相当迅速。

第三，新制度经济学研究的内容是制度的"选择、变迁和绩效"。在面对经济社会纷繁复杂的各种现实问题时，如何在各种可选的制度中进行选择？制度是如何演化的或者人们可以怎样推动制度变迁？制度变迁会带来什么样的影响？等等，这些就是新制度经济学制度研究的重点内容。

二、新制度经济学的研究方法

新制度经济学是以经济学方法研究制度的运行、变迁及其影响的经济学，这里所讲的"经济学方法"就是新古典经济学的分析方法以及更新的分析技术，如博弈论、行为经济学和实验经济学等。正如弗鲁博顿和芮切特所说："现代制度经济学是运用新古典经济理论（以及更新的分析技术）来解释制度安排的运行和演化，从而拓展了微观经济学的适用

---

① 诺思. 制度、制度变迁与经济绩效［M］. 刘守英，译. 上海：上海三联书店，1994：3.

范围，并提高了其预测能力。"①

包括科斯在内的新制度经济学家在其分析中都遵循了新古典经济学的分析方法。正如科斯所说："现代制度经济学家独树一帜的地方不在于他们谈制度，……而在于他们用标准的经济理论（即新古典经济学）来分析制度的运作，并力图发现制度在经济运行中的作用。"② 诺思也说："我们应注意不断地把传统正规新古典价格理论与我们的制度理论结合起来。我们的最终目的不是试图去替代新古典理论，我们的目的是使制度经济学成为对人类更有用的理论。这就意味着新古典理论中对我们有用的部分——特别是作为一套强有力分析工具的价格理论应与我们正在构建的制度理论很好地整合在一起。"③

在强调新制度经济学与新古典经济学的研究方法的相同之处的同时，也要注意两者在具体研究方法上的差异。新制度经济学与新古典经济学在具体研究方法上的不同主要表现在：前者更注重从经济生活的实际问题出发，主张通过对事实的详细考察，以寻求解决问题的答案；后者则过于强调研究的形式化、数学化和抽象性。

对新古典经济学过于形式化的倾向及其对经济生活事实的忽视，科斯给予了尖锐的批评。他指出："过去的岁月里，在杂志和教科书上所见到的和在大学经济系的课堂所听到的全都是主流经济学（即新古典经济学）的内容，而且它正变得越来越抽象，尽管它自己不那么说。但是，一个不争的事实是它与真实世界越来越疏远了。……主流经济学在理论上所取得的成功以及在理论上的主导地位掩盖了它的不足之处，因为主流经济学向来重理论而轻事实。"④ 科斯把新古典经济学称为"黑板经济学"，因为教师往往"每一节课都在黑板上写满公式和教条，而不是去关注现实世界所发生的事情"。

新制度经济学反对主流经济学过于抽象和脱离现实，那么，其自身的方法将有什么样的变化呢？用制度经济学家哈奇森的话说就是，如果新制度经济学要简化抽象程度，那么，它必须从古典和新古典理论的演绎方法转向经验、历史和制度分析方法。后者具体又包括：

（1）反设事实，即是设想或思想实验，它是指设定与事实相反的条件，以确定变量之间的因果关系，使个体将事件的真实状态与假设的、希望的理想状态进行比较的过程。反设事实包括两种情形：其一，某一事件或事物在历史上存在过，但假定其不存在，然后根据这种假定估算经济运行中可能由此引起的结果；其二，某一事件或事物在历史上不曾存在，但假定存在过，然后根据这一假定估算经济生活中可能由此引起的后果。

1993 年与诺思同时获得诺贝尔经济学奖的福格尔是公认的反设事实分析方法研究专家。他的一系列具有重大争议的著作都是以反设事实分析的方法进行的。例如，他对美国铁路的研究就是以反设事实方法为基础进行的。一般认为，铁路在美国经济增长中起重要的作用。福格尔设想如果美国从一开始就没有铁路，即从 19 世纪 30 年代开始一直就依赖其他的运输方式，那么美国经济会如何发展？福格尔通过设想一组参数，设定初始性条件（主要是外生变量）和内生变量，来构造一个经济模型。结果他认为，美国的经济可能以与公路和水运更相关的形式加速在这些方面的投资，从而为铁路投资的成本—收益分析提供了有益的比较，这样美国的经济可能是一种接近水运的经济，会产生一个更大的圣路易

① 弗鲁博顿，芮切特. 新制度经济学［M］. 姜建强，罗长远，译. 上海：上海三联书店，2006：2-3.
② 弗鲁博顿，芮切特. 新制度经济学［M］. 姜建强，罗长远，译. 上海：上海三联书店，2006：564.
③ 诺思. 对制度的理解［M］//梅纳尔. 制度、契约与组织. 刘刚，等译. 北京：经济科学出版社，2003：17.
④ 科斯. 新制度经济学［M］//梅纳尔. 制度、契约与组织. 刘刚，等译. 北京：经济科学出版社，2003：11.

斯城和更小的丹佛，结果得出了铁路对经济增长影响的上限，从而推翻铁路是经济增长引擎的一般结论。

在新制度经济学中，科斯命题的出现也可以称为是反设事实。假如不存在交易费用，企业就不会存在，因为存在交易费用，企业就具有了存在的理由，它能够节省利用市场机制的成本。

（2）经验和案例研究。这一方法的一个非常重要的背景是，新制度经济学是继承新古典经济学个人主义传统的，它并没有构造一个理论"硬核"，它的分析重心仍然是经济行为当事人的理性和资源稀缺性，只是放松了理性假定的纯正程度，将理性充实化和丰富化，这就不可避免地要求为经济行为当事人注入许多辅助性的假设，而这些辅助性的假设是需要经验和案例背景的。对于案例研究的重要性，阿尔斯通指出："借助关于制度的理论知识现有成果，案例研究方法常常是推动我们积累关于制度变革理论知识的唯一方法。"[①]

在新制度经济学中，案例研究非常普遍。例如，在交易费用为理论"硬核"的治理结构选择以及商业史的研究中，威廉姆森（1975）、乔斯克沃（1997，1998）、梅纳德（1995，1996）等对企业治理结构的研究、霍尔姆斯特姆和罗伯茨（1998）对企业边界的研究基本上都属于案例研究。同时，在经济史的研究中，戴维斯和诺思（1971）、诺思和托马斯（1973）对美国经济增长和欧洲经济兴起的研究基本上也是案例研究，所不同的是他们是以国家为案例的研究。

在新制度经济学的分析中要不要使用正式主义的数学及模式分析是有争议的，这种争议将影响新制度经济学发展的走势。一种观点是，反对数学在新制度经济学研究领域的运用。布坎南指出，如果要加深对制度的真正理解，就需要有一场新的方法论革命来推翻——或者，至少要大大削弱——当前建立于数学基础上的理论的统治地位。他说："对于任何一个在20世纪里受过经济学训练的人来说，要他放弃掉错误的模型和前提假设——这正是数学分析方法的特征——实际上很难。"[②] 这种完全否定数学在经济学研究中应用的观点是不可取的。某一正式模型可能有缺陷，但不能因此认为"数学方法"是个"方法论陷阱"。我们认为，过分地使用数学或为形式而形式，是当代西方经济学研究中一个突出的问题。但一些制度经济学家完全否定数学在经济学研究中的应用也是不利于新制度经济学本身的发展的。

威廉姆森认为，科斯的工作以及新制度经济学所做的大量工作更依赖严密的推理，但是，它们中的大部分同样也抵制"完全形式化"的方法。这样做既有利也有弊，利的方面表现为新制度经济学从来没有失去和现实的联系，而弊端主要表现在两个方面：新制度经济学难以传授，难以对错误进行逻辑检验或运用正式分析进行逻辑推演。换言之，抵制"完全形式化"的方法很难使新制度经济学融入主流经济学之中。

新制度经济学发展的基本走向是，我们所需要的是既接触制度现实，同时也在分析框架上与标准微观经济学相一致的模型。在恰当的条件下，使用不同方法的学者可以相互影响、相互促进。事实上，目前新制度主义者考虑的许多分析方法可以从更严格的正式分析

---

① 阿尔斯通．制度经济学的经验研究：一个概述［M］//诺思，张五常等．制度变革的经验研究．罗仲伟，译．北京：经济科学出版社，2003：35.

② 弗鲁博顿．制度的经济学分析的不同方法［M］//弗鲁博顿，芮切特．新制度经济学．孙经纬，译．上海：上海财经大学出版社，1998：422.

中获益。这并不是说应该对现有制度模型加以修正和使它与当代主流经济学的前提概念相吻合。如果它们之间相互影响的过程进展顺利，可能正统理论和制度解释都会发生变化。有人说，制度经济学只是一般经济学理论。除非在一个被普遍接受的微观经济学内核的构成上达成一致，否则对组织问题和企业行为的理解可能始终有些模糊。事实上，新制度经济学的发现必须被不断评价，然后用于修正现有理论的结构。但是，在目前，这一巩固过程有些滞后，尽管一些人试图扩展基本模型，但是还是有各种制度观点没有被融入一般微观经济理论中。制度经济学由于其研究对象的复杂性，要建立像微观经济学那样的正式结构，确实还有很多工作要做。

三、新制度经济学关于人的行为的基本假设

经济学总是离不开一些基本的假设前提。以新古典经济学为例，其在人类行为方面的前提假设主要有经济人假设、完全理性假设等。经济理论的许多重大突破与创建往往是对一些不符合人类行为的前提假设进行拓展与修正取得的。正如诺思所说："传统的行为假定已妨碍了经济学去把握某些非常基本的问题，对这些假定的修正实质上是社会科学的进步。"[①] 科斯指出，当代制度经济学应该从人的实际出发来研究人，这表明新制度经济学对人的行为的假设要更接近现实。新制度经济学对新古典经济学的人的行为的基本假设的修正与拓展主要体现在以下三个方面：

（一）对经济人假设的拓展——人既有利己主义的一面，也有利他主义的一面

自斯密以来，经济学家们就把人类行为界定为追求个人利益最大化的利己主义的化身，即人们通常所说的"经济人"。人的一切行为都表现为趋利避害，谋求自身利益最大化。正如斯密所说："我们每天所需的食物和饮料，不是出自屠夫、酿酒家或烙面师的恩惠，而是出于他们自利的打算。我们不说唤起他们利他心的话，而说唤起他们利己心的话。"[②]

---- 专栏 1-1 ----

为避限购令不惜假离婚

"我们离婚吧！离了婚就可以买大房子了！"根据 2010 年 9 月底深圳市为进一步贯彻落实《国务院关于坚决遏制部分城市房价过快上涨的通知》出台的"坚决遏制房价过快上涨的补充通知"，深圳户籍居民限购两套住房，且购第二套住房时最少要付六成首付。不少市民为了以三成首付购得第二套房，或者取得购第三套房的资格，不惜去婚姻登记处办理离婚手续，在房子到手后再复婚。

---

① 诺思. 制度、制度变迁与经济绩效 [M]. 刘守英，译. 上海：上海三联书店，1994：23.
② 斯密. 国民财富的性质和原因的研究 [M]. 郭大力，王亚南，译. 北京：商务印书馆，1981：14.

根据深圳市民政部门统计的数据显示，2009年"限购令"尚未实施时，全市离婚人数为7695对；而2010年9月"限购令"出台后，当年离婚人数就达到8478对，2011年离婚人数更是达到了9800对。

"来办假离婚的夫妻，明眼人都能看出来，"福田区婚姻登记处陈跃主任告诉记者，他们一般不吵不闹，有的客客气气商量着来，有的还手拉着手，有的更是直接向婚姻登记处工作人员表示："为了买房，先暂时离婚，回头还得来办复婚呢。"

"假离婚"算不算钻"限购令"的空子？陈跃主任笑言，这属于"上有政策，下有对策"，老百姓根据政府制定的政策想出了各种办法。陈主任坦言，根据《婚姻法》规定，男女双方自愿离婚的，准予离婚。所以不管是真离婚还是假离婚，或者是为了某种目的去离婚，他们都无权干涉，只要是双方自愿、手续齐全，工作人员都要给予办理。

资料来源：程伟. 为避限购令不惜假离婚 [N]. 羊城晚报，2012-06-08.

新古典经济学秉承了斯密传统，把人解释为追求自身利润最大化的经济人。新古典经济学的成本—收益分析、边际替代以及一般均衡的经济学基本分析方法都以这一前提假设为基础。这一假设能够揭示出人类行为的基本特征，使问题简化；可以使用曲线来代替个人行为，消除了不确定性及复杂性，为数理逻辑的引入提供了方便。

然而，在许多情况下，人类行为远比传统经济理论中的谋求自身利益最大化的行为假设更为复杂，利他主义动机也常常约束着人们的行为。正如诺思所说："人类行为比经济学家模型中的个人效用函数所包含的内容更为复杂。有许多情况不仅是一种财富最大化行为，而是利他的和自我施加的约束，它们会根本改变人们实际作出选择的结果。"[1] 他还说："假使那些更广泛的人类行动——如匿名无偿献血、完全信守宗教戒律甚或为了抽象的目标而牺牲个人生命——只是孤立事件，那就无需对其加以考虑（就如同许多新古典经济学家所做的那样，将其搁置一边）。但很明显，它们不是孤立事件，并且如果我们想要进一步增进对人类行为的理解，就必须将它们考虑在内。"[2]

虽然，在某些特定的情况下，像诚实、正直或保持信誉等特质，也能从财富最大化的角度加以解释。然而，无法解释的仍然是占绝大多数。事实上，经济学中还缺乏让人信服的理论模型能够用来说明，当诚实、正直、勤奋以及投票等的收益为负时，人们为何还是选择去做。因此，如果不拓展经济人行为假设，把诸如利他主义和自我施加的约束等非财富最大化行为考虑进来，就很难建立起更接近于现实的人类行为模型。

(二) 从合理利己到机会主义行为及诚信假设的提出

在新制度经济学理论中，人的机会主义行为倾向受到了高度的重视，它被视为经济主体的一个重要的行为特征。"机会主义行为"这一术语来自新制度经济学家威廉姆森。他

---

① 诺思. 制度、制度变迁与经济绩效 [M]. 刘守英，译. 上海：上海三联书店，1994：27.
② 诺思. 制度、制度变迁与经济绩效 [M]. 刘守英，译. 上海：上海三联书店，1994：35.

认为，人们追求私利有程度深浅之分。程度最强烈的，就是机会主义。人们在经济活动中总是尽最大能力保护和增加自己的利益，自私且不惜损人，只要有机会，就会损人利己，这就是机会主义。

显然，人的机会主义本性增加了市场交易的复杂性，影响了市场的效率。机会主义的存在是交易费用增大的重要根源。与威廉姆森不同，斯密只看到人的利己心，市场机制可以巧妙地利用人们的利己心，把人们增加自己利益的行动引导到增加社会福利的方向上来。斯密没有看到人们利己中损人的方面。在损人利己的情况下，市场机制的"看不见的手"的作用就会受到限制。

当然，威廉姆森有关人的机会主义行为假说也受到了不少批评。努德海文就认为，威廉姆森只强调了人类行为动机中机会主义倾向的一面，而没有看到或者说忽略了人类行为中还有信任的一面。正如努德海文所说："交易成本经济学在分析经济组织时，假定机会主义是人性中恒定的内核，而可信任度只是对它的补充，且后者随各国文化和制度的差异有所不同。在交易成本经济学中，信任只起到了微不足道的作用。只有在交易的另一方无须做出机会主义行为就能满足自身最大利益时，信任行为才不会与个人行为假定相冲突。"① 威廉姆森的人性内核模型可以用图1-1来表示。

努德海文认为，威廉姆森的人性内核模型中只强调了机会主义，这使得交易成本经济学在分析一些问题时不可避免地具有局限性，这是因为人性中还不可避免地具有一种信任的内在本质存在。为此，他提出了一种"分裂内核"模型。在该模型中，假定人类同时具有天生的诚信本能和机会主义倾向，基于这一假定该模型所要回答的主要问题是在怎样的情形下人类的机会主义倾向将被激活，在怎样的情况下人类更倾向于信任，为此他提出交易活动双方的关系是至关重要的，当交易一方持续得到关于另一方值得信赖的信息时，信任关系将得到强化。例如，朋友和亲属关系可以确保交易各方更多地从公平和团结角度来考虑问题，而与陌生人交易则可能采取机会主义行为。因此，他认为只有对行为者之间的各种关系进行周密细致的考察，才能为完善的契约关系的达成提出有用的建议，而不加区分地将机会主义看作是人类行为的一贯倾向的观点是片面的。努德海文的人性内核分裂模型如图1-2所示。

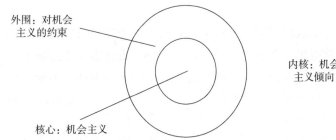

图1-1 威廉姆森的人性内核模型

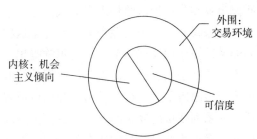

图1-2 努德海文的人性内核分裂模型

努德海文在人性内核中引入了信任的因素，就比威廉姆森关于人性的刻画更加具有实

① 努德海文. 交易成本经济学中的机会主义和信任 [M]//克劳奈维根. 交易成本经济学及其超越. 朱舟，黄瑞虹，译. 上海：上海财经大学出版社，2002：142.

际意义，比较符合现实经济生活中人的真实本性。

（三）从完全理性到不完全理性的行为假设

传统的新古典经济学不仅把个人假设为追求自身利益的经济人，而且，假定经济人具备完全理性。一个完全理性的人具有如下特点：有能力预测到可能发生的所有事件，并可以在各种可行的行为中进行评价和作出最佳选择，所有这一切都可以在一眨眼的时间内完成，不存在任何成本。这样一种完全的个人理性假设曾在新制度经济学早期的文献中出现过，而且这种认识在代理理论、法律的经济分析以及公共选择理论中仍然占据主流地位。

为了更为接近真实世界的情况，当代经济学家更多关注的是不完全个人理性。根据这一认识，决策制定者的偏好被认为是不完全的，并且会随着时间发生变化。在新制度经济学家中，诺思尤其强调这一点。在诺思看来，人的理性不完全包括两个方面的含义：一是环境是复杂的，在经济活动交易中，人们面临的是一个复杂的、不确定的世界，而且交易越多，不确定性就越大，信息也就越不完全。二是人对环境的计算能力和认识能力是有限的，人不可能无所不知。

必须肯定的是，一旦正的交易费用被引入微观经济模型，所考察的就是一个动荡不定的世界，决策制定者的认识是不应该被假定为"完全"的。考虑到未来的发展，获取无止境的知识要么存在太多的费用，要么是根本不可能的。尤其是，当存在交易费用时，可以容易地进一步认识到，个体在掌握信息以及制订计划时存在有限的能力。西蒙（1957）利用有限理性这一术语指代这样一个事实：决策者并非无所不知，而是在信息的加工方面存在着实际上的困难。因此，尽管人们可以被看作是意欲理性的，但是他们并不是"超级理性"的。

威廉姆森把理性分为三个层次：一是强理性，即预期收益最大化；二是弱理性，即有组织的理性；三是中等理性，介于以上两者之间。新古典经济学强调的是收益最大化，即第一层次的理性。新制度经济学强调的是中等理性，即有限理性。威廉姆森认为，有限理性就是关于领悟能力的一个假定，有了这一条，新制度经济学才能成立。在有限理性中，各种经济角色的心态就被视为"理性有限却刻意为之"。在威廉姆森看来，如果承认人的领悟能力有限，就会促使人们转而研究制度问题。只有承认理性是有限的，才会更深入地研究市场和非市场这两种组织形式。

如果我们把不确定性和信息不完全这些因素考虑进来，那么可以说理论家们对人类行为的系统性认识还很不全面。阿尔钦提出，从这个意义上讲理性行为也许需要通过研究行为方式的办法来分析，而不能仅依据传统经济学中寻求最优化的边际调整方法。不完善的预见能力阻碍了个人行为，即使我们可以界定什么是最优时，一个人或许仍不能解决"包括了一系列变量的复杂问题"[①]。理性的人面对不确定性的反应可能有两种方式：一是严格地遵循那些在过去与成功有关的习惯做法和常规做法；二是采用试错的方法。在不确定性和信息不完全的情况下，契约的选择及制度安排对于个人实现最大化利润就至关重要了。

在此，有必要讨论一下"有限理性"与"不完全信息"的关系问题。有一种观点认

---

① 埃格特森. 经济行为与制度 [M]. 吴经邦，等译. 北京：商务印书馆，2004：55.

为，所谓的"有限性"可以归结为"不完全信息"这类问题，即只要愿意付出足够高的信息成本，理性就可以是无限的。西蒙说：我只是部分同意这种结论，但有两点需要保留：第一，谈论什么"如果我们信息灵通的话，我们就会怎么做"是没有实际意义的，因为根本就不会有这种情形。第二，由于人脑有限，我们只使用浩瀚的信息海洋中的一小部分去帮助我们思考。太多的信息与太少的信息同样是不理想的。问题不在于是否有信息，而在于我们能够"加工"多少信息？我们的知识能使我们分析什么样的信息，并从中抽取有意义的部分，因此，人类要求获取信息之原动力乃是人类灵魂深处渴望更好地与他们的世界打交道的企求。这里存在一个信息悖论。信息搜寻不可能达到最佳状态，因为在获得信息之前无法确定信息的价值。通常不可能事先就知道，要等信息积累到一定程度后，经验才会告诉人们，已可以进行决策。信息成本一旦发生，那就是沉淀成本。信息的价值不可能在获得它之前得到评估。这一事实构成了一个确凿的陷阱，它使信息搜寻成为一项有风险的活动，从而大大地限制了人们对信息的搜寻。

第三节　新制度经济学的流派渊源关系

兴起于 20 世纪 60 年代的新制度经济学，与它之前的许多经济学理论和流派存在渊源关系。其中，主要是新古典经济学、旧制度经济学和马克思的制度分析。

一、新制度经济学与新古典经济学的关系

新制度经济学是在批判新古典经济学的基础上产生的，但这种批判并非全盘的否定，而是在批判的基础上加以继承和发展。换句话说，新制度经济学是对新古典经济学的"修正"。

"修正"一词来自著名科学哲学家拉卡托斯对科学研究纲领的构成的分析。拉卡托斯在其 1970 年出版的《科学研究纲领方法论》一书中提出，一份研究纲领可以分为两个组成部分：纲领的"硬核"和它的"保护带"。纲领的"硬核"是不变的，而它的"保护带"则是可变的。如果只是对一份研究纲领的"保护带"进行重新调整，则被称为对这一研究纲领的"修正"，而对于原有研究纲领的内核要素的改变则意味着形成一种新的研究纲领。

新古典经济学的"硬核"和"保护带"是什么？按照埃格特森的看法，稳定性偏好、理性选择和相互作用的均衡结构构成了新古典经济学范式的内核，是 20 世纪经济学主要的研究纲领，而它的"保护带"可以分成三个部分：一是主体面临特定环境的约束；二是主体拥有特定的关于环境的信息；三是研究特定的相互作用的方式。

新制度经济学通过引入信息和交易费用以及产权的约束，已经修正了新古典经济学的"保护带"。尽管新制度经济学目前仍处于探索阶段，一些定义与术语仍未完全确定，数学模型的应用也逊于微观经济理论的近期著作，但它十分强调实证检验。新制度经济学的许多著作存在着很多方面的差异，但它们都有着共同的内在的一致性。首先，他们都直接试

图将规则的限制和约束交易的契约纳入经济模型，而且新古典模型中的理想产权结构也被作为基本的标准而加以确认。其次，新古典经济学中关于完全信息和交易无成本的假设也被放宽，正的交易费用的影响得到了广泛的研究。最后，对于有价值的商品仅存在两方面的特征——价格和数量的假设被放宽，经济产出的内在意义以及与商品和劳务的质量有关的经济组织方式得到了研究。弗鲁博顿和芮切特则指出，新制度经济学对新古典模型的修正包括：一是制度不再是中性要素，它会对经济行为施加重要的影响。二是存在多种类型的产权形式，不能确保利润最大化或财富最大化。三是经济体制不是无摩擦的机器。交易过程中会有交易费用，它的大小影响着经济活动组织和执行的方式。四是分析焦点集中于单个决策者而不是组织或集体。每个人的目标不同，但是每个人都在现存制度框架的约束下最大化其效用水平。

新制度经济学借助于新古典经济学的方法已经将经济学研究的领域大大扩展，这包括：一是增加外生的新的约束，最重要的是产权结构和交易成本。这样改进之后，这一方法已被用于分析传统的市场交易；组织的内部交易，如企业、官僚机构以及议会；各种各样经济体系内的交易。这一工作已经使人们更好地了解到产权安排的细微变化如何显著地影响了人们的行为，用正式的术语来说，研究的焦点是约束条件的变化如何影响均衡结果。二是试图解释市场组织和其他一些合约结构使之内生化。各种经济组织像企业等都被模拟为一个合约网络，各种组织形式间的竞争最终会产生均衡合约。三是社会与政治制度同样被看作单个主体间相互交易的产物，制度间的生存竞争也会产生制度均衡。新制度经济学家刚刚开始研究社会与政治制度问题并试图得出可检验的命题。

虽然新制度经济学在很多方面不同于新古典经济学，但它并没有抛弃新古典经济学的"硬核"。以理性选择模型为例，这一模型强调的是个体单位总是在一定约束条件下追求目标函数极大化，这仍然是新制度经济学的核心。只不过新制度经济学抛弃了新古典经济学的完全理性假设而代之以有限理性假设。尽管新古典经济学的理论分析工具，特别是理性选择的假设常常受到批评，但在新制度经济学家看来，只要在新古典框架中加上产权的限制和交易费用，新古典理性选择模型仍然是可以成立并具有较强的解释力的。

例如，新古典经济学将企业简单视为一个追求利润极大化的实体这一假设只有在市场交易不受限制、完全信息以及完备界定的私人产权这三个条件下才能成立。只有在这些条件下，企业中的代理人的个人效用最大化努力才会受到生存考虑的限制，如竞争淘汰了缺乏效率的企业，并强迫生存者在最低成本水平上生产，从而使利润最大化。必须承认，竞争性企业的所有者也许会偏好于用一部分利润换取工作的舒适，这样即使在各种严格的限制性假设条件下，这一行为的均衡产出也只能是有限利润。而且，完全信息与零交易费用消除了所有形式的偷懒。如一家由雇佣的代理人经营的垄断企业并没有受到与竞争性企业同等的约束，但如果我们假设垄断企业的所有者与雇佣的代理人签订了利润最大化的契约，由于所有者强制契约执行的成本为零，因而代理人除了使利润最大化外别无选择。如果引入正的交易费用，这一行为限制将会被放宽，我们就必须开始注意有关各方——工人、经理、买者和卖者的契约选择。

总之，新制度经济学与新古典经济学的关系可以概括为：新制度经济学利用新古典经济学的理论和方法去分析制度问题，但是这种利用并不是一种简单的、照搬式的应用，而是一种修正、有发展的运用。诺思在接受诺贝尔经济学奖时发表的演说中指出，这一分析框架（指新制度经济学）是对新古典理论的修正。它所保持的是稀缺性的基本假设和由此产生的竞争和微观经济理论的分析工具。它所修改的是理性的假设，所引入的是时间维。有人认为，新制度经济学所涉及的方法论在本质上与新古典经济学是一致的。威廉姆森就声称："新制度经济学家认为，他们正在做的乃是对常规分析的补充，而不是对它的取代。"① 这种方法论上的一致性表明，新制度经济学融入主流经济学是没有什么问题的。

二、新制度经济学与旧制度经济学的关系

旧制度经济学，也称老制度经济学。它的发展历程可以分为三个阶段。第一阶段是从19世纪末到20世纪30年代初，主要代表人物是凡勃伦、康芒斯和米契尔。第二阶段主要包括20世纪30年代和40年代。这是旧制度经济学从"旧传统"到"新传统"之间过渡的阶段。旧制度经济学发展的第三阶段大体上是从20世纪50年代起到现在。这个阶段的主要代表人物包括加尔布雷恩、包尔丁、海尔布罗纳和华尔德等美国经济学家以及瑞典经济学家缪尔达尔等。

旧制度经济学的理论体系的主要组成部分包括：①凡勃伦的制度演化理论和所谓的"技术决定论"；②康芒斯的"法律调和论"；③米契尔的"商业循环论"；④加尔布雷斯的"抗衡力量"理论、"技术发展必然性"理论和"国家干预论"；⑤缪尔达尔的"循环积累因果联系"理论等。

旧制度经济学的逻辑主线是对资本主义经济制度的分析。与主流经济学不同，旧制度经济学并不认为资本主义是一种天然合理、尽善尽美的制度，而承认它存在着缺陷。旧制度经济学的创始人凡勃伦从"有闲阶级"存在的原因入手，认为制度是由思想和习惯形成的，而思想和习惯又是从人类本能产生的，所以制度归根结底是受本能支配的，这些本能主要包括三类：一是父母的天性；二是工作的本能；三是好奇心。在他看来，制度的变迁及制度演化决定社会的发展，而社会的发展只有演进，而无突变。经济学的任务就是要研究制度进化的积累过程，资本主义的主要矛盾和弊端就在于其进化积累的制度结构本身，即"机器利用"和"企业经营"。资本主义社会就是在这种矛盾中演进的。康芒斯受到凡勃伦的影响并有所突破，重视和强调法律制度对社会经济制度的演变所起的决定性作用。他曾说，制度经济学就是要以集体行动为研究的起点和对象，对现代资本主义做出新的解释。在他那里，"集体行动"正是"制度"的表现形式。康芒斯还认为，制度是人类社会经济演化的动力，现实的"经济制度"只不过是心理现象的反映和体现，在现代社会中有效的协调方式主要有三种，即经济的、法律的和伦理的调节，起决定作用的是法律关系；资本主义是法律制度所促成的经济制度进化的结果，本质上是一种法律制度，其矛盾就要通过法律调节，以"集体行动控制个体行动"。在加尔布雷斯看来，制度的演进和权力的转移都与生产要素的更迭有关，而生产要素的更迭归根结底是技术发展的必然结果。

旧制度经济学主要具有以下特点：第一，以"职能主义"（或"行为主义"）心理学的本能心理学说为理论基础来研究人类的行为习惯及其对社会各种经济制度发展演变的影响，认为人类本能心理支配其行为，是经济制度发展演变的本源。第二，用"历史演进"

---

① 迪屈奇. 交易成本经济学 [M]. 王铁生，葛立成，译. 北京：经济科学出版社，1999：3.

"历史趋势"和"历史起源方法"研究经济中各种制度从远古以来的各种形态及其历史进化过程，说明这些制度的变化同其所处的社会经济发展阶段之间的关系，进而考察当前社会经济制度的优劣及其变动趋势。他们主张研究各国具体的历史经验材料，探讨每一历史时期、每一经济体系的各种经济问题，把社会经济发展不同阶段的历史相对性看作具体经济制度持续演进的表现。第三，依据社会达尔文主义的进化哲学来说明制度变迁，强调经济学是一门进化论的科学。他们把生物界的生存竞争、自然选择、自然淘汰规律用于说明人类社会，认为人类社会的发展过程就是人的生理和心理本能自然淘汰和自然适应的过程，即人类应付外界环境的心理反应过程。并且断定，社会发展如同生物界一样，是一个渐进演变和演进的过程。

显然，新制度经济学与旧制度经济学是两种完全不同的"研究纲领"，有着各自不同的"硬核"，因而两者之间并不存在像新制度经济学与新古典经济学之间的那种继承、发展和"修正"的关系。也就是说，虽然新制度经济学与旧制度经济学有着相同的研究对象——人类社会的制度及其变迁，但它却不是在旧制度经济学的基础上发展而来的。

如果不考虑在具体理论观点上的创新，从总体上看，新制度经济学相比旧制度经济学的创新主要有四点：第一，分析方法上的创新。旧制度经济学采用的主要是心理学方法或法律制度分析，而新制度经济学严格按照实证性的新古典方法进行研究。正因为新制度经济学是用经济学方法去研究制度问题，大大拓宽了其理论视野和提高了其理论的逻辑实证性。第二，理论体系上的创新。除了康芒斯试图创建一个理论体系外，可以说旧制度经济学的理论完全不成体系。新制度经济学依托较为成熟的新古典体系来展开理论分析，就使其理论大致能够保持逻辑上的一致性。虽然目前新制度经济学还没有形成一个逻辑严密的理论体系，但初步可以自成体系了。第三，基本理论范畴上的创新。旧制度经济学提出了许多有价值的思想，如凡勃伦的"无形财产""有闲阶级""既得利益者"和"制度导向"等，但基本上没有形成严格的理论范畴。相比之下，新制度经济学不仅提出了许多新的理论范畴，而且范畴的界定相对严格规范。例如，著名的"交易费用"和"科斯定理"的提出，像发现新大陆一样开辟了一片新领域，形成了经济学上的一场革命。第四，研究领域方面的创新。旧制度经济学的研究领域基本上在企业层面或微观经济领域，新制度经济学的理论视野却要广得多。虽然企业内部的产权结构及组织仍然是一个研究的重点，但新制度经济学的研究及其理论应用，从微观到宏观，从企业到国家，从经济到政治，从现实的制度安排到历史的制度变迁，已经涉及社会经济一切领域，甚至到了无所不包的地步，形成了一个开放的庞大的理论体系。

虽然新制度经济学与旧制度经济学是两种不同的"研究纲领"，但两者之间又存在一定的渊源关系。科斯声称旧制度经济学"除了一堆需要理论来整理不然就只能一把火烧掉的描述性材料外，没有任何东西流传下来"[①]。这似乎是说，新制度经济学没有从旧制度经济学那里继承和学习任何东西，这种说法显然过于绝对，有失公允。不管科斯承认不承认，新制度经济学或多或少地吸收了旧制度经济学的合理成分。比如，康芒斯在其《制度经济学》一书中，将交易作为制度经济学的最小的分析单位，认识到交易是人与人之间对

---

① 科斯. 关于新制度经济学 [M]//科斯. 企业、市场与法律. 盛洪，陈郁，等译. 上海：上海三联书店，1990：252.

自然物的权利的出让和取得关系，是所有权的转移，交易的过程有谈判和争执，并区分了三种类型和形式的交易，这是极具意义的。康芒斯对交易的论述对科斯提出交易费用范畴以及威廉姆森的交易费用经济学的形成显然是有帮助的。威廉姆森就曾指出：康芒斯对经济组织有着深邃的见解。他自己的"交易费用经济学就采纳了康芒斯（1934）的建议，即把交易作为分析单位，并通过追问使交易互不相同所依据的关键维度是什么，而把讨论推向前进"①。

三、新制度经济学与马克思的制度分析的关系

谈到新制度经济学的理论渊源，不能不提到一个人的名字，那就是马克思。马克思也是一位制度经济学家。当然，马克思的制度分析既不同于旧制度经济学，也不同于新制度经济学。马克思的制度经济学思想十分丰富，几乎涉及新制度经济学所讨论的每一个制度领域，如产权、企业、国家、意识形态和制度变迁等。配杰威齐就说过："的的确确许多社会科学家包括亚当·斯密都重视产权，马克思却第一个断言，对于产权的规范是因为人们要解决他们所面临的资源稀缺问题，而且产权结构会以其特定而可预见的方式来影响经济行为。"② 马克思丰富的制度经济学思想对新制度经济学理论的形成和发展产生了较大的影响是显而易见的。具体来说，主要表现在以下两个方面：

首先，马克思注重制度分析并把制度作为社会经济发展的一种内生变量的观点，对新制度经济学产生了深刻影响。在马克思理论中，制度因素是社会经济发展中的内生变量，而不是独立于社会经济发展之外的。正如新制度经济学家拉坦所说："马克思比他的同时代学者更深刻地洞见了技术与制度变迁之间的历史关系。他将发明看作一个社会过程，而不是先验的洞见或偶然的天赋灵感的结果。在马克思体系中，阶级斗争反映了经济制度的演进与生产技术进步之间的不断'冲突'。尽管马克思强调了生产方式的变化（技术变迁）与生产关系的变化（制度变迁）之间的辩证关系，但他相信前者提供了社会组织变迁的更为动态的力量。"③ 马克思揭示的生产关系一定要适应生产力的规律能够有效地解释人类社会经济发展的变迁过程。新制度经济学从马克思的历史观中得到了许多启发。新制度经济学家尤其意识到，在人类历史的长期变迁的分析中更不能离开制度分析。在马克思看来，任何社会的生产都是在一定的生产关系及其制度条件下进行的，并且不同的制度其效率也是不同的，例如资本主义制度比封建制度、奴隶制度更有效率。新制度经济学在这个基础上把成本—效益分析引入了制度效率分析之中。

其次，马克思的历史唯物主义框架对新制度经济学体系的形成产生了重要的影响。新制度经济学在对制度问题的分析中发现，马克思对社会经济发展问题的分析框架是最有说服力的。抽象掉生产关系与制度的演变来分析经济的运行，这是西方正统经济学的问题所在。诺思指出："理解经济怎样运作（价格或微观经济理论），是写经济学史的必要条件。但经济学理论是静态的和模糊的，而经济学史则可解释过去以来的各种经济变化——这是

① 威廉姆森. 治理机制 [M]. 石烁，译. 北京：机械工业出版社，2016：27.
② 埃格特森. 经济行为与制度 [M]. 吴经邦，等译. 北京：商务印书馆，2004：33.
③ 拉坦. 诱致性制度变迁理论 [M]//科斯等. 财产权利与制度变迁. 刘守英，等译. 上海：上海三联书店，1994：329-330.

在经济学理论中被忽略掉的地方。经济学史能对经济学理论做出的明确贡献就是找回那些被忽略掉的要素。"新制度经济学要寻找回的就是被正统经济学家们忽略掉了的制度问题、产权问题、国家问题甚至意识形态问题。诺思认为，马克思的分析力量恰恰在于强调了结构变迁和社会生产潜力与产权结构间的矛盾。这实际上就是指马克思的生产力与生产关系相互作用的原理。此外，马克思的国家理论、意识形态理论等对于新制度经济学的形成都产生了重要的影响。正如诺思所说："在详细描述长期变迁的各种现存理论中，马克思的分析框架是最有说服力的，这恰恰是因为它包括了新古典分析框架所遗漏的所有因素：制度、产权、国家和意识形态。马克思强调在有效率的经济组织中产权的重要作用，以及在现有的产权制度与新技术的生产潜力之间产生的不适应性。这是一个根本性的贡献。"①

第四节　新制度经济学的学术地位、未来发展与框架内容

应该如何评价新制度经济学的学术地位？新制度经济学存在哪些不足？其发展方向会是怎样的？新制度经济学的基本框架如何？这些问题是本节需要回答的。

一、新制度经济学的学术地位

如何评价以科斯理论为核心的新制度经济学的学术地位？有学者认为，以科斯理论为核心的新制度经济学对经济学研究产生了巨大和深远的影响，这种影响绝不亚于1936年的凯恩斯革命。因而，他们把以科斯理论为核心的新制度经济学称为科斯革命。

以科斯理论为核心的新制度经济学对经济学产生了巨大和深远的影响是确凿无疑的。诺思说："科斯所引发的是一场经济学革命。科斯反复强调的一种观点是，如果我们对基础制度以及它们如何影响经济活动绩效的方式缺乏了解，就不可能真正理解现实经济是如何运行的。这种观点和方法对我们分析经济活动和解释为什么经济活动绩效存在质量差异具有巨大的意义。制度是人类强加在他们相互关系上的一种结构，它决定了构成人类经济活动和价格理论甚至整个新古典经济理论基础的激励机制。科斯反复强调，我们所要做的就是要改变经济学的研究方向。由于我们正在给出的证明能够比其他学说更能解决人类所面临的问题，从而它正在改变经济学的发展方向。事实上，这种情况正在发生。在整个经济学领域，由科斯所开创的这一工作正在产生巨大的影响。"②

沃因也说："科斯和凯恩斯革命都关注经济体系的功能，都强调供求障碍所造成的结果。两者都宣称传统古典主流微观经济学由于忽视这些障碍而存在严重缺陷。现在，凯恩斯革命已经失去了昔日的辉煌，我们要问的第一个问题是，科斯革命是否会重蹈前者的覆辙。对该问题的基本的回答是肯定的，因为即使是成功的革命也会失去动力，或许这本身

　　① 诺思. 经济史中的结构与变迁 [M]. 陈郁，罗华平，等译. 上海：上海三联书店，1994：68.
　　② 诺思. 经济学的一场革命 [M]//梅纳尔. 制度、契约与组织. 刘刚，等译. 北京：经济科学出版社，2003：48-49.

就是他们成功的原因。即使是伟大的科学家，总会有后继者站在他的肩膀上达到更高的境界，但是如果忽略上述科学进化的因素，科斯理论应当比凯恩斯理论更具有生命力，这是因为凯恩斯理论在某个特定的方面容易遭到攻击。随着时间的流逝，越来越多的人将因为其微观理论基础的太过宽泛而批评它。然而，这些障碍恰恰是科斯理论的主要研究对象。"①

二、新制度经济学的未来发展

早期的新制度经济学家运用新古典经济学研究方法对制度的研究已经结出了丰硕的学术成果、产生了巨大的影响，这是毫无疑义的。但是，基于新古典方法的制度研究难免会出现下列问题：

第一，相互矛盾的假设与预测的不精确性。通过在新古典传统模型中引入一些新的约束而将新古典理论"一般化"的思想，深深地吸引着早期的新制度经济学者。这使得在面对一个存在摩擦的世界里的现实经济行为构建起的经济学模型难免存在"混合"的特点。也就是说，这些模型是复合品，因为它们所基于的假设往往来自两个完全不同的世界，一些传统的新古典假设被抛弃，但另外一些却被保留下来，致使其结构具有内在的不一致性。②

第二，最优化的成本与无限递归问题。在新古典企业中，假设企业家或者所有者——经理能够作出有关企业的所有决策，并且决策是无须成本的。然而，当企业家只拥有有限的认知能力，最优化过程就必然包含三种成本，分别是决策方法成本、数据成本及选择成本。这些成本的存在导致一个"无限递归"的问题，即不存在一个考虑所有决策成本同时又可以将其加以解决的最优化问题，即著名的最优化理论的困难的"循环难题"。③

第三，经济效率与行动的协调问题。根据新制度经济学的观点，当约束最大化的条件得到满足，且所有相关的约束都被考虑时，结果就是有效率的。但是，另一方面，根据新古典经济学，效率被认为仅仅在理想化的帕累托最优条件得到满足时才存在。那么，偏离了理想化机会集的边界，选择就是无效率的——现实世界中这种偏离是不可避免的。尽管新制度经济学文献力图重新给效率下一个定义，但是成效不大。它说明，仅仅把补充的约束条件加入到最优化过程中还是不够的。显然，新制度经济学要发展，就必须脱离新古典对"效率"的狭隘定义。还有更重要的一点是，传统的新古典方法从本质上说很难分析制度变迁中的演化部分。

正是基于新古典制度经济学的上述问题，波斯纳（1993）就表达了对它的不满，他说："新制度经济学的贡献主要在于术语变化的方式上，而不是理论上的显著进展，实际上没有多少东西能将新制度经济学同当代的新古典经济学区分开来。"④ 显然，"是将原来的模型加以修正和拓展就可以了，还是要转换到一个完全不同的范式"⑤ 确实是新制度经

---

① 沃因. 科斯和新微观经济学 [M]//梅纳尔. 制度、契约与组织. 刘刚，等译. 北京：经济科学出版社，2003：55-56.

② 弗鲁博顿，芮切特. 新制度经济学 [M]. 姜建强，罗长远，译. 上海：上海三联书店，2006：571.

③ 弗鲁博顿，芮切特. 新制度经济学 [M]. 姜建强，罗长远，译. 上海：上海三联书店，2006：588.

④ Posner. The New Institutional Economics Meets Law and Economics [J]. Journal of Institutional and Theoretical Economics 1993, 149: 73-87.

⑤ 弗鲁博顿，芮切特. 新制度经济学 [M]. 姜建强，罗长远，译. 上海：上海三联书店，2006：566.

济学未来发展需要解决的一个重大问题。

近二三十年来，在一些新制度经济学家的努力下，新制度经济学新范式的基础也取得了一定的进展。不过，要马上转向一个综合的新范式，对于新制度经济学来说，仍然是十分困难的。正如弗鲁博顿和芮切特所说："意识到我们需要一个新范式是一回事，而实际地构造出一个综合的新制度主义范式则是另外一回事。……就像许多作家所注意到的那样，构造这样一个综合范式所面临的困难的确是很大的。因为我们不得不进入一些尚未研究的领域，并着手探讨经济、政治和社会之间的相互联系。因为涉及动态分析，很多以前归于数据类的东西将成为变量，复杂性可想而知。因此，这样一个全面发展的范式不可能很快就出现，甚至永远也不会出现。"[①]

不过，在将新制度经济学推向综合的新范式的进程中，不得不提到从 20 世纪 90 年代中后期开始兴起的制度分析中的一支新军，即制度的演化博弈分析学派，其特点是将演化经济学引入制度的演化分析中。有学者甚至将该学派的出现称之为新制度经济学的第三阶段以及新的新制度经济学阶段。[②]

所谓演化经济学，是通过把社会生物学的思想和博弈论的分析方法有机结合，依托随机过程这一强大的数学工具，把社会经济活动看作类似生物界的竞争，进而建立起一系列的理论模型。其代表性成果主要有：①肖特于 1981 年出版的《社会制度的经济理论》，该著作被认为是"博弈论制度分析史上的第一块里程碑"。在书中，肖特运用博弈论研究了社会制度的性质和功能、制度的产生和起源问题。②培顿·杨于 1998 年出版的《个人策略与社会结构》，其副标题是"制度的演化理论"，强调对制度的演化博弈分析。③鲍尔斯 2006 年出版的《微观经济学：行为、制度和演化》，运用演化博弈论工具对社会交往中的协调与冲突、资本主义的竞争与合作、制度和偏好的共生演化等方面的制度进行了系统的分析。该著作被认为是新制度经济学第三阶段最具代表性的作品。

如前所述，演化经济学和新古典经济学的"内核"是大不相同的，但演化经济学与博弈论的结合，却可以将理性选择和均衡分析渗透到制度的演化分析中，探讨新古典制度经济学根本无法说明的制度变迁中的自发演化，因为传统新古典制度经济学只能够分析人为设计的制度变迁，这无疑是制度经济学发展成新范式进程中的一个巨大进步。但是，需要注意的是，制度演化的博弈模型也存在一些与新古典制度经济学这一传统范式大不相同的东西，或者说是不足。正如诺思所说："在博弈论清晰、明确而简单的世界与人们赖以型构人类互动的复杂、模糊而又失误连连的方式之间，仍然存在着巨大的差距。加之，博弈论模型与新古典模型一样，也假定了博弈者是追求财富最大化的。但是，人类行为显然远比这种简单的行为假定所涵盖的内容复杂得多。尽管博弈论也指出了在不同情况下的合作与背叛的收益，但却未能从理论上对交易的潜在费用加以说明，也没有讨论在不同的制度结构中交易费用是如何改变的。"[③] 因此，在将制度演化博弈分析模型整合到新制度经济学新范式的道路上，确实还存在不小的障碍。

根据本书的逻辑框架，制度的演化博弈分析模型，属于制度一般理论中的制度变迁理

① 弗鲁博顿，芮切特. 新制度经济学［M］. 姜建强，罗长远，译. 上海：上海三联书店，2006：612-613.
② 鲍尔斯. 微观经济学：行为、制度和演化［M］. 江艇，等译. 北京：中国人民大学出版社，2006：3-4.
③ 诺思. 制度、制度变迁与经济绩效［M］. 杭行，译. 上海：上海三联书店，2008：20.

论的一个部分。由于学习制度的演化博弈模型需要深入了解和研究古典博弈论和演化博弈论、行为和实验经济学，更要掌握基本的随机过程知识，为了使教材各章难度较为平衡，所以，本书仅在第八章第二节对其成果作了最初步的介绍。至于其更高深的内容，读者们还是把它当作一门新的课程去学习比较好。

三、新制度经济学的框架和主要内容

框架就是一种事物的内在结构。本书框架是依据新制度经济学理论形成的过程及演进的逻辑构建的。如前所述，所有新制度经济学理论都属于下列三大内容之一：一是构成新制度经济学理论基础的交易费用理论和科斯定理。交易费用是新制度经济学具有理论基础意义的最基本的范畴和分析工具。科斯定理则把交易费用、产权制度安排与资源配置效率有机地联系了起来，深刻地揭示了产权、制度安排对资源配置的重要作用，首创了产权、制度的经济学分析方法，对新制度经济学的形成和发展具有极为重要的意义。二是新制度经济学家对产权、契约、企业和国家等具体制度，即制度特殊的研究。三是新制度经济学家对制度的基本问题、制度变迁的动因、制度变迁的过程与制度变迁的影响等制度和制度变迁的共性，即制度一般的研究。

如果说有关产权、契约、企业和国家的制度特殊理论主要是讨论了什么样的制度是经济生活中最重要和最有效的制度的话，有关制度及其变迁的制度一般理论则不仅研究了制度的本质、类型、功能等制度的共性问题，而且从动态上探索了有效制度的形成及其影响的共性问题。正因为如此，本书将新制度经济学的内容分为三篇：第一篇是新制度经济学的理论基础；第二篇是新制度经济学的制度特殊理论；第三篇是新制度经济学的制度一般理论。各篇内容如下：

第一篇包括第二章交易费用理论和第三章科斯定理。第二章主要介绍交易费用理论是如何创立和发展的、交易费用的内涵和外延、决定因素与性质、交易费用的测量和"诺思第二悖论"的破解等内容。第三章首先从外部性问题出发，介绍了解决外部性的几种传统思路并进行了评价，然后引出科斯解决外部性的新思路——科斯定理，第二节对科斯三定理及其重要推论进行了表述与证明，第三节介绍了科斯定理遇到的批评并对这些批评进行了评价，第四节则对科斯定理的意义进行了分析。

第二篇包括第四章产权理论、第五章契约理论、第六章企业理论和第七章国家理论。第四章对新制度经济学家有关产权的含义、构成、类型、属性、功能、起源、界定与保护、不同产权安排的效率分析和公地悲剧问题等方面的理论进行了评介。第五章主要对契约的含义、存在理由、契约的选择、激励契约的设计和不完全契约带来的问题等新制度经济学的契约理论进行了介绍。第六章从新制度经济学家对企业契约本质的认识开始，介绍了新制度经济学的企业的性质理论、企业的边界理论、企业的产权结构理论和企业的最优所有权结构选择理论等。第七章主要包括国家的起源与性质、国家的范围及其决定、国家的特征及其影响以及国家的类型与转型等内容。

第三篇包括第八章制度理论、第九章制度变迁的动因理论、第十章制度变迁的过程理论以及第十一章制度变迁的影响理论。第八章对新制度经济学有关制度的含义、类型、形成途径、功能和效率等制度的一般问题的理论进行了介绍。第九章主要从制度变迁的需求、制度变迁的供给、制度的均衡与非均衡等方面对新制度经济学的制度变迁的动因理论进行了评介。第十章主要包括制度变迁的方式、制度变迁的过程、制度变迁过程中的主要现象（如时滞、路径依赖等）和国家、意识形态、组织、学习与制度变迁的关系以及基于制度变迁结果差异的制度变迁分类等方面的内容。第十一章对诺思之前的经济增长的各种决定论进行了评介，然后引出诺思提出的经济增长的"制度决定论"，并对制度变迁决定经济增长的机理、决定经济增长的根本性制度、新制度经济学家对经济史的若干新解释和有关制度变迁与经济增长相关性的实证研究等内容进行了分析和介绍。

第五节　新制度经济学的本质与应该持有的态度

新制度经济学作为一种在西方资本主义国家产生的新的经济学说，难免会在政策上形成一定的主张并对经济和社会等各方面的发展产生一定的影响。中国是社会主义国家，对待新制度经济学的理论和政策主张，必须采取辩证的态度。

一、新制度经济学的本质

讨论对待新制度经济学应有的态度，涉及新制度经济学的本质问题。早在 20 世纪 80 年代初，法国学者勒帕日就明确指出：新制度经济学是 20 世纪 70 年代以来在美国兴起的新自由主义经济学的一个重要组成部分。[①]

自由主义经济学是一种反对国家干预经济生活、主张自由竞争的资产阶级经济理论和政策体系。自由主义经济学发端于文艺复兴及宗教改革运动之后，至 19 世纪风靡全欧洲。自由主义经济学的观点认为，由于人们按利己的本性去从事经济活动，追求个人利益，结果能使整个社会受益，而满足人们利己心的最好途径是实现经济自由，对私人经济活动，不要加以任何干涉，而听任其资本和劳动自由投放、自由转移。同时还认为，一个国家最好的经济政策莫过于经济自由主义，应当实行自由经营、自由竞争和自由贸易。国家的作用仅限于维护国家安全和个人安全，以及举办一些资本家私人经营无利可图的工程。更进一步的观点认为，经济自由保证个人利益和社会利益的结合，为生产力无止境发展开创了巨大的可能性。

斯密宣扬"看不见的手"的原理，对经济自由思想做了进一步的发挥。"自由经济"思想是斯密整个经济学说的中心，李嘉图也阐明过同样的思想。斯密在《国富论》一书中，认为在商品经济中，每个人都以追求自己的利益为目的，在一只"看不见的手"的指导下，即通过市场机制自发作用的调节，各人为追求自己利益所做的选择，自然而然地会使社会资源获得最优配置。自由主义经济学在资本主义世界是长期发挥重要作用的思想主张。经济自由主义者并非一概反对政府的作用，然而在绝大多数的案例中，他们的研究结果都表明，政府的干预过度了。20 世纪 30 年代凯恩斯国家干预主义取代了自由主义经济

---

① 勒帕日. 美国新自由主义经济学 [M]. 李燕生，译. 北京：北京大学出版社，1981：1-2.

学而占据统治地位。到了 70 年代，在凯恩斯主义面对"滞胀"局面而束手无策的形势下，资本主义世界又纷纷兴起了新自由主义经济学思潮，代表性的思潮包括供给学派、货币主义、公共选择学派、理性预期主义和新制度经济学等。

概括地说，这些新自由主义经济学的要点主要包括：①市场统治；②削减教育、医疗等社会服务的公共开支；③放松政府管制；④私有化；⑤抛弃"公共物品"或"共同体"的概念，代之以"个人责任"。[①]

综观新制度经济学理论，新自由主义经济学的基本要点可以说在新制度经济学中得到了一定的展现。

首先，新制度经济学理论强调市场统治和放松政府管制，认为应该尽可能充分发挥市场的作用，反对国家对经济的过多干预。例如，作为新制度经济学理论基础的科斯定理证明了在交易费用为零的现实世界，市场交易本身就可以解决外部性的低效问题，即外部性根本就不是什么市场失灵，不需要政府的干预。科斯还进一步指出，即使交易费用大于零，只要交易带来的产值增加大于交易双方所付出的交易费用，交易仍然可以解决外部性问题，市场仍然没有失灵。只有那些交易费用过大，界定权利的市场交易和企业一体化都解决不了的外部性，才需要政府的干预，才有所谓的市场失灵。至于其他的所谓市场失灵，如垄断、公共品生产和非对称信息等，什么时候可以由市场解决，什么时候需要政府来解决，都是由交易费用的大小决定的。可以看出，相比于传统新古典经济学在政府作用的范围的认识上，科斯定理的思想确实是不同的。新古典经济学认为，只要是有外部性、垄断、公共品生产和非对称信息问题，就是市场失灵，就需要政府干预。科斯则认为，这需要看交易费用的大小。只有市场解决它的交易费用过大时，才需要政府干预（参见本书第三章第二节科斯第一定理和第二定理的论述和第七章第二节国家的范围的论述等）。

其次，新制度经济学认为产权的清晰界定对于市场交易和资源配置效率的提高具有重要的意义（参见第三章第二节科斯第一定理和第二定理的论述）。而在私有产权和共有产权这两者之间，新制度经济学家更认可和推崇私有产权，认为私有产权是一种更清晰的产权安排（参见第四章第四节不同产权安排的效率比较的论述）。他们声称只有私有产权才能完成推进市场和提高经济效率的任务，私有制能够实现最优效率。在财产私有的立论基础上，新制度经济学家德姆塞茨、阿尔钦、詹森、梅克林、哈特等人，运用团队生产理论、委托代理下的激励契约设计理论、不完全契约理论以及企业的最优所有权结构选择理论等（参见第五章和第六章的有关论述），分析说明了赋予资本主义私人企业主（资本家）剩余索取权和剩余控制权安排的必要性和合理性。

最后，在政治领域，新制度经济学强调了政治民主和权利开放对一个国家经济绩效的重要影响。沿着科斯定理提供的思维角度，一些学者提出了政治科斯定理，即如果政治交易费用为零，政治权利的初始配置将与有效率的产权制度产出无关，而当政治交易费用为正时，民主政治将是唯一能导致有效的产权制度产出的政治安排。在国家理论（见本书第七章第四节国家的类型与转型的论述）中，诺思等新制度经济学家进一步分析了少数发达国家是如何从权利限制秩序向权利开放秩序转型的及这种转型对于其国家的长期经济绩效提升的重要价值。

---

① 周小亮. 当代制度经济学发展中的两条主线与其新自由主义本质之剖析 [J]. 学术月刊，2004 (2)：34.

正是基于新自由主义经济学理论以及新制度经济学上述观点的影响，一些学者在 20 世纪 80 年代为拉丁美洲国家，以及后来的苏联和东欧诸国开出的改革对策中，提出了"国有部门私有化，削减教育、医疗等社会服务的公共开支，减少低效率的公共物品生产，推行有利于资本的财富分配制度等政策主张"[①]。实践证明，这些国家因为盲目照搬新自由主义经济学家所开的经济药方，特别是对国有部门的私有化主张而吃尽了苦头。正如有学者指出的："私有化浪潮是 20 世纪 80 年代由西方国家启动的，初衷是为了解决国有企业效率低下问题；其后，亚洲、拉丁美洲和非洲等发展中国家以及中欧、东欧等转轨国家也把它作为整改经济的灵丹妙药，卷入了这一浪潮中。私有化成功的案例不是没有，但更通常的情形是，绩效更差，令倡导者大跌眼镜，在有些地方还引发了巨大的社会动乱。"[②]

二、对新制度经济学应该持有的态度

首先，鉴于新制度经济学的新自由主义本质，在我国的社会主义市场经济体制建设中，一定要保持清醒的头脑，不能盲目照搬新制度经济学的政策主张。我国的市场经济体制是建立在坚持社会主义制度这一前提和基础之上的，如果完全照搬新制度经济学的政策主张，就会导致经济体制改革偏离这一根本前提。正因为如此，在涉及我国国有企业改革、公共物品生产、分配制度改革等有关社会主义性质问题的改革上一定要保持谨慎的态度，不能盲目照搬一些新制度经济学家提出的私有化之类的政策主张。

为了克服一些新制度经济学家过于强调私有产权和私有制的不利影响，本书创造性地分析了产权清晰的本质，即认为产权清晰不等于私有化，而是在主体明确的情况下，尽可能使主体承担的权责利做到一致。私有产权之所以产权清晰，主要在于其主体单一，权责利较为易于集中于同一主体。当然，私有产权有时也有必要进一步清晰产权（参见第四章第二节有关产权清晰问题的讨论）。国有企业由于产权主体的多元性，其产权的清晰程度虽然无法跟私有产权相比，但仍然可以在保持公有制的前提下通过提高国有企业内部的管理人员和普通员工的权责利的一致程度来提高其产权的清晰程度。

其次，对新制度经济学有价值的理论和思想要认真学习，不能因为其新自由主义本质就完全否定新制度经济学。任何一种新的经济理论，总是包括三个方面的内容。一是经济学家基于经济现实的观察和思考，对经济发展过程出现的具体问题提出的解释和形成的理论；二是经济学家分析问题时采用的方法；三是经济学家基于其理论提出的政策主张。对于新制度经济学的一些不正确的政策主张，当然不能盲目照搬，但是，对于新制度经济学的理论和分析问题时采用的方法，有很多东西是十分深刻而又极富价值的，值得认真学习。例如，新制度经济学的交易费用理论，它深刻揭示了市场经济中一个十分重要的人类活动——交易——存在费用的客观事实。它也是解释人类社会各种制度存在的关键。我们绝不能因为其新自由主义本质就完全否定新制度经济学的理论价值和方法论价值，否则就会出现如哲学家黑格尔所说的，将孩子和脏水一块泼掉了。

① 周小亮. 当代制度经济学发展中的两条主线与其新自由主义本质之剖析 [J]. 学术月刊, 2004 (2): 35.
② 安东尼奥，等. 关于哥伦比亚大学政策自发对话体 [M]//罗兰. 私有化: 成功与失败. 张宏胜，等译. 北京: 中国人民大学出版社，2013: 1.

基本概念

新制度经济学；新古典经济学；反设事实分析；机会主义行为；完全理性；不完全理性；旧制度经济学

 复习思考题

1. 新制度经济学是怎样产生和发展的？其时代背景和理论背景是怎样的？
2. 新制度经济学的研究对象是什么？
3. 新制度经济学与新古典经济学的研究方法有什么相同点与不同点？
4. 新制度经济学对新古典经济学关于人的行为的假设有何修正和扩展？
5. 新制度经济学与新古典经济学是什么关系？
6. 新制度经济学与旧制度经济学是什么关系？
7. 如何看待新制度经济学的未来发展？
8. 如何看待新制度经济学的本质？

本章练习题

一、单项选择题

1. 科斯最早"发现"并提出交易存在费用是在（　　）一文中。

A.《企业的性质》　　　　　　　　B.《社会成本问题的注释》

C.《社会成本问题》　　　　　　　D.《联邦通讯委员会》

2. 交易费用的"发现"是基于对（　　）现象的研究。

A. 正外部性　　　　　　　　　　B. 横向一体化

C. 负外部性　　　　　　　　　　D. 纵向一体化

3. 科斯定理的提出是基于对（　　）现象的研究。

A. 单向的正外部性　　　　　　　B. 双向的负外部性

C. 单向的负外部性　　　　　　　D. 双方的正外部性

4. 以下属于新制度经济学制度特殊理论的是（　　）。

A. 科斯定理　　　　　　　　　　B. 契约理论

C. 交易费用理论　　　　　　　　D. 制度的基本理论

5. 新制度经济学在20世纪30年代至60年代产生，与这一时期的时代特征具有较为密切的联系。以下不属于这一时代特征的是（　　）。

A. 苏联十月革命后计划经济体制的实践

B. 20 世纪以来西方国家"外部性"问题变得越来越普遍、越来越突出

C. 西方国家的两次企业合并浪潮

D. 大量转型国家的存在对制度经济学的需求

6. 以下被科斯批评为"黑板经济学"的是（　　　）。

A. 新制度经济学　　　　　　　　　B. 旧制度经济学

C. 新古典经济学　　　　　　　　　D. 马克思的制度分析

7. 商品房限购后假离婚增加，说明人是（　　　）。

A. 讲诚信的　　　　　　　　　　　B. 机会主义的

C. 有限理性的　　　　　　　　　　D. 利他主义的

8. 下列属于旧制度经济学研究纲领的"硬核"的是（　　　）。

A. 矛盾观　　　　　　　　　　　　B. 均衡观

C. 进化观　　　　　　　　　　　　D. 理性选择

9. 新制度经济学是对（　　　）的"修正"。

A. 古典经济学　　　　　　　　　　B. 新古典经济学

C. 旧制度经济学　　　　　　　　　D. 马克思的制度分析

10. 以下不属于新制度经济学关于人的行为的基本假设的是（　　　）。

A. 弱理性假设　　　　　　　　　　B. 机会主义行为假设

C. 讲诚信假设　　　　　　　　　　D. 利他主义行为假设

二、多项选择题

1. 20 世纪 70 年代以来，新制度经济学快速发展有其深刻的时代背景，以下属于这一时代背景的因素是（　　　）。

A. 全球化

B. 西方国家的两次企业合并浪潮

C. 大量转型国家的存在对制度经济学的需求

D. 西方发达国家对凯恩斯主义经济政策实践所导致后果的反思和经济改革的尝试

2. 以下属于新古典经济学研究方法的是（　　　）。

A. 成本收益分析　　　　　　　　　B. 均衡分析

C. 边际替代分析　　　　　　　　　D. 博弈分析

3. 新古典经济学理论模型通常都暗含一些假设前提，以下属于的是（　　　）。

A. 经济人　　　　　　　　　　　　B. 完全理性

C. 交易费用等于零　　　　　　　　D. 制度是给定的、完美的

4. 按埃格特森的看法，下列属于新古典经济学研究纲领的"硬核"的是（　　　）。

A. 理性选择　　　　　　　　　　　B. 相互作用的均衡结构

C. 稳定性偏好　　　　　　　　　　D. 主体面临的环境约束

5. 以下属于新自由主义经济学的要点的是（　　　）。

A. 私有化　　　　　　　　　　　　B. 放松政府管制

C. 市场统治　　　　　　　　　　　D. 增加社会服务公共开支

三、判断说明题

1. 交易费用理论和产权理论是新制度经济学的两个重要理论基础。

2. 新古典经济学与新制度经济学在具体研究方法上的不同表现在：前者更注重从经济生活的实际问题出发，以寻求解决问题的答案；后者则过于强调研究的形式化和数学化。

3. 抽象掉生产关系与制度的演变来分析经济的运行，这是西方主流经济学——新古典经济学的问题所在。

4. 斯密认为市场机制可以巧妙地利用人的利己心，把人们增加自己利益的行动引导到增加社会福利的方向上来，因而是完全正确的。

5. 马克思的生产力与生产关系相互作用的辩证原理说明，任何社会的生产都是在一定的生产关系及其制度条件下进行的，并且不同制度的效率也是不同的。

四、计算与案例分析题

1. 根据专栏 1-1 "为避限购令不惜假离婚"，回答以下问题：

（1）深圳市政府为遏制房价过快上涨，对户籍居民采取限购两套住房并提高居民购第二套房的首付比例政策，结果导致离婚率大幅上升。请从人性角度分析其原因是什么？

（2）地方政府在进行住房限购政策的制度设计时，有没有办法来减少人们的假离婚行为？具体有哪些办法？

2. 传统观点认为，南北战争前美国南方的种植园经济是垂死的、没有效率的。但是，福格尔没有盲从这一传统结论，而是用自己的方法进行了研究。福格尔的研究表明，撇开农奴制的不道德因素，农奴制对于发展战前南方经济是一种非常有效的制度安排。其主要表现在：①战前南方的种植园经济是种植园主的理性选择。战前，南方制造业之所以远远没有种植业发达，是因为对于种植园主来说，购买农奴的投资所带来的收益率远远高于投资于制造业的收益率。②与北方相比，南方种植园的规模经济、有效的管理和劳动力与资本的大量投入，使得南方种植业的生产效益高出北方35%。③黑人农奴并非懒惰、愚蠢和生产效率低下；相反，黑奴是非常勤奋的，且比从事种植业的白人更具生产能力。④从事南方城市工业劳动的黑奴，在勤奋和生产效率上，完全可以和那些自由民相媲美，城市地区对黑奴需求增长超过农村的事实表明，农奴制与工业化是可以和谐并存的。⑤与工业领域中的自由民工人相比，黑奴的物质生活条件较为有利；在黑奴的一生中，他所生产的90%归自己所有，这与传统经济史认为的剥削和压榨相比，要低得多。⑥战前的南方经济并未衰退；相反，增长迅速。1840年到1860年，南方的人均收入增速远远高于北方。1860年的南方经济发展，已经达到相当高的水平，第二次世界大战之前的意大利尚未达到1860年南方经济的人均收入水平。因此，福格尔得出结论：如果没有南北战争，如果任凭经济自由发展，南方种植园经济连同黑人农奴制不会自动走向崩溃，种植园经济和农奴经济具有较高的经济效率保证了该种制度的继续发展。回答以下问题：

（1）福格尔对美国农奴制问题的研究使用的是新制度经济学的什么特有研究方法？这一研究方法的含义是什么？

（2）福格尔对美国农奴制问题的研究能够给我们什么启示？

第一篇
理论基础

第二章

交易费用理论

交易费用是新制度经济学最核心的范畴。交易费用理论是整个新制度经济学理论大厦的基础。正是因为有了交易费用概念，新制度经济学家才可能对各种制度现象进行分析和研究，才可能产生各种各样的新制度经济学理论。本章首先对科斯"发现"交易费用的思想基础、过程、重大意义等作简要介绍，然后讨论交易费用的内涵和外延、决定因素和性质，最后介绍交易费用测量的进展情况以及与交易费用测量有关的"诺思第二悖论"及其破解问题。

第一节　交易费用的"发现"及其重大意义

"发现"交易费用是科斯对交易费用理论的创立做出的重大贡献。科斯是在批判现实和总结前人的基础上才发现和创立交易费用理论的。交易费用的"发现"为新制度经济学的发展奠定了坚实的理论基础。

一、科斯以前的交易理论

科斯以前，康芒斯和马克思等都曾对交易进行过研究，这些研究对科斯"发现"交易费用都具有一定的启示意义。

（一）康芒斯对交易的论述

把交易作为比较严格的经济学范畴建立起来并做了明确界定和分类的是旧制度经济学家康芒斯。在1934年出版的《制度经济学》一书中，他以法律的观点来解释社会经济关系，认为经济关系的本质是交易，整个社会是由无数种交易组成的一种有机的组织。为此，他定义了交易的内涵，具体内容是：

首先，认为交易是人类经济活动的基本单位，是制度经济学的最小单位。康芒斯说："使法律、经济学和伦理学有相互关系的单位，必须本身含有'冲突、依存和秩序'这三项原则。这种单位是'交易'。一次交易，有它的参加者，是制度经济学的最小的单位。"①

其次，认为交易不是实际"交货"那种意义的"物品的交换"，而是以财产权利为对象，是人与人之间对自然物的权利的出让和取得关系。它是人与人之间的关系，是所有权（不等于自然形态的物质即财产本身）的转移。正如康芒斯所说：交易"不是实际'交货'那种意义的'物品的交换'，它们是个人与个人之间对物质的东西的未来所有权的让与和取得"②。

最后，交易作为人类经济活动的基本单位，本身必须含有"冲突、依存和秩序"三项原则，实质上是指人类交易关系的三个基本特征。即人与人之间的交易关系是一种利益上既相互冲突又相互依存的关系，而且这种交易既在现在不断地、反复地、连续地发生，又使交易者能可靠地预期将来还会这样发生。换句话说：交易是不断的、反复的，具有必然性，类似于天然规则。这就是所谓交易的"秩序"。

可见，康芒斯的交易是在一定的秩序或集体行动的规则中发生的、在利益彼此冲突的个人之间的所有权的转移。

对于交易活动的具体类型和形式，康芒斯将它划分为三种：

第一，买卖的交易，即法律上平等和自由的人们之间自愿的买卖关系。他认识到，买卖的交易过程中必然存在谈判和交易后可能发生争执的问题。他说：买卖的交易"是法律上认为平等和自由的人们之间进行包含劝说或逼迫的意志的谈判，结果相互交换商品和货币的合法控制权，一切根据现行法律进行，并且预料到万一发生争执时法庭会怎样处理"③。买卖的交易的目的是财富的分配，以及诱导人们生产和移交财富，买卖的交易的一般原则是稀少性。

第二，管理的交易，是一种以财富的生产为目的的交易。交易双方是一种上级和下级的关系，一个人是法律上的上级，有合法的权利发出命令，另一个人是法律上的下级，他在法律上有服从的义务。管理的交易和买卖的交易一样，含有一定谈判的成分，虽然在法律上是完全以上级的意志为根据。这种谈判成分的产生主要是由于现代劳动的自由，工人可以自由离开，不必说出理由。在这样的制度下，管理的交易里当然不免要出现一些像是买卖的情况。管理的交易的一般原则是效率。

第三，限额的交易，也是一种上级对下级的关系，不过，与管理的交易不同的是，在管理的交易里，上级是一个个人或是一种少数个人的特权组织，可是在限额的交易里，上级是一个集体的上级或者它的正式代表人。这有各种不同的组织，例如立法机关，或者法院，或者政府，或者征税机关。限额的交易是有权力的那几个参加者之间达成协议的谈判，这几个人把联合企业的利益和负担分派给企业的各个成员。例如，经济纠纷中的司法判决，是把一定数量的国民财富或者等值的购买力，强制地从一个人手里拿过来，分派给另一个人。就这种情况来说，既没有买卖，又没有管理。这里只是有叫作"政策的体现"或者"公道"的东西，可这种东西具体地变成经济的数量时，就是财富或购买力的限额配

---

① 康芒斯．制度经济学 [M]．于树生，译．北京：商务印书馆，1962：73-74.
② 康芒斯．制度经济学 [M]．于树生，译．北京：商务印书馆，1962：74.
③ 康芒斯．制度经济学 [M]．于树生，译．北京：商务印书馆，1962：76.

给，它不是由人们认为平等的当事人自己决定的，而是决定于一个在法律上比他们高的权威。

以上分析表明，交易概念在康芒斯这里已经相当成熟。他将交易作为制度经济学的最小的分析单位，认识到交易是人与人之间对自然物的权利的出让和取得关系，是所有权的转移，交易的过程有谈判，有争执，并区分了三种类型和形式的交易，这是极具意义的。当然，康芒斯并没有对交易进行成本与收益的分析，没有考虑到人们的交易活动是要付出代价的。

（二）马克思对流通费用的论述

早在1885年出版的《资本论》第二卷中，马克思就已经讨论过流通费用问题。流通费用显然是一种交易费用。

按照马克思的论述，流通费用指的是在流通中所耗费或支出的各项费用，主要包括纯粹的流通费用、保管费用和运输费用。纯粹的流通费用又包括：

其一，买卖所费时间。"形态变化 W—G 和 G—W，是买者和卖者之间进行的交易；达成交易是需要时间的，尤其是因为在这里进行着斗争，每一方都想占对方的便宜，……用在买卖上的时间，是一种不会增加转化了的价值的流通费用。"①

其二，簿记费用。劳动时间除了耗费在实际的买卖上外，还耗费在簿记上；此外，簿记又耗费物化劳动，如钢笔、墨水、纸张、写字台、事务所费用。因此，在这种职能上，一方面耗费劳动力，另一方面耗费劳动资料。

其三，货币磨损费用。货币的磨损，要求不断得到补偿，或要求把更多的产品形式的社会劳动转化为更多的金和银。这种补偿费用，在资本主义发达的国家是很可观的，因为一般说来被束缚在货币形式上的财富部分是巨大的。

马克思关于流通费用的论述显然是十分深刻的。尽管流通费用概念还不是现代意义上的交易费用概念，但它表明马克思已初步认识到交易存在费用的问题。

二、科斯对交易费用的"发现"

除了受上述学者对交易的论述的启示外，科斯对交易费用的"发现"还与新古典经济学有一定的关系。实际上，科斯正是在对新古典经济学的反思的基础上才"发现"交易费用的。

新古典经济学以完全竞争的自由市场经济为现实背景，价格理论是其核心。在它看来，价格机制能够自动保证除了市场失灵的几种情形之外的各种资源的配置达到帕累托最优状态。这意味着市场价格机制的运转是无成本和无摩擦的，对于市场交易者来说，不存在了解市场信息的困难，不存在交易的障碍。也就是说，交易是不需要任何费用的。这就是所谓的市场零交易费用假设，是新古典经济学的基本假设之一，整个新古典经济学理论就是在这个假设基础上推演出来的。

零交易费用假设及其对制度的忽视在新古典经济学理论中存在了相当长的时间，直到

---

① 马克思. 资本论（第2卷）[M]. 北京：人民出版社，1975：147-150.

科斯 1937 年的《企业的性质》一文发表，才使局面发生了变化。科斯的问题是，既然价格机制如此完美，企业内部交易这种方式为什么会存在？既然市场交易不存在费用，人们为什么还要组建企业，以便在企业内部由企业家来配置资源？也就是说，人们在企业和市场之间进行选择，以企业取代市场的根本原因是什么？

在科斯看来，根本的原因就在于价格机制的运行并非没有成本。他说："利用价格机制是有成本的。通过价格机制组织生产的最明显的成本就是发现相关价格的工作。随着出卖这类信息的专门人员的出现，这种成本有可能减少，但不可能消除。市场上发生的每一笔交易的谈判和签约的费用也必须考虑在内。"①

正是从上述简单但现实的观点出发，科斯可以在价格机制与企业家指挥协调之间架起一座桥梁，把"企业的显著特征是作为价格机制的替代物"这个假说说得"圆满顺畅"。在科斯看来，既然市场交易存在着成本，市场价格机制的运转存在代价，企业替代市场一定是因为企业内部的交易在一定限度内可以降低市场交易成本。企业作为市场的替代物，作为一种不同于市场的交易组织或交易方式，正是企业的本质。企业的产生和存在说明了市场交易费用的存在。反过来，企业不能完全替代市场，而是与市场并存，说明企业内部交易也是有成本的，降低市场交易费用的量也是有限度的。再推而广之，其他交易方式或配置资源的方式，也是可以替代的，但是也都是有代价的。对不同方式的选择就是依据交易费用的高低。企业规模的限制因素也是交易费用。

科斯结论性地认为，市场的运行是有成本的，通过形成一个组织，并允许某个权威（一个企业家）来支配资源，就能节约某些市场运行成本。"当我们考虑企业应多大时，边际原理就会顺利地发挥作用。这个问题始终是，在组织权威下增加额外交易要付出代价吗？在边际上，在企业内部组织交易的成本或者等于在另一个企业中的组织成本，或者等于由价格机制'组织'这笔交易所包含的成本。"②

在《企业的性质》一文中，科斯既没有使用交易费用这个词，又没有把交易费用的内涵说明白，但他首次"发现"了交易存在费用问题，并率先将交易费用引入经济分析，这是一个了不起的发现。

在 1960 年的《社会成本问题》中，科斯首次明确使用了交易费用概念，并且对交易费用的内容作了进一步界定。他指出：为了进行市场交易，有必要发现谁希望进行交易，有必要告诉人们交易的愿望和方式，以及通过讨价还价的谈判缔结契约，督促契约条款的严格履行，等等。这些工作常常是花费成本的，而任何一定比率的成本都足以使许多无须成本的定价制度中可以进行的交易化为泡影。

三、交易费用范畴的重大意义

对于新制度经济学的形成来说，交易费用范畴具有决定性的作用。正如梅纳尔指出的："在科学史上，发现一个准确概括问题本质的词语是至关重要的，其作用相当于数学中的'导数'概念。科斯并没有发明'交易'一词，但是却把它转化成为一个概念（即

① 科斯．企业的性质［M］//盛洪．现代制度经济学（上卷）．北京：北京大学出版社，2003：106.
② 科斯．企业、市场与法律［M］．盛洪，陈郁，等译．上海：上海三联书店，1990：18.

交易费用），这使得后来'生产的制度结构'这一论述成为可能。"①

"交易"和"费用"两者都不是新范畴。前者在康芒斯那里已被定义为人与人之间经济活动的基本单位，是人与人之间的权利关系；后者在传统微观经济学（新古典经济学）甚至已有的一切经济理论中，都是为人们理解和常用的概念。将"交易"和"费用"结合为"交易费用"，则是一个全新的范畴，具有巨大的创新意义。其意义就在于，这一范畴对一个普遍存在的事实进行了概括和抽象，而这一事实在此以前一直被新古典经济学和其他制度学派所忽视。

康芒斯等制度经济学家高度重视对"交易"的研究，充分揭示"交易"所体现的人与人之间的权利关系。但是，由于受其采用的伦理学、法学的分析方法和研究目的所限，从来没有关注"交易"本身是不是有代价。新古典经济学虽然广泛采用的是成本—收益分析方法，"市场交易"也是其经常使用的范畴，但它却认为市场交易本身是无成本的。

作为新制度经济学创始人的科斯，其敏锐之处是发现了"交易"本身也是有代价的，他赋予了交易以稀缺性含义，或者说把"交易"与资源配置效率联系起来了。在他看来，交易活动与生产活动一样，都是人类经济活动的组成部分，都要耗费稀缺性资源——时间、精力和财产等。事实也是，几乎所有的交易都必须在不同程度上付出代价。代价的大小直接影响资源配置的效率。这种因交易本身而耗费的成本就被概括为"交易费用"。

"交易费用"范畴之所以能够引起高度重视，从某些意义上，可以说导致了经济学的革命，正是因为它揭示或反映了交易本身必须付出代价这一客观事实，提供了一种新的分析经济活动的工具，强化了人们在进行交易方式选择时的"交易成本"意识，使经济学的成本—收益分析方法渗透到了制度分析领域。

新制度经济学被称作是对新古典经济学的一场革命，而这场革命的基石就是科斯提出来的交易费用概念。尽管新制度经济学仍然沿袭了新古典经济学的方法，但两者之间存在重大区别。有人把这一区别比之为物理学的牛顿时代和爱因斯坦时代的区别。从绝对时空走向相对时空，是物理学走向现实世界的重要一步。从新古典经济学的零交易费用世界走向新制度经济学的正交易费用世界，使经济学获得了对现实问题的前所未有的新的解释力。正如埃格特森所说："正是在新古典经济学的框架中加入了正的交易费用使新制度经济学与新古典经济学相区别并改变了研究的方向：交易费用使所有权的分配成为首要的因素，提出了经济组织的问题，并使政治制度结构成为理解经济增长的关键。"②

第二节　交易费用的内涵与外延

鉴于交易费用范畴在新制度经济学中的特殊地位，深入分析其内涵和外延就是十分必要的。

---

① 梅纳尔．科斯和新的经济分析方法的产生［M］//梅纳尔．制度、契约与组织．刘刚，等译．北京：经济科学出版社，2003：70.

② 埃格特森．经济行为与制度［M］．吴经邦，等译．北京：商务印书馆，2004：19.

一、交易费用的内涵

讨论一个概念的内涵，就是要揭示反映该事物区别于其他事物的本质特征的总和。要揭示交易费用概念的内涵，就是要揭示交易费用的本质特征。

（一）新制度经济学家的界定

对交易费用的内涵，新制度经济学家科斯、阿罗、威廉姆森和张五常等都作过界定。例如，科斯将其定义为"利用价格机制的成本"。阿罗的定义是"经济制度运行的费用"。威廉姆森认为交易费用是"经济系统运转所要付出的代价或费用"[①]。张五常则将交易费用界定为："所有那些在鲁宾逊经济中不可能存在的成本，在这种经济中，既没有产权，也没有交易，亦没有任何种类的经济组织。……简言之，交易成本包括一切不直接发生在物质生产过程中的成本。"[②]

可以看出，尽管新制度经济学大师对交易费用概念的界定都较为深刻，但也都比较抽象且不易理解，有些定义甚至没有告诉我们交易费用到底是什么。以张五常的交易费用定义为例，他认为，在鲁宾逊经济里，只存在物质生产过程中的成本，交易费用是不存在的（因为没有交易行为发生）；在现实世界中，既存在物质生产过程中的成本，又存在交易费用；若以前者为参照系，在现实世界的总成本中除去物质生产过程中的成本，剩下来的部分都可归入交易费用之列（在契约、组织过程中发生的所有费用）。显然，这一定义并未告诉我们现实世界中的交易费用到底是什么。因为，在张五常那里，交易费用是作为总费用扣除物质生产过程的成本之后的一种剩余而存在的。

除此之外，张五常的定义还是在非常严格的假设前提下得到的：一是必须能够清楚地知道鲁宾逊世界里的物质生产过程中的成本。否则，我们不知道单纯的物质生产过程中的成本，作为剩余部分的交易费用也将无从得到。遗憾的是，生活在现实世界里的人们根本无法做到这一点。二是现实世界里物质生产过程中的成本与鲁宾逊世界里的物质生产过程中的成本，必须是完全相同的。对于这一点，人们显然无法判断。三是从张五常的参照系来看，还要求现实世界里的交易费用和物质生产过程的成本是能够完全分离、不存在交互影响的。否则，我们将没有办法从总成本中分离出交易费用。

由此不难理解，即使是科斯也不同意张五常对交易费用的处理。例如，在为张五常的论文《关于新制度经济学》所做的评论中，科斯批评道："……他给出了一个比我（和其他另外的人）定义得更为广义的概念，而忽略了这种不同定义所引起的某种混乱。……我并不会与鲁宾逊世界进行比较，大概这正是需要理解的东西。"[③]

（二）对交易费用内涵的界定

为了更清楚地阐释交易费用概念，有必要对构成交易费用的"交易"和"费用"这

---

① 威廉姆森. 资本主义经济制度 [M]. 段毅才，王伟，译. 北京：商务印书馆，2002：32.

② 张五常. 经济解释 [M]. 北京：商务印书馆，2000：407-408.

③ 科斯，哈特，斯蒂格利茨等. 契约经济学 [M]. 李风圣，译. 北京：经济科学出版社，1999：92.

两个词语的含义做出清楚的界定和解释。

在西方经济学中，费用这个词的含义是相对比较清楚的。费用即代价，包括可以用金钱表示的代价和难以用金钱表示的代价。例如，厂商为了扩大产品的销售，为其产品做广告所付出的费用，就是可以用金钱表示的代价。消费者为了完成交易花费的排队等候的时间，就是一种难以用金钱表示的代价。

通常交易费用也被称作交易成本，这意味着，"费用"和"成本"这两个词在新制度经济学中被视为同一种含义。

对于交易这一概念，前面已经介绍过康芒斯的定义。他把交易界定为，人与人之间对自然物的权利的出让和取得关系，是所有权的转移。显然，康芒斯的定义是从法律的意义上对交易进行界定的，即关于财产权的授权的转移。

威廉姆森也对交易这个概念提出过如下抽象定义："交易之发生，源于某种产品或服务从一种技术边界向另一种技术边界的转移，由此宣告一个行为阶段结束，另一个行为阶段开始。"[①] 这一定义说明，只要资源的"转移"在有形的意义上发生了，交易就发生了。这里没有所有权授权的转移，但存在责任、义务以及相应的权益的转移。可以用斯密提到的制针的例子来说明。斯密说，制针者的工作可以被分为一系列的程序，如"一个人抽铁线，一个人拉直，一个人切断，一个人削尖线的一端，一个人磨另一端……"[②]。在这个例子中，针在企业内每换手一次，威廉姆森意义上的"交易"就发生了一次。

显然，康芒斯的"法律意义上的交易"和威廉姆森的"转移意义上的交易"是相互交织在一起的。因此，弗鲁博顿和芮切特认为，在分析交易费用时，可以把法律意义上和转移意义上的交易看作是反映了资源转移或经济交易的两种不同类型[③]。

根据上面对交易和费用两个词的阐释，现在可以对交易费用概念进行界定了。所谓交易费用，就是在法律上的转移（即关于财产权的授权的转移）或者有形的意义上的转移（即资源的"转移"在有形的意义上确实发生，从而责任、义务与权益也发生了转移）发生时所产生的各种金钱的和非金钱的代价。这一关于交易费用内涵的界定与配杰威齐的界定是较为相似的，正如他所说："交易费用是在产权从一个经济主体向另一个经济主体转移过程中所有需要花费的资源的成本"。[④]

二、交易费用的外延

准确把握交易费用的含义，还要求对其外延有一个清楚的认识。所谓交易费用的外延，就是指交易费用概念所确指的对象的范围和具体项目。

把握好交易费用外延的关键是把握好交易的外延。对交易的外延，存在以下两种不同的观点。一种分类是前面介绍过的康芒斯将交易分为买卖的交易、管理的交易和限额的交易三种类型。现在，人们也将其称为市场型交易、管理型交易和政治型交易。另一种分类是布罗姆利提出来的，他把交易分为商品交易和制度交易两种类型。他说："大多数经济

① 威廉姆森. 资本主义经济制度 [M]. 段毅才，王伟，译. 北京：商务印书馆，2002：8.
② 斯密. 国民财富的性质和原因研究（上卷）[M]. 郭大力，王亚南，译. 北京：商务印书馆，1972：6.
③ 弗鲁博顿，芮切特. 新制度经济学 [M]. 姜建强，罗长远，译. 上海：上海三联书店，2006：58.
④ 配杰威齐. 产权经济学 [M]. 蒋琳琦，译. 北京：经济科学出版社，1999：43.

学关注的是商品关系的领域，即物品和服务的买卖。在此，这一经济活动领域将被称作商品交易。第二个经济活动领域关注的是商品流通的有规则的市场过程的秩序、结构、稳定性和可预测性。在此领域中存在超越'博弈规则'的交易。这些交易被称为制度交易，以此强调它们是关于将经济界定为一套有序关系的制度结构。制度交易会产生一个特定的制度安排结构，它界定了商品交易将发生的领域。"① 在新制度经济学家看来，制度是一种公共品，它也有供给和需求。因而，制度这种公共品的制定、实施、维护和变革包含着人与人、集团与集团之间极为复杂的交易活动。这样，自然也可以把交易分成制度交易和给定制度条件下的商品交易两种类型。

显然，上述两种不同角度的交易分类都是有价值的。据此可以把交易细分为以下六种类型，即市场制度交易（如建立证券交易所及相关规则）和市场制度给定下的市场交易（如人们之间买卖商品和服务）；管理制度交易（如建立企业内部员工奖励制度）和管理制度给定下的管理交易（如雇主与雇员的交易）；政治制度交易（如建立人民代表大会制度）和政治制度给定下的政治交易（如人民向国家缴税以换取国家提供的公共品服务）。以上交易分类如表2-1所示。

表2-1　交易的类型

		按康芒斯、弗鲁博顿和芮切特的交易分类		
		市场型交易	管理型交易	政治型交易
按布罗姆利的交易分类	制度交易	市场型制度交易	管理型制度交易	政治型制度交易
	制度给定下的交易	市场型制度给定下的市场交易	管理型制度给定下的管理交易	政治型制度给定下的政治交易

如果把交易分为市场型交易、管理型交易和政治型交易三种类型，那么交易费用也就可以分为市场型交易费用、管理型交易费用和政治型交易费用三种形态。当然，如果把交易分为制度交易和制度给定下的交易两种类型，则可以把交易费用分为制度交易费用和制度给定下的交易的交易费用两种形态。

对于交易费用存在市场型交易费用、管理型交易费用和政治型交易费用三种形态的观点，诺思和张五常等也是这样看的。例如，诺思将交易费用界定为："规定和实施构成交易基础的契约的成本，因而包含了那些经济从贸易中获取的政治和经济组织的所有成本。"② 张五常则将其界定为："从最广泛的意义上说，所有不是由市场这只'看不见的手'指导的生产和交换活动，都是有组织的活动。……当把交易成本定义为鲁宾逊经济中不存在的所有成本，……就出现了以下推论：所有的组织成本都是交易成本。"③

科斯、阿罗和威廉姆森把交易费用定义为"利用价格机制的成本""经济制度运行的费用"或"经济系统运转所要付出的代价或费用"，其范围应该包括制度交易费用和制度给定下的交易的交易费用这两种类型。弗鲁博顿和芮切特则明确指出，交易费用不仅包括

---

① 布罗姆利. 经济利益与经济制度 [M]. 陈郁，郭宇峰，汪春，译. 上海：上海三联书店，1996：61.
② 诺思. 交易成本、制度和经济史 [J]. 经济译文，1994 (2)：23-28.
③ 张五常. 经济解释 [M]. 北京：商务印书馆，2000：408.

制度给定下的交易的交易费用，而且包括制度交易费用。正如他们所说："交易费用包括动用资源建立、维护、使用、改变制度和组织等方面所涉及的所有费用。"①

下面再对市场型交易费用、管理型交易费用和政治型交易费用的具体项目加以讨论。弗鲁博顿和芮切特认为，对于这三种类型的交易费用的每一种来说，又可以分出两类：一是建立制度安排所作出的具体投资，这种费用是"固定的"交易费用；二是取决于交易的数目和规模的费用，这种费用是"可变的"交易费用。

(一) 市场型交易费用

市场型交易费用包括市场制度交易费用和市场制度给定下人们进行具体市场交易的交易费用两类。

市场制度交易费用主要包括市场制度的建立和运行费用。自人类从物物交换开始迄今，相关的市场制度就在不断地演进和完善中。货币的出现、度量衡的统一、食品安全法规的实行、WTO规则的订立甚至欧元区的建立，都是市场制度建立的例子，这些制度的建立和运行都是需要交易费用的。

对市场制度给定下的具体市场交易的交易费用的构成，科斯、威廉姆森和诺思等作过较深入的分析。科斯说："为了进行市场交易，有必要发现谁希望进行交易，有必要告诉人们交易的愿望和方式，以及通过讨价还价的谈判缔结契约，督促契约条款的严格履行，等等。这些工作常常是花费成本的。"②

威廉姆森认为，交易费用主要包括合同签订之前的"事前"交易费用和签订合同之后的"事后"交易费用。"事前"交易费用，是指草拟合同、就合同内容进行谈判以及确保合同得以履行所付出的成本。"事后"交易费用主要有：一是不适应成本，即交易行为逐渐偏离了合作方向，造成交易双方不适应的那种成本；二是讨价还价成本，即如果双方想纠正事后不合作的现象，需要讨价还价所造成的成本；三是建立及运转成本，即为了解决合同纠纷而建立治理结构（往往不是法庭）并保持其运转，也需要付出成本；四是保证成本，即为了确保各种承诺得以兑现所付出的那种成本。

诺思也指出：并不是所有的交易成本都是在交易时发生的，有的发生在交易之前，如收集关于价格和替代者的信息，确保商品的质量和买者与卖者的信用度等。还有一些发生在交易时，这些费用包括排队等候、办证、买保险等。最后还有一些发生在交易之后，如确保合约执行的成本、监督的成本、检验质量和获得赔偿等。

埃格特森则指出："当信息是有成本的时候，与个体间产权交易有关的各种行为导致了交易费用的产生，这些行为包括：①寻找有关价格分布、商品质量和劳动投入的信息，寻找潜在的买者和卖者及有关他们的行为与环境的信息。②在价格是内生的时候，为弄清买者和卖者的实际地位而必不可少的谈判。③订立合约。④对于合约对方的监督以确定对方是否违约。⑤当对方违约之后强制执行合同和寻求赔偿。⑥保护产权以防第三者侵权，例如，防御海盗或在非法交易时对政府的防范。"③

① 弗鲁博顿，芮切特. 新制度经济学 [M]. 姜建强，罗长远，译. 上海：上海三联书店，2006：55.
② 科斯. 社会成本问题 [M]//科斯等. 财产权利与制度变迁. 刘守英，等译. 上海：上海三联书店，1994：20.
③ 埃格特森. 经济行为与制度 [M]. 吴经邦，等译. 北京：商务印书馆，2004：19-20.

根据以上论述可以看出，市场制度给定条件下的具体市场交易的交易费用主要包括以下三种：一是交易前的搜寻和信息费用；二是交易中的讨价还价和决策费用，三是交易后的监督费用和合约义务履行费用。

首先，搜寻和信息费用。要进行一个具体的市场交易，一个人必须搜寻愿意与他进行交易的那个人，这种搜寻的过程不可避免地会产生费用。这种费用的产生可能是因为需要发生直接的支出（如广告、拜访潜在的客户），或者因创造有组织的市场（如股票交易、展览会、每周集市）间接地产生的费用。而且，还包括在有可能达成交易的双方之间所进行的沟通费用（如邮递费、电话费和销售员的费用支出）。其他的，还包括收集不同供给者对同样一件产品的开价的信息所花费的费用，以及检测和质量控制方面所涉及的费用。

其次，讨价还价和决策费用。这类费用主要与签约时相关各方就合约条款谈判和协商必须支付的费用有关。这一过程不仅需要花费时间，还可能需要昂贵的法律工具。在信息不对称的情况下，还可能会导致无效率的结果。在某些特殊的情形中，合约在法律上会相当复杂，相应地，谈判也会存在困难。决策费用包括处理收集到的信息所涉及的费用、支付顾问的费用以及团队内部形成决策的费用等。

最后，监督和执行费用。这些费用的产生是因交货时间需要监督，产品质量和数量需要度量等。信息在这里具有重要的作用。度量交易中有价值的属性涉及费用，保护权利和执行合约的条款会产生费用。由于监督和执行存在高昂的费用，违约的发生在某种程度上就是不可避免的。

（二）管理型交易费用

管理型交易费用即组织内部的交易的费用。以企业这一最重要、最典型的组织为例，其内部就存在所有者与管理者、管理者与监督者、上司和工人等多种不同于市场交易的交易。假设企业内部交易就是企业和雇员之间的交易，再假设企业和雇员之间的劳动合同已经签订，因而现在是如何实施的问题。在这里，管理型交易费用包括以下内容。

首先，设立、维持或改变组织设计的费用，即管理制度交易费用。这种费用与范围相当广泛的活动有关，如人事管理、信息技术的投入、防止接管、公共关系和游说活动等。这些都是典型的固定交易费用。

其次，组织运行的费用，即管理制度交易费用给定下具体管理交易的交易费用。组织运行的费用属于可变的交易费用，它大体上可分为两个子类：①信息费用——与制定决策、监督命令的执行、度量工人的绩效有关的费用，代理的费用，信息管理的费用等。②与有形产品和服务在可分的技术界面间转移有关的费用——比如半成品滞留的费用、在企业内运输的费用等。

（三）政治型交易费用

在一般意义上，政治型交易费用是集体行动提供公共品所产生的费用，可以被理解为与管理型交易费用类似的费用。具体而言，这些政治交易费用包括以下两项。

首先，设立、维持和改变一个体制中的正式与非正式政治组织的费用，即政治制度交易费用。这里包括与建立法律框架、管理架构、军事、教育体制和司法等有关的费用。此外，还包括与政党和通常意义上的压力集团有关的费用。

其次，政体运行的费用，即政治制度给定下具体政治交易的交易费用。它包括立法、国防、司法行政、运输和教育等方面的支出。正如私人部门一样，这些政府活动也有搜寻和信息费用、决策制定费用、发号施令的费用以及监督官员指令是否得以执行的费用。总费用中还包括一些组织加入或试图加入政治决策过程中的费用。此类组织包括政党、工会、雇主协会和一般意义上的压力集团。此外，还要考虑到谈判的费用。

第三节　交易费用的决定因素与性质

新制度经济学家认为，只要不是鲁宾逊世界，就必然产生交易费用。在鲁宾逊世界，由于只有他一个人，根本不存在交易，因而没有交易费用产生。但是，只要有两个以上的人存在，就必然产生交易费用。正像有学者形象地比喻的那样，一个没有交易费用的世界，宛如自然界没有摩擦力一样，是非现实的。

一、交易费用的决定因素

对交易费用产生原因和决定因素，威廉姆森和诺思等作过探讨。其中，威廉姆森主要是从人的因素、与特定交易有关的因素以及交易的市场环境因素三个方面进行分析。其中，人的因素是指他对人的行为的两个基本假设：有限理性和机会主义。与特定交易有关的因素则指他提出的决定交易性质的三个维度：资产专用性、交易的不确定性和交易频率。交易的市场环境因素指的是潜在的交易对手的数量。诺思提出了两个新的因素，即：商品和服务的多维属性与交易的人际和非人际关系化特征。米尔格罗姆和罗伯茨则发现了交易的关联性对交易费用的影响。下面以威廉姆森提出的框架来综述上述学者的观点。

（一）人的因素

影响交易费用的人的因素包括人本身的因素和人与人的关系的因素两个方面。威廉姆森提出的有限理性与机会主义属于前者，诺思提出的交易的人际和非人际关系化特点属于后者。

1. 有限理性

威廉姆森认为，现实的经济生活中的人并不是古典经济学所研究的"经济人"，而是"契约人"。"契约人"的行为特征不同于"经济人"的理性行为，而具体表现为有限理性和机会主义行为。

有限理性是说，主观上追求理性，但客观上只能有限地做到这一点的行为特征。也就是说，通常人们经济活动的动机是有目的、有理性的，但仅是有限的条件下的理性行为。

威廉姆森认为有限理性上述定义的两个部分都应得到重视，其中的主观理性部分导出了最小化交易费用的动机，而对认知能力有限的认识则鼓励了对制度的研究。主观理性支持交易各方会努力抓住每一个机会以实现效率的假设，而对有限理性的重视加深了对各种非标准形式的组织的理解。

既然人们的理性是有限的，交易当事人既不能完全搜集事前合约安排相关的信息，也不能预测未来各种可能发生的变化，从而在事前把这些变化一一讨论清楚写入合约的条款中，因此，合约总是不完全的。在这种情况下，交易当事人也许就要消耗资源选择某种仲裁方式，以便发生不测事件、双方出现分歧时合理地加以解决，而这必然增加交易费用。正如威廉姆森所说："理性有限是一个无法回避的现实问题，因此就需要正视为此所付出的各种成本，包括计划成本、适应成本，以及对交易实施监督所付出的成本。"①

在现实的经济生活中，人们建立不同的经济组织，选择不同的合约形式都是为了弥补个人在外界事物不确定性、复杂性时的理性的不足。

2. 机会主义

威廉姆森指出，机会主义行为是交易费用研究的核心的概念，它对于涉及交易专用性的人力资本和物质资本的经济活动尤为重要。

所谓的机会主义行为是指人们在交易过程中不仅追求个人利益的最大化，而且通过不正当的手段来谋求自身的利益，例如，随机应变、投机取巧、有目的和有策略地提供不确实的信息，利用别人的不利处境施加压力，等等。用威廉姆森的话说："我说的投机指的是损人利己；包括那种典型的损人利己，如撒谎、偷窃和欺骗，但往往还包括其他形式。在多数情况下，投机都是一种机敏的欺骗，既包括主动去骗人，也包括不得已去骗人，还有事前及事后骗人。"②

机会主义与谋求私利者的不同点在于：后者虽然也最大限度地追求自己的利益，但却不会食言或有意歪曲他掌握的信息；而机会主义者在有可能增加自己的利益时却会违背任何戒条，例如，他会不守信用，并会有意发出误导他人的信息，或者是拒绝向别人透露他持有的而别人需要却又缺少的信息。

人的有限理性和机会主义行为的存在，导致了交易活动的复杂性，引起交易费用增加。也正因为人的有限理性与机会主义行为，严重的合约问题才会产生，从而使交易方式的选择成为必要。

3. 交易的人际和非人际关系化特征

除了人自身的原因外，人与人的关系特征也会影响交易费用。诺思就发现，交易费用的产生与交易的人际和非人际关系化特征具有较大的关系，而交易的人际和非人际关系化特征又与分工和专业化程度有关。根据专业化和分工的程度，诺思把迄今为止人类社会经历的交易形式分为三种：

第一种是简单的、人际关系化的交易形式。诺思指出，在经济史上出现过的大部分交易，都是与小规模生产以及地方性交易相联系的人际关系化的交易。在这种交易形式中，交易是不断重复进行的，交易者文化同质（即具有共同的价值观），以及缺少第三方实施（事实上也不太需要）。每项交易的参加者很少，当事人之间拥有对方的完全信息。用诺思的话说：人际关系化交易"从本质上讲是将经济活动范围限制在熟人圈里，进行重复的面对面交易"③。显然，在人际关系化交易下，交易费用很低，但由于经济体系和贸易伙伴

---

① 威廉姆森. 资本主义经济制度 [M]. 段毅才，王伟，译. 北京：商务印书馆，2002：70.
② 威廉姆森. 资本主义经济制度 [M]. 段毅才，王伟，译. 北京：商务印书馆，2002：71-72.
③ 诺思. 理解经济变迁过程 [M]. 钟正生，刑华，等译. 北京：中国人民大学出版社，2008：65.

圈子的规模都很小，专业化与劳动分工尚未发育完全，因而生产成本很高。

第二种是非人际关系化的交易。当交易的规模与范围扩大后，交易双方都将努力使交易客户化或人际关系化。但交易的种类与次数越多，就越是需要订立更为复杂的合约，从而客户化与人际关系化就越不容易做到。由此，非人际关系化的交易就演化出来了。在这类交易形式中，市场得以扩大，长距离与跨文化交易得到发展，交易费用明显上升。由于交易市场范围的扩大，专业化程度有所提高，生产费用也有所下降。在非人际关系化交易中，各方主要受到家族纽带、契约义务、交换抵押，以及商人行为准则的约束。

第三种是由第三方实施的非人际关系化交易。它是当代成功经济体的重要支撑，而在这些经济体中，包含着现代经济成长所不可或缺的复杂的契约。第三方实施远非理想、完美，因而交易各方仍然要动用大量的资源来发展与客户的关系。但其他方法，如交易方的自我实施以及信任等，也都不可能完全奏效。这只是因为，投机、欺诈，以及规避责任等的回报在复杂社会中也同步增长了。正因为这样，具有强制力的第三方才是不可或缺的。显然，在第三方实施的非人际关系化交易形式中，分工和专业化程度大幅度提高，因而使生产费用下降，但由于交易极其复杂，交易的参与者很多，信息不完全或不对称，欺诈、违约和偷窃等行为不可避免，又会使市场的交易费用增加。

斯密在1776年出版的《国民财富的性质与原因的研究》一书中研究了交换引起分工和专业化，从而大大提高劳动生产率的情况。在此基础上还探讨了分工与市场范围的关系。他的基本观点是，分工受市场范围的限制。斯蒂格勒在其《分工受市场范围的限制》一文中进一步发挥了他称之为"斯密定理"的观点。其具体含义是，只有当对某一产品或服务的需求随市场范围的扩大增长到一定程度时，专业化的生产者才能实际出现和存在。随着市场范围的扩大，分工和专业化的程度也不断提高。但是，斯密只是单方面地强调了交换的专业化水平提高对生产成本的节约，却没有权衡与此同时所增加的交易费用。诺思的分析表明，在历史上，分工与专业化的发展严重地受到交易费用提高的制约。显然，斯密和斯蒂格勒只是看到了分工及专业化与市场范围的关系，而没有发现分工及专业化与交易费用的关系这个更深层次的问题。

（二）与特定交易有关的因素

与特定交易有关的因素除了威廉姆森说的资产专用性、不确定性和交易频率这三个交易的维度外，还包括诺思说的商品和服务的多维属性，米尔格罗姆和罗伯茨提出的交易的关联性。

1. 资产专用性

资产专用性是指在不牺牲生产价值的条件下，资产可用于不同用途和由不同使用者利用的程度，它与沉入成本概念有关。一项资产的专用性与这一资产用于其他用途或由不同使用者利用时其生产价值的损失程度成正比，损失程度很大时，为专用性资产；反之，则为通用性资产。

在威廉姆森之前，已有一些学者认识到资产专用性问题，如马歇尔和贝克尔都曾谈到过劳动过程中会产生特有的人力资本，马尔沙克明确提到了员工、机关、工厂与港口不可替代的独特性，波兰尼则通过对"个人性知识"的著名讨论进一步证明了专用知识和工作关系的重要性。

威廉姆森的研究推进了上述观点，主要包括：一是资产专用性可以有很多形式。例如，他进一步将资产专用性分为六种独特类型：场地专用性（如一系列站点的位置彼此很接近，以便节省库存和运输费用）、物质资产专用性（如为生产某种零件所需要的专用模具）、在边干边学过程中出现的人力资产专用性、品牌资产的专用性、奉献性专用资产（指出于个别客户的要求而对通用工厂进行的离散投资）和暂时性专用性（类似于技术上的不可分，且可以被视为一种场地专用性资产）。二是资产专用性不仅引起复杂的事前激励反应，而且，更重要的是，它还引起复杂的事后治理结构反应。

当一项耐久性投资被用于支持某些特定的交易时，所投入的资产就具有专用性。在这种情况下，如果交易过早地终止，所投入的资产将完全或部分地无法改作他用，因为在投资所带来的固定成本和可变成本中都包含了一部分不可挽救的成本或沉入成本。由于签约人预测一旦进行专用性投资，他们可能被"套牢"在交易中，这种交易自然会产生较高的交易费用。如果当前条件发生变化，他们不能轻易终止交易，甚至可能会被迫同意更有利于对方的条件。故而，交易费用的上升就是因为双方都试图预测所有有关的偶然事件，并且达成一个有效的应对方式。换句话说，这个问题的严重程度取决于契约的不完全性。

2. 交易的不确定性

这里的不确定性是广义的，它既包括事前只能大致甚至不能推测的偶然事件的不确定性和交易双方信息不对称的不确定性，又包括可以事先预料，但预测成本或在契约中制定处理措施的成本太高的不确定性。

对不确定性，库普曼斯把它分为两类：一是原发的不确定性，指的是由于自然无序行为和无法预测的消费者偏好的变化造成的不确定性。二是继发的不确定性，即由于缺乏信息沟通，一个人在做出决策时，无从了解其他人同时也在作的那些决策和计划所带来的不确定性。威廉姆森则进一步强调了行为的不确定性对理解交易成本经济学问题的特殊重要性。行为的不确定性即由于人的机会主义行为以及这些行为的千差万别（人们往往无法预见）而产生的不确定性。

不确定性的意义在于使人们的选择成为必要。当交易受到不同的不确定性的影响，人们就会在交易成本尽量低的情况下对不同的合约安排进行选择。

不确定性在不同的交易协调方式中所起的作用和约束交易的程度是不同的，这也就给交易的合约安排与协调方式的选择留下广阔的空间。而且它和有限理性密不可分，如果没有有限理性，也不会存在不确定性。同样，如果没有机会主义，不确定性问题也可以根据有关协议加以调整。因此，当交易过程中的不确定性很高时，交易双方对未来可能发生的事件就无法预期到，因而也就很难把未来的可能事件写入合约中。在这种情况下，就必须设计一种交易当事人双方都能接受的合约安排，以便在事后可能的事件发生时保证双方能够平等地进行谈判，做出新的合约安排，这样就必然会增加交易费用。

3. 交易频率

交易频率和交易关系所持续的时间也会影响交易费用。交易的频率是指同类交易的重复发生的次数。一般来说，交易频率越高，每笔交易的平均成本就越低。这是因为边际交易费用在下降。当厂商从同一个供应商那里第二次购买相同的原材料时，双方可以利用先前的信息，并比第一次检查较少的细节，从而节省了交易费用。可能在第三次交易时，他们将投入更少的资源。

交易频率对交易费用的影响还与是否需要建立专门的治理结构有关。某项交易是否有必要建立一个专门的治理结构，除了考虑资产专用性和不确定性外，还应考虑交易的频率。虽然设立一个专门治理结构可以对交易关系作更加灵活的调整，但任何的合约安排和专门治理结构的设立和维护都需要费用。它能否得到充分利用与交易的频率有关。在一定的资产专用性和不确定性条件下，所进行的交易如果不是经常性重复发生的，这种成本就很难补偿。一般来说，资产专用性越强，不确定性越大，交易频率越高，则建立专门治理结构就越具有经济性。这里的道理与斯密所说的劳动分工受到市场规模限制的定理是相同的。

交易关系所持续的时间是指交易双方同意事前承诺协议中的条款所持续的时间。持续时间越长，交易费用越高。这是因为交易双方在长期中比在短期中需要协商更多的详细信息。例如，原材料的长期供给合约需要与供给商协商采用新技术，否则，供给商对于改变他们的生产过程不会在意的。

4. 商品和服务的多维属性和特征

商品和服务的多维属性和特征也是影响交易费用的与特定交易有关的因素。诺思认为，作为交易对象的商品、服务，以及代理人的表现，均具有多种属性，且属性层次的高低随样本或代理人的不同而不同。举一个购买橙子加工橙汁的简单例子。我们真正要购买的是带有酸味和一定数量维生素 C 的橙汁，但是，橙汁的数量、口味和维生素 C 都是独立测度成本很高的属性和有价值特征。事实上，我们是根据数量或重量购买橙子的——这是对我们要购买的东西的很差劲的衡量。再想一想买一辆汽车所要考虑的上百个质量方面的问题，这里的度量问题不仅涉及汽车的各个组成部分的潜在质量，而且还涉及特定的（也许用过的）汽车的确切状况。再举例说，当一位大学的系主任雇用一位助理教授时，不仅需要了解他从事教学的数量、质量以及研究成果，而且也包括受雇者其他方面的情况，如他们是否已做好准备，与上课时间相符，为同事提供外部收益，与系的事务合作，或用系里的费用给在外地的朋友打电话。

对于交易双方来说，一项交易的价值乃是各种不同属性的价值在商品或劳务内的加总。衡量这些属性的价值需要耗费资源，而对被转让的权利的界定与衡量还需要额外的资源。正是"辨明每一交换单位的各种属性之层次高低所需的信息成本，是这种意义上的交易费用的重要来源"[1]。

张五常认为，要确定所交换物品或服务的属性大致会引起两类信息费用：其一是获取关于物品本身的知识或信息的费用；其二是获取有关交易方面的信息，如价格的差异、合约的保障、买家及卖家等的信息的费用。[2]

首先，获取关于物品本身的知识或信息。一个人没有花一段时间研读纺织行业，不可能对布料的质量做出准确的判断。事实上，市场上的任何物品，哪怕如买水果、鲜花之类，要真的懂得选择，总要牵涉一些学问。一般而言，尽管对物品的质量缺乏信息，当信息费用过高时，人们往往会对物品质量保持"理性的无知"。一般人的判断准则是：质量往往是按价格进行判断，即对类同的物品，较高之价质量较高。这种看法不一定对，但对

---

① 诺思. 制度、制度变迁与经济绩效［M］. 杭行，译. 上海：上海三联书店，2008：40.

② 张五常. 经济解释（卷二）［M］. 香港：花千树出版有限公司，2007：301.

的机会较大。这是一般人的经验——以价格的高低获取物品的质量信息（当然有时还有其他的质量信息，如比较贵重的物品往往有保证书、产品的品牌、厂家的声誉、商店的商誉等）。

其次，获取有关交易方面的信息。交易的信息费用与广告行为有关。在市场交易过程中，可能存在两种不同的情形：一是买者多卖者少；二是买者少卖者多。从节省交易费用的角度讲，谁会刊登广告？假设张三打算出售一稀世古董。是张三刊登广告，还是买家刊登广告？谁刊登广告会有利于促成交易？显然是张三。因为张三相对容易寻找到较多的收藏家，而收藏家要找到张三却相对困难。因此，对于交易双方来说，往往是人数少的一方出钱刊登。至于打字员、文员、工程师、经理之类，卖家甚众，而雇主（买家）则比较少。于是，物品的广告由卖家刊登，而招聘广告则由雇主刊登，这样可以节省信息费用。

对商品和服务的属性和有价值特征的高昂的衡量成本使得现实中的人们常常只能采取"理性的无知"的态度，即不去精确衡量和了解商品和服务的各种属性和有价值特征，以减少相关的信息交易费用。然而，这种"理性的无知"却会带来商品和服务的买方和卖方之间的信息不对称，进而引起"逆向选择"问题。纳尔逊（1970）区别了搜寻型商品与经验型商品，前者在购买前通过检视就可以确定其质量，后者只有在使用后才能知道其质量。经验型商品的概念表明，如果卖者不能从其声誉投资行为中得到好处，他就缺乏足够的动力向市场提供高质量的经验型商品，因此，低质量的商品会把高质量商品驱逐出市场。这就是阿克劳夫著名的"柠檬市场"的含义。

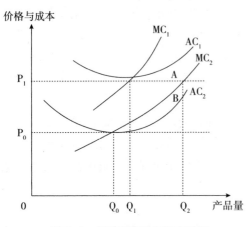

图 2-1 经验型商品与逆向选择

假设商品 X 的质量有一个范围：最高质量和最低质量。生产高质量商品的成本较高，从图 2-1 中相对的边际成本线和平均成本线的位置可观察到这一点。其中，MC_1 和 AC_1 分别代表生产高质量商品的边际成本和平均成本曲线，MC_2 和 AC_2 则代表生产低质量商品的边际成本和平均成本曲线。如果不考虑度量成本，很容易找到高质量 X 和低质量 X 的均衡价格和产出。在自由进入的竞争产业中，一个生产低质量商品 X 的企业，其长期均衡产出定在平均单位成本最小的地方，即在 Q_0 产出水平。X 的相应均衡价格是 P_0。相似地，生产高质量商品 X 的厂商其均衡产出是 Q_1，面临的外生市场均衡价格是 P_1。

一旦引入度量质量的成本，这个答案就站不住脚了。假若买者在购买和消费之间度量质量的成本很高，但在消费时却可无成本地确定质量，同时生产者可以无成本地控制质量，即买卖双方存在信息不对称，由此导致道德风险，则生产者就可以将低质量的商品当作高质量的商品出售。一个假冒高质量商品的生产者利润极大化的产出水平为 Q_2，而且他以价格 P_1 出售商品获得的纯利润等于 $Q_2(A-B)$。但这种状况只在短期内行得通，买者通过体验发现自己受蒙骗了，骗人的把戏就不会再演下去。从这时起，买方会拒绝向任何 X 商品支付 P_1 的价格，高质量的商品自然就得在市场上消失，即出现"逆向选择"。

既然高昂的度量成本会使具有高质量的商品在市场上消失，这迫使有关生产者和消费者设计一套契约安排和市场习惯做法来保证此类商品能正常地在市场上交易。比如可以这样实现正常交易：卖者进行了专门投资，但这种专门投资获得偿付的条件是，此生产者必须完全满足与买者所订合同中的品质条款。为了保证此协议的执行，买方必须留意卖方的这些承诺（用威廉姆森的术语讲，即"抵押品"），它们意指买者来度量其所付边际成本远小于买者所期望得到的收益（这些承诺由不可收回的投资作抵押）。如果消费者计算出最初企业的投资大于企业在短期内可能骗取的获利，则企业在未来产品销售中估计会有一个较高的价格，这个较高的价格足以阻止企业行骗。如果企业行骗，原先起作用的资本就会失去价值。这类投资支出不必给消费者带来什么直接效用，但如果环境允许，则竞争过程会迫使企业把附属担保品降低到最低限度，尽量采用能给消费者提供最大直接服务价值的资产形式。当然，我们还可以用其他一些方法来保证高质量商品的供给，如纵向一体化、由政府进行管制或利用法院等来加强质量监管等。

5. 交易的关联性

米尔格罗姆和罗伯茨认为，交易依赖于与他进行关联的交易的不同而不同。有的交易在很大程度上独立于其他所有的交易。例如，一个办公室什么时候购买新打字机、什么地方放置其文件，以及从哪家供应商购买一般办公用品，几乎不需要进行协作。有些交易则要相互依赖。例如，当美国于18世纪引入铁路时，各个铁路公司没有对轨距的选择加以协作。由于适用于一种轨距的铁路车厢不能在其他轨距上行驶，其结果，长途运输的货物在途中不得不数度装卸以倒换车厢。以实际所采用的各种轨距中的一种为标准进行轨距标准化，将会大大提高效率。与此类似的代价颇大的情形目前在欧洲仍然存在，即西班牙的轨距与法国的轨距不配套。美国的轨距最终得以标准化，大大加快了货物的运输，并降低了交易费用，为该国西部地区的开发起了很大的作用。概而言之，在具有较强的关联性交易中，由于各方需要考虑更多的信息，并且必须达成一致，因此，这种相互依赖的交易具有更多的成本。当我们在处理具有较强互补性资产时也是如此。由于需要交易间的协调，所以就产生了较高的交易费用。

(三) 交易的市场环境因素

交易的市场环境是指潜在的交易对手的数量。威廉姆森指出，交易开始时有大量的供应商参加竞标的条件，并不意味着此后这种条件还会存在。事后竞争是否充分，依赖于所涉及的货物或者服务是否受到专用性人力或物质资产投资的支持。如果没有这样的专用性投资，最初的赢家就不能实现对非赢家的优势。尽管它也许会继续供应相当长的一段时间，这只不过是因为它一直在对付来自合格对手的竞争性叫价。相反，一旦存在了专用性投资，就不能假定竞争对手还处于同一起跑线上了。在这种情况下，最初的完全竞争市场就被垄断市场所代替，最初的大数目竞争条件就让位于事后的"小数目条件"，而这一个过程被他称之为"根本性转变"。这样如果持续交易关系终止就会造成经济价值的损失，并且使交易处于垄断一方的机会主义行为的可能性大增，非垄断一方将为此交易的继续维持付出相当大的成本代价。

二、交易费用的性质

"性质"一词的含义是指事物所具有的属性、特点。从新制度经济学家们对交易费用的分析中，可以将交易费用的性质归结为以下三点：

第一，交易费用是对人类社会财富和稀缺资源的损耗。如前所述，发现交易存在费用是科斯的伟大贡献。在科斯之前的古典和新古典经济学中，人们只认识到生产过程的劳动力、资本和土地等生产要素的投入是对人类稀缺资源的损耗，也只看到专业化和劳动分工对上述生产要素投入降低的重要作用，却没有发现由此导致的交易的巨大增长以及相关的劳动力、资本和土地等要素投入（即交易费用）的成倍增长。正如诺思所说："承认经济交换的代价高昂，则将交易费用方法与经济学家从亚当·斯密那里继承下来的传统理论区分了开来。200多年来，通过日益专业化和劳动分工以从交易中获取收益一直是经济理论的基石。专业化可以经由市场规模的日益扩大来实现，正如世界经济的成长和劳动的分工变得更为专一一样，经济绩效中所含的大量交换也扩大了。但是经济学家在将这一方法纳入经济理论整体的长期探索中，确实没有考虑到交换过程是代价高昂的这一点。"[1] 所以，在诺思看来，交易费用也是生产总成本的一部分。正如他所说："生产的总成本包括土地、劳动力以及资本的投入，这些投入与物品的物理转形（尺寸、重量、颜色、地点、化学成分等）有关，有些则与交易有关，即用于界定、保护以及实施物品的产权（使用的权利、收益的权利、排他的权利以及交换的权利）的部分。"[2]

作为人类稀缺资源损耗的交易费用又有两种类型：一类是交易所必需的；另一类则纯粹是浪费。如前所述，交易费用包括制度交易费用和制度给定下的交易费用两种类型。一般来说，制度交易费用是为了降低各种具体交易的交易费用而建立起来的，因此，这种交易费用通常是交易所必需的。当然，制度性交易费用也有效率问题，也有必要降低其中的非必要部分。另外，即使是各种具体的商品交易，交易者为达成交易总是需要信息搜寻，由此引起的费用显然也是必需的。但是，交易中由于人的机会主义行为引起的交易方的损害和由此引起的诉讼费用等则在很大程度上是人类稀缺资源的浪费。在政治交易中，一些人和企业的寻租行为也完全是人类稀缺资源的浪费。

杨小凯用外生交易费用和内生交易费用两个概念区分了上述两种交易费用[3]。所谓外生交易费用是指交易过程中直接或间接产生的那些费用，它不是由于决策者的利益冲突导致经济扭曲的结果；而内生交易费用则是指市场均衡同帕累托最优之间的差别，是由不同的参与者争夺分工好处的机会主义行为所致。内生交易费用还有广义和狭义两种。广义的内生交易费用是指凡是交易费用水平要在决策的交互作用发生后才能看到的交易费用；狭义的内生交易费用是指在交易中，由于人们争夺分工的利益，每个人都希望分得更多的利益而不惜减少别人从分工中得到的利益，这种机会主义行为使分工的利益不能被充分利用或使资源配置产生背离"帕累托状态"的扭曲。显然，外生交易费用属于交易必需的费

① 诺思. 制度、制度变迁与经济绩效［M］. 刘守英，译. 上海：上海三联书店，1994：38.
② 诺思. 制度、制度变迁与经济绩效［M］. 杭行，译. 上海：上海三联书店，2008：38.
③ 杨小凯. 经济学：新兴古典与新古典框架［M］. 张定胜，译. 北京：社会科学文献出版社，2003：3-12.

用，而内生交易费用则是浪费性交易费用。

第二，高额的交易费用可能减少或消除本来可能有利的交易，但对有害的交易则需要通过打击来提高其交易费用，以达到阻碍其发生的作用。科斯就说过："任何一定比率的（交易）成本都足以使许多无须成本的定价制度中可以进行的交易化为泡影。"[①] 例如，当贸易受到第三方（一群海盗）威胁的时候。在高速通货膨胀时期，特别是不断变化的和不可预期的通货膨胀，会使交易费用提高，从而使许多有利于经济发展的投资受阻。在技术交易中，由于交易双方可能存在的逆向选择和道德风险行为导致高昂的交易费用，也使许多本来有利于交易双方的交易活动受阻，从而也抑制了技术创新活动。许多科技发明所以未能转化为技术创新，其中一个重要的原因就是发明转让过程中的高额交易费用。据统计，21 世纪以来，我国科技研发投入快速增加，2011 年超过 1 万亿元，占 GDP 的 1.98%，但科技资源配置不合理，利用效率低，大量的科研成果不能转化为应用技术的问题十分突出。中国的科技成果转化率仅为 10% 左右，远低于发达国家 40% 的水平。这其中的原因当然很多，但技术交易过程中的高交易费用性显然是一个重要的阻碍因素。

需要注意的是，高额的交易费用并不总是具有不利的影响。对于有害的交易，如毒品交易、走私交易、野生保护动物交易、赌博交易、贩卖文物交易等，政府通过严厉的打击，以提高其交易费用，则具有减少和阻止有害交易发生的积极作用。正如埃格特森所说："国家强制实施所有权会提高个人所拥有的资产价值，也构成了市场交换的一个基石。在某些领域，契约执行得不到政府帮助或政府明确禁止占有资产或交换有关资产（如海洛因），高昂的交易成本会限制甚至完全阻止了交换。"[②]

第三，虽然交易费用无法彻底消除，但却是可以降低的。由于交易费用是由多种因素决定的，要彻底消除交易费用显然是不可能也不现实的，但这并不意味着交易费用不可以降低。

在新制度经济学家看来，制度的一项重要功能就是降低交易费用。科斯关于企业对市场的替代的论述说明，当用市场方式组织生产的交易费用高昂时，可以用企业这种制度方式代替市场制度方式，从而节省交易费用。诺思对制度在降低交易费用中的作用也进行了分析。他指出："改善经济绩效意味着必须降低生产成本和交易成本，而其关键在于变更制度以实现这一目标。为实现这一目标，我们可以：发展统一的度量体系，进行技术研究以更好地度量；改进对产权的界定；建立有效的司法体系以降低合约实施的成本以及构建制度去整合社会中分散的知识，去监督和度量协议并解决争议。"[③]

前面提到，随着人类从人际关系化交易向非人际关系化交易的转变，交易形式变得越来越复杂，交易费用也随之不断提高。要怎样才能降低交易费用以达到促进交易的目的呢？诺思认为，人类的制度也必须从适应人际关系化交易的制度向非人际关系化交易所需要的制度转变。历史上，那些最先走向长期经济增长的国家，就是最早实现了从人际关系化交易制度向非人际关系化交易制度转变的国家。一些国家的长期停滞不前，就在于始终不能从人际关系化交易的制度中走出来。正如诺思所说："完成经济交换所必须的制度的

① 科斯. 社会成本问题［M］//科斯等. 财产权利与制度变迁. 刘守英，等译. 上海：上海三联书店，1994：20.
② 埃格特森. 经济行为与制度［M］. 吴经邦，等译. 北京：商务印书馆，2004：37.
③ 诺思. 理解经济变迁过程［M］. 钟正生，刑华，等译. 北京：中国人民大学出版社，2008：143.

复杂程度各不相同，有的只解决简单的交换问题，有的则要解决跨越时间和空间、涉及众人的交换问题。……当交换的成本以及不确定性较高时，非专业化是一种保险的形式。而专业化程度越高、有价值的特质的数量越多、可变性越强，就越是需要借助可靠的制度来支撑个人从事复杂的契约行为，并使条款执行上的不确定性降到最低。现代经济体系中的交换包含有许多可变的属性，并且交换延续的时间也较长，故非得依赖于制度的可靠性不可。制度可靠性在西方经济体系中也是逐渐产生的。"①

这里需要说明一下，制度交易费用与制度给定下各种具体交易的交易费用的关系问题。通常，制度的建立需要交易费用，即制度交易费用。一旦建立起来，却可以起到降低制度给定下各种具体交易的交易费用的作用。如果把制度给定下各种具体交易的交易费用看作是第一位的、本源意义上的交易费用，那么，制度交易费用则是第二位的、派生的交易费用，也有学者把制度给定下各种具体交易的交易费用和制度交易费用形象地称为"摩擦力和润滑剂"。即是说，作为"润滑剂"的制度交易费用是为了降低作为"摩擦力"的制度给定下各种具体交易的交易费用而产生的，两者具有此消彼长的关系。通常，作为"润滑剂"的制度交易费用越增加，作为"摩擦力"的各种具体交易的交易费用则越下降。

除了制度可以降低作为"摩擦力"的交易费用之外，技术也是降低交易费用的重要力量。人类社会正是通过制度和技术这两大力量降低作为"摩擦力"的交易费用的。正如诺思所说："制度为交换提供结构，它（与所用技术一起）决定了交易费用与转形成本。"②我们可以从人类社会制度创新和技术进步的历史演进中清楚地看出制度和技术降低交易费用的作用。例如，相对于人类最初的物物交换交易而言，定期集市制度的出现，一般等价物——货币的产生，就极大地节省了交易费用。技术进步方面，交通的不断改进，如马路、运河、航海、公路、铁路、飞机场等，通信如驿站、邮政、电报、电话、电传、电子计算机、互联网等手段的发明和进步，则极大地节省了交易的信息费用。

需要注意的是，技术进步对交易费用的影响具有两面性。一方面，技术进步可以产生诸如新的有效的度量方法使交易费用降低；另一方面，技术进步意味着出现更复杂的商品从而提高交易费用。技术进步为设计新的降低合约费用的经济组织提供了机会，但从已出现的少量系统经验资料表明，在发达的工业国家，技术进步的净效应提高了交易费用。

美国加州大学洛杉矶分校的拉尔在北京大学中国经济研究中心的演讲《信息革命、交易费用、文明和经济运行》中，把交易费用分为与交换的效率有关的交易费用和与监督机会主义行为有关的交易费用。拉尔认为，由于信息革命的作用，尽管用于交换的交易费用会下降，但因为文明的差异，用于监督的交易费用的未来的变动会在国与国之间出现很大的不同。一个有趣的问题是，从总体上看，信息革命到底是降低了交易费用还是增加了交易费用？在拉尔看来，信息革命虽然可以降低用于交换的交易费用，但却增加了用于监督的交易费用。这是因为：第一，由于计算机和网络的使用，专家咨询等业务能够避开税务当局的管制，人力资本可以像金融资本一样越来越具有流动性。这使税基萎缩到只有非流

---

① 诺思. 制度、制度变迁与经济绩效 [M]. 杭行，译. 上海：上海三联书店，2008：47.
② 诺思. 制度、制度变迁与经济绩效 [M]. 杭行，译. 上海：上海三联书店，2008：46.

动要素——非技术劳动力、土地和销售税。并且销售税收入也会由于设在免税区的电子超市的发展而减少，因为人们可以通过信息高速公路来此购物。第二，由于信息革命大大地拓展了市场的范围，使一次性的"匿名"的交易迅速增加，所以如果传统的道德被极度的个人主义替代，用于监督的交易费用将会大大上升。

第四节　交易费用的测量与"诺思第二悖论"破解

交易费用理论创立以来，交易费用的测量就成为一个亟待解决的、事关新制度经济学解释力的重要问题。交易费用测量确实是一件难度很大的工作，但是，20 世纪 70 年代以来，在许多新制度经济学家的努力下，交易费用的测量工作还是取得了一定的进展，进展主要体现在对交易费用的微观测量和宏观测量两个方面。

一、交易费用测量的困难

交易费用的测量之所以备受新制度经济学家们关注，在于交易费用的测量确实存在较多的困难。具体来说，主要有以下几个方面：

第一，标准的交易费用概念还不存在。如前所述，对交易费用的含义，新制度经济学家们给出了多种不同的定义。这些定义常常是启发性的而并非出自测量交易费用的目的。虽然这些定义提供了概念上的强大洞察力，但是它们并没能转变为被广泛接受的具有操作性的标准。

第二，由于生产和交易费用是被联合决定，这导致对交易费用的单独估计变得相当困难。经济理论暗示交易费用的差异对生产边界具有重要的影响。低交易费用意味着更多的交易、更高的专业化、生产费用的变化以及产量的提高。生产费用方面的变化同样也对交易费用产生影响。

第三，如果交易费用非常高，许多种交易可能根本就不会发生。即使某种特定种类的交易会发生，它也不可能出现在采用货币价格的开放市场中。结果，在所有潜在的交易中，仅仅只有一个很小的子集将真正发生，并且只有这个子集的一个子集将出现在市场上。为了搞清楚为什么某种特殊交易会被某个人采用，这就要求获得关于其他选择的机会成本的知识。为了理解这些选择的形成，我们有必要对那些并没有真实发生的交易的费用进行估算。

第四，一价定理在此并不适用。在一个给定的社会中，个体和团体可能面对非常不同的交易费用，因此许多估算可能是需要的。在其他情况相同的条件下，某个人的政治关系、种族以及其他特点也将影响特殊交易的机会成本，而这些差异对于外部人来说很少是透明的。

显然，要想真正使交易费用的测量问题有所进展，新制度经济学家还必须克服概念上和实践中的各种障碍。

二、微观层次的交易费用测量

新制度经济学家把交易分为市场型交易、管理型交易和政治型交易三种类型，因此，微观层次的交易费用测量又可以分为市场型交易费用测量、管理型交易费用测量和政治型交易费用测量。

（一）市场型交易费用测量

市场型交易费用涉及的内容较多，为了降低测度的代价，学者们已经找到了一种方法，即只对市场型交易的双方——产品和服务的消费者和提供者——分别测度其各自承担的交易费用。

首先，对消费者承担交易费用的测量。众所周知，一个消费者在寻觅购买产品和服务的过程中，首先需要投入时间和精力获取有关产品质量的信息。然后，他必须寻找一个货真价实的供给。当然，对于类似或甚至相同的商品，价格可能会存在很大的差别。例如，对于一个特定的数码相机产品，其价格可能会在平均价格上下10%的范围之内波动。即使消费者知道某个产品的价格差异非常大，许多人并不会花时间和精力去寻找最低价格的供给者；否则，我们就不应该看到同样的产品会存在如此大的价格差异。我们所观察到的相对于平均价的价格差异，可以被理解为消费者的自身交易活动的费用（在这种情形中是搜寻费用）的近似度量。

对于购买如房子这样的贵重物品而言，消费者倾向于雇用顾问，比如房地产经纪人、律师和金融专业人士，他们这些人提供的是"交易性服务"。消费者支付给这些个人或企业的费用体现在国民收入账户上，因而可以由此推出这些交易支出的总规模。

其次，对产品和服务提供者承担的交易费用的测量。从产品和服务提供者的角度来说，交易费用或销售费用是指，推销掉某一商品的费用减去由生产者将该商品送到最终消费者手中的运费。推销费用是用最终消费者支付商品的价格和生产费用之差来度量的。

德国1959年的数据显示，在116种非食品的商品组中，平均推销费用是最终销售价格的49%。对于这个数字，需要减去3.7%的平均运输费用和7%的平均流转税。这样，生产者一方的市场型交易费用就等于最终消费价的38.3%[①]。这一估计仅仅代表各个因素的非加权平均。

就中国目前的情况来看，市场型交易费用可能更高，有许多产品的生产成本可能只占最终价格的一个较小的部分。专栏2-1"让菜价飙升的'最后一公里'"就充分说明了这一点。

---

① 弗鲁博顿，芮切特.新制度经济学［M］.姜建强，罗长远，译.上海：上海三联书店，2006：68.

专栏 2-1

让菜价飙升的"最后一公里"

最近各地的蔬菜价格暴跌，一些品种的蔬菜在田间地头的收购价才五六分钱，但在城镇菜市场和超市里，其价格依然维持在两块多钱的高价。这中间究竟经过了哪些环节？成本是如何层层叠加的？一系列的问号悬在百姓脑海中。

按照目前的价格，西葫芦在山东产地价格是 5 分钱一斤，然而在北京市的几家社区菜店售价却为每斤 1 元。西葫芦从产地到市场，价格竟然涨了近 20 倍。蔬菜价格到底是怎么涨上去的？

根据西葫芦的进京路径图，山东的西葫芦经过长途运输后，来到北京市交易规模最大的新发地农产品批发市场，当初 5 分钱一斤的西葫芦加上运输费用和新发地市场的相关费用，批发价已变成了每斤两毛五左右。如同接力赛一般，另外一些菜贩子把这批西葫芦从四环外的新发地贩运进了四环内的岳各庄蔬菜市场，虽然距离不远，但加上来回的搬运费、摊位费，每斤西葫芦已经涨到了三毛五左右，涨幅高达 30%。

北京市物流协会副秘书长肖和森表示，批发价格跟收菜价格相比，可能高 1~2 倍。但第二个阶段从批发市场到超市这个环节，价格就开始大幅上升。以圆白菜为例，产地收购价格是 4 分钱每斤，到了批发的环节变成一毛五，但是到了超市的时候就达到了八毛钱，从批发到超市这个环节跃升了 4 倍多，最终零售价是产地价格的 20 倍。从批发市场到超市，往往是这一公里左右的路程，让菜价"坐上了直升机"。而这其中的奥秘就在于道路不畅、货车禁行、罚款遍地、无车位、无车证等各种因素。

资料来源：张璐晶，张鸿. 让菜价飙升的"最后一公里"［N］. 中国经济周刊，2011-05-17.

（二）管理型交易费用测量

管理型交易费用近年来在被称为"作业成本"的会计核算中的重要性越来越大。以作业为基础的会计核算背后的目的就是寻找节省制造业中间接费用的方法。这些成本越来越高，已成为困扰现代工业的一大难题。大部分间接费用都与交易有关，管理间接费用的关键是控制导致间接费用的交易活动。交易上的"管理"需要仔细考虑哪一种交易更为合适，哪一种不合适。通过这种方法，可以达到减少间接费用的目的。

管理型交易费用的测量可以间接费用的测算为基础进行估计。间接交易费用包括生产费用（如折旧、维修、水和保险费）以及内部交易费用。间接费用与总成本或总价值之比在最近一个世纪的时间里增加得非常快。在美国，它已经升至 35%~60%。遗憾的是，我们并不能够精确地知道管理型交易费用在总间接费用中的比重。但是，如果假设交易费用的份额达到50%，那么企业内交易费用将会介于18%～30%（包括企业的推销费用）。因此，对于一个代表性企业而言，与生产有关的交易费用在总成本中的比重可能会达到10%～20%。人事管理费用在不同工业分支领域中差异很大，平均而言，可能会有10%～15%的比重。因此，与生产有关的管理型交易费用可能在总成本中占20%～35%的比重。[①]

上面的管理型交易费用仅考察了一个生产过程的情形。但是，生产过程通常不止一个。如果假设与其余生产过程有关的管理型交易费用在产品价格中的比重达到10%，管理型交易费用占产品价格的比重就会达到30%～45%。

(三) 政治型交易费用测量

相比上面两种交易费用，政治型交易费用的测量难度更大。比如，制定和实施一项法律的成本到底有多大？一些人只看到直接成本，也就是立法过程中和实施过程中所消耗的资源，没有看到其中涉及的间接成本。一项特定社会法律，不论是新的，还是旧的，其成本不仅包括与法律有关的直接政府支出，还包括法律对社会造成的成本，如由于损害了自由交换而导致的资源损失。这种资源损失就可以看作是实施法律的间接成本。显然，即便是法律的直接成本，也包括有形和无形两部分，有形的部分可以计算，而无形的部分就无法计算。至于制定和实施法律的间接成本就更加无法估计了。

还有就是公共选择的成本。比如每一次的政府选举，不仅要进行很多的宣传与广告活动，还要进行大量的规划与设计。这里不仅包括大量的货币支出，还包括巨额的实物和精神消耗。要想准确地估算一次选举的全部交易费用几乎是不可能的。如果不是通过选举来更换领导人，而是通过战争、政变等流血方式更换领导人，成本就更高了，而且更加难以估计。

当然，说政治型交易费用难以测量，不等于不能测量。目前，也有一些学者对政治型交易的某些方面的费用进行了测量。例如，McCann 和 Easter（1997）就估计了政府为减少明尼苏达河的非点污染源的污染所采取的四种不同政策的交易费用的大小。在他们的研究中，交易费用包括信息收集与分析所花的费用、颁布授权法的成本（主要是指游说成本）、政策的设计与执行成本、有关项目的维护与管理成本、检测成本以及诱导成本等。他们采用与项目建设者们直接面对面交流的方式，调查并估算整个项目的劳动投入量，然后将劳动投入量乘以工资水平，从而换算成货币成本。研究结果显示：向肥料征税的政策的交易费用最低，为94万美元；其次是进行管理培训的教育计划，其交易费用为311万美元；接着便是保护所有播种耕地的政策，为785万美元；最后是对地役权实行永久性保护的扩展计划，为937万美元。

三、宏观层次的交易费用测量

宏观层次交易费用的测量即是对一国（或地区）总量交易费用的测量。在总量交易费用的测量上，沃利斯和诺思（1986）的《美国经济中交易行业的测量：1870—1970》一文提出的交易行业测量法具有一定的开创性。他们测算总量交易费用的方法虽然没有用到

---

① 弗鲁博顿，芮切特. 新制度经济学 [M]. 姜建强，罗长远，译. 上海：上海三联书店，2006：69.

市场型交易费用、管理型交易费用和政治型交易费用的概念，但其实质与加总市场型交易费用、管理型交易费用和政治型交易费用来求总量交易费用的方法是一致的。

　　为了能对一国或地区的总量交易费用进行测量，他们首先把交易费用狭义地定义为与交易有关的成本，即执行所谓的"交易功能"的成本，以区别于执行"转换功能"的转换成本。所谓"转换功能"，就是把投入变成产出的生产活动。在沃利斯和诺思看来，与交易有关的资源投入的总和便构成了总量交易费用的大体估计。那么，投入交易的资源有哪些呢？用诺思他们的话说："在经济活动中投入的定义包括：在经济活动过程中所用的土地、劳动、资本和企业家才能。执行交易和转换功能都需要这些资源的投入。当我们说交易成本时就是指执行交易功能时所投入的价值。……交易成本包括用于在交易过程中的劳动、土地、资本和企业家才能的价值。我们通过决定哪些劳动、土地、资本应该计入交易部门来计算交易部门的交易费用大小。"①

　　依据"交易功能"和"转换功能"的概念，沃利斯和诺思首先将国民经济各部门区分为私人交易部门、私人非交易部门和公共部门三个部门，然后分别测算了美国自1870年到1970年的100年间这三个部门中投入与交易有关的资源总量，得到了总量交易费用的估计。

　　首先，私人交易部门的测量。私人交易部门包括金融业、保险业、房地产、批发业和零售业等。房地产和金融的主要作用是促进所有权的转让。银行业和保险业的作用是协调交易中未定权益的交换。这些部门的主要功能是为市场交易服务。为什么运输业不被当作交易部门呢？沃利斯和诺思认为，把产品从生产者运输到消费者是一种转换活动，故而不应该把交通运输行业看作是一个交易行业。批发和零售贸易行业从事的主要是交易活动，但也进行着一些转换的活动。具体计算私人交易部门资源投入的方法是"用一个行业对国民生产总值的贡献来描述。"为什么投入这些部门的资源可以看作是交易费用？可以这样来理解他们的观点，即：如果交易费用为零，这些为交易服务的部门可以不需要。正因为交易费用大于零，才需要这些部门，所以，投入这些部门的资源都可以看作是交易费用。

　　其次，私人非交易部门的测量。私人非交易部门包括农业、建筑业、采掘业、制造业、交通业、仓储业及餐饮业等。虽然私人非交易部门主要进行产品的转换活动，但这些部门的企业内部同样存在交易活动，如购买投入品、协调监督生产要素活动、产品的推销等，这些活动都存在交易费用（市场型交易费用和管理型交易费用）。为了测算私人非交易部门企业的交易费用，沃利斯和诺思区分了企业内部的两种不同职业，即主要提供交易服务的职业（包括投入的购买、产出的分配和对企业内转换功能的协调与监控）和主要提供转换服务的职业，并以主要提供交易服务的职员的工资加总（即劳动力资源的耗费）来估计私人非交易部门中交易费用的大小。为什么可以用提供交易服务的职员的工资加总作为私人非交易部门企业内部交易费用测量的代理变量呢？理由是，如果市场型和管理型交易费用为零，企业内部就不需要提供交易服务的职员。正因为市场型和管理型交易费用不为零，才需要这些职员，故而可以用提供交易服务的职员的工资加总来反映私人非交易部

---

　　① Wallis, North. Measuring the Transaction Sectors in the American Economy, 1870-1970 [M]//Engerman, Gallman. Long-Term Factors in American Economic Growth, Chicago: University of Chicago Press, 1986: 97.

门中交易费用的大小。

再次，公共部门的测量。从根本上说，政府的所有部门都可以看作是提供交易服务的。但从沃利斯和诺思对交易费用的狭义定义来看，仅有少量的政府部门（如法院和警察系统、国防和军队、邮政服务和金融管理等）可以看作是为交易服务的。法院和警察系统能够保证合约的执行、国防和军队可以保护产权，这些都是交易费用的重要组成部分。邮政服务和金融管理（财政部）这些活动方便贸易和交换，直接降低交易费用，也为交易服务。政府提供的商品和服务的非交易活动，包括教育、交通和市政服务，市政服务包括消防、公共设施、城市修缮、公共建房、公共保健体系。政府提供的这些非交易活动要完成转换功能，需花费大量的交易费用。这些花费必须在交易行业的计算之中。沃利斯和诺思采用了两种方法测量。第一种方法对公共交易部门和公共非交易部门分别计算。公共交易服务部门的交易费用的规模由政府的交易活动的支出价值来测量。非交易活动中的交易费用规模的计量与计算私人非交易部门的方法相同。第二种方法简单地把整个政府都视为非交易部门，然后计算与交易相关人员的酬金。第二种估算方法的结果比第一种估算方法的结果低。

最后，对私人交易部门、私人非交易部门和公共部门的三个测量结果进行合并即获得总量的或宏观的交易费用估计量（见表2-2）。沃利斯和诺思计算的结果有两个：一是美国自1870年到1970年的100年间总量交易费用占GNP的比例由26.09%升至54.71%。二是由24.19%升至46.66%。其中，第一个结果使用的是第一种方法测算美国公共部门的交易费用。第二个结果使用的是第二种方法测算美国公共部门的交易费用。据此他们得出一个结论：随着一个国家经济的增长和发展，交易部门会随之扩大，每笔交易的交易费用会下降，但总量交易费用占GNP的比重会越来越大。

表 2-2 1870~1970 年美国总量交易费用占 GNP 的百分比 　　　　单位：%

年份	私人交易与非交易部门	公共部门		加总	
		I	II	I	II
1870	22.49	3.60	1.70	26.09	24.19
1880	25.27	3.60	1.70	28.87	26.97
1890	29.12	3.60	1.70	32.72	30.82
1900	30.43	3.67	1.71	34.10	32.14
1910	31.51	3.66	1.93	35.17	33.44
1920	35.10	4.87	2.07	39.98	37.17
1930	38.19	8.17	2.62	46.35	40.81
1940	37.09	6.60	4.83	43.69	41.92
1950	40.30	10.95	4.33	51.25	44.63
1960	41.30	14.04	4.05	55.35	45.36
1970	40.80	13.90	5.86	54.71	46.66

资料来源：Wallis, North. Measuring the Transaction Sectors in the American Economy, 1870-1970 [M]//Engerman, Gallman. Long-Term Factors in American Economic Growth. Chicago：University of Chicago Press, 1986：121.

其他学者，如 Ghertman（1998）依据沃利斯和诺思提出的交易行业测量法，运用 OECD 数据，对美国、日本、德国和法国四个发达国家在 1960~1990 年交易费用的变动趋势进行了比较研究。通过研究，他发现四国交易费用占 GDP 的比重不断增加，分别由 1960 年的 55%、40%、38% 和 34% 增加到 1990 年的 62%、56%、52% 和 63%，从而证实了沃利斯和诺思的结论。

四、"诺思第二悖论"及其破解

谈到"诺思悖论"，人们首先想到的是诺思的"国家的存在是经济增长的关键，然而又是人为经济衰退的根源"这一有关国家在产权保护中的作用的矛盾观点，我们不妨称之为"诺思第一悖论"[①]。这里要讨论的"诺思第二悖论"与上述悖论不同，它是一个有关沃利斯和诺思的上述总量交易费用测量与新制度经济学的制度的主要功能是降低交易费用的理论的所谓矛盾问题。能否有说服力地破解"诺思第二悖论"，是一个关系"新制度经济学理论的逻辑统一"的重大问题。

(一)"诺思第二悖论"的缘起与"发现"

根据沃利斯和诺思（1986）及其他学者的研究，不难看出，一个国家越发展，其总量交易费用就越大。但是，一个国家越发展，其制度也应该越来越完善。根据新制度经济学观点，制度的主要功能是降低交易费用。这意味着，制度越来越完善的国家，其总量交易费用应该越来越低才对，而事实却是越来越高。这看起来是矛盾的。

韦森（2000）指出："尽管如科斯、诺思和其他新制度经济学家们所推想的那样，具体的制度创新、组织创新和技术创新，可以在同一社会经济制度的整体框架中节约交易费用，但有一点却似无可置疑：交易费用自然会随着社会的经济发展和交易惠利的巨大增加而呈递增趋势。……沃利斯和诺思在 1986 年的研究中发现，从 1870 年到 1970 年，交易费用占美国国民生产总值的比重从 25% 增加到 45%。单从这一点，我们可以非常容易地确信这一断想。但是，诺思 1988 年《制度、经济增长与自由》的文章明确指出，交易费用的下降是历史上经济增长的关键源泉。"韦森认为，诺思在这里明显地"犯了一个重大的理论错误"。因为，纵观整个人类社会经济史，我们只能得出与诺思完全相反的结论：交易费用的增加，是历史上经济增长的主要原因[②]。这里，韦森虽然没有将新制度经济学理论中有关理论（随着制度的进步交易费用应该越来越低）与实际（测量到的总量交易费用越来越高）的矛盾称为"诺思第二悖论"，但他把它称为新制度经济学的"重大理论错误"，实质与所谓的"诺思第二悖论"完全相同。国内学者中，李建标和曹立群（2003）的《"诺思第二悖论"及其破解》一文首次使用了"诺思第二悖论"这一术语。

对于"诺思第二悖论"，国外学者梅瑞威尼托克斯和米罗拉克斯（2010）也提到了，他们说："根据沃利斯和诺思 1986 年的研究，一种经济越发展，它的制度环境就越有效，其交易费用水平则越高。这一结论与诺思 1990 年有关经济发展依赖于有效的产权和制度

---

① 关于这一悖论，本书第四章第三节有专门的介绍和讨论。
② 韦森. 交易费用和交易惠利——对新制度经济学的一点补充［N］. 经济学消息报，2008-08-17.

结构的一般陈述是不一致的。……因为如果事实果真如此，那么，它与新制度经济学的基本理论就存在一个明显的矛盾，即：如果经济发展带来了更高水平的交易费用，那么，交易费用能够在何种意义上作为有效制度出现的解释变量？换一句话说，如果有效的制度环境带来了经济增长，而这又与高水平的交易和交易费用相联系，那么，在解释有效制度的出现时，交易费用的解释价值何在呢？"[①]

（二）"诺思第二悖论"的破解

对于"诺思第二悖论"的破解问题，韦森、李建标和曹立群这些"悖论"的"发现者"也提出了一些思路。不过，需要指出的是，他们的破解思路是以将"悖论"看作是新制度经济学的"重大理论错误"这一核心观点为前提的。他们的破解思路的共同点是要新制度经济学放弃其有关制度变迁和交易费用的核心理论。例如，韦森主张，新制度经济学家要"重新认识交易费用的社会功用"、放弃"制度变迁是旨在降低交易费用"的观点。李建标和曹立群则主张，新制度经济学家要放弃将交易费用作为制度效率的标准、放弃边际的制度分析方法。

对于上述将"诺思第二悖论"看作是新制度经济学的一个重大"理论错误"的观点，大多数新制度经济学者并不认同。他们认为，"诺思第二悖论"并非真正的悖论，而是一个伪命题。合理破解"悖论"的思路自然也就不是要放弃新制度经济学有关制度变迁和交易费用作用的核心观点和理论。

实际上，破解"诺思第二悖论"，有两个关键问题需要回答：其一是韦森之问，即："随着制度进步交易费用应该越来越低的理论与测量到的总量交易费用越来越高的现实矛盾如何解决？"其二是梅瑞威尼托克斯和米罗拉克斯之问，即"能不能用测量到的上升的总量交易费用说明有效制度的出现？"

对于韦森之问，其实不难破解。它涉及的是制度变迁降低的交易费用与诺思他们测量到的增加的交易费用在性质上是否相同以及两种交易费用的相互关系问题。这一问题的本质与梅瑞威尼托克斯和米罗拉克斯之问是一致的。因此，破解"诺思第二悖论"的关键是要回答梅瑞威尼托克斯和米罗拉克斯之问，即"如果经济发展带来了更高水平的交易费用，那么，交易费用能够在何种意义上作为有效制度出现的解释变量？换一句话说，如果有效的制度环境带来了经济增长，而这又与高水平的交易和交易费用相联系，那么，在解释有效制度的出现时，交易费用的解释价值何在呢？"

要回答上述问题，有以下三个问题需要回答。一是测量到的总量交易费用是何种类型的交易费用？二是测量到的交易费用能不能用于说明制度的有效性？三是如何用测量到的总量交易费用说明制度的有效性？

首先，关于测量到的总量交易费用的类型问题。如前所述，交易费用包括制度性交易费用和制度给定下各种交易的交易费用两种类型。用沃利斯和诺思方法测量的总量交易费用属于哪一种类型呢？显然，它主要属于前者，即制度交易费用。因为用沃利斯和诺思方法测算到的总量交易费用实质上是市场上可计价的各种交易性产业的价值加总，是投入交

---

① Meramveliotakis, Milonakis. Surveying the Transaction Cost Foundations of New Institutional Economics：A Critical Inquiry ［J］. Journal of Economic Issues, 2010 (4)：1055.

易活动的各种资源的价值。一般来说，一个国家越发达，其分工就越细，其为交易服务的部门越多，从而使整个社会用于交易的资源越多，总量交易费用就越大。诺思就说过："在过去的上百年里，我们用于交换活动的资源越来越多，我们这样做是为了获得现代技术及其生产力的增长。……为了做到这一点，我们必须进行越来越多的交换活动，而每一交换过程都需要花费资源来界定交换的内容和条件。因而，我们希望在社会发展过程中出现的一个重要现象是越来越多的资源用于交易活动并构成交易成本。事实上，在我们考察1870~1970年的美国经济时，我们发现交易成本的总和占国民生产总值的比例由开始时的大约25%增加到100年后的45%。这意味着在总体上越来越多的社会资源用于交易活动。今天的真实情况是，美国经济和世界上其他高收入国家的贸易部门的收入超过了国民生产总值的50%。这意味着一半以上的社会资源并没有直接用于生产任何东西，而是用于进行整合和协调不断增加的和越来越复杂的政治、经济和社会体系。这同样意味着哪里的经济发展得更好一些，哪里的交易成本通常占国民生产总值的比重就高一些。我们希望通过交易成本总量的增加实现亚当·斯密所展示的生产的专业化和劳动分工带来的好处。同时，我们希望能够以较低的成本实现每一笔交易。"① 显然，所谓投入交易中的资源，实际上就是投入促进交易的各种组织和制度建设中的成本，即制度性交易费用。

其次，测量到的交易费用能不能用于说明制度的有效性问题。这是显然的。一些学者之所以会得出用沃利斯和诺思方法测量的总量交易费用不能用于说明制度的有效性的不正确认识，主要在于他们对总量交易费用的构成以及制度交易费用与制度给定下各种交易的交易费用的关系认识不清。总量交易费用被看成是制度交易费用与制度给定下各种交易的交易费用的总和，即把两者看作是相加的关系。在这一问题上，诺思1986年的文章也是这样看的。正如诺思所说："交易成本是作为交换制约的基础的制度框架中最能观察到的部分的度量，它们包括两部分：一部分是经由市场的可能度量的成本，一部分是一些难以度量的成本，如获取信息、排队等候的时间、贿赂，以及由不完全监督和实施所导致的损失。"② 显然，这里的"经由市场的可能度量的成本"就是制度交易费用，"获取信息、排队等候的时间、贿赂"等难以度量的成本则是制度给定下各种交易的交易费用。总量交易费用可以被看作是制度交易费用和制度给定下的各种交易的交易费用的和吗？这显然是不妥当的。如前所述，制度给定下的各种具体交易的交易费用是第一位的、本源意义上的交易费用，制度交易费用则是第二位的、派生的交易费用，前者是"摩擦力"，后者是"润滑剂"。作为"润滑剂"的制度交易费用是为了降低作为"摩擦力"的各种具体交易的交易费用而产生的，两者具有此消彼长的关系。通常，作为"润滑剂"的制度交易费用越增加，作为"摩擦力"的各种具体交易的交易费用则越下降。因此，本源意义上的总量交易费用应该是制度给定下各种交易的交易费用总和。当然，由于制度给定下的各种交易的交易费用的总和很难测量，沃利斯和诺思只好用相对易于测量的制度交易费用的总和来近似代替制度给定下的各种交易的交易费用总和。用沃利斯和诺思方法测量的制度交易费用总和实际上可以理解为制度效率概念中的成本这一面，而效率是收益和成本的比，由于增加了作为"制度成本"的制度交易费用，制度给定下的各种具体交易的交易费用必然会减

① 诺思. 经济学的一场革命 [M]//梅纳尔. 制度、契约与组织. 刘刚，等译. 北京：经济科学出版社，2003：51.
② 刘元春. 交易成本分析框架的政治经济学批判 [M]. 北京：经济科学出版社，2001：116.

少，而这种减少的具体交易的交易费用应该被看作是"制度收益"。因此，只要我们把测量到的制度交易费用总和与减少的制度给定下的各种具体交易的交易费用不是看作和的关系而是商的关系，"诺思第二悖论"的破解也就不是难事了。

再次，如何用测量到的总量交易费用说明制度的有效性问题。我们已经知道，用沃利斯和诺思方法测量的总量交易费用是制度交易费用，是制度效率比较中的成本和分母这一项。测量的制度交易费用是上升的，它必然降低制度给定下的各种具体交易的交易费用，这是制度交易费用增加所带来的收益，是制度效率比较中的收益和分子项。显然，作为制度效率比较的成本增加，其收益也增加，只要收益的增加大于成本增加，就可以说制度效率是提高的。可以用式（2-1）来计算制度交易费用增加所降低的制度给定下的各种具体交易的交易费用总量，即某一时间段（从 t 到 t+1）的制度效率的改进：

$$\frac{\Delta ITR_{t+1}}{\Delta ITC_{t+1}} = \frac{\sum_{k=1}^{n} \left[(M_{t,k} - M_{t+1,k}) \times (Q_{t,k} + \Delta Q_{t+1,k}) \right]}{ITC_{t+1} - ITC_t} \tag{2-1}$$

其中，分母 ΔITC_{t+1} 表示增加的总制度成本，它等于 t+1 时期的总制度交易费用减去 t 时期的总制度交易费用。分子 ΔITR_{t+1} 表示增加的总制度收益，它等于 $\sum_{k=1}^{n} \left[(M_{t,k} - M_{t+1,k}) \times (Q_{t,k} + \Delta Q_{t+1,k}) \right]$。式（2-1）中 $M_{t,k}$ 表示 t 时期（即未发生制度变迁时）产品 k（从 1 到 n 种）的平均交易费用，$M_{t+1,k}$ 表示 t+1 时期（发生制度变迁后）产品 k（从 1 到 n 种）的平均交易费用，这样 $M_{t,k} - M_{t+1,k}$ 表示的是产品 k（从 1 到 n 种）发生制度变迁后降低的平均交易费用。$Q_{t,k}$ 为 t 时期（没有发生制度变迁时）产品 k（从 1 到 n 种）的交易量，$\Delta Q_{t+1,k}$ 为 t+1 时期（发生制度变迁后）产品 k（从 1 到 n 种）增加的交易量。求和公式表示的是所有 n 种产品降低的交易费用总和。

可以看出，即使 t+1 时期作为成本的总制度交易费用（ΔITC_{t+1}）增加了，只要降低的制度给定下的具体交易的交易费用总量（ΔITR_{t+1}）也增加了，且后者大于前者，就可以说，该时期的制度效率相较于 t 时期大大提高了。

我们上述分析与诺思本人对"诺思第二悖论"的破解具有一定的相似性，当然也有一定的不同。诺思（1990）认为，总量交易费用的上升与制度进步和制度效率的提高并不矛盾。因为，随着制度的进步和制度效率的提高，虽然交易费用提高了，但会带来生产费用的下降，并且，下降的生产费用足以弥补交易费用的上升。用诺思的话来说："油田的联合增加了交易费用（因为需要投入资源来创造和维持一个组织，并进而监督其成员对组织的服从情况）。但同时，油田的联合降低了转形成本（因为采油与回收利用更有效率了），转形成本的降低甚至足以弥补交易费用的上升。在这个例子中，一种制度变动所导致的交易费用的上升却由于转形成本的降低，得到了更大的补偿。"[1] 也许是意识到了上述论述中没有将交易费用的下降考虑进来可能带来的误解，诺思（1994）进一步指出："理性经济人希望在各方面尽可能地降低交易费用。技术创新能够使我们较容易地降低交易费用，正如它能导致降低转形成本一样。同样，制度变迁也会降低交易费用，或降低转形成本。"[2] 基于此，诺思他们还对制度变迁做了新的区分，即分为交易增进型的制度变迁和

---

① 诺思．制度、制度变迁与经济绩效 [M]．杭行，译．上海：上海三联书店，2008：92.

② North, Wallis. Integrating Institutional Change and Technical Change in Economic History: A Transaction Cost Approach [J]. Journal of Institutional and Theoretical Economics, 1994, 150 (4): 617.

转形（生产）增进型的制度变迁。这里，诺思的意思很明显，判断制度效率的提高，尤其是总制度收益，不仅要看其带来的生产费用节约，而且还要看其带来的交易费用的节约。只要带来的交易费用和生产费用的共同节约大于增加的制度交易费用，就可以说制度是效率提高的。显然，在诺思看来，随着制度的进步所节约的交易和生产总费用是大于所增加的制度交易费用的，否则，制度变迁就是没有必要的。因此，所谓"诺思第二悖论"是不存在的。

最后，再补充两点。第一，在上面的制度效率计算公式（2-1）中，制度收益部分没有考虑由制度交易费用（润滑剂）增加所带来的生产成本下降的好处。如果考虑了这一因素，制度收益会更大。第二，上面的制度效率计算公式（2-1）虽然对破解"诺思第二悖论"有一定价值，但在计算制度效率上仍然存在操作性困难，因为作为制度收益的制度变迁前后的各种具体产品的平均交易费用（$M_{t,k}$ 和 $M_{t+1,k}$）以及制度变迁后各种产品增加的交易量（$\Delta Q_{t+1,k}$）的大小都是难以准确计算的。这就是说，要比较制度效率，回避不了不可测量的制度给定下的具体交易的交易费用测量问题。

 ## 基本概念

交易；交易费用；市场型交易费用；管理型交易费用；政治型交易费用；制度交易费用；资产专用性；交易频率；人际关系化交易；非人际关系化交易；总量交易费用

 ## 复习思考题

1. 康芒斯对交易的论述有哪些内容？如何评价康芒斯的交易理论？
2. 如何理解交易费用的内涵与外延？
3. 市场型、管理型和政治型交易费用各包括哪些具体项目？
4. 交易费用的决定因素有哪些？
5. 交易费用有哪些性质？
6. 市场型交易费用是怎样测量的？
7. 沃利斯和诺思是如何测量总量交易费用的？如何评价？
8. 如何破解"诺思第二悖论"？

 ## 本章练习题

一、单项选择题

1. 康芒斯将交易分为三类，以下不属于其分类的是（   ）。

A. 管理的交易　　　　　　　　　　B. 馈赠的交易

C. 限额的交易　　　　　　　　　　D. 买卖的交易

2. 一种上下级关系的交易，但这一交易的上级是个集体，追求的是"公道"，这种交易叫（　　　）。

A. 买卖的交易　　　　　　　　　　B. 馈赠的交易

C. 限额的交易　　　　　　　　　　D. 管理的交易

3. 新古典经济学的核心理论价格理论认为价格机制能够自动保证各种资源的配置达到帕累托最优状态，这意味着，在该理论中（　　　）。

A. 生产成本为零　　　　　　　　　B. 生产成本大于零

C. 交易成本为零　　　　　　　　　D. 交易成本大于零

4. 在科斯看来，企业代替市场的原因是（　　　）。

A. 企业内部组织交易的生产成本低于由价格机制组织这笔交易的生产成本

B. 企业内部组织交易的生产成本高于由价格机制组织这笔交易的生产成本

C. 企业内部组织交易的交易成本低于由价格机制组织这笔交易的交易成本

D. 企业内部组织交易的交易成本高于由价格机制组织这笔交易的交易成本

5. 完全消灭企业统一在市场配置资源的前提条件是（　　　）。

A. 交易成本为零　　　　　　　　　B. 交易成本大于零

C. 生产成本为零　　　　　　　　　D. 生产成本大于零

6. 建立婚姻介绍所主要可以减少人们谈恋爱的哪种交易费用？（　　　）

A. 讨价还价和决策费用　　　　　　B. 搜寻和信息费用

C. 防止第三方侵权费用　　　　　　D. 监督费用和合约义务履行费用

7. 一国建立法律框架的费用属于下面哪一类交易费用？（　　　）

A. 市场型交易费用　　　　　　　　B. 管理型交易费用

C. 政治型交易费用　　　　　　　　D. 给定制度条件下的管理型交易费用

8. 威廉姆森所说的"契约人"具有的行为特征包括（　　　）。

A. 自利性和完全理性　　　　　　　B. 自利性和有限理性

C. 机会主义和完全理性　　　　　　D. 机会主义和有限理性

9. 新冠疫情使许多交易无法实现，交易各方受损，导致这些交易的交易费用提高的因素是（　　　）。

A. 人是机会主义的　　　　　　　　B. 商品的属性的复杂度

C. 交易的不确定性　　　　　　　　D. 交易的非人际关系化特征

10. 诺思把迄今为止人类社会经历的交易形式分为三种，以下不属于的是（　　　）。

A. 非人际关系化交易　　　　　　　B. 由第三方实施的人际关系化交易

C. 人际关系化交易　　　　　　　　D. 由第三方实施的非人际关系化交易

二、多项选择题

1. 布罗姆利把交易分为（　　　）。

A. 制度交易　　　　　　　　　　　B. 人际关系化交易

C. 制度给定下的商品交易　　　　　D. 非人际关系化交易

2. 交易具有相互依存性，即互惠性。以下微观经济学理论中体现了这一性质的理论是（　　　）。

A. 消费者效用最大化理论　　　　B. 消费者剩余和生产者剩余理论

C. 交换的一般均衡理论　　　　　D. 生产者既定成本下的产量最大化理论

3. 威廉姆森认为，与特定交易有关的三个维度对交易费用有重要影响，它们是（　　　）。

A. 交易的关联性　　　　　　　　B. 资产专用性

C. 交易的不确定性　　　　　　　D. 交易的频率

4. 微观经济学理论研究了下面哪些问题？（　　　）

A. 生产问题　　　　　　　　　　B. 交易问题

C. 分配问题　　　　　　　　　　D. 消费问题

5. 作为人类稀缺资源损耗的交易费用分为交易必需的和浪费型的两种，以下属于前者的是（　　　）。

A. 管理制度交易费用　　　　　　B. 人的机会主义行为造成的交易对手的损害

C. 政治制度交易费用　　　　　　D. 为达成交易需要付出的信息搜寻费用

三、判断说明题

1. 生产、消费、分配和交易这些人类经济活动都是新古典经济学研究的重点。

2. 资产专用性是指每种资产都有特殊的使用价值。

3. 交易专门治理结构的建立依赖于较强的资产专用性、较小的不确定性和较低的交易频率。

4. 高额的交易费用会阻碍交易的发生，所以总是有害的。

5. 制度交易费用的增加通常会使各种具体交易的交易费用下降。

四、计算与案例分析题

1. 假设某品牌服装某款衬衣出厂价100元，其中含30%的间接费用，假设间接费用有一半是交易费用。该产品经运输到某地商场销售，运费每件20元，商场以200元每件卖给消费者。回答以下问题：

（1）这件卖给消费者的衬衣中有多少是交易费用，多少是生产成本？

（2）交易费用占最终销售价格的百分比是多少？

2. 我国的古币收藏鉴赏领域的资深专家陈林林讲述过这样一段收藏经历："有一天接到一个来自郑州的电话，说发现一个金枕头你们收不收"；"以我多年的经验就判断它一定是个金锭，因为它长得和金锭比较相似，所以人们就叫它金枕头，我就马上问他，我说这个金枕头有没有刻字，他说有。更证明了我的判断"。陈林林隐瞒住自己的这一判断，只告诉对方将东西送过来再说。这是一枚明朝的金锭，上面刻着"永乐十七年四月西洋等处买到九成色金壹锭五十两重"。这些文字让陈林林感觉到这是一枚很有历史意义的国宝级金锭。"就问他，你这个枕头什么价？对方说现在黄金要是卖到银行里面能卖到70块钱一克，这是个古代枕头你咋着也得给我加一点。"一听到对方要将这枚国宝级文物以与普通黄金类似的价格按斤两出售，陈林林内心的兴奋一时无法自制。"当时听了以后就想赶快要出去冷静一下，我说你先坐，我给你倒一杯水，然后出去冷静一下，要不然的话，如果让别人看出来你内心的变化的话，这一件事情可能会瞎。""然后说你这枕头是不是贵了，但你这要真卖给别人还没有多少人能掏得起这个价钱。"在讨价还价的同时，陈林林抓紧时间让人准备现金，以 17 万元的价格买下了这枚金锭。回答以下问题：

（1）这一国宝级金锭买卖的交易费用究竟是什么？

（2）影响这一国宝级金锭买卖的交易费用的因素有哪些？

第三章

科斯定理

科斯定理把交易费用、产权安排与资源配置效率有机地联系了起来，深刻地揭示了产权界定、制度安排在资源配置中的重要作用，对新制度经济学的形成和发展具有极为重要的意义。本章首先对科斯定理提出的理论背景——外部性及其解决的传统思路进行介绍和讨论；其次对科斯定理的含义进行分析和证明，在此基础上对科斯定理遭到的主要批评进行评析；最后阐述科斯定理的意义。

第一节　外部性及其解决思路

外部性问题是经济学中一个经久不衰的话题。科斯定理的提出就与它之前的新古典经济学有关外部性的解决方式和方法有关。

一、外部性及其后果

我们先看新古典经济学家对外部性的定义及主要分类，然后介绍新古典经济学对外部性的经济后果的分析。

（一）外部性的含义与类型

外部性，或称外部经济效应。这一概念源于马歇尔《经济学原理》中分析产业生产成本作为产量的函数时引入的"外部经济"这一术语。马歇尔说："我们可把有赖于任何一种货物的生产规模之扩大而发生的经济分为两类；第一是有赖于这工业的一般发达的经济；第二是有赖于从事这工业的个别企业的资源、组织和经营效率的经济。我们可称前者为外在经济，后者为内在经济。"[1] 之后，有不少经济学家给外部性（外部效应）下过定义。其中，萨缪尔森和诺德豪斯的定义颇具代表性："当生产或消费对其他人产生附带的成本或收益时，外部经济效果便发生了；就是说，成本或效益被加于其他人身上，然而施加这种影响的人却没有为此而付出代价。更为确切地说，外部经济效果是一个经济人的行

---

① 马歇尔. 经济学原理（上册）[M]. 朱志泰，译. 北京：商务印书馆，1964：279-280.

为对另一个人的福利所产生的效果，而这种效果并没有从货币或市场交易中反映出来。"[①]

从不同的角度出发，可以对外部性进行多种分类。

其一，从外部性的影响效果可分为正外部性与负外部性。这是最基本、最重要的外部性分类。正外部性是一些人的生产或消费使另一些人受益而又无法向后者收费的现象，负外部性则是一些人的生产或消费使另一些人受损而前者无须补偿后者的现象。

其二，从外部性的产生领域可以分为生产的外部性与消费的外部性。生产的外部性就是由生产活动所导致的外部性，消费的外部性就是由消费行为所带来的外部性。这是微观经济学中的一种分类，这一分类没有考虑交换活动和分配活动中的外部性。网络交易平台，加入的交易客户越多，外部性越大，这种外部性既不是生产活动带来的，也不是消费活动带来的。还有组织间收入分配中的攀比现象，也表现出分配的外部性。

其三，从外部性产生的时空可分为代内外部性与代际外部性。通常的外部性是一种空间概念，主要是从即期考虑资源是否合理配置，即主要是指代内的外部性问题；而代际外部性问题主要是要解决人类代际之间行为的相互影响，尤其是要消除前代对后代、当代对后代的不利影响。

其四，从外部性影响的范围可分为公共外部性与私人外部性。公共外部性是指经济主体的行为对这一区域内的所有消费者或生产者的福利都造成了影响的外部性。私人外部性是经济主体的行为只对该区域内极少数消费者或生产者的福利产生影响的外部性。

其五，从外部性的方向性可分为单向的外部性与交互的外部性。单向的外部性是指一方对另一方所带来的外部性。双向外部性是指两个经济主体相互之间造成的外部性。交互的外部性是指三人及以上的经济主体之间彼此给对方造成的外部性。

其六，从外部性的可分性可分为可分的外部性与不可分的外部性。可分的外部性是指，假定乙的生产活动影响甲的总福利，但甲的边际收益并非取决于乙的影响，而是取决于甲本身的生产活动。也就是说，厂商的成本函数并不受另一厂商的产量的影响，而是受厂商本身的产量水平的影响。不可分的外部性是指，甲的边际收益不仅取决于甲本身的生产活动，而且也取决于乙的生产活动。于是，成本函数不能分作两个分开的函数，它应包含甲、乙两个生产单位的产品，也就是说，甲的边际成本不仅是它自己的产量的函数，而且也是乙的产量的函数。

（二）外部性的后果

在新古典经济学看来，外部性的存在，不能使资源配置达到帕累托最优状态[②]，市场失灵了。

以正外部性为例，在存在正外部性的情况下，某个人采取某项行动的私人收益（可用 V_p 表示）小于社会收益（用 V_s 表示），即有 $V_p<V_s$。如果这个人采取该行动所遭受的私人成本（用 C_p 表示）大于私人收益而小于社会收益，即有 $V_p<C_p<V_s$，则这个人显然不会采取这项行动，尽管从社会的角度看，该行动是有利的。在这种情况下，帕累托最优状态

---

① 萨缪尔森，诺德豪斯.经济学（下册）[M].高鸿业，等译，北京：中国发展出版社，1992：1193.
② 帕累托最优是新古典经济学的资源配置效率标准，当资源配置达到这样一种状态，即要增加一个人的福利，不得不损害另一个人的福利时，就是资源配置的帕累托最优状态。当然，如果可以在增加一个人的福利的同时，不损害其他任何人，即还存在帕累托改进的余地，则说明原来的资源配置并非是最优的。

没有实现，还存在帕累托改进的余地。如果这个人采取这项行动，则他所受损失部分为 C_p-V_p，社会上其他人由此而得到的好处为 V_s-V_p。由于 V_s-V_p 大于 C_p-V_p，因此可以从社会上其他人所得到的好处中拿出一部分来补偿行动者的损失。结果是使社会上的某些人的状况变好而没有任何人的状况变坏，这就是帕累托改进。

再来看负外部性。负外部性意味着某个人采取某项行动的私人成本小于社会成本。假定某个人采取某项活动的私人成本和社会成本分别为 C_p 和 C_s，则有 $C_p<C_s$。如果这个人采取该行动所得到的私人收益大于其私人成本而小于社会成本，即有 $C_p<V_p<C_s$，则这个人显然会采取该行动，尽管从社会观点看，该行动是不利的。在这种情况下，帕累托最优状态也没有得到实现，还存在改进的余地。如果这个人不采取这项行动，他的损失为 V_p-C_p，但社会上其他人由此而避免的损失却为 C_s-C_p。由于 C_s-C_p 大于 V_p-C_p，因此如果以某种方式重新分配损失的话，就可以使每个人的损失都减少，即使每个人的"福利"增加。

在市场经济条件下，因经济的外部性不能为市场所涵盖，它必然导致市场机制在资源配置上产生种种扭曲，它包括正外部性情况下的资源配置不足和负外部性情况下的资源配置过多两种情况。

1. 正外部性与资源配置不足

图 3-1 具体说明了在完全竞争的条件下，正外部性是如何造成社会资源配置不足的。图 3-1 中水平直线 $d=MR_p$ 是某竞争厂商的需求曲线和私人边际收益曲线，MC 为边际成本曲线。由于存在正外部性，因此社会的边际收益高于私人的边际收益，从而社会边际收益曲线位于私人边际收益曲线的上方，它由 MR_p+ ME 表示。MR_p+ME 与私人边际收益曲线 MR_p 的垂直距离 ME 是所谓正外部性，即由于增加一单位生产给社会上其他成员带来的好处。显然，ME 随产量的增长而增长，即具有正的斜率。

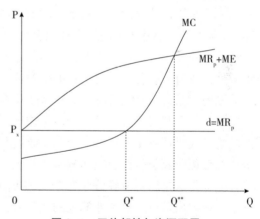

图 3-1 正外部性与资源配置

经济学原理告诉我们，竞争厂商为追求利润最大化，其产量应选择在边际成本等于私人边际收益处，即为 Q^*。但使社会利益达到最大的产量应当使（社会）边际成本（在无外部损害的情况下，私人边际成本就是社会边际成本）等于社会的边际收益，即应当为 Q^{**}。因此，正外部性意味着生产不足，低于帕累托效率所要求的水平。这就是说，在存在正外部性的情况下，私人活动的水平常常要低于社会所要求的最优水平。

2. 负外部性与资源配置过多

图 3-2 具体说明了在完全竞争条件下，负外部性是如何造成社会资源配置过多的。图 3-2 中水平直线 $d=MR$ 是某竞争厂商的需求曲线和边际收益曲线，MC_p 则为其边际成本曲线。由于存在负外部性，因此社会的边际成本高于私人的边际成本，从而社会边际成本曲线位于私人边际成本曲线的上方，由 MC_p+MD 表示。MC_p+MD 与私人边际成本曲线 MC_p 的垂直距离 MD 是所谓负外部性，即由于厂商增加一单位生产所引起的社会上其他人

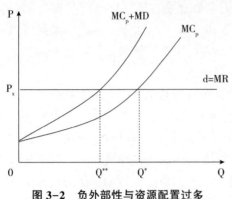

图 3-2　负外部性与资源配置过多

所增加的成本。竞争厂商为追求利润最大化，其产量定在边际收益等于边际成本处，即为 Q^*，但使社会利益达到最大的产量应当使社会的边际利益（即 MR，在无正外部性的情况下，私人边际收益就是社会边际收益）等于社会的边际成本（$MC_p + MD$），即为 Q^{**}。因此，负外部性造成产品生产过多，超过了帕累托效率所要求的水平。这就是说，在存在负外部性的情况下，私人活动的水平常常要高于社会所要求的最优水平。

二、解决外部性的传统思路及评价

如何解决作为一种市场失灵的外部性呢？以庇古为代表的新古典经济学家认为，必须通过政府干预的方式来解决。

（一）解决外部性的传统思路

政府干预解决外部性的具体措施有两种：

一是对于正外部性较大的生产和消费活动，由政府全额和全包进行提供（即提供公共品）。对于负外部性较大的生产或消费活动，政府可以直接限制其产出量，将它限制于社会所认可的资源配置点，或者，干脆禁止它的生产或消费活动。通常来说，比较严重的负外部性，政府一般会选择禁止它的生产或消费的方式。当然，这里也有例外。我国不少城市采取的"禁摩令"①就是一个外部性并不严重、政府却采取禁止消费的典型例子。

二是可以利用政府力量给产生和造成了正负外部性的经济主体以补贴或征税，提高该产品的私人收益或私人成本，使私人收益与社会收益、私人成本与社会成本趋于一致，以满足社会边际收益与社会边际成本相等这一实现帕累托最优资源配置的原则，从而解决外部性问题。这是新古典经济学家庇古提出来的观点，他在 1950 年出版的《福利经济学》一书中就提出：对产生正外部性的生产者，政府应提供相当于外部收益的财政补偿，以使私人收益接近社会收益，鼓励其将产出量扩大到社会最大效率的水平。对于负外部性，庇古提出可以通过修正性税，即利用税收办法，使私人成本与社会成本一致，以解决因外部性引起的资源非帕累托最优配置问题。下面主要对第二种措施作进一步讨论，这里又分两种情况。

第一种，对造成正外部性的经济主体给予补贴或奖励，提高该产品的私人收益，使私人收益与社会收益相等，以满足社会边际收益与社会边际成本相等这一实现帕累托最优资源配置的原则。

①　"禁摩"不是中国传统的词汇，它是一个新鲜事物。"禁摩"是禁止摩托车的简称，有广义与狭义之分。狭义的"禁摩"是指政府通过行政措施严格禁止摩托车在特定的城市行驶；广义的"禁摩"还包括"限摩"，即一些城市严格规定部分道路禁止摩托车通行，或规定部分道路在特定时间段禁止摩托车通行。中国的"禁摩"历程是从 1985 年的北京开始的。迄今为止，已经有 170 余座城市对驾驶摩托车做出禁止或限制。

　　在图3-3中，Q*并非社会最优产量，此时，私人边际收益（MR_p）小于社会边际收益（MR_p+ME），其差距为ME，即正外部效应。要使产量趋于社会最优产量Q**，政府要依据厂商生产Q*产量时所产生的总正外部效应大小给予厂商补贴，在图3-3中即ABP_x的面积的补贴。这时，厂商生产最后一单位产量Q*得到的补贴为AB，其边际收益变为AQ*，而边际成本只有BQ*，在此情况下，厂商尚未实现利润最大化，因而会增加产量。厂商增加产量会使正外部效应增加，政府要根据厂商新的正外部效应的大小实施补贴。当厂商的产量达到Q**时，政府给予厂商的总补贴是CDP_x，最后一单位产量，即Q**时得到的补贴CD加上私人边际收益，即CQ**正好等于其边际成本，实现了利润最大化。帕累托最优所要求的产量也得以实现。

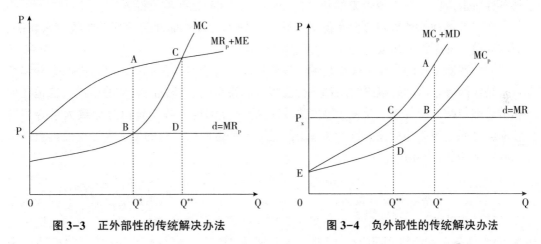

图3-3　正外部性的传统解决办法　　　　　图3-4　负外部性的传统解决办法

　　第二种，对造成负外部性的经济主体征税或者罚款，提高该产品的私人成本，使私人成本与社会成本相等，以满足社会边际收益与社会边际成本相等这一实现帕累托最优资源配置的原则。

　　在图3-4中，Q*相对于社会最优产量Q**来说生产过多。此时，私人边际成本（MC_p）小于社会边际成本（MC_p+MD），其差距为MD，即负外部效应。要使产量趋于社会最优产量Q**，政府要依据厂商生产Q*产量时所产生的负外部效应的总和征税，在图3-4中即ABE的面积。这时，厂商生产最后一单位产量，即Q*产量征收的税收为AB。厂商的边际成本变为AQ*，而边际收益只有BQ*，这意味着，在Q*产量下，厂商生产得过多了，他每增加一点产量就增加一些亏损，因而厂商会减少产量。厂商减少产量会使负外部效应减少，政府要根据厂商新的负外部效应的大小征税。当厂商的产量达到Q**时，政府向厂商所征总税额为CDE的面积，最后一单位产量Q**征收的税收为CD，加上私人边际成本DQ**正好等于其边际收益CQ**，实现了利润最大化。帕累托最优所要求的产量也得以实现。

（二）对解决外部性传统思路的评价

　　以上解决外部性的传统思路存在不足，主要是：通过政府干预手段校正外部性在实践中存在着失败的可能性和不现实性。

　　从庇古的政府干预主张看，他的推论前提是存在一个"社会福利函数"，政府作为公共利益的天然代表者能够自觉对产生外部性的经济活动进行干预。然而，由于公共目标所涉及的是社会不同人或不同集团之间的利益分配，人们的各种特殊利益之间往往是相互冲突的。在与公众有关的决策中，实际上并不存在根据公共利益进行选择的过程，而只存在特殊利益之间的"缔约"过程。

退一步说，即使政府能成为公共利益的代表干预经济活动，但由于下面的原因，也可能导致其干预失效和不现实。

首先，政府干预不是没有成本的。政府在制定税收—补贴政策或其他可能的政策之前，只有先清楚地计量外部性的大小和各受害者（或受益者）受影响的程度，才能对每一方制定适当的税率或补贴率。另外，征税和分配补贴也是要花费成本的。如果这些支出大于外部性所造成的损失（或带来的利益），解决外部性问题就不值得了。

其次，外部性的种类和情形多得不可胜数，如果所有外部性问题都需要政府来解决，政府的规模不知道需要多大。

最后，政府干预的另一个代价是围绕政府活动可能产生寻租活动。寻租有两个基本特点：一是任何寻租活动的最终结果都是社会资源的浪费而不是社会剩余的增加；二是任何寻租活动都与政府的管制、垄断有关。如果政府对外部性实施干预由此导致大量寻租活动，那就可能出现对外部性进行干预带来的益处不如带来的寻租的损害大，这使得对外部性的政府干预变得不值得。

理解"寻租"问题，需要从哈伯格对垄断的社会成本问题的研究谈起。哈伯格（1954）发表了《垄断和资源配置》一文，在该文中他运用马歇尔提出的消费者剩余概念建立了衡量垄断的社会成本模型。在图 3-5 中，D 为市场需求曲线，假设企业的长期平均成本 LAC 对企业和行业都不变，因此，边际成本 MC 与 LAC 相等，这样，LAC 即行业（市场）供给曲线。当市场处于完全竞争状态时，市场的均衡产量为 Q_c，均衡价格为 P_c，消费者剩余为三角形 P_oP_cA 的面积。当市场转入完全垄断后，垄断企业的均衡产量为 Q_m，均衡价格为 P_m，消费者剩余下降到三角形 P_oP_mC 的面积。其中，四边形 P_mCBP_c 的面积作为垄断利润（或租金）从消费者转移到生产者，并没有构成社会福利损失。由于市场结构从竞争转入垄断，均衡产量从 Q_c 下降到 Q_m，生产 Q_c-Q_m 产量的机会成本为四边形 Q_cABQ_m 的面积，而社会消费 Q_c-Q_m 产量的总福利为梯形 Q_cACQ_m 的面积。因此，垄断的社会成本（或福利净损失）为三角形 ABC 的面积，又称"哈伯格三角形"。

莱本斯坦（1966）用 X-非效率概念对哈伯格理论提出了批评。他认为，哈伯格的研究方法是新古典主义的，该方法隐含的一个假设前提是：为了实现利润最大化，企业能有效地购买和使用生产要素。垄断的社会成本仅为价格和数量扭曲引起的哈伯格三角形，忽视了企业从竞争转入垄断后，失去竞争压力的企业将会出现 X-非效率。所谓 X-非效率，是指独家垄断下企业经营目标偏向于守成而非进取，从而造成效率低下。垄断企业不仅会造成低配置效率（由生产者剩余和消费者剩余表示的净福利损失），而且会造成缺乏动机、有机会不利用的 X 低效率。表现在图 3-5 中，垄断一方面使价格从 P_c 上升到 P_m，产出从 Q_c 下降到 Q_m；另一方面，企业出现 X-非效率使企业长期平均成本从 LAC 上升到 M。这样，配置非效率引起福利损失为哈伯格三角形 ABC 的面积，X-非效率引起的福利损失为四边形 $MEBP_c$ 的面积。垄断的社会成本就是三角形 ABC 的面积与四边形 $MEBP_c$ 的面积之和。

塔洛克不接受莱本斯坦的结论，他在1967 年提出寻租理论，从一个新的角度研究了垄断的社会成本问题。塔洛克认为，当企业从竞争（在 Q_c 产量下生产）走向垄断（在 Q_m 产量下生产）后，可以凭借垄断地位获得垄断利润（由四边形 P_mCBP_c 代表），也就是垄断产生的租金。这样，只要用来寻求政府特许的垄断权所花费的资源不及由垄断带来的垄断租金大，追求利润最大化的企业就有强烈的动机去寻求垄断地位。在垄断形成后，没有获得垄断权的企业试图挤入或打破垄断，拥有垄断权的企业要进一步维持垄

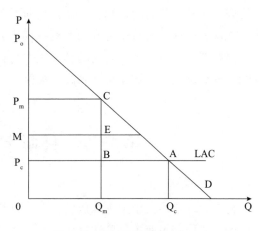

图 3-5　垄断的社会成本与寻租

断。所有这些活动都要消耗稀缺资源。当企业间为获得垄断地位发生的竞争达到均衡时，企业为寻求垄断租金所花费的成本会与垄断利润相等，而且这种花费无助于社会财富的增加。于是，塔洛克认为，真正的垄断社会成本不仅包括哈伯格三角形 ABC 的面积，还应该包括相当于或大于垄断利润额的资源成本，在图 3-5 中表现为四边形 P_mCBP_c 的面积，该面积被称为"塔洛克方块"。

以上所讲企业花费资源寻求政府给予垄断权的活动，就是所谓"寻租"。显然，寻租活动会导致大量的社会资源浪费而不是社会剩余的增加。因为，寻租活动虽然可以产生收入或利润，但并不直接或间接生产货物或服务，它们是消耗实际资源而没有任何产出的经济活动。

三、科斯解决外部性的新思路

科斯对庇古以税收和补贴作为解决外部性的两大法宝的传统思路提出了异议，他说："许多经济学家都因袭了庇古在《福利经济学》中提出的观点。他们的分析结论无非是要求工厂主对烟尘所引起的损害负责赔偿，或者根据工厂排出烟尘的不同容量及其所致损害的相应金额标准对工厂主征税，或者最终责令该工厂迁出居民区。以我之见，这些解决办法并不适合，因为它们所导致的结果不是人们所需要的，甚至通常也不是人们所满意的。"[①]

科斯认为，解决外部性的传统思路不太可能使资源配置达到最优化。因为外部侵害问题具有相互性，制止了甲对乙的侵害，同时也影响了甲的资源配置。他说："人们一般将该问题视为甲给乙造成损害，因而所要决定的是：如何制止甲？但这是错误的。我们正在分析的问题具有相互性，即避免对乙的损害将会使甲遭受损害，必须决定的真正问题是：是允许甲损害乙，还是允许乙损害甲？关键在于避免较严重的损害。"[②]

科斯运用可交易的产权的概念，提出了不同于庇古的思路，并且把造成外部性的行为

---

①　科斯.社会成本问题［M］//科斯等.财产权利与制度变迁.刘守英，等译.上海：上海三联书店，1994：3.

②　科斯.社会成本问题［M］//科斯等.财产权利与制度变迁.刘守英，等译.上海：上海三联书店，1994：4.

也看成是一种可交易的权利，从而使科斯的理论从一开始就摆脱了新古典经济学的传统束缚。他认为，在交易费用为零以及对产权充分界定并加以实施的条件下，私人之间所达成的自愿协议，可以使经济活动的私人成本与社会成本相一致，从而解决外部性，实现资源的帕累托最优配置。这就是著名的"科斯定理"的主要思想。

第二节 科斯定理的构成与证明

科斯定理是由三个定理构成的一个定理组。科斯定理深刻地揭示了产权安排在资源配置中的重要作用及有关制度选择的主要原理。

一、科斯第一定理

科斯第一定理是科斯三大定理的基础，也是迄今为止经济学中争议最大的定理之一。

（一）第一定理的提出及基本含义

科斯第一定理是科斯在 1959 年发表的《联邦通讯委员会》一文中首先提出来的。科斯后来在《社会成本问题的注释》一文中写道："我最初是在《联邦通讯委员会》一文中提出了业已被归纳为科斯定理的观点。我说：'一个新发现的山洞是属于发现山洞的人，还是属于山洞入口处的土地所有者，抑或是属于山洞顶上的土地所有者，无疑取决于财产法。但是，法律只确定谁是必须与之签约才能获得山洞使用权的人。至于山洞是用于储藏银行的账簿，还是作为天然气贮存库，或种植蘑菇，并不取决于财产法，而取决于银行、天然气公司和蘑菇企业哪一个能够付出最高费用以获得山洞使用权。'当时我就指出，这一观点也可适用于发射无线电波（或排放烟尘），而且我还以'斯特奇斯诉布里奇曼'案（该案涉及一位医生受到一台制糖机工作时所发噪声和震动的影响）来说明我的观点。我运用人们已很熟悉的论证方法指出，无论制糖商是否有产生噪声或震动的权利，实际上这一权利将由那个认为此权利最有价值的人取得。我总结道：'权利的界定是市场交易的基本前提，……最终结果（促进产值最大化）与法律判决无关。'这是科斯定理的实质。"[①]

在 1960 年的《社会成本问题》一文中，科斯又对上述思想做了更清楚的表述。他说："没有权利的初始界定，就不存在权利转让和重新组合的市场交易。但是，如果定价制度的运行毫无成本，最终的结果（指产值最大化）是不受法律状况影响的。"[②] 这就是被斯蒂格勒称之为"科斯定理"的科斯第一定理。

这里，有必要对科斯第一定理中的两个基本概念作些说明：① "定价制度的运行毫无成本"指的是市场交易费用为零。即对市场当事人中损害方与被损害方之间的全部讨价还价过程，包括谈判前双方的准备，缔约后的履约过程，完全不考虑成本。② "最终的结

[①] 科斯. 社会成本问题的注释［M］//盛洪. 现代制度经济学（上卷）. 北京：北京大学出版社，2003：38.

[②] 科斯. 社会成本问题［M］//科斯等. 财产权利与制度变迁. 刘守英，等译. 上海：上海三联书店，1994：11.

果"是指经过产权重新配置后的资源优化配置状态。这个"最终的结果"不考虑成本和收益的分配。只要一种行动的收益超过它的成本，哪怕这种收益由一方独得而成本由其他各方来承担，都假定这种行动实现了产值最大化，增加了社会福利。如果一种行动使获益者的收益在弥补受损者的成本以后还有剩余，这种行动也被认为实现了产值最大化，增加了社会福利。

科斯第一定理的含义是：在市场交易费用为零的情况下，产权安排对资源配置没有什么影响。因为，只要是重新安排产权能够增加产值的最大化，就可能通过市场交易或人们之间的讨价还价改变最初的权利界定，使资源实现优化配置。换句话说就是，如果市场交易费用为零，权利的初始安排向新的安排转变（即人们交易产权）不存在代价和阻力，即使初始安排对于实现资源配置的帕累托最优来说是不合理的（如存在外部性），市场机制也会无代价地改变这种安排，将资源配置到需要的领域和最有用的人手里，以解决外部性，实现资源的最优配置。正如科斯所说："如果市场交易是无成本的，那么通常会出现这种权利的重新安排，假如这种安排会导致产值的增加的话。"①

（二）第一定理的说明

下面用科斯的养牛者走失的牛损害邻近土地的谷物生长的例子说明第一定理。假设一个农夫和一位养牛者在两块相邻的土地上经营，由于用栅栏圈围土地的成本太高，因而两块土地之间没有栅栏相隔，结果，养牛者所养的牛群常跑到农夫的农地里去吃谷物。养牛者得利，而农夫则遭受了损失，这就是负外部性。表3-1列举了养牛者的牛群数目与农夫的谷物总损失和养牛者每增加一头牛给农夫所造成的谷物损失之间的关系，还包括养牛者每增加一头牛的边际成本。由于交易费用为零，农夫和养牛者都处于完全竞争市场，他们是谷物价格和牛肉价格的接受者。现假设谷物价格为每斤1元，每头牛的价格为140元。

表 3-1　牛群数与谷物总损失之间的关系

牛群数目（头）	谷物总损失（元）	每增一头牛给农夫造成的谷物损失（元）	养牛者每增一头牛的边际成本（元）
1	40	40	60
2	90	50	70
3	150	60	80
4	220	70	90
5	300	80	100
6	390	90	110
7	490	100	120
8	600	110	130
9	720	120	140

下面分别考察在交易费用为零的情况下，产权界定给农夫（养牛者对牛给农夫造成的

---

① 科斯. 社会成本问题［M］//科斯等. 财产权利与制度变迁. 刘守英，等译. 上海：上海三联书店，1994：19.

损失承担责任）和界定给养牛者（养牛者对牛给农夫造成的损失不承担责任）两种不同产权初始界定情况下的资源配置情况。

1. 养牛者对牛给农夫造成的损失承担责任的情况

与养牛者对牛给农夫造成的损失承担责任的情况相对的是养牛者不承担损失赔偿责任，如果这样，养牛者一定会将牛养到其私人边际成本等于边际收益的地方。在表 3-1 中，我们看到在牛群数达到 9 头时，其私人边际成本 140 元正好等于边际收益 140 元（即牛的市场价格 140 元），所以养牛者会养 9 头牛。

但是，现在的情况是，养牛者要对牛给农夫造成的损失承担赔偿责任，这意味着，如果养牛者养了 9 头牛，他将给农夫造成 720 元的总损失，这也就是他需要支付的赔偿总额。其中，他养的第 9 头牛给他带来的边际收益是 140 元，其私人边际成本是 140 元，加上需要给农夫支付 120 元的损害赔偿，养这第 9 头牛对他来说是不合算的。我们知道，私有产权的所有者会寻求资产的最有效利用，同样也会尽可能规避资产的不必要的损失。具体到养牛者这里，他一定不会养第 9 头牛，因为他不养第 9 头牛可以避免 120 元的净损失。同样的情况适用于他养的第 8 头至 4 头牛，其道理和他不养第 9 头牛一样。养牛者不会养第 4 头牛，因为他养第 4 头牛的私人边际成本是 90 元，需要给农夫造成的损害支付赔偿 70 元，而养第 4 头牛的边际收益仅 140 元，养牛者不养第 4 头牛可以避免 20 元的损失。养牛者最终会只养 3 头牛，因为第 3 头牛的私人边际成本为 80 元，加上给农夫的损害赔偿 60 元，正好等于其边际收益 140 元。

对于农夫来说，牛群造成的谷物损失得到全部补偿（3 头牛的补偿是 150 元），种植谷物的边际收益和边际成本并未因此发生变化，所以，他仍然停留在最优的生产状态，与不存在外部性时的情况完全一样。

养牛者对牛给农夫造成的损失承担责任时的情况可以用图 3-2 负外部性的情况来加以说明。当养牛者承担牛给农夫造成的损失时，养牛者对农夫谷物的损失已经内化到养牛者的成本中，养牛者一定会在边际收益等于社会边际成本（MC_p+MD）处生产，即图 3-2 中 Q^{**} 处生产，与帕累托最优产量一致。

2. 养牛者对牛给农夫造成的损失不承担责任的情况

如上所述，在养牛者对牛给农夫造成的损失不承担责任的情况下，由于不负损害的赔偿责任，牛群对谷物的损害外在于养牛者，养牛者私人决策的最优养牛数量一定会达到 9 头。因为，第 9 头牛的私人边际成本和边际收益都是 140 元，由此给农夫的谷物造成 720 元的总损失。

从表 3-1 可以看出，养牛者将牛群数从 8 头增加到 9 头时，所增加的私人边际成本是 140 元，这头牛增加给农夫所造成的谷物损失（负外部性）是 120 元，社会边际成本是 260 元，养牛者的边际净收益为零（边际净收益=私人边际收益-私人边际成本）。在这种情况下，农夫会发现购买养牛者的养牛权是有价值的。因为在交易费用为零的情况下，农夫可以付给养牛者很小的代价甚至不付出代价，要求养牛者不要养第 9 头牛，从而可以减少 120 元的谷物损失（这就是帕累托改进）。这种情况对养牛者也没有损失，因为他养不养第 9 头牛的收益是一样的。农夫还可以用同样的办法让养牛者减少养牛数目，如付给养牛者 10 元，让养牛者不养第 8 头牛（养牛者养第 8 头牛的净边际收益是 10 元），农夫因此可净增收益 100 元。这一过程一定会在养牛者将牛群数目减少到只有 3 头时，农夫才会停止向养牛者支付以劝其继续减少牛群数量。因为，当只有3头牛时，第3头牛给农夫造成的损失是60元，农夫要使养牛者不养第3头牛的条件是至少付给养牛者60元。这样，对农夫来说，付不付给养牛者这笔钱以使其养或不养这头牛是无差别的。因而，养牛者会至少养3头牛。此时的产值情况和养牛者对牛给农夫造成的损失承担责任时的情况是完全一致的。即在两种情况下，养牛者都只养3头牛，农夫的谷物在养牛者对牛给农夫造成的损失承担和不承担责任的情况下都是一样的。这就证明了科斯第一定理。

养牛者对牛给农夫造成的损失不承担责任时的情况可以用图3-6来说明。由于养牛者对牛给农夫造成的损失不承担责任，养牛者私人决策的最优点为图3-6中的F点，这一点养牛者的私人边际成本等于边际收益（$MC_A = MR_A$），牛群规模为Q^*。在这一点上，养牛者实现了收益的最大化，但从社会福利角度看，由于这一规模造成了很大的外部性，因而显然太大了。如果在保证养牛人私人收益最大化不变的前提下，使牛群规模减小，显然是一种帕累托改进。那么，这种过程能否发生呢？

在养牛者不承担赔偿责任时，农夫是外部损害的直接承担者。农夫承担的谷物损失随牛群规模的增大而增大，如图3-6中MD曲线所示。养牛人的边际收益不变，仍为MR_A，养牛的边际成本（MC_A）是递增的，所以养牛的边际净收益NMR_A（即$MR_A - MC_A$）将随牛群规模的增大而降低，如图3-6中曲线NMR_A所示。在Q^*点，养牛的边际净收益为零，所以Q^*是牛群规模的最高点，也是养牛者不承担赔偿责任时，养牛人决策的最优生产规模。MD与NMR_A相交于E点，该点对应的牛群规模为Q^{**}。

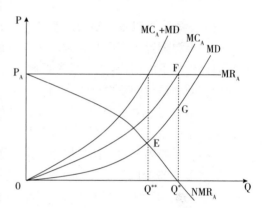

图3-6　农夫与养牛者交易谈判的区间

在图3-6中，可以清楚地看出，在$Q^{**} \sim Q^*$，牛群对农夫谷物造成的损失大于养牛者的边际净收益，这时存在着帕累托改进的可能。对承担损失的农夫来说，只要支付一笔货币可以减少他所承担的损失，且货币额M<MD，农夫是很乐意的，因为他能因此得到一个正的剩余（MD-M>0）。同样，如果养牛人能因为放弃养牛而获得一笔等于或大于其养牛净收益的货币额，他也乐于放弃养牛。在该区间，上述两个条件可以同时满足，因此，农夫可以通过向养牛人支付一笔货币来购买让养牛人减少养牛进而减少谷物损失的权利，使两方的福利得到同时改进。货币额的大小是农夫和养牛人讨价还价的结果，它的变化轨迹和水平由两方的竞价地位所决定。不过，这是无关紧要的，因为在交易费用为零的完全竞争条件下，双方交易、竞价的最终落点都在E。在$0 \sim Q^{**}$，MD<NMR_A，上述交易的条件不存在，所以，交易不会发生，但由于养牛者可以通过扩大牛群规模来增加自己的边际净收益（$NMR_A > 0$），他会自发地扩大牛群规模至E点。

分析表明，在交易费用为零的条件下，农夫和养牛人私人生产决策所决定的牛群规模的均衡点为E。可以证明，E点的牛群规模Q^{**}与社会边际成本和社会边际收益所决定的牛群规模完全相同。上述过程，实质上是围绕"牛群损害谷物"这一权利的交易行为，MD反映农夫为获得这一权利所愿意承担的支付，代表了"权利"的需求方。NMR_A则表示养牛者让渡这一权利的机会成本，反映了"权利"的供给方，供求共同决定了权利交易的均衡价格 M 和均衡的牛群规模 Q^{**}。

结合第一种权利初始界定格局下农夫和养牛者之间的交易行为，可以得出如下推论：在交易费用为零的情况下，不管产权的初始界定如何，即不管养牛者是否承担赔偿责任，农夫和养牛者之间的交易都能使产权的配置格局发生变化，并最终实现帕累托最优配置，换句话说，产权的初始界定与效率结果无关，科斯第一定理由此得证。

二、科斯第二定理

在科斯三大定理中，第二定理的重要性程度最高。它所得出的产权的不同界定会对资源配置效率产生影响的结论为新制度经济学的形成奠定了重要的理论基础。

（一）第二定理的含义与地位

科斯第一定理以零交易费用假设为基础，指出在零交易费用这样一个理想的世界，产权安排对资源配置效率没有影响。在科斯看来，交易费用不是为零而是为正，因而自然而然可以得出如下的推论："一旦考虑到进行市场交易的成本，……合法权利的初始界定就会对经济制度运行的效率产生影响。"[①] 这就是科斯第二定理。

科斯第二定理揭示的含义是，在交易费用大于零的现实世界，产权的不同界定将对资源配置效率产生影响，因而产权界定具有经济价值，也是重要的。

显然，科斯第二定理比科斯第一定理更重要。这是因为，科斯对新古典经济学的挑战正是从"零交易费用"的假设开始的。交易费用是科斯全部理论分析的主线。科斯不是要说明"交易费用为零，会怎么样"，而是要说明"交易费用为正，会怎么样"。对交易费用大于零的世界产权安排与资源配置关系的揭示，才构成科斯定理的核心内容。科斯说："我带给美国的解决难题的办法是十分简单的。所需要的全部内容就是必须认识到市场交易中存在的费用，并将这些费用结合到经济学家过去未能进行的分析中去。"[②] 因此，第一定理只是科斯的铺垫，证明第二定理才是他的目的。

（二）第二定理的说明

科斯第二定理说的是，在交易成本大于零的现实世界，产权初始界定会对资源配置效率产生影响。这一定理看起来简单，其实不容易理解。这里最主要的问题是：产权的初始界定是如何影响资源配置效率的？换句话说，将初始产权界定给外部性双方当事人中的这一方或那一方，为什么会导致不同的资源配置效率？

在科斯第二定理中加入了一个新的元素，就是交易费用。这意味着存在外部性的初始产权界定向解决外部性的新的产权安排调整需要付出代价。如果通过私人产权交易调整产权安排带来的收益增加大于付出的交易费用，产权安排的调整（即产权交易）就仍然会发生。正如科斯所说："一旦考虑到进行市场交易的成本，那么显然只有这种调整后的产值

① 科斯. 社会成本问题 [M]//科斯等. 财产权利与制度变迁. 刘守英，等译. 上海：上海三联书店，1994：20.
② 科斯. 企业、市场与法律 [M]. 盛洪，陈郁，等译. 上海：上海三联书店，1990：195.

增长多于它所带来的成本时，权利的调整才能进行。"①

现在的问题是：初始产权的两种不同界定向新产权安排调整时，其面临的交易费用会不会相同？给定产权调整带来的产值增长是相同的，如果初始产权的两种不同界定向新产权安排调整时面临的交易费用也是相同的，那么，初始产权的不同界定也就不会影响资源配置的效率。当然，如果不同，则会影响资源配置的效率。下面仍以养牛者的牛损害农夫谷物的例子来加以说明。

1. 养牛者对牛给农夫造成的损失承担责任的情况

将初始产权界定给农夫，即养牛者对牛给农夫造成的损害承担责任时，农夫要得到养牛者的牛给他造成的损害赔偿，必须了解养牛者每增加一头牛给他的谷物造成的边际损害到底有多大，显然这是需要付出信息费用的。农夫要和养牛者达成赔偿协议还需要付出谈判费用等，这些都是交易费用。现假设这些费用共 100 元，并且完全由农夫承担。

现在来看养牛者为了避免赔偿农夫而主动减少牛群规模带来的产值增长。他从养 9 头牛减少到只养 3 头牛，使农夫的谷物总损失从 720 元减少到只有 150 元，避免了 570 元的净损失，扣除他少养 6 头牛带来的边际净收益 150 元（第 9 头牛的边际净收益为 0 元，第 8 头 10 元，第 7 头 20 元，第 6 头 30 元，第 5 头 40 元，第 4 头 50 元，共 150 元），总共是 420 元。在图 3-6 中，这一产值增长的总和即 EQ*G 的面积。

显然，在初始产权界定为养牛者对牛给农夫造成的损害承担责任时，尽管存在交易费用，由于产权的调整带来的收益增加大于调整产权需要付出的交易费用，产权调整仍然会进行，并且会带来 320 元（420-100）的净收益。

2. 养牛者对牛给农夫造成的损失不承担责任的情况

在养牛者对牛给农夫造成的损失不承担责任的情况下，要使养牛者减少牛的头数，以降低牛群对谷物的损害，农夫必须向养牛者进行补偿。要使补偿交易达成，农夫既要知道养牛者每增加一头牛给自己谷物造成的边际损害，也要知道养牛者每增加一头牛带来的边际净收益，还需要付出谈判等交易费用。现假设这些交易费用仍然是 100 元，并且完全由农夫承担。

再来看农夫与养牛者达成减少牛群规模的交易后的产值增加的情况。养牛者不养第 9 头牛，农夫避免了谷物损失 120 元，养牛者不养第 8 头牛，避免了 110 元的谷物损失，到养牛者只养 3 头牛时，农夫避免的谷物总损失是 570 元（120+110+100+90+80+70），扣除农夫支付给养牛者不养牛的补偿金 150 元（0+10+20+30+40+50），农夫增加的产值也是 420 元。在图 3-6 中，这一产值增长的总和也是 EQ*G 的面积。

由于农夫与养牛者交易付出了 100 元的交易费用，所以，从农夫增加的产值 420 元中扣除 100 元的交易费用，剩下的就是农夫增加的净产值。显然，它与第一种情况完全相同。

通过上面的分析可以看出，在两种不同的初始产权界定下，只要农夫与养牛者达成谈判解所付出的交易费用相同，其资源配置的结果是相同的。这就是说，即使交易费用大于零，只要两种不同的初始产权界定向新的产权安排调整时的交易费用相同，产权的初始界

① 科斯. 社会成本问题［M］//科斯等. 财产权利与制度变迁. 刘守英，等译. 上海：上海三联书店，1994：20.

定也不影响资源配置效率。这一结论显然与科斯第二定理的意思相反。问题何在呢？

这里的问题就在于我们作了一个不现实的假设，即两种不同的初始产权界定向新的产权安排调整时其交易费用是相同的。实际上，在养牛者对牛给农夫造成的损失承担责任的初始产权状况下，农夫需要付出的交易费用主要是要了解养牛者每增加一头牛给自己谷物造成的边际损害的信息费用。在养牛者对牛给农夫造成的损失不承担责任的初始产权界定情况下，农夫不仅要付出了解养牛者每增加一头牛给自己谷物造成的边际损害的信息费用，还要付出了解养牛者每增加一头牛带来的边际净收益增加的信息费用。显然，两种不同的产权界定，其交易费用是不相同的。

如果假设养牛者对牛给农夫造成的损失不承担责任的产权界定情况下，农夫承担的交易费用不是100元，而是150元，那就意味着，第一种产权界定（即养牛者无权损害农夫的谷物）是一种比第二种产权界定（即养牛者有权损害农夫的谷物）更合理、更有效的产权界定，因为第一种产权界定带来的产值增加（420元-100元=320元）大于第二种产权界定（420-150=270元）。这就是说，只要不同初始产权界定的交易费用存在差别，产权的初始界定就具有经济效率的意义。

在外部性（特别是单向的外部性）普遍存在的现实世界，将初始产权界定给外部性的制造者与界定给外部性的受损者这两种不同的初始产权界定意味着不同的交易费用，这是客观事实。一般来说，将产权界定给外部性的受损者比界定给外部性的制造者具有更低的交易费用。正是由于不同产权初始界定的交易费用不同，所以，科斯得出了产权的初始界定会影响资源配置效率的结论。

（三）第二定理的政策含义

科斯第二定理的一个重要政策含义是：在交易费用较小的情况下，在解决外部性问题时，政府并不要进行直接的干预（如征税或补贴），而只要进行产权的界定，在产权明晰的情况下，外部性的双方当事人完全可以通过产权的交易自己解决好外部性问题，实现资源的优化配置。专栏3-1就是这一思想得以应用的一个较好的实例。

专栏 3-1

购买郎山的交易

马萨诸塞州莱维雷特镇的居民们对一项曾经被两度否决的请愿获得市镇规划局的批准感到万分惊讶——这一请愿要求废除一项环境法规，以允许在郎山顶端建立一幢或是多幢能够俯瞰城镇中心的房屋。这座山的新主人曾放言，如果第三次请愿再遭拒绝，就要与政府当局对簿公堂。镇政府的官员们对于此次态度转变的解释是，政府拿不出足够的钱请律师打这场官司。他们鼓励任何反对这一妥协的市民以私人的方式采取法律行动。这座崎岖陡峭、树木繁盛的山岭和邻近的湖泊在何时成为私人财产恐怕已无人知晓，但世代以来，它一直对公众开放，供游人野营和远足，因此，这片土地应该被保留作为公众消遣娱乐的场所是当地民众的强烈要求。怀着这一愿望，一批市民组织了起来，但是在历时一年、代价高昂的法律激辩之后，山顶的所有者很可能最终扫清必要的法律障碍，在法庭上获胜。

于是，这些市民组织提出购买郎山，理由是，如果这座山作为城市居民的娱乐场所比作为其所有者的私人宅邸更有价值，就应该进行这场交易。筹集所需的大量资金成为他们面前的巨大障碍，为"这座山"分摊款项（也被称为捐款）形成了一个经典的公共物品问题：没有一个人的贡献能够大到足以显著地改变成功的可能性，而如果这项购买得以付诸实施，享受登山的乐趣又不能以个人的贡献为条件。从而，如果个人的偏好是利己的，这一计划将会遭到失败。

实际的情形却再次令人感到惊讶：经过一年的筹款，该镇大部分家庭捐献了足够的资金以买下这座山。郎山被公民组织买下，并赠予城镇（政府）；它现在是一个公共的休闲场所。

资料来源：鲍尔斯. 微观经济学：行为、制度和演化［M］. 江艇，等译. 北京：中国人民大学出版社，2006：153-154.

（四）第二定理的推论

通过上面的分析，可以很自然地得出一个推论：如果产权交易带来的净产值增长相同，政府（或法院）在选择把初始产权界定给外部性的当事人中的这一方或那一方时，应该把权利界定给能以较低交易费用解决外部性问题的一方。这句话的另一层含义就是，给定交易费用，则应该把权利界定给能带来更多产值增加和福利增加的一方。

国外学者费尔德也对科斯第二定理的推论做过论述，他的表述是："在选择把全部可交易权利界定给一方或另一方时，政府应该把权利界定给最终导致社会福利最大化，或社会福利损失最小化的一方。"[1] 这看起来与我们的推论不一样，其实本质上是一致的。

费尔德对科斯第二定理的推论的证明可以用图 3-7 来说明。在图 3-7 中，NMR 曲线表示随着企业产量增加所获得的边际净收益，企

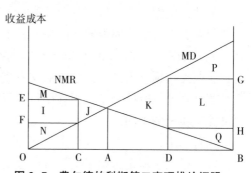

图 3-7　费尔德的科斯第二定理推论证明

业产量增加会带来空气污染，其污染量用横坐标的长度表示。其中，从 O 到 B 表示产量越大，污染越多。反过来，企业生产越少，污染就越少，从 B 到 O 表示污染减少，清洁空气增加，但企业的边际净收益会减少。MD 曲线表示的是随着企业产量增加和污染增加，给周围居民造成的外部损害，即负外部性的大小。

---

[1]　费尔德. 科斯定理 1-2-3［J］. 经济社会体制比较，2002（5）：72-79.

容易证明，在交易费用为零时，无论企业有权还是无权污染空气，最后的产量始终是 OA。所有的帕累托改进都会实现，资源配置总是有效率的。但在交易费用大于零的情况下就不一样了。在企业无权污染、造成损害需要赔偿的权利状况下，假设企业在确定具体的赔偿对象、进行谈判以确定赔偿数额等方面会产生交易费用，当然，周围受损的居民找企业赔偿也要付出一定的交易费用，但是，对企业生产会产生影响的交易费用主要是企业要承担的部分。假设由企业承担的交易费用与企业产量的多少正相关，其具体数字是企业每多生产一单位产量（从而造成更多的外部损害）需要付出的单位交易费用为 EF，总的交易费用则是 EF 乘以具体产量。在这种情况下，企业就不会生产到零交易费用时的 OA 而是 OC 的产量了，这是因为企业多生产的 CA 产量的帕累托改进值（J 面积）小于其交易费用（EF×CA 的面积），即企业多生产 CA 产量是不值得的。这也就意味着 J 面积的帕累托改进因为交易费用过大而无法实现，造成福利损失。在 OC 产量上，尽管在对周围居民进行损害赔偿的基础上，企业还要付出一定的交易费用（I 面积，即 OC×EF），当然，交易费用也是福利损失。这时，企业还可以得到 M+N 面积的帕累托改进，其福利损失则由 I+J 的面积表示。

在企业有权污染（即居民无权阻止企业污染）的情况下，假设周围的居民向企业交易让其减少生产从而减少污染的情况下，减少每单位污染居民要付出的交易费用由 GH 的长度表示（GH 大于 EF，主要原因是周围居民人数众多，组织起来进行集体行动时会面临"搭便车"和外部性现象，因而交易成本比较高，而企业在对周围居民进行赔偿时不会面临这种集体行动的困境），这样，周围的居民也不会像零交易费用下那样交易到仅让企业生产 OA 的产量，而只会交易到让企业生产 OD 的产量。因为要使企业减少 AD 的产量（从而减少相应的对居民的损害），居民需要付出的交易费用（AD×GH 的面积）大于其帕累托改进值（K 的面积），这意味着 K 面积的帕累托改进无法实现，造成福利损失。不过，在 OD 产量上，尽管周围居民付出了 L 面积（即 DB×GH）的交易费用（也是福利损失），他们还是可以得到 P+Q 面积的帕累托改进，这时的福利损失则为 K+L 的面积。

显然，根据上述分析以及费尔德对科斯第二定理的推论，政府不应该赋予企业污染空气的权利，而应该让周围的居民拥有阻止企业污染的权利，这样可以做到社会福利最大化（P+Q 的面积大于 M+N 的面积）和福利损失最小化（I+J 的面积小于 K+L 的面积）。此时，企业无权损害周围居民的事后交易费用（EF）也小于其有权损害周围居民、周围居民购买其生产权时的交易费用（GH）。很明显，费尔德的推论与我们对科斯第二定理的推论并无本质上的不同。

从科斯第二定理还可以得出一个推论：一旦初始权利得到界定，仍有可能通过交易来提高社会福利。但是，由于交易费用为正，交易的代价很高，因此，交易至多只能消除部分而不是全部与权利初始配置相关的社会福利损失。从上面的分析可以看出，在不存在交易费用时，养牛者与农夫通过产权交易增加的净产值是 420 元，在存在交易费用后，这一净产值减少了。

三、科斯第三定理

对科斯第三定理，学术界并没有给予像前面两个定理那么多的关注。其实，作为科斯三大定理中重要组成部分的第三定理同样具有十分重要的意义。

（一）第三定理的表述

对科斯第三定理的具体含义，国内外学者的理解不尽相同，对它的表述也大不相同。主要有以下三种：

（1）"由于制度本身的生产不是无代价的，因此，生产什么制度，怎样生产制度的选择将导致不同的经济效率。"① 它又包括四个方面的含义："首先，如果不同制度运行的交易费用相同，那么制度的比较和选择就取决于制度本身的成本；其次，如果某种制度非建立不可，不同的制度生产方式有不同的成本，那么就需要对制度的生产方式进行比较和选择；再次，既然制度的生产存在交易费用，那么如果该项制度产生的收益不足以弥补这种费用，这项制度就没有产生的必要；最后，制度的变革本身也是制度生产和选择的过程，它也要求新制度能够带来的收益必须大于制度生产的费用。这表明，制度的比较和选择还必须考虑制度本身生产的交易费用。"②

（2）"在交易费用大于零的情况下，产权的清晰界定将有助于降低人们在交易过程中的成本，改进经济效率。换言之，如果存在交易成本，没有产权的界定与保护等规则，即没有产权制度，则产权的交易与经济效率的改进就难以展开。"③

（3）"当存在交易成本时，通过明确分配已界定权利所实现的福利改善可能优于通过交易实现的福利改善。"④

上述三种表述中，第二种表述基本上误解了科斯的原意，第三种表述抓住了科斯第三定理的主要内容，但并不全面。相比之下，只有第一种表述最接近科斯的原意，但第一种表述略显啰唆。

我们以科斯在《社会成本问题》一文中的论述为基础，也给出科斯第三定理的一个表述：在交易费用大于零的现实世界，制度安排的生产本身是有成本的。至于选择何种制度安排则取决于制度生产的成本与由此带来的收益的比较，其中，净收益最大的制度安排就是最佳的选择。最佳的制度选择自然也意味着最大的经济效率。

（二）第三定理的说明

科斯第二定理讨论的是交易费用大于零的现实世界，产权的初始界定会影响资源配置效率，这种影响主要是通过将初始产权界定给能以较低交易费用进行产权交易的一方来实现的。科斯第二定理并没有考虑政府（或法院）对产权的初始界定和制度生产本身也是有成本的，从而也会对资源配置效率产生影响。科斯第三定理则强调在交易费用大于零的世界，制度的生产本身有成本，并且这种成本也会影响制度的选择和经济效率，这是对科斯第二定理的进一步扩展。

仍以前面的养牛者与农夫的例子为例，假设政府或法院将初始产权界定给农夫或养牛者一方存在（政治型）交易费用，其具体值为150元，养牛者和农夫通过产权交易可增加

①　黄少安. 产权经济学导论 ［M］. 济南：山东人民出版社，1995：304.
②　黄少安. 制度经济学 ［M］. 北京：高等教育出版社，2008：90.
③　吴宣恭，等. 产权理论比较 ［M］. 北京：经济科学出版社，2000：373.
④　费尔德. 科斯定理1-2-3 ［J］. 经济社会体制比较，2002（5）：72-79.

产值 420 元，再假设无论将初始产权界定给农夫还是养牛者其产权交易的费用都是 150 元，显然，现在养牛者和农夫通过产权交易能够增加的净产值比不考虑政府和法院界定产权的交易费用时少多了，为 120 元（即 420 元-150 元产权交易费用-150 元产权界定费用）。

给定产权交易带来的产值增长，有时会出现产权交易的费用与界定初始产权的费用很高以至于大于产权交易带来的产值增长的情况，这时产权交易无法实现，外部性也就无法解决。在上面的例子中，如果界定产权的费用与产权界定后的产权市场交易费用之和超过 420 元，那么通过产权的交易实现资源配置的改善就无法实现和变成不值得了。正如科斯所说的，权利的调整必须在调整引起的产值增长大于调整时所支出的交易成本时才会发生。

显然，解决外部性并非只有界定初始产权并运用产权的市场交易这一种制度安排。科斯认为，组织企业或政府管制就是两种不同于市场交易方式的制度安排。这两种制度安排的生产同样是有成本的，至于什么时候应该使用组织企业或者是政府管制这种制度安排，则取决于生产它的成本与由此带来的产值增长的比较，净产值增加更多的制度安排就是最佳的制度选择。

首先，组织企业的制度安排。科斯指出，当交易费用太高，市场的自发交易无法解决上述外部性问题时，组织企业或企业一体化是一种替代方式。正如他所说："显而易见，采用一种替代性的经济组织形式能以低于利用市场时的成本而达到同样的结果，这将使产值增加。正如我多年前所指出的，企业就是作为通过市场交易来组织生产的替代物而出现的。在企业内部，生产要素不同组合中的讨价还价被取消了，行政指令替代了市场交易。那时，无须通过生产要素所有者之间的讨价还价，就可以对生产进行重新安排。"[①] 举例来说，考虑到各种活动之间的相关性将对土地的纯收益产生影响，一个拥有大片土地的地主可以将他的土地投入各种用途，因此省去了发生在不同活动之间的不必要的讨价还价。这就是说，在上例中，当养牛者和农夫的土地属于同一个所有者时，外部性问题就不存在了。这意味着，组织成企业后，企业所有者获得了所有各方面的合法权利，活动的重新安排不是用契约对权利进行调整的结果，而是作为如何使用权利的行政决定的结果。

当然，这并不意味着通过企业组织交易的行政成本必定低于被取代的市场交易的成本，如果企业的出现或现有企业活动的扩展在许多解决有害影响问题时未作为一种方式被采用，这也不足为奇。但是只要企业的行政成本低于其所替代的市场交易的成本，企业活动的调整所获的收益多于企业的组织成本，人们就会采用这种方式。

其次，政府管制的制度安排。显然，组织企业并不是解决外部性问题的唯一可能的制度安排方式。在企业内部组织交易的行政成本也许很高，尤其是当许多不同活动集中在单个组织的控制之下时更是如此。以可能影响许多从事各种活动的人的烟尘妨害问题为例，其行政成本可能如此之高，以至于在单个企业范围内解决这个问题的任何企图都是不可能的。一种替代的办法是政府的直接管制。政府不是建立一套有关各种可通过市场交易进行调整的权利的法律制度，而是强制性地规定人们必须做什么或不得做什么，并要求人们必须服从。因此，政府（依靠成文法或更可能通过行政机关）在解决烟尘妨害时，可能颁布

---

① 科斯. 社会成本问题［M］//科斯等. 财产权利与制度变迁. 刘守英，等译. 上海：上海三联书店，1994：21.

可以采用或不许采用的生产方法（如应安置防烟尘设备或不得燃烧某种煤或油），或者明确规定特定区域的特定经营范围（如区域管制）。

实际上，政府是一个超级企业（但不是一种非常特殊的企业），因为它能通过行政决定影响生产要素的使用。但通常企业的经营会受到种种制约，因为在它与其他企业竞争时，其他企业可能以较低的成本进行同样的活动，还因为，如果行政成本过高，市场交易通常就会代替企业内部的组织。政府如果需要的话，就能完全避开市场而企业却做不到。企业不得不同它使用的各种生产要素的所有者达成市场协定。正如政府可以征兵或征用财产一样，它可以强制规定各种生产要素应如何使用。这种权威性方法可以省去许多麻烦（就组织中的行为而言）。进而言之，政府可以依靠警察和其他法律执行机构以确保其管制的实施。

显然，政府有能力以低于私人组织的成本进行某些活动。但政府行政机制本身并非不要成本。实际上，有时它的成本大得惊人。而且，没有任何理由认为，政府在政治压力影响下产生而不受任何竞争机制调节的有缺陷的限制性或区域性管制，必然会提高经济制度运行的效率，而且这种适用于许多情况的一般管制会在一些显然不适用的情况中实施。基于这些考虑，直接的政府管制未必会带来比由市场和企业更好的解决问题的结果。但同样也不能认为这种政府行政管制不会导致经济效率的提高。尤其是在像烟尘妨害这类案例中，由于涉及许多人，因此通过市场和企业解决问题的成本可能很高。

当然，一种进一步的选择是，对问题根本不做任何事情。假定由政府通过行政机制进行管制来解决问题所包含的成本很高（尤其是假定该成本包括政府进行这种干预所带来的所有结果），在这种情况下，来自管制的带有害效应的行为的收益将少于政府管制所包含的成本。

总之，在存在交易费用的情况下，对于外部性问题，并非只有庇古等人所说的政府干预这一种制度安排形式。正如科斯所说："问题在于如何选择合适的社会安排来解决有害的效应。所有解决的办法都需要一定的成本，没有理由认为由于市场和企业不能很好地解决问题，因此政府管制就是有必要的。"[①] 他还说："我们必须考虑各种社会格局的运行成本（不论它是市场机制还是政府管制机制），以及转成一种新制度的成本。在设计和选择社会格局时，我们应考虑总的效果。这就是我所提倡的方法的改变。"[②] 显然，科斯所说的，在选择制度安排时要考虑"总的效果"，也就是要选择带来净产值最大的制度安排。这就是科斯第三定理的核心内容。

第三节　科斯定理遭到的批评及评价

科斯定理提出以来，随着其影响日趋扩大，受到的学术批评也日益增多。鉴于科斯定理在新制度经济学理论中的重要地位，有必要对这些批评加以介绍和讨论。不过，可以肯

---

① 科斯.社会成本问题［M］//科斯等.财产权利与制度变迁.刘守英，等译.上海：上海三联书店，1994：23.
② 科斯.社会成本问题［M］//科斯等.财产权利与制度变迁.刘守英，等译.上海：上海三联书店，1994：52.

定的是，科斯定理并没有被这些批评所淹没，科斯定理仍然好好地"存活着"。

一、科斯定理与谈判力量

萨缪尔森是科斯定理的较早的批评者之一，他的批评主要是针对科斯第一定理。萨缪尔森对科斯第一定理的批评主要是从双边垄断，也就是谈判力量的角度进行的。

（一）萨缪尔森的批评

科斯第一定理认为，在交易费用为零的条件下，谈判将达成财富最大化协议。萨缪尔森认为，这里没有考虑双边垄断（谈判力量）对达成财富最大化协议的影响。他说："在这种情况（有关克服烟尘妨害的谈判）中，不受限制的自我利益将导致无法解决的、伴随着不确定性和非最佳性的双边垄断问题。……可以共同利用的两个或两个以上投入品的定价问题无法通过将它降低到一种可确定的最大化总量来解决，因为在多边垄断的条件下，这种总量在各方间的配置是一个无法确定的问题。"[①] 萨缪尔森的意思是：在交易费用为零的条件下，并不一定保证谈判能达成使产值最大化的协议。其理由是：交易者追求自身利益最大化会导致交易的垄断，而这种垄断的市场结构具有种种不确定性，从而阻碍资源配置的帕累托最优的实现。

实际上，萨缪尔森的这种观点首先并非针对科斯而是针对埃奇沃斯的。埃奇沃斯（1881）论证了从事商品交易的两人会在最后达到"契约曲线"，即两人可通过交易，使两人境况均为最佳状态。萨缪尔森在其《经济分析的基础》中讲到埃奇沃斯的观点时写道："从契约曲线的任何一点出发，都会产生一种有利于双方的运动。这并不等于像埃奇沃斯所说的，交换实际上必然在契约曲线的某一点上成交，因为在许多双边垄断的情况下，最后的均衡点也许会偏离契约曲线。"[②]

因为萨缪尔森针对的是埃奇沃斯的一般均衡模型，所以下面借助哈多克和斯皮格（1984）的研究成果进一步讨论上述问题。图3-8表示了一个由A和B两人居住的世界，他们都消费合成商品X。A还抽烟，抽烟引起的烟雾损害B的效用。图3-8中埃奇沃斯框图上方没有加盖，这是因为假定烟是一种自由取用物品。A抽烟的边际效用递减。在图3-8中，对X的初期分配为X_A和X_B，I_A和I_B线分别代表A和B的无差异曲线。由于A抽烟有正效用，B为负效用，因此A的无差异曲线向东北方向移动表示较高水平的效用，B的无差异曲线向西南方向移动表示较高水平的效用。穿过框图的VV′是契约曲线，它连接A和B之间无差异曲线的所有切点。

假定B享有无烟环境的权利，A除了使用其部分X产品购买烟的权利外，他无权抽烟。当交易成本为零时，双方会发现交易的好处。假如以X商品表示的抽烟价格由外部给定（图3-8中具有负斜率的直线），这时A和B的买卖行为将从F点移向位于契约线上的F^*点。对于A和B两者来说，F^*点上的结果代表着比F结果较高一级的效用，因为双方的无差异曲线均移向较高的位置。但当两者交易存在较高的成本，甚至高于买卖能带来的

① 科斯. 社会成本问题的注释［M］//盛洪. 现代制度经济学（上卷）. 北京：北京大学出版社，2003：39.
② 科斯. 社会成本问题的注释［M］//盛洪. 现代制度经济学（上卷）. 北京：北京大学出版社，2003：40.

潜在利益，这时的均衡结果就不是 F* 点而是 F 点，即等于初期的分配——抽烟不会出现。

再看 A 获得自由抽烟权利的情况。为了实现最大效用，A 将持续抽烟直到边际效用为零的 S 点，但 B 的效用将受到很大的损害（代表 B 的效用的无差异曲线从 I_{B2} 降至 I_{B1}）。如果交易费用为零，将发生使双方获利的交易，B 将用自己的一部分 X 商品去购买 A 的抽烟权利（B 用 X 购买 A 的权利的比例即价格由外在因素决定），以使 A 减少抽烟的数量。A 和 B 的交易行为将会从 S 点移向契约曲线上的 S* 点。但是，当交易成本很高时，S 点就是均衡结果。

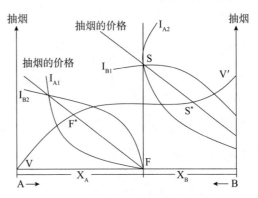

图 3-8　埃奇沃斯框图与科斯定理

图 3-8 说明：第一，当交易费用为零时，不论权利初始配置如何，交易点都会落在契约曲线上，即达到帕累托最优状态。显然，这就是科斯第一定理的含义。第二，当交易费用很高时，交易不会落在契约曲线上。这是科斯第二定理包含的含义。

按照萨缪尔森的观点，上述分析中的主要问题是假定以 X 商品表示的抽烟的价格由外部给定，这就将科斯所列举的养牛者与农夫的双边垄断情况视为完全竞争中交易双方并不影响价格的状况。在萨缪尔森看来，这种假定是错误的。因为只有在完全竞争市场中由于交易者数目太多才使价格形成机制不受交易者的任何影响。在双边垄断中，即使双方都处于完全信息状态，即知道对方的偏好，以及契约交换的威胁点，交换价格也不会是由外部给定的固定变量而是由双方讨价还价来决定。

为了加深理解，我们来看一个要素市场的双边垄断模型。假定要素市场上，厂商垄断劳动的需求方面，工会垄断劳动的供给方面。在图 3-9 中，买方垄断厂商的需求曲线为 D_B，它是厂商所需劳动投入的边际收益产品曲线 MRP_L。从垄断者工会的角度说，D_B 曲线是其平均收益曲线。因为厂商为使用一定量劳动而支付的价格就是劳动者提供该量劳动而得到的价格（即每单位劳动的平均收益）。因此，$D_B = AR_S$（AR_S 为卖者的平均收益）。根据平均收益 AR_S 可以推导出卖者工会的边际收益曲线 MR_S，它低于平均收益曲线 AR_S。厂商面对的劳动供给曲线是向右上方倾斜的 S_L 曲线。该曲线表示厂商用于劳动投入的平均成本 AC_B，根据它可推导出厂商花在劳动上的边际要素成本曲线 MFC_B。从工会角度看，劳动者的劳动供给曲线 S_L 实际上就是其提供劳动的边际成本曲线 MC_S。

从图 3-9 可以看出，厂商根据劳动的边际要素成本等于劳动边际收益产品（即 $MFC_B = MRP_L$）的利润最大化原则确定劳动使用量及其价格。F 为厂商利润最大化的均衡点，厂商利润最大化的选择是雇用 L_F 的劳动量，并支付 W_F 的工资率。对于作为垄断者的工会来说，其最大收入的均衡点为 E。在这一点，劳动的边际收益等于其边际成本。工会希望以 W_E 的工资率提供 L_E 数量的劳动。在这一模型中，工资率最终将如何决定呢？显然，它将由双方的讨价还价来决定。至于工资率的确定值，在很大程度上依赖于双方的讨价还价能力。

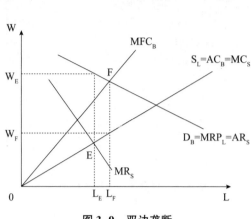

图 3-9　双边垄断

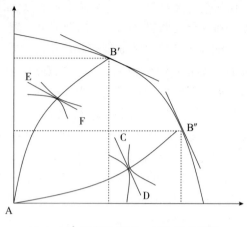

图 3-10　谈判价格对一般均衡的影响

　　根据上面的模型不难推论，如果抽烟和不抽烟者处于类似上面的双边垄断的情形，那么抽烟的价格将随双方的相对议价谈判力量的变化而变化，那么埃奇沃斯框图中成交的契约线也将发生变化，一般均衡点也将随着变化，如图 3-10 中，CD 和 EF 的斜率不同，即对外部性商品的定价不同，契约曲线和均衡点都不同，虽然 B′和 B″都是帕累托最优点，但是无论从客观产值还是社会福利角度来看，两点的资源配置效果都不同。因此，这种观点认为，即使在交易费用为零的状态下，如果交易双方的谈判力量（权力）发生了变化也将使外部性商品的定价发生变化（而不是哈多克和斯皮格模型中所假定的是由外部给定的不变量），从而影响契约的路径以及配置的最终结果[①]。

（二）对萨缪尔森批评的评价

　　萨缪尔森对科斯定理的批评存在两点欠妥之处。首先，萨缪尔森宣称针对的是科斯的"零交易费用条件下……"，而实际的批评却偷换了概念和目标。垄断会使资源配置的帕累托最优的实现和社会总产值在各交易者之间的分配变得不确定，这些都是事实。但是，尽管"垄断"和"不确定性"是现实市场的或交易环境的常态，却不在"零交易费用"的定义内。科斯第一定理是像正统经济学一样，假设"交易费用为零"，实际上已经排除了"垄断"和"不确定性"，因为"垄断"和"不确定性"是决定交易费用的重要因素。这是由科斯确认并由威廉姆森详细阐述了的。可见，萨缪尔森以"垄断"和"不确定性"为由针对科斯定理的批评显然是偏离了目标。其次，即使考虑垄断的存在，萨缪尔森的论证也难以令人信服。从萨缪尔森的上述论证来看，在存在双边垄断（即谈判力量不对等）的情况下，外部性商品的定价将变得不确定，这会使契约的路径以及资源配置的最终结果不确定，这无疑是对的。但问题是，资源配置的结果不确定并不意味着资源配置的结果非最优。所以科斯说："就像埃奇沃斯所指出的，不确定性的存在本身并不意味着结果是非最优的。"[②] 这说明萨缪尔森对科斯定理的批评在论证方向上存在问题，应该论证的是，在存在垄断的情况下，资源配置是非最优的而不是不确定的。那么，在存在垄断的情况下

　　① 刘元春. 交易费用分析框架的政治经济学批判 [M]. 北京：经济科学出版社，2001：43.
　　② 科斯. 社会成本问题的注释 [M]//盛洪. 现代制度经济学（上卷）[M]. 北京：北京大学出版社，2003：41.

（不一定要双边垄断），资源配置是不是最优的呢？对于这一点，可以用前面衡量垄断的社会成本的模型来回答这个问题。

图 3-11 中，当交易一方从完全竞争转入垄断时，垄断的社会成本（福利净损失）是三角形 ABC 的面积（不考虑寻租和 X-非效率造成的社会成本）。这就意味着存在垄断时，帕累托最优状态没有实现。因为，当产量从竞争产量 Q_c 减少到垄断产量 Q_m 后，消费者剩余的损失（P_mCAP_c 的面积）大于垄断利润（P_mCBP_c 的面积）。如果消费者之间能够达成一项协议，将一块大于 P_mCBP_c 而又小于 P_mCAP_c 面积的货币额交给垄断者让它生产 Q_c 的产量，并把价格定在 P_c 上，垄断者和消费者的福利就都能得到改进。那么，消费者能否达成补偿垄断者的协议

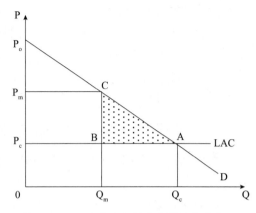

图 3-11　不考虑寻租的垄断的社会成本

呢？显然，只要交易费用为零，协议的达成就不会存在困难，所以，即使存在垄断，帕累托最优也是可以实现的。这再次证明了科斯第一定理是正确的。

二、科斯定理与财富分配

科斯定理遭到的另一种主要的批评是，它忽视了产权的初始分配对财富分配进而对资源配置效率的影响。正如科斯自己所说：许多经济学家指出，"即使在零交易费用体制中，法律规定的变化也将影响到财富的分配。因为这将引起对物品和服务的需求的变化，包括（这是问题的核心）对产生有害效应的活动和受其影响的活动的需求变化。……这将导致资源配置的变化"①。产权界定能否影响财富分配，进而影响资源配置效率呢？

（一）产权界定与财富分配

不同的产权界定意味着不同的财富分配，对于这一点，应该是比较清楚的。下面仍以养牛者与农夫的例子来看，假定农夫的粮食在不受到牛群的损害的情况下产量为 1000 斤，粮食的市场价格为 1 元/斤。当权利界定给农夫、养牛者无权损害农夫谷物时，农夫的收入由两部分构成：一是粮食的收入，具体为，减去养牛者 3 头牛给谷物造成的 150 斤损失，还有 850 斤粮食，乘以 1 元/斤市价，得 850 元。再加上养牛者付给农夫的 150 元赔偿，正好是 1000 元。与未受到牛对谷物的损害时一样。再看养牛者的收入，养牛者养 3 头牛乘以市价 140 元/头，得 420 元，减去付给农夫的补偿 150 元，得 270 元收入。

再看养牛者有权损害农夫谷物时的情况。为了减少牛群对谷物的损害和牛群头数，农夫要给养牛者补偿，养牛者不养第 9 头牛时农夫给他 0 元补偿，不养第 8 头牛时给 10 元补偿，……不养第 4 头牛时给 50 元补偿。这样，养牛者的总收入是：3 头牛乘以市价 140 元/头，得 420 元，再加上农夫付给他的补偿 0+10+20+30+40+50 = 150（元），总收入为

① 科斯. 社会成本问题的注释［M］//盛洪. 现代制度经济学（上卷）. 北京：北京大学出版社，2003：45-46.

570 元。农夫的收入如何呢？为了让养牛者只养 3 头牛，农夫拿出了 150 元补偿给养牛者，由于仍然有 3 头牛损害了农夫 150 斤谷物，所以，农夫产粮食 850 斤，得收入 850 元，减去补偿给养牛者的 150 元，总收入为 700 元。

显然，在两种不同的初始产权界定下，收入分配完全不同。这里存在这样的规律性：谁拥有产权，谁就能因此获得经济利益。谁不拥有产权，要得到这种产权就必须为此付费。因而，谁拥有的产权多，谁的收入就高；反之，则低。下面，我们把由产权界定的不同带来的收入分配的不同称为"产权界定的财富效应"。

（二）产权界定的财富效用影响资源配置效率的途径

产权界定的财富效应影响资源配置效率的具体途径大体上可以归结为微观、中观和宏观三条。

1. 微观途径

产权界定的财富效应影响资源配置效率的微观途径是指它对人们公平观的影响，并通过对公平观的影响对企业等微观组织的效率产生影响。

产权界定和收入分配不同必然会对人们的公平观产生影响。公平观是一个价值判断问题，是对财富分配状况或获取方式的主观评价。公平问题本质上是个财富分配问题，公平观的现实状况总是体现在特定的分配制度上。

任何社会的现实的分配制度都是一个具有层次性的规则体系，它们的实施界定了财富的分配格局。具体包括三个层次：

一是生产要素所有制，这是分配制度的第一个层次。它不仅决定其他层次的分配规则，而且，它本身就是分配制度，而且是最根本的分配制度，因为它从总规则上界定了生产要素的产权主体，实质上是生产条件在社会成员间的分配，每一种生产要素的各项产权都已通过它得到了初始的界定或初始分配，要分解或重新分配到其他主体，需要通过一定的交易方式才能实现。

二是生产结果的分配原则，这是分配制度的第二个层次。即各个社会成员、各种社会活动主体（包括国家）参与生产活动的结果——国民收入分配时所要遵循的总体原则。就个人消费收入来说，是按资分配还是按劳分配，可能原则不是唯一的。其他社会团体或国家机构参与分配也应该有相应的原则，不是无规则分配。

三是在分配的一般规则确定后的具体分配方案，这是分配制度的第三个层次。同一规则下的具体分配方案往往是可以调整的。例如，公司内部在坚持按股分红原则下有不同的分红方案。正是这种具体的方案才是操作性最强的分配细则，它对收益分配格局的影响是不可忽视的。

无论哪个层次的分配制度或规则，实质都是分配财富的规则，而主体对财富的关系实质上是产权的分配，因而财富分配规则也就是产权规则，财富分配问题也就是产权安排问题，"分配公平与否"也就是"产权安排公平与否"。

既然产权安排与财富分配和公平存在上述关系，那么，产权安排不仅直接代表财富分配，而且直接影响公平，而这种对公平的影响又会间接影响资源配置的效率。例如，当产权安排不公平时，会影响人的情绪、行为等，从而影响人的积极性和潜力的发挥。这样，一方面影响劳动生产率即单位劳动成本的产出率；另一方面如果考虑到因劳动者的消极怠工、机会主义动机而加强监督，又会增加监督成本，从而降低效率。

2. 中观途径

产权界定的财富效应影响资源配置效率的中观途径是指它会影响外部性制造者及其受损者行业的利润率，进而引起资源在不同行业的重新配置。

如果一个制造了负外部性的企业（及其行业）无权损害另一个企业（及其行业），它势必赔偿该企业（及其行业），如果一开始该行业仅有正常利润，现在因为需要赔偿而出现亏损，这必然引起该行业企业的退出。得到赔偿的行业的利润率的提高，势必引起企业的进入。企业在一个行业中的退出，难免会出现所投入的固定资本、无形资产等的损失，即产生沉没成本。当然，这取决于市场的类型，在西方经济学家假设的完全竞争市场中，是不会存在这种损失的。但在现实中，并不存在完全竞争市场，所有市场都具有一定的垄断性，即进入或退出市场的障碍。这意味着，企业在某个行业的退出，都意味着资源投入的损失，也即效率的损失。这就是产权界定的财富效应影响资源配置效率的中观途径。

3. 宏观途径

产权界定的财富效应影响资源配置效率的宏观途径是指它对总需求量的影响，并通过总需求量的不同影响一国的总产出。

根据凯恩斯主义宏观经济学理论，不同收入阶层的边际消费倾向不同，富有者边际消费倾向较低，贫穷者边际消费倾向较高。作为个人消费函数加总的社会消费函数，显然受到产权初始配置进而由此产生的不同收入分配状况的影响。如果一个社会的产权初始配置状况使贫富差距很大，那会使社会平均的边际消费倾向较低，反之，如果该社会的产权初始配置状况使贫富差距不大，那么该社会平均的边际消费倾向就会相对高些。显然，在不同的社会消费函数下，一国或地区的总需求量会不一样。总需求量的不同，意味着不同的总产出。

总之，即使交易费用为零，产权的初始界定和财富的不同分配也会对资源配置的效率产生影响。

（三）正交易费用的产权安排导致的分配状况与资源配置效率

以上论证了在交易费用为零的情况下，产权的初始界定会对财富的分配状况和资源配置效率产生影响。显然，在交易费用为正的情况下，产权的初始界定同样具有影响财富分配和资源配置效率的作用。这就是说，前面关于零交易费用条件下，产权安排对财富分配的影响全部适用于科斯第二定理。只不过在交易费用为正的情况下，多了影响财富分配的因素——交易费用。交易费用的存在会通过以下方面通过产权安排影响财富分配：

首先，法律上不同的产权初始安排除开自身界定了不同的分配格局外，"安排"本身的成本也会导致分配格局变化，因为，法律上对产权的初始安排本身也是一种交易，即各个集团或个人之间通过法律而进行的一种交易，法律究竟把产权划给谁，取决于各自的谈判实力。这种交易是有成本的，各个集团和个人支付的成本额不同，从而影响他们之间的财富分配状况。

其次，对产权初始安排的调整，除开会改变原有分配格局外，调整本身的成本也会导致财富分配变化，因为能否调整产权实质上是各方力量较量、谈判的结果，调整本身也是一种交易，主张调整的集团与阻止调整的集团都会付出交易费用，支付费用的差异就导致财富分配格局的改变。

最后，产权安排调整后，在新的产权规则下从事具体交易的各方所支付的费用很可能不同于在原有产权规则下从事同类交易所支付的费用，有可能更多，也有可能更少，这也导致财富分配格局的改变。

总之，无论是在交易费用为零还是为正的情况下，产权安排都会通过对财富分配的影响来影响资源配置的效率。显然，这一观点是对科斯定理的重要补充和改进。我们知道，科斯第一定理是说，在交易费用为零的情况下，产权的初始界定对资源配置效率没有影响。现在，我们知道，即使交易费用为零，产权的初始界定也会影响资源配置效率。这对我们更深刻地认识产权界定和制度安排的重要性无疑具有巨大的意义。至于科斯第二、第三定理，科斯虽然高度重视在正交易费用条件下，产权安排对资源配置效率的影响，但却没有注意到交易费用对财富分配，从而对资源配置效率的影响。这显然是科斯定理的不足之处。

三、科斯定理与谈判环境及谈判当事人

对科斯定理，尤其是其中的第一定理，还存在不少批评。这些批评主要是围绕科斯所提出的谈判框架进行的。批评中突出强调了一些可能或实际影响科斯式谈判的方式及结果的因素，这些因素或是属于谈判环境，或是为谈判当事人所拥有或能够影响。

（一）谈判环境

针对科斯在《社会成本问题》一文中所讨论的自愿谈判。不少学者深入研究了一些科斯文章中没有涉及和分析不多的影响谈判的环境因素，讨论这些因素是否会对谈判本身及其结果产生影响，是否足以否定科斯第一定理。

1. 产权的封闭与开放

以污染这一负外部性为例，为降低外部性，在污染者有权污染时，受害者须支付贿赂；而在受害者有权免受污染时，污染者须支付损害赔偿。因此，不同的权利初始赋予格局对应着不同的支付流。如果污染者须对损害负责，流入受害者行业的损害赔偿支付就会增加这些行业的回报率。如果认定进入这些行业的企业都有资格得到赔偿，从长期看，进入就会发生，并导致受害者行业产出的上升。相反，当受害者有责任时，受害者为减少污染而支付给污染者的贿赂支付流就会提高污染者行业的回报率，导致进入和相应产出的增加。结论有两点：一是因为不同的法律规则产生不同的进入效应，所以"无关性命题"①失效；二是"有效性命题"也不成立。因为相对于最优产出水平，当污染者负责时，损害赔偿引致的进入将导致过多的受害者行业产出；而当受害者负责时，减少污染的贿赂支付将导致过多的污染者行业的产出。

显然，上述结论是否成立与产权的开放与封闭有关。这里的"产权"指的是进入外部

---

① 对科斯第一定理，其他学者进行过多种表述。由于理解角度的不同，各位学者的表述也不尽相同。有学者将这些对科斯第一定理的不同表述归结为两个命题：第一，"无关性命题"，如果交易费用为零，资源的最终配置结果与权利不同的初始安排无关；第二，"有效性命题"，即不管权利的初始安排如何，如果交易费用为零，资源配置的结果都是有效的。

性关系，成为外部性一方当事人的权利。产权开放指进入是无限制的，进入者不需要为权利进行支付，只不过是在行使具有的潜在权利。产权封闭则是指只有在向现有的权利拥有者购买权利后才能进入。

首先，无关性命题。在产权封闭状态下，如科斯文中牛群漫游造成谷物损失的例子。地主们构成了一个封闭阶层，一个人要成为地主只有通过购买土地，从现有的地主们那里获得权利。如果法律将这样的权利无偿地赋予一个主体，会立即产生获得者获得意外之财而失去者遭受意外损失的结果。然而，在竞争性体系中这些意外收益和损失都会资本化为土地价值的一部分，使所有类型的土地都会产生一个正常的收益率。因为每一这些类型的土地的收益率都不受权利安排的影响，所以对进入或退出都没有激励。这样在封闭状态中无关性命题成立。假设牧场主对牛群造成的损害负责，那么赔偿支付流就会被资本化到邻近牧场的农地价值中，进而就不会对为获得赔偿而进入农地从事农业生产的行为产生激励。同样，任何产生于农场主责任的贿赂也将被资本化到邻近农场的牧场的价值中，也不会对从事放牧产生激励。给定这些，长期进入效应使无关性命题失效的情况将不会发生。

可在产权开放的状态下，无关性命题就难以成立了。那些在外部性发生时与此无关的主体，仅仅通过进入就可以无成本地获得索取收益的权利，并且这有价值的权利也还没有资本化入任何资源中。由此将引致持续不断地进入。相反，受到索取威胁，缺乏权利来阻止进入的活动的回报率将降低，因而导致退出。如污染者威胁新建一个具有扩大污染量效果的新企业，为免受污染，受害者只能有两种选择：一是为此威胁支付贿赂，贿赂的水平至少与污染者从新建企业中得到的收益相等，否则不会被接受；二是受害者选择退出受污染的领域，不再在污染者附近居住或从事生产。不同的权利安排产生的对称的进入或退出效应，会导致在不同权利安排下的不同的长期产出，因而否定了无关性命题。

其次，有效性命题。产权的封闭与开放对有效性命题基本没有影响。在开放状态下，一是如果交易费用为零，行为人是理性的，并且谈判不存在法律阻碍，那么长期非效率问题就会同样以解决由外部性引起的短期非效率问题的谈判交易方式进行解决。也即交易中可能产生的收益在长期中如同在短期内一样会被穷尽。二是所有长期的错误配置将被单一所有者克服，因为该所有者为获得潜在收益将进入市场。在封闭状态下，权利的购买就保证了对过度进入的抑制。

然而，开放状态似乎违背了科斯定理"产权界定充分"的假设。也就是说，开放状态中的产权没有达到使市场交易能够进行的必须标准，潜在的进入者能够无偿地获得有价值的权利。如果按照张五常的观点，零交易费用的假设就意味着权利的充分界定，那么，也就能够否定产权开放状态时对无关性命题的否定。

2. 生产函数的可分性

外部性对受害者造成的影响是多方面的，这里考虑的是外部性对受害者造成的成本能否从受害者的成本函数中界定清楚的问题。如果可以，即受害者 B 的成本函数是可分的，$C_B = C(q_A, q_B) = C(q_A) + C(q_B)$（C 为成本，q 为产出，A 为污染者），则科斯定理成立，在不同权利安排下的产出既是有效率的也是不变的。

然而，如果受害者 B 的成本函数是不可分的，即 $C_B = C(q_A, q_B) = C(q_A) C(q_B)$，则既不存在效率结果，无关性命题也不成立。在成本函数不可分的情况下，A 给 B 造成的污染损害，是 B 而不是 A 的产出函数，因此给定 A 的产出水平，B 生产越多，A 造成的损害越大（如造成更急剧的成本上升）。在这样的情况下，如果所有损害得到完全补偿的话，受害者就能够不负成本地加大损害。结果受害者没有降低损害的激励，产生一个无效率的高水平产出。并且损害赔偿责任使污染者承受一个高于最优水平的成本，将其产出限制在最优水平之下。

克服这一低效状态的方法是污染者与受害者的合并，如果所有的活动受单一所有者控制，不论权利的初始安排如何，也不论受害者的成本函数是否可分，结果都将是有效率和不变的。所以如果控制和谈判成本都为零，理性的污染者和受害者就会合并。结果是严格坚持科斯定理零交易费用的假定，就能够否定这一批评。

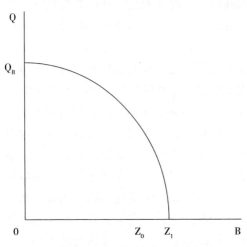

图 3-12 谈判起始点处的非凸性

3. 在谈判起始点处的非凸性

与外部性有关的非凸性可能会影响解决外部性的谈判解的达成，从而影响资源配置效率。假定（见图 3-12）污染者 A 在没有法律规则时的利润最大化污染水平为 $Z_1 > Z_0$（Z 为外部性水平）。在这个污染水平，受害者 B 将没有产出。如果 A 有权污染，$Z = Z_1$，$Q_B = 0$（Q 为 B 的产出）是关于污染水平的谈判起始点。污染者要减少污染而愿意接受的最低水平的支付为污染减少而致的利润的下降水平。然而，在 Z_1 点，受害者从一单位的污染减少中没有得到利益，受害者的产出（Q_B）依然保持在零上。这样受害者就不会为使污染者减少

一单位（从 Z_1 到 $Z_1 - 1$ 单位）的污染而进行贿赂，这是一个无法获得收益的成本付出。因此，污染者有权污染时的均衡是 $Z = Z_1$ 的污染和 $Q_B = 0$（受害者的产出为零），这就是非凸性的结果。

非凸性意味着谈判方因为调整不是帕累托改进而达不到。实际上，因为在路径的第一步是花费 1 元得到零福利改进，所以受害者不会达到用 20 元换取 30 元的更优点。不采取第一步的受害者就不会知道有更好的事情等着他，这就是一个信息问题。如果确信最终会得到更好的回报，受害者会确定采取减少福利的第一步。如果受害者和污染者双方都确信最优状态的存在，他们就会合并以实现之。显然，非凸性批评指出了信息成本的重要性。如果信息成本不被视为交易费用的一部分，有关科斯第一定理的正确性就难以判断了。但是，显而易见，信息成本已经打破了科斯定理零交易费用的假设前提，因而，非凸性并不会产生非效率。

(二) 谈判当事人

除了谈判环境对当事人谈判的约束之外，当事人更多地受到其自身因素的制约及相互制约。这些因素在一定程度上都处在当事人的控制之下，并且基本上处在一方当事人的控制之下，对另一方当事人形成了约束。这里的批评集中在科斯定理与财富分配的关系以及当事人之间的战略行为上。

1. 当事人的禀赋

谈判当事人的状况首先涉及其禀赋状况，当事人的禀赋状况会影响科斯谈判解的达成，从而影响资源配置的效率。当事人的禀赋主要包括预算约束和租金两个方面。

首先，预算约束。不论哪一方拥有权利，污染的权利或免受污染的权利，为得到最优的产出，无权方须向对方进行支付。但是如果无权方缺乏支付能力，谈判就难以进行。此时只有改变权利赋予，使缺乏支付能力的一方拥有权利，才能使交换具有可行的基础。所以，即使谈判成本为零，如果缺乏支付能力，效率结果也不会出现。同时不同的权利赋予格局对应着不同的结果，无关性命题不成立。即使是双方都具有一定的支付能力，支付能力的大小也将直接影响各自的谈判实力，进而决定着不同的产出均衡点与财富分配格局。

其次，租金。这是与预算约束思路相同的一种批评意见。它指出在长期、完全竞争的市场条件下，科斯定理并不成立，因为定理预设的租金并不存在。假如污染者和受害者都同在零利润的长期均衡状态下，那么污染者负责的安排将使其停止生产，因为他缺乏向受害者进行责任支付的资源。同样，如果受害者负责，他将因为缺乏贿赂污染者减少有害活动的资源而退出市场。因此，科斯定理只有在能产生李嘉图租金的情况下才成立，并且只有在租金足够大，即污染者能够支付损失或受害者能够支付贿赂时，科斯定理才成立。否则责任方向的变化将使相应方因承担外部成本而退出。但是，外部性之所以能出现正是因为污染者没有承担其行为的全部社会成本，也就是说，只要出现外部性，就一定有支撑外部性存在的租金。因此租金必定先于科斯定理的分析而存在。只要租金存在，就否定了这个批评。

2. 当事人的战略行为

对当事人战略行为的讨论主要来自博弈论中的非合作博弈理论的应用。非合作博弈理论讨论的核心是信息问题。如果参与方对彼此的效用（或利润，或产出与成本）函数具有充分信息，科斯定理在非合作基础上是成立的。问题是参与各方不可能知晓彼此的效用函数，信息在外部性各当事人之间的分布是不对称的。

首先，外部性的衡量问题。外部性的制造者对于外部性的生产成本和消除成本有信息优势，所以当厂商有权污染时，为获得更多的贿赂，利用该信息优势，厂商会向上调整污染产出。受害者对外部性造成的损失具有信息优势，受害者的道德风险将导致受害者将过多的资源用于预防和补救，也使污染者将过多的资源用于减少污染，并且双方关于彼此信息优势的争论，也将阻碍谈判的进行。

其次，基于信息不对称的战略行为。博弈论表明如果私人信息的显示不利于其利益就会反过来影响人们的显示选择。这样，人们就有激励隐藏信息（通过沉默或撒谎），也有激励花费资源去保护私人信息的价值和获取他人的信息。这些成本可能阻碍有效谈判结果的生成。

由此将引致敲诈问题，一是上述的利用彼此信息优势的敲诈；二是潜在进入者的敲诈。如果外部性制造者不负责，"进入者"为获得贿赂就会威胁生产外部性，或者，对称地，如果外部性制造者负责，潜在受害者为得到补偿就会威胁"承受伤害"。如果这些威胁需要使用资源以建立信用，结果就是非效率的。但是投入资源建立信用违背了科斯定理零交易费用的假设。而且，敲诈主张暗含着效率租金和开放状态，对此前面已进行了讨论。

当谈判包含有大型谈判团体时，会产生更多的潜在问题。一是个体有激励"搭便车"，因此团体支付贿赂的能力将下降，将不足以引致社会最优水平的产出或污染；二是如果受害者对损害具有不同认识，具有相同认识的受害者就会联合在一起，每一联合都竭力使结果更适合自己的利益。联合的数目越多，达成最优解决方案的可能性越低。

最后，对产权争夺问题。传统的讨论都是从既定的产权赋予格局下，讨论当事人的谈判产出。当事人之间的交易尽管使不拥有权利的一方得到了许可，但权利的法定赋予格局没有得到改变。如在污染者无权污染时，通过向受害者支付损害赔偿，污染者可以排放一定数量的污染。但这不表明受害者的免受污染权在法律上赋予了污染者，权利赋予的法律格局并没有改变。那么无权的当事人是不是就不希望改变这种格局，而只将资源用于谈判呢？显然不是，有学者分析显示，只有在获取权利的成本大于贿赂的成本时，当事人才接受既定的权利赋予格局。除此之外，当事人都将通过寻租活动以使权利赋予有利自己。交易费用越低，越能激励当事人的寻租活动。那么，交易费用为零不仅意味着外部性当事人要谈判得到效率产出，更意味着对产权的争夺。此时，产权的赋予格局将取决于当事人的禀赋状况，谁的资源越多，获得的权利越多。在当事人的禀赋相同时，如何决定产权的归属恐怕只有抓阄决定了。这就与科斯定理的判断出现了差异。

如何看待博弈论分析对科斯定理的批评呢？对于当事人之间的信息不对称以及因此而产生的战略行为，如果坚持交易费用为零包含信息完全和缔约成本为零的内容，就可以否定这些批评。因此这些批评与其说是批评，不如说是揭示了信息不完全及战略行为所导致的交易费用对科斯定理的作用。

但是，对产权争夺的分析却不能简单地通过坚持交易费用为零的假设来否定。对产权的争夺又一次同财富的分配相联系，而这是科斯定理的一个主要缺陷。

第四节　科斯定理的意义

尽管科斯第一定理存在一定的不足和问题，有关的争论也仍在继续，但科斯第二、第三定理的提出所具有的巨大理论意义、实践意义与方法论意义却是不容置疑的。

一、理论意义

首先，科斯第二定理深刻揭示了在交易费用大于零的现实世界产权界定和产权制度安排对资源配置效率的影响，这就使产权界定和产权制度安排这一在传统经济学中被当作既定前提的因素日益成为关注的焦点，对新制度经济学的快速发展起到了巨大的推动作用。我们知道，传统的微观经济学是关于价格和交换的基本理论，它把社会经济生活中的消费和生产问题当作分析的中心，而把制度当作外生变量排除在经济学研究之外。因此，经济理论的三大传统柱石是：天赋要素、技术和偏好。科斯第二定理的提出和产权制度重要性的发现是新制度经济学对传统微观经济学的一场革命。科斯之后，由于新制度经济学家的不断努力，制度被视为经济理论的第四大柱石，制度至关重要。土地、劳动和资本这些生产要素，只有有了合理的制度（产权制度）才能发挥应有的功能。如果没有科斯第二定理的提出，新制度经济学在 20 世纪 70 年代以来的快速发展是不可想象的。

其次，如果说交易费用的"发现"是科斯为新制度经济学的形成奠定第一块基石的话，那么科斯第三定理就是科斯为新制度经济学的形成奠定的第二块基石的最重要组成部分（另一重要组成部分是科斯第二定理）。正是科斯第三定理揭示的制度选择定理，促进了科斯后继者们对制度的经济学研究。旧制度经济学因为缺乏对制度的成本收益分析而不被看作是一种严格意义上的经济学，而开始于科斯的制度研究之所以被称作是新制度经济学，正是因为其对制度的研究到处都体现了科斯第三定理有关制度成本与收益比较的经济学方法。威廉姆森后来有关治理结构、契约要与不同交易类型匹配的理论、张五常有关交易费用与合约选择的理论就是科斯第三定理的具体运用。威廉姆森因为对治理结构、契约与不同交易类型匹配问题的深入研究而获得了 2009 年诺贝尔经济学奖，张五常被认为是华人经济学家中离诺贝尔经济学奖最近的人，而他的主要贡献就是有关交易费用与合约选择的理论。

二、实践意义

首先，科斯第二定理既揭示了产权界定对资源配置的重要意义，促进了人们对产权界定重要性的认识和对产权问题的深入研究，也为现实生活中的产权界定提出了一条重要的效率原则：如果产权交易带来的净产值增长相同，政府（或法院）在选择把初始产权界定给外部性的当事人中的这一方或那一方时，应该把权利界定给能以较低交易费用解决外部性问题的一方。

其次，科斯第二、第三定理的提出为市场经济中普遍存在的外部性问题提供了新的解决措施和科学的决策原则。传统经济学家庇古等认为，当外部性导致市场失灵时，政府的干预（如对制造负外部性的企业征税、对生产正外部性的企业补贴）就是唯一的政策和制度选择。科斯第二定理告诉我们，在交易费用大于零的现实世界，通过界定产权的市场交易方式也是解决外部性的重要方法。当然，在外部性出现时，到底是通过政府干预还是通过界定产权的市场交易抑或是通过企业一体化方法，科斯第三定理又给出了一条基本原则：任何制度安排都不会十全十美，在其各自运行时都会产生不同的社会成本，在制度的选择中，在政府考虑外部性的解决对策时，要对预期的成本和收益进行全面的比较，合理地加以选择。总之，科斯有关外部性解决的新思路和新原则，使政府的微观经济政策选择范围更加丰富、决策更加科学了。这对我们今天的绿色经济、生态经济建设中的政策和制度设计选择显然具有极为重要的启示意义。

三、方法论意义

科斯定理的提出还具有重要的方法论启示意义，即进行经济学研究一定不能脱离实际，要从经济生活的实际问题出发，通过对事实的详细考察，以寻求解决问题的答案。正如科斯所说，经济分析要"被用来启发我们认识现实的而不是臆想的世界"。当代制度经济学应该从人的实际出发来研究人，所探讨的问题是"那些现实世界提出来的问题"。①

科斯定理的提出，实际上就是科斯从现实提出来的问题出发，通过对事实的详细考察，然后加以分析，最后创造出经济学理论一个范例。例如，为了证明自己的理论，科斯没有像传统经济学家那样，使用高深的数学工具，进行纯理论的推导，而是深入实际，选择案例进而深入分析案例、总结出理论。为了论述产权安排与资源配置效率的关系，科斯列举了机器噪声损害、烟囱污染、牛损坏谷物、无线电波干扰和灯塔效果等案例。他以这些案例为逻辑起点，假设了两种相反的情况，讨论了对损害（或利益）负有责任的和对损害（利益）不负责任的两种不同的定价制度，并且通过简化的计算，引出了著名的科斯定理。科斯为了进一步阐明其论点的本质，并表明其结论的普遍性，他又列举与分析了"库克诉福布斯""布赖思诉勒菲弗"和"巴斯诉雷戈里"等案，用于强调"在市场交易成本为零时，法院关于损害责任的判决对资源的配置没有影响"。另外，科斯在讨论"权利的法律界定及有关经济问题"中，又列举了"韦伯诉伯德""亚当斯诉厄赛尔""斯密斯诉新英格兰航空公司"等饶有趣味的案例。科斯正是通过这些生动具体的案例对传统经济学提出质疑，从而建立起自己的理论的。

坚持从现实经济问题出发的研究进路是科斯传授给我们的"一种考察现实经济活动中复杂的市场经济结构、规制和公共干预的新的思维方法"，也是科斯取得成功的法宝。正如沃因在总结是什么使科斯成为一名卓有成效的科学家时所说："第一，他总是反对任何的想当然。他对看起来是正常而实用的传统常识总是采取怀疑主义的态度：如果事实和这些常识不一致，他相信事实。第二，他一直坚持经济学家的基本任务是解释我们身边的现象，对我们生活的世界更多的了解是规划更美好经济世界蓝图的前提。"② 梅纳尔也说："认真阅读科斯著作或受科斯直接影响的人的著作以及有机会和科斯直接交流的人，都会理解他把理论突破和经验分析之间看作是相互联系的。他对'黑板经济学'尖锐的批评根植于这一信念：如果没有对事实的详细考察，经济学家要想取得进步是不可能的，这需要对经验性研究进行大量投资以及对变化事实进行持续的关注。如果发现在事实面前理论受到威胁，要么修正或要么抛弃这一理论。"③

📖 基本概念

外部性；正外部性；负外部性；代际外部性；公共外部性；双向外部性；科斯第一定理；科斯第二定理；科斯第三定理；产权界定的财富效应

---

① 科斯. 企业、市场与法律 [M]. 盛洪，陈郁，等译. 上海：上海三联书店，1990：254.
② 沃因. 科斯和新微观经济学 [M]//梅纳尔. 制度、契约与组织. 刘刚，等译. 北京：经济科学出版社，2003：54.
③ 梅纳尔. 科斯和新的经济学分析方法的产生 [M]//梅纳尔. 制度、契约与组织. 刘刚，等译. 北京：经济科学出版社，2003：70.

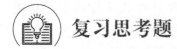 **复习思考题**

1. 用图说明正外部性为什么会导致资源配置不足？
2. 用图说明负外部性为什么会导致资源配置过多？
3. 解决外部性的传统思路是什么？如何评价解决外部性的传统思路？
4. 试用表或图说明科斯第一定理。
5. 如何理解在交易费用大于零时产权的初始界定会对资源配置效率产生影响？
6. 举例说明科斯第三定理。
7. 萨缪尔森是怎样批评科斯定理的？如何看待萨缪尔森的批评？
8. 产权界定的财富分配效应是通过哪几条途径影响资源配置的效率的？

 本章练习题

一、单项选择题

1. 正外部性会导致资源配置（　　）。

A. 过多　　　　　　　　　　　　B. 最优

C. 过少　　　　　　　　　　　　D. 无法判断

2. 负外部性会导致资源配置（　　）。

A. 过多　　　　　　　　　　　　B. 最优

C. 过少　　　　　　　　　　　　D. 无法判断

3. 正外部性的存在意味着（　　）。

A. 私人收益小于社会成本　　　　B. 私人成本小于社会收益

C. 私人成本小于社会成本　　　　D. 私人收益小于社会收益

4. "没有权利的初始界定，就不存在权利转让和重新组合的市场交易。但是，如果定价制度的运行毫无成本，最终的结果（指产值最大化）是不受法律状况影响的。"这是（　　）。

A. 科斯第一定理　　　　　　　　B. 科斯第二定理

C. 科斯第三定理　　　　　　　　D. 波斯纳定理

5. "如果产权交易带来的净产值增长相同，政府（或法院）在选择把初始产权界定给外部性的当事人中的这一方或那一方时，应该把权利界定给能以较低交易费用解决外部性问题的一方。"这是（　　）。

A. 科斯第二定理　　　　　　　　B. 科斯第三定理

C. 波斯纳定理　　　　　　　　　D. 科斯第二定理的推论

6. 被称为"制度选择定理"的是（　　）。

A. 科斯第一定理　　　　　　　　B. 科斯第二定理

C. 科斯第三定理　　　　　　　　D. 科斯第二定理的推论

7. 当养牛者的牛损害了农夫的谷物时，政府解决这种外部性问题的常见措施是（　　）。

A. 政府管制或干预　　　　　　　　B. 将其合并到一个企业中

C. 不管不问　　　　　　　　　　　D. 界定产权让当事人自己交易解决

8. 当一个企业排放的有害气体损害了周围较广大的居民时，解决这种外部性问题的常见措施是（　　）。

A. 政府管制或干预　　　　　　　　B. 将居民合并到企业中

C. 政府不管不问　　　　　　　　　D. 界定产权让当事人自己交易解决

9. 垄断也不是市场失灵的前提条件是（　　）。

A. 生产成本为零　　　　　　　　　B. 生产成本大于零

C. 交易费用为零　　　　　　　　　D. 交易费用大于零

10. 为外部性问题提供了新的科学的决策原则的定理是（　　）。

A. 科斯第一定理　　　　　　　　　B. 科斯第二定理

C. 科斯第三定理　　　　　　　　　D. 科斯第二定理的推论

二、多项选择题

1. 导致校正外部性的政府干预手段在实践中失败的原因中，正确的是（　　）。

A. 围绕政府干预活动可能产生寻租活动

B. 政府干预是有成本的

C. 外部性都要政府解决会导致政府规模过大

D. 政府作为公共利益的代表总是能够自觉对产生外部性的经济活动进行干预

2. 不同类型的外部性有不同解决方式，以下属于其中的是（　　）。

A. 政府管制或干预　　　　　　　　B. 制造损害的企业与被损害企业合并

C. 无人管无人问　　　　　　　　　D. 政府界定产权让当事人自己交易解决

3. 以下属于科斯第二定理的推论的是（　　）。

A. 一旦考虑到进行市场交易的成本，合法权利的初始界定就会对经济制度运行的效率产生影响。

B. 如果产权交易带来的净产值增长相同，法院在选择把初始产权界定给外部性的当事人中的这一方或那一方时，应该把权利界定给能以较低交易费用解决外部性问题的一方

C. 在交易费用大于零的现实世界，制度安排的生产本身是有成本的。至于选择何种制度安排则取决于制度生产的成本与由此带来的收益的比较，其中，净收益最大的制度安排就是最佳的选择

D. 一旦初始权利得到界定，仍有可能通过交易来提高社会福利。但是，由于交易费用为正，交易的代价很高，因此，交易至多只能消除部分而不是全部与权利初始配置相关的社会福利损失

4. 产权界定影响资源配置效率的途径有（　　）。

A. 产权的不同界定导致事后交易费用差异，进而影响资源配置效率

B. 产权界定影响财富分配会对人们的公平观产生影响，并通过后者影响企业效率

C. 产权界定影响财富分配会影响外部性制造者及其受损者行业的利润率，进而引起

资源在不同行业的重新配置

D. 产权界定影响财富分配会影响总需求，并通过它影响一国的总产出

5. 以下属于科斯定理的实践意义的是（　　　）。

A. 科斯定理的提出揭示了进行经济学研究一定不能脱离实际，要从经济生活的实际问题出发，通过对事实的详细考察，以寻求解决问题的答案

B. 科斯第二定理揭示了产权界定对资源配置的重要意义，促进了人们对产权界定重要性的认识和对产权问题的深入研究

C. 科斯第二定理为现实生活中的产权界定提出了一条重要的效率原则：如果产权交易带来的净产值增长相同，政府（或法院）在选择把初始产权界定给外部性的当事人中的这一方或那一方时，应该把权利界定给能以较低交易费用解决外部性问题的一方

D. 科斯第二、第三定理的提出为市场经济中普遍存在的外部性问题提供了新的解决措施和科学的决策原则

三、判断说明题

1. 在交易费用较小时，在解决外部性问题时，政府并不需要进行直接的干预，而只需要进行产权的界定。

2. 在交易费用为零时，外部性也不是市场失灵。

3. 解决外部性的界定产权的市场交易、企业一体化和政府干预这三种方案都各有其成本和收益，最终选择哪一种方案由科斯第二定理决定。

4. 在交易费用为零时，垄断也不是市场失灵。

5. 产权界定的财富效应影响资源配置效率的中观途径是指它会影响外部性制造者及其受损者行业的利润率，并进而引起资源在不同行业的重新配置。

四、计算与案例分析题

1. 假设一个农夫和一位养牛者在两块相邻的土地上经营，养牛者所养的牛常跑到农夫的地里去吃谷物。养牛者得利，而农夫则遭受了损失，这就是负外部性。表3-2列举了养牛者的牛群数目与农夫的谷物总损失和养牛者每增加一头牛给农夫所造成的谷物损失之间的关系，表中还包括养牛者每增加一头牛的边际成本。假设农夫和养牛者都处于完全竞争市场，他们是谷物价格和牛肉价格的接受者。现假设谷物价格为每斤1元，每头牛的价格为160元。

表3-2　牛群数与谷物年损失之间的关系

牛群数目（头）	谷物总损失（元）	每增一头牛给农夫造成的谷物损失（元）	养牛者每增一头牛的边际成本（元）
1	20	20	100
2	50	30	110
3	90	40	120
4	140	50	130
5	200	60	140
6	270	70	150
7	350	80	160

回答以下问题：

（1）如果交易费用为零，在养牛者无权损害农夫和有权损害农夫的两种不同产权界定状况下，养牛者会各养几头牛？双方通过交易实现的帕累托改进值是多少？

（2）假设在养牛者无权损害农夫谷物、农夫找养牛者赔偿时，每头牛需要付出 20 元的交易费用，养牛者最后会养多少头牛？双方通过交易实现的帕累托改进值是多少？

（3）假设在养牛者有权损害农夫谷物、农夫找养牛者购买养牛权时，每头牛需要付出 30 元的交易费用，养牛者最后会养多少头牛？双方通过交易实现的帕累托改进值是多少？

（4）根据前面的计算结果，你认为政府或法院应该将权利界定给谁？是让养牛者有权损害农夫呢？还是让他无权损害农夫？

2. 两年前，王妻下岗赋闲，在家闷得慌，从友人家抱回一只小狗做伴，喜其蹦蹦跳跳之态，取名"跳跳"。跳跳是一只很平民化的巴儿狗，虽非名门之后，但在王妻的悉心调教下，居然也有了几分狗德。比如，按时如厕，不吃嗟来之食，语不高声，更不狗仗人势地狂吠，等等。一天，居委会主任送来一纸通令，限期为狗上户口，否则格杀勿论。王妻一算账，跳跳的"户口费"比她一个月的下岗生活费还高出一截，自然舍不得这笔钱。然而接下来，从电视新闻上看到打狗队勇猛捕杀无证狗的镜头，又实在惨不忍睹，王妻一咬牙，为跳跳交了"狗头费"，买得了"生存权"。此后倒也相安无事。回答以下问题：

（1）政府收狗头费的理由何在？

（2）解决狗扰民这一事情能否通过居民之间谈判解决？

（3）通过政府解决有何代价？

（4）收狗头费是不是解决狗扰民的好办法？

第二篇
制度特殊理论

第四章

产权理论

科斯定理揭示出，在交易费用大于零的现实世界，产权的不同界定会对资源配置效率产生影响。那么，什么是产权？它由哪些权利构成？有哪些类型？具有什么属性和功能？产权是怎样起源的？如何得到界定和保护？不同产权安排的效率如何？等等。这些问题都是在科斯定理的基础上需要回答的。20 世纪 60 年代以来，在不少新制度经济学家的共同努力下，产权理论逐步形成。本章第一节是有关产权含义、构成与类型的介绍，第二、第三节讨论产权的属性、功能、起源、界定与保护问题，最后一节则讨论不同产权安排的多样性及其效率问题。

第一节　产权的含义、构成与类型

新制度经济学的产权基本理论涉及的内容颇多，对产权内涵的界定、产权的权利构成及产权的分类研究是产权理论最基础而又十分重要的内容。

一、产权的含义

为了准确理解产权的含义，下面先看新制度经济学家对产权内涵的界定，然后对作为产权的客体的财产的性质进行分析，最后讨论产权与产权制度的关系。

（一）产权内涵的不同界定

产权，即财产权利的简称。对产权的内涵进行界定就是要揭示产权的本质特征。对产权的本质特征，新制度经济学家做出过不少界定。大体上可以将这些界定分为两类，其中，一类是从人与财产的关系的角度进行界定，另一类是以财产为基础从人与人的关系的角度进行界定。

首先，从人与财产的关系的角度对产权的本质进行界定。从这一角度对产权的本质进行界定主要是把产权看作是一种人对财产的行为权利。例如，诺思说："产权是个人支配其自身劳动及其所拥有之物品与劳务的权利。"① 华特斯则说："产权是指人们有资格处理他们控制的东西的权利，即人们有权拥有明智决策的回报，同时也要承担运气不好或失职所带来的成本。"② 柯武刚和史漫飞则称："我们可以将产权定义为个人和组织的一组受保护的权利，它们使所有者能通过收购、使用、抵押和转让资产的方式持有或处置某些资产，并占有在这些资产的运用中所产生的效益。当然，这也包括负收益——亏损。因此，产权决定着财产运用上的责任和受益。"③

其次，从以财产为基础的人与人的关系的角度进行界定。从这一角度对产权的本质进行界定主要是把产权看作是一种由物（即财产）的存在引起的人们之间相互认可的行为关系。例如，费雪指出："产权不是物质财产或物质活动，而是抽象的社会关系。一种产权不是一种物品。"④ 弗鲁博顿和配杰威齐也说，对于产权概念"要注意的中心点是，产权不是指人与物之间的关系，而是指由物的存在及关于它们的使用所引起的人们之间相互认可的行为关系。……它是一系列用来确定每个人相对于稀缺资源使用时的地位的经济和社会关系"⑤。

以上两种有关产权内涵的界定并没有本质上的区别，它们不过是看待问题的角度不同而已，实质上都是对产权本质特征的揭示。产权的直接内容和基本含义是人对财产的行为权利，而这种行为权利总是离不开一定的人类关系，即产权主体之间的关系。实际上，某人对某财产拥有行为权利，也就意味着其他人可能没有相应的权利。例如，假如某人买了一套房子，所有权确定的并不是他与房子的关系，而是他与其他人在使用房子的权利问题上的关系。产权具体规定了与经济物品有关的行为准则，所有人在与其他人相互作用过程中必须遵守，否则就必须要承担不遵守所带来的惩罚成本。因此，说产权直接上是人对财产的一种行为权利与说产权是人与人之间在财产的基础上形成的行为关系实质上是完全一致的。

总之，产权的直接内容是人对财产的一种行为权利，而这种行为权利又体现了人们之间在财产的基础上形成的相互认可的关系。这就是产权的本质特征。

（二）产权的客体——财产

要准确理解产权的含义，还有必要对作为产权的客体的财产的性质加以说明。所谓财产，是与主体相分离或相对分离、能够被人们拥有、对人们有用的、稀缺的对象，是人们建立产权关系的客观基础。并非物理学上的一切物质或自然界和社会的一切客观存在都是财产。作为财产必须同时具备以下四个条件：

首先，必须是独立或相对独立于主体（人或人的群体）的意志而存在的对象。也就是说，财产必须是与财产主体分离开来的。财产主体是意志的化身，而财产本身是没有意志

---

① 诺思. 制度、制度变迁与经济绩效 [M]. 刘守英，译. 上海：上海三联书店，1994：46.
② 华特斯. 经济增长与产权制度 [M] //汉科，瓦尔特斯. 发展经济学的革命. 黄祖辉，蒋文华，译. 上海：上海三联书店，2000：128.
③ 柯武刚，史漫飞. 制度经济学 [M]. 北京：商务印书馆，2000：212.
④ 配杰威齐. 产权经济学 [M]. 蒋琳琦，译. 北京：经济科学出版社，1999：28-29.
⑤ 弗鲁博顿，配杰威齐. 产权与经济理论 [M] //科斯等. 财产权利与制度变迁. 刘守英，等译. 上海：上海三联书店，1994：204.

的。满足这一条件，对于绝大多数财产来说，都容易理解。只有"人力资本"，因为是存在于人体之内，所以，如果说它能独立于主体而存在，就存在理解上的困难。不过只是对事实的理解上的困难，而不是事实本身。事实是，人力资本也是财产，相对主体的意志也是独立或相对独立的。

其次，必须是能够被人们所拥有并被人们所控制和利用的对象。如果不能成为人们的拥有物并被人们控制和利用，尽管它存在，也不可能成为财产。例如，地球上，乃至宇宙间还有无数的东西客观存在着，但是至今人们既不能认识它，也不能控制和利用它，因而还不是人们的财产。一种客观存在的东西，能否为人们所拥有，取决于人的认识、控制和利用的能力。人的这种能力是随着社会进步而不断提高的。因而从这一点上可以认定财产的外延是动态的、不断扩大的。

再次，必须对人具有使用价值，即必须有用，无用的东西不可能成为财产。一种客观存在的东西是否具有使用价值，既取决于它自身的物理性质或社会性质，也取决于人们认识、控制和利用它的能力。同时，财产的使用价值不仅体现在自身固有的属性和直接用途上，而且体现在它可以间接地为人们带来一定的经济的或其他的利用价值，或者避免利益损失。

最后，必须具有稀缺性。一种独立于人的意志存在的东西，虽然能被人们拥有，也对人们有用，但是如果不具有稀缺性，也就不可能成为财产。如现代社会，一般情况下，空气和阳光就并不稀缺，因而不构成人们的财产对象。但是，稀缺性是动态的，是否稀缺是由客观存在的东西的数量及其变动与人口数量及其变动的相对状况决定的，而这种状况是随着自然状态的变化和人类社会的发展而变动的。有些东西过去不稀缺，随着人口的增加和社会需求量的增加，却变得稀缺起来。例如，在现代社会，在一些生存空间内，清新空气就因为环境污染而变得稀缺起来，从而清新空气也成为了财产。正因为这种稀缺性的变化，也使财产的外延发生了变化。

（三）产权与产权制度的关系

准确理解产权概念，还有必要搞清楚产权与产权制度两个概念的关系。既然产权的本质是人对财产的一种行为权利，这种行为权利又体现了人们之间在财产的基础上形成的相互认可的关系。那么，人们在财产的基础上形成的这种关系总是离不开产权制度的维系，有产权关系必然存在产权制度。

所谓产权制度，不过是制度化的产权关系或对产权关系的制度化，是划分、确定、界定、保护和行使产权的一系列规则。这里，"制度化"的含义就是使既有的产权关系明确化，相对固定化，依靠规则使人们承认和尊重，并合理行使产权，如果违背或侵犯它，就要受到相应的制约或制裁。

对于产权与产权制度之间的这种密切联系，弗鲁博顿和配杰威齐在将产权的本质界定为由物的存在而引起的人与人的关系这一本质时就进行了揭示。他们指出：产权不是指人与物之间的关系，而是指由物的存在及关于它们的使用所引起的人们之间相互认可的行为关系。产权安排确定了每个人相应于物时的行为规范，每个人都必须遵守他与其他人之间的相互关系，或承担不遵守这种关系的成本。因此，对共同体中通行的产权制度可以描述为，它是一系列用来确定每个人相对于稀缺资源使用时的地位的经济和社会关系。阿尔钦也指出：任何社会里个人使用资源的权利（即产权）被各种成规、社会习惯、排斥力等所规范和支持着，正式的法律条例由国家强制力量来维护。许多影响着私有财产的约束都与成规、社会排斥力量有关。诺思与上述两位学者的观点也是相同的。他说："产权是个人支配其自身劳动及其所拥有之物品与劳务的权利。这种支配权是法律规则、组织形式、实施机制以及行为规范的函数。也就是说，是制度框架的函数。"①

准确理解产权与产权制度的关系，还要注意两者的区别。产权关系与产权制度虽然密切联系，但也存在不同。产权关系是一种客观的经济关系，而产权制度则是产权关系的法律硬化形式。有一种观点认为：产权是经济关系的法律形式或法律硬化形式，也就是说，产权本身不是客观的经济关系，而只是这种关系的法律形式，只有在法律意义上才存在产权，产权就是法权或法律意义上的权利。这种观点否认了产权关系作为经济关系的客观性，颠倒了产权关系与法律关系（法律意义上的财产权利关系）的次序。

从逻辑上讲，既然产权是主体对财产的行为权利，那么，无论是产权主体的行为和利益，还是产权的客体——财产，都独立或可以独立于法律而存在。法律中充满了财产权利的概念和条文，但是权利和利益并不是法律创造出来的，它本身就是客观存在的经济关系，法律上的概念只是它在意识形态上的反映。当然，法律上的权利界定对客观经济关系不仅有反映的作用，也有保护、规范和调整的作用，产权获得法权形式，使产权更明确、更规范，使产权矛盾解决更有依据和更有效。可以说法权是产权的法律硬化形式。但是这些都不是创造产权的作用。客观的产权关系是社会经济关系的核心组成部分，属于经济基础范畴；当这种客观的产权关系获得法律上的认可和保护时，就成为具有法定意义的权利关系，即产权获得了法权的形式。法权属于上层建筑或意识形态，它必须以客观的产权为基础和反映对象，没有客观上的产权关系，就不会有相应的法权存在。但是，产权却不一定都及时地、充分地获得法权形式。不过，即使如此，它照样客观存在着。因此，产权与法权的逻辑序列是：先有产权然后才可能有法权。产权是法权的本源，法权是产权的反映。"小产权房"② 就是当前中国社会中得不到正式的法律制度支持却客观存在着的一种产权关系和产权形式。

二、产权的构成

产权的直接内容是人们对其财产的权利，而构成财产权利的内容是十分丰富的，即财产权利是由一束权利构成的。

（一）产权权利构成的不同观点

构成财产权利束的具体权利究竟有哪些呢？在此问题上，学者们的看法不尽相同。根据所列权利的多少和范围的大小大体上可以将现有的产权权利构成分析分为狭义的和广义的两类。

---

① 诺思. 制度、制度变迁与经济绩效［M］. 杭行，译. 上海：上海三联书店，2008：46.
② 小产权房通常是指在中国农村和城市郊区农民集体所有的土地上建设的用于销售的住房。由于集体土地在使用权转让时并未缴纳土地出让金等费用，因此这类住房无法得到由国家房管部门颁发的产权证，而是由乡政府或村委会颁发，所以也称乡产权房。

狭义的产权权利构成分析主要是将产权界定为财产所有权，并进一步把财产所有权归结为包含人对物的多方面权能的权利束。具有权威性的《牛津法律大辞典》就持这种观点，该辞典解释说，产权"亦称财产所有权，是指存在于任何客体之中或之上的完全权利，它包括占有权、使用权、出借权、转让权、用尽权、消费权和其他与财产有关的权利"①。另一位学者阿贝尔也对产权具体包含的权利作了与上述观点相似的列举。他认为，产权包括："所有权，即排除他人对所有物的控制权；使用权，即区别于管理和收益权的对所有物的享用和收益权；管理权，即决定怎样和由谁来使用所有权的权利；分享剩余收益或承担负债的权利，即来自于对所有物的使用或管理所产生的收益和成本分享和分摊的权利；对资本的权利，即对所有物的转让使用、改造和毁坏的权利；安全的权利，即免于被剥夺的权利；转让权，即所有物遗赠他人或下一代的权利；重新获得的权利，即重新获得业已失去的资产的可能和既定保障；其他权利，包括不对其他权利和义务的履行加以约束的权利、禁止有害于使用权的权利。"②

关于产权权利构成的广义列举则是将产权和人权等同起来的观点。这种观点认为，产权就是人权，人权和产权是统一的。其主要代表是巴泽尔、阿尔钦等人。巴泽尔就说："划分产权和人权之间的区别，有时显得似是而非。人权只不过是人的产权的一部分。"③阿尔钦和艾伦也说："试图比较人权与产权的做法是错误的。产权是使用经济物品的人权。试图区分使用财产权的人权和公民权的不同同样是误入歧途了，公民权并不与使用物品的人权相冲突。"④

显然，既然产权的本质是由物的存在及关于它们的使用所引起的人们之间相互认可的行为关系，这就意味着，产权总要以一定的物和财产为对象，要有其客体或载体。明确这一点非常重要，它可以防止人们无限地扩大产权的外延，也有助于理解产权的发展，即产权关系会随着客体种类的不断增多而不断扩展和复杂化。以"产权总要以一定的物和财产为对象"这一标准来评判上述关于产权权利构成的广义列举，那么，巴泽尔等人把产权与人权等同的观点就是不正确的。因为，人权中的选举权、政治民主权等这些权利固然也要建立在一定的物质基础之上，但它们却不是由人们对物、对财产的直接关系而形成的。因而，显然不能把产权与人权等同。

当然也要注意，在市场经济条件下，确有部分人权产权化的倾向。如原来属于人权内容的肖像权，现在就成了人们的产权对象；还有如少部分人把属于人权内容的怀孕权用于牟利的代孕现象等。但毕竟大多数人权还不是产权。在上面关于产权权利构成的列举中，狭义的产权权利构成分析，即把产权看作是财产所有权，并进而把它看作是与（有形的和无形的）财产有关的一系列权利构成的观点是较为合理的和正确的。

（二）产权权利构成的基本因素

构成产权权利束的因素和内容虽然很多，但却包括一些最基本的因素。当然，对产权权利构成的基本因素，也存在不同的观点。如黄少安认为构成产权权利的四要素是所有

---

① 沃克. 牛津法律大辞典［M］. 北京：光明日报出版社，1988：729.

② 刘伟，李风圣. 产权通论［M］. 北京：北京出版社，1998：10-11.

③ 巴泽尔. 产权的经济分析［M］. 北京：费方域，段毅才，译. 上海：上海三联书店，1997：16.

④ 刘伟，李风圣. 产权通论［M］. 北京：北京出版社，1998：11.

权、占有权、支配权、使用权①，而刘诗白则认为是所有权、占有权、收益权和处置权②。

张五常也认为，构成产权权利的要素包括四个，分别是所有权、使用权、收入享受权和自由转让权。他指出，私有产权是一种结构，除所有权外，主要是由三种权利组合构成的，即私人使用权、收入享受权和自由转让权。首先，私人的使用权是指有权私人使用，但可以不私用。重点是有权决定由谁使用和怎样使用。另外一个重点，是这使用权的范围一定是有约束、有限制的。没有用途的约束或上限，他人的权利不能受到保障，私有产权就不能在社会中成立了。其次，有私人使用权的资产必须有私有的收入权或租值，否则在竞争下资产的使用会有非私产或公共产的效果，出现租值消散。最后，私人转让权也是产权的重要内容。凡有私人转让权的资产，在某种程度上必定有私人使用权及收入享受权。当然，有私人使用权与收入权，不一定有私人转让权③。

这里不准备对产权权利构成要素的不同观点进行评价，每位学者从自己的立场和角度出发分别对某些要素加以强调应该说都有一定的道理。下面对产权的四种基本权利（所有权、占有权、收益权和处置权）的含义做一些阐述。

第一，所有权。所有权是主体对客体的排他的最高支配权。对任何一个社会形态来说，产权问题首先是什么人拥有对稀缺性资源排他的、最高的、绝对的支配权。任何一个社会的产权构建，首先就是要形成与社会的经济发展阶段相适应的所有权结构，或基本财产制度。所有权是借助于约定俗成的习惯力量或国家法律，从而使主体拥有对稀缺资源的现实有效性的占有权利。权利体现一种社会关系，所有权也是一种社会现实的存在。在日常的经济生活中，如果人们均是自觉地遵循所有权的要求而行事，就会感觉不出所有权的存在。一旦人们违反社会现实的财产制度的性质和要求时，就会有某一主体从对象后面走到前台来，表明他的主体身份和占有权利，而社会也将以纠正违规或非法占有的措施来维护他的最高占有权利。可见，在产权世界中，所有权作为一种物背后的最高的占有权和支配权，它并不是虚构的，而是实实在在的产权。由于财产所有者的权利，决定使用财产的其他非所有者的权利，决定其他各种派生权利的性质和状况，因而，所有权是最重要的产权，是产权的核心和基础。

第二，占有权。作为所有者，它不仅是要宣称它对对象拥有最高的排他的占有、支配权，更重要的是要在经济上利用和实现它的最高、排他的占有权和支配权。因而，在所有权与经营权相分离以前，它就要对财产的客观对象（物质形态以及非物质形态）实行支配、使用和占有，使对象在使用（作为生产资料）和享用（作为消费资料）中体现主体的意志。如个体农民和手工业者按照他的意志支配使用他的手工工具，这是对生产工具实行占有；资本家自身开办工厂和直接经营，这是对生产设备和资金实行占有。这种对生产条件的最高占有权，确立了所有者的生产主体地位，使后者得以控制生产过程，按照他的目的进行生产。不能把占有和使用混淆，工人虽然使用工具，但不具有占有权，不是独立自主的生产者，而只是听从和执行所有者的意志。占有表现于主体对生产资料的关系中，也表现在对消费资料中，例如住自己的房屋是对房屋实行占有，开自己的汽车是对汽车实

---

① 黄少安. 产权经济学导论［M］. 济南：山东人民出版社，1995：69-70.
② 刘诗白. 主体产权论［M］. 北京：经济科学出版社，1998：23.
③ 张五常. 经济解释（卷二）［M］. 香港：花千树出版有限公司，2007：82-98.

行占有。占有既表现对实物的占有，又表现为对非实物的占有，如对货币、证券、股票的占有。可见，通过生产条件的占有权，才能保证和实现生产主体的地位，通过消费资料的占有权，才能保证对生产成果的享有和消费。占有就使所有者的支配权具体化，进一步落实于生产活动和消费活动之中。

第三，收益权。人们对实物的占有，不是为了占有而占有，而是为了享有利益而占有，人们构建或拥有产权，总是为了维护他的利益，更主要的是维护财产的经济利益。当然，人们占有财产也涉及所有者的政治、社会利益，但是人们对财产的占有毕竟是从属于经济目的，是为了获取财产的收益。收益是指财产在使用中带来的经济利益。收益权是产权的外在表现，因为所有者或主体总会借助于对某种资源的占有权，通过生产和交换来获取相应收益，满足自己的需要。因而，收益权是产权的重要内容。

第四，处置权。处置权指主体将物或对象，以某种形式交给他人支配、占有和使用，从而带来财产主体的变换。这种变化表现在以下两个方面：第一，支配使用权主体的变换。所有者不是都需要对财产实行直接占有，他往往要将财产交给其他的代理人去管理和经营。所有者对代理人拥有实行授权和取消授权的权利，这种权利就体现所有者对其财产的处置权，它导致了财产的支配、占有者和使用者的分离。所有者将其财产租赁、承包给他人使用，也会带来支配主体的变化。第二，所有权主体的变化。主体实行其处置权，将财产变卖，或将财产交给子女继承，或捐赠他人，这是财产转让，属于财产主体的变换。

综上所述，一个完整的产权结构，体现了主体对客体拥有一种法定的、最高的、排他专属的占有关系（所有权），支配使用关系（占有权），收益占有关系（收益权）和任意处置关系（处置权）。完整的产权结构就是由所有权、占有权、收益权和处置权四种权利构成的结构。

三、产权的类型

产权作为一种财产权利，总有其归属的主体。根据产权归属主体的不同，即是归属于一个特定的个人，还是归属于一个共同体的所有成员，可以将产权从根本上分为两种形式或类型，即私有产权和共有产权。当然，除了两种极端形式外，还有一些介于完全的私有产权和完全的共有产权之间的中间形式。正如张五常所说："产权结构可以采取各种不同的形式，私人产权为一个极端，共有产权为另一个极端。大多数产权安排都处于这两种之间，这两者很少以纯粹的形式出现。"①

(一) 私有产权

私有产权就是将资源的所有以及由此派生的使用与转让以及收入的享用权界定给一个特定的人的产权安排。这种产权形式下，拥有产权的个人可以根据自己的需要选择如何行使这一权利，或者将权利转让。无论如何处理最终决策都取决于个人的选择，由个人自主决定。正如阿尔钦所说："产权是一个社会所强制实施的选择一种经济品的使用的权利。私有产权则是将这种权利分配给一个特定的人，它可以同附着在其他物品上的类似权利相

---

① 张五常. 经济解释 [M]. 北京：商务印书馆，2000：427.

交换。"①

在私有产权下，产权的排他性特点最为明显，除了拥有这些权利的个人之外，其他任何组织或个人在没有得到产权所有者同意的情况下，不得占有、损害该项权利，或者阻碍所有者行使这一权利。也就是说，私有产权确定了拥有这项产权的唯一的经济主体，同时也确定了其他所有经济主体，在未得到权利所有者同意的情况下，不得染指这项权利——这也是对其他经济主体的最为明确的限制。

当然，私有产权的排他性在限制了其他经济主体的同时，也不能排除对产权主体本身的限制。具体来说，其产权范围，即拥有私有产权的个人到底拥有什么样的权利，还要取决于其具体的产权内容，即相应的产权安排中规定了产权主体获得了哪些权利。

产权的内容必然是有一定的范围的，任何一项产权都有其相应的限制范围。例如，在现代社会法律一般不允许个人将自己出卖给另一个人而成为奴隶，即使对这个人来说这是完全自愿的。但是，对私有产权的约束应当是适当的。不当的限制会形成产权的"弱化"。一些人为的或不必要的限制妨碍了私有产权所有者的选择权利，又没有增大其他任何人可能的物质使用，这种限制不利于产权的最优配置。

产权是一束权利，私有产权并不意味着所有与某项物质资源有关的权利都归属于同一个人，附着于同一件物品的私有产权可以由两个或更多人同时拥有。私有产权中必然存在着产权的分割问题。例如，房主与房客关于房屋的权利都是私人的权利，房主有权阻止房客改造或出让房屋，同时房客在承租期间也有权排斥房主再来使用房屋。就一块土地的使用权来说，也可以由几个人同时拥有。例如，A 可以拥有在这块土地上种小麦的权利。B 可以拥有在它上面走路的权利。C 可以拥有在其上空驾机飞行的权利。D 可以拥有开动邻近设备而使之承受振动的权利。并且每一种权利都是可以转换的。总之，这块土地各种被分割的私有产权被不同的人所拥有。这就是说，同样的一种有形资产，不同的人拥有不同的权利；但并不意味着这些权利就不是私有的，只要每个人拥有互不重合的不同的权利，多个人同时对某一资源或资产行使的权利仍是私有产权。因为私有产权的关键在于对所有权利的行使的决策及其承担的后果完全是私人做出的。

（二）共有产权

如果资源的所有及其派生的各种权利的主体是由多个经济主体所构成的共同体，权利为共同体内所有成员共同拥有，则称这种产权为共有产权。

共有产权具有这样的特点：某个人对一种资源行使权利时，并不排斥他人对该资源行使同样的权利。例如，我步行穿过一块公共土地的权利与他人穿过这块土地的权利是完全一样的，我可以或有权去一块公共水塘钓鱼，你或他人也可以这样做。无论何种情况，许许多多的人可以为了同样的目的行使对某一资源的产权。

共有产权与私有产权相比，其最重要的特点在于共有产权在个人之间是完全不可分的，即完全重合的。因此，即使每个人都可使用某一资源来为自己服务，但每个人都没有权利声明这个资源是属于他的财产，也就是说，每个人对此都拥有全部的产权，但这个资

---

① 阿尔钦. 产权：一个经典注释［M］//科斯等. 财产权利与制度变迁. 刘守英，等译. 上海：上海三联书店，1994：166.

源或财产实际上并不属于任何个人。

第二节 产权的属性与功能

属性即对象的性质，包括本质属性和非本质属性。产权的属性分析就是要揭示产权的本质属性。产权的功能分析则是探究产权在社会经济关系和经济运行中发挥的作用。两者都是新制度经济学产权理论的组成部分。

一、产权的属性

讨论产权的属性必须联系产权的类型，因为不同类型的产权，其属性自然也不同。这里主要以私有产权和共有产权两种极端形式来看，就私有产权而言，它主要具有排他性、可分割性、可让渡性和清晰性，而共有产权的属性与私有产权正好相反，它具有非排他性、不可分割性、不可让渡性和不清晰性。

（一）排他性与非排他性

人与人之间对财产的权利实际上构成竞争，对特定财产的特定权利只能有一个主体，是甲的，就不是乙的。一个主体要阻止别的主体进入特定财产权利的领域，保护特定的财产权利，这就是产权的排他性。如果没有这种排他性，不管是不是某一财产的主人，都可以一样地占有、支配或使用该财产，就无所谓产权，说明大家对有无财产权利没有什么差别。

产权的排他对象是多元的，除了一个主体外，其他一切个人和团体都在排斥对象之列。显然，产权的排他性实质上是产权主体的对外排斥性或对特定权利的垄断性。

新制度经济学家认为，私有产权的决定性特征是其具有较强的排他性。柯武刚和史漫飞就说："私人产权的决定性特征是，一项财产的所有者有权不让他人拥有和积极地使用该财产，并有权独自占有在使用该财产时所产生的效益。同时，所有者要承担该财产在运用中所发生的所有成本。"[1]

私有产权的排他性一方面把选择如何使用财产和承担这一选择后果之间紧密联系在一起，另一方面使所有者有很强的动力去寻求带来最高价值的资源的使用方法。这是因为，排他性是所有者自主权的前提条件，也是使私人产权得以发挥作用的激励机制所需要的前提条件。只有当其他人不能分享产权所界定的收益和成本时，这些收益和成本才可能被内部化，即才能对财产所有者的预期和决策产生完全的、直接的影响。只有那样，才能将他人对该财产使用的估价传送给所有者，所有者也才有动力将其财产投于他人欢迎的用途。

在新制度经济学家看来，共有产权一般不具有排他性。私有产权的排他性是基于产权主体的唯一性。对于共有产权，其产权主体虽然也是由不同个人成员组成的，但是这些成

---

① 柯武刚，史漫飞. 制度经济学 [M]. 北京：商务印书馆，2000：215.

员个人并非彼此分开的独立的产权主体，他们只是共有产权的组成分子。也就是说，共有产权的组成成员是作为一个整体分享共有财产的产权的。在共有范围内，对财产的权利，是你的，也是我的。正是在这个意义上，即就你我都是财产共同主人、共有财产每个人都有平等的一份来说，它是不具有排他性的。正如张五常所说："就共有财产来说，则没有把其使用划给任何私人当事人。任何人都无权排斥其他人使用它，大家都可为使用它而自由地进行竞争。因此，没有排他性的使用权，也没有转让权。"①

当然，共有产权在其内部成员之间共同分享上不具有排他性并不意味着它不具有任何意义上的排他性。实际上，共有产权也存在作为一个总体的对外排他性。我们知道，在特定社会里，只要资源稀缺，资源的产权就不能归全社会统一拥有，即不可能是单一主体，而总是归于不同的个人或团体。只要存在着多元的产权主体，不同主体间的物质利益就不可能等同，利益上的分立就是必然的。这种分立就是相互间的排他性。因此，尽管共有产权内部不同构成分子间不具有排他性，但是不同的共有主体之间，共有主体与私人主体之间肯定具有排他关系。

(二) 可分割性与不可分割性

可分割性是私有产权的另一个重要特征，而共有产权作为一个整体，是排斥任何一个内部成员侵占、分割共有产权的，即共有产权不具有可分割性。

私有产权的可分割性，是指对特定财产的各项产权可以分属于不同主体的性质。可分割性意味着产权能被"拆开"，一项资产的纯所有权能与其各种具体用途上的权利相分离。由于产权由权能和利益组成，所以，产权的可分割性包含两个方面的意义，即权能行使的可分工性和利益的可分割性。产权的不同权能由同一主体行使转变为由不同主体分工行使就是权能的分解，相应的利益分属于不同的权能行使者，就是利益的分割。有权能分解，就必然有利益分割，因为在存在产权的社会条件下，任何一个行使产权职能的主体，都不愿意白白地放弃利益。

产权的可分割性可以在不同层次上体现出来。因为特定财产的产权可以区分为几个大项，每一大项又可以细分。首先，可以分割出狭义所有权、占有权、支配权和使用权。其次，占有、支配和使用的各项产权又可以分成不同的亚项。也许，在具体的权能行使过程中，这些亚项还可以分解，由不同的主体去行使。但是，需要注意两点：

（1）产权的可分割性不是无限度的，不是说，产权可以无限分解，分得越细越好。产权本身不具有这种无限可分性，不能用自然界的物质粒子理论上无限的思维方法来思考产权的可分解性。因为物质粒子的不断细分还是物质粒子，基本的性质没有变。产权实质是不同产权主体之间的经济关系，不同权项的划分必须在不同的产权主体之间进行，产权主体是不可无限细分的，如果产权无限划分下去，就会超出"不同产权主体之间"这个范围，分出来的也就不是产权了。

（2）不是任何一项产权都可以任意再次分割。狭义所有权是特定财产的根本性产权，其主体的状况决定产权关系的性质。因此，它不具有任意可分割性。如果他的权能发生分割，就意味着它的主体状况在原有基础上发生了变化，产生了比原来更多的主体，从而产

---

① 张五常. 经济解释［M］. 北京：商务印书馆，2000：427.

权关系的性质改变了。

产权的可分割性对产权的有效使用具有重要的意义。往往只有在产权能被分割的情况下，才能有效地利用大规模集中的财产。例如，作为一项重要制度创新的现代股份公司就是基于产权的可分割性。一个大型公司的所有权可以被划分为能被较小投资者购买的股份，结果，重大工业项目和基础设施项目所需要的巨额资本得以积聚起来。阿尔钦就说："尽管私有产权对于从生产的专业化中实现较大的收益尤其重要，而私有产权的可分割性、可分离性和可让渡性则能使在现代法人组织这种合作性的联合生产活动成为可能，这很少得到正式的承认，但是它仍然是很重要的，合作性的生产过程高度依赖于私有产权各组成部分的分割与专业化。"①

(三) 可让渡性与不可让渡性

可让渡性（或称可交易性）也是私有产权的内在属性，它以产权的排他性为基础。正因为产权是排他的，即特定产权的主体是唯一的和垄断的，产权主体才可能拿产权去转让和交易。对于共有产权来说，它是不具有可让渡性的。正如德姆塞茨所说："可让渡性是指将所有制再安排给其他的人的权利，它包括以任意价格提供销售的权利。当稀缺资源的所有制是共有的时候，排他性和可让渡性都是不存在的。没有人会节约使用一种共有资源，也没有人有权将资源的所有制安排给其他的人。"②

产权的让渡是产权在不同主体之间的转手和交易。按让渡内容的多少可以分为全部产权的让渡和部分产权的让渡。特定财产的产权是由狭义所有权、占有权、支配权和使用权组成的权利体系，它既可以作为一个整体，成为交易对象，四权中的任何一项或任意几项的组合，也可以成为交易的对象。作为整体交易时是对财产产权的全部让渡，而且是一次性的、永久的。例如，一套房屋被卖掉，就是一次性永久地让渡了房屋的全部产权。

按产权的让渡时限可以分为永久性让渡和有限期让渡。狭义所有权的让渡和特定财产产权作为整体让渡，必然是永久性让渡。即原有主体一旦让渡，就不可能再收回，如果收回，只能是他的另一次购买行为或其他的获得方式。狭义所有权以外的产权让渡可以采取有限期转让方式，例如，借贷资本，就是资本所有者有限期让渡资本的占有、支配和使用权。租赁制条件下也是资本经营权的有限期让渡。有限期让渡的特点是，相应的产权只在契约期让渡，契约期满，又合法地回归原主体手里。

产权的让渡和交易对资源的有效配置和利用具有极为重要的意义。张五常就说："所有制在市场上的竞争与可转让性执行两种主要的合约功能。……竞争集中了来自于所有潜在的所有者的知识——关于可供选择的合约安排和资源的使用的知识，产权的可转让性（通过灵活的相对价格）确保了使用是最有价值的。"③

---

① 阿尔钦．产权：一个经典注释［M］//科斯等．财产权利与制度变迁．刘守英，等译．上海：上海三联书店，1994：169.

② 德姆塞茨．一个研究所有制的框架［M］//科斯等．财产权利与制度变迁．刘守英，等译．上海：上海三联书店，1994：192.

③ 弗鲁博顿，配杰威齐．产权与经济理论［M］//科斯等．财产权利与制度变迁．刘守英，等译．上海：上海三联书店，1994：208.

（四）清晰性与不清晰性

新制度经济学家认为，私有产权和共有产权还有一个重要的不同是，私有产权一般是清晰的，而共有产权往往是不清晰的。

什么是产权清晰？新制度经济学家的许多论述虽然与此有关，但他们并没有给出其准确定义和判断标准。有学者认为，"产权清晰指的是不同产权主体之间产权权属关系的清晰，即不同产权主体之间有清晰的产权界限存在，可以分清楚谁对某项财产拥有产权以及拥有何种形式的产权和拥有多大份额的产权"。判断某一产权是否清晰的主要标准是看其产权主体是否清晰。所谓产权主体清晰，是"指财产产权最后归属的主体是清晰可辨的自然人主体，而不是模糊的虚拟主体。之所以要强调产权主体的自然人属性，是因为在市场经济条件下，产权具有强烈的经济内涵，要求产权主体有独立的民事行为能力并且能够独立承担民事责任。只有自然人能够满足这些要求，虚拟主体则完全不符合要求。虚拟的主体，比如国家、社团等，只是一种组织形式，是自然人为了某种目的建立起来的组织。这些虚拟的主体，是依存自然人的存在而存在的，只是名义上的主体而已，其实际主体依然是自然人。虚拟主体作为产权主体，只具有名义上的意义，任何产权权利的行使都是由虚拟主体内部的自然人代理的。在承担责任方面，任何名义上由虚拟主体承担的责任，最后的实际承担者都是自然人。虚拟主体作为产权主体，会掩盖住实际主体，使实际主体变得模糊"[①]。

如果依据上面的"产权清晰"概念及其标准来看，私有产权的主体最后可以追溯、归属到具体的自然人，所以其产权是清晰的；共有产权归属的是国家或某个社团这样的虚拟主体，而不是具体的自然人，所以其产权就是不清晰的。

上述产权清晰定义及其标准虽然有一定的道理，但还没有抓住产权清晰的本质。其实，产权清晰还是不清晰，用一句话来说就是，在产权主体明确的情况下，一项资产在其运行过程中能否做到主体所承担的权责利的尽可能一致，并保证资产价值的不断保值和增值。如果能够做到，就是清晰的；否则，就是不清晰的。

私有产权之所以是清晰的，不仅仅在于其产权主体是唯一的自然人，更主要的是私有产权的自然人主体对其资产的运用能够大致做到权责利的一致。举例来说，一家私营企业的老板，他拥有经营企业的全部权利（权），并获得经营的全部剩余收益（利），但如果企业发生了亏损，其亏损也完全由他独自承担（责）。在这里，权责利是高度一致的。在这样的产权安排下，私营企业主会不会偷懒和不努力经营企业呢？显然不会，因为如果发生了亏损，其亏损都要由他一个人独自承担，没有任何其他人来分担他的亏损。由于所有剩余收益都归私营企业主，没有其他人可以分享他的剩余收益，所以他一定会尽最大的努力来经营企业。这些都是作为经济人的私营企业主的自利本性决定的。这样，私营企业的财产价值不仅不会不断减少和贬值，反而会不断增加和增值。正是在属于自然人的资产能够做到权责利一致从而使资产价值不仅不会在资产运行过程中发生损害和贬值反而会不断增值的角度，我们说属于自然人的私有财产的产权是相对清晰的。

需要指出的是，即使是私有产权下，主体所承担的权责利也可能不一致，有时仍然有

---

① 潘永. 略论产权清晰标准 [J]. 前沿，2005（1）：47-50.

必要采取措施尽可能提高主体所承担的权责利的一致程度，即提高产权的清晰度。专栏4-1的广州垃圾收费制度改革的例子就充分说明了这一点。

专栏4-1

广州垃圾收费制度改革

据《南方日报》2012年7月1日的报道，2012年6月29日，广州市城管委主任李廷贵透露，市委、市政府已经形成决议，初步决定在7月10日正式启动垃圾分类，垃圾袋将实名制，垃圾费将按袋计量收费。李廷贵说，"垃圾费按袋计量收费"政策，将以专用垃圾袋作为收费的工具，市民丢弃垃圾，必须购买政府制作、在指定地点发售的专用垃圾袋盛装，再交垃圾车收运。产生多少垃圾付多少钱，垃圾越少，缴费就越少。据介绍，广州将在政府特制的分类垃圾袋上，印上居民的住宅地段号和房号，作为识别垃圾袋出自哪家哪户的标志，根据该标志，可以追查垃圾投放的源头。如果居民没有对垃圾分类，将根据标记信息追查到居民个人。

另据《南方日报》2012年11月2日的报道，在广州市城管委开展的社区论坛上，市城管委总工程师鲍伦军表示，垃圾按袋收费将于2014年改为按量收费，专用袋免费发放政策最迟延至2013年底。

资料来源：黄少宏. 广州拟实行垃圾袋实名制，垃圾费按袋收费 [N]. 南方日报，2012-06-30.

在共有产权情况下，产权的主体是虚拟的社团组织或模糊的一群主体。在其资产的运行过程中，往往会出现权责利不一致的情况。因为，一方面，在虚拟主体（如国家、社团和公司等）的管理者在尽力增加其资产价值时，所付出的努力全是自己的，他给虚拟主体增加的资产价值却要在所有成员中共同分享，他自己所得仅为其中很小的一部分，即这里存在责任与利益的不对等，这样，管理者增加虚拟主体资产价值的动力就会不足；另一方面，虚拟主体的管理者在利用虚拟主体的资产谋取私利时，所获得的收益百分之百属于自己，其行为所造成的损失却是全体组织成员承担，他自己承担的成本微乎其微，这里存在利益与责任的不对等，这样会使管理者盗窃虚拟主体的资产的激励增强；同样，作为虚拟主体中的其他成员要去监督管理者的行为，所产生的费用完全由自己独自承担，通过其监督所避免的损失（从而带来的利益）却是由全体成员共享，造成了监督费用与所获收益的不对称，这样会使其他成员监督管理者的激励降低。

总之，一方面，虚拟主体的管理者缺乏增加其资产价值的动力；另一方面，却有盗取其资产的激励，加之其他成员监督管理者的激励缺乏，这样，国家、社团等虚拟主体的资产价值将不断减少和贬值，这种产权安排的低效可见一斑。正是在虚拟主体的产权在其运行过程中不能做到主体权责利的一致从而会出现其资产价值不断减少和贬值的含义上，我们说虚拟主体的产权是不清晰的。

以一个共有鱼塘为例，其产权主体可以是来此鱼塘捕鱼的所有人。即使假设这一鱼塘是属于该地区某一社团的财产，该社团共有 100 人，属于这 100 个自然人的鱼塘的产权也是不清晰的，这是因为在其运行过程中会出现权责利不一致的情况。比如说，这 100 个人中的每一个人都可以行使自己的权利来钓鱼，得到的利益 100% 是自己的，但因鱼塘里的鱼被钓光即出现枯竭而导致的损失则由全体 100 人承担，每个个人仅承担 1% 的损失，即表现为权与责的不对称。另外，假如有人在此鱼塘养鱼（成本 100% 由他出），但他只能得到全部收益的 1%，即表现为权与利的不对称。正因为在共有产权的实际运行中，常常会出现上述权利与义务的不对等和成本与收益的不平衡的现象，从而使共有产权表现出极端的低效，而导致其低效的根本原因则是其产权的不清晰性所致。

二、产权的功能

产权的功能就是界定和实施产权的功能，它是相对于产权没有得到界定和实施的情形而言的。产权的功能既有宏观的，也有微观的。产权的宏观功能主要是界定产权实现的资源配置功能和收入分配功能。对此，在第三章对科斯定理的分析中已经论述过，所以，下面主要讨论产权的微观功能。产权的微观功能主要是激励与约束、减少不确定性和外部性内部化。实际上，产权的微观功能最终都可以归结为激励与约束功能，因为，产权的减少不确定性和外部性内部化功能会影响产权主体活动的收益和成本，因而同样也具有激励与约束主体的作用，所以，在新制度经济学家看来，激励与约束是产权最主要的功能。正如弗鲁博顿与配杰威齐所说："一个不难接受的基本思想是，产权会影响激励与行为。"[1]

（一）激励与约束功能

产权的界定和实施首先直接具有激励与约束的功能。因为，产权的内容包括权能和利益两个不可分割的方面，任何一个主体，有了属于他的产权，不仅意味着他有权做什么，而且界定了他得到了相应的利益，或者有了获取相应利益的稳定的依据或条件。换句话说，如果经济活动主体有了界限确定的产权，就界定了他的选择集合，并且使其行为有了稳定的预期。这样，其行为就有利益刺激或激励。有效的激励就是充分调动主体的积极性，使其行为的收益或收益预期与其活动的数量和质量，或者说与其努力程度一致。产权的激励功能就是保证这种基本一致。界定了产权，就能使产权主体为了自己的相应利益而努力行使产权权能。

产权的分割，必然包括权能的分解和利益的分割。如果只赋予某个行为主体以权力和责任，却不赋予其收益或收益的保证，就不是产权分割，相应的主体并没有获得产权，因为权力和责任不等于产权。所以，确定产权并不是单纯地赋予权力、承担责任，而是责、权、利一体的确定。

在产权的广义的委托—代理关系中，实际上就是依靠契约，在委托者与受托者之间分解产权，给受托者以部分产权，受托者才会有动力去行使产权，委托者也才能实现委托的

---

① 弗鲁博顿，配杰威齐. 产权与经济理论［M］//科斯等. 财产权利与制度变迁. 刘守英，等译. 上海：上海三联书店，1994：204.

目的。当然，还必须给受托者以相应的约束，除开产权本身的约束外，还需其他约束。现代公司的经理们为什么有努力从事经营管理的积极性，因为他掌握经营权，股东们将经营性产权分解出来委托给他了，这种产权使他有管理公司的权力和责任，同时，也有收益。经营权的行使状态即经营绩效的好坏与他自己的收益密切相关。假设公司经理没有经营性产权，或者说，只有管理的权力，却没有相应的利益或利益预期，他就不可能积极地为公司经营而努力，至少这种努力不会持久。所以，产权的界定可以起到稳定而长久的激励作用。

约束和激励，对于经济活动主体来说，可以说是相互联系的两个方面的力量。甚至从某种意义上说，约束也是一种反面的激励。因此，有些人认为激励和约束是一回事，是一个问题的两个方面。这种观点，从一定意义上说，是有道理的。当然，约束和激励虽然都是作用于主体的力，却是两种不同的力，作用方式和方向都有所不同，或者说，作用机理不同。激励对主体来说，是一种诱致性、吸引性的力，调动其某方面的积极性，鼓励他做什么或做得更多更好。约束却是一种逆向的、限制性的力，是抑制其某方面的积极性，阻止或限制他做什么，或者使之不要做过头。

对任何资产的任何产权，无论其多少或大小，都是有限的。其权能或作用空间有界区，利益有限度，可计量。基于这种有限性，产权也就同时具有了对产权主体的约束功能。因为产权的权能空间是有界区的，这在确定了其选择集合的同时，也限制了其作用空间。在确认其可以做什么的同时，也界定了他只能在什么范围、以什么形式做什么，界定了他不能做什么。因为产权的利益是有限度的，因而在确认和保证他可以得到什么的同时，也确定了他的利益边界，限制了他不可以得到更多的东西。如果他的行为超出了所界定的范围，获取了不该得的利益，就是越权或侵权，他将为此承担代价。

(二) 减少不确定性功能

产权的界定和实施能够减少不确定性，不确定性的减少可以降低交易费用，而交易费用的降低对产权主体显然具有激励作用。

产权本身，当它作为产权存在时，具有边界。也就是说，具有了确定性。但是，对于具体财产、具体的经济主体和具体的人与人之间来说，产权却不一定已经建立或确立。例如，一种新的或人们过去没发现或不知其使用价值东西，某个时候人们发现了它，这时，其产权没有得到界定，或者说，还没有作为产权，而是作为物存在。对于它来说，处于一种无产权状态。也可以说，人们对它的权利还是不确定的。由此可能导致人们对它的混乱和不合理利用，也就是说，任何人对它的选择集合都是无限制的。对于一个人或一个组织来说，他到底拥有哪些资产的哪些权利，也许是不确定的，即没有确立其产权。不同个人或组织之间，针对某些财产而言，各自的权利也可能是不明确或不确定的。这些也会使各自的选择集合不确定。这种不确定对于自己来说如此，对于别人或整个社会来说，也是如此。你的选择集合不确定或不受限制，对于你自己来说，是一种不确定性，而同时也意味着所有与你交往或可能交往的人都面临不确定性，因为他们无法确知你的选择空间和可能做出的选择。

不确定性会给人们的选择或决策带来困难，使人们不能合理地进行预期，增加了人们经济交往过程中的交易费用。人们总是力求减少这种不确定性和降低交易费用。进行产权界定和设置产权，就是减少不确定性并进而降低交易费用的重要途径。通过确立或设置产权，或者把原来不明晰的产权明晰化，就可以使不同资产的不同产权之间边界确定，使不同的主体对不同的资产有不同的、确定的权利。这样就会使人们的经济交往环境变得比较确定，大家都更能够明白自己和别人的选择空间，从而可以较好地起到降低交易费用的作用。

（三）外部性内部化功能

产权的界定和实施还能够将外部性内部化，包括正外部性内部化和负外部性内部化。正外部性内部化能够提高产权主体的收益，从而起到激励产权主体的作用；负外部性内部化则会增加产权主体的成本，从而起到约束产权主体的作用。正如德姆塞茨所说："产权的一个主要功能是引导人们实现将外部性较大的内在化的激励。"[①]

从产权经济学的角度看，外部性是在原有产权格局下，在原有产权的范围内，产权主体行使自己的产权时，却产生了新的权利（包含责任，承担责任对于承担者说是一种权利限制）。仅以负外部性为例。开始时，不同主体在原有产权范围内彼此相安无事，各自行使自己的权利，获得自己的利益。收益只与自己的投入和经营相关。例如，甲以竹排或木排形式在河道上航行，乙用渔网或钓竿在河里捕鱼，相互没有外部损害。但是，随着各自生产规模的扩大、技术的改进和工具的改变等，外部性就可能产生。例如，甲改用大轮船，并配备大规模船队在河道上昼夜航行，而且还排放污水，制造噪声，影响了渔业资源，使河里鱼量减少，致使乙无法用原有工具，花原来的成本捕到鱼。这样，甲就造成了对乙的外部损害。这种外部损害虽然是在原有产权边界明确的情况下产生的，但是，行使原有产权的结果却事实上超出了原有产权的边界，产生了新的权利——损害的权利，对于受害者来说，同时就是阻止损害的权利。这种权利可以分解为具体项目，如船队制造噪声和捕鱼者阻止制造噪声的权利、排污和阻止排污的权利等。在这种情况下产生的、新的权利也就是能带来收益或减少损失的权利。

外部性问题可以归结为对以外部性形式表现出来的新的产权设置或界定问题。一旦这种新的权利得到了界定，谁是其拥有者就变得明确而确定，也就是对外部性设置了产权。一旦这种产权设置起来，外部性就被内部化了，不再是外部损害或外部效益了。

就外部损害来说，如果损害者有权利制造损害而不承担赔偿责任，对他来说这是一种权利，如果通过法律或其他形式确认了这种权利，对他来说，就不是外部性了。同时，对于受害者来说，如果已经做出这样的权利界定，他就没有阻止损害和索赔的权利，那么，其蒙受的损失就不是外部损失，而是其经济活动所必须支付的代价，是一种内在成本或私人成本了。如果法律或其他形式的规则界定工厂没有排污权利，等于同时界定了其他相关主体有阻止排污或索赔的权利。工厂要排污就要支付成本，这又是另外一种对外部性的产权界定。不管如何划分，都是一种产权的划分规则，或者说，都是对外部性设置了产权，都意味着权能和利益的划分，都使外部性内部化了。

产权明确了，经济活动的成本都由活动主体自己承担，他就会尽量减少这种成本。工

---

① 德姆塞茨．关于产权的理论［M］//科斯等．财产权利与制度变迁．刘守英，等译．上海：上海三联书店，1994：98.

厂没有排污权或没有无偿排污权，就必须支付成本进行污水等的处理；或者为排污承担赔偿责任。这样，外在成本内部化，他既会减少排污，也会力求降低对污水等的处理成本。如果工厂有排污权利，阻止排污的成本就内化为周围居民和单位从事正常生产和生活所必须支付的成本之一。他们也会力求减少这种成本，或者力求使工厂不排污。总之，产权的设置，都使外在成本内部化，从而都比原来更节约成本，这样，会提高资源配置效率，减少资源浪费。

第三节　产权的起源、界定与保护

探讨产权的起源、界定与保护机制是新制度经济学产权理论的重要内容之一。产权的起源、界定与保护机制既有其内在的机理，又与国家这一主体存在密切的联系。

一、产权的起源

新制度经济学的产权起源理论，主要是指一种产权客体在什么样的条件下会得到界定从而确立私有产权的意义上理解的。因而，新制度经济学的产权起源理论，既可以用来说明人类历史上最初的产权的建立或起源，也可以用来说明人类历史上任何一个时期因新的财产出现而需要新建立产权，它与已经建立的不管什么形式的产权没有直接关系。20世纪60年代以来，新制度经济学家主要建立了两种解释产权起源的理论模型，即产权起源的原始模型和包含了利益集团的扩展的原始模型。

(一) 产权起源的原始模型

早期的产权起源理论之所以被称作原始模型，是因为他们在研究排他性产权的发展时，没有考虑利益集团和社会制度、政治制度的影响。

德姆塞茨于1967年发表的《关于产权的理论》一文，被视为原始产权理论的经典之作，他的主要观点是：新的产权是相互作用的人们对新的收益—成本的可能渴望进行调整的回应。当内部化的收益大于成本时，产权的发展是为了使外部性内部化。内部化的动力主要源于经济价值的变化、技术革新、新市场的开辟和对旧的不协调的产权的调整。在社会偏好既定的条件下，新的私有产权或国有产权的出现总是根源于技术变革和相对价格的变化。

德姆塞茨运用这一理论解释了加拿大北部印第安部落土地私有产权的产生。在18世纪早期，这些印第安部落之间通过划分狩猎区的方式，逐步确立了获取海狸的毛皮的排他性权利。在此之前，印第安人猎取海狸获得肉和毛皮只是为了自己消费，排他性权利并没有出现，因而土地使用的机会成本为零。随着毛皮贸易的发展，需求的增加大大刺激了狩猎活动，这就要求增加保护资源的投资（例如对野生动物的驯养）以实现财富现值最大化。但是，对资源的最大化利用需要对狩猎者的行为加以一定的控制，在没有排他性权利的条件下，野生动物的私人价值为零。正因为排他性权利的确立可以提高社会的净财富量，所以印第安人才有了确立这一权利的经济激励。德姆塞茨指出，在美国西南部的印第安部落之所以没有发展起相似的产权，是因为建立私有狩猎区对他们来说，成本太高而收益较小，在那里没有具有商业价值的海狸，平原动物都是一些活动范围很广的食草类动物。

原始产权理论同样可以适用于远古时期各种产权制度的演变研究。诺思（1981）就运用这一理论对史前农业的发展提供了一个新的解释。人类从狩猎和采集向定居农业的演变被称为第一次经济革命。诺思模型的外生变量是人口压力。在动植物相对丰裕的条件下，确立这些资源的排他性权利的成本大于收益，因此，自然资源被作为公共财产。当人口相对于不变的自然资源增加时，部落间的竞争增强了，自由狩猎导致了狩猎的规模收益递减。在边际上，定居农业逐渐比狩猎更有吸引力，尽管农业生产需要支付确立排他性权利的费用。诺思认为第一个定居农业社会是建立在排他的公社土地所有制基础上的，部落内的成员拥有同样的权利，在每一块公地上，传统和习俗限制了对于资源的过度开发。

安德森和黑尔（1975）扩展了原始产权模型，增加考虑了界定排他性的费用因素，并用它来研究19世纪后半叶美国西部大平原的土地、水和牛的排他性权利的演变。他们使用了一个图示模型（见图4-1），其中包括界定产权投入的边际成本函数和边际收益函数，分析了影响这两个函数的关键参数的变动情况。

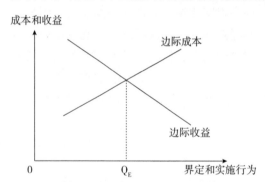

成本和收益

边际成本

边际收益

0　　　　　Q_E　　　界定和实施行为

图4-1　排他性行为的均衡数量

图4-1中横轴表示界定和实施排他性权利的行为（例如修筑围栏），界定排他性权利的投入品的价格降低或界定排他性的技术改进（如1874年出现的有刺铁丝网）会使边际成本曲线向下移动，从而导致建立排他性的行为增加。边际收益函数则代表对排他性的需求，当一种资产价值上升或外界侵权的可能性增加的时候，曲线向右移动。

安德森和黑尔模型代表了原始理论的较为典型的特征：关于产权的决策仅仅与私人的成本、收益相关。这一理论并未涉及"搭便车"等影响团体决策的问题，也没有涉及政治过程。这一模型比较适用于政治过程不重要的情况，例如对美国西部平原的开拓者，由于各种原因，很少受集中于美国东部的决策机构的影响。

（二）扩展的原始模型：包含利益集团的产权起源理论

在产权起源的原始模型中，几乎看不到政府的作用。产权作为一种排他性权利，它的界定和实施都离不开政府这一主体。政府在界定和实施产权的过程中，总是要受利益集团的影响，因此，有关产权起源的理论如果要做到更加一般化，就必须包含利益集团理论。

产权起源的原始模型假设政府会创造一个一般的产权框架，使个人能够通过劳动分工和市场交易使社会净财富最大化。在存在较高的交易费用的情况下，政府或者将产权直接分配给个人或者重新用其他方式界定产权使财富最大化。该模型还深信市场力量被认为会侵蚀那些没能很好地适应经济中新机会的产权制度。如果现存产权结构限制或阻碍了人们对相对价格或技术变化的反应，潜在的利润没有被人获取，将会使得人们有动机去采用更为合适的产权制度。与之不同的是，产权起源的利益集团理论假设社会制度和政治制度是给定的，在此基础上解释在政治市场上各个利益集团的相互作用所导致的许多产业中产权结构的形成。由于存在交易费用、"搭便车"和信息的非对称性，所建立的产权往往并不对全体人民有利而仅对一些特殊的利益集团有利——这又会给整个社会的产出造成重大损失。

寻租理论指出，个人既可以在既定的制度框架内专心于生产，也可以从规则制定者、立法者和政府机构中争取法律或规则的有利变动，以实现个人财富最大化，具体的途径取决于改变权利结构的相对成本。当成本较低时，有影响的利益集团会制定一些使社会的生产能力只部分实现（即低效）的经济制度。

根据奥尔森 1965 年在《集体行动的逻辑》一书中的研究，不同大小的利益集团对产权形成的影响是不一样的。一般来说，对于规模较小、组织较好的特殊利益集团，如果通过产权结构调整，集团的成员都会有较大的收益，而且集团较容易地就可获得、控制和加工信息，那么这一集团对于议员们的影响能力往往很强。在利益集团中失利的往往是那些从属于大集团的个人，例如，消费者作为一个整体——对他们来说一些产权结构的调整（如新的关税）往往对每个人影响很小——组织费用很高、"搭便车"也很容易，个人信息成本也过高。

所谓利益集团，按照贝利的解释是"一个由拥有某些共同目标并试图影响公共政策的个体构成的组织实体"[①]。利益集团之间在规模、资源、力量和政治导向上有显著的区别，但它们的共同点是成员间存在某种程度的共享利益。利益集团代表消费者、生产者、行业、工人、政府、地区、江河领域、无家可归者和几乎能想象到的所有其他分类。

特殊的利益集团是如何导致产权制度的变迁仅有利于自己的呢？一是这些利益集团往往从舆论上打着国家利益的招牌，进行院外活动，影响政府制定对自己有利的产业政策或保护政策；二是对新的进入者设置障碍，即斯蒂格勒所说的一种管制需求，强调管制，以行政的手段分配资源等；三是在这种有利益集团影响的行业或部门往往形成以行政垄断为支撑的产权结构，其他经济主体很难进入这些行业，产业缺乏竞争，从而导致低效。

特殊利益集团通过上述途径常常导致非中性的产权制度。所谓中性制度，即对社会的每一个人而言有益，或至少不受损的制度；而非中性制度，则是给社会的部分成员带来好处并以另一部分人受损失为代价的制度。

产权制度的非中性主要体现在以下几个方面：第一，制度可能只为部门利益服务，而且还可能损害其他群体或社会整体。第二，制度非中性表现为产权变化的再分配效应。一个群体为使产权发生有利于其成员的特殊变化，可能会投资于游说，投资于政治捐款。尽管这种产权安排给国民收入总水平带来负面影响，情况仍然有可能发生。第三，许多产权制度都是由独裁者、强势利益集团和政治上的多数派创立的，他们建立这些制度的目的就是牺牲他人利益从而使自己获利。在同一制度下不同的人或人群所获得的往往是各异的东西；而那些已经或将要能够从某种制度安排中获益的个人或集团，也定会竭尽全力地去为之奋斗。这两句话所展现的，便是有关制度非中性和利益集团理论的精神实质。个人及其在自愿基础上结成的集团，为获取制度收益而"争权夺利"本无可非议，但是这里的关键点在于，那些最终给某些个人带来好处的制度安排，很可能使其他人的"经济"选择既与

---

① 史蒂文斯. 集体选择经济学［M］. 杨晓维，等译. 上海：上海三联书店，1999：239.

其预期目标，又与整个社会福利相脱节。由于存在交易费用、"搭便车"和信息的非对称性，一些仅对特殊的利益集团有利的产权制度的建立给整个社会的产出造成了重大损失。

二、产权的界定

产权界定就是确定财产权利的归属主体。如前所述，发现产权界定的重要性及其基本原则是科斯对新制度经济学产权理论的重要贡献。这里主要介绍科斯的后继者，如巴泽尔和德姆塞茨等有关产权界定的属性及国家在产权界定中的作用的理论。

（一）产权界定的相对性

前面讨论了产权清晰的概念，并且认为私有产权比共有产权清晰。但是，根据巴泽尔的观点，即使是私有产权，对其产权的界定也只能是相对的。巴泽尔（1989）认为，为了使资产的产权完全或者被完整地界定，资产的所有者和对它有潜在兴趣的其他个人必须对它有价值的各种特性有充分的认识，这在交易成本大于零的现实世界是永远也做不到的，因此，产权不可能被完全地界定。人们拥有一项资产，往往着眼的不是资产的所有属性，而是能给他带来利益的一个或者几个属性，当他们认为界定 A 属性对他是有利可图的，那么他们会尽力想去拥有资产的这个属性，因此，如果把资产的属性按照他们对主体的价值进行排队，那么产权界定就会有一个临界点。在这个点上，界定一个属性给主体带来的净价值为零，而比这个价值更低的属性不会被界定。也就是说，产权的界定永远是一个相对的概念。

由于产权界定的相对性，一项资产的有价值属性总会存在未被界定的情形，因而，产权界定中就必然会存在"公共领域"。正如巴泽尔所说："除非产权得到完全界定——在交易成本为正的情况下，这是永远做不到的——部分有价值的产权将总是处在公共领域中。"[①] 公共领域是巴泽尔产权界定相对性理论的关键术语，可概括为未明确界定的处于模糊状态之产权的集合。

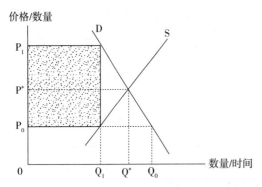

图4-2 限价的"公共领域"及供需方的"攫取"

产权的公共领域具有广泛性，它随处可见，商品世界中成千上万的属性都可置于其中；各种服务也是如此，只要不能对它们一一收费，就至少有一部分服务会被置于公共领域，简言之，人们不想去界定产权的那些财产属性就在公共领域。产权界定的"公共领域"可以用政府实行价格控制时的情形来说明（见图4-2）。在图4-2中，D 和 S 分别为需求曲线和供给曲线，均衡价格和数量分别由 P^* 和 Q^* 表示，P_0 表示控制价格。假定控制价格被完全执行，那么需求数量 Q_0 和供给数量 Q_1 之间就会产生称为"短缺"的差距。卖方将只供应 Q_1，因此 Q_1 就是消费者能够得到的数量。对此数量，消费者愿意支付的价格为 P_1。由于消费者只需用 P_0 的货币支付，就有 $(P_1-P_0)\times Q_1$（即图中阴影部分）

---

① 巴泽尔.产权的经济分析［M］.费方域，段毅才，译.上海：上海三联书店，1997：17.

面积的价值被置于公共领域中（因为对消费者来说，购买 Q_1 的数量，消费者只需付 $P_0 \times Q_1$ 的货币，但 Q_1 数量的这种商品对消费者而言，其价值是 $P_1 \times Q_1$），这时，消费者"攫取"处于公共领域价值的办法是排队，先到先得。卖方则会以降低这种产品的供给质量和搭配销售等办法（相当于将供给曲线左移）来参与对处于公共领域价值的瓜分，即对未被清晰界定的产权进行新的界定。

（二）国家与产权界定

对国家在产权界定中的重要作用，科斯早就有所认识，他的思想就包含在科斯第二和第三定理中。科斯的主要观点是：产权的界定离不开政府和法院，政府和法院在界定产权时，其优势在于可以利用其权威进行强制实施，当然，政府和法院在进行产权界定时也存在成本，有时这种成本还很高。

对国家与产权界定的关系，德姆塞茨的贡献主要是认识到了当国家对产权及其界定加以限制时可能产生的影响，即引起"产权残缺"。德姆塞茨指出，国家（统治者）有一种特殊的权利，它可以对私人所有权的权利束施加限制。他说："权利之所以常常变得残缺，是因为一些代理者（如国家）获得了允许其他人改变所有制安排的权利。对废除部分私有权利束的控制已被安排给了国家，或已由国家来承担。"[①] 当国家对私有产权加以限制时，就会引起私有产权的残缺。他把产权残缺解释为对那些用来确定"完整的"所有制中的权利束中的一些私有权的删除。

产权残缺显然会影响人们的行为。例如，对一个人使用现金财富的限制会影响其他的人，比如通过提供较高的价格来赢得销售的协议，其结果会导致更加强调"个性特征的竞争"。对租金的控制会使人们在为生存空间而竞争时，在更大的程度上依赖于以肤色、信仰、家庭规模等为基础，使所有权残缺的管制妨碍了人们在现金边际报酬上的全部最大化，所有者会通过更集约地使用他们的某些个性特征的偏好，从而使其效用最大化。一般的结论是，对人们实施专门的所有权的能力的制约，会导致他们在更大的程度上依赖于企图使效用最大化的边际替代调整。其结果是物品的不同分配和内含的财富不同分配。因此，对不同的人在时间进程中再安排所有权的不同问题确实包含着残缺，而且与上面的一般结论相一致，行为会受到影响：对土地的租佃越是没有保障，效用的最大化就越是在更大的程度上使得对资本改进的投资不足。

三、产权的保护

在新制度经济学家看来，对排他性产权的保护具有重要的意义。因为一个社会如果不建立对资源利用的排他性权利体系，就不会有任何经济秩序。财产积累是一个国家从落后向发达转变的物质基础。财产要积累起来就必须要有财产保护制度。巴泽尔指出："盗贼对赃物有产权这一事实意味着：如果所有者的财产有可能被盗，那么他对'自己'的财产就不会享有充分的权利，所有者就无法确保自己将来还能使用这些财产。他们实际的权利

---

① 德姆塞茨．一个研究所有制的框架［M］//科斯等．财产权利与制度变迁．刘守英，等译．上海：上海三联书店，1994：188.

到底有多大，在一定程度上取决于国家对他们财产的保护效果如何，也取决于他们自己采取何种防卫措施，但按理说，防卫费用越高，权利也就越有保证。”① 根据新制度经济学家的观点，产权保护的社会机制主要包括以下四个相互联系的方面：用武力或武力威胁建立排他性；用价值体系和意识形态影响私人的动机从而降低排他性的成本；习俗和习惯法；由国家或其他代理机构强制实施的规则，包括宪法、成文法、普通法和行政法规。当然，在无国家的社会和有国家的社会，其保护机制的构成存在一定的差异。

（一）无国家社会的产权保护机制

无国家社会没有正式的政府机构和立法者、法官、检察官和行政官员等，这也就意味着它没有一个机构拥有权威解决争端并强制实施它的决定、制定法律，那么，这些社会的秩序从何而来？新制度经济学家认为，财产所有者的武力或武力威胁是确立自身财产排他性权利和社会秩序的重要社会机制。对此可用博弈论中著名的“囚犯困境”博弈进行解释。

设想有两个家庭甲和乙，每家都有相同的武力潜能和侵犯倾向，每家都拥有 10 单位的净财产，每家都有两种行为选择：侵犯和不侵犯对方。两个策略的收益与另一家的策略选择相关，因而就有四种可能的结果，下面就是两家博弈的收益矩阵（见图 4-3）。

可以看出，若两家同时选择不侵犯策略，则财富总量达到 20 单位，并在两家之间平分；若双方同时选择侵犯策略则消耗了资源，财富总量降为 8 单位，也同样由两家平分。如果只有一方采取侵犯策略，财富总量不变，但会在两家之间发生转移，从（10，10）变为（2，18）或（18，2）的分配。在不知道对方策略的情况下，要求每一方都作出不可更改的选择，就会导致“囚犯困境”，最优策略均衡为（侵犯，侵犯）。这是一个产权得不到保障的社会，也许最终会导致任何生产活动在经济上都变得得不偿失。

要解决这个社会困境，就必须对决策者进行外部约束或培养某种内在的价值观念，从而改变收益矩阵中的相互关系，使组合（侵犯，不侵犯）或（不侵犯，侵犯）对于每一个潜在的侵犯者不再有吸引力。例如，通过引入一个第三者（一个仲裁者）使双方都预期对方会对侵犯行为进行报复，这样，（侵犯，不侵犯）或（不侵犯，侵犯）就不可能再出现，从而收益矩阵变为图 4-4 的情形。如果武力报复的威胁是确定的，那么理性的和追求财富最大化的家庭现在就会选择非暴力，这样就只有一个选择结果，即（10，10），这一组合显然要优于（4，4）。

		乙			
		侵犯		不侵犯	
甲	侵犯	4	4	18	2
	不侵犯	2	18	10	10

图 4-3 产权保障中的“囚犯困境”

		乙			
		侵犯		不侵犯	
甲	侵犯	4	4	0	0
	不侵犯	0	0	10	10

图 4-4 武力威胁与“囚犯困境”破解

① 巴泽尔．产权的经济分析［M］．费方域，段毅才，译．上海：上海三联书店，1997：153.

在研究排他性产权的形成和秩序出现问题时，学者们发现无国家社会还有其他一些限制着个人行为的社会机制，如复仇群体、补偿制度和横向忠诚。以横向忠诚为例，在无国家社会中，这种机制构成侵权者或那些拒绝赔偿者的第二种成本。例如，异族通婚导致人们忠诚的冲突。如果习俗要求一个男子必须娶一个外族的女子为妻，相互争斗的群体之间会发现他们的敌人竟是他们妻子的父亲和兄弟。冲突双方的相互关系降低了侵犯他人产权的净收益，会使人们更愿意通过仲裁来解决争端。作为第二种成本的忠诚间的冲突主要是针对个人的，它和习俗、信仰一起增强了无国家社会的内在秩序的稳定性。人们之间的亲戚关系越近，忠诚冲突就越大，这一纽带甚至可能将囚徒困境变为合作对策。

总之，无国家社会为研究习俗和私人保护对经济行为的影响提供了样本。自我强制、习惯法和价值体系对于阻止自由使用和有害的掠夺财富的活动都有非常重要的作用。

（二）有国家社会的产权保护

在现代国家，自我强制、习惯法和价值体系对于阻止自由使用和有害的掠夺仍然是十分关键的。但是，那种早期的制度结构根本不能用来支持非相关个体间复杂的交换关系，这种交换关系伴随着高度发达的专业化生产和大市场、先进的技术及密集型的生产形态。如果没有国家以及它的制度和对产权的支撑性组织，那么高交易成本将使复杂的生产系统瘫痪，也不会有涉及长期交换关系的投资。因此，有必要进一步考察国家和产权保护之间的关系。

对于国家与产权保护之间的关系，诺思1981年的《经济史中的结构与变迁》一书做过深入的研究。他的观点主要有两个：

首先，在有国家的社会，产权的保护离不开"由国家及其代理机构强制实施的规则"这一保护机制。诺思认为，国家的形成在很大程度上是基于产权保护的需要。国家形成的契约论告诉我们，国家是公民达成契约的结果。公民有交税的义务以换取国家对其产权的保护的权利；而国家有收税的权利，但它必须提供适当的产权保护。

其次，"由国家及其代理机构强制实施的规则"这一保护机制也会出现问题。这是因为一旦国家及其代理机构垄断了权力，就可能成为私人产权的最大、最危险的侵害者，这是因为国家及其代理机构的代理人也是"经济人"，他们也有自己的私利。为了一己私利，他们可能滥用权力。

诺思的上述有关国家对产权保护的作用的矛盾观点被称作"诺思悖论"，也即第二章第四节提到的"诺思第一悖论"。诺思说："国家的存在是经济增长的关键，然而国家又是人为经济衰退的根源；这一悖论使国家成为经济史研究的核心。"[①]"诺思第一悖论"可以作如下进一步的说明：国家提供的基本服务是博弈的基本规则，主要是界定形成产权结构的竞争与合作的基本制度。没有国家权力及其代理人的介入，财产权利就无法得到有效的界定和保护，因此，国家权力就构成有效产权制度和经济发展的一个必要条件。另一方面，国家权力介入产权制度和产权保护往往不是中性的，在竞争和交易费用的双重约束下，往往会导致低效的产权制度和产权保护。

如何理解"诺思第一悖论"？诺思（1995）做了这样的回答："这个问题三言两语说

---

① 诺思．经济史中的结构与变迁［M］．陈郁，罗华平，等译．上海：上海三联书店，1994：20.

不清。总的来说是这样一种观点：没有国家办不成事，有了国家又有很多麻烦。也就是说，如果给国家权力，让它强制执行合同或其他规章，它就会用自己的权力强制性施加影响，造成经济效率不高的现象。"

看来，"诺思第一悖论"的实质是：没有国家办不成事，但有了国家又有很多麻烦。在新制度经济学家看来，任何时候有国家总比无国家（即无政府状态）好。因为，有国家才能确保社会秩序、公正和安全。要确保秩序、公正和安全，人们又必须把确定和保护"所有权"的垄断权交给国家，以便它能够完成人们要求它完成的任务。但是，国家有了垄断权力以后又可能成为个人权利的最大、最危险的侵害者，因为一旦国家接管了产权保护职能并成为唯一合法使用暴力的组织，它就有可能凭借其独一无二的地位索取高于其提供服务所需的租金，更有甚者还可能干脆剥夺私人产权。

显然，如何发挥国家及其代理人更好地保护私人产权而不是侵犯私人产权的职能，即避免"诺思第一悖论"，是一个十分重要而又非常复杂的问题。用温格斯特的话说："市场繁荣不仅需要适当的产权制度和合同法，而且还需要一种能够限制国家剥夺公民财富的能力的政治基础。但导致政治制度发挥某种作用而不是另一些作用的条件还远没弄清。"[1] 当然，尽管避免"诺思第一悖论"问题十分复杂，但也并非不可能。对此，诺思就认为，麦迪逊1937年在《联邦党人文集》第10章中提出的行政部门、立法部门和司法部门三权分立的政府体制、立法两院的进一步细化以及联邦、州和地方政府的运行设计等宪法政治结构构成了解决这一悖论的一个解。所谓麦迪逊解，就是用正确的宪法形式限制政治权力的专横实施。诺思指出，私有产权制度的强化在很大程度上限制了政府的权力。限制政府的一套综合性规则应该体现在客观的法律结构中，这套规则不会因政治的需要和统治者的变动而变化。基本规则应该相对长期稳定。制定宪法契约条款的目的是为了消除私人财产的不安全性。宪法的有效性取决于它是多种利益集团讨价还价后的一种折中契约。同时，宪法所反映的意识形态要比任何一种特定利益广泛。

当然，诺思也认识到麦迪逊解还是不够完全的，所以在其后来的研究中，诺思进一步讨论了规避"诺思第一悖论"的解的问题。他认为，规避"诺思第一悖论"依赖于这样一个制度矩阵（既包括正式规则，也包括作为非正式规则的社会规范）：一是有关公民权利和政府合法性的社会共享信念体系的建立，这一信念体系的建立反映了与对政治官员行为的合法限制有关的社会规范的发展。政治秩序的关键是建立对官员行为的可信限制。公民权利及其暗含的对政府的限制对于政治官员来说必须是自我实施的，即违背它们就会危及政治领导人的未来。二是成功的宪法通过分派公民权利和对政府决策施加限制来限制政治冒险。三是产权和个人权利必须很好地界定，使得当这些权利受到侵犯时个人能够心知肚明。四是国家必须提供尊重这些权利的可信承诺，以此提供保护，防止官员的机会主义和掠夺行为。[2]

① 青木昌彦. 比较制度分析 [M]. 周黎安，译. 上海：上海远东出版社，2001：156.
② 诺思. 理解经济变迁过程 [M]. 钟正生，刑华，等译. 北京：中国人民大学出版社，2008：96.

第四节　产权安排的多样性及其效率

新制度经济学对产权问题的研究，尤其关注私有产权和共有产权等不同类型的产权安排为什么会同时存在及其效率问题。可以说，对产权安排多样性及其效率的分析，是新制度经济学产权理论的核心内容。

一、产权安排的多样性及其原因

现实生活中，产权安排的形式是多种多样的。除了私有产权和共有产权两种极端形式外，还包括许多中间形式，如集体产权和国有产权等。就效率而言，私有产权要比共有产权高得多，人类社会产权演进的逻辑就是越来越多的共有产权被私有产权代替。但是，也要看到，总有一些共有产权是不可能变成私有产权的。这就提出了一个问题：为什么共有产权会与私有产权共存？新制度经济学家认为，共有产权等多种产权形式的存在有其客观原因。具体来说，主要是：

第一，资产本身的稀缺程度。一种资产本身的稀缺程度对其产权安排形式有很大的影响。一般来说，越是稀缺的资产越容易被确立为私有产权。反过来，不稀缺的资产就容易处在共有产权的状态。正如德姆塞茨所说："所有制在有些情形下可能比在另一些情形下更具生产性。对那些并不稀缺的资源实施私有制所获得的收益很小，且这样做可能是有成本的。对于这类资源不必节省地使用，因为它的供给足以满足所有潜在的竞争性使用。在使用阳光或在使用公海来作为国际商业的航道时，对使用的权利所有制的立法在正常的条件下很少具有配置的功能。私有制或国有制可能会产生潜在的垄断问题。如果对权利的实施是可能的，则还会引起与之相随的监察成本。共有权利具有阻止这类垄断的生产性功能。不过，当'自然的'稀缺性条件变得更为普遍时，共有权利会日益变得具有非生产性。"[①]

资产的稀缺度之所以会影响一种资产所采取的产权安排形式，主要是因为它会影响确立这种资产的产权的收益。当一种资产尚不稀缺时，确立这种资产的收益往往小于确立它的（交易）费用，因而，这种资产就会处于共有产权状态。当这种资产变得稀缺时，确立其产权的收益就会超过确立它的（交易）费用，这种资产的私有产权化就不可避免。

第二，资产的属性的多样性。资产的属性对产权安排的多样性也有很大的影响。也就是说，有些资产可以采取私有产权形式，有些则不适宜或不可能采取私有产权形式，而只能采取共有产权形式，这在很大程度上是由这些资产的属性决定的。根据不同的标准，可以对资产（财产或物品）进行不同的分类。例如，根据是否具有消费上的排他性和竞争性可以把物品分为私人物品、准公共物品、公共资源和公共物品等。根据是否具有可变动性

---

① 德姆塞茨. 一个研究所有制的框架［M］//科斯等. 财产权利与制度变迁. 刘守英，等译. 上海：上海三联书店，1994：195.

来分，可以将资产分为动产和不动产。这些不同属性的资产，决定了产权安排形式的多样性。例如，不动产如土地、房屋和机器设备等较易确立私有产权，而动产如野生动物、海洋鱼类、地下石油、天然气等则不易确立私有产权。

一般来说，不动产产权界定较之会走动的资产的产权界定，其交易费用要小得多，因此，只要界定不动产的产权的收益大于成本，不动产就较容易确立排他性的私有产权。相比之下，会走动的资产的排他性私有产权的界定则要困难得多（即界定产权的交易费用太高），这些资产常常处于事实上的共有产权状态。德姆塞茨是较早注意到会走动的资产的排他性私有产权界定存在困难的新制度经济学家之一。如前所述，德姆塞茨在解释加拿大北部印第安部落土地私有权的产生时，用美国西南部的印第安部落没有发展起相似的产权进行了比较。德姆塞茨认为，美国西南部的印第安部落之所以没有发展起土地的私有产权是由于以下两个方面的原因：一是平原动物和森林皮毛动物相比没有商业上的重要性。二是平原动物主要是食草动物，它们的习性是在一片广阔的土地上漫跑。因此，为确立狩猎边界所获得的价值，由于要阻止动物跑到相邻的土地的成本相对较高而降低了。可以看出，其中的第二个原因说的就是平原食草动物的走动（比森林毛皮动物走得远）增加了对它的产权界定的费用，因此，其土地的排他性私有产权的形成较之不怎么走动的森林毛皮动物要慢得多。

其他会走动的资产，如海鱼、地下石油和天然气等，对其排他性产权的界定也是十分困难的。埃格特森在分析名不副实的私有产权的事例时说："当渔民被授予某块海域的排他性捕鱼权利时，他们并不能获得控制穿梭于不同海域之间的过往鱼群，这些鱼群实际上还是公共财产。"[①] 地下石油和天然气也是如此。虽然石油形成的表面积常常大到几千英亩，但私人只要获得 20 英亩即可进行开采。这意味着石油和天然气的产权归属很不容易确定。到底是属于土地上的主人，还是属于开采者？如果属于土地上的主人，土地上的主人如何得知开采者所开采的石油和天然气是自己地下的？在石油和天然气处于两国交界地带时，这一问题会变得更加重要。正因为石油和天然气这种会走动的资产的产权很难界定，因而，它常常成为一种处于公共领域的资产。或者说，成为一种公共物品。

二、产权安排多样性实例：公共物品的提供问题

对公共物品的提供及产权安排，在传统经济学家中存在着一种根深蒂固的观念：由于公共物品在消费和使用上不具有排他性，私人生产很难收费，所以，公共物品只能由政府来生产和提供，即采取共有或国有产权形式。对此，新制度经济学家提出了不同的意见。他们认为，公共物品的私人提供和私有产权也是可能的和现实的。

（一）公共物品需要政府提供的理由

对公共物品为什么要政府提供，需要了解公共物品为什么会存在收费困难，这就有必要对公共物品的属性作些了解。萨缪尔森在 1955 年发表的《公共支出理论的图解》一文中针对私人物品和公共物品的需求特征提供了一个图示说明，它很好地反映了公共物品的

---

① 埃格特森. 经济行为与制度［M］. 吴经邦，等译. 北京：商务印书馆，1996：81-82.

属性。

图 4-5 是对私人物品需求特征的说明。假定市场上只有消费者 A 和 B，他们对某种私人物品（如苹果）有各自的需求曲线 D_a 和 D_b。如果给定苹果的价格为 P_1，A 的需求量为 X_{a1}，B 的需求量为 X_{b1}，则 A 和 B 的总需求量为 $X_1 = X_{a1} + X_{b1}$，这就是在价格为 P_1 时，市场的总需求量。在每一个价格水平上都可以找出 A 和 B 各自的需求量并加总出市场需求量。D 代表了 A 和 B 对苹果的总需求曲线。

图 4-6 是对公共物品的需求特征的说明。对于公共物品来讲，每个人的消费都是不排他的，因而每个人对公共物品的消费量都是相同的。但是每个人对公共物品的真实需求却因个人偏好和其他因素而有差别，因此，每个人对公共物品的评价未必都是相同的。这样，在同一个消费数量的水平 X_2 上，A 和 B（仍然假定市场上只有这两个消费者，D_a 和 D_b 分别为其需求曲线）愿意支付的价格是不同的，假定分别为 P_{a2} 和 P_{b2}。A 和 B 愿意为 X_2 支付的总价格为：$P_2 = P_{a2} + P_{b2}$。对于任意给定的公共物品的数量 X，总的价格就可以根据 A 和 B 愿意支付的价格在纵向上加总求出来。这样就可以得出公共物品的总需求曲线 D。

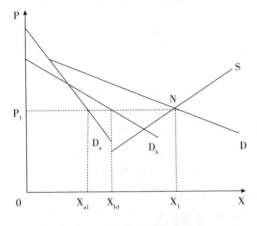

图 4-5　私人物品的需求曲线

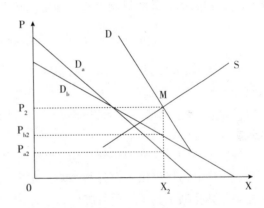

图 4-6　公共物品的需求曲线

根据以上图解，可以概括出私人物品和公共物品的差别：私人物品的价格是公共的，而数量是私人的；公共物品的数量是公共的，而付费的意愿是私人的。

对于私人物品来说，要达到竞争均衡是比较容易的。只要在某种价格下，消费者的需求量正好等于其供给量就可以了。如在图 4-5 中的需求曲线 D 与供给曲线 S 的交点 N 处就实现了供求均衡。私人物品的生产者在供求均衡时是按照自己希望的价格 P_1 供给这种私人物品的（这意味着生产者至少能够弥补生产成本），所以，生产者不存在不愿意生产和供给私人物品的问题。

对于公共物品来说，它要达到的均衡与私人物品的均衡是不一样的。私人物品的均衡是数量均衡，只需要在某种价格下需求量等于供给量就可以了。公共物品的均衡不是数量均衡，因为单个生产就可以满足全部的消费，或者说，单个人的消费就意味着全部的生产。公共物品的均衡实质上是价格均衡，即要使公共物品的需求者支付的价格能够弥补生产者供给公共物品的生产成本。在图 4-6 中，S 是公共物品的供给曲线。可以看出，要使生产者愿意生产和供给 X_2 这个数量的公共物品，生产者必须得到 P_2 的价格（收入），这就要求公共物品的需求者 A 和 B 愿意支付的价格正好等于 P_2，即 $P_{a2}+P_{b2}=P_2$。在图 4-6 中的需求曲线 D 与供给曲线 S 的交点 M 处，就是一个能够保证公共物品实现均衡的点。这也就是所谓"林达尔均衡"。

如果公共物品的生产和供给能够很容易就实现"林达尔均衡"，那么，公共物品就不需要交给政府去生产了，私人完全可以生产。但实际上，"林达尔均衡"是很难实现的，因为要达到"林达尔均衡"，它要求每个消费者能够诚实地说出自己对公共物品的评价和愿意支付的价格，这是几乎不可能的。作为经济人的消费者都有故意降低自己对公共物品的评价而热衷于不支付恰当的价格来消费公共物品的倾向，更有甚者，可能将自己的评价压到零，不为公共物品作任何支付。这样，"林达尔均衡"简直就是一种幻想。这也就是说，如果公共物品由私人来生产和供给的话，私人生产者可能根本就收不到这种公共物品的消费者支付的价格。

上面的分析揭示了公共物品的收费是很困难的，私人生产者生产和供给公共物品存在难以弥补生产成本的问题。在市场经济条件下，这是作为经济人的生产者不会做的。这也就是在市场经济中很少看到私人生产和供给像路灯和公共道路一类公共物品的原因。看来，公共物品似乎天然只能由政府来生产和供给。

（二）公共物品私人提供的可能性与现实性

对于公共物品的私人提供，新制度经济学家提出了不同于传统经济学家的新观点：公共物品并非一定要由政府亲力亲为，公共物品的私人提供在一定程度上是可行的。新制度经济学家之所以非常关注公共物品的私人提供，主要在于：公共物品的政府提供存在低效。

现实生活中，有相当一部分物品和服务是由政府提供的。一位美国评论家说过这样一段话：现代城市居民出生在公共医院，在公立的学校和大学受教育，生活中的不少时间用在搭乘公共交通工具上，通过邮局和半公营的电话系统通信，饮用公营的水，经由公共的污物处理系统消除垃圾，读公立图书馆里的书，在公园里野餐，受公安消防、卫生机构的保护，最后死在公立医院，可能还安葬在公墓里。

在所有由政府提供公共物品的例子中，灯塔是经济学家经常提及的，因此灯塔成了公共物品的代名词。因为在黑夜中，有了一座灯塔，航行的船只可以"偷看"灯塔的指示射灯，避开礁石，然后不愿付费而逃之夭夭。早在 1848 年，穆勒在其《政治经济学原理》一书中就分析了灯塔必须由政府出面建造的理由。他指出，虽然海中的船只可以从灯塔的指引而得益，但若要向他们收取费用，就不能办到。除非政府用强迫抽税的方法，否则灯塔就会因无利可图，以致无人建造。

1932 年，庇古在《福利经济学》第四版中以灯塔来支持他的政府干预观点。他以私人成本与社会成本的差异来分析灯塔，认为既然在技术上难以向船只收取费用，灯塔若是私营的，私人的收益在边际上低于灯塔对社会贡献的利益。在这种情况下，政府建造灯塔是必要的。

1964 年，萨缪尔森在其《经济学》一书中对灯塔的分析则略胜一筹。他认为，与其说灯塔难以收费是个问题，还不如说灯塔服务是公共物品的一个好例子而不应该收取费用。由于有了灯塔，很多船只都可以从灯光中得利。当一条船使用灯塔时，这丝毫不会排斥其他船只共用这座灯塔。用他的话说：因为对社会而言，向多一条船服务的额外费用等于零。要像私人产品一样地以市价收费并不一定是理想的。

正因为有这么多经济学家强调灯塔收费的困难和政府生产的必要性，所以张五常这样总结道：灯塔是经济学上的一个里程碑。一提起这个诗意盎然的例子，经济学者都知道所指的是收费的困难，这种困难令灯塔成为一种非政府亲力亲为不可的服务。

灯塔是不是就不能由私人来生产和提供呢？科斯1974年发表的《经济学上的灯塔》一文，第一个以事实为根据反驳了传统经济学家普遍接受的认为私营灯塔是无从收费或无利可图从而只能由政府提供的观点。科斯指出，从英国的情况来看，对灯塔服务索取费用比用一般的课税资助在现存制度下能更好地满足船主们的需要。

科斯在《经济学上的灯塔》一文中研究的是英国早期的灯塔制度。17世纪以前，灯塔在英国是名不见经传的，17世纪初，由领港公会造了两座灯塔并由政府授权专门管理航海事务。科斯注意到，虽然领港公会有特权建造灯塔，向船只收取费用，但是该公会却不愿投资于灯塔。科斯发现，在1610年至1675年，领港公会连一个新灯塔也没有建造，但同期，私人却投资建造了至少十个灯塔。但在当时的灯塔制度下，私人的投资要避开领港公会的特权而营造灯塔，他们必须向政府申请许可证，希望政府同意授权向船只收费。该申请还必须由许多船主签名，说明灯塔的建造对他们有益，同时要表示愿意支付过路费，过路费的多少是由船的大小及航程经过的灯塔多少而确定的。比如船入了港停泊下来，收费的多少就是由该船驶来时经过的灯塔数来定。久而久之，不同航程的不同灯塔费，就干脆印成册，统一收费。

私营的灯塔是向政府租地而建造的，租期满后，再由政府收回让领港公会经营。到1820年，英国当时的公营灯塔有24个，而私营灯塔有22个。在总共46个灯塔中，有34个是私人投资建造的。后来，政府开始收回私营灯塔。到1834年，在总共56个灯塔中，公营（即由领港公会经营）的占42个。到1836年，政府通过法规，将剩余的私营灯塔全部收回，在1842年以后，英国的灯塔全部由公会经营了。

关于收购私营灯塔的原因，英国当局的解释并不在于私人收费的困难，而在于私人收费过高。但不管如何，灯塔的私人收费和私人生产是可能的。它表明从穆勒到萨缪尔森以来关于把灯塔看作必须由政府经营的观点或私营灯塔无从收费或无利可图的观点是错误的。

天气预报是另一种具有典型的公共物品特点的资产。天气预报的提供者不可能准确知道收听天气预报的人对他所提供的天气预报的价值评价和愿意支付的真实价格。况且，天气预报的传播费用相当低，几乎不花费什么代价就能使天气预报家喻户晓。这意味着，要使每个听到了天气预报的人对此支付相当的价格势必花费更大的监督费用。因为，一方面，消费者有较强的"搭便车"动机；另一方面，生产者不花费高昂的代价根本难以排斥"无功受禄者"。在这种情况下，天气预报这个公共物品就没有私人会愿意生产，它就会从私人市场上消失。马歇尔的消费者剩余假说告诉我们，不管需求如何，一种产品一旦从私人市场上消失，所有消费者的福利都会受到影响。在这个意义上，一些政策建议提了出来。这些建议旨在克服私人市场的缺陷，要求政府出面干预私人市场或者替代私人市场。这就解释了为什么天气预报这类公共物品大多由政府机构免费提供。

天气预报这种公共物品只能由政府提供吗？对此，著名法经济学家波斯纳在 1975 年发表的《垄断和管制的社会成本》一文中提出了不同看法。他指出，关于私人市场会导致信息之类的资源生产不足或停止生产的结论在有些条件下是错误的。只要具备一定的条件，私人市场就完全可产生出帕累托效率条件所要求的产出数量。

仍然可以用天气预报来说明波斯纳的观点。假定某个人花费很高代价进行天气的预测并向市场提供天气预报服务。按照传统观点，这个人是不可能向听到天气预报的人收取费用的。可是，波斯纳认为，虽然像天气预报这类无形资产具有公共性，无法通过出卖这一"物品"直接从消费者那里得到相应的价值和报酬，但是天气预报的提供者完全可以通过买卖期货合同，借助于期货市场来间接地得到补偿提供天气预报的成本。

现假定天气预报能够完全预见到未来天气的恶化情况。根据天气预报提供者的预测，由于气候的恶化，农业的收成在未来某个时间内会大幅度减少，而农产品价格则会大幅度上升。这一预测是完全不公开的私有信息。由于天气预报的提供者掌握了这一信息，他便可以去期货市场以现时的价格大量购买未来的农产品，因为只有他才知道在未来拿到农产品时价格会比现在已经签约要支付的价格高很多。一旦收成到来，农民为了履行合同，必须按当时签约的价格（比现在价格低）出卖天气预报者所购买的农产品。农产品一到手，天气预报的提供者便可就地以现在的高价格转让农产品。这一买卖期货合同的过程便是天气预报提供者间接收回成本甚至赚取利润的过程。

波斯纳关于天气预报等公共物品由私人生产可以弥补成本的观点所需条件是相当严格的。例如，利用期货合同来解决公共物品的收费和补偿问题的"解"并不对所有公共性资源的生产都有效。要做到期货合同有意义并且可行，必须具备以下几个条件：①具有公共性特点的资产必须是个人可以垄断的，也就是它的生产完全可以排斥他人"搭便车"行为的出现。用一句专业术语，叫所谓的"商业秘诀"。没有可保持的秘密，生产者就无法排斥他人的"偷窃"行为。②这类公共性资源的生产和分配必须对其他资源的生产有较大程度的影响。③要使得这类公共性资源的私人生产成为可行，还需考虑期货市场的可行性。世界上有数以万计的产品，能成功地发展期货市场的只有二三十种。因此，波斯纳依据期货合同来解决公共性资源的私人生产的可行性便要大打折扣。

以上讨论揭示出，尽管像天气预报这类公共物品的私人生产所要求的条件十分苛刻，但它毕竟存在一定的可行性和可能性。这就告诉我们，对公共物品的生产和提供来说，由政府生产、提供和采取共有产权形式并不是唯一的选择。人们完全可以在公共物品的私人提供上发挥自己的创造力，探索实现公共物品私人提供的多样化方式。这是新制度经济学家对于公共物品生产和提供问题提出的一个重要观点，也是新制度经济学家对公共物品提供问题做出的一个了不起的贡献。

三、不同产权安排的效率比较

新制度经济学对产权问题的研究，尤其关注私有产权和共有产权等不同产权安排的效率问题。

在新制度经济学家看来，较之于其他产权安排，私有产权是最有效的。科斯虽没有明确否定共有产权能创造效率，却声称私有产权能够实现最优效率。用施密德概述科斯观点的话说："共同财产必须加以改变，除非交易费用排斥私有财产，作为制度选择的一项新规则就会变为所有财产应该是私人和个人的。"① 德姆塞茨也认为私有产权更有效。他指出，私有制的结果会使与共有制相联系的许多外部成本内在化，因为对现在的所有者来讲，他能凭借排除其他人的权利，对有关的可实现的报酬进行全面的计算。这种收益与成本向所有者的集中，产生了更有效的使用资源的激励。张五常具体分析了私有产权的四大好处：一是资产的使用个人自己负责，自负盈亏，鼓励了自力更生的意愿；二是私产的转让容许资源的使用落在善用者的手上；三是在无可避免的竞争使用资源下，私产的租值消散最小；四是基于私产的市场，市价传达的信息虽然不一定准确，但比起其他制度还是远为可靠的。

在新制度经济学家看来，共有产权是一种十分低效的产权安排。张五常指出，在共有产权下，由于没有排他性使用权，人人争相使用某项共有财产，会把其租金的价值或净值降为零。如果大多数稀缺资源都共同所有的话，那么一个社会的经济就不可能维持下去，严格地说，一项没有任何约束的公共财产是没有所有权的；如果把这一产权结构扩展至一切资源，其结果必然是所有的人都挨饿。德姆塞茨也指出，共有财产的很大不利是，一个人的活动对他的邻里和后代的效应在这里不会被全部考虑进去，共有财产导致了很大的外部性。一个共有产权所有者的活动的全部成本不是直接由他来承担的。一个共有权利的所有者不可能排斥其他人分享他努力的果实，而且所有成员联合达成一个最优行为的协议的谈判成本非常高。

四、共有产权的效率损失：公地悲剧

关于共有产权的低效，还有必要对其引起的一个重要的现象——公地悲剧现象加以进一步的讨论。

(一) 公地悲剧的"发现"及含义

哈丁（1968）在美国《科学》杂志上发表了一篇名为《公地的悲剧》的文章，自此，"公地悲剧"就成为描述资源和环境退化的一个代名词：任何时候只要许多人共同使用一种稀缺资源，便会发生资源和环境的退化。

哈丁设想了一个"向所有人开放"的牧场来说明他的理论的逻辑结构。每一个牧民都从自己放牧的牲畜中获得直接的收益。由于牧场是公共的，因此每一个理性的牧民都会尽可能多地增加自己在公共牧场上放牧的牲畜数量，只要一头牲畜的产出价值大于购买成本，这一过程就不会结束。牧民增加越来越多的牲畜的动力，来自其行为的外部性，即牧民从自己增加的牲畜中得到直接利益，仅仅承担因过度放牧所造成的损失的一小部分。结果，公共牧场一定是过度放牧直至毁灭。因此，哈丁总结道：这是一个悲剧。每个人都被锁定在一个迫使他们在一个有限的世界里无节制地增加其牲畜的系统中。在一个奉行公地自由使用的社会中，每个人追求他自己的最大利益，毁灭是所有人都奔向的目的地。

在哈丁之前，戈登、德姆塞茨都曾对公地悲剧现象进行过描述。戈登（1954）指出：

---

① 施密德. 财产、权力和公共选择 [M]. 黄祖辉，等译. 上海：上海三联书店，1999：320.

属于所有人的财产就是不属于任何人的财产，这句保守主义的格言在一定程度上是真实的。人人都可以自由得到的财富将得不到任何人珍惜。如果有人愚蠢地想等到恰当的时间再去享用这些财富，那么到那时他会发现这些财富已经被人取走了。海洋中的鱼对渔民来说是没有价值的，因为如果他们今天放弃捕捞，就不能保证这些鱼明天还在那里等他。德姆塞茨（1967）也指出："假如土地是公有的，每个人都具有在土地上狩猎、耕种或开采的权利。这种形式的所有制没能将任何人实施他的共有权利时所带来的成本集中于他身上。如果一个人最大化地追求他的共有权利的价值，因为他这样做的一些成本是由其他人来承担的，他将会在土地上过度狩猎和过度劳作，动物的存量及土地的丰腴程度就会迅速减低。"[1]

柯武刚和史漫飞将公地悲剧解释为："公地灾难出现于共同拥有的资源由众多人使用的情境之中。其中，每一个人在为自己的利益而最大限度地利用该公共资源时都能获益，但如果所有的人都如此行事，就会出现资源遭破坏的灾难性局面。"[2]

（二）公地悲剧的类型及模型化

公共悲剧在现实生活中是普遍存在的，它不仅仅存在于哈丁描述的公共牧场中，公共渔场的鱼遭过度捕捞、森林被过度砍伐、野生动物被毁灭性猎杀、空气污染越来越严重、河流越来越混浊，等等，都是公地悲剧的表现。

根据公地悲剧的形成及表现，至少可以将其分为资源枯竭型和环境破坏型两种类型。资源枯竭型公地悲剧的最典型的特征是，这种悲剧发生时，是以其公地"产品"或生长物的枯竭为代价的，如野生动物越来越稀少、人们捕获到的海洋鱼类越来越小、国家的森林遭到乱砍滥伐等，就是这种公地悲剧的典型表现。环境破坏型公地悲剧则是指这样一种情形，在这种"公地"上，人们不是去尽力夺取其产品，而是滥用自己的权利，肆意地向公地排放有害物，结果导致这种公地的环境质量遭到破坏。哈丁就说过："公地的悲剧又表现为污染问题。这里的问题不是从公地上拿走什么东西，而是放进某些东西——生活污水或化学的、放射性的和高温的废水被排入水体；有毒有害的和危险的烟气被排入空气；喧嚣的广告污染着我们的视野，等等。"[3]

显然，资源枯竭型公地悲剧和环境破坏型公地悲剧有两个显著的区别：其一，资源枯竭型公地悲剧表现为人们不断攫取公地的产品或生长物，而环境破坏型公地悲剧则表现为人们不断向公地倾倒有害物；其二，资源枯竭型公地悲剧最终以公地产品或生长物的枯竭为代价，而环境破坏型公地悲剧则以公地环境质量遭破坏为代价。

由于公地悲剧的普遍性，它被用来描述各种各样的问题，许多经济学家依据哈丁的理论逻辑对其进行了模型化处理。下面借助一个简单的图示模型来对（资源枯竭型）公地悲剧问题的发生进行阐述。在图4-7中，私人投入品和公共投入品结合使用，如公共渔场和私人渔船、捕鱼设备和劳动力，或公有牧场和私有牲畜。该模型假定，只有两种生产要素，同质的劳动力和固定供应的共有资源（如某块牧场或渔场）。将两种要素结合使用的

---

① 德姆塞茨. 关于产权的理论［M］//科斯等. 财产权利与制度变迁. 刘守英，等译. 上海：上海三联书店，1994：105.

② 柯武刚，史漫飞. 制度经济学［M］. 北京：商务印书馆，2000：139.

③ Hardin. The Tragedy of the Commons［J］. Science，1968（162）：1244.

劳动力机会成本由各种可供选择的（外部）市场工资率 W^0 决定。从图 4-7 中可以看到，随着越来越多的劳动力被用到固定的共有资源 R^0 上，劳动力的平均产品和边际产品价值下降。

让我们更仔细地考察一下多雇用一个劳动力单位到 R^0 上的情况。这个新劳动力单位 L_i 对总产出的贡献可以说是双重的。首先作为同质劳动力单位的一分子，L_i 生产出 Q/L_N。这里 Q 是总产出的价值，L_N 是同质劳动力单位的总数。其次，新 L_i 的加入具有降低原有劳动力单位平均产品的效果——

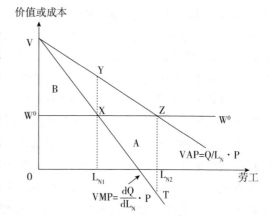

图 4-7 公地悲剧的发生

如 VAP 线的斜度所示。边际产品价值线 VMP 综合了上述这两种效果，给出边际劳动力单位 L_i 用到固定资源 R^0 上时，对总产出的净贡献。

假如 R^0 也是私有的，增加到这种固定资源上的劳动力的两种效果都值得考虑。例如，有一家私人企业拥有 R^0，并按固定的工资率 W^0 雇用劳动力，这家企业就一定会雇请 L_{N1} 单位的劳动力，因为在这个经营水平上，将会从 R^0 获取最多的租金收入，它由图 4-7 中的三角形 B（XVW^0）表示。注意：即使 R^0 是共有财产，只要使用它的决策单位只有一个，且不会有其他单位的威胁，租金最大化的结果也能出现。

而当对 R^0 的权利是共有的或者说对资源利用的决策单位（独立地）超过一个时，均衡结果就会与上面的情况大不相同。在这种情况下，每一个决策单位 L_i 只考虑它自己的产出 Q/L_N，不顾及它对其他劳动力单位施加的成本。设想在图 4-7 的 L_{N1} 处，劳动力投入有微量的增加，该劳动力增量的产出是 $L_{N1} \cdot Y$（平均产出），但原有单位的生产率下降却等于 XY，因此产出的净增加也只能是 $L_{N1}X = L_{N1}Y - XY$。

如果每个决策单位均忽视它对其他单位施加的成本，那么新的劳动力将会不断涌入，直至 $VAP = W^0$ 及劳动力总数达到 L_{N2} 的水平。在这一点上，每个决策单位（VAP 线）的报酬等于它的边际机会成本 W^0，劳动力的不断涌入将使公共资源 R^0 产出的租金降至零，即由于决策单位的相互竞争作用，使来自公共资源的净收入全部耗散。在图 4-7 中，均衡点的耗散水平由三角形 A（XZT）衡量，它等于 R^0 能产出的最大租金额，即三角形 B（XVW^0）的面积。从图 4-7 中可以清楚地看出，L_{N2} 减去 L_{N1} 的劳动力，对产出的净贡献低于他们在其他情况下的潜在贡献值（这可由市场工资 W^0 来表示），而且增加到 R^0 上的最后一些劳动力的贡献，更是负边际产品（在这一模型中，出现负边际产品并非必然）。这种结果的例子可以在捕鱼业中找到：当整个捕鱼量已经开始下降后，渔民却不断涌入。

图 4-7 中的简单模型提供了一个共有产权怎样能影响经济结果的醒目指示器。该模型暗示：当 R^0 是共有财产时，它所能产生的租金会全部耗散，即经济产出被降低的数额正好等于租金的数额。进一步讲，相对于 R^0 是私有产权的情况，共有产权的 R^0 的私人投入单位会较多，以至它们的最后一些单位的净贡献低于其边际成本。

（三）公地悲剧的原因与对策

对于公地悲剧的原因，一般都将其简单地归结为公地的共有性质，也就是说，公地悲剧的原因就是因为它是公地，如果不是公地就不会出现公地悲剧。这一点自然是没有错的，但是，一个明显的事实是，公地悲剧现象的严重程度在不同国家或地区是不一样的。如果公地悲剧的原因就是因为它是公地的话，那么，同样都是公地，其悲剧的发生就不应该在不同国家或地区表现出不一样。以野生动物为例，在发达国家，它们受到了很好的保护，公地并未发生悲剧。而在不少发展中国家和落后国家，很多野生动物濒临灭绝，公地悲剧经常发生。这说明公地悲剧的加剧或减缓肯定还有别的原因。

根据上面的模型，可以发现如消费者的需求、生产的技术状况、社会的平均工资水平等都可能对加速或减缓公地悲剧的发生产生较大的影响。

首先，消费者的需求。消费者对公地产品的需求的增加，往往是加速资源枯竭型公地悲剧发生的最重要原因。因为消费者需求的增加，势必提高该产品的价格，在捕鱼者雇用的劳动力的边际产品与平均产品不变的情况下，它将使捕鱼劳动力的边际产品价值与平均产品价值都上升，这意味着每个捕鱼者将雇用比以前更多的劳动力，所有捕鱼者雇用的劳动力总和也将比以前更多。由于投入公共渔场的劳动力比以前更多了，这无疑会加速和加剧资源枯竭型公地悲剧的发生。

其次，生产的技术状况。与对公地产品的开采、使用有关的技术越进步，资源枯竭型公地悲剧的发生就越迅速。这是因为，与对公地产品的开采、使用有关的技术越进步，生产的效率就越高，每个捕鱼者雇用的劳动力的边际产品与平均产品就会越上升。假设在捕鱼量增加不引起鱼价下降的情况下，每个劳动力捕鱼的边际产品价值与平均产品价值都会上升。在技术进步条件下，一个劳动力的边际产品和平均产品是技术未发生进步条件下同样一个劳动力的边际产品和平均产品的好几倍。这无异于在"公地"上增加了多倍的劳动力，显然会加速和加剧公地悲剧的发生。

最后，社会的平均工资水平。社会的平均工资水平之所以也会对资源枯竭型公地悲剧的发生产生影响，是因为它构成了公地开采和使用者的机会成本。社会的平均工资水平越高，公地开采和使用者雇用劳动力的工资成本就越高，公地开采和使用者雇用劳动力的数量就会越少。反之，社会的平均工资水平越低，公地开采和使用者雇用劳动力的工资成本也就越低，公地开采和使用者雇用劳动力的数量就会越多。

如何减少或减缓公地悲剧，既有的思路主要是：一是如哈丁所说"将公地出售以转化为私有产权"。对于能够私有的公地来说，这自然是解决这种公地悲剧的比较彻底的方法。但遗憾的是，并非所有的公地都能私有化，如野生保护动物、海洋里的鱼类、排放废气的空间、排放废水的河流和海洋，等等。对于不能私有的公地，现有的解决思路主要是两条：

首先，由国家对公地的进入权进行限制。至于国家如何对进入权进行限制，主要有以下几条措施：①对制造了外部性（即公地悲剧）的企业或个人征税；②限制每个企业或个人的产量；③限制开采资源的企业或个人的数量；④给每个企业或个人以一定的开采资源的配额，并允许企业或个人交易配额；⑤提供一种促进企业或个人自我组织以实现社会利益最大化的环境。如诚信、利他主义和社会资本等就是这种环境的最重要内容。

就不能私有的公地来说，以上措施的推行确实有助于减缓公地悲剧的发生，但我们不能对以上措施给予太高的期望，因为，征税、限产、限制企业数和配额制这几种措施的实施都存在不同程度的监督成本和交易成本，这会大大影响这些措施在限制进入和减缓公地悲剧发生中的作用。至于最后一项措施，确实非常重要，但要在较短时期内形成这样的软环境却是不太容易的。

其次，对公地进行自主制度设计和自主治理。这是 2009 年诺贝尔经济学奖获得者之一的奥斯特罗姆提出的一条新的解决思路。奥斯特罗姆通过大量实证研究发现，在小规模公共池塘资源（即公地）环境下，人们不断地沟通，相互打交道，相互之间建立起了信任、依赖、合作的模式。这样，占用者之间就能够为公共事务治理组织起来，进行自主制度设计和自主治理。为此，她还研究了自主治理的具体原则，包括：①清晰界定边界。有权从公共池塘资源中提取一定资源单位的个人或家庭必须予以明确规定。②规定占用的时间地点、技术或资源单位数量的规则，要与当地条件及所需劳动、物资或资金的供应规则保持一致。③集体选择的安排。绝大多数受操作规则影响的个人应该能够参与对操作规则的修改。④监督。积极检查公共池塘资源状况和占用者行为的监督者，或是对占用者负责的人，或是占用者本人。⑤分级制裁。违反操作规则的占用者很可能要受到其他占用者、有关官员或他们两者的分级的制裁，制裁的程度取决于违规的内容和严重性。⑥冲突解决机制。占用者和他们的官员能迅速通过低成本的地方公共论坛，来解决他们之间的冲突。⑦对组织权的最低限度的认可。占用者设计自己制度的权利不受外部政府权威的挑战。⑧分权制企业。在一个多层次的分权制企业中，对占用、供应、监督、强制执行、冲突解决和治理活动加以组织。

上面两种减缓不能私有的公地的悲剧的措施显然是重要的，但又是不够全面的。根据上面的加速或减缓公地悲剧的原因的分析，以下措施对于减缓公地悲剧的发生显然也是不可或缺的。

第一，要改变消费者的一些不合理偏好。偏好是消费者建立在其对消费品的主观心理评价基础之上的比较与选择。在现实中，并不是每个人的偏好都是合理的。什么是不合理偏好？按照黄有光（1991）的观点，如果选择 A 比选择 B 能给消费者带来更多福利，但他仍然选择了 B，那么这种偏好就是不合理的——不管消费者主观上是否承认 A 能给他带来更多福利。可以看出，黄有光的定义中隐含了一个社会普遍承认的价值评判标准，就是说，如果社会普遍承认的价值评判标准认为消费者必须选择 A，而个人偏好使他选择了 B，则他的这种偏好就是不合理的。以野生动物为例，现在有些人专门要吃各种"野味"，越是珍稀的野生动物他越吃，这种消费者偏好就是不合理的。因为要保护珍稀野生动物是社会普遍承认的价值评判标准，尽管吃"野味"可以给这些消费者个人带来福利和效用。正如前面所分析的，正是消费者的这些不合理偏好和需求，提高了野生动物的价格，引致了更多的野生动物捕猎者，加速了野生动物公地悲剧的发生，所以，要减缓悲剧的发生，一定要在改变消费者的不合理偏好上下功夫。要通过舆论宣传、行政处罚与法律手段等多种措施，纠正人们的不合理偏好。

第二，要多采用有利于减缓公地悲剧发生的替代技术和替代产品。生产的技术水平总是不断发展和进步的。一般来说，与对公地产品的开采、使用有关的技术也肯定是会越来越进步的。我们不能期望，也不可能通过降低与对公地产品的开采、使用有关的技术水平来达到避免或减缓公地悲剧的发生。我们可以而且应该做的是，多发展一些替代公地产品的技术和产品来减缓公地悲剧的发生。例如，多发展一些新能源，来减缓原始森林、石油、天然气开采的资源枯竭型公地悲剧，对于环境破坏型公地悲剧，如空气和水污染，则可以多发展一些治理污染的技术来减缓这种公地悲剧的发生。

第三，要不断发展社会生产力和提高人们的平均工资水平。在很多落后国家和地区，由于社会生产力不发达，人们的平均工资水平低，通过开采和使用公地产品往往成为他们谋生的一种重要渠道和手段。如果不通过发展生产力，使他们拥有更多更高工资水平的谋生渠道，要减缓这些国家像野生动物保护之类的资源枯竭公地悲剧恐怕不是那么容易的。

 ## 基本概念

产权；产权制度；私有产权；共有产权；产权清晰；利益集团；中性制度；非中性制度；公共领域；产权残缺；诺思悖论；公地悲剧

 ## 复习思考题

1. 如何理解产权的含义？产权与产权制度是什么关系？
2. 如何认识人权即产权的观点？
3. 私有产权和共有产权各有哪些属性？
4. 产权是怎样起源的？包含利益集团的产权起源理论又是如何看待产权起源的？
5. 为什么产权界定只能相对清晰？什么是产权界定的"公共领域"？
6. 什么是"诺思悖论"？如何减少和避免"诺思悖论"？
7. 如何认识公共物品的私人提供问题？
8. 公地悲剧的原因有哪些？解决公地悲剧的对策有哪些？

 ## 本章练习题

一、单项选择题

1. 代孕现象揭示的是 （　　）。

A. 人权现象　　　　　　　　　　　B. 人权产权化现象

C. 产权现象　　　　　　　　　　　D. 产权人权化现象

2. 体现主体对客体的排他的最高支配权的是 （　　）。

A. 占有权　　　　　　　　　　　　B. 收益权

C. 所有权　　　　　　　　　　　　D. 处置权

3. 私有产权的决定性特征是 （　　）。

A. 清晰性　　　　　　　　　　　　B. 可分割性

C. 排他性　　　　　　　　　　　　　　D. 可让渡性

4. 共有产权具有的特征是 （　　　）。

A. 清晰性　　　　　　　　　　　　　　B. 不可分割性

C. 排他性　　　　　　　　　　　　　　D. 可让渡性

5. "今一兔走，百人逐之，非一兔足为百人分也，由未定。由未定，尧且屈力而况众人乎？积兔满市，行者不取，非不欲兔也，分已定矣。分已定，人虽鄙不争。固治天下及国，在乎定分而已矣。"这段话揭示了制度的 （　　　）功能。

A. 激励功能　　　　　　　　　　　　　B. 外部性内部化功能

C. 约束功能　　　　　　　　　　　　　D. 减少不确定性功能

6. 对制造了外部损害（如污染环境）的企业征税可以实现 （　　　）。

A. 正外部性内部化　　　　　　　　　　B. 正内部性外部化

C. 负外部性内部化　　　　　　　　　　D. 负内部性外部化

7. 依据安德森和黑尔（1975）的产权起源模型，当一种资产价值上升或外界侵权的可能性增加的时候，会使 （　　　）。

A. 边际成本曲线向左移动，从而导致建立排他性的行为减少

B. 边际成本曲线向右移动，从而导致建立排他性的行为增加

C. 边际收益曲线向右移动，从而导致建立排他性的行为增加

D. 边际收益曲线向左移动，从而导致建立排他性的行为减少

8. 产权界定的"公共领域"说明了产权界定的 （　　　）。

A. 相对性　　　　　　　　　　　　　　B. 排他性

C. 绝对性　　　　　　　　　　　　　　D. 清晰性

9. 公共品生产在什么条件下会出现市场失灵？（　　　）

A. 生产成本为零　　　　　　　　　　　B. 生产成本大于零

C. 交易费用为零　　　　　　　　　　　D. 交易费用大于零

10. 在新制度经济学家看来，以下产权安排中，外部性问题最大的是 （　　　）。

A. 私有产权　　　　　　　　　　　　　B. 集体产权

C. 共有产权　　　　　　　　　　　　　D. 国有产权

二、多项选择题

1. 作为财产必须具备的条件有 （　　　）。

A. 具有使用价值

B. 能够被人们所拥有并被人们所控制和利用的对象

C. 具有稀缺性

D. 必须是独立或相对独立于人的意志而存在的对象

2. 私有产权的属性包括 （　　　）。

A. 非排他性　　　　　　　　　　　　　B. 可让渡性

C. 可分割性　　　　　　　　　　　　　D. 清晰性

3. 私有产权的好处有 （　　　）。

A. 资产的使用个人自己负责，自负盈亏，鼓励了自力更生的意愿

B. 私有财产的转让容许资源的使用落在善用者的手上

C. 在不可避免的竞争使用资源下，私有财产的租值消散最大

D. 基于私有财产的市场，市场价格传达的信息比起其他制度更可靠

4. 以下属于产权保护的机制的是（　　　）。

A. 武力或武力威胁

B. 价值体系和意识形态

C. 习俗和习惯法

D. 国家实施的宪法、成文法、普通法和行政法规

5. 以下属于引起公地悲剧的原因的是（　　　）。

A. 消费者的需求　　　　　　　　B. 公地的共有性质

C. 生产的技术状况　　　　　　　D. 社会的平均工资水平

三、判断说明题

1. 产权和产权制度是一个东西。

2. 产权即是人权，人权和产权是统一的。

3. 判断某一产权是否清晰的主要标准是看其产权主体是否清晰。

4. 没有国家办不成事，但有了国家又有很多麻烦。

5. 公地悲剧的根本原因是公地的共有产权性质，只有私有化公地才能解决公地悲剧问题。

四、计算与案例分析题

1. 设有一渔场，私人船主（老板）用自己的渔船和捕鱼设备雇用劳动力捕鱼。这里，只有劳动是可变要素，其生产函数为 $Q=-0.01L^3+L^2+36L$，Q 为每天的捕鱼量，以斤为单位。L 为劳动力的日劳动小时数。假设劳动力市场和鱼产品市场均为完全竞争的，鱼的价格为每斤1元，劳动的工资为每小时48元。回答以下问题：

（1）在渔场为私有产权时，私人船主将投入多少日劳动小时？日捕鱼量为多少斤？

（2）在渔场共有产权时，若私人船主使用劳动力捕鱼的日劳动小时数超过90，就会引起公地悲剧，本例中，私人船主会投入多少劳动小时？日捕鱼量为多少斤？会不会引起公地悲剧？

2. 根据专栏4-1"广州垃圾收费制度改革"，回答以下问题：

（1）广州市垃圾收费从按月收固定费到按袋和按重量收费制度的转变，其目的是什么？

（2）广州市垃圾收费从按月收固定费到按袋和按重量收费制度的转变，是如何实现产权清晰的？

（3）按月收固定费、按袋收费和按重量收费这三种垃圾收费制度的交易费用各有哪些？

（4）不同城市选择垃圾收费制度的经济学原则是什么？广州市为什么要选择改变垃圾收费制度？其他大多数城市为什么仍然选择按月收固定费制度？

3. 据 IUCN（1998）的资料，全球野外老虎的数目不超过5000~7500只（其中中国

90~110 只)，属濒危动物；2003 年全球家禽（存栏）超过 100 亿只，其中亚洲 66 亿只，中国 47 亿只；2003 年中国出栏家禽总数 83 亿只；2003~2004 年初从韩国开始报告的禽流感，导致全球共捕杀 1 亿只！回答以下问题：

（1）全球家禽越来越多的产权根源是什么？

（2）全球野外老虎的数目越来越少揭示了一个什么重要的制度现象？导致这种现象的根源是什么？

第五章

契约理论

新制度经济学以交易作为研究的基本单位，交易费用的节约是关注的重点。所有的交易都需要通过契约这一微观制度来完成，契约成为新制度经济学研究的重点也就势所必然。本章第一节先对契约的含义、存在理由与契约理论的构成等契约的基本问题进行讨论，第二节介绍张五常和威廉姆森的交易费用和契约选择理论，第三节是委托代理理论的激励契约设计理论，第四节是关于不完全契约与"敲竹杠"问题的理论。

第一节　契约的含义、存在理由及理论构成

契约的含义、存在理由涉及的是契约的基本问题，也是进一步理解契约理论的基础。在阐述契约的含义和存在理由的基础上，本节还将对契约理论的组成部分做一个简要的介绍。

一、契约的含义

契约又称合同、合约，它最初是一个法学概念，但现在也是经济学、政治学和社会学等学科普遍使用的一个概念。

对契约的内涵，法学中存在不少的界定。例如，最早以法律形式固定下来的契约概念首先是在罗马法中出现的。在罗马法中，契约是指由双方意愿一致而产生相互间法律关系的一种约定。《法国民法典》对契约作了如下规定，契约为一种合意，依此合意，一人或数人对于其他人或数人负担给付、作为或不作为的债务。在德国民法中，契约是指一种法律行为，通常包含意愿的两种申明。美国《第二次契约法重述》则将契约界定为一个或一组承诺，法律对契约的不履行给予补偿或者在一定的意义上承认的履约义务。显然，法学对契约的理解是"在许诺的法律效力的意义上来使用这个词的。"[1]

新制度经济学对契约的理解，既是建立在法学对契约概念的界定的基础上的，但又与它有所不同。对契约概念，新制度经济学家更多的是从其制度特性和经济功能角度进行界

---

① 弗鲁博顿，芮切特. 新制度经济学 [M]. 姜建强，罗长远，译. 上海：上海三联书店，2006：185.

定的，即把契约看作是一种约束交易的具有一定经济价值的微观制度。例如，张五常就把契约界定为"当事人在自愿的情况下的某些承诺，它是交易过程中的产权流转的形式。"[1] 他认为，人们要进行各种交易，就必须通过当事人双方以一定的契约方式来实现。由于交易物品或劳务具有不同的性质与特点，交易的方式与条件、交易的时间与频率、交易的地点等方面也具有很大的差异性，因此，交易的契约安排也就有很大的不同。不同契约安排界定了人们的权利、责任和义务，约束了当事人各方的行为，使资源的配置及使用更接近于合理和有效。在张五常看来，契约的本质就在于它是一组约束当事人行为的局限条件。这些局限条件是在产权界定明确的情况下，在交易过程中对人们之间的权利、责任与义务的界定，以及人们之间的相互制约关系的界定。威廉姆森虽然没有给契约下一个明确的定义，但他将契约看作是与交易匹配的治理结构的重要组成部分和区分治理结构的核心维度。

对契约的制度特性，配杰威齐和克莱因还从契约功能的角度进行了界定。配杰威齐说："契约是人们用以寻找、辨别和商讨交易机会的工具。在所有权激励人们去寻找对其资产最具生产力的使用方法的同时，缔约自由降低了辨别成本。"[2] 契约是如何降低交易费用的呢？配杰威齐指出：首先，标准化的合同能够使交易各方不必对每一个交易的合同条款进行协商，避免由此产生的成本，从而降低了交易费用。其次，合同法事先对损失的责任进行了分配，降低了洽谈交易的成本。最后，合同法通过防止机会主义行为而降低交易费用。[3] 对于契约的经济功能，克莱因则说：契约通常被解释为"通过允许合作双方从事可信赖的联合生产的努力，以减少在一个长期的商业关系中出现的行为风险或'敲竹杠'风险的设计装置。"[4]

需要指出的是，新制度经济学中的契约概念与法律规定的契约概念的不同还在于新制度经济学契约理论中的契约概念比法律上所使用的契约概念更为广泛，它不仅包括具有法律效力的契约，也包括一些不一定具有法律效力的契约，如默认契约、关系性契约等。也就是说，新制度经济学中的契约概念，实际上是将所有的交易（无论是长期的还是短期的）都看作是一种契约关系，并将此作为分析的基本要素。

从新制度经济学家对契约含义的分析中，可以得到如下认识：契约是交易当事人之间在自由、平等、公正等原则基础上签订的转让权利的规则，契约的本质是交易的微观制度。作为微观制度的契约是与交易紧密联系在一起的，它的作用范围一般仅限于参与交易的契约当事人。契约与一般所说的制度是有所不同的，因为契约带有更多的私人、自由性质，而一般意义上的制度则含有更多的公共、强制成分。契约比制度具有较大的选择性。契约是允许再谈判的，制度形成之后则是不允许私人再谈判的，它是公共选择的结果。当然，两者的区分是相对的，要在它们之间划一条鸿沟是不可能的。

① 张五常. 再论中国 [M]. 香港：香港信报有限公司，1987：99.

② 配杰威齐. 产权经济学 [M]. 蒋琳琦，译. 北京：经济科学出版社，1999：32.

③ 配杰威齐. 产权经济学 [M]. 蒋琳琦，译. 北京：经济科学出版社，1999：44.

④ 克莱因. 契约与激励：契约条款在确保履约中的作用 [M]//科斯，等. 契约经济学. 李风圣，译. 北京：经济科学出版社，1999：185.

二、契约存在的理由

在经济生活中，为什么需要重视和研究契约？对此问题，威廉姆森将其归结为三大原因或因素，即人的有限理性、机会主义和交易的资产专用性。在他看来，这三者缺一不可。换一句话说就是，正是因为这三个因素，导致了合约选择和研究的重要性。可以用表5-1来说明这一问题。

表 5-1　签约过程的各种属性

行为假设		资产专用性	隐含的签约过程
有限理性	机会主义		
0	+	+	有计划的
+	0	+	言而有信的
+	+	0	竞争的
+	+	+	需治理的

注：表中（+）表示这个条件很重要，（0）表示它不起作用。

表5-1列出了四种情况。在第一种情况下，交易双方都有机会主义行为，双方的资产也都是专用资产，但经济代理人的理性不受限制。由于理性不受限制，签订一个能够将未来所有可能出现的情况及其解决措施都写清楚的合同是不存在问题的，按照这样的规定，合同能否如约履行的问题根本不会发生。在这样一个理性无所不在的世界中，所谓合同，也就成了计划的天下。

第二种情况，即代理人的理性是有限的，用于交易的是专用资产，但假定代理人不存在机会主义思想，这意味着代理人能严格自律、言而有信。在这种情况下，即使代理人理性有限会使合同留下漏洞，但由于交易双方都能"信守诺言"，各自在合同到期、需要续签合同前，只收取公平合理的回报，双边关系就不会出问题。这样一来，只要最初的谈判不破裂，合同双方就能获得其财产权利中包含的一切利益。即是说，在双方都没有机会主义思想的情况下，合同能够得到有效的履行。从这个意义上说，合同的问题被缩小为一个仅仅是承诺，即言而有信的问题了。

再看第三种情况。其中，代理人只有有限理性，存在机会主义思想，但资产不是专用性资产。在这种情况下，合同双方不可能有长期的互惠利益。这就是说，只有分散的、逐个签订的市场合同才能管用；当然这种市场也就是可以充分展开竞争的市场。至于欺骗以及极其恶劣的欺骗行为，自有法庭裁决予以震慑。按照这种情况，我们可以把合同描绘成一个物竞天择的世界。

最后，如果理性是有限的，又存在机会主义思想，而资产又具有专用性，那么从以上三种情况推导出的结论就统统无效了。计划当然不可能十全十美（因为理性有限），承诺也不可能不折不扣地遵守（由于机会主义思想），这时就要看签约双方是否同样聪明了（原因在于资产是专用的）。这时的世界就成为治理结构和合约的世界。这正是交易费用经济学所关心的那个世界。

对于契约的存在理由，弗鲁博顿和芮切特也认为，在新古典经济学的完全竞争世界（即威廉姆森所讲的完全理性、不存在机会主义思想的世界），风险分配是完全的，合约的执行也是完全的。无须特殊的合约条款来解决签约前的"逆向选择"和签约后的"道德风险"，即各种机会主义行为产生的问题。合约自然也就没有多少实际的意义。但是，一旦离开新古典的完全理想模型，在各方之间的非对称信息（包括诸如法院这样的第三方）以及交易专用性投资这两个主要因素的影响下，合约的拟订以及今后的履行就会受到正交易费用的影响，从而使不管是法律意义上的还是非法律意义上的合约自然而然地成为经济学家们要重点关注的一个问题。

三、契约理论的构成

在过去几十年里，新制度经济学家们已经发展出了多种理论来讨论由交易费用导致的信息和合约执行问题。这些理论可以区分为四个相互重叠的类别，包括：交易费用与契约选择理论、代理合约理论、不完全合约理论和自我履约协议理论等。交易费用与契约选择理论主要关注的是交易费用节约和风险规避对契约选择的影响以及契约、治理结构要如何与交易匹配以做到交易费用最小化的理论；代理合约理论关注的是合约各方所具有的不对称信息引起的逆向选择和道德风险问题及相关的契约设计问题；不完全合约理论集中于合作各方由于交易专用性投资的差异所导致的签约后机会主义行为，以及法院和其他第三方在证实合约责任的执行上所面临的问题；自我履约协议理论讨论的则是由于协议的不可履行或无法完全履行所产生的困难。下面将主要对前三种理论做简要的评介。

第二节 交易费用与契约选择

契约理论的一个重要组成部分是有关契约选择的理论，这一理论关注的重点是交易费用节约对契约选择的影响。对于这一理论，张五常和威廉姆森做出了较大的贡献。他们借助交易费用这一范畴和工具，分别提出了不同的契约选择理论。

一、交易费用与土地契约的选择

张五常对现代契约理论的形成和发展做出了巨大的贡献，其中一个重要的方面是他对分成制的效率和土地契约选择等问题的研究。

（一）分成制是低效的契约形式吗？

分成制是一种地主把土地租给农民而按一定比例收取谷物的传统农业组织（契约）形式。它又是一种看起来效率较低却一直存在的组织形式。经济学家们长期认为，分成契约效率低于工资契约和固定租金契约，斯密和马歇尔也包括在这些批评者中。

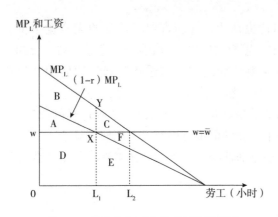

图5-1 新古典模型中分成制的无效率

在传统的分析中，分成制的矛盾可用图5-1来阐明。图5-1表明当地主面临外部租金额 r 和外在工资率 w 时，他有多种选择。如果地主决定以工资率 w 雇用一个工人（或亲自耕种的话，每小时机会成本是 w 元），他会不断增加劳动力使用（模型中唯一变化的投入要素），直到劳动力边际成本与边际产出相等为止，地主实现了自己的福利最大化。在被雇工人工作 L_2 小时就会出现这种情况，在那里，土地租金等于图中区域 [A+B+C]，而工资额（明确的或隐蔽的）等于 [D+E+F]。

地主也可以向佃农出租土地而规定吸取产出总量的一部分 r，一个寻求最优化的佃农会延长工作时间直到其劳动力边际产出 $[(1-r)MP_L]$ 等于工资额（佃农的边际机会成本），这样可以使他们的成本与收益相等。在图5-1中，现在均衡的劳动投入时间变成 L_1 小时，从先前 L_2 降到 L_1 小时，相应的产量下降了 [A+B+C+D+E+F]－[A+B+D]＝[C+E+F]。注意，佃农在 L_1 的边际产出比边际成本 w 高出 XY，这就说明分成制契约安排破坏了新古典中产出效率的边际条件假设。分成制也造成了全社会的净产出损失，此损失等于三角形 C。

在自耕或工资契约条件下，地主的租金收入是 [A+B+C]，使用分成契约时则下降到 B；佃农劳动 L_1 小时获得 [A+D]，工资工人劳动 L_1 小时只收到 D 部分。张五常（1968）指出，分成制所带来的经济结果不能代表长期均衡。经济学的逻辑告诉我们，地主必定会避开租金较低的契约安排。相似地，使用分成契约的佃农比使用工资契约的工人获得更高报酬也只代表了劳动力市场上的不均衡状况。土地市场也是不均衡的。这样，分成制中的劳动力就有动力继续租用更多的土地，直到土地的边际产出等于零。这样做是因为分成制者不仅不会有额外损失，他的收入反而还会增加 $[(1-r)MP_H]$，这里 H 代表佃农租用的土地总数。

均衡的契约形式通常有几个维度。如果我们把契约结构看成是内生的，则分成制给新古典经济学带来的困惑可迎刃而解。张五常指出，下列结构性变量都是内生的：租金份额 r，每位佃农的土地数 H，佃农提供的劳动数 L。实现 r、H 和 L 均衡量的条件是，在分成制契约和工资契约两种情况中，地主和佃农的净收入应相等。

张五常的结论是以假设零交易费用推断出来的，可以用图5-1来解释这个论点。假设土地的均衡数量 H 已确立，张五常建议的解决办法是：佃农必须承担工作 L_2 小时的契约规定工作量（而不是他偏好的 L_1 小时），地主的租金比例 r 必须调整到三角形 F 与 A 相等时为止 [变动$(1-r)MP_L$ 线的斜率]。这样佃农在分成契约下的收益 [D+E+A] 就等于工资契约下的收益 [D+E+F]。另外，两种契约所得到的总产出是相等的，而且总产出中地主所占份额也是相等的。以上这两种契约形式与第三种形式固定租金契约也等价，固定租金契约的均衡租金为 [A+B+C]。

上述张五常模型说明，只要交易费用为零，分成契约不可能是低效率的。这实际上是科斯第一定理的再运用，即只要交易费用为零，无论何种产权制度安排（分成契约、工资契约或固定契约），其结果总是有效的、相同的。

（二）不同土地契约形式存在的原因

上述关于不同的契约形式能产生相同结果的证明，并不能清楚地解释为什么有些类型的契约被采用了而另外的则被舍弃。一个完整的契约选择理论显然必须考虑交易费用。正是基于此，张五常（1969）从交易费用、风险规避两个方面对农业土地契约选择进行了研究，提出了有关交易费用与契约选择的重要理论。

张五常指出，在资源所有者所拥有的私有财产给定的条件下，所有者可以选择不同资源组合的契约安排。其中主要有两个因素影响他们对不同类型契约安排的选择：①自然风险。张五常将自然风险定义为它对生产价值的方差（或标准差）的自然特征或状态所起的作用。既定的预期收益（缔约双方的总收入）的方差不为零，不同的契约安排将会在缔约方之间产生不同的收入分配变异。在假定存在风险规避的条件下，缔约方会寻求规避风险的成本低于从中所获得的收益的办法。他规避风险的办法主要有：搜寻有关未来的信息、选择风险较小的方案，以及选择那些能将他的风险负担分摊给其他人的安排。②交易成本。对于每一种契约选择，都会有相应的交易成本。由于投入产出的物质属性不同、制度安排的不同以及不同的契约规定所付出的谈判与执行努力的不同，各种契约选择所发生的交易成本也有很大差异。交易成本的存在会有三个可预知的效应，即减少交易量、影响资源使用的边际等式（即帕累托最优条件）和使用的密集度、影响契约安排的选择。

在上述分析的基础上，张五常结合自然风险中的第三种选择和交易成本方面的第三个效应提出了一个假说：契约安排是为了在交易成本的约束下，使从风险的分散中所获得的收益最大化。他通过农业契约安排的例子进行了说明和验证。

农业中有三种主要的契约形式，即定额租约、分成契约和工资契约。虽然私有产权所有者可以自由选择这些形式，但经验观察表明，契约的选择类型在各地不一样。张五常先分别从交易成本和风险两个角度考察这个问题，最后把这两个因素结合起来分析不同土地契约形式存在的原因。

首先，假定自然风险不存在，只考察交易成本。契约安排的成本不仅有谈判成本，还包括根据契约条件来控制投入与分配产出的执行成本。分成契约从整体上比定额租约或工资契约包含更多的谈判费用和执行费用。一个分成契约条款包括租金率、非土地投入对土地投入比率以及所种植的作物种类等，这些需由土地所有者和佃农共同决定。而且，由于产出分成基于实际产量，土地所有者还要核实作物的实际收获量，因此分成契约的谈判和执行较复杂。定额租约或工资契约较为简单，单独一方就可以决定他要使用对方多少资源以及种植何种作物，因此交易成本比分成契约要低。但是定额租约或工资契约的交易成本的排序是不确定的。如果交易成本是唯一的决定因素，分成契约就不会被采用。这与事实不符，因此一定还有其他决定因素。

其次，假定交易成本为零或所有形式的契约的交易成本相同，但存在自然风险。假定一个人有风险规避行为，即在相同的收入期望值上，他会选择收入波动较小的契约形式。农业生产容易受一些难以预测因素（如气候条件）的影响，产出值的变化较大。在定额租约条件下，佃农不管收成如何，都要按契约规定交纳固定的租金或产品，因此他承担了绝大部分甚至全部风险。同样，在工资契约下，土地所有者承担了全部风险。在分成契约条件下，收成的变化是在缔约各方间分配的，因此分成契约是一种分担风险的契约。既然交易成本不起作用，而且分成契约能更好地分散风险，那么现实中为什么会存在定额租约和工资契约呢？

最后，张五常综合交易成本的不同及风险规避的差异来分析土地契约的选择。一方面，在既定的与某一产出相联系的风险状态下，交易成本的存在导致了生产性资产的收益降低。另一方面，在交易成本给定时，风险规避则意味着资产的价值与收益的波动程度负相关。就分成契约来说，风险分散导致了参与契约的资源的价格提高，较高的交易成本则降低了它们的价值，因此契约的选择是由风险分散所带来的收益与不同契约的交易成本加权决定的。两个因素在解释不同地域为什么会选择不同的契约类型时尤其重要。

（三）交易费用与契约选择的两大定理

在研究交易费用与土地契约选择的关系的基础上，张五常还提出了契约选择与交易费用关系的两个定律——履行定律和选择定律[①]。

首先，履行定律。履行定律分两部分，第一部分是任何量度都有（交易）费用，而生产要素合约的量度是为了算价或算工资。任何生产要素都可用多种不同特质量度，但选作量度作价的特质不多。如只选一项，其选择不单看量度费用低，而是量度费用与这量度所带来的生产最高净收益。第二部分是被量度作价的特质，出售者（这里指劳动力）的意图是偏于虚报多量，但因为被量度了这意图很小。另外，没有被量度作价的特质，出售者（也指劳动力）的意图是偏于虚有其表，或试行不履行合约或承诺。

履行定律可表述为：凡是被量度而作价的特质，监管费用较低。反过来，不直接算价的特质监管费用较高。换言之，合约一订下来，履行的困难是在于没有被量度作价的其他特质上。如以小时为单位算工资，散漫的行为要监管；以件工算工资，产品质量要监管；以销售量算佣金，售货员增加雇主的其他推销成本要监管。

劳动力之外的其他生产要素的合约履行也类同，只是没有劳动力合约那样明显。劳动力的雇用，除时间工资外存在其他特质的量度与报酬，如奖金（量度的特质是利润）、佣金（量度销售量）、小费（顾客量度服务）、假日（量度资历）、股份选择权（量度整体贡献）等。

其次，选择定律。选择定律指的是，合约的选择越多，监管（交易）费用越低。当然，不同的选择方向会有不同的降低交易费用的效果，但任何一个方向都会协助竞争而降低交易费用。合约的选择可能受政府管制，或者生产的情况或其他局限不容许交易费用较低的选择。政府管制是倾向于增加交易费用的。

合约选择具有三大方向（以工资合约为例）：①约期的选择。约期长短的选择，对监管费用的高低有决定性。短期合约有两个用途：一是试用，二是较短期的可较早解约，是约束工作行为的有效办法。需要训练的雇佣合约较长期，是节省交易费用的选择。②量度其他特质的选择。工资合约还可附带佣金、奖金、小费等，都牵涉其他特质的量度而定。这些量度有费用，但若采用了，监管费用会下降。③不同类别合约的选择。较多的合约类

---

① 张五常．经济解释（卷三）[M]．香港：花千树出版有限公司，2007：153，166.

别选择，会使交易费用下降，原因有两个：一是较多的选择本身会降低费用；二是不同合约的并存会有互相影响的示范效用，约束竞争者的守约行为。

二、治理结构、契约与交易的匹配

威廉姆森的交易费用与契约选择理论体现在构成其交易费用经济学核心的治理结构、契约与交易匹配的理论中。威廉姆森的交易费用经济学关注的重点是被新古典经济学忽视的经济组织问题，而他在经济组织的研究方面的一个主要观点是认为不同治理结构和契约应该与不同的交易类型相匹配，匹配的目的是使交易成本最小化。正如威廉姆森所说："对企业、市场和混合形式的研究被作为一个统一体，交易成本是其核心。不同交易在特征上存在差异这一事实说明了组织形态的多样性，由于这种差异，交易的治理也要不同。通过以一对一对应的方式把交易和治理结构相应地匹配在一起实现了交易成本的最小化。"[①] "经济组织问题的比较研究强调的是以下基本观点：根据不同的治理结构（即治理能力及有关成本不同）来选择不同的（即具有不同属性的）交易方式，可以节省交易成本。"[②] 显然，威廉姆森的治理结构、契约与不同交易类型匹配的理论本质上也是一种交易费用影响契约选择的理论。

（一）交易的类型

如第二章所述，威廉姆森提出交易有三个维度：资产专用性、不确定性和交易的频率。依据这三个维度，威廉姆森对交易进行了不同于康芒斯的新分类。为了便于分析，他首先假定影响交易的不确定性程度适中，从而先着重考察交易的另外两个维度——资产专用性和交易频率。根据交易频率的不同，他将交易分为偶然的交易（包括一次性交易和数次交易）和经常的交易（即重复发生的交易）两种。根据资产专用性的不同，又将交易分为非专用性交易、混合的即中等专用性的交易以及高度专用性的交易。这样，威廉姆森把根据频率划分的两种交易和根据资产专用性划分的三种交易进行组合，形成六种交易类型，即偶然进行的非专用性交易、重复进行的非专用性交易、偶然进行的混合性交易、重复进行的混合性交易、偶然进行的高度专用性交易和重复进行的高度专用性交易。这六种类型的例子如表5-2所示。

表5-2 交易的六种类型

		投资特点		
		非专用	混合	特质
交易频率	偶然	购买标准设备	购买定做设备	建厂
	经常	购买标准原材料	购买定做原材料	中间产品要经过各不相同的车间

---

① 威廉姆森. 治理的经济学分析 [M]//弗鲁博顿，芮切特. 新制度经济学. 孙经伟，译. 上海：上海财经大学出版社，1998：67-68.

② 威廉姆森. 资本主义经济制度 [M]. 段毅才，王伟，译. 北京：商务印书馆，2002：30-31.

（二）治理结构、契约与交易的匹配

威廉姆森认为，对以上六种交易类型，每一种都需要配以相应的治理结构和契约形式。在他看来，契约形式是使不同治理结构区分开来的重要维度，有什么治理结构必然有相应的契约形式与之相对应。威廉姆森借鉴法学家麦克尼尔（1974）的"三分法"，将契约分为古典契约、新古典契约和关系契约三种形式。

首先，古典契约无论在法律意义上还是在经济学意义上都是一种理想化的契约关系，它意味着，契约条件在缔约时就得到明确的、详细的界定，并且界定的当事人的各种权利和义务都能被准确地度量，也就是说，对于未来所可能出现的任何一种事件以及任何事件出现时契约双方的权利、义务、风险分摊、契约执行和结果，都能够以毫无争议的文字写入契约条款，模糊和不详细之处是不会有的；契约各方不关心契约关系的长期维持，只关心违约的惩罚和索赔，交易往往是一次性的，交易完成后各方"形同路人"；它不考虑第三方参与，强调法规、正式文件及交易自行清算。

其次，新古典契约是一种长期契约关系。新古典长期契约主要有两个重要特征：一是在契约筹划时即留有余地；二是无论是留有余地还是力求严格筹划，契约筹划者所使用的程序和技术本身可变范围很大，导致契约具有灵活性。这意味着当事人关心契约关系的持续，并且认识到契约的不完全和日后调整的必要。如果发生纠纷，当事人首先谋求内部协商解决，如果解决不了再诉诸法律，因而，它强调建立一种包括第三方裁决在内的规制结构。

最后，关系性契约也是一种长期契约关系，它不考虑所有的未来偶然性，在这种安排中，过去、现在和预期未来的个人之间的关系在契约各方之间非常重要。关系性契约强调专业化合作和长期契约关系的维持。它意味着交易双方为了在交易中获得最大的预期收益，只在经济的原则下根据目前的情况部分地规定交易的属性和条件，对于那些虽关涉双方利益但在契约签订时就对将来的种种情况做出明确规定所费颇多或者根本不可能的条款，留待将来由交易双方进行过程性的、相机的处理；而且，初始明确的契约条款，一旦为交易双方认为不再适宜时，也可作相应修改。因此，与新古典契约关系的区别是，尽管两者都强调契约关系的长期维持和适应性调整，但新古典契约的调整始终以初始契约条件为参照物，关系性契约的调整可能参照也可能不参照初始协议，即使参照也不一定非坚持不可，而是根据现实需要作适应性调整，即关系性缔约活动将适应性贯穿到契约的始终，并且，关系性契约一般不需要第三方加入。

威廉姆森指出，对于非标准化的交易，不大容易采用专门的治理结构。只有经常性的交易才能采用专门的治理结构。虽然那种非标准化的、偶然的交易不要求采用专门的治理结构，却需要给予特别的关注。具体如何匹配呢？他提出了如下反映交易与契约和治理结构匹配的关系表（见表5-3）。

表 5-3 交易与契约和治理结构的匹配

		投资特点		
		非专用	混合	特质
交易频率	偶然	市场治理	三方治理 （新古典式合同）	
	经常	（古典式合同）	双方治理 （关系	统一治理 合同）

从表 5-3 可以看出，对于非专用性交易，无论是偶然进行还是经常进行，都可以采用市场治理结构，与之相对应的契约形式是古典式合同。对于偶然进行的混合性交易，应该采用三方治理结构，与之相对应的契约形式是新古典式合同。对于重复进行的混合性交易和特质交易（即高度资产专用性交易），则应该采用双方治理结构和统一治理结构，与之相对应的契约形式是关系合同。正如威廉姆森所说的："古典式合同可适用于所有标准化的交易（不论其交易频率的高低）；为进行经常性的、非标准化的交易，发展出了关系式合同；至于偶然的、非标准化的交易，则需要使用新古典式的合同。特别要指出的是，古典式合同和市场治理结构很相近；新古典式合同则涉及第三方治理；而关系式合同就要在双方或统一建立的治理结构中来组织。"[①]

专栏 5-1

三星涨价：让苹果的 10 亿索赔出在羊身上

《朝鲜日报》援引知情人士的消息报道称，韩国三星电子在近期已经将向苹果公司供应的手机处理器价格上调 20%。苹果公司最初并不同意，但由于未能找到可替代的供货商，最后接受提价的要求。这意味两家公司在上游元件领域的战争已经正在升温。

据报道，苹果公司用于生产 iPhone 和 iPad 的所有应用处理器都是从三星电子采购的。2011 年的采购量估计达 1.3 亿个，2012 年的采购量估计将超过 2 亿个。

苹果对三星专利侵权案件纠缠了很久。2012 年 8 月 24 日，法官在审理苹果和三星的诉讼中，判定苹果胜诉，要求三星支付苹果 10.5 亿美元的损害赔偿。虽然三星发布的 Q3 财报显示，其净利润达到 59.8 亿美元，但这 10.5 亿美元的赔偿仍是一笔巨额的赔款。苹果是三星最大的客户之一，对三星营收的贡献达到 9%。此次的芯片提价或许是对这次预计的天价赔偿最好的回应。如果第三方报道的数据量可靠，假

[①] 威廉姆森. 资本主义经济制度 [M]. 段毅才，王伟，译. 北京：商务印书馆，2002：106.

设苹果明年仍采购 2 亿个芯片，以 A6 芯片约为 17 美元的成本价为基础，那么可以估算出此次提价的总增收为 6.8 亿美元。当然这个数字是最理想化的，实际算上成本 14 美元的旧产品，会低于这个数字。不过对于填补 10.5 亿美元的赔偿来说，已经有了巨大的贡献。

　　资料来源：木中君.三星涨价：让苹果的 10 亿索赔出在羊身上 ［EB/OL］.OFweek 电子工程网，2012-11-13.

下面对四种治理结构（市场治理、三方治理、双方治理和统一治理）和三种契约形式（古典合约、新古典合约和关系性合约）为什么要与不同的交易类型匹配才能做到交易费用最小化做些简要的说明。

（1）市场治理。市场治理是依据市场上业已形成的组织安排和交易规范，对标准化的交易行为直接进行治理。对于高度标准化的交易来说，市场是最主要的治理结构，尤其是当交易重复进行时，市场最为有效。因为双方仅凭已有的经验就可以确定是继续保持交易关系还是以极小的转移费用去寻找新交易伙伴。由于是标准化交易，寻找另一种交易安排也不成问题。因此，即便是持久的交易关系，也可以通过一系列短期契约来维持。至于偶尔进行的非专用性交易，交易双方虽然难以根据以往的经验来防止交易中的机会主义行为，但也可以参考商业信誉或同一商品的其他买主的经验。而且，如果交易商品或劳务是标准化的，那么这种经验或评价就能够激励当事人对自己的行为负责，以避免其不良行为对所有商品或劳务造成的损失。

（2）三方治理。三方治理是依据交易双方所签订的契约，借助第三方（通常指仲裁机构）潜在的管理作用来维护交易的进行，保证契约的执行，这是由交易双方和受邀仲裁人共同组成的一种治理结构。混合型偶然交易和特质偶然交易，需要三方治理结构。在这类交易中，交易主体一旦缔约，就有很强的动机维持交易直到完成。这是因为交易过程中有专用性投资的发生，这些投资转到其他用途或为其他人使用，经济价值损失就会很大；而且由于在转移过程中的资产评估方面还存在很多困难，这就进一步增大了其价值损失，因而双方更愿意维持较稳定的关系。在这种情况下，市场调节是不能令人满意的。但是交易次数太少又使得建立一个交易专用性的治理结构的成本得不到补偿。因此交易双方需要的是一种介于市场治理和双方治理之间的中间形式。新古典契约就符合这种要求，它不是直接诉诸法律来保持或断绝交易关系，而是借助于第三方（仲裁者）来帮助解决争端和评价绩效。

（3）双方治理。对于混合重复交易和特质重复交易需要专用性治理结构，其中，与前一种交易匹配的是双方治理，与后一种交易匹配的则是统一治理。由于交易的非标准化特征，交易双方需要维持稳定持久的关系（即建立关系合约）；而且，交易的重复也能保证交易带来的收益弥补建立专用性治理结构的成本。双方治理的主要特征是交易双方的自主权得到维持。由于是混合型交易，资产专用性不高，因此，出于规模经济的考虑，买方可能会倾向于从外部购置零件。而且与统一治理相比，外部采购还能对持续供货进行成本控制，在保持了一定市场激励的同时又避免了内部的行政扭曲。但是考虑到可适应性和契约费用，外购也存在一些问题。因为内部（自觉）适应是通过行政命令实现的，而外购则只能采取通过市场协调的自发性适应。由于一开始就考虑到并在契约中明确规定适应性问题，常常是做不到的或成本太高，因此，外购的适应性问题只能以双方补充协议的形式出现。适应性问题的存在造成了一种两难局面：一方面双方愿意维持交易关系，以避免牺牲专用性资产的价值；另一方面双方为了各自的利益，又不可能顺利地调整契约。这样，交易当事人通过订立双方都信赖的条款，来保证契约在一定程度上可以做出适当调整。

（4）统一治理。统一治理就是所谓一体化的办法，交易双方通过兼并或重组成为同一个经济决策主体，相关问题在这个一体化的经济主体内部解决，这也就是内部行政管理的治理，是一种外部交易内部化的治理方式。交易越专门化，人们进行交易的意愿越小。因为随着人力和实物资产专用性的加强，它们向其他用途转移的可能性减小；而且专用性投资也有利于购买者和外部供应商实现规模经济。在这种情况下，垂直一体化将被采用，即由一方来买断另一方，完全控制整个交易并承担全部责任。一体化的优势在于，它不再需要商谈和修正交易主体之间的契约，而是用一种连贯的方式随时调整以适应环境的变化，因而联合利润最大化可在一定程度上得到保证。与双方治理相比，纵向一体化的企业能够对价格和数量做出更加彻底的调整，以实现交易总收益最大化。由此也可以看出，高度专用性交易的特征是交易者不变，而价格和数量则具有广泛的适应性。随着资产专用性的加深，市场让位于双方治理，又让位于一体化。

第三节　委托代理问题与激励契约设计

代理合约理论关注的是合约各方所具有的不对称信息问题。在将信息不对称问题引入新古典经济学之前，学者们往往假定契约都是完全的。在新古典经济学的完全理性和完全信息假设条件下，新古典契约能够对交易中的所有问题进行全面的界定，相应的契约的执行也是非常容易的。在引入了信息不对称问题之后，学者们依然认为，在"完全理性"的条件下，虽然交易双方在信息方面存在信息不对称的情况，但是，订立一个条款相对全面的契约，对交易中的相关问题进行规范，也是不成问题的。只要契约设计合理，对相关内容的界定足够准确，这种契约的执行依然不是问题。持有这种观念的学者在其契约理论中，精力依然集中在如何设计一个"合理"全面的契约，而认为契约的执行不成问题。委托代理契约设计理论就是这样一种理论。

一、委托代理关系与代理问题

当交易的一方将需要完成的某一项任务交给另一方，并给对方以相应的报酬时，双方之间就形成了委托代理关系。其中，将相关任务委托给别人去完成的一方，被称为委托人，而为别人完成相关任务以获得相应报酬的另一方，则被称为代理人。委托代理关系是经济生活中的一个普遍事实，如病人与医生之间、股东与企业经理人之间、地主与佃农之间，等等，都存在委托代理关系。

在委托代理关系中，一个常见的现象是代理人不按照委托人的利益最大化行事，甚至损害委托人的利益，即出现所谓代理问题。这主要是由于以下两方面的原因：

一是信息不对称。一般来说，在委托代理关系中，具体执行相关任务的代理人会拥有或掌握关于交易的更多的信息。如医生会比病人更了解病人的身体状况和最优的治疗方案，但是，缺乏专业知识的病人则可能无法依据自己所拥有的信息，判定出医生是否已经尽职尽责；企业的经理人可能借工作之便进行了不必要的"在职消费"，而企业的股东们往往难以判断哪些在职消费是不必要的，等等。信息不对称使代理人具备了不按照委托人的利益最大化行事，甚至损害委托人利益的必要而非充分条件。

二是委托人和代理人利益目标的不一致性。可想而知，如果委托人想要代理人做的，也正是代理人自己希望去做的，那么即使代理人的行动不可观察，委托人也不必担心什么。只有当委托人与代理人的目标不一致时，委托人才会因为代理人行动的不可观察而头疼。例如，股东希望经理努力工作，但经理可能喜欢偷懒，而股东又没法知道经理到底有没有偷懒，因为股东监督经理的成本可能太高。显然，在信息不对称、获取信息又有成本以及委托人与代理人目标不一致的情况下，代理人不按委托人利益最大化行事甚至损害委托人利益的行为，即委托代理问题就是不可避免的。

依据交易双方是事后信息不对称还是事前信息不对称，可以把代理问题分为两种基本类型，即道德风险（事后信息不对称）和逆向选择（事前信息不对称）。

道德风险，也称败德行为，一般指代理人借事后信息的非对称性、不确定性以及契约的不完全性而采取的不利于委托人的行为。简单地说，就是代理人借委托人观测监督的困难而采取的不利于委托人的机会主义行动。也就是说，在契约签订之后，委托人往往不能直接地观测到代理人选择了什么样的行动，委托人所能观测的只是这样一些变量，这些变量由代理人的行动和其他的外生的随机因素共同决定，因而充其量只是代理人的不完全信息，这样，代理人就可能做出偏离委托人的利益的行动而不被发现。这里涉及的是事后的、行动的非对称信息。

逆向选择，一般是指代理人利用事前信息的非对称性所进行的不利于委托人的决策选择。逆向选择原先是用在保险学文献中的一个概念，主要是指由于信息的不对称而导致的市场失败。也就是说，在保险业务中，投保人与承保人对保险业务相关的信息总是处于不对称的状态，即投保人都知道自己的类型与特征，但承保人则不能根据风险来区分投保人，因此，承保人也就不能对不同风险的投保人给出不同的保险费率。这样，人们的保险率在给定的价格水平上，高风险的个人将购买更多的保险，而低风险的个人将购买更少的保险，从而导致了风险承担均衡分配的无效率。

代理问题会引起代理成本，这种成本主要包括：①委托人的监督支出。如果委托代理关系的双方当事人都是效用最大化者，就有充分的理由相信，代理人不会总以委托人的最大利益而行动。委托人通过对代理人进行适当的激励，以及通过承担用来约束代理人越轨活动的监督费用，可以使其利益偏差有限。②代理人的保证支出。在某些情形下，为确保代理人不采取某种危及委托人的行动，或者若代理人采取这样的行动，保证委托人能得到补偿，可以由代理人支付一笔保证金。③剩余损失。代理人的决策与使委托人福利最大化的决策之间会存在某些偏差。由于这种偏差，委托人的福利将遭受一定的货币损失。正如詹森和梅克林所说："我们将代理成本的总和定义为：①委托人的监督支出；②代理人的保证支出；③剩余损失。"[1]

道德风险与逆向选择都是一方利用信息优势损害另一方利益的机会主义行为。因此，如何设计一种好的机制来防止这两种机会主义行为，是代理合约设计理论的中心内容。

二、道德风险与激励契约设计

对道德风险下的激励契约设计，委托代理理论的数学模型非常完善，即使是最简单的形式也已经发展得很完备了。下面仅通过一个简化模型来对道德风险下的激励契约设计进行介绍和讨论。

为简便起见，假设一个只有一个股东雇用一个经理的公司。这里，股东是委托人，经理是代理人。委托人将公司交给代理人经营，委托人的问题是设计代理人的激励契约。公司经营的绩效取决于两个因素：代理人经理的努力程度和外生随机变量。

经理可以努力工作（$e=1$），也可以偷懒或不努力（$e=0$），对此股东无法直接观察。工作给经理带来的负效用相当于数量为 $c(e)$ 的货币损失，且有：$c(1)=\phi(\phi>0)$，$c(0)=0$，即选择偷懒的经理损失为零。此外，假设股东虽然无法知道经理的努力但可直接观察企业的产出。企业的产出并不完全依赖于经理的努力，两者的关系如表 5-4 所示，其中，$0<p_L<p_H<1$，$\pi_H>\pi_L$。由表 5-4 可知，虽然努力并不能完全避免低产出，同样，不努力也可能带来高产出，但是，从概率上讲，努力意味着导致高产出的可能性增加。

表 5-4　不同产出水平的概率分布

产出水平＼努力程度	$e=1$	$e=0$
高产出（π_H）	p_H	p_L
低产出（π_L）	$1-p_H$	$1-p_L$

假设股东风险中性，拥有企业剩余索取权的股东在支付了经理的工资（w）之后获得所有的剩余。经理风险规避，其效用取决于他所得到的工资扣除了努力成本之后的净的货币额，效用函数的具体形式可写为 $U[w-c(e)]$，满足 $U'(\cdot)>0$，$U''(\cdot)<0$。这样，当付出努力时，经理的效用为 $U(w-\phi)$，偷懒时为 $U(w)$。假定经理的保留效用为 $U_0=U(w_0)$，即是说，经理不受雇于股东时，至少也能够获得 U_0 的效用，或者说是挣得 w_0 的净工资。

股东与经理的委托代理关系就是一种契约关系。具体而言，这里股东向经理提供的工资方案就是一份契约，它规定了在不同产出结果下经理能够得到的工资。不失一般性地，假定高产出水平（π_H）下股东支付的工资为 w_H，低产出水平（π_L）下工资为 w_L。

① 詹森，梅克林．企业理论：管理行为、代理成本与所有权结构［M］//陈郁．所有权、控制权与激励．上海：上海三联书店，1998：6.

假定经理要么接受股东提供的契约，要么就拒绝这份契约。也就是说，我们排除了经理与股东进行谈判来修改契约的可能。下面把讨论的情形限定在这样一种前提之下，即让经理付出努力是社会最优的。可以从以下两个方面来理解这一含义。

首先，努力有意义意味着努力要比不努力好。撇开分配问题不谈，这就要求经理努力的情况下社会的净产出水平较高，即：

$$[p_H\pi_H + (1 - p_H)\pi_L - \phi] - [p_L\pi_H + (1 - p_L)\pi_L] > 0 \qquad (5-1)$$

或

$$(p_H - p_L)(\pi_H - \pi_L) > \phi \qquad (5-2)$$

也就是说，经理努力不仅在概率意义上意味着较高的产出水平，并且与努力的代价相比这种产出的增加是值得的。否则的话，如果努力工作给经理造成极大的成本，那么努力带来的期望产出水平的提高就连弥补经理个人的成本都不够。

其次，让经理努力是社会最优的也隐含着如下的前提，即让经理在本企业里努力工作要比让他获得其他的外部机会来得更好。在完全信息条件下这意味着式（5-3）成立。① 即：

$$p_H\pi_H + (1 - p_H)\pi_L - \phi > w_0 \qquad (5-3)$$

这就是说，即使经理的努力工作能够给股东带来很大的好处，但是如果他的心理价位太高，那么股东当然还是会让经理另谋高就。的确，要价过高的经理必然在别处能有更好的作为，把他束缚在企业内显然不是最优的选择。假定 $p_L\pi_H + (1 - p_L)\pi_L > w_0$，那么根据式（5-1）可知，式（5-3）必然成立。接下来的讨论都建立在经理努力符合社会最优这个出发点上。

（一）完全信息

现实中，信息总是不完全、不对称的。但作为参照，我们先来看一下代理人的行为可观察并且可验证，即完全信息时的最优契约安排。

1. 可行的契约

尽管经理无权修改契约，但是经理有自由选择是否接受契约以及接受后是否付出努力，因此，为了使一份契约能被经理接受并且让经理付出特定的努力，该契约就必须满足若干条件。所有符合这些条件的契约就是对应该特定努力水平的可行契约。

在完全信息条件下，经理的努力程度可观察。这时，股东就能够直接对努力的经理进行补偿、对不努力的经理加以惩罚。因此，让经理感到努力好于偷懒在这时就是毫无困难的。股东所要考虑的只是让经理至少获得最起码的保留效用。因此，此时可行的契约应当满足：

$$p_H U(w_H - \phi) + (1 - p_H)U(w_L - \phi) \geq U_0 \qquad (5-4)$$

式（5-4）通常被称为参与约束。需要说明的是，由于在完全信息下激励代理人努力并不是什么难事，所以代理人肯定不会选择偷懒，因而式（5-4）的参与约束考虑的是经理努力时的情形。

---

① 当改变完全信息的假定，这个条件就可能发生变化，变得更为苛刻。这是本节所要表达的核心内容。

2. 最优契约的特征

如前所述，一项不失一般性的契约规定了代理人在不同产出结果下应当得到的工资。在完全信息条件下，委托人提供的工资契约只要让付出努力的代理人满足参与约束即可。此外，不难推断，委托人会尽量压低代理人的工资，直到代理人恰好只能获得保留效用，即参与约束式（5-4）取等号。于是，风险中性的委托人所要做的就是在让付出努力的代理人刚好获得保留效用的前提下最大化自己的期望利润，这可以表示为如下的最优化问题：

$$\max_{w_H,\ w_L} p_H(\pi_H - w_H) + (1 - p_H)(\pi_L - w_L)$$
$$\text{s.t. } p_H U(w_H - \phi) + (1 - p_H)U(w_L - \phi) = U_0$$

通过构造拉格朗日函数我们可以得到上述最优化问题的一阶条件：

$$U'(w_H^* - \phi) = \frac{1}{\lambda} \tag{5-5}$$

$$U'(w_L^* - \phi) = \frac{1}{\lambda} \tag{5-6}$$

其中，λ 是参与约束的拉格朗日乘子，w_H^* 与 w_L^* 分别是针对高低两种产出水平的最优工资水平。由式（5-5）和式（5-6）可得：

$$U'(w_H^* - \phi) = U'(w_L^* - \phi) > 0 \tag{5-7}$$

又因为代理人的效用函数满足 $U'(\cdot) > 0$，$U''(\cdot) < 0$，由此可知，最优的工资水平具有如下性质：

$$w_H^* = w_L^* = w^* \tag{5-8}$$

这就是说，虽然产出具有不确定性，但不论最终实际的产出水平如何，股东都将提供 w^* 水平的不变工资。这相当于是由风险中性的股东向风险规避的经理提供了一种保险，股东完全承担了产出不确定所带来的风险。接下来需要确定最优工资 w^* 的大小。根据参与约束为紧可知：

$$w^* = w_0 + \phi \tag{5-9}$$

完全信息下的这个最优契约的特征非常符合直觉。由于委托人事前知道代理人一定会付出努力并且事后也能够观察到代理人的行动，所以委托人所要做的只是让代理人愿意参加工作。因为努力的货币成本是 ϕ，而代理人的保留效用是 $U(w_0)$，即最终获得 w_0 的净收入。因此委托人就有两种选择，一是不论产出水平如何都提供固定工资 $w_0 + \phi$，另一种是在不同的产出水平下提供不同的工资但依然让代理人的期望效用达到 $U(w_0)$。由于代理人风险规避，后一种做法需要让他承担风险，代理人因此需要额外的风险补偿。哪一种做法对委托人来说更好呢？这取决于委托人的风险态度。由于这里我们假定股东是风险中性的，于是提供固定工资的做法就是更好的选择，因为委托人不在乎承担风险，提供固定工资又使委托人免去了对代理人进行额外的风险补偿的成本（结合下面对图 5-3 的分析，这一点就会更容易理解）。

（二）不对称信息：代理人风险规避

现在我们来看不对称信息的情形，即考虑代理人的努力不可观察的情形。这里，仍然假设代理人是风险规避的。

1. 可行的契约

当代理人的努力不可观察时，委托人无法断定高产出是由经理的努力带来的，还是因为好的运气，同样低产出也不一定就表示经理没有努力。于是，道德风险问题就可能产生。即使股东愿意给予经理足够的工资来补偿努力的损失，但经理却可能"拿人钱财不替人做事"，他会在偷懒的同时把可能出现的低产出归结为运气不佳。由于无法直接根据努力与否对代理人进行奖励或惩罚，委托人只能将代理人的工资与最终的产出水平联系起来。

为了让代理人努力，委托人需要通过特定的工资契约来使代理人意识到努力要好于偷懒。也就是说，可行的工资契约必须使代理人自愿地付出努力，即经理努力时的效用至少不低于偷懒时的效用：

$$p_H U(w_H - \phi) + (1 - p_H)U(w_L - \phi) \geqslant p_L U(w_H) + (1 - p_L)U(w_L) \qquad (5-10)$$

其次，为了让代理人愿意接受契约，参与约束仍然应当满足[1]，即：

$$p_H U(w_H - \phi) + (1 - p_H)U(w_L - \phi) = U_0 \qquad (5-11)$$

式（5-10）通常被称为激励相容约束。激励相容约束与参与约束共同规定了在不对称信息前提下所有让代理人努力的可行契约应当满足的条件。与对称信息情形不同，现在可行契约的要求中多了一个激励相容约束。因为此时激励代理人不像在完全信息情形下那么容易做到了，委托人只能通过提供激励相容的工资契约来让代理人选择努力。

2. 最优契约的特征

下面我们在参与约束与激励相容约束共同满足的前提下分析最优契约的特征。我们知道，理性的委托人总是尽可能地压低工资，因此不难想象拥有完全谈判能力的委托人在制定工资时一定会让参与约束中的等号成立，即参与约束式（5-11）总是紧的。

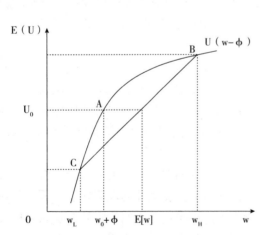

图 5-2　经理的效用函数：风险规避

在不对称信息情形下，高低两种产出水平下经理得到的工资分别是 w_H 和 w_L，经理的效用分别是 $U(w_H - \phi)$ 和 $U(w_L - \phi)$，由参与约束为紧可知，经理的期望效用恰好是 U_0。然而，与对称信息不同，此时必然有式（5-12）成立，否则激励相容约束式（5-10）无法成立。[2]

$$w_H > w_L \qquad (5-12)$$

上式的含义是显然的。如果高产出并不带来高工资，况且努力又不可观察，那么代理人为什么要努力呢？

下面借助图 5-2 来进一步分析解的性质。图 5-2 中横轴代表工资（货币），纵轴表示效用，图中曲线是经理在努力情况下的效用曲线，效用曲线凹向原点代表了经理是风

---

①　注意，这里是在激励相容约束满足，即代理人努力的前提下讨论参与约束的。

②　当 $w_H = w_L$ 时，显然式（5-10）变成严格小于号成立，如果 w_H 比 w_L 还小，那么只会使严格小于号更加容易成立。

险规避的。我们已经知道，在对称信息下，经理获得的效用水平为 U_0，而股东支付的固定工资是 $w_0+\phi$，图中 A 点代表这一情形，其中 A 点的横坐标也就是完全信息条件下激励经理努力的成本。

在不对称信息情形下股东激励经理付出努力需要花费多少成本呢？这一成本应当用股东支付给经理的期望工资（E[w]）来表示，即：

$$E[w] = p_H w_H + (1 - p_H)w_L \tag{5-13}$$

我们已经知道，不对称信息下有式（5-12）成立，我们还知道，由于股东不会让经理得到额外的好处，所以不对称信息条件下经理的期望效用也只是等于他的保留效用。对照图 5-2 可知，这需要我们在效用曲线上找到这样的两点，它们对应不同的工资水平（横坐标），但在这两个不同工资水平下经理人效用（纵坐标）的期望值仍然等于 U_0。假设图 5-2 中的 B 点与 C 点符合这样的条件，然而，由于效用曲线是凹的，此时有：

$$E[w] > w_0 + \phi \tag{5-14}$$

也就是说，在不对称信息情形下，委托人需要花费更大的成本才能激励代理人付出努力，增加的这部分成本正是由不对称信息而导致的代理成本。

现在可以回过来分析前面的激励相容约束式（5-10）。既然在代理人风险规避的前提下激励努力是要花费额外成本的，因此即使有必要激励代理人，委托人也只会将 w_H 与 w_L 的差距拉大到恰好能够激励代理人付出努力的程度，也就是说，式（5-10）的大于等于号在最优契约下应当取等号。或者，通过图 5-2 也可以看出这一点。假设图 5-2 中的 w_H 与 w_L 刚好使式（5-10）的等号成立，即委托人已经能够让代理人觉得努力不比偷懒差了（不妨假定此时代理人将选择努力），那么，委托人还会进一步拉大工资差距吗？[①] 不会。因为这只会让委托人付出更高的成本。由图 5-2 中可见，如果在保持期望效用不变的前提下同时增加 w_H 并减少 w_L，那么委托人所支付的平均工资，即图中的 E[w] 将进一步右移。

现在可以更为直观地理解不对称信息下的契约安排的特征了。在不对称信息条件下，固定工资不再可行，因为既然拿一样的工资，没有经理愿意付出额外的努力（这将让经理承担努力的成本）。于是，为了激励经理努力，股东必须通过差别工资来让经理感到努力好于偷懒。然而，差别工资让风险规避的经理承担了来自产出不确定的风险，相应地，委托人需要提供补偿。工资差距越大，这种风险补偿也就越大。于是，为了节省激励的成本，委托人只会恰如其分地激励代理人，即刚好让经理觉得努力不差于偷懒。与对称信息相比，这里的风险补偿是额外产生的，如果原先在对称信息下激励代理人努力带来的净好处不是太大，那么由风险补偿导致的额外成本就很可能使委托人发现此时不再值得激励代理人努力。

与对称信息相比，我们可以将不对称信息下的契约安排的特征归结如下：

第一，在不对称信息情况下，为了激励代理人付出努力，委托人必须对高产出支付高工资（$w_H>w_L$）。这就改变了在对称信息情况下由风险中性的委托人完全承担风险的最优契约安排。也就是说，为了提供足够的激励，此时风险必须部分地由代理人来承担。最终的契约安排是效率与保险之间权衡的结果。

---

① 这将使式（5-10）的严格大于号成立。

第二，无论信息是否对称，代理人获得的效用都是 U_0。这是因为，在两种情形下，代理人都只能被动接受委托人提供的契约，而委托人为了做到利润最大化就一定会压低工资直到代理人只得到保留效用。然而，不对称信息却使委托人的利润降低。同样是让代理人付出努力，在不对称信息情况下委托人需要花费更高的成本，这是对风险规避的代理人承担风险的一种补偿。因此与对称信息情形相比，委托人的境况变差。事实上，代理成本的确是一种无谓的浪费。

第三，对称信息解帕累托优于不对称信息解。既然在不对称信息情形下代理人的境况并未变好而委托人的境况却变差了，那么对称信息解就一定帕累托优于不对称信息解。

第四，不对称信息下委托人可能放弃激励代理人努力。即使在对称信息情形下委托人希望激励代理人努力，即式（5-2）成立，但是在不对称信息情况下如果激励努力的成本增加得过多，或者说让代理人承担风险所需要的风险补偿过高，那么激励代理人努力就有可能不是委托人的最优选择。

三、逆向选择与激励契约设计

逆向选择是在签订契约之前，委托人不知道代理人的类型，也就是说，代理人已经掌握某些委托人不了解的信息，而这些信息可能对委托人是不利的。处于信息优势的代理人可能采取有利于自己的行动，而委托人则由于信息劣势而处于对己不利的选择位置上。

逆向选择的现代经济学分析发端于阿克劳夫（1970）的旧车市场模型。在旧车市场上，卖者知道车的真实品质，而买者却不知道（买者要在购买车辆使用一定时间以后才会发现车的真实质量）。因此，在买车的时候，买者是根据自己对车市上所卖车质量的平均估计（主观概率）来支付价格的。也就是说，如果买者对市场上旧车的平均质量估计下来认为值 4000 美元，那么即使对于一辆实际价值 6000 美元的好车（买者不知道），买者也只愿意最多支付 4000 美元，而一辆实际值 2000 美元的坏车也可能获得 4000 美元的平均价。好车坏车一个价。因此，那些拥有好车的卖者就会退出市场，只有坏车会留在市场上。买者预见到这种情况就会进一步降低愿意支付的平均价格，这样就会有更多的车退出市场。如此循环往复，最后只有最差的车（美国人所谓的"柠檬"）在车市上成交。极端的情况是整个市场都会消失，买者不但得不到汽车的真实价值，甚至连期望价值都得不到。此类逆向选择问题的要害在于，买者是根据市场上待售商品的市场统计来评价商品质量的，因此卖者有积极性提供质量更差的商品，而好商品的价值实现主要受所有商品质量统计值的影响，而非它自身的质量。结果是，好商品被坏商品逐出市场。

逆向选择的存在会导致帕累托最优的交易不能实现，在极端情况下，市场交易甚至根本不存在。如果拥有私人信息的一方有办法把信息传递给对方，或者不知情者能够诱使另一方揭示其私人信息，那么市场就能够继续存在，社会福利就能够改善。现实中，这样的办法确实存在。比如说，卖车的人向买车的人提供一定时期的维修保证，请工程师对质量进行检查，等等。因为对卖主来说，车的质量越高，维修保证的预期成本越低，所以高质量的车主提供维修保证的积极性显然大于低质量的车主，买者将维修保证看作高质量的信号，从而愿意支付较高的价格。这就是所谓的信号传递。

下面介绍一个由斯宾塞（1973）提出的劳动力市场信号传递模型，看在存在逆向选择情形下，雇主如何通过激励机制（契约设计）减少雇员的逆向选择行为。"正如逆向选择可以理解为道德风险的一个特例一样，信号传递可以理解为激励机制的一个特例。这里，'激励机制'表现为使得有私人信息的一方（代理人）有积极性说实话。"①

（一）模型的假设

在大多数劳动力市场上，雇主在雇用员工时不知道雇员的实际生产能力和工作能力。只有在工作一段时间后，雇员的真正能力才会显示出来。所以，雇主和雇员在签约时，信息是不对称的。雇主不能直接观测到雇员的边际生产力，但是能够观测到雇员的其他一些数据，如性别、外表、受教育水平或嘉奖记录等。这就是说，雇主最后只能根据这些观测到的数据来决定是否雇用一个人。

在上面的可观测数据中，一些数据是雇员可以通过一定的投资（如金钱、时间等）加以改变的，如受教育水平。但另一些数据通常是难以改变的，如年龄。一般把可以通过投资改变的数据称为信号，不可改变的称为索引。这里主要考虑信号在劳动力市场上的作用。根据以往的经验或者观测别人的案例，雇主会在这些信号和雇员能力之间建立起一定的联系，形成关于雇员能力相对于一定信号的主观概率。换句话说，给定一定的雇员信号，雇主会有一个对于他能力的主观评价。例如，认为雇员的能力从初中生、高中生到大学生依次提高等。当然，雇主会在雇用员工一段时间认识了他们的真实能力以后调整自己的概率。雇员认识到这一点以后，会选择一定信号，试图使雇主了解自己的真实能力。

为了简化起见，假定雇主是风险中性者，雇主根据一组信号确定未来雇员的平均期望边际产出和相应的工资水平。那些潜在的雇员现在就面对一个给定的与某些信号挂钩的工资表，他们的问题就是要根据这些工资表确定自己的信号水平，以最大化自己的净效用。因为改变个人信号（如教育）的努力是要花成本的，现在雇主给定了工资水平，潜在雇员的问题就是尽量缩小自己的信号成本，以获得净利益最大化。下面以受教育水平作为信号、教育成本作为信号成本来加以讨论。

斯宾塞模型有一个重要的假设，即信号成本与雇员产出能力呈反比关系。例如，对于完成一定教育，能力强的人花费的时间比能力弱的人要少；对前者是一件快乐的事对后者可能很痛苦，例如解练习题。因为如果不这样，面对雇主提供的工资条件，所有潜在雇员都会选择同样的方式来传递信号。这样的信号就失去了鉴别雇员能力的作用。该假设是所有可以作为区别潜在雇员能力信号的数据的先决条件。潜在雇员选择一定的受教育水平并力争完成就等于向雇主传递自己是高能力者的信号。这个假定被称为"分离条件"。

（二）劳动力市场信号传递模型

假定所有人口分为两组，组Ⅰ和组Ⅱ，他们在总人口中的比例分别为 q 和 1-q。组Ⅰ的生产能力为 1，组Ⅱ的生产能力为 2。他们都要花费一定的成本（如金钱、时间和精神压力等）才能完成相应的教育。假定组Ⅰ的人完成 y 水平的教育花费的成本是 y，组Ⅱ的人完成 y 水平的教育花费的成本是 y/2。假定雇主认为雇员的受教育水平 y 低于一定水平 y^*，即 $y<y^*$，那么雇员的产出能力就是 1；如果 $y>y^*$，雇员的生产能力就是 2。如果存

---

① 张维迎．博弈论与信息经济学［M］．上海：上海三联书店，1996：570．

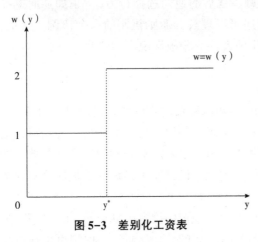

图 5-3 差别化工资表

在对应的主观概率，那么雇主的工资表 $w=w$ (y) 就如图 5-3 所示。可以看到，$w=w(y)$ 是一条阶梯形的曲线，在受教育程度到达 y^* 的时候，工资从 $w=1$ 的水平一下子跳到 $w=2$ 的水平。

雇员根据给定的工资表选择自己的最优受教育水平。不难发现，那些选择 $y<y^*$ 的人实际上都会选择 $y=0$，因为教育是要花费成本的，这些人明白在达到 y^* 之前的所有增加的教育都是一种"浪费"，选择 $y=0$ 是最优的。同样的道理，那些选择 $y>y^*$ 的人实际上只会选择 $y=y^*$，以最大化自己的净利益。总的来说，所有人选择 $y=0$ 或者 $y=y^*$。在一定的条件下，上述结论意味着组Ⅰ的人会选择 $y=0$，组Ⅱ的人会选择 $y=y^*$，如图 5-4 所示。

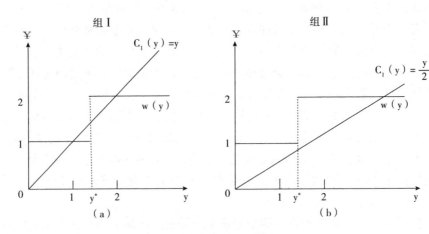

图 5-4 分离均衡

也就是说，如果 $1>(2-y^*)$，那么，组Ⅰ会选择 $y=0$；如果 $(2-y^*/2)>1$，那么，组Ⅱ的人会选择 $y=y^*$。把上述两个不等式合在一起，得到：$1<y^*<2$。当 y^* 满足 $1<y^*<2$ 时，该模型存在均衡（很多个均衡），并且是分离均衡——不同能力的雇员选择不同的受教育水平。这时候，受教育水平成为雇主区别雇员能力的信号。

当 y^* 不满足 $1<y^*<2$ 的分离均衡条件，会出现什么情况呢？先看 $y^*<1$ 的情况，这时，即使对于教育成本比较高的组Ⅰ的雇员，y^* 也容易达到，因为达到受教育水平 y^* 不需要付出很大代价却可以带来更高的工资 $1<(2-y^*)$，那么，组Ⅰ的雇员也会选择 $y=y^*$ 的受教育水平，从而会出现如图 5-5（a）所示中的所谓"高端"混同均衡——不同能力的雇员选择相同的受教育水平 y^*。这时候，受教育水平不再成为雇主区别雇员能力的信号。再看 $y^*>2$ 的情况，这时，即使对于教育成本比较低的组Ⅱ的雇员，达到 y^* 也太辛苦，会导致得不偿失 $1>(2-y^*/2)$，因此，组Ⅱ的雇员也会选择 $y=0$ 的受教育水平，这会出现如图 5-5（b）所示中的"低端"混同均衡——不同能力的雇员选择相同的受教育水平 y = 0。显然，此时受教育水平也不能成为雇主区别雇员能力的信号。

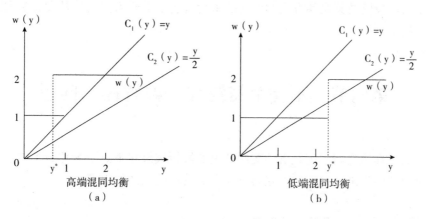

图 5-5 混同均衡

如果令组 I 完成教育 y 的成本是 a_1y，组 II 完成教育 y 的成本是 $a_2y(a_2<a_1)$，可以得到上面模型的更一般结论。和前面一样，所有人只可能选择 y = 0 或者 $y = y^*$。从 $1>(2-a_1y^*)$ 和 $(2-a_2y^*)>1$ 可以解得：

$$\frac{1}{a_1}<y^*<\frac{1}{a_2}$$

需要指出的是，上面的模型假定了教育不影响雇员的实际生产能力（教育前后的生产能力没有变化），并且忽略了教育的所有外部性。这样做的目的是把教育的其他功能抽离掉，可以更清楚地看到教育的信号传递功能。

四、对委托代理激励契约设计理论的评价

在新制度经济学家看来，委托代理契约设计理论本质上仍然是完全契约理论。因为委托代理理论假定合约的订立是一劳永逸的。认为合约执行阶段是不会有问题的。从这个意义上说，也就是事先知道所有可能会出现的情况，合约是"完全的"。

虽然新制度经济学家把委托代理契约理论归结为完全契约理论，但与新古典完全契约理论不同的是，委托代理契约理论不是建立在新古典契约的完全信息和零交易费用假设的基础上，而是建立在信息不对称和信息的获取需要耗费资源的假设基础上，因此，信息约束引起的福利损失一般说来不可避免，所产生的代理成本可被视为某种形式的交易费用。

不过，委托代理理论对交易费用方法的运用并不是十分彻底。在其理论中，信息约束（正交易费用）与完全信息（零交易费用）的结合是令人饶有兴趣的。委托人十分清楚代理人的偏好和保留效用。他们都确切了解利润函数或结果函数，尽管自然对结果的影响具有随机性。另外，委托人并不知道代理人付出的努力程度及自然的真实行动。在这种情况下，信息成本一会儿极高，一会儿为零[①]。

在新制度经济学家看来，委托代理合约设计理论假定契约的订立是一劳永逸的，认为

① 弗鲁博顿，芮切特. 新制度经济学 [M]. 姜建强，罗长远，译. 上海：上海三联书店，2006：260.

契约的执行阶段不会发生任何问题的观点存在严重的缺陷。因为，委托代理合约理论没有考虑关系专用性投资及其在各方之间引起的事后机会主义行为，也就是没有考虑到契约的不完全性问题。

第四节　不完全契约与"敲竹杠"问题

不完全契约理论是新制度经济学契约理论的最新成果和重点。为什么契约总是不完全的？不完全契约会带来什么问题？这是不完全契约理论关注的重点。

一、完全契约与不完全契约

不完全契约是相对完全契约而言的，在讨论不完全契约之前，有必要对完全契约作些说明。

（一）完全契约及其条件

完全契约是指缔约双方都能完全预见契约期内可能发生的重要事件，愿意遵守双方所签订的契约条款，当缔约方对契约条款产生争议时，第三方比如法院能够强制其执行。完全契约下的契约条款详细地表明了在与契约行为相应的未来不可预测事件出现时，每一个契约当事人在不同的情况下的权利与义务、风险分享的情况、契约强制履行的方式及契约所要达到的最终结果。显然，完全契约的获得离不开以下条件：

首先，当事人能够预见到在契约过程中一切可能发生的重要事件，预见到这些事件发生时所要修改的契约行为与支付，由此，契约当事人必须能够准确地描述这些可能发生的事件，以至在这些可能性事件讨论前能够做出明确的决策。这样，契约当事人也就能够知道他们预先所考虑的具体环境现在实际发生的状况。

其次，契约当事人对每一可能事件必须愿意和能够做出决定，并同意有效的行动过程以及这些行动的支付。

最后，契约当事人只要一进入契约，就必须自愿地遵守其契约条款。这一点又有两种情况：一是契约当事人不是同时希望对契约条款进行重新谈判；否则，他们重新谈判的预期可能使原有的协议失去可信性和妨碍指导应该履行的行为。二是每一个当事人必须自由地决定契约条款是否满足，以及如果他们违约，每一个当事人必须愿意和能够强制履行所同意的行为。

（二）不完全契约及其原因

不完全契约也就是指缔约双方不能完全预见契约履行期内可能出现的各种情况，从而无法达成内容完备、设计周详的契约条款。

在新制度经济学家看来，契约总是不完全的。其原因，用哈特的话说就是："在一个不确定性的世界里，要在签约时预测到所有可能出现的状态几乎是不可能的；即使预测到，要准确地描述每种状态也是很困难的；即使描述了，由于事后的信息不对称，当实际状态出现时，当事人也可能为什么是实际状态争论不休；即使当事人之间的信息是对称的，法院也不可能证实；即使法院能证实，执行起来也可能成本太高。"① 这样，契约中总留有未被指派的权利和未被列明的事项，契约的不完全性成为必然。具体来说，契约不完全的原因主要包括以下四个方面：

一是有限理性。在完全契约的模型中，个人理性假设是完全的。契约当事人不仅完全了解自己与对方的选择范围，而且对将来的可能性选择也清楚地知道，并根据其选择了解所选择的结果或至少知道这种结果的概率分布。这样，他就能够把所有这些信息综合在单一的效用函数中得出最优契约的结果。可是，在实际的经济生活中，尽管人的行为选择是理性的，但人的理性选择不是完全的，而是有限的。由于人的有限理性与外在环境的复杂性、不确定性，人们既不能在事前把与契约相关的全部信息写入契约的条款中，也无法预测到将来可能出现的各种不同的偶然事件，更无法在契约中为各种偶然事件确定相应的对策以及计算出契约事后的效用结果。因此，人的有限理性是导致契约不完全性的重要原因。

二是交易费用。在交易费用为零的世界里，不存在不完全契约。科斯认为："在零交易费用的世界里，所有当事人都有动力去发现和找出所有将提高产值的调整措施，计算最佳责任规则所需信息应有尽有，……在零交易费用的情况下，当事人可以达成各种契约安排，修正当事人的权利和义务，以便按照他们的利益要求，采取实现产值最大化的行动。"② 科斯所描述的零交易费用世界的契约实际上是完全契约，即零交易费用决定了契约是完全的。但科斯所强调的是交易费用为正的世界。在交易费用为正的情况下，部分契约可能因交易费用过高而无法达成。在这种情况下，选择长期契约可以避免一系列短期契约带来的附加费用。契约期限越长，买主越不愿意详尽规定其需求，因为契约期限越长，则在契约中列举可能发生的全部意外事故和要求服务提供在这些不同境况中提供服务的代价就越高。哈特也强调交易费用的存在是契约不完全的重要原因，他说："为什么合同的不完全性还那么重要呢？原因在于，重新协商的过程会产生各种成本。"③

三是非对称信息。它是导致契约不完全的重要原因。所谓非对称信息，就是指契约当事人一方所持有而另一方不知道的，尤其是他方无法验证的信息或知识。这种信息也称为"私人信息"。这里的"无法验证"，包括验证成本昂贵而使验证在经济上不现实或不合算的情况。如果在验证上轻而易举，当事人就可以获得私人信息，也就不存在非对称信息了。非对称信息大致可以分为两类：一类是外生性非对称信息，是指交易对象本身所具有的特征、性质与分布状况等。这类信息不是由当事人行为造成的，在某种意义上是一种原有的禀赋。这类信息一般是出现在契约行为发生前。比如，一台机器的质量，如可靠性、耐用性等买者可能是不清楚的。在这种情况下，问题就是应该设计一种怎样的机制使对方披露有用的信息，达成最优的契约安排。另一类是内生性非对称信息，是指契约签订后他方无法观察到的、无法监督到的、事后无法推测到的行为所导致的信息不对称。例如，工厂的管理人员可以记录某工人工作几个小时，却很难计量他工作努力的程度。在这种情况

---

① 哈特.企业、合同与财务结构 [M].费方域，译.上海：上海三联书店，1998：28-29.
② 科斯.论生产的制度结构 [M].盛洪，陈郁，译.上海：上海三联书店，1994：322.
③ 哈特.企业、合同与财务结构 [M].费方域，译.上海：上海三联书店，1998：287.

下，契约的问题就是如何保证当事人采取合适的行为。阿罗把这两类信息划分为"隐蔽行动"和"隐蔽信息"。在现实的经济生活中，两类不同的非对称信息经常是糅合在一起同时出现的。例如，一个企业选择一个怎样有能力的人做企业的经理我们是不清楚的，这是隐蔽知识问题；当选出的经理在其职位上时，他是否努力工作，这是隐蔽行为问题。正因为非对称信息的存在，对不可观察的行为与无法验证的信息可以设计较好的契约来减少信息的非对称性，但是要完全消除信息的非对称性是不可能的。这样，具有机会主义倾向的契约当事人就会利用这种信息的非对称性尽量地逃避风险，把契约行为的成本归结到他方身上。因此，在非对称信息的情况下，契约总是不完全的。

四是语言使用的模糊性。签订契约语言的使用也会导致契约的不完全性。因为，任何签订契约的自然语言本身是不完全、不精确的。语言只能对事件、状况进行大致的描述，而不能对它们进行完全精确的描述。这就意味着语言对任何复杂事件的陈述都可能是模糊的。例如，契约法的商业可预见性条款表明，当一个同意签订契约的企业其行为可能预见到时，其契约就应该强制履行之。但是，这种条款所表明的应用到什么环境本身是不清楚的。如果把未来可能的事件用更多的专门条款加入契约中，这也意味着给实际的环境划定更多的边界，而哪一条款可以适用这些环境会出现更多的问题。因此，由于语言使用的模糊性，在契约中增加许多更为详细的条款可能会导致契约履行的更多争议。可见，语言使用的模糊性造成了契约的不完全性。

二、与不完全契约密切相关的问题——"敲竹杠"

在具有专用性资产投资的契约关系中，产生了一种可剥夺的专用性准租，出现了一种事后的机会主义行为。新制度经济学家把这种行为叫作"敲竹杠"问题、"套牢"或"要挟"等。

所谓"敲竹杠"问题，就是人们一旦做出专用性资本关系投资，就会担心事后重新谈判被迫接受不利于自己的契约条款或担心由于他人的行为使他的投资贬值。也可以把在专用性资产投资的长期契约中契约当事人事后的机会主义行为归结为"敲竹杠"行为或契约当事人从他的专用性投资关系中获得的准租值可能由他的交易对手剥夺。

一般来说，"敲竹杠"行为并不是建立在非对称信息或欺骗行为的基础上的，而是当大量的不可预见的事件动摇了两个具有相同知识的交易者的契约关系时，它就自然地出现了。也就是说，在契约完全的情况下，由于详细地规定了契约当事人在将来不同状况下不同的权利与责任，契约是完全可以严格履行的，因此也就不存在"敲竹杠"问题。只有在不完全契约的情况下，由于契约存在漏洞，当事人才会利用这些漏洞使自己的利益最大化。可见，"敲竹杠"问题是和不完全契约密切相关的一个问题。为了清楚地阐述这一问题，我们先看一个通用汽车公司兼并费舍车身公司的经典案例。

最初的汽车车身是使用木料加工的单个、独立的开放型构件。到1919年，生产汽车开始使用封闭型的金属车身构件，因而需要专用性压铸机械。通用汽车公司为了鼓励供给其配件的费舍车身公司进行专用性资产投资，与它签订了为期十年的购买封闭车身的契约，其中规定通用汽车公司必须尽量从费舍车身公司购买封闭车身。同时，为了防止发生费舍公司利用上述排他性交易条款来谋利的机会主义行为，契约对价格作了限定，当时规定的价格是成本（不包括投资的资本利息）加上 17.6% 的盈利。此外还规定，费舍车身公司供给通用汽车公司的车身价格的变化幅度不能超过它供给其他同类汽车制造商的价格变化幅度，并且车身价格不能超过费舍公司以外的其他配件公司生产同类车身的市场平均价格。契约还订有在一方破坏价格契约的条件下可以强制性地诉诸仲裁的条款。后来的事实表明，这些契约条款虽然限制了通用汽车公司的机会主义行为，但却增加了费舍车身公司"敲竹杠"的可能性。到 1924 年，通用汽车公司已无法忍受同费舍车身公司的契约关系，开始谈判收购它的股权，最终于 1926 年正式兼并了它。

在上面的案例中，为了保证通用汽车公司汽车生产的需要，费舍车身公司必须在印模机器上进行高度专业化的投资。这样，一个严重的"敲竹杠"问题出现了。那就是，在费舍车身公司进行了专用性投资之后，通用汽车公司就有可能要挟减少对费舍车身公司生产的车身的需求，甚至完全解除与费舍车身公司的合同，如果费舍车身公司的价格不下调得很大的话。为了防止通用汽车公司从费舍车身公司那里剥夺准租，在契约中使用了一种特别条款，这个条款要求通用汽车公司至少在十年时间里尽可能从费舍车身公司那里购买其金属汽车车身。这种契约条款，通过限制通用汽车公司要挟费舍车身公司的机会主义能力，鼓励了费舍车身公司所做的专用性投资。

尽管这十年特别处理的契约条款避免了费舍车身公司被通用汽车公司"敲竹杠"，但它也增加了费舍车身公司对通用汽车公司"敲竹杠"的可能性，因为通用汽车公司在费舍车身公司增加价格或减少汽车车身发货的情况下不能到别处采购。契约试图保护通用汽车公司不能反过来被"敲竹杠"，因而，像"费舍车身公司供给通用汽车公司的车身价格的变化幅度不能超过它供给其他同类汽车制造商的价格变化幅度，并且车身价格不能超过费舍车身公司以外的其他配件公司生产同类车身的市场平均价格"这样一些"价格保护"条款被制定了出来。

正如后来所证明的，这些契约条款对保护通用汽车公司避免被费舍车身公司"敲竹杠"而言是无效的。事实上，费舍车身公司使用了特别条款，用契约中的附加成本条款"敲诈"了通用汽车公司。通过采用一种低效率的办法，利用较多的劳动密集型技术，并拒绝将它的汽车车身生产工厂建立在通用汽车装配厂附近，并趁机将 17.6% 的利润附加在其劳动和运输成本上。

这里，费舍车身公司所以能够向通用汽车公司"敲竹杠"，除了与契约条款的漏洞有关外，还与 1919 年以后，市场对汽车的需求从而对封闭金属车身的需求快速增长有关。1919 年通用汽车公司与费舍车身公司签订契约时，汽车生产的主要程序由个人生产，且大量的是木制的敞篷车，整体全为金属车身的基本上还是一件新鲜事。1919 年以后，对整体金属车身的需求迅速而绝对地增长，以至于到 1924 年占了通用汽车公司生产总量的 65%。在需求上这种未预见到的变化增加了通用汽车公司对费舍车身公司依赖的程度，并有利于费舍车身公司对通用汽车公司采取"敲竹杠"行为。

上述案例充分说明，"敲竹杠"行为的发生，既与大量的不可预见的事件的发生有关（1919 年以后，对整体金属车身的需求迅速而绝对地增长，以至于到 1924 年占了通用汽车公司生产总量的 65%），更与契约的不完全性有关（通用汽车公司与费舍车身公司的契约没有也无法规定费舍车身公司生产车身的技术水平和成本构成）。正是由于契约的这些不完全性和"缺口"，才使费舍车身公司可以利用这些"缺口"对通用汽车公司进行"敲竹杠"，以使自己的利益最大化。显而易见，"敲竹杠"问题确实是由不完全契约带来的一个重要问题。

三、两种不完全契约理论的比较

目前，新制度经济学契约理论的重点是不完全契约理论。它又有两个分支：一个是以威廉姆森、克莱茵等人为代表的交易费用经济学（TCE）的不完全契约理论；另一个是以格罗斯曼、哈特和穆尔为代表的新产权学派[①]（PRT，也被称作 GHM 模型）的不完全契约理论。对于不完全契约的原因及契约的作用等问题，这两种理论存在着明显的分歧。

先看交易费用经济学的不完全契约理论。在威廉姆森的交易费用经济学中，有限理性被视为理解契约关系的主要概念。事实上，契约的不完全性被交易费用经济学不完全契约理论认为是这种行为假设的结果。根据西蒙（1976，1987）的观点，在有限理性的假设下，当事人不知道他们面对的所有问题的解决方法，不能计算这些解决方法可能的收益，不能根据他们的偏好完美地安排这些结果。按照这些契约，这就意味着由于高的、有时为禁止性的成本和延迟，他们不可能考虑所有相关相机性，以设计最优解决方案（行为规则）。如果假定这些决定是耗时的和高成本的，并且当事人也要犯错，以及他们是信息高度不对称的受害者（因为他们不能分享他们现在和未来经济状态的共同知识），上述这些理由就解释了完全契约不能达成的原因。

再来看新产权学派的不完全契约理论，这一理论把契约不完全的主要原因归结为许多变量的不可证实性而不是有限理性。在这一理论看来，将有限理性形式化是困难的，而将契约不完全性归结为许多变量的不可证实性却是相对容易的。的确，经济人能够预见到所有的可能影响契约的或然事件并决定做什么。但是他们不能签订一个明确的可供执行的契约，因为存在某些关键变量的不可证实性。因此，不完全契约被认为是契约当事人与第三方这两者之间信息不对称的结果。

拿新产权学派不完全契约理论的主要代表哈特来说，他将契约不完全的原因归结为以下三点（尤其是最后一点）：一是在一个充满不确定性的世界中，人们不可能预料到未来的所有情况；二是即便能够预料到，缔约各方也难以用一种共同的语言将这些或然情况写入契约，过去的经验也无济于事；三是即便缔约各方可以就未来的计划达成一致，他们也很难把这种计划写入契约并且得到第三方（比如法庭）的证实。举个形象的例子，假设某人去一家湘菜馆就餐，服务员问他，菜是要"中辣"还是"微辣"，他说"微辣"。当菜上好后，他明明知道菜的味道就是他熟知的"微辣"，但是如果他一口咬定菜是"中辣"的，并且声称影响了他的胃口并拒绝支付餐费。此时，若双方诉诸法庭，法官也无法证实到底多辣才是"微辣"。

前面介绍和讨论了委托代理理论的激励契约设计理论，这一理论所讨论的契约之所以被认定为是属于完全契约的范畴，正是因为那些写进契约作为执行判定标准的相关内容，

[①] 新产权学派不同于早期由科斯、阿尔钦等创立的"产权经济学"，一方面是因为它用"剩余控制权"这个新概念定义所有权；另一方面是因为它使用了精巧的数学模型从而成功地成为主流契约理论的一部分，故而被称作"新产权学派"。

是可证实的。也正是这一可证实的条件，保证了契约可以在第三方力量的监督和裁判下，进行"市场治理"和"三方治理"。相应地，在不完全契约理论中，学者们所关注的则是那些第三方无法证实的信息，由于相关条款无法在可证实的基础上，借助第三方的力量规范治理双方的交易行为，不完全契约所对应的行为，往往要突破"市场治理"和"三方治理"结构，过渡到"双方治理"和"一体化治理"模式。

上面的分析说明，前面提到的古典契约、新古典契约和关系性契约的分类，显然与完全契约、不完全契约的说法存在一定的联系。一般而言，关系性契约类似于不完全契约，这两类契约的关键性特征都是相关条款由于第三方参与的成本太高，或者第三方根本无法证实，而不能匹配"市场治理"和"三方治理"，从而需要交易双方签订具有不可证实特点的不完全契约，形成相应的合作关系，进行"双边治理"，甚至直接进行"一体化治理"。至于委托代理契约理论所关注的"完全契约"，则很大程度上对应着新古典契约，其可证实的特点，正是这类契约可以匹配"市场治理"和"三方治理"的关键。

表5-5总结了新制度经济学不完全契约理论的两个分支在行为假设、信息假设、环境假设、契约不完全的主要原因及契约的作用等方面的主要区别。

表5-5 交易费用经济学与新产权学派不完全契约理论的主要区别①

契约理论	行为假设	信息假设	环境假设	契约不完全的主要原因	契约的作用
PRT	充分的理性	签约人与第三方当事人的信息不对称	风险	关键变量的不可证实性	主要是一个用于最小化投资扭曲的激励性工具
TCE	有限理性/机会主义行为	所有当事人之间的信息不对称	不确定性	主要是有限理性	主要是一个用于最小化交易费用的适应性工具

对交易费用经济学和新产权学派（GHM模型）不完全契约理论在契约作用上的认识分歧，威廉姆森在其《新制度经济学：盘点与前瞻》一文中作过深入的分析。他指出：两者之间最重要的区别在于，"前者认为契约执行期间的不适应性是效率低下的首要原因，而后者假设事后不适应性不存在……。结果是，GHM模型中所有的低效率都集中在事前对人力资本的投资（而人力资本的投资取决于实物资产的所有权）"②。也就是说，交易费用经济学不完全契约理论强调事后不适应（包括随着资产专用性情况变化而变化的事后风险和事后交易所受到的干扰），而新产权学派不完全契约理论强调的是事前投资扭曲。事后治理和事前投资的不同具体如下：

（1）交易费用经济学在解释两个连续生产阶段（A和B）之间的生产或购买决策时，会考量A和B这两个阶段是应该被分开独立经营，还是应该被统一起来经营。如果是分开经营，那么每个阶段会获得各自的净收益（获得高能激励），但是不适应性问题会在契约执行的过程中产生。如果是统一起来经营，那么两个阶段通过层级制进行协调管理（不适

---

① 索西耶. 不完全契约理论与交易成本经济学：一个检验［M］//梅纳尔. 制度、契约与组织. 刘刚，等译. 北京：经济科学出版社，2003：444.

② 威廉姆森. 契约、治理与交易成本经济学［M］. 陈耿宜，译. 北京：中国人民大学出版社，2020：190.

应性问题将得到缓和，但激励弱化并产生额外的官僚主义成本）。相反，GHM 模型看待纵向一体化的时候是有方向性的：是 A 购买 B 还是 B 购买 A？谁买了谁是非常重要的。这是因为在 GHM 模型中的共同所有权并不意味着统一的管理。相反，每个阶段（在所有的情况下：A 和 B 都是独立的情况；A 购买 B；B 购买 A）都将获得自己的净收益。GHM 模型关于统一所有权（一体化）的处理是奇怪的，因为统一所有权通常被认为是实现合作的一种手段。

（2）交易费用经济学认为每种治理结构——现货市场、不完全长期契约、企业和官僚制等——都是由独特的优缺点组成的综合属性所决定的。具体而言，交易费用经济学认为可替代的治理结构在激励强度、行政控制、法庭诉讼和非正式组织上都是不同的。GHM 模型则认为激励强度、行政控制和非正式组织不会因所有权变动而发生变化，并且法庭是无关紧要的（因为 GHM 模型假设再谈判没有成本）。因此，在 GHM 模型中，不会产生任何与"选择性干预的不可能性"相关的实体资产使用和转让定价扭曲。

对交易费用经济学不完全契约理论的上述思想，下一章第二节有进一步的介绍。至于新产权学派（GHM 模型）的不完全契约理论，则在下一章第四节中有进一步的讨论。

基本概念

古典契约；新古典契约；关系性契约；完全契约；不完全契约；市场治理；三方治理；双方治理；统一治理；委托代理关系；道德风险；逆向选择；代理成本；"敲竹杠"问题；准租金

复习思考题

1. 为什么说只有在人的有限理性、机会主义和资产专用性这三种因素共存的情况下才需要重视和研究契约？

2. 分成制是一种低效的契约形式吗？

3. 张五常是如何分析工资契约、分成契约等不同土地契约形式共存的原因的？

4. 威廉姆森是如何依据交易的维度对交易进行分类的？

5. 在威廉姆森看来，交易应该如何与契约和治理结构匹配才能保证交易费用最小化？

6. 在委托代理关系中产生委托代理问题的主要原因是什么？委托代理问题有几种基本类型？

7. 什么是不完全契约？不完全契约的主要原因有哪些？

8. 交易费用经济学和新产权学派的不完全契约理论有哪些区别？

本章练习题

一、单项选择题

1. 导致契约签订不重要，隐含的契约过程是言而有信的，是因为缺乏了下面哪种因素？（　　）

A. 机会主义　　　　　　　　　　B. 资产专用性

C. 有限理性　　　　　　　　　　D. 交易的人际关系特征

2. 导致契约签订不重要，隐含的签约过程如同按计划行事，是因为缺乏下面哪一因素"？（　　）

A. 交易的频率　　　　　　　　　B. 机会主义

C. 有限理性　　　　　　　　　　D. 资产专用性

3. 导致契约签订不重要，隐含的签约过程如同竞争世界，是因为缺乏下面哪一因素？（　　）

A. 交易的频率　　　　　　　　　B. 机会主义

C. 有限理性　　　　　　　　　　D. 资产专用性

4. 以下农业土地契约中，哪一个的交易费用最高？（　　）

A. 定额租约　　　　　　　　　　B. 免租契约

C. 分成合约　　　　　　　　　　D. 工资契约

5. 以下农业土地契约中，哪一个规避风险的收益最高？（　　）

A. 定额租约　　　　　　　　　　B. 免租契约

C. 分成合约　　　　　　　　　　D. 工资契约

6. 购买标准原材料（如酿酒厂不断购买粮食酿酒）是（　　）。

A. 偶然进行的非专用性交易　　　B. 重复进行的非专用性交易

C. 偶然进行的混合性交易　　　　D. 重复进行的混合性交易

7. 作为三种契约形式之一的古典契约其对应的治理结构是（　　）。

A. 市场治理　　　　　　　　　　B. 三方治理

C. 双方治理　　　　　　　　　　D. 统一治理

8. 根据威廉姆森的理论，对于偶然进行的混合资产的交易，与之最匹配的治理结构是（　　）。

A. 市场治理　　　　　　　　　　B. 三方治理

C. 双方治理　　　　　　　　　　D. 统一治理

9. 在委托代理理论中，交易双方在交易协定签订后，其中一方利用多于另一方的信息，有目的地损害另一方的利益而增加自己的利益的行为被称为（　　）。

A. 逆向选择　　　　　　　　　　B. 机会主义

C. 敲竹杠　　　　　　　　　　　D. 道德风险

10. 在不完全契约条件下，人们一旦做出专用性资本关系投资，就会担心事后重新谈判被迫接受不利于自己的契约条款或担心由于他人的行为使他的投资贬值，这种现象被称为（　　）。

A. 逆向选择 B. 敲竹杠

C. 机会主义 D. 道德风险

二、多项选择题

1. 以下对契约的特征的描述，正确的是（   ）。

A. 对契约概念，新制度经济学家更多的是从其经济功能角度进行界定的

B. 契约的本质是交易的微观制度

C. 新制度经济学契约理论中的契约概念比法律上所使用的契约概念更为广泛

D. 契约与一般所说的制度的不同在于契约带有更多的公共和强制成分

2. 导致契约选择和研究重要的因素是（   ）。

A. 交易的频率 B. 机会主义

C. 有限理性 D. 资产专用性

3. 代理成本包括（   ）。

A. 委托人对代理人的监督支出 B. 代理人交给委托人的保证金

C. 委托人给代理人的激励酬金 D. 委托人的剩余损失

4. 代理问题的主要表现有（   ）。

A. 逆向选择 B. 机会主义

C. 敲竹杠 D. 道德风险

5. 导致契约不完全的原因有（   ）。

A. 机会主义 B. 交易费用

C. 有限理性 D. 语言的模糊性

三、判断说明题

1. 农业中的分成契约的交易费用要比定额契约高，但比工资契约低。

2. 就分散风险的程度看，分成契约要优于定额租约和工资契约。

3. 就契约规定的详细度来说，关系性契约强于新古典契约，后者又强于古典契约。

4. 威廉姆森在经济组织的研究方面的一个主要观点是认为不同治理结构和契约应该与不同的交易类型相匹配，匹配的目的是使生产成本最小化。

5. 在长期交易关系中，"敲竹杠"的发生要求至少有一方投入了专用性资产。

四、计算与案例分析题

1. 假定所有人口分两组，组 Ⅰ（低能力）和组 Ⅱ（高能力），他们在总人口中的比例分别为 q 和 1-q。组 Ⅰ 的生产能力为 1，组 Ⅱ 为 2。他们都要花一定成本才能完成相应的教育。假定组 Ⅰ 的人完成 y 水平的教育花的成本是 0.9y，组 Ⅱ 的人完成 y 水平的教育花的成本是 0.45y。假定雇主认为雇员的受教育水平 $y<y^*$，那么雇员的产出能力就是 1；如果 $y>y^*$，雇员的生产能力就是 2。如果存在对应的主观概率（雇主信念），那么雇主的工资表为产出能力为 1 的给工资 1，产出能力为 2 的给工资 2。回答以下问题：

(1) 当 y^* 满足什么条件时，该模型存在分离均衡——不同能力的雇员选择不同的教育水平。

（2）当 $y^* = 0.8$ 时，会出现什么情况？

（3）当 $y^* = 2.5$ 时，会出现什么情况？

2. 根据专栏 5-1"三星涨价：让苹果的 10 亿索赔出在羊身上"，回答以下问题：

（1）苹果公司生产 iPhone 和 iPad 的应用处理器选择去韩国三星电子采购而不是自己生产，其决定的原则是什么？这一决定正确吗？

（2）韩国三星电子在苹果公司告其专利侵权的案件中败诉之后，将卖给苹果公司生产 iPhone 和 iPad 的应用处理器价格上调 20% 的行为属于什么行为？韩国三星电子为什么可以这样做？

（3）根据威廉姆森的治理结构、契约与交易匹配理论，苹果公司应该怎么做？

3. 在通用汽车公司兼并费舍车身公司的经典案例中，如果通用汽车公司未与费舍车身公司签订十年的购买其金属车身的合同，费舍车身公司进行专用性的压铸设备投资后，其准租就可能被通用汽车公司占用和剥夺。问题：

（1）什么叫准租？通用汽车公司可怎样剥夺费舍车身公司的准租？

（2）当费舍车身公司与通用汽车公司签订了十年购买其车身的合同后，尽管合同对费舍车身公司卖给通用汽车公司的车身价格作了有关成本加成的规定，费舍车身公司是否有办法剥夺通用汽车公司的准租？有何办法？

第六章

企业理论

　　企业作为一种组织，在经济社会中扮演着极为重要的角色。企业组织的效率主要取决于其内部的契约安排和产权结构特征。新制度经济学对决定企业效率的契约安排和产权结构特征的分析也是源自科斯1937年的《企业的性质》一文。科斯之后，新制度经济学的企业理论已取得了较大的进展，它们主要围绕以下四个问题：一是企业具有什么性质？二是企业与市场的边界如何确定？三是企业的产权结构有何特征、会引起什么问题和需要怎样治理？四是企业所有权的构成和最优安排是怎样的？下面主要依据对这四个问题的回答，对新制度经济学的企业理论加以评介。

第一节　企业的性质

　　传统新古典经济学把企业视为一个将要素投入转化为产出的生产函数，着重研究其生产的技术特征，如单个要素投入的边际产量递减规律、多要素投入情况下要素之间的边际替代率递减规律等。新古典经济学企业理论的一个主要不足是，它忽视了企业组织的契约性质和产权结构特征，从而导致其分析脱离现实。科斯（1937）把企业的性质视为一种契约关系，开创了新制度经济学企业契约性质理论的先河。科斯之后，张五常、阿尔钦和德姆塞茨等进一步推进了对企业契约性质的研究。根据构建理论的企业原型的不同，可以把新制度经济学家的企业契约性质理论分为两类，即以传统业主制企业为原型的企业契约性质观和以现代股份制企业为原型的企业契约性质观。

一、以传统企业为原型的企业契约性质观

　　以传统企业为原型的企业契约性质观包括科斯的企业契约性质观和张五常的企业契约性质观。

（一）科斯的企业契约性质观

　　科斯对企业契约性质的揭示是与其对交易费用的"发现"完全同步的。如前所述，科斯是在对新古典经济学的反思的基础上"发现"交易费用的。新古典经济学以完全竞争的

自由市场经济为现实背景，价格理论是其核心。在新古典经济学看来，价格机制是如此完美，它将社会结成高效运行的有机体。在这个有机体中，任何混乱都不会出现，即使有混乱出现，价格机制通过市场也可以自动、迅速、无成本地把混乱状态调整到应有的秩序。

科斯的问题是：既然价格机制如此完美，企业内部交易这种方式为什么会存在？既然市场交易不存在费用，人们为什么还要组建企业，以便在企业内部由企业家来配置资源？也就是说，人们在企业和市场之间进行选择，以企业取代市场的根本原因是什么？

科斯的回答是，建立企业有利可图的原因是利用价格机制是有交易成本的。具体包括：一是发现相关价格的成本。在新古典经济学中，价格机制成为沟通拥有分散信息的个人使市场协调有效运行的最神奇的工具，人们只需对相对价格做出反应，即可实现最优的资源配置。科斯认为，"利用价格机制'组织'生产的最明显的成本就是发现相关价格的成本"。[①] 专业人士可以买卖信息，从而改进信息收集效率，但却无法消除这种成本。二是谈判和签约成本。这包括寻找交易对象并就有关交易条款达成一致的成本。在某些市场上，人们设计出一些技术来降低这些成本，但也无法消除这种成本。三是利用价格机制的其他不利成本。科斯认为，市场契约多为短期契约，这种短期契约总会存在某些除非用长期契约才能克服的无法令人满意的情况。例如，由于人们的风险意识，比起短期契约，他们可能宁愿签订长期契约。长期契约的好处是可以更好地应对未来的不确定性。如果利用价格机制，即采取短期契约的话，就会损失采取长期契约可能带来的好处。因此，可以把它视作利用价格机制的机会成本。

正是为了降低发现价格的成本、单个交易谈判和签约的成本以及更好地应对未来的偶然因素，所以才由企业组织各种生产。正如科斯所说："市场的运行需要成本，而形成组织，并让某些权威人士（如'企业家'）支配其资源，如此便可节省若干市场成本。"[②] 也就是说，由于市场交易存在着成本，市场价格机制的运转存在代价，企业才替代市场，因为企业内部的交易在一定限度内可以降低市场交易成本。

企业替代市场可以节省交易费用的原因主要有三个：第一，当企业存在时，契约的签订可以大大减少。某一生产要素（或其所有者）不必与企业内部同他合作的一些生产要素签订一系列的合约，而只需要签订一个长期契约。这样，一个长期契约就代替了一系列的短期契约，从而可以节省一部分签约成本。第二，企业家可以按低于被替代的市场交易的价格得到生产要素。第三，企业内部契约的特征是，生产要素（或其所有者）为得到一定的报酬而在一定的限度内服从企业家的指挥，同时契约也限制了企业家的相机处置范围。这样当环境发生变化时，企业家可以根据这种不完全的契约，将各种生产要素配置到最有价值的用途上。所以，企业的存在就是为了节省交易费用，是在企业内部组织交易比在市场之中组织交易费用更低的结果。

从科斯的论述可以看出，他把企业的性质看作是一种不同于市场契约的新的契约安排，这种新契约安排至少具有以下三种不同于市场契约的新特点：首先，市场契约是一种

① 科斯. 企业的性质［M］//威廉姆森等. 企业的性质：起源、演变和发展. 姚海鑫，刑源源，译. 北京：商务印书馆，2007：25.

② 科斯. 企业的性质［M］//威廉姆森等. 企业的性质：起源、演变和发展. 姚海鑫，刑源源，译. 北京：商务印书馆，2007：26-27.

短期契约，而企业契约是一种长期契约。其次，市场契约往往是平等的主体之间签约，而企业契约是企业家与其他要素签约，企业家在契约中存在一定的权威。科斯说："在一系列的合约被一个合约替代的阶段，重要的是注意合约的特性，即注意企业中被雇佣的生产要素是如何进入的。为了得到一定的报酬，生产要素通过合约同意在一定限度内听从企业家的指挥。"① 最后，市场短期契约是完全的，而企业长期契约是不完全的。科斯指出，为某种商品或劳务的供给而签订长期合约可能是人们所期望的。由于预测方面的困难，有关商品或劳务供给的合约期越长，实现的可能性就越小，因而买方也就越不愿意明确规定缔约双方干些什么。对于商品或劳务的供给者来说，通过几种方式中的哪一种来供给无关紧要，而对于买者来说并非如此。买者并不知道供给者的几种方式中哪一种是他想要的，因此，对将来要提供的服务只是一般性地规定一下，具体的细节留待以后讨论。合约中只陈述了供给者提供商品或劳务的范围，合约中并没有体现要求供给者所做的细节，之后将由购买者决定。当资源的流向变得以这种方式依赖于买方时，企业这种契约关系便广泛出现了。

综上所述，在企业性质问题上，科斯实际上提出了两个重要的观点：首先，企业的出现是为了节约交易费用而替代市场的，这是对企业起源的新解释；其次，企业实质上是雇主与雇员之间签订的长期契约。

科斯的企业契约性质观以雇主与雇员关系作为企业契约的核心，这显然是以传统业主制企业为原型的。对此，科斯自己也是这样看的。他后来在其《企业的性质：影响》一文中说："我认为该文（即《企业的性质》一文）的主要弱点之一是套用雇主—雇员关系作为企业的原型。"②

（二）张五常的企业契约性质观

张五常的企业契约性质观是在科斯有关企业是对市场的替代的观点的基础上发展而来的。在张五常看来，企业的出现并不是非市场方式代替市场方式组织劳动分工，而是用资本市场代替产品市场；或一种契约方式代替另一种契约方式。市场交易的是产品或商品，"企业的交易"交易的是生产要素。为了节约交易费用，企业的出现可以看作是由要素市场代替产品市场或商品市场。

企业的出现与资源或投入（要素）的私有产权所有者的选择有关。张五常认为，在私有产权下，每种资源或投入（要素）的所有者有三种选择：一是自己生产和出售产品；二是把投入完全卖掉，直接获得一次性的收入；三是做出某种合约安排，把投入的使用权委托给代理人，换取一定的收入。当资源的所有者做出第三种选择时，就出现了所谓的企业。企业家或代理人根据合约获得一组生产要素的使用权，他指挥生产而不直接涉及每种活动的价格，并把生产出来的产品拿到市场上去售卖。

问题是：在私有产权下，资源的所有者凭什么要放弃自己的要素使用权而听从企业家的指挥呢？根据科斯的看法，做出这种选择是为了降低交易费用，其中最主要的是发现相

① 科斯.企业的性质［M］//威廉姆森等.企业的性质：起源、演变和发展.姚海鑫，刑源源，译.北京：商务印书馆，2007：26.

② 科斯.企业的性质：影响［M］//威廉姆森等.企业的性质：起源、演变和发展.姚海鑫，刑源源，译.北京：商务印书馆，2007：80-81.

对价格的成本。张五常在科斯的解释的基础上，提出了四种一般原因来解释为什么发现和商定价格是要花成本的。

首先，如果不存在企业，而是直接通过市场来组织生产的话，就需要多得多的交易，由此也就需要决定多得多的价格。由于任何一个产成品都包含了各种资源所有者的贡献，从理论上来说，如果不存在交易费用，消费者可以分别购买产品的各个部件，分别对每一种资源的贡献付酬。但在交易费用大于零的情况下，这样做就可能使交易费用高不可攀。比如，假定一台手机有 200 个零件，由五种资源协作生产出来。在交易费用为零时，消费者可以分别购买这 200 个零件，分别向五种资源支付报酬，这时就要 200 个合约完成整个交易。但在交易费用大于零的情况下，消费者进行 200 次交易，签订 200 次合约，其成本就非常高了。但如果这五种资源相互签约（共 9 个合约），然后协作生产，将产成品卖给消费者，完成同样的交易就只需要 10 个合约。进一步说，如果有一个企业家分别与五种资源签约，组织这五种资源生产手机，就只要 6 个合约就可以完成上述交易。可见，企业的存在使合约的数量从 200 个减少到 6 个，相应地，交易费用也大大下降。

其次，了解一种产品的信息成本。这一点是科斯没有考虑到的。购买手机的消费者，虽然知道手机的用途，但或许并不知道其中每个零件的用途。要消费者就他们并不知道用途的零部件与生产者达成价格协议非常困难，换言之，协商价格的成本比消费者知道其用途时更高。由于除了专业人员以外，消费者往往对许多产品的零部件并不清楚，甚至不知道它们是否存在，故直接利用市场价格机制来指导生产，肯定成本更高。

再次，度量成本。在每一次交易中，都必须对交易的对象（商品或服务）的特征或性质进行度量，以确定交易的价格。但如果资源的所有者进行的活动经常变化，或者交易之前并不能清楚地规定要进行什么活动，那么直接进行度量成本就非常高。在这种情况下，放弃直接度量，而代之以间接度量可能更经济。企业的存在正是间接度量资源（或要素）所有者贡献的经济组织。

最后，把各种贡献区分开来的成本。当要素的所有者一起工作时，每个人的贡献有时并不能界定得很清楚，每个人都可能要求多于自己贡献的报酬。代理人通过合约，得到了类似于征用权一样的权利，通过度量一个代表（如工作的小时数等）来界定要素所有者的贡献。当然这种界定有些武断，但却是成本最低的一种办法。

正是由于以上四种成本的存在，使人们运用价格机制来组织经济活动需要很高的代价。降低这种代价的一个办法是使用某种替代办法，这种替代办法不是直接和分别为每种活动定价，而是通过间接度量代表物来对每种要素的贡献定价。一旦出现这种情况，企业和企业家也就产生了。所以，通过市场来组织经济活动是合约的一种形式，而通过企业来组织经济活动是合约的另一种形式。市场这种合约形式的特点是对交易对象直接度量和定价，而企业这种合约形式的特点是对交易对象间接度量和定价。随着交易对象的不同，直接度量的成本也就不同，为了降低交易费用，人们也就选择不同的度量方法，由此合约的形式也就跟着不同。故"说'企业代替了市场'并不完全正确。确切地说，是一种合约代替了另一种合约"[①]。这就是张五常对企业合约性质所下的结论。

张五常的企业契约性质观是在对经济生活中的大量事实的详细考察的基础上形成的。

① 张五常. 经济解释 [M]. 北京：商务印书馆，2000：363.

他认为："件工合约是把企业理解为组织的方便之门，因为计件付酬正好处在市场和科斯所称的企业安排之间。"① 下面看张五常如何用实例来说明市场交易经由计件工资到企业交易的转变过程。

【例1】 在香港，想铺地板的房主一般会找建筑商，按商定的每平方米的价格签订承包合约；此后，建筑商再按照商定的价格转包给一个二级承包商；这个二级承包商进口木材和加工木材，并寻找三级承包商，把加工好的木材提供给三级承包商；三级承包商再雇用工人，按工人铺设的每平方米向工人支付工资。这里每签订一个合约，都是传递了一次价格信号。每一个合约既是进行了一次市场交易，也是在按计件工资付酬。除了经过的步骤较多以外，这个例子和上述中间商的例子几乎没有什么不同。

张五常认为，铺设地板的例子清楚地说明了计件工资的优点。按铺设的平方米付酬度量标准简单明了，不会引起争议；铺设的地板质量很容易检验，专业的承包商往往只看一眼就知道其质量好坏；每平方米的价格在香港几乎是众所周知的，承包商和工人都知道自己的选择，因而很容易商定价格。在这种计件合约下，工人除了在时间和地点由承包商规定外，不用让出自己的劳动使用权。反过来，这种工作如果实行计时工资，就会遇到很大的麻烦，其交易成本就可能高不可攀。首先，不同的工人工作效率不一样，实行统一工资肯定会引起争议；其次，如果对不同的工人实行差别工资，则必须估计每个工人的工作能力，这就需要大量的有关背景材料，同时这种估计必然是有些主观的和有成本的；最后，由于计时工资度量的是工人的工作时间，在这种工资合约下，工人可能"偷懒"，由此需要对工人进行监督，而这种监督也是有成本的。这些方面说明，计时工资对这个行业来说是行不通的，或至少是高成本的，故计件工资才是较好的选择。

【例2】 为绶带和头束穿珠子这种工作不需要什么设备，工作可以在家里完成。每一件产品一般都是一个完整的产品。这种工作一般也是按件数和质量付酬。市场上的消费者给予工人的信息只是珠子的式样和颜色。当有中间人收购时，中间人也只是传递消费者关于式样和颜色的偏好，其余的一概不管。在这种情况下，工人也没有让出他的劳动力的使用权。但在服装、玩具、金属灯具和塑料等行业，生产一般需要比较复杂或大型的设备，故工作一般只能在工厂里面进行。这些工作虽然也是实行计件工资，其产品却不是一个完整的产品，而只是完整产品的一个部件。由于这种部件一般没有市场价格作为参考，故制定每一件的报酬时需要花费一定的成本，好在这些行业一般都有标准的计件工资可做参考，这种标准的计件工资一般是这些行业长期使用的。

问题是，如果生产的产品发生变化，管理部门必须考虑，是否有足够的定货量，值得花费成本来制定新的计件工资。新的计件工资标准不能用开始时测试的产量来决定，因为开始时工人工作并不熟练，而且工人也往往夸大生产新部件的难度。新的计件工资必须聘请动作专家，根据生产新部件所需要的动作强度和难度，确定一般工人每天可以生产的产量，然后再与工人代表谈判新的计件工资。这一谈判过程可能比较麻烦。因此，当零部件经常变化，每一种零件的产量较少时，就不太适合使用计件工资。推而广之，当工人从事的活动经常变化，其工作的质量和数量不易确定时，就不能采用计件工资，诸如修理员、办公室职员、模具设计员等，都只能拿计时工资。

---

① 张五常. 经济解释 [M]. 北京：商务印书馆，2000：353.

此外，如果工人进行的是协作劳动，虽然这种劳动并非经常变化，但由于很难将每个工人的贡献区分开来，也不宜采用计件工资。由于很难分清每个人的贡献，而每个人都声称自己贡献很多，这时在一个代理人的裁决下，通过度量某种代表物来定价，确定每个人的工资，成本就较低。度量小时或天数这样的代表物就较容易，它不像部件或员工的贡献那样经常变化，可以对每个员工分别度量，而且可以包括每个员工从事的各种活动。这些优点使计时工资的决定成本较低。但是，时间本身并不创造任何价值，它只表示工人在一定时间内可能从事一些活动。至于工人是否真的努力工作，则另当别论。因此，在计时工资下，由于工人从事的活动没有直接定价，工人有偷懒的动机，由此，需要对工人进行监督和指导。这种监督和指导有时成本很高，所以在某些情况下，即使决定计件工资的成本高于计时工资，也会采用计件工资。

计件工资合约传递了价格信号。工人需要知道生产什么样的产品，以及每一件产品的价格，至于如何生产，一般不需要监督和指导，故监督成本肯定低于计时工资下的监督成本。但在计件工资合约下，工人有赶速度的动机，由此必须对产品质量进行严格检查。相比之下，计时工资合约下，工人有强烈的偷懒动机，必须对工人进行更严格的监督和指导。同时，计时工资意味着劳动者放弃自己的劳动使用权，在合约界定的一系列权利范围内，代理人决定劳动的使用。当代理人来决定劳动的使用时，管理成本和决策失误的成本也就产生了。因此，计时工资的好处是降低了决定工资（即发现价格）的成本，代价是相应地增加了监督和管理成本。

综上所述，从中间商人经由计件工资到计时工资的转变，也就是交易时度量的对象从整个产品到部件，再到代表物的转变；传递的价格信号从全面地估价贡献到根本没有直接的信号；代理人也从没有直接的指挥和监督到全面的指挥和监督；随着这一过程的延伸，使用投入要素的权利也越来越多地被转让，直至根据合约的限制而由代理人完全控制投入的使用。这个过程也就是从市场交易向企业交易转变的过程。在这种转变过程中，市场交易逐渐被企业内的交易所替代，最后，要素市场出现，完全取代产品市场。所以计件工资恰好处在市场和企业之间，它兼具市场交易和企业交易的特征，为理解企业的产生，特别是在不同的交易成本下选择不同的合约形式提供了一个有益的途径。

张五常有关企业代替市场不过是要素市场合约代替产品市场合约的观点，是对科斯企业契约性质观的深化。不过，由于张五常像科斯一样将雇主与雇员之间的契约关系作为企业契约的全部，这使其企业契约性质观难免存在如科斯的企业契约性质观一样的缺陷。

二、以现代企业为原型的企业契约性质观

对企业的契约性质，阿尔钦和德姆塞茨在 1972 年发表的《生产、信息费用和经济组织》一文中也进行了研究。他们认同科斯把企业的性质看作是一种契约的观点，但对科斯把企业契约仅仅理解为是雇主与雇员之间签订的长期契约的观点持否定态度。他们说："无论雇主还是雇员都不会被那种必须继续他们之间关系的合约义务所约束。雇主与雇员

之间的长期合约不是我们所说的企业组织的实质。"①

在阿尔钦和德姆塞茨看来，企业实质上是由团队生产中的各种要素签订的一个合约结构构成的。团队生产是指这样一种生产：一是使用几种类型的资源；二是其产品不是每一参与合作的资源的分产出之和，由一个追加的因素创造了团队组织问题；三是团队生产中使用的所有资源不属于一个人。这就是说，团队生产是指由多种要素所有者联合进行的生产，生产中需要多个不同的要素参与，这些要素分别属于不同的所有者，这些所有者相互合作形成一个团队进行生产；而生产的总产出高于参与生产的各要素的分产出之和，即生产的总产出不能再分解为几部分要素投入的独立产出之和。

既然企业生产是一种团队生产，包含着多种要素投入，与企业相关的契约自然就不只是简单的一两个契约，而是由多方面的契约构成的有机整体，阿尔钦和德姆塞茨称之为一个契约结构。在企业这个契约结构中有哪些契约呢？最明显的就是关于劳动力要素的雇佣契约。如果投资者是多元的，关于资本要素的使用也要形成相应的契约关系。此外，土地、技术甚至是企业家才能等要素，只要是分别属于不同的所有者，关于这些要素使用的契约都是必不可少的。总之，企业要组织起不同要素所有者联合起来的团队生产，就必须就这些要素的使用和要素所有者的报酬问题签订相应的契约。也就是说，企业是由要素交易契约而构成的契约结构。不同的要素所有者之间相互签订契约，从而联合起来形成一个综合使用这些要素的生产团队。

显然，阿尔钦和德姆塞茨的企业契约结构观不再把业主制，而是把现代股份制企业作为了企业的原型，从而克服了科斯企业契约性质观只是重视雇主—雇员关系的"残缺不全"的不足，进而能够考察科斯所说的"能使企业组织者以购买、租赁或借入的方式来指挥资本（设备或货币）使用的合约"。

由于以现代企业为原型，使阿尔钦和德姆塞茨的企业契约性质观在认识企业家是否具有如科斯所说的指挥其他要素的强制性权利问题上也与科斯不同。阿尔钦和德姆塞茨认为，在买卖物品的契约（市场契约）与雇佣劳动的契约（企业契约）之间并无本质区别。企业中的每个雇员与雇主之间只是一种简单的报酬合约关系，在合作生产中各自依约行事，与普通市场对资源的配置相比，企业并不拥有任何更为优越的命令、强制和纪律约束等权利。"企业并不拥有自己所有的投入，它也不具有命令、强制及对行动的纪律约束等权利，这同任何两个人之间普通的市场合约没有丝毫不同。……所谓的企业管理工人以及向他们分派任务的权力到底具有怎样的内容呢？这确实同一个微不足道的消费者所具有的管理他的食品商，并向他分派各种任务的权力没有什么不同。单个的消费者向他的食品商所分派的任务，就是诱使食品商以双方都能接受的价格提供商品。这一切确实是每个雇主对他的雇员所能做到的。"②

一个食品商同他的雇主之间的关系与他同他的消费者之间的关系究竟有哪些差别呢？也就是，企业契约与市场契约的差别究竟表现在什么地方呢？阿尔钦和德姆塞茨认为，差别就在于一个队对投入的使用，以及在所有其他投入的契约安排中有些团体处于一个集权的位置，该团体是一个队生产进程中的集权的契约代理人（也被称为"中心签约

①② 阿尔钦，德姆塞茨．生产、信息费用与经济组织［M］//科斯等．财产权利与制度变迁．刘守英，等译．上海：上海三联书店，1994：60.

人"）——但它并不具有更为优越的强制性指令或惩戒权力。也就是说，在企业契约中，存在一个能对其他要素投入所有者进行监督和享有剩余的团体，该团体负责与其他要素签约，但他并不具有科斯所说的命令、强制性权威。

所谓"中心签约人"，是指企业所集中的要素各项交易契约中，在所有的要素交易契约中都出现的契约人（或契约团体）。这种中心签约人具有一种特殊的地位：在企业这个由契约结构组织的团队生产中，只有中心签约人才可以在不中止团队本身及他与团队的联系时，单方面地中止任何其他队员的成员资格。也就是说，在契约结构中，任何人都有权利中止其参与的要素契约，但除了中心签约人之外，任何人中止其参与的那项契约的同时，也就脱离了这个契约结构，而中心签约人则可以在中止了其参与的某个契约后，依然留在契约结构中。这样，中心签约人可以与所有的要素所有者谈判来安排团队生产中的要素使用，确定不同要素的报酬水平，他可以选择如何安排企业的契约结构。其他的要素所有者则只能选择是否参与这个契约结构。这种特殊的地位，使得中心签约人可以通过与其他要素所有者的谈判来安排各种生产要素的使用，即安排企业这个生产团队的生产；进而确定不同要素的报酬，即影响不同团队成员的收入水平。

可以看出，在阿尔钦和德姆塞茨的契约结构的观念中，生产团队各成员，即那些由契约结构联结在一起的要素所有者们，相互之间并不存在着绝对的命令与服从关系，作为契约结构中的签约人，大家只有通过反复的谈判来影响对方，中心签约人凭借自己在契约结构中的特殊地位，通过与各要素所有者之间的反复谈判，来安排要素的使用，履行其监督职能。显然，契约结构的观念其实是将企业内部的权威和命令最终归结为签约人之间的谈判。

综上所述，阿尔钦和德姆塞茨以现代企业为原型构建的关于企业是由要素交易契约构成的契约结构的观点显然要比科斯及张五常以传统企业为原型构建的有关企业是一个雇主与雇员之间签订的长期契约或者要素契约代替产品契约的观点更全面，它使我们对企业契约性质的认识更完整、全面了。

三、总结与评价

新制度经济学对企业契约性质的揭示显然具有重大的意义。传统新古典经济学强调了对企业生产性质的研究，却忽视了企业的交易性和契约性，使其看不到企业内部产权结构对企业生产活动的重大影响，导致其理论缺乏现实的解释力。科斯等新制度经济学家看到了企业的交易性质，把企业视为一组契约的联结，企业内的各经济主体通过契约联结在一起，契约规定了各方的权利、责任与利益，从而将新古典经济学忽略了的"生产的制度结构"引入到企业理论中，强调了契约、产权结构对企业效率的重要影响，使人们重新关注企业内部经济主体的利益关系，正是从这个意义上讲，新制度经济学的企业契约性质理论可以说是对新古典企业理论的一场革命。

在强调企业契约性质的同时，不要忘了企业的生产性。为了进行生产，企业需要将各种要素联结起来，这就需要交易和契约，会形成不同的产权安排，这就是企业的契约性质。但是，企业将各种要素组织起来的目的毕竟是进行生产，生产自然有其内在的特点和规律，所以，企业的性质应该是生产性与契约性的统一。两者的关系是，一方面，生产性受到契约性的影响，即是说，契约和产权安排的合理与否对企业的效率会产生相当大的影响；另一方面，生产性也会影响契约性，即是说，契约和产权安排的选择需要考虑生产的性质。

对于企业的性质的两重性，新制度经济学家的认识是比较充分的。例如，科斯在后来的《企业的性质：影响》一文中就明确指出："只把企业视为其他使用投入物的买者，结果经济学家们有些忽视企业的主要活动，即经营生意。"① 其他学者，如阿尔钦和德姆塞茨在强调企业的契约性质的同时，也强调了企业的团队生产性质；张五常对市场契约到件工合约再到企业契约的转变的考察，就充分考虑了企业的生产性质，甚至可以说，正是生产性质的不同，才导致不同的交易需要不同的契约。比如，铺设木地板的生产活动就适宜采取件工合约，但是，开发新产品的生产活动就需要企业契约。至于威廉姆森就更不用说了，他关于不同的治理结构和契约要与不同的交易匹配的理论，就考虑到了生产中投入的资产专用性程度等对交易的契约的影响。

第二节　企业边界的决定原则及其理论深化

企业的边界、最佳规模或者"制造—购买决策"等都不过是一个问题的不同表述。新古典经济学可以用规模经济和垄断来解释企业的横向一体化，但不能解释纵向一体化。正是基于对纵向一体化问题的考察和对新古典经济学的反思，科斯开创性地提出了自己的企业边界理论。科斯之后，威廉姆森等进一步推进了对企业边界问题的研究。威廉姆森也正因为其"在经济管理方面的分析，特别是对企业边界问题的分析"而获得了 2009 年诺贝尔经济学奖。

一、企业边界的决定原则

科斯 1937 年的《企业的性质》一文，不仅提出了市场经济中为什么要有企业存在的问题，同时也提出了为什么企业的规模不能扩大到整个经济这样一个有关企业边界的重要问题。

科斯的回答是，市场和企业是配置资源的两种不同的机制，由于使用价格机制的市场交易存在费用，当企业内部组织交易的费用低于市场交易费用时，企业这种配置资源的机制就会代替市场机制。企业的边界就取决于由于企业代替市场而节约的交易费用与企业存在而引起的内部组织费用在边际上相等。这就是说，当在企业内部组织交易的费用低于通过市场交易的费用时，企业的规模还可以扩大。反之，则应该缩小。只有当在企业内部组织交易的费用等于通过市场交易的费用时，企业就达到了其最佳规模。正如科斯所说："当思考企业的规模应该多大时，边际原理就会很好地发挥作用。……在边缘点上，企业

---

① 科斯. 企业的性质：影响［M］//威廉姆森，温特. 企业的性质：起源、演变和发展. 姚海鑫，刑源源，译. 北京：商务印书馆，2007：81.

内部组织交易的成本，或者与另一企业组织此交易成本相等，或者与价格机制‘组织’此交易的成本相等。……一般来说，只有研究企业内部组织成本和市场交易成本变化的影响，才能解释企业扩大或缩小的原因。"①

科斯的企业边界理论主要是给出了企业边界或最佳规模的"一个较为一般性的论述"②。当然，它对企业的并购决策也有一定的指导价值，主要在于，它为企业的并购决策提供了一条效率原则，即只有在并购后在企业内部组织交易的费用低于同样一笔交易在市场中交易的费用时，并购才是有效的，否则，就是无效的。

二、企业边界理论的深化和可操作化

科斯的企业边界理论显然富有洞见，但其不足在于，它无法回答：是什么和哪些因素决定了一笔交易在企业内部组织的费用高还是通过市场交易的费用高？用威廉姆森的话说就是，这里的比较交易费用的差别究竟在哪儿呢？③ 这样在面对一笔交易究竟应该自己"制造"还是去市场上"购买"，科斯的企业边界理论不能给出可操作性的建议。威廉姆森通过引入资产专用性、交易的频率和不确定性等关键变量解决了上述问题，深化了科斯的企业边界理论。

（一）治理结构与交易的匹配：对企业边界的初步认识

在第五章介绍的威廉姆森的治理结构、契约与交易匹配的理论中，实际上已经包含了他对企业边界问题的初步认识。从表5-3可以看出，对于经常进行的混合型资产的交易，需要双方治理；而对于经常发生的高度专用性资产的交易，则需要统一治理，即企业这样的治理结构与之相匹配。

显然，在威廉姆森看来，决定企业边界的关键性变量是资产专用性和交易的频率。只有当资产专用性程度和交易的频率都较高时，企业才会代替市场，即出现企业一体化。反之，当资产专用性程度和交易的频率不高时，就只会出现并非企业治理的其他治理方式。

可以看出，作为治理结构与交易匹配理论一部分的威廉姆森的企业边界理论是初步的。主要在于：首先，这一理论还只是停留在文字和表格表述的层面，即是说，还不够形式化和数学化；其次，作为影响企业边界的资产专用性和交易频率等还没有完全内生化到其企业边界理论中，人们尚不十分清楚这些关键变量是如何通过对交易费用的影响来影响企业的边界的。

（二）市场治理与企业治理的权衡：一个企业边界的启发式模型

威廉姆森的早期观点过于关注由于资产专用性导致的交易费用，而忽略了生产成本。在1985年出版的《资本主义经济制度》一书中，他建立了一个关于市场治理与企业治理

---

① 科斯. 企业的性质：影响 [M]//威廉姆森，温特. 企业的性质：起源、演变和发展. 姚海鑫，刑源源，译. 北京：商务印书馆，2007：36.

② 弗鲁博顿，芮切特. 新制度经济学 [M]. 姜建强，罗长远，译. 上海：上海三联书店，2006：437.

③ 威廉姆森. 治理机制 [M]. 王健，方世建，等译. 北京：中国社会科学出版社，2001：60.

权衡的启发式模型，综合考察了生产成本和交易费用对治理结构选择的影响，这也是威廉姆森对企业边界理论的第一次形式化和模型化。

1. 治理成本与治理结构选择

对治理结构的选择开始于对市场和企业这两种治理形式在激励和应变方面的有区别的描述：市场比企业内部组织能更有效地产生强大的激励并限制官僚主义的无能。市场还能汇集需求，从而实现范围经济和规模经济。因此，市场在生产成本控制方面占有优势。企业内部组织的长处则在于易于建立不同的治理手段，因而具有较强的应变能力。

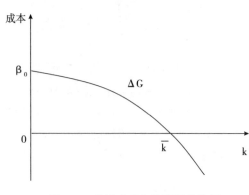

图 6-1　治理成本与治理结构选择

考虑一个交易面临内部制造还是市场采购的选择，先假设不存在规模经济和范围经济，那么决定选择的关键因素是对生产成本的控制和生产期间调节的自在性。假定 $\beta(k)$ 为内部治理的官僚成本，$M(k)$ 为市场治理成本，其中 k 是资产专用性指数，则有下面两个不等式：$\beta(0)>M(0)$，$M'>\beta'$。前一个条件表示使用通用性资产时等级制的官僚成本纯属额外支出，后一个条件则表示市场在协调适应方面存在明显不足。令 $\Delta G=\beta(k)-M(k)$，曲线 ΔG 的形状如图 6-1 所示。

可以看出，当 $\Delta G>0$ 时资产专用性较低，市场激励的好处要大于内部组织，此时采用市场购买模式是最优的。随着资产专用性程度的提高，市场治理结构的优势逐渐丧失，内部组织的优势逐渐加强，当 $\Delta G<0$ 时内部制造将取代外部购买。在 $\bar{k}$ 点，选择企业还是选择市场是无差异的。

专栏 6-1

山东首富自办电厂供电

民间自办电厂、自建电网，打破电网公司的垄断，让当地企业和居民用上价格更低的电，为民间经济的发展注入更大的活力。这就是山东省滨州市邹平县魏桥镇为中国电力市场的建设蹚出来的一条新路。

魏桥镇是中国百强名镇之一，能取得这一称号主要是因为镇上的山东魏桥创业集团有限公司。魏桥集团总资产 650 亿元、员工 16 万人，是集棉业、棉纺、织造、染整、服装、家纺、热电、铝业、盐化于一体的特大型企业。与很多大型生产企业一样，魏桥集团也建有自备电厂，但不同的是魏桥集团的电厂不但为本集团旗下企业供电，同时也通过自建电网向其他企业供电。

魏桥集团自己旗下企业的用电价格则不到 0.3 元/度，而当地的工业用电价格接近 1 元/度。在魏桥集团的家属区，魏桥集团的供电价格是 0.35 元/度，而家属区之外的使用国家电网的居民用电价格是 0.6 元多/度。

魏桥集团电价为何比国有企业低那么多？成本是重要原因。一位魏桥二电厂人士说："我不少同学在国有电厂工作，我们的待遇比系统内的电厂肯定要差多了。"

目前魏桥二电厂建有 6 台 3 万千瓦机组，日耗煤 2000 吨左右，主要供魏桥集团纺织生产用电。二电厂附近还有三电厂，建有 8 台 6 万千瓦机组，主要是供魏桥集团的铝制品生产用电。也就是说，魏桥集团在发电的机组都是 6 万以下的小机组，其效率本身就比国有企业动辄 60 万千瓦以上的大型发电机组低，而魏桥集团正是用这些低效率的机组生产出了价格更低的电。

资料来源：段心鑫．山东首富自办电厂供电，电价比国家电网低 1/3 ［EB/OL］．中国经济网（北京），2012-05-15.

2. 存在规模经济与范围经济的治理结构选择

上面由于忽略了规模经济和范围经济，因此治理成本（即交易费用）的差异决定了选择企业还是市场。现在考虑规模经济和范围经济，则生产成本的差异也成为影响治理结构选择的一个重要因素。令 ΔC 为企业自行生产与市场采购同样产品的静态成本之差。当资产专用性指数 k 较小时，所进行的交易是标准化的，因此市场中对标准产品的总需求很大，外部供应商可以实现规模经济和范围经济从而大大节省生产成本，如果企业自己生产（原材料），生产成本就会过高，ΔC 就会很大。随着各类产品和服务的独特性越来越大（即 k 值越来越大），外部供应商就再也不能靠规模经济和范围经济来节省其总成本了，这时企业自己生产所需的（原材料）产品与通过市场采购同样产品的静态成本之差就会缩小，ΔC 的渐近线也就逐渐趋于零。显然，ΔC 是资产专用性 k 的函数，而且是它的减函数，但无论如何 $\Delta C > 0$。这种 ΔC 的关系如图 6-2 所示。图中直线 $\Delta C + \Delta G$ 表示 ΔG 与 ΔC 纵向相加之和。资产专用性指数越大，$\Delta C + \Delta G$ 之和就变得越小。

一般地，如果用 k^* 代表最佳的资产专用程度，则由图 6-2 可以推出下列有关企业边界和治理结构选择的重要命题：

（1）当资产专用性的最佳水平极低时（即 $k^* << \hat{k}$），无论从规模经济还是从治理成本上看，都是市场采购更为有利。

（2）当资产专用性的最佳水平极高时（即 $k^* >> \hat{k}$），则内部组织更为有利。这不仅是由于市场未能实现聚集经济，而且当资产具有高度专用性因而形成锁定效应时，市场治理还会带来各种矛盾。

（3）对于呈中间状态的资产专用性来说，这两种成本只有很小的差别。这时很容

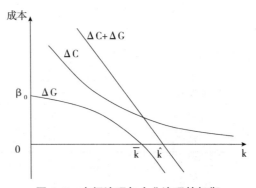

图6-2　市场治理与企业治理的权衡

易出现混合治理，即可以看到某些企业将从市场上采购，其他企业则自行制造，而两者对自己当前的对策都会表示不满意。

（4）由于 $\Delta C > 0$ 总成立，即与市场相比，企业总存在生产成本方面的劣势，因此纵向一体化形成的原因不是生产成本的差异，而是由于缔约困难等问题所产生的交易成本的不同。由此可以理解科斯单独用交易成本来解释纵向一体化问题的合理性。

（5）如果改变前面产出不变的假定，那么就会看到随着企业对自己产品的需求相对于市场需求的增加，企业就能够实现规模经济。因此，在其他条件相同的条件下，较大企业比较小企业更多地实行一体化。

（6）企业内部不同的组织结构可以改变官僚成本的大小，如果多部门化（M 型企业）能够减少单一型企业（U 型企业）中所存在的官僚成本，那么在其他条件相同的情况下，M 型企业会比 U 型企业更多地实行一体化。

显然，威廉姆森的这一关于市场治理和企业治理选择的启发式模型，是对企业边界理论的重大发展。它使我们清楚地看到了资产专用性在决定和影响企业边界的交易费用和生产费用中的关键性作用。

（三）组织形式的分立结构选择分析：对企业边界的进一步解释

在威廉姆森的企业边界理论中，资产专用性起着关键性作用。这就引出了一个问题：伴随资产专用性水平的提高，为什么企业的规模却不能无限扩大？

要了解威廉姆森对这一问题的回答，需要对其组织形式的分立结构选择分析理论加以介绍。如前所述，威廉姆森早期已经注意到对治理结构的维度化，其区分市场制、混合制与等级制的维度主要是契约法。威廉姆森还借鉴麦克尼尔的"三分法"，将契约分为古典契约、新古典契约和关系契约。他认为，每种一般治理模式都需要不同形式的契约法支持，其中，支持市场制和混合制的契约法分别是古典契约法和新古典契约法，而支持等级制的契约法则是自制的法则（即关系型契约）。之后，威廉姆森（1996）又从激励强度、行政控制、调适 A（自发性适应）、调适 B（协调性适应）及契约法这几个方面总结了使市场制、混合制和层级制治理结构区别开来的维度特征（见表 6-1）。

表 6-1　市场、混合制和层级制治理结构的区别点

区别点	治理机制		
	市场制	混合制	层级制
激励强度	++	+	0
行政控制	0	+	++
自发适应	++	+	0
协调适应	0	+	++
合同法	++	+	0

注：++表示强，+表示半强，0表示弱。

在此基础上，威廉姆森构建了一个简化模型对市场制、混合制和层级制的维度化特征

进行了比较。令 M=M(k；θ) 与 H=H(k；θ) 表示作为资产专用性(k) 和转移参数向量(θ) 的函数的市场治理成本与层级制治理成本。设两个函数的约束条件都是要选择同样水平的资产专用性，则可得到以下比较成本关系式：$M(0)>H(0)$ 与 $M'<H'<0$。第一个不等式反映了下述事实，即内部组织的官僚成本大于市场的官僚成本，因为市场在 A 型适应方面更为优越。也就是说，如果专用性资产可以忽略不计，即交易中没有专用资产投入时，市场就是唯一重要的。因而市场治理曲线的截距就低于层级制治理的截距。第二个不等式所反映的是，与层级制在 C 型适应方面（资产专用性，进而是双边依赖）相比，市场治理的边际限制变得更为显著。

如上所述，在激励、适应性和官僚成本方面，混合制都介于市场与层级制形式之间。与市场相比，混合制牺牲了激励而有利于各部门之间的更高级的协调。与层级制相比，混合制就牺牲了合作性而有利于更大的激励强度。

令 X=X(k；θ) 表示作为资产专用性的一个函数的混合性形式的治理成本，结论是，$M(0)>X(0)>H(0)$ 以及 $M'<X'<H'<0$。于是，图 6-3 所示关系就会出现。有效供给意味着在包络线上运作，此时，如果 k^* 是 k 的最优值，则有效供给有如下规则：①当 $k^*>\overline{k_1}$ 时，运用市场；②当 $\overline{k_1}>k^*>\overline{k_2}$ 时，运用混合制；③当 $k^*<\overline{k_2}$ 时，运用层级制。

利用上面的几个维度，我们可以进一步概括企业这种治理结构的特点：①在激励强度方面，企业采取低能激励机制；②在适应性方面，企业采取协调性适应，而市场采取

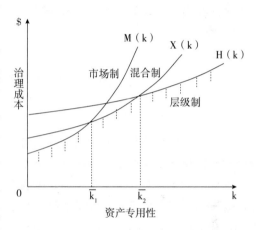

图 6-3　作为资产专用性的函数的治理成本

自发性适应；③在行政控制方面，企业通过权威、科层进行较强的行政控制；④在契约法方面，企业作为内部组织通常适用于"自制契约法"调节，即法庭通常不介入企业内部事务；⑤在官僚成本方面，企业由于采取科层制，因此必然有官僚成本。

威廉姆森（1967）认为，企业作为一种经济组织之所以不能无限扩张，主要是由于科层增加所导致的控制性损失。但是威廉姆森（1985）放弃了这一观点，认为如果允许企业最高层进行选择性干预，那么控制性损失将不是问题。所谓选择性干预，是指委托人让代理人保持独立自主的地位，但是一旦委托人有特殊需要，代理人必须无条件服从。然而，威廉姆森认为，选择性干预是行不通的。正因为选择性干预会失灵，企业规模也就不可能无限扩大，其根本原因在于企业内部不能像市场那样引入高能激励。

所谓高能激励，就是代理人以固定价格向委托人提供产品，代理人获得全部剩余索取权，选择性干预就是给予代理人高能激励。低能激励则相反，代理人的成本与收益没有直接对应的关系，代理人没有全部剩余索取权。例如，在房地产行业中，开发商以固定价格将楼房建设工程承包给建筑商，就是高能激励；而建筑商给予工人固定工资，就是低能激励。

威廉姆森认为，在企业内部引入高能激励会造成两方面高额的成本：一是会导致代理

人滥用委托人的资产，因为代理人无须为此付出成本，却可以获得由于过度使用资产所节约下来的剩余利润；二是委托人会利用自己的权威盘剥代理人的利润，主要是通过压低内部转让价格和虚增成本的手法。因此，企业内部只能采取低能激励，这样做的好处是适应性比较强。因为通过科层的权威，委托人对代理人在会计、审计和费用分摊方面拥有信息优势，减少了讨价还价成本，这正是科斯（1937）的思想。但是低能激励会造成官僚成本，其原因主要包括"管理倾向""宽容"和"互相帮助"等方面。

可以看出，在威廉姆森看来，任何治理模式都具有优势和劣势。市场的治理模式具有较高的激励强度但却容易引起事后的不适应，而企业的治理模式能够降低事后的不适应程度，却具有较低的激励强度并且会造成科层管理成本。当存在各种不同的交易模式时，交易各方必须选择总成本（交易费用和生产成本）最小的治理模式。显然，企业的最优规模也需要在一体化带来的收益与成本之间进行权衡。这也就充分回答了上述"随着资产专用性水平的提高，企业的规模却不能无限扩大"这一问题。

第三节　企业的产权结构

企业的产权结构与企业的契约性质密切相关，因为正是企业中的要素所有者自愿达成的合约安排规定了企业中不同成员在企业中的权利结构。企业产权结构理论主要关注的是这一结构的构成及其在决定企业绩效中的作用。弗鲁博顿和芮切特就说过："无论产权安排在给定的情况下所带来的效果如何，为了预测企业行为，重要的是认识企业在任一时期中的权利结构。""企业中的产权结构之所以重要是因为它会对交易费用、激励机制和经济行为产生影响。"[①]

一、新古典企业理论对企业产权结构的忽视

传统新古典企业理论是以所有者即管理者的业主制企业为原型的，利润被假定是企业目标函数的唯一维度，如果用较为正式的术语，这个问题就变为在给定的市场或技术环境下进行利润的最大化。假设一个简单的静态情形且仅生产一种产品，我们有：

$$\max \pi = p^0 q - \sum_{i=1}^{n} r_i^0 x_i \tag{6-1}$$

$$\text{s. t.} \quad q = f(x_1, x_2, \cdots, x_n) \tag{6-2}$$

这里，利润（π）是在市场价格（p^0）条件下产出（q）的总销售额与所有投入（x_i）总支出额之差，已知的投入价格分别为 r_1^0，r_2^0，$\cdots$，r_n^0。拥有企业剩余排他权的企业家根据体现在生产函数中的工程或技术条件追求利润最大化。于是，给定生产函数（6-2），由利润方程（6-1）的约束最大化导出一阶条件，它表示为了达到最佳要素利用和产品产出所必须遵守的边际法则。具体而言，这个含义是指每单位要素的边际产值应该等于要素

---

① 弗鲁博顿，芮切特. 新制度经济学［M］. 姜建强，罗长远，译. 上海：上海三联书店，2006：423，439.

价格，或者产出的边际成本应该等于其市价。

在上述新古典企业理论中，企业仅仅是生产产品的一个技术单位。它的企业家（所有者和管理者）决定生产多少、生产一种还是一种以上的产品，他占有因这种决策所带来的利润或承受其损失。一个企业家根据他的生产函数技术上的约束将要素转变为产出。产出的销售收入与要素成本之间的差，如果是正的，则为利润；如果是负的，则为亏损。

在新制度经济学看来，新古典企业理论是以零交易费用假设为基础的，而在交易费用大于零的现实世界，新古典企业理论是非常令人失望的，其缺陷也是十分明显的。

以在新古典企业理论中居于重要地位的生产函数式为例，其最大的缺陷在于，它完全忽视了企业内部契约安排和产权结构对企业绩效的影响。用弗鲁博顿和芮切特的话说："新古典思想所暗含的，生产函数是一种非常抽象、特殊的构造。本质上，它被看作是一种技术关系，因此并不考虑制度安排或者企业内部组织结构的问题。"①

众所周知，企业离不开合作，产品的生产需要企业中所有人的共同努力。尤其是，企业的效率和成功或多或少地取决于其中的成员（提供要素并在企业中的那些人）如何更好地将他们的努力联合起来并进行高效率的合作。通常的假设是，自私的动机至少让个人情愿接受企业中的权威，并在一定限度的范围内进行合作。原因是，人们聚集在一个组织内，要比他们作为独立签约人在市场上签订一系列合约的合作方式带来相对较多的产出。但是，合作的吸引力仅此而已。需要承认的是，个体所具有的私人目标常常与企业中被认为是较为宽泛的集体利益是相冲突的。因此，组织经济学中的一个关键问题就是如何激励个体以至于他们在事实上朝集体利益的方向去努力工作，并让企业获得成功。显然，这是离不开一个有效的产权激励结构的。正如弗鲁博顿和芮切特所说："现存的制度安排会影响要素提供者的激励机制，进而影响流入企业中生产服务的效率。其他条件不变，与要素所有者签约所获得的产出随着企业的制度和组织结构的变化而变化。"②

再以企业的决策问题来看，建立在零交易费用假设基础上的新古典企业理论认为，在短期中，企业总是能够做出使企业的即期利润最大化的决策，而在长期中，则能做出使企业净现值最大化的最优决策。但是，在新制度经济学看来，在交易费用大于零和存在不确定性的现实世界，企业的潜在的决策选择空间扩大了，企业的决策制定过程必须被置于更为仔细的监控之下。此时，产权结构就不能被忽视。如果企业不是一个所有者—管理者的简单实体，实际中的现有产权安排对于最终结果的形成将起到重要的作用。例如，在一个所有权分散化的企业中，受雇管理者可能会为了自己的目的，追求利润以外的目标，通过占有非货币性收益或其他利益而非获取潜在的利润来牺牲股东的利益。这样，控制权和所有权的分离就成为一个问题。或者，权力制衡的企业基于特殊的产权结构就会表现出不同的行为模式。由于新古典分析是制度中性的，因而不可能有效地处理这些不同的情况。

正因为新古典企业理论忽视了企业内部的契约安排和产权结构，使其理论常常缺乏现实的解释力。例如，该理论就很难解释"一个和尚挑水喝，两个和尚抬水喝，三个和尚没水喝"的经典故事。按照新古典生产函数，投入挑水的和尚越多，可供喝的水应该越多，但为什么却刚好相反呢？新古典生产函数理论显然是无法解释的。这里，只能从三个和尚挑水喝的契约和产权结构的变化来加以解释，在一个和尚的情况下，挑水者和喝水者都是

①② 弗鲁博顿，芮切特. 新制度经济学［M］. 姜建强，罗长远，译. 上海：上海三联书店，2006：415.

他自己，这里没有"搭便车"，即没有外部性，因而，和尚不会偷懒。在两个和尚的情况下，如果两人各自挑水各自喝，也不会出现喝水困难的问题。但是，如果两人一起抬水喝，就会出现受力不均和谁喝得多、谁喝得少的问题。付出更多（或喝得少）的人会产生不满情绪，这实际上会影响两人抬水的次数从而减少可供两人喝的水的数量（即开始出现低效）。再来看三个和尚的情形，如果三个和尚都是各自挑各自喝，显然也不会出问题。如果轮流挑，产权也算相对清晰，但谁喝得多谁喝得少的问题仍然存在。偏偏三个和尚挑水的产权结构不是上面说的两种情形，而是每个和尚都不想挑水，都希望他人去挑或抬水，自己坐享其成（即"搭便车"），这种安排最终导致了三个和尚的总产出低于单个和尚的分产出的情况，即没有实现阿尔钦和德姆塞茨所说的"团队生产"。这种情况的出现显然与其产权结构不合理有关。这也说明，产权结构与团队的绩效存在密切的联系。因此，深入分析企业的产权结构，对于理解企业的绩效是十分重要的。

二、团队生产与企业产权结构的重要性

如前所述，在阿尔钦和德姆塞茨看来，企业本质上是一种团队生产。团队生产一般都使用几种类型的资源、其产品不是每一参与合作的资源的分产出之和、团队生产的总产出要比每个团队成员的分产出之和大。

那么，是否任何几种类型的资源集中在一起就能形成团队生产？显然不是，"三个和尚没水喝"故事里的三个和尚，其总产出就低于分产出，即没有形成团队生产。这就产生了一个问题：如何才能形成一个团队？也就是说，使团队总产出大于分产出需要什么样的产权结构？在这一点上，阿尔钦和德姆塞茨（1972）做出了开创性的研究。正如弗鲁博顿和芮切特所说："阿尔钦和德姆塞茨（1972）是最早尝试对企业进行较为细致的制度分析的经济学家，并将结构考虑与企业的经济性质联系在一起。"①

对于团队生产为什么能导致一个比团队成员的分产出更大的产出，通常的解释是依赖于它所从事的交换与生产比分别加总的生产具有比较优势的专业化原理。这一解释显然并不能令人满意。在阿尔钦和德姆塞茨看来，要保证团队生产的总产出大于分产出，即形成真正的团队，经济组织必须解决两个至关重要的问题——计量投入的生产率以及对报酬的计量。因为如果经济组织（即团队）的计量能力很差，报酬与生产率之间只有松散的联系，生产率将较低，而如果经济组织的计量能力很强，生产率就较高。

在传统经济学文献中，暗含着一个这样的假定：无论是市场，还是企业都能使报酬到资源的分配与生产率相一致。对于竞争性市场来说，在许多情况下确实可以使生产率与报酬之间建立很密切的关联。例如，如果一位农民在现行市场价格下使小麦产出增加10%，他的收益也即增加10%。这种组织经济的活动方式是对产出的直接计量，它反映了边际产品及分配给资源所有者的报酬正好同它们产出的直接衡量相一致。但是，在企业这种团队生产中，就没有这样简单了。因为，在团队生产条件下，如果仅仅观察总产出，就很难确定单个人对他们联合投入的产出的贡献。一个典型的例子是，当两个人联合将一重物运上卡车时，我们只能观察到他们每天装载的总重量，却无法决定每个人的"边际生产率"，

---

① 弗鲁博顿，芮切特. 新制度经济学［M］. 姜建强，罗长远，译. 上海：上海三联书店，2006：421.

即每个人为搬动这件货物付出了多少力气。

在团队生产中参与合作的队员的边际产品并不是可以直接地和分别地（即低成本地）观察得到的情况下，我们应如何向它的成员支付报酬，才能诱使他们有效率地工作呢？也就是说，我们怎样解决上述经济组织的两个重要问题——计量投入的生产率以及对报酬的计量。一个团队向市场提供的商品和服务是整个团队的，而不是每个队员的边际产品，对队员边际产品的计量与确定的成本导致了新的组织方式。把握每一投入的生产率的线索是观察单个投入的行为：当一个人将货物搬到卡车上时，他转向装运下一件货物的速度有多快，他吸了几口烟，被举起的货物有多大程度倾斜于他那边？如果对这类行为的监察没有费用，就没有人会产生偷懒的激励，因为谁也无法将他偷懒的成本施加给别的人（如果他们的合作是自愿达成的），但是既然相互之间的监督必然要付出费用，每一个投入的所有者在作为团队的一员时所具有的偷懒激励，就比他不在团队里工作或虽在团队里但容易监督时更大。

无论是闲暇还是较高的收入都将进入一个人的效用函数。因此，每个人都会调整他的工作与可获得的报酬，以使闲暇和实际产出的生产之间的边际替代率等于他的消费的边际替代率。也就是说，他将调整其工作率，以使他的闲暇与产出的需求价格等于它们的实际成本。但是，由于存在侦察、检测、监督、衡量和计量费用，每个人都将被诱致享受更多的闲暇，因为偷懒对他所实现的产出和闲暇之间的（报酬）替代率的影响小于对实际替代率的影响。他所承担的闲暇成本低于实际闲暇成本，因此，他会"购买"更多的闲暇（即偷懒）。

如何才能减少队员的偷懒行为呢？阿尔钦和德姆塞茨认为，有两种方式：一是市场竞争。市场竞争可以监督一些团队的生产状况，团队外的投入要素所有者，可提出更低的报酬要求，来替代那些过度偷懒的成员。团队中现有的成员也将恐于被那些只需支付较低报酬的外来者或团队中其他成员在支付较高报酬时就提供服务的人所代替。当然，也不能期望这种市场竞争能对偷懒行为实现完全有效的控制，因为，首先，想加入团队的新挑战者必须了解哪里有偷懒的问题，即要了解自己能对被替代者多创造多少净产出。这种监督也有成本。其次，新投入者必须接受比较低的报酬或者保证提供更多的产出，他的偷懒动机未必会比他取代的那个人小。二是设立专门人员作为监督者来检查队员的投入绩效。但是这里有一个问题：如果以监督其他要素成员的努力程度作为自己专业职能的监工只是团队的成员，只是从团队中分离出来的要素所有者，监督的效果就会大打折扣，因为这样的监工也和其他要素所有者一样怀有偷懒的动机。出于这样的考虑，阿尔钦和德姆塞茨指出，产权制度安排必须克服监工与被监视成员在利益和动机上的雷同，要设法使监工的偷懒动机变得对自己不利，从而达到双方的激励相容性。那么，这种产权制度安排是什么呢？

阿尔钦和德姆塞茨认为，一种有效的产权制度约束可以充分解决这个监督监工的问题，那就是赋予监工剩余索取权。通过监工的专业化、职业化，加上享有剩余索取权，就可克服偷懒。剩余索取权之所以能够监督其他要素所有者，其奥秘在于每个队员以工资形式获取劳动的报酬，而监工则获取扣除工资之后的剩余收入。这样一来，队员的生产越有效率，监工的剩余越多，从而监工越有动机去监督队员的行为和努力程度，这又反过来促进团队生产的效率，造成一种良性循环。这一过程的特点是，由于监督而提高的劳动效率所带来的收益全部归监工而不是在全体队员之间分配。这是有效监督的源泉。

上述讨论表明，一个团队的有效运行需要有监工，但要解决为监工提供激励机制的问题。如果团队的成员们不能够说出监工是否履行了职责，那么他们就必须设计某些基于可观察结果之上的动力结构。一种可观察的结果是整个团队的最终产出。所以，就得出了这样一种产权结构，在这里，最终产出不是由团队的全体成员共同分享，而是他们得到一个固定的工资而监工得到扣除工资后的剩余。

从产权结构来看，业主制企业的产权就有这种安排：第一，获得剩余收入的人是团队成员的监工。第二，有关企业生产的决策（包括各种投入要素的选择和鉴别，生产什么，如何生产，等等）都由持有剩余索取权的人做出。第三，拥有剩余索取权的人是企业主或雇主。

以上从团队生产假说入手，回答了为什么企业内部存在一种特殊的产权制度，也就是说，为什么企业的所有者或雇主要成为其他要素所有者的共同核心，从而能够在一定程度上克服其他要素所有者的偷懒动机并保证团队生产能够做到总产出大于各要素的分产出之和。但是，这个产权安排还意味着联合使用的某些要素是属于监督人所有的，有一些要素则是从其他成员那里租来的。如果全部要素统归企业主所有，那么监督就是多余的。于是对这一假说的深入分析必须首先回答下面这一问题：我们是否能够判别或给出一个标准来说明哪些投入要素是雇用的而哪些要素是企业主自己所有的。

阿尔钦和德姆塞茨指出，拥有剩余索取权的企业所有者应该是可收回的或可再出售的企业设备的投资者，因为即使在企业亏损时，剩余索取权的拥有者也有能力偿还所雇（或租）要素的价值，即以机器设备、厂房、土地和其他生产资料的形式抵押偿还。但是劳动力却不适宜于偿还，因而劳动力多以雇佣形式使用。更进一步推论，耐久资源如机器设备一般不宜租用，因为如果没有所有者的监督而由它的非所有者使用（比如租用），那么资源的消耗要比它的所有者亲自使用大得多，因此一般耐用资源的所有者会对非所有者的使用索取更高的价格以补偿他预期的资源消耗的代价。这就是说，租用机器设备要比自己对机器设备的投资更贵，这导致企业主对该资源的所有而不是租用。同时，由于劳动力的所有者（即劳动者本人）能够很容易地监视对自己劳动力的滥用（即消耗过大），因此，雇用劳动力的成本不会太高。

有了这个原理，我们就很容易弄懂为什么企业的产权结构是重要的。原因在于，对企业主来说，自己投资于机器设备和厂房等生产资料而不是租赁这些生产设施，雇用劳动力而不是出卖自己的劳动力，是为了节约交易费用。在生产要素并非同属于企业主一人的情况下，必须减少或消除其他要素（如劳动力）的偷懒动机，提高劳动生产率，必然要在产权的结构上制造一种监督装置。要使这种监督装置有效地发挥作用，企业主必须成为剩余索取者。

三、不同类型企业产权结构的具体分析

对不同类型企业产权结构的优势与不足的分析是新制度经济学企业产权结构理论的重要内容。在这一理论中，企业的分类通常是按照对剩余收入支配权的契约安排划分的。企业剩余收入是支付完契约规定的要素固定收益后留下的总额。按剩余收入索取结构划分企业的基本原理是，把注意力的焦点集中到企业主要决策者对于他们行动承受多大程度的

财富后果上[①]。下面就按剩余收入索取结构划分的企业类型对其产权结构进行分析。

（一）业主制企业

业主制企业指在经营单位内，剩余索取者和最终决策者同为一个人的企业体制。由于不存在共同所有权问题，所有者—管理者承担了他制定决策的所有财富结果；而且也不存在由所有权和控制权相分离引起的代理问题。这是这种经济组织形式的主要优势。

如果业主制企业除业主外还雇有雇员，这时企业面临的一个主要的问题是如何对雇员进行监督，减少其偷懒行为，以使其按照业主利益最大化目标努力工作。关于这一点，阿尔钦和德姆塞茨的团队生产理论已经告诉我们，业主作为剩余索取权的拥有者有较强的激励对雇员进行监督，从而可以在一定程度上保证这种企业作为团队生产的效率。

对于业主制来说，从外部融资是不可行的或极费成本的。原因是企业外部观察者很难判断所有者—管理者所寻求的产出结果到底有利于谁。况且业主制企业的市场价值常紧密依赖于所有者本人的人力资本。一旦所有者退出经营，企业再转手的价值就会很低。所以当经营者的经营生涯快结束时，无论他自己还是外部投资者都很难有动力再进行长期投资。

当然，业主制企业这种组织形式还有不利之处，比如业主制企业会遇到投资分散化问题。当业主们不得不把自己大部分人力和财力投向他们的企业时，就产生了与分散投资相比较的问题。根据资产组合理论，风险厌恶者可以投资于几种相关性很小的项目来降低风险。这样看，我们认为在一个业主制企业中，过分依赖单一的业主人力资本、依赖于内部融资，必然出现很高的风险，这与投资于多种不同证券的投资者区别很大。这也说明，如果其他条件不变，这位产权所有者可以避免进行风险性的投资，那么按市场准则他就可以增加企业的价值了。

总之，由于外部融资存在着极高的交易成本，所以这种体制一般受到业主自身财富多少的约束。业主制不适合那些通过规模经济来获得优势的经营活动，但它的相对优势却能体现在那些需要特别审慎且规模较小的经营活动中，这些活动中所有者—管理者细致的监督（比如监督产品质量）可带来较高收益，而由外部人员实施有关行为则成本极高。

（二）合伙制企业

合伙制企业是由两个或两个以上的出资人联合组成的企业。通过汇集几个人的资源，合伙者减轻了业主制企业所面临的财务约束，而且合伙者还获得某些生产规模上的优势。一旦各所有者能向企业投入较小份额的资产，合伙制就为人们提供了机会，以降低承担风险的成本。

合伙制与业主制一样，所有权与控制权也未发生分离，因而也不存在代理问题。只不过剩余索取权不再只归属于一个业主，而是由几个合伙人共同分享，这意味着亏损也由几个合伙人共同承担。因此，合伙制企业出现了共同所有权的问题。随着合伙者人数的增加，合伙者既是企业剩余索取者也是主要的决策者，这种由两种职能合并后产生动力的优势也慢慢减少。虽然全体合伙者作为团队整体承担了他们活动的全部财产后果，但每一位

---

① 埃格特森. 经济行为与制度 [M]. 吴经邦，等译. 北京：商务印书馆，2004：123-124.

合伙者只承担这种后果的 1/N（假设合伙人的地位是平等的）。

詹森和麦克林（1976）认为，保证合伙制的高效需要两个基本条件。其一，合伙人就分享剩余收入达到彼此满意的协议。其二，每个合伙人的监督工作都是认真完成的，并且可以毫无代价地加以观察。在这两个条件下，合伙制的产权结构将是增进企业生产力的理想制度。但是，一旦这两个条件不能满足，比如，一旦合伙人的行为不易观察，或监督合伙人的行为需花费较大代价，就会在合伙人中出现偷懒行为、"搭便车"行为，即都希望对方更积极地去监督以减轻自己的负担。出现偷懒、"搭便车"问题后，合伙制就将变成低效率的企业制度，难以维持下去。尤其是当合伙人人数增加，合伙人偷懒的动机会进一步加强，因为每个合伙人的监督努力对他自己报酬份额的影响越来越小。这就解释了为什么合伙制企业一般不愿随便扩大合伙范围。多数情况下，合伙制以小规模企业居多。

合伙制企业的历史表明，每个合伙人除了分享剩余索取权和监督其他要素所有者的权力之外，还拥有使用和管理团队资源的权力即决策权。每个合伙人可以无视对方而独立决策，但一切责任，包括债务，则要由合伙人全体共同负担，必须至少有一个负无限责任的合伙人。因此从产权角度看，每个合伙人的产权就无法自由转让或出售。如果一个合伙人离开或死亡，合伙制就会瓦解，从而必须重新组伙。正是由于合伙制中没有一个单一的合同代理人，而是几个代理人互相之间都能彼此代表签约，因而合伙制企业存在着较为严重的交易困难。

（三）股份制企业

股份制企业包括不公开招股公司和公开招股公司两种类型。

1. 不公开招股公司

在不公开招股公司内，股份持有者通常是内部人员（管理者）或与所有者—管理者有特殊关系的人，如亲戚朋友等，而合伙制中剩余索取者通常只限定为所有者—管理者。把股份持有者限定为彼此合意的且有社会联系的个人，不公开招股公司可以部分地消除与所有权、控制权分离有关的代理问题。不公开招股公司的剩余索取者担负有限的责任，他们负担的风险成本因而大大降低（把成本转嫁给外部债权人）。但这种组织形式不能使当事人要么专于承担风险，要么专于企业管理，因此企业不能从这样的分工中享有完全的利益。另外，如所有者—管理者人数增加，共同产权问题仍不可避免。

不公开招股公司的股票既不在组织起来的金融市场上评估，也不流通买卖，这是由于剩余分享契约限制了股份的转卖。由于企业不能在股市上评估，个人股东想放弃所有权就需耗费很高的交易成本。这样会影响投资决策，不能鼓励不公开招股公司的所有者进行有效的投资活动以增加企业市场价值。

2. 公开招股公司

在市场经济国家中，公开招股公司占据着大规模生产的主导地位。这种组织形式的相对优势在于它的剩余索取权结构，这种结构鼓励大规模的风险投资。由于在公开招股公司中普通股的剩余索取权通常极少受限制，因而股份持有者的效用最大化和企业的市场价值最大化之间的潜在冲突就尽可能最小化了。当股票能在股市上得以公正评估并能以较低交易成本买卖时，公司产权所有者就可将股票换成金融券，以此灵活的现金流与他自己的消费偏好类型相匹配。因此，所有者主要考虑的是股份价值最大化问题。注意，有限责任是降低交易成本的关键因素。如果责任是无限的，那么股票转手时股票所有者的财务状况就会成为问题的考虑中心，这会大大提高交易成本，不记名股票交易就不可能进行。有限责任制不仅保证了企业能连续存在下去（尽管所有者在变动），而且还将人们对未来企业状况的预期变换成估价压力，更充分地反映到企业当前的证券价值中和管理决策中。

公开招股公司另一个显著优势在于，股票持有者可通过掌握一家或数家公司的一定量股票，连同其他金融工具，来使他们的有价证券多样化。通过使他们的资产多样化，持有者降低了承担风险的成本。这样他们就感到风险性投资是有吸引力的，而且这也给需要大规模风险性投资的公司带来了有利的融资条件。

公开招股公司使人们要么专于承担风险，要么专于管理。分离这两种职能，高层经理的人选不再仅限于那些愿冒风险的有钱人。承担风险职能的专业化产出了一个有效的剩余索取权市场，这个市场不停地评估企业，并隐含地评估了代理者—管理者的行为表现。相似地，决策与风险承担职能分离，导致职业经理市场的兴起，这个市场制约着代理人—经理的行为活动。

但是公开招股公司并非没有问题。当企业为获得规模经济而变得非常庞大时，即便合作团队中每个成员都有明确的效用函数且不存在欺诈行为，协作的成本也会上升。而且，外部所有者与内部职业经理之间的利益冲突构成了新的问题，即代理成本问题，这也许代表了这种公司类型的主要不足之处。

在《现代公司与私有财产》（1932）一书中，伯利和米恩斯首开当代关于代理成本问题争论之先河，这种成本好像是现代股份公司的必然产物。用现代术语重新表述伯利和米恩斯的论著，他们提出的论点是，股东进行监督管理的交易成本大于可能获得的利益，在所有权分散和集体行动成本很高的情况下尤其如此。他们的结论是，从理论而非实证角度看，职业型的公司经理多半是无法控制的代理人。

伯利和米恩斯的论点产生了深远的影响。公司经理们被看作是他们自己的主人，因为他们不承担其行动的全部财富后果，所以很可能将资源配置到那些并非能使公司现值最大化的用途上去。以公司形式组织生产的经济结果将会反映出过度的在职消费、偷懒、非利润最大化的公司目标、对引进和使用新技术的积极性不高，除非新技术能满足管理层某些人的需要。

20世纪60年代初期以来，产权经济学家对伯利和米恩斯的论点做了透彻的考察。开拓性的贡献是由曼内的一系列文章做出的，其中《兼并者与公司控制的市场》（1965）是其代表性作品。公司代理问题直到詹森和梅克林写的《企业理论：管理行为、代理成本和所有权结构》一文中才正式定型下来。在该文中，詹森和梅克林从理论上证明，一位与不参与管理的股东们（外界股东）共同享有公司股权的经理，不能以实现公司最大价值的精神经营企业；相比之下，在公司由唯一所有者兼经理决策时，以及在外界股东的监督成本为零情况下的假想世界中，却都会以实现企业价值最大化的精神进行经营。假想的世界虽然没有实际选用的意义，但是这个发现提出了一个值得讨论的问题：有外界股东的公司怎样与无外界股东的业主企业进行竞争？这里关注的焦点是有外界股东的公司中产生的代理问题的严重程度。切记，代理成本是真正的成本。

从理论上讲，假如监督代理人的成本在契约条款完全兑现前低于边际利得，机会行为和不履约的现象将会在均衡状况下持续存在。研究公司的新方法中的中心之点是，自由放任的市场经济中存在着制约经理机会行为和限制代理问题的力量，它们被称为公司治理[①]的外部结构：首先，资本市场的竞争从长期看倾向于使投资的预期净收益率相等（在考虑了所有涉及的非金钱因素后）。资本市场持续不断地评估着开放型公司的绩效，一个特定公司的股票价格的不正常升降对于分散的股东来说，是一个能揭示其公司管理质量和商务成就情报的可靠且容易得到的信号。其次，经理市场的竞争大体上会使同等质量的经理们的收入相等（包括工资外的补贴和在职消费），不过在职消费和金钱鼓励的混合形式也可能多种多样。最后，公司兼并市场上管理单位之间的竞争通过合并或招标的手段会根除那些无效的管理单位，对于这种行动的恐惧感制约着其余的单位。

除了竞争力量外，企业内部各种各样的契约设计也起着限制机会行为的作用，它们被称作公司治理的内部结构。詹森和梅克林（1976）列出了其中几种，包括由董事会审计委员会进行审计、正式的控制体制、预算限制、激励报酬体系，其中后者如通过部分支付本公司股票的办法可将经理的收入与公司的绩效直接挂起钩来。

（四）非营利企业

非营利企业（或组织）是指不以获取利润为目的，为社会公益服务的独立机构。新制度经济学家认为，生产者和消费者之间存在较大的交易费用是非营利企业出现的重要原因。如果说营利企业的出现是为了克服生产者之间的交易费用，那么非营利企业的出现正是解决生产者和消费者之间的交易费用的必然结果。生产者和消费者之间所存在的最明显的交易费用是监督产品的费用。如果某种产品是消费者必需的，那么生产者就会以降低质量从而减少成本和增加利润的方式愚弄消费者。在这种情况下，消费者无力约束企业的营利行为。

对这一监督问题的解决办法之一就是非营利企业的出现。因为一个非营利企业不存在利润动机，因而不会有利用消费者难以辨别产品质量这一点来营利的动机。例如，在医疗方面，消费者（即病人）对于医生的产出（即诊断结果或医治效果）一时难以作出评价，由于存在这种评价困难的交易费用，为了不使消费者的利益受到损害，必须在非营利的组织里建立职业化的产权结构，将每个为营利而行医的医生集中起来，组成医院，使医院的目标从单个医生的利润转到为消费者谋利益的方向上来。虽然职业化的产权并非完美无缺，但它的确比其他制度更有效。例如，对于业主制和合伙制的产权结构来讲，让医生们组织成非营利企业几乎是不可能的，因为医生的利润作为工资形式是极其难以控制的。但一旦通过非营利的医疗上的联合而形成职业主义，组成医院，限制"市场进入"，这种组织就必然受到社会舆论的压力，职业的道德会在很大程度上约束医院的行医行为。同样的论点可以用来说明，像律师、建筑师和教师等行业的职业化制度是非营利的组织所应采纳的行之有效的制度。

企业放弃利润动机意味着其成员不存在剩余索取权，非营利企业产权结构的最大特征就是不存在剩余索取权。正如法马和詹森所说："当组织的活动部分由捐款资助时，部分净现金流量来自捐款者。以净现金形式表现享有剩余要求权者的份额这一契约规定未必保

---

① 公司治理是一个结构概念，即是约束股份公司企业经营者行为、减少代理问题和代理成本的一系列组织机构、制度安排和客观力量。

证捐款的资源不受剩余要求者的剥夺。然而，在非营利组织内，不存在享有转让净现金的剩余权利的代理人，因而不存在剩余要求权。"①

让企业放弃利润动机（即其成员不存在剩余索取权）也是代价昂贵的，因为让企业放弃对利润的追求同时可能会使企业丧失对降低生产成本、采用新技术和迅速适应新需求的动机，同时，还会导致企业在提供服务时存在供给过度、设备不能有效利用、偷懒（由此引起效率低下）以及内部代理人侵吞捐款等方面的严重问题。

偷懒问题在私人非营利组织中应当最大，因为这里没有剩余索取者，这些组织的主要资金来源是捐赠，所以对它们的管理主要受制于维护得到当前和未来捐赠者的好声誉需要。捐赠者不会对其捐赠额寻求财务报酬，但是他们通常只想支持特定类型的活动，假如获得基金管理部门舞弊和严重无效率的证据，他们就很有可能抽走基金。弗雷希（1976）比较了从事相同工作的股份公司、互助社和非营利机构三种组织形式，它们为美国社会保健署处理医疗照顾制的报销业务，即先确定允许的报销单据，然后照单支付。他发现可以按照这三种组织的生产率水平排出其等级。衡量标准包括：处理每次报销的成本（用美元表示），平均处理时间，每处理1000美元的错误率。结果显示，非营利组织的处理成本最高，股份公司的处理成本最低；其他两项指标的名次也相同，只不过互助社和非营利组织之间的差别在统计上的显著性水平不明显。

非营利组织内没有剩余索取权避免了捐款者与享有剩余索取权者之间的代理问题，但是并没有消除其内部代理人侵吞捐款的动机。非营利组织内这种捐款人与决策代理人之间的代理问题类似其他组织内重要决策经营者不分担其决策的财富效应的主要份额这种问题。

虽然，非营利组织的董事会的功能与其他组织的董事会的功能类似，但是，它们有一些因缺少可转让的剩余要求权而产生的特点。譬如，由于来自外部接管市场的压力，大公司的董事会可包括内部的决策代理人，并可选择专家为外部董事会成员（他们并非重要的剩余要求者）。相反，因为非营利组织缺少可转让的剩余要求权，决策代理人可免遭外部代理人（通过接管）的驱逐。没有接管的威胁，或具有撤换董事会成员之权的剩余要求者施加的压力，由内部代理人以及他们选择的外部专家组成的非营利组织的董事会，几乎无法保证不发生串通和侵吞捐款的事。因此，非营利的董事会一般包括几位有投票权的内部代理人（如有的话），而且，它常常是自我——永久性的，这就是说，新的董事会成员由现有成员同意。进而言之，非营利组织的董事会成员一般都提供相当数量无报偿的捐款。不断提供个人捐款或愿意花时间一般是非营利组织董事会成员的起码条件。这一条件足以向其他捐款者表明：董事会成员会认真对待他们的决策控制权。

（五）国有企业

国有企业是其财产所有权和剩余索取权属于一国或地区全体公民的一种带有公共产权性质的企业形式。不过，国有产权和纯粹意义上的共有产权是有区别的。在纯粹共有产权的情况下，产权对于每一个个人而言不具有排他性，某一个人对某项资源所拥有的权利并

---

① 法马，詹森．所有权与控制权的分离［M］//陈郁．所有权、控制权与激励．上海：上海三联书店，1998：185．

不能限制其他人对这项资源拥有同样的权利。在国有产权中，从理论上说，每一个公民对全民所有的国有资产都享有产权，但同时国有产权又不属于任何公民个人所有，公民必须是作为一个整体享有产权。换言之，国有产权相对应的不是一个个分散的个体，而是公民全体。这意味着国有产权具有以下两个特征：

首先，国有产权制度中，每一个个人实际上并不直接拥有产权，个人不能任意使用国有资产，也不能直接享有国有资产收益，因此，从一般意义上说，国有产权与公民的个人利益不直接相关。由于共同体是全国性的，国有资产的损失或收益对每一个公民个人利益的影响是微乎其微的，所以公民个人就可能对国有产权持漠不关心的态度，这导致国有产权制度中缺乏一种约束机制。

其次，在国有产权制度中，只有全体公民才是国有产权主体。但是，由全体公民一起来实施产权主体职责的费用是相当大的，在操作上也是不可能的，因此就必须由政府来代表全体公民行使产权主体职责。如此，在国有产权范畴内，在全体公民与政府这一层级上就存在着委托代理关系。整个国家就如同是一个庞大的股份公司，股东（公民）将他们的权利委托给董事会（政府）代为行使。政府管理的国有企业是很多的，由于信息不对称等方面的原因，它不可能对每一个国有企业进行直接管理而必须实行间接管理。间接管理意味着更复杂的委托代理关系的形成。

上述两种特征给国有企业直接导致了两种后果：一是国有企业的外部性较大。外部性大是由产权的非排他性造成的。只要产权安排是非排他性的，都可以导致较大的外部性。二是代理成本非常高。代理成本高是由委托代理关系的大规模和复杂性所造成的。从世界各国的国有企业来看，无论是采取直接管理的国有企业还是采取间接管理的国有企业，其委托代理链都较长。以实行间接管理为主的国家参与制企业为例，比如在意大利，从国家参与部到基层企业，其委托代理链大体上有五个基本层次：国家参与部→控股公司→部门控股公司→子公司→基层国有企业。这里还没有包括股东大会、董事会（监事会）和总经理三个层次，如果将这三个层次也考虑在内，这种国家参与制企业的委托代理链至少有八个层次。与普通公司制企业相比，国有企业的委托代理链至少多了三个层次，这无疑加大了代理成本。

以上分析说明，在国有产权制度中，由于产权不具排他性，因此外部性较大；又由于委托代理关系的大范围和多层级性，因此代理费用极高。这些特征及其所引致的后果决定了国有产权是一种成本较高的制度安排。一般而论，国有产权安排适用于一些纯粹公共物品的供给与消费，以及一些非排他性的自然垄断行业。如果国有产权制度是覆盖全社会的，这就意味着社会范围内的政府替代市场。那么，极其昂贵的代理成本，极大的外部性，必将导致极低的经济活动效率。

在私有产权制度中，私有企业的所有者拥有企业资产的剩余索取权，企业的所有者会因高效经营而受益，也会因低效或无效的经营而受损，即他必须承担"最终财务结果"，这对企业所有者有很强的激励约束效应。

在国有企业中，其资产所有权不属于任何个人所有，而属于全体公民所有，也就是说，没有任何个人能对企业的资产提出剩余索取要求。由产权的这一性质所决定，企业的盈利或亏损并不对它的所有者形成很强的激励和约束效应，因为每一个公民因企业的盈利所获取的利益和因企业的亏损而承担的损失是微乎其微的，这一微小的利益或损失与他们为获取这点利益或为避免这点损失而需要付出的代价相比，成本与收益的差距太大了。因此，公民作为国有企业的最终所有者，他们缺乏监督国有企业提高利润的激励。

作为国有资产产权代表的政府是否有这种激励呢？一般而论，政府应该是有这种激励的，因为国有企业经营效益的提高、利润的增加就意味着国有资产的扩张及社会福利的提高，这对于一个国家的政府应该有足够的激励效应。但问题在于，一方面，政府是社会生活的管理者，政府的最大化目标不是经济学意义上的"利润最大化"能够涵盖的，它有着更广泛的内涵。有时，为了其他目标，政府完全可能牺牲利润最大化这一目标。另一方面，从国有资产产权代表这一角度出发，假定政府的经济目标是利润最大化，但由于前面所述的国有产权制度中委托代理关系的高成本特征，政府也很难有效地监督每一个国有企业的行为都遵循利润最大化这一目标。

由于国有企业的最终所有者（公民）没有强烈的愿望去监督国有企业提高利润，而国有企业所有权的代表（政府）又缺乏有效的手段去监督国有企业提高利润，因此，利润最大化这一目标对于国有企业是很少有激励效应的。由产权制度的性质所决定，国有企业的经营者有更强烈的动机以及更大的可能去追求其他目标，致使企业行为偏离利润最大化目标。一个明显的例子就是，国有企业有着很强烈的投资冲动，因为产值的增长和企业规模的扩大一方面能增加企业管理人员的权力，同时也是他们晋升的重要条件。新的投资项目是否有效益，是否能盈利，不是首先要考虑的，因为对企业利润指标的约束是很弱的。美国产权经济学家卡尔特将这一行为称为"预算最大化"，以与私有企业的"利润最大化"相对照。一方面是大量的投入，另一方面是不符合市场需求的低效或无效的产出，资源不能被配置到效率最高的使用上，造成较大的资源浪费，并导致宏观经济总量失衡、结构失调，形成"短缺经济"特征。

在私人股份制企业，剩余索取权有一个重要特征，即它是可以转让或交换的，这对抑制代理人问题起到了非常重要的作用。国有企业的剩余索取权是否可以转让呢？以西方国有企业为例，其剩余索取权是否可以转让存在两种情况：一种情况是，国有企业的剩余索取权不可转让，这主要是国营企业和一些特殊的行业（国防、造币等），国家对这些国有企业拥有所有权和直接控制权。另一种情况是，在多数控股公司和参股公司，剩余索取权是可能转让或交换的，即可通过抛售或购买股票实行产权（股权）的交易。当然，在后一种情况下，政府对涉及产权（股权）变动的问题持谨慎的态度，是否转让剩余索取权，转让的比例为多少等，都须经过政府的批准和认可，国有企业不能自作主张。所以，这种剩余索取权的转让或交易一般是比较困难的。

从第一种情况看，剩余索取权的不能转让意味着这类国有企业不存在被接管的风险，因而不构成对经理人员的强约束。从第二种情况看，剩余索取权虽然可能转让，但受到一定限制，这对国家来说，有利于防止国有企业资产被任意出让以至流失；对企业经理来说，会形成一定程度的压力，因为剩余索取权的转让意味着企业经营不善以及与此有关的经营者能力低下。但与公司制企业相比，这种产权约束仍然是比较弱的。

此外，多层级的委托代理关系也导致了产权约束弱化。在一层一层的委托代理关系中，每一层级的委托方相对于代理方而言是国有资产的代表，但相对于上一层级的委托方而言，他又是代理方，直至最终的国有产权代表——政府。在这一过程中，产权约束逐渐弱化，国有产权越来越不形成对各级委托方行为的激励约束机制，委托方越来越不具有产权主体的行为特征。根据最大化行为假设，各级国有资产的代理者的行为一般不会遵循资产收益最大化原则，而是追求自身利益最大化。越是将国有资产分散化、多元化、细碎化，代理层级就越多，也就越容易为各级代理者将国有资产管理权、经营权作为谋求私利的手段提供条件。国有产权的最终主体——政府以及国有资产的最终所有者——公民要对这些代理人进行充分有效监督的成本又极高，所以代理者的机会主义行为很难约束。

第四节　企业的最优所有权结构选择

上一节介绍的企业产权结构理论也被称作企业的传统产权理论，因为它强调的是"现存'所有权'情形的分析方法"[①]。如果用委托代理理论的术语来描述的话就是，它只关注委托人是谁，不关注委托人应该是谁。即是说，在企业的传统产权理论中，委托人是外生的。本节介绍的企业的最优所有权结构选择理论讨论的则是"委托人应该是谁"的问题，它属于新产权学派的企业理论。在这里，委托人是内生的。

一、企业所有权的新界定

在企业的传统产权理论中，企业的所有权指的仅仅是剩余所有权。换一句话说，企业的传统产权理论仅仅将剩余索取权作为所有权的象征。在新产权学派经济学家哈特等看来，企业是由它们所拥有或控制的那些资产构成。在契约不完全的情况下，剩余控制权是所有权的核心内容。不同的剩余控制权安排会影响资产所有者各方的投资决策，契约达成以后也会对各方产生不同的激励，从而影响经济效率。这意味着，企业所有权不仅包括剩余索取权，而且还应包括剩余控制权。而且，在新产权学派看来，剩余控制权比剩余索取权更重要。

（一）剩余索取权

传统的剩余索取权概念是建立在所有权的法律定义的基础上的，认为占有权是所有权的一个特征，其经济后果是所有者可以拒绝那些不按他的要求使用资产的人使用其财产，这使得所有者能够获得并保留这项资产的剩余收益。正是在这种含义上，企业资产的所有者是企业剩余的索取者。

前面介绍的阿尔钦和德姆塞茨的"团队生产与企业产权结构的重要性"的理论对企业剩余索取权的由来进行了分析。该理论的核心观点是，由于团队生产的总产出是队员的合作产出，很难计算每个人的贡献并依据其贡献给付报酬，因此需要一个拥有剩余索取权的人来监督其他队员，以防止他们偷懒，提高团队生产的效率。

现代的剩余索取权概念是建立在不完全契约理论的基础上的。在完全契约下，每一种最终状态下的财富分配都在合同中有明确的规定，因此，不存在任何可以视为剩余的收

---

① 弗鲁博顿，芮切特. 新制度经济学 [M]. 姜建强，罗长远，译. 上海：上海三联书店，2006：422.

益。契约不完全则意味着存在剩余收益，当然，是正是负是不确定的。剩余收益是契约不完全性的内生特征，即当不同类型的财产所有者进入一个契约时，每个参与人在什么情况下可以得到多少收入并没有在契约中明确说明。完备的契约可以使所有契约当事人得到固定的合同收入，但不完备契约却不可能做到这一点。就企业契约而言，可以规定所有企业成员都是剩余索取者（即剩余分享制），但不可能规定所有企业成员都是固定收入的索取者。这就是剩余索取权的由来。

（二）剩余控制权

剩余控制权是相对于契约条款明确规定的特定控制权而言的，是契约条款遗漏或未加规定的权利。哈特（1995）将剩余控制权定义为"可以按任何不与先前的合同惯例或法律相违背的方式决定资产所有用法的权利"。

作为所有权核心内容的剩余控制权也是建立在现代不完全契约理论的基础上的。格罗斯曼和哈特把所有的契约权利分为两类：特定权利和剩余权利。特定权利是在契约中明确予以规定的权利，比如利润分成比例、交货时间等。所谓剩余权利，就是初始契约中没有规定的所有权利，即剩余控制权。例如，通用汽车公司与费舍车身公司之间的契约，可能没有提及费舍车身公司机器维护政策的某些方面，或者可能没有规定该公司生产线的速度，以及每天的换班次数，或者也可能没有规定通用汽车公司的生产程序是否可以加以调整以便更加容易地接受费舍车身公司的投入。如果契约是完全的，确立了在未来每一项有关的不测事件中每一方应尽的义务，以及每一项事件发生后收益的分配方法，那就没有剩余控制权可言了。这一完全契约只是相对于简单的交易而言是适用的。因为完全契约可以不费成本地确定每一项情况下的适当的行为和收益分配，用准确的条款表达，契约各方都能竭尽全力遵守契约中的每一项条款。对于复杂的交易来说，这是不可能的。在复杂的交易中，设想不发生意外情况的契约是不可能的，列举包括所有意外情况的契约条款并完全精确地表达出来也是不可能的，契约总是不完全的。由于契约不可能列举和描述未来可能发生的情况，因而签订一个把所有尚未指定的控制权给某个个人的不完全契约，拥有很大的节约成本的优点，即保留剩余权利的契约可以降低交易费用，而要签订只包括特定权利的契约则导致交易费用高昂而不可能。正如米尔格罗姆和罗伯茨所说："将所有没有通过合同分配的控制权赋予某个个人，这种制度安排使得就每一个意外事件进行谈判和达成协议成为不必要，从而具有巨大的节约成本的优势。"① 在契约不完全的情况下，谁拥有契约未完全规定的权力呢？显然，只有资产的所有者才拥有这项权利，即资产所有者可以按任何不与先前的合同、惯例或法律相违背的方式决定资产所有用法的权力。所以，哈特干脆把所有权定义为剩余控制权。

（三）剩余索取权与剩余控制权的搭配

从一般意义上讲，对于任何稀缺资源，都必须界定对该资源的剩余控制权和剩余索取权，并使它们对称分布。如果两者被结合在一起并落在同一主体上，那就是一个完整的产权。完整的产权才有稳定的性质。把剩余控制权和剩余索取权结合在一起，就可以让决策

---

① 米尔格罗姆，罗伯茨．经济学、组织与管理［M］．费方域，译．北京：经济科学出版社，2004：308.

者承担决策的全部财务后果。有收益权而无控制权的人会不计资源损耗的代价去追求收益；有控制权而无收益权的人会不思改进控制方法或滥用控制权。所以，剩余控制权与剩余索取权的对称分布是实现资源有效配置的必要条件，也是所有权的激励效应的关键。

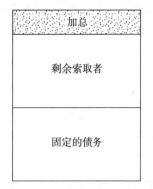

图6-4　剩余索取者的价值与企业价值的关系

假设在某项交易中有几个人共同提供劳动力、投入实物性资产，等等。如果其中部分人得到合同规定的固定数额的报酬，并且只有一个剩余索取者，那么，最大化该剩余索取者获得的价值，等同于最大化所有各方获得的总价值（见图6-4）。如果剩余索取者也拥有剩余控制权，那么，通过追求他自己的利益、最大化他自己的利益，剩余索取者就会做出有效率的决策。当单个个人可以既拥有剩余控制权，又得到剩余收益时，他做出的剩余决策一般是有效率的。相反，如果做出决策的一方只负担决策引致的部分成本或收益，那么，他就会发现忽视某些这种效应符合他的个人利益，从而常常导致无效率的决策。

剩余权利和剩余收益搭配的观点，解释了我们现在熟悉的汽车的所有者和租车人所面临的激励问题。租赁交易的一个重要特征是"绩效的度量非常困难"：实际上，在任何特定的租赁中，都不可能准确地确定汽车的价值磨损了多少。因此，租赁公司无法根据实际成本收费。相反，它根据它能够观察到的现象（如租用的时间、行驶的里程和明显的碰撞损坏等）确定收费标准。这样的收费必然无法全面地反映出每次使用的实际情况和所产生的影响，因此，小心地使用汽车不会完全得到酬劳而粗心的使用也不会支付应该付出的费用。决定资产如何实际使用的人即租车人，拥有（暂时的）剩余控制权，但不是剩余索取者。相反，一辆汽车的所有者，则既拥有剩余控制权，又获得剩余收益。如果你没有保养好你自己的汽车，那么，汽车提供的服务质量就会不断下降，最终可索要的卖价也会降低，作为汽车的所有者，你将承担这一切。对于更一般的资产，只要绩效度量是不完善的，没有得到剩余收益的使用者，就不可能以价值最大化水平的关切去维护它的价值，也就更不可能去增加该资产的价值。

剩余控制权与剩余索取权为什么要结合在一起，哈特提出的理论根据主要有如下几点[①]：

第一，如果剩余控制权与剩余索取权是分离的，那么将会造成套牢问题。假定一方拥有对一项资产的控制权，另一方拥有大部分的收入权（其中收入是可证实的），那么，前者几乎不具有任何激励开发使用资产的新方法，因为大部分的收益都归后者。相应地，后者也几乎不具有任何激励开发有效运作资产的方法，因为他必须就实施该方法的权利与前者协商，而谈判是有成本的。实际上，控制权与收入权是高度互补的，根据严格互补性资产应该统一可配的原理，把它们配置给同一个人是合理的。

第二，在有些情形中，也许不可能对资产收益流的全部方面作出度量（或证实）。例如，假定资产的收益由两部分组成，即来自当前活动的短期收入和资产价值变化的长期收入。可以推断，长期收入应归于拥有控制权的人，因为这种收入的实现依赖于控制权的合

---

① 哈特. 企业、合同与财务结构 [M]. 费方域，译. 上海：上海三联书店，1998：77-78.

理运作。现在假定，前一种收入即短期收入，作为一项"高能"激励合同的一部分，将分配给操作资产的工人（工人没有控制权）。这样，工人将追求当前产出最大化，而不管资产长期价值的变化。他可能忽视对资产的维修，甚至可能滥用资产。如果把短期收入权与控制权捆在一起，工人就会在增加当前产出的活动与增加资产重置价值的活动之间平衡他的时间。

第三，在有些情况下，剩余索取权和剩余控制权的分离可能是行不通的。假定小商品生产者 A 与 B 达成一份事前契约，A 同意把其经营所得净收益交给 B。但是，无论契约内容如何，A 都能够利用其作为所有者的事后权力把大部分利润留给自己。A 做到这一点的一种方式是拒绝出售任何小产品，直至 B 同意放弃他相当一部分的利润份额。另一种可能性是，A 只按名义价格出售小产品，而让购买者以某种其他方式来补偿他，如要求买方按高价购买 A 的其他产品。在这两种情况下，结果都是，A 由于拥有剩余控制权，所以他获得了小商品销售的大部分利润。

第四，两者分离还会导致公司控制权市场的低效率。特别是，这种分离——也就是对"一股一票"的偏离——可能使得具有较高个人利益但较低总价值的经理班子，在与个人利益较低但却可为全体股东创造较高价值的经理班子的接管竞争中获胜。例如，在公司拥有不同投票权的数个种类的股票的情况时，就可能使为股东生产较低公共价值但却取得大量私人价值的竞争经营班子通过对代表公司一小部分股息流量的股票支付溢价，从优良的在职经营者，即具有高公共价值和低私人价值的在职经营者手中攫取控制权。如果前者是在职经营者，那么他们能够通过对代表公司一小部分股息流量的股票支付高于竞争者的出价，而维持控制权。因此，背离"一股一票"规则会产生两种"错误"，即有些不应发生的控制权转移发生了，有些应当发生的控制权转移却没有发生。

二、企业最优所有权结构选择的原则

在重新界定企业所有权含义的基础上，哈特进一步分析了在不完全契约条件下，决定一项资产由谁拥有为什么是重要的问题及其基本原则。

在完全契约条件下，财产为契约的任何一方所拥有，没有实质性的差别。但在不完全契约条件下，由契约的哪一方拥有财产就不再是等价的了。

设想这样一种情形：甲想利用最初是乙的一台机器。这里存在两种方案：一是甲从乙处买下这台机器，二是甲从乙处租用这台机器。如果租赁契约可以精确地规定甲何时和如何使用这台机器、机器出了故障如何处置等，也就是说，在租赁契约中可以囊括一切相关事务，那么，是租赁还是买进并不会产生效率方面的差异。但是，在存在签约成本的情况下，租赁契约是不可能完全的。那么，当契约遗漏的情况发生时，由谁来决定机器的使用和处置？哈特的回答是机器的所有者。

首先，哈特从法权的角度认定，所有权是权利的来源。当契约中出现未对机器使用的某些方面做出规定的情形，那么，机器的所有者拥有该机器的剩余控制权，即可以按任何不与先前的契约、惯例或法律相违背的方式决定机器所有用法的权利。在哈特之前，自由主义的经济学家和法学家曾宣称，契约是权利的不言而喻的根源，只有契约才能证明相关的权利是得到义务人同意的，因而是非强制的。非契约的权利则来源于权威和强势。哈特在不完全契约的框架下，对自由主义的这一传统观点进行了重大修正。在哈特之前，权利与权力、契约权利与非契约权利是分开运行的，人们看不到它们之间内在的关联性。但在哈特那里，特定权利是在契约中明确规定的，因此特定权利来源于契约；剩余权利虽在契约中没有明确列出，但仍然是契约的一个组成部分，而它的来源则是财产所有制。由于财产所有制的强制性，剩余权利也具有相应的强制特征。哈特用不完全契约实现了两种权利的整合，揭示了契约和财产制度之间的耦合机制——契约不完全时，财产制度便决定剩余权利的安排。契约是不可能完备的，因此，所有权总是重要的。

其次，在契约不完全时，将剩余控制权配置给财产所有者是有效率的，这是所有者行使剩余控制权的经济根源。财产作为一种财富形式，容易受到"虐待"。如果剩余控制权配置给非所有者，那么，剩余控制权持有者虐待财产的机会主义行为就难以遏制，财产价值便会加速地损耗。这种情形在我国国有企业实行的承包制度中，已经得到充分印证。承包人对国有资产享有事实上的剩余控制权，这种安排导致掠夺性使用国有资产和其他短期行为的盛行，从而使得承包制难以为继。

在租赁契约中，将剩余控制权配置给所有者，以一种"自然"的方式有效地解决了财产监护人的问题。哈特同时指出，作为汽车的租赁者，也将拥有一部分剩余控制权，但重要的是所有者是否拥有在经济上最为重要的剩余控制权。哈特是通过比较租赁和所有之间的差异来阐述这一思想的。对耐用资源（如机器）而言，甲从乙处购买比甲从乙处租用更常见。如果甲拥有该机器，那么，甲将得到全部的剩余控制权。如果机器出了故障或者需要改装，甲就可以确保机器迅速得到修理或改装，就可以继续用它来进行生产。由所有者行使剩余控制权，就会形成一种激励，促使甲去保养机器、学习操作方法，并购置可以与该机器产生协同作用的其他机器等。如前所述，哈特的这一思想，阿尔钦和德姆塞茨在1972年的文章中也表述过。在古典企业中，企业的出资人、监控者和剩余索取者三位一体化，一个重要原因就是让所有者在场监控耐用资源的使用成本更低。耐用资源的使用会产生折旧，而折旧的大小取决于仔细使用的程度，滥用会引起更大的折旧。假定通过观察使用方式比观察资源被使用后的状况更容易监察资源是否被滥用，那么，耐用资源发生的折旧在其所有者在场监控时就比其不在场时更低。所以，耐用资源一般都是拥有而非租用。将这一分析加以提炼就是，在存在签约成本的情况下，租赁与所有就不再是等价的。在契约不完全时，契约的绩效取决于契约中权利安排的合理性，而衡量权利安排是否合理则主要看是否尊重财产所有者的权利。

以上分析是按照这样一种逻辑，即财产的所有者是给定的，而剩余控制权安排则可以"选择"。分析的结果表明，由所有权决定剩余控制权的归属既是法权上的强制使然，又是经济上的优化选择。但是，在分析方法上，上述逻辑还可以"颠倒"过来，即假定事实上的剩余控制权是既定的，而资产由谁拥有可以"选择"。哈特依照这一逻辑寻求最佳的资产所有者，并把它概括为最优所有权结构选择问题。

如何确定最佳的资产拥有者？哈特给出并简单证明了如下原则：

第一，谁应该是资产的拥有者取决于其投资决策对所有权结构的弹性大小。在这里，投资决策指的是努力探求如何使资产更具生产力，或者如何监管资产的办法。一般来说，投资决策对所有权结构弹性大的一方拥有资产是有效的。如果某一方的投资决策对激励不敏感，那么将所有权给予他就是没有意义的。一项资产的生产力对使用它的各类人员来说，具有不同的意义，依赖于该资产的利益得失可能存在明显的差别。因此，同一项资产可能被赋予不同的价值。在这种情况下，资产应该由其利益与该资产相关的一方拥有。例如，在城市里营运的客车，不考虑其他条件制约时，究竟是选择由司机拥有还是由乘客拥有？乘客的利益在于快捷方便，但乘客只是匆匆过客，与任何一辆特定的客车都不会形成利益攸关的关系。如果由乘客拥有客车，他们的投资决策不会对所有权的这种安排做出敏感的反应，他们不会或无法增加维护汽车能力的投资。相反，司机拥有更多的剩余控制权，但如果客车不由他拥有，那么他就会减少这方面的投资。由于小心地使用得不到完全的奖励，粗鲁地使用也得不到完全的惩罚，客车的价值就会因使用不当或投资不足而迅速萎缩。反过来，如果由司机拥有客车，那么，司机对客车的投资所带来的增量收益将为司机独占，因此，司机会有更大的激励进行投资。也就是说，司机的投资决策对于所有权的这种安排是敏感的，而乘客的投资决策对于是否拥有客车几乎是无弹性的。比较的结果显示，客车应该由司机拥有而不是由乘客拥有。

第二，资产应该由谁拥有取决于谁的投资更重要、谁的投资具有更高的边际生产力。一个组织中的低层雇员通常在组织中不会拥有重要的所有权。因为，低层雇员所做的只是日常工作，通过给予这些雇员所有权来激励他们，在提高生产率方面的作用是有限的。相反，把稀缺的所有权配置给重要的高层人物以激励他们投资，将会收到更大的投资效果。考虑到人力资本的差异，资产由人力资本高的人员拥有，将会产生更大的生产力。假设甲有一块土地并种植庄稼，但可能他并不是一个耕作能手。他预期扣除劳动力和其他成本后每年能净赚 300 元，将其短期收入流量折成现值若为 3000 元，即可视作土地转让价格。假设乙能比甲更有效地使用土地，他预期扣除劳动力和其他成本后每年净赚 600 元，同一块土地，计算的现值为 6000 元。那么，这块土地就应该由乙拥有并耕种。土地所有权的转让并不需要强制，只要转让价格在 3000 元到 6000 元之间，那么这种转让就会使双方都得益。因此，转让所有权完全可以以双方自愿交换的形式来完成。谁是资产的所有者可以通过市场来"选择"。

第三，资产应该由谁所有取决于运作资产的专门知识为谁拥有以及这种知识的转移成本的高低。专门知识是相对于一般知识而言的，运作资产的专门知识（专有知识）包括个人的特殊技能、偏好，特定机器的专用性知识，特定的未利用资源或存货的知识，以及套利机会的知识等。资产应该由拥有运作资产的专门知识的人所有，主要在于资产的生产力在很大程度上取决于决策权与运作资产的专门知识的匹配。决策权是指决定并采取行动的权利。决策权是拥有资源的个人做出决定和采取行动的"权力"的基础。有两种途径可以使知识和决策权匹配：一种是将知识转移给具有决策权的人，另一种是将决策权转移给具有知识的人。但是，将知识转移给具有决策权的人要看知识的转移成本的高低。转移是指有效的转移，而不仅指信息的交流。单纯地买本书，知识并不能有效地转移给购书者。转移涉及人的大脑的储存和处理能力，以及输入和输出信息的能力。而且，知识的转移不是瞬间发生的，它需要人们花费时间去吸收信息。这个过程的代价是很高的，对于某些决策来说，这类成本很高，甚至包括机会的完全损失。一般而言，一般知识的转移成本是比较低的，而越是专门知识，其转移成本就越高。这样，当转移专门知识的成本高于转移决策权的成本时，选择有专门知识的一方作为资产的所有者就会有效率。

第四，高度互补的资产应该被置于共同所有权之下；而如果资产是相互独立的，那么它们就应该被分开拥有。互补性资产的共同所有为防止"敲竹杠"行为提供了一个方法。由于资产严格互补，契约各方均没有可供选择的交易伙伴。由于契约是不完全的，因此很难在初始契约中明确规定可供执行的相关条款。即使事后的重新协商可以缓解不对称信息的问题，但交易收益的分配也将受到双头垄断结构的制约而互不相让。如果双方事前预期到这种争议，那么他们都可能不愿意作专用性投资。克莱因、克劳福德和阿尔钦（1978）探讨了当一项资产从属于其他的投资要素时存在的潜在的掠夺问题。他们研究了多种避免这种掠夺的契约形式，其中有两种长期契约的形式可供采用：一种方法是从法律上由外部机构执行的陈述清晰的契约。另外一种可供选择的方式是由市场来执行的，规定不很明确的契约。这种契约规定如果发生了机会主义的行为，则取消以后的业务。他们发现，准租金中的掠夺部分越小，契约的签订者就越会依赖于契约关系来解决问题。他们的中心论点是，如果一项资产具有相当大比例的、非常依赖于另外一项资产的准租金，那么这两项资产就应趋向于为一方所有。乔斯科研究过对位于煤矿附近的发电厂治理的所有权安排。这类资产是高度互补的，所以毫不奇怪，他发现了以垂直合并形式出现的所有权的安排。

独立的资产应该被单独地所有。考虑有许多买者和许多卖者相交易的标准竞争市场，通常认为，在这样的市场上，非合并状态就是一种有效率的安排。假定有一所大学，还有向该大学供应电脑的一家电脑公司。如果大学和电脑公司不能就电脑的价格和质量达成协议，那么他们各自就可以相当容易地转向另一个交易伙伴。因此，非合并状态可以产生近乎最佳的结果。但是，如果该大学买下该公司，那么大学就可能剥夺电脑公司管理者及其普通员工的创造性活动的部分报酬。这样一来，电脑公司在这类活动上的投资就会不足。因此，如果运作资产的知识不相兼容，那么这两类资产的所有权合并只会造成相当大的成本，不会带来任何利益。

三、GHM 模型与企业最优所有权结构选择

下面通过一个简化的 GHM 模型[①]来进一步介绍哈特的最优所有权结构选择理论。该模型假设有两个代理人，在合约不可能完全的条件下，其中必有一方应该拥有"剩余控制权"，以便在那些未被初始合同规定的或然事件出现时做出相应的决策，这个拥有控制权者是更有积极性进行关系专用性投资的代理人。为了便于理解其主要含义，我们先讨论合约完全的情况，然后再讨论合约不完全的情况。

（一）信息对称下的完全合约

在信息对称条件下完全合约是一个能使合约双方确定一个合约商品的价格，关系专用投资者根据这个价格确定利润最大化的投资水平的合约。其基本模型可以简单地表达为，假设存在 A 与 B 两家企业，A 企业生产中间产品出售给 B 企业，B 企业从 A 企业购买中间产品生产最终产品在市场出售。在 T_0 期，B 投资 i，如果能与 A 交易，则在 T_1 期产生的总收益为 R（i）；由于这种投资属于专用 A 的关系投资（只对其交易伙伴 A 有用），因此

---

① 由格罗斯曼、哈特、莫尔（Grossman and Hart, 1986；Hart and Moore, 1990）共同开创的"所有权—控制权"模型，简称 GHM 模型。

该投资成为沉没成本。根据投资效率递减原理，有 $R>0$，$R'>0$ 和 $R''<0$；再假设 A 的生产成本为零，则总收益最大化的一阶条件为：

Max $R(i)-i$

令 $d/di[R(i)-i]=0$，得

$R'(i)=1$

以 i^* 表示满足上面条件的最优投资水平，p 为合约产品的市场价格，则当投资 $i=i^*$ 时以均衡价格 p^* 成交，才能保证交易双方都获得正利润。由于信息是对称且合约是完全的，事前规定合约产品价格 p。若 A、B 企业利润分别为 r_1、r_2，则有 $r_1=p$，$r_2=R(i)-i-p$；B 企业是按利润最大化原则确定其投资，则有 $r_2=R(i)-i^*-p$。这样，在投资水平既定的条件下，$i=i^*$，双方的利润都取决于合约产品的价格 p。如果这个价格是在 T_0 期通过合约确定的，在其他条件不变的情况下，专用投资水平会达到最优，预期双方都能获取正利润，交易会在 T_1 期产生，或者说双方会履行合约。然而，这样的合约会遇到以下难题：

其一，B 在 T_0 期做出了关系专用投资且形成沉没成本。在生产中间产品的企业不存在竞争即只有 A 的条件下，因 A 企业没有成本，即 A 企业没有进行关系专用投资而使 A 企业的谈判力增强，甚至可能要挟停止履行将产品出售给 B 的合约，B 企业只好与 A 企业重新谈判议价。价格水平的高低取决于双方的谈判力。由于 A 企业的谈判力占绝对上风，价格 p 会升至等于全部利润。换言之，$r_1=p=R(i)-i^*$，$r_2=0$，即 B 的利润为零，导致 T_1 期不发生交易。换言之，在信息完全对称条件下，B 企业可以预料到包括预期利润为零在内的所有可能发生的情况。因此，在 T_0 期 B 就不会做出投资决策。

其二，与上述的情况相反，如果中间产品市场存在竞争，除了 A 企业外市场上还有其他许多企业。这样，B 企业就可能要挟 A 企业，直至可能出现价格降为零，则 B 企业可获得全部利润而 A 企业利润为零，即 $r_1=p=0$，$r_2=R(i)-i^*-0=R(i)-i^*$。因 A 企业能预期到利润为零，A 企业不会生产任何中间产品，在 T_1 期便不可能与 B 有交易发生。B 企业也能预期到这一情形故不会在 T_0 期进行投资。

其三，在 A 企业存在竞争者的情况下，由于产品质量的事后不可验证性，B 企业可能以 A 企业的产品质量不符合要求为由拒绝执行合约。

从上述三个难题中可以看到：首先，即使在完全且对称信息条件下，也难以签订一份确保合约双方都能执行的合约。这与经典的委托代理理论的完全合约形成鲜明的理论差别。因为委托代理的合约是建立在委托人与代理人之间的信息不对称前提下，存在代理人的"隐藏行动"和"隐藏信息"等问题，委托人需要事前设计一个完全合约或称最优合同来解决代理问题，而这一合同已规定了几乎所有的或然事件及应对策略，故委托代理理论是不需要事后再谈判的完全合同。其次，进一步地看，因存在事后的讨价还价余地，合约就不可能是完全的，这就是哈特所强调的在现实中合约是不完全的，并且无时不在进行修改和重新协商。简而言之，需要随时间的推移而不断修订或重新商定的合约是一个不完全合约。最后，不能事前签订一份完全合约是因为专用投资导致的机会主义行为性质的"要挟"（即"敲竹杠"问题）。

（二）信息对称下的不完全合约

A 企业的谈判力占绝对优势致使 B 企业的利润为零，这是极端的假设。若放宽这一假

设，即假设 A 企业的谈判力增强但中间产品的价格不至于高到占有全部的利润，这样 B 企业预期有一定的利润就会做出投资决策。现在的问题是，A 企业生产的中间产品能否满足 B 企业的要求或有什么机制来保证 A 企业的产品质量，他们能否在事前签订一份完全的合约来解决这些问题。实际上，这样的合约是不可能签订的。因为，在生产过程中，不可避免有不可预知的事情发生，事前不可能对合约产品的质量做完全规定，价格只能通过事后重新谈判解决。就是退一步来说，合约产品的质量和投资水平在事前是可以预见与可观察到的，也还会有不可为第三方验证的项目。总之，合约的不完全性是肯定的、不可避免的。这实际上是一个信息对称下的不完全合约模型。

现在假设合约双方在 T_1 期可以根据具体情况重新谈判，以决定合约产品的价格和收益 R(i)、利润 r_1 与 r_2。从前文已知，首期投资由于其关系投资性质成为沉没成本，如果卖方的机会主义行为以停止交易为要挟致使买方只能以极高的价格成交，这样买方利润会降低甚至可能为零。客观地看，这一停止交易的行为对卖方来说是意味着停产其利润也为零。所以，不发生交易或不履行合约的结果将导致合约双方都遭受损失。因此，合约双方将会进行投资并在事后谈判时其中一方做出适当的让步。这样的博弈对双方都是有利的。就是说，卖方会做出让步以保证买方有正利润，即在 T_1 期有可能进行交易。至于交易后的利润 r_1 与 r_2 的大小，则取决于双方的谈判力。如果双方均有关系专用的投资且都存在竞争者，那么博弈的结果就会是"事后双边垄断"，即双方谈判力相等，对利润分配的结果是"对半"（50：50）分成。因此，价格 p=R(i)/2。买方 B 企业的利润：

$$r_2 = R(i) - i - p = R(i)/2 - i$$

显然，r_2 取决于 i，买方 B 为了利润最大化，在事前（T_0 期）决定其投资水平。其最大化的一阶条件为：

$$\text{Max } R(i)/2 - i$$

令 $d/di[R(i)/2 - i] = 0$，得

$$R'(i) = 2$$

设满足这个条件的投资为 i_0，它比假定 R″<0 时的最优投资 i^* 少，由于 R>0 和 R′>0 时投资太少，没有效率。无效率还将会出现在分配决策不是 50：50 的情况，如果卖者获得正利润的话。从这里得出的一个结论是：即使事后谈判议价，且其中一方做出让步，让交易能够进行，仍然存在"专用资产投资不足"的问题。专用资产投资不足导致整个市场效率的低下，并减少总收益及各自的利润量。

(三) 不完全合约模型的产权安排

如何解决合约不完全性引起的事前投资不足和市场效率的损失呢？GHM 模型从产权或所有权结构来解释这一问题，因为所有权安排的意义就在于使事前投资扭曲最小化。换句话说，GHM 模型研究的就是最优或最佳的所有权结构应该是什么。

哈特等认为，上述问题通过将 A 企业和 B 企业"一体化"，即买者和卖者合并就可以得到解决。由于事后议价导致的投资不足表现为合约产品的价格不能满足 p=p* 的条件。因此，合并的具体方式可以是买者将卖者买入，即 B 付给 A 的所有者相当于 p* 的价格收购兼并 A，然后以固定工资雇用 A 的所有者，让 A 成为 B 的一个专门生产中间产品的部门。这样，B 可以通过直接监督 A 的专用投资，避免投资水平和产品质量不可证实、不能

对第三方（比如法院）提出证据和"要挟"等问题。因为 B 作为企业的所有者，他可以随时解雇 A 而雇用其他人从事中间产品的生产；在被解雇的"威胁"条件下，A 会按照 B 的要求投资和生产，从而企业合并解决了事前投资无效的难题。如果 A、B 双方都做出关系专用投资，且在重要性上是无差别的，或者 A 的关系专用投资更重要，则反过来，由 A 收购 B，获得同样的结果。那么，凭借什么标准来判断应该由谁来收购谁，或者说，谁来当合并后企业的老板？在假设 A、B 都进行人力资本投资（假设关系专用投资都是人力资本投资），同时又都拥有物质资产的情况下，它实际上涉及了选择什么样的所有权结构问题。

在 GHM 模型中，着重讨论了三种主要的所有权结构。一是非合并型，即 A 和 B 分别拥有自己的物资资产。二是一类合并，即 A 拥有全部物质资产。三是二类合并，B 拥有全部物质资产。其中，一类合并和二类合并是两种不同的一体化形式，即两种不同的合并类型，或者称两种类型的所有权结构。比较两种合并形式下专用投资的大小，如果哪种形式带来的总收益最大，哪种合并类型的所有权结构就更有效。GHM 模型分析的基本结论是，如果 B 企业的人力资本投资是最重要的，则一类合并是最优的所有权结构；如果 A 企业的人力资本投资是最重要的，则二类合并的所有权结构是最优的。原因是，互补资产应为一人所有才有效率，因为这能避免"要挟"带来的效率损失。人力资本所有者不能成为企业的所有者，是因为合并交易中的签约双方被认为是人力资本与物质资本的混合体，由于禁止奴隶制，人力资本所有权是不可转让的，因而被购入的只有物质资产能被置于合并所有权之下。[①] 这一解释还在一定程度上回答了科斯提出但未加论证的企业中的"权威"的来源问题。由于人力资本与非人力资本结合形成企业，离开企业后人力资本原有价值受到破坏，因而人力资本受到"威胁"，所以非人力资本所有者可以控制人力资本，这就是哈特所谓企业"权威"的来源所在。

既然双方都既拥有人力资本和物质资本，在 B 企业收购 A 企业（或 A 收购 B）后，B 企业（或者 A）成为企业所有者，A 企业（或者 B）为什么不能是所有者呢？原来，人力资本是有不同类型的：具有决策权的人力资本比之属于技术性的人力资本有不同的重要性。一般而言，高层管理者的人力资本对企业价值的创造更重要，因为把所有权赋予雇员，虽然他们也有人力资本，对企业价值的提高不会有多大作用。如果双方的人力资本不是关系专用的（互补的），或者物质资产属于竞争性的，合并的费用可能大于市场交易费用，则非合并型所有权结构是最佳的。

（四）简要的总结

上面的简化的 GHM 模型显然具有重要的价值，它几乎包含了前面介绍的新产权学派理论的所有重要的观点，如：第一，契约的不完全性；第二，由于契约的不完全性，考虑到事后可能遭到交易对手的"敲竹杠"，需要投入专用性资产的一方，事前不可能进行专用性资产投资。为了减少专用性资产投资的不足，最优所有权结构选择就是重要的，它是

---

① 哈特认为，只有在物质资产的意义上定义企业，才能正确理解企业的并购。因为人力资产合法地属于个人所有，所以，如果一个企业兼并另一个企业，只能是兼并非人力资产。兼并方必须有某种类似于"黏结物"的价值来源，即物质资产，以便"黏"住被兼并企业的工人。

"最小化投资扭曲的激励性工具"；第三，最优所有权结构选择包含一些重要的原则，如高度互补的资产应该被置于共同所有权之下，资产应该由谁拥有取决于谁的投资更重要、谁的投资具有更高的边际生产力；等等。

基本概念

　　企业契约；市场契约；团队生产；中心签约人；选择性干预；高能激励；低能激励；业主制企业；合伙制企业；公司治理；国有企业；剩余索取权；剩余控制权

复习思考题

　　1. 科斯和张五常的企业性质观各是怎样的？
　　2. 阿尔钦和德姆塞茨如何看待企业的性质？
　　3. 市场治理与企业治理的权衡模型有哪些内容？
　　4. 什么是治理结构的维度化分析？
　　5. 团队生产理论是怎样解释企业产权结构化的重要性的？
　　6. 公开发行股票的公司存在的主要问题及其治理机制是什么？
　　7. 企业所有权的构成有哪些？怎样理解？
　　8. 企业最优所有权结构选择的基本原则有哪些？

本章练习题

一、单项选择题

　　1. 科斯认为，建立企业有利可图的主要原因是利用价格机制是有成本的，这种成本至少包含三个方面的成本，但除外的是（　　　）。

　　A. 发现相关价格的成本　　　　　　　　B. 企业内部的管理成本
　　C. 谈判和签约成本　　　　　　　　　　D. 利用价格机制的其他不利成本

　　2. 不适合使用计时工资的情况是（　　　）。

　　A. 工人的活动经常变化　　　　　　　　B. 协作劳动
　　C. 铺设地板　　　　　　　　　　　　　D. 零部件经常变化，每一种零件产量很少

　　3. 将企业的出现视为要素市场代替产品市场，以及一种契约形式代替另一种契约形式的是（　　　）。

　　A. 科斯　　　　　　　　　　　　　　　B. 威廉姆森

C. 张五常　　　　　　　　　　　　D. 阿尔钦和德姆塞茨

4. 根据团队生产的定义及理论，以下属于团队生产的是 （　　）。

A. 一个老板雇用若干工人生产皮鞋的工厂

B. "一个和尚挑水喝，两个和尚抬水喝，三个和尚没水喝"中的三个和尚

C. 演奏莫扎特音乐的小提琴四重奏

D. 共同设计一辆新车的 20 个工程师

5. 经济社会中最主要的四种组织形式中，激励强度最高的是 （　　）。

A. 企业　　　　　　　　　　　　　B. 混合组织

C. 市场　　　　　　　　　　　　　D. 官僚组织

6. 经济社会中最主要的四种组织形式中，协调性适应程度最快的是 （　　）。

A. 企业　　　　　　　　　　　　　B. 混合组织

C. 市场　　　　　　　　　　　　　D. 官僚组织

7. 以下企业形式中，不存在共同所有权问题的是 （　　）。

A. 合伙制企业　　　　　　　　　　B. 股份公司

C. 业主制企业　　　　　　　　　　D. 国有企业

8. 不关注委托人是谁，而关注委托人应该是谁的理论是 （　　）。

A. 企业性质理论　　　　　　　　　B. 委托代理理论

C. 企业边界理论　　　　　　　　　D. 企业的最优所有权结构选择理论

9. 以下企业形式中，不存在由所有权和控制权相分离引起的代理问题的是 （　　）。

A. 合伙制企业　　　　　　　　　　B. 不公开招股公司

C. 国有企业　　　　　　　　　　　D. 公开招股公司

10. 根据新产权学派观点，企业所有权是指 （　　）。

A. 剩余控制权　　　　　　　　　　B. 特定权利

C. 剩余索取权　　　　　　　　　　D. 剩余索取权与剩余控制权

二、多项选择题

1. 在科斯看来，企业契约有不同于市场契约的新特点，以下属于的是 （　　）。

A. 市场契约是完全的，企业契约是不完全的

B. 市场契约是短期契约，企业契约是长期契约

C. 市场契约是新古典契约，企业契约是关系型契约

D. 市场契约是平等主体间签约，企业契约是企业家权威与其他要素签约

2. 团队生产是指这样一种生产，其中正确的是 （　　）。

A. 团队生产中使用几种类型的资源

B. 其产品是每一参与合作的资源的分产出之和

C. 团队生产中使用的所有资源不属于一个人

D. 其产品不是每一参与合作的资源的分产出之和

3. 市场治理相对于企业治理的优势是 （　　）。

A. 产生强大的激励

B. 易于建立不同治理手段，具有较强应变能力

C. 限制官僚主义无能

D. 汇集需求，实现规模经济和范围经济

4. 在威廉姆森的理论中，混合组织是指 （　　　）。

A. 市场治理　　　　　　　　　　B. 三方治理

C. 双方治理　　　　　　　　　　D. 统一治理

5. 根据威廉姆森的市场治理与企业治理的权衡模型，当资产专用性较小，即 k 较小时，应该选择市场购买，这是因为 （　　　）。

A. 企业内生产成本大于市场生产成本　　B. 市场生产成本大于企业内生产成本

C. 市场交易费用大于企业内交易费用　　D. 企业内交易费用大于市场交易费用

三、判断说明题

1. 说"企业"代替了"市场"并不完全正确，确切地说，是一种合约代替了另一种合约。

2. 当资产专用性的最佳水平极高时，无论从规模经济还是从治理成本上看，都是市场采购更为有利。

3. 与市场相比，企业总存在生产成本方面的劣势，因此纵向一体化形成的原因不是生产成本的差异，而是由于缔约困难等问题所产生的交易成本的不同。

4. 要保证团队生产的总产出大于分产出，经济组织必须解决一个重要的问题，即计量每个投入要素的生产率。

5. 完备的企业契约可以规定所有企业成员都是剩余索取者，但不可能规定所有企业成员都是固定收入的索取者。

四、计算与案例分析题

1. 根据威廉姆森的市场治理与企业治理的权衡模型，假设官僚治理成本与市场治理的成本差，即治理成本方程 $\Delta G = \beta(k) - M(k)$ 的具体式为 $\Delta G = \dfrac{5}{k} - \dfrac{k^2}{20}$，k 为资产专用性程度，且 $k<0$。再假设存在规模经济和范围经济时，企业自行生产与市场购买同样产品的静态成本差方程 ΔC 的具体方程式为 $\Delta C = \dfrac{1}{100+k} - \dfrac{1}{120+k}$。回答以下问题：

（1）计算当 $k=1$ 时 ΔG 和 ΔC 的值，这时应该选择什么样的治理结构？为什么？

（2）计算当 $k=7$ 时 ΔG 和 ΔC 的值，这时应该选择什么样的治理结构？为什么？

（3）计算当 $k=10$ 时 ΔG 和 ΔC 的值，这时应该选择什么样的治理结构？为什么？

2. 我国有句古话："一个和尚挑水喝，两个和尚抬水喝，三个和尚没水喝"，按照新古典生产函数理论，和尚（即投入的要素）越多，挑的可供饮用的水（即产量）应该越多。为什么会出现投入的要素越多，产量越少的情况呢？回答以下问题：

（1）用新古典生产函数理论，能不能解释上述现象？

（2）在新制度经济学看来，导致这一现象的主要原因是什么？

（3）需要通过什么样的制度安排才能使三个和尚有水喝？

3. 根据专栏 6-1 "山东首富自办电厂供电"，回答以下问题：

（1）魏桥集团为何要自行生产电，而不是去国家电网买电生产？

（2）魏桥集团自己生产电相对于去国家电网购买电更便宜，在这里，对他们自己生产和去国家电网购买电决策起主要的作用的是生产成本还是交易费用？为什么？

（3）威廉姆森的企业边界理论能否解释魏桥集团不去国家电网购电而是自己生产电？为什么？

第七章

国家理论

在新制度经济学看来，国家不仅是一种组织，而且是人类社会发展中最重要的组织。同时，国家又是一个制度综合体，还是法律、规章等正式制度的制定者以及社会习俗、文化、价值观和意识形态等非正式制度形成和演化的推动者。如果没有对国家的深入研究，就不能理解制度的产生与变迁以及由此导致的经济增长与衰退，更不能理解人类社会的历史与现实。正像可以用交易费用、契约和产权理论来探讨企业一样，国家也是如此。新制度经济学的国家理论涉及的主要内容包括：国家的起源与性质；国家的范围及其决定；国家的特征及其影响以及国家的类型与转型；等等。

第一节　国家的起源与性质

国家从何而来，具有怎样的性质？这不仅是经济学研究的问题，也是政治学、哲学、人类学、社会学和历史学等学科共同研究的问题。其中，哲学和政治学中的"社会契约论"是最早形成且影响巨大的国家起源与性质理论，新制度经济学家巴泽尔的国家是"使用暴力执行合约的单一的终极第三方论"是对社会契约论在经济学中的一种扩展，马克思和恩格斯的"掠夺或剥削论"代表的是国家起源与性质的另一种类型，诺思的"暴力比较优势及其潜能分配论"则是对"社会契约论"与"掠夺或剥削论"的综合和在经济学中的扩展。另外，奥尔森的国家起源与性质的"匪帮论"则为诺思的"暴力比较优势及其潜能分配论"中的比较优势来源提供了一个新的解释。

一、社会契约论

社会契约论最早是作为西欧新兴资产阶级反抗封建主义和中世纪神权的有力武器而出现的，其中以霍布斯和洛克的社会契约论最具代表性。就其实质而言，社会契约论并非完全基于历史资料的整理与归纳得出，它更多的是关于国家产生前的社会状态和国家产生过程的一种假设性描述。

（一）霍布斯的社会契约论

作为近代第一个系统阐述社会契约论的人，霍布斯在其1651年所著的《利维坦》一书中，将国家比喻成一个超级巨兽"利维坦"——传说中一种威力巨大的海洋动物。他认为，在国家还没有产生之前，人类生活的最初状态是一种"自然状态"，其特点是混乱无序和充满战争，即霍布斯称之为的"每一个人对每一个人的战争"的"霍布斯丛林"状态。之所以会出现这种状态，他认为是因为人性是恶的——自私自利、残暴好斗，在没有规则和秩序约束的自然状态下，人人都会随心所欲地行事。当人们因欲求同一事物而发生利益冲突时，竞争便会产生，加上没有公共权力来约束人们的行为，于是争斗和战争就变成了常态，人们的生命安全根本无法得到保障，时刻都会受到死亡的威胁。为了保全自我，有的先发制人，用暴力和武器来获得足够的权势。与此同时，因为没有评判是非的标准，公正与不公正都是不存在的，这无疑是最可怕的事情。

为了摆脱人与人相互厮杀的自然状态，避免同归于尽，霍布斯主张人们应该相互订立社会契约，交出每个人手中的自然权利，把它让渡给一人或多人组成的主权者（或称统治者、君主等）来统一行使，主权者利用人民所交给他的权力对外抵抗外来侵略，对内维护安定，这就意味着国家的形成。

按照霍布斯的看法，国家的本质就是"一大群人相互订立信约，每人都对它的行为授权，以便使它能够拥有按其认为有利于大家的和平与共同防卫的方式运用全体的力量和手段的一个人格"①。而国家一旦建立，就会成为一种"至高无上的权力"凌驾于社会之上，像利维坦一样不可战胜。由于国家的主权者的权力是人民授权的，权力一经交出无法收回，所以对于主权者做出的一切行为，人民应该无条件服从，这意味着主权者必定是专制的。

（二）洛克的社会契约论

洛克的社会契约论是在批评和修正霍布斯的国家起源与性质理论的基础上形成的。与霍布斯一样，洛克1690年在其《政府论》这部著作中也从"自然状态"来说明国家的起源，但他的自然状态不是"一切人反对一切人的霍布斯丛林"，而是人们和谐相处、没有战争、稳定有序以及没有权威的状态。

洛克的"自然状态"之所以不同于霍布斯的观点，主要在于，洛克并不认为人性是恶的而是善良的。正因为人们的本性是善良的，在处理相互关系时人们就会更为理性，用洛克的话说："理性就是这样的法则，他教导一切还愿意好好商量的人类，说一切人都是平等和独立的，没有人可以损害另一个人的生命、健康、自由权和财产。"这意味着，和睦相处就会成为自然状态下的常态。所以，即使没有权威，也可以保持稳定有序的局面，避免战争状态。

不过，洛克也意识到自然状态还是存在不足的。例如，当人们之间出现纠纷的时候，缺少一种大家公认的法律作为评判是非的标准，也缺少一个被大家认可的人来作为裁判者。这意味着，洛克眼中的自然状态固然美好，但并不能长久。

为了保障人民的权利，洛克提出了与霍布斯不同的国家性质的社会契约论。洛克强调

---

① 霍布斯. 利维坦 [M]. 黎思复，黎廷弼，译. 北京：商务印书馆，1985：132.

生命权、财产权、自由权是神圣不可剥夺的，他主张把这些权力掌握在自己手中，而将一部分权力转交给主权者。与霍布斯的规定不同，这里的主权者也是作为契约的一方，而不是凌驾于契约方之上的最高意志。这在一定程度上限制了主权人的权力过度膨胀，公民把权力让渡给主权者的同时，并要求其保障他们的合法权益。

对于让渡出的权力，他和霍布斯一样，主张权力一经转出不得收回，但他们之间却有着本质的区别。主权者作为契约一方如果损害了人民的利益或滥用权力违反了契约的规定，人民是可以反抗并且推翻它的，因为他们让渡的只是一部分权力，手中仍然掌握着反抗权，这相较于霍布斯具有一定的进步意义。为了防止主权者以权谋私，损害人民的利益，洛克明确提出了实行立法、执法和外交三权分立，杜绝权力膨胀的可能性。洛克的思想成为现代国家理论的重要源头，为西方民主政治奠定了基础。

二、使用暴力执行合约的单一的终极第三方论

在 2002 年出版的《国家理论》一书中，新制度经济学家巴泽尔也对国家的起源与性质问题进行了探讨。他和霍布斯一样，也假设在国家出现之前人类处于"自然状态"。自然状态中的人都是经济人，每个人对他的资产具有经济权利，即个人直接消费某一资产服务或通过交换间接消费这种服务的能力。个体追求个人最大化，即不论何时个人觉察到某种行动能增加他们权利的价值，他们就会采取这种行动，追求更多的经济权利价值。巴泽尔把权力定义为"强加成本的能力"，当每个人利用自己的技能和实力保护自己，攫取他人财富以获取资产的更多的价值时，就在行使权力把成本强加给他人。自然状态下，个体除了使用暴力或其他智慧和技能来获取新资产的经济权利外，当他们发现从相互合作中能获得资产收益时，他们也会进行相互合作。

巴泽尔认为，与攫取他人财富一样，合作也需要把成本强加给他人。与他人合作，签订合作协议就是将成本强加给合作的各方，但实施合作协议的方法是不同的。根据协议的实施方式，可以把人类行为分为两类：一是完全不涉及交换的行为（修理自己的汽车，种植自己的蔬菜）、那些涉及自我实施交换的行为以及那些使用非暴力手段来进行第三方实施的行为（教会资助的行为）；二是使用暴力的第三方所实施的行为（由合约规定的交换）。这第二类行为是国家产生的源泉，国家就是一个第三方协议实施者，它依赖专业化的暴力来实施协议，可以带来专业化的收益，降低协议实施的边际成本，故而在协议实施中具有比较优势。但人们并不是看到国家具有专业化的优势就会选择这个第三方实施，国家专业化的暴力同样带来了没收人们财产的威胁，要在暴力实施第三方承诺不没收人们的财产时，或者是人们已经建立了集体行动机制来控制暴力实施者没收他们的财产时，人们才会从这种实施中获益，才会选择这个使用暴力的第三方实施，进而国家才会产生。因此，国家起源于人们通过合作交换获取资产收益过程中实施协议、降低合作交易成本的需要，它是一个依赖暴力实施协议的终极的第三方。

"集体行动机制"这一概念是巴泽尔的国家起源与性质理论跟霍布斯和洛克的社会契约论的一个重大不同，即霍布斯没有探究在个人签订契约将自己手中的权力交给主权者（或统治者）前所需要的前提。按照巴泽尔的说法，这个前提就是"个体只会在他们建立了一种集体行动机制之后，才会配备一位统治者来保护自己。这种机制将降低统治者利用

保护组织没收他们财产的机会"①。

对于集体行动机制的特点和相关制度安排，巴泽尔也进行了深入的分析。如他提到集体行动机制的一个重要特点是，它拥有的权力要比保护者更大，当然，这一权力也只有在保护者试图接管的情况下才会使用。此外，委托人在控制保护者时还会施加限制，从而降低抵制保护者的成本。一个限制就是不允许保护者成为其业绩的完全剩余索取者。尽管他会因此没有激励来有效地完成工作，但是，他也不太会冒极大的风险，这是因为存在财富限制而不会承担所有的结果，而且，他也不会蓄积起足以接管的充足资金。为了更进一步地增加保护者的接管成本，他们只有一个短暂的任期。委托人也会限制所允许的保护者控制的武力数量，以及预算和预算处理方法。在经济的前提下，保护性的军事力量的分散化具有两个功能：一是减小任一保护者的权力；二是通过对每个军事力量的成本和收益进行更严密的监管，来提高效率。历史上，个体采取了精巧且代价高昂的步骤来避免被独裁者统治，并在巴泽尔所称的法治国成功地建立起了相应的集体行动机制，其中最典型的事例就是发生在 13 世纪的导致英国大宪章产生的历史事件（见专栏 7-1）。

专栏 7-1

英国大宪章的形成

在 13 世纪初期，英王约翰在法国拥有大量的财产，在战争中受到了两次沉重的打击。人们称那些战争为"国王的战争"，而不称为"国家的战争"，这是因为这些战争直接影响国王的财产和权力，而对英国臣民的影响却相对较小。在被击溃之后，英王约翰实施了两个没收行动。其目的可能是重建他对英国贵族的权力。一个行动就是提高税率，并频繁地向贵族征收"惯例"税。这类税收以前是用于战争准备的，但是，人们并不清楚额外的费用在当时是否确实有必要；贵族们花了一些时间才认识到这些税收超过了正常所需。另一个行动就是以叛国罪起诉了一些贵族。尽管直到那时，法庭具有独立性，但是，国王依然对法庭具有很大的控制力。这些案件的结果就是对被起诉的贵族进行了判罪，没收了他们的财产。如果孤立地看，每一个没收行为，在无罪或有罪的确定问题上，以及在与罪案相关的惩罚问题上，人们似乎都可以用具有极大的随机性来解释。只有当那些对孤立贵族一边倒式的判决逐渐地累积起来的时候，贵族们才了解到这些判决中的没收实质，认识到其他的贵族也处于国王的围猎危险之中。

国王初期的成功，必定加强了他的权力。这也使得强化了人们的期望，认为他如果继续实行没收政策的话，那么，他就可能会得到独裁权力。尽管国王的赌博会成功于一时，但是，最终却不会成功。贵族们花费了一定的时间来激活其集体行动

---

① 巴泽尔. 国家理论 [M]. 钱勇，曾咏梅，译. 上海：上海财经大学出版社，2006：4-5.

机制。当他们最终采取行动的时候，他们能积聚起强大的力量，尽管存在一些背叛现象。国王被迫退却，被迫接受了他与臣民之间的新协议《英国大宪章》。《英国大宪章》削减了国王的权力。它要求在战争税的没收上要有一致同意，而且，它更清晰地界定了贵族的权力，因此，就更容易察觉那些与英王约翰所实施的没收行动一样的行为。

　　资料来源：巴泽尔．国家理论［M］．钱勇，曾咏梅，译．上海：上海财经大学出版社，2006：167-168.

　　正是裁决争议和实施其决策的专职保护者的出现定义了国家。所以，巴泽尔把国家定义为："一群个体，这些个体臣服于一个使用暴力执行合约的单一的终极第三方。"[1] 这个定义使得国家区别于其他的协议实施组织，比如家庭、企业和教会等，这些组织都从属于国家这个实施者，国家是使用暴力实施合约的单一的终极第三方。显然，作为一种新的合约实施方式，它具有以下重要特点。

　　首先，国家实施的是合约而不是所有的协议。人类生活中的协议多种多样，协议的实施方式也各不相同。巴泽尔认为，国家只实施合约式协议而不实施其他形式的协议。所谓协议是"一种关系，它包括交易中的所有同意的相互作用"，合约是"一个协议，或协议的一部分，由国家承担实施和裁决的工作"[2]。协议可以自我实施，也可以通过第三方实施，国家实施只是众多实施方式中的一种。实施协议就是确保协议各方遵守协议而不违约，通过对违约方的惩罚即运用权力（强加成本）来实现，而强加成本的途径是多种多样的，可以是暴力，也可以是非暴力形式。根据巴泽尔的国家定义可以看出，国家只是实施那些需要由第三方并通过暴力的方法来强加成本的协议。

　　其次，国家是运用暴力实施合约。协议的第三方实施除了国家之外，还有其他的方式。不同的第三方用不同的方式实施协议来强加成本。"第三方强加成本的方法有两种截然不同的类型，一是通过限制或缩小被实施者与其他外界的贸易伙伴之间有价值的长期关系的范围，这样做需要实施者和被实施者能保持长期关系。二是当实施者与被实施者之间不存在直接关系时使用的方法。这时实施者将通过对被实施者造成损害来强加成本，后种实施方式是国家的核心。"[3] 国家通过对被实施者造成损害来实施合约，这种损害依赖暴力来进行。暴力是一种物质惩罚，包括限制或威胁人身自由、没收财产等，使用暴力造成的损害是直接的、残酷的、巨大的，效果明显，暴力不依赖实施者与委托人之间的长期关系，在强加直接成本时具有比较优势。暴力方法与其他方法的区别是暴力"更便宜、没收更有威胁力，它在实施合约（市场）交易时更有优势"。国家与其他第三方实施的区别是它通过暴力来实施协议，而其他组织一般不使用暴力，犯罪组织除外。

① 巴泽尔．国家理论［M］．钱勇，曾咏梅，译．上海：上海财经大学出版社，2006：31.
② 巴泽尔．国家理论［M］．钱勇，曾咏梅，译．上海：上海财经大学出版社，2006：107.
③ 巴泽尔．国家理论［M］．钱勇，曾咏梅，译．上海：上海财经大学出版社，2006：49.

三、掠夺或剥削论

同国家起源与性质的社会契约论相比，掠夺或剥削论主要来自对历史事实的深入考察，其代表人物是马克思主义经济学的创始人马克思和恩格斯。掠夺或剥削论的核心观点是，国家是一个历史范畴，它不是从来就有的，而是同一定历史发展阶段相联系的。国家的性质是一个集团或阶级的代理机构，其职能是代表该集团或阶级去剥削、榨取其他集团或阶级，以实现其收益的最大化。

从国家的起源的初始状态来看，马克思和恩格斯并没有将其抽象概括为所谓"自然状态"。他们依据自己提出的支配人类社会历史发展的生产力与生产关系、经济基础与上层建筑相互关系的辩证原理，将人类社会的历史发展进程归结为原始社会、奴隶社会、封建社会、资本主义社会、社会主义社会和共产主义社会六个阶段。也就是说，在马克思和恩格斯看来，国家产生之前的社会是原始社会。原始社会具有以下特点：一是技术落后、生产力水平低下；二是人们只有通过集体劳动、平均分配才能得以生存，故只能采取原始公有制的生产关系。这时，国家并不存在。

国家是什么时候出现的呢？按照马克思和恩格斯的观点，在原始社会后期，随着生产工具的改进和劳动生产率的提高，劳动剩余产品出现，产生了以家庭为单位的私有制生产关系。此后，原来的氏族首领开始利用手中的权力牟取私利，定期的族长选举也逐步为世袭所代替，社会出现了剥削阶级和被剥削阶级，这时"整个氏族就转化为自己的对立物：它从一个自由处理自己事务的部族组织转变为掠夺和压迫邻人的组织，而它的各机关也相应地从人民意志的工具转变为旨在反对自己人民的一个独立的统治和压迫机关了"①。这就意味着国家的形成。所以，在马克思和恩格斯看来，国家并不是从来就有的，曾经有过不需要国家而且根本不知国家和国家权力为何物的社会。在经济发展到一定阶段而必然使社会分裂为阶级时，国家就由于这种分裂而成为必要了。恩格斯在其《家庭、私有制和国家的起源》中总结道："国家决不是从外部强加于社会的一种力量。……确切地说，国家是社会在一定发展阶段上的产物；国家是表示：这个社会陷入了不可解决的自我矛盾，分裂为不可调和的对立面而又无力摆脱这些对立面。而为了使这些对立面，这些经济利益互相冲突的阶级，不致在无谓的斗争中把自己和社会消灭，就需要有一种表面上凌驾于社会之上的力量，这种力量应当缓和冲突，把冲突保持在'秩序'的范围以内；这种从社会中产生但又自居于社会之上并且日益同社会脱离的力量，就是国家。"②

四、暴力比较优势及其潜能分配论

在1981年出版的《经济史中的结构与变迁》一书中，诺思提出了一个较为全面的新古典国家理论，其中包括对国家起源与性质的分析。诺思首先指出了研究国家、构建国家理论的重要价值，是因为"国家的存在是经济增长的关键，然而国家又是人为衰退的根

① 马克思，恩格斯. 马克思恩格斯选集（第4卷）［M］. 北京：人民出版社，1997：169.
② 马克思，恩格斯. 马克思恩格斯全集（第21卷）［M］. 北京：人民出版社，1965：194.

— 223 —

源；这一悖论使国家成为经济史研究核心，在任何关于长期变迁的分析中，国家模型都将占据显要的一席"①。

在提出自己的国家起源与性质理论之前，诺思首先对上述两种国家理论——契约论和掠夺或剥削论——的优缺点进行了分析。

从优点来看，契约论认为国家是公民达成契约的结果，它要为公民服务。由于契约限定着每个人相对于他人的活动，因而它对经济增长来说是十分重要的。契约理论方法对能促进经济增长的有效率的产权制度的发展做出了解释。掠夺论或剥削论则认为国家是某一集团或阶级的代理者，它的作用是代表集团或阶级的利益向其他集团或阶级的成员榨取收入。这会使得掠夺性的国家将界定一套产权制度，在做到使权力集团的收益最大化的同时却造成对社会整体福利的不利影响。这在一定程度上有助于对国家是人为衰退根源的解释。

在解释"国家的存在是经济增长的关键，然而国家又是人为衰退的根源"这一悖论时，契约论和掠夺或剥削论又各自存在不足。正如诺思指出的："国家契约论可以解释为什么国家提供一个经济地使用资源的框架，从而促进福利的增加。然而，国家既作为每一个契约的第三者，又是强制力的最终来源，它成为为控制其决策权而争斗的战场。各方都希望能按有利于自己集团的方式再分配福利和收入。尽管契约论解释了最初签订契约的得利，但未说明不同利益成员其后的最大化行为，而掠夺论忽略了契约最初签订的得利而着眼于掌握国家控制权的人从其选民中榨取租金。因而，这两种理论都是不全面的。"② 通俗点说，契约理论把国家假设为在交易中使社会福利最大化的角色，契约理论成功地解释了为什么国家可以潜在地提供一个节约利用资源的框架，从而促进经济增长。但由于契约理论只假设了订立契约的原因和契约本身的功能，没有进一步分析订立契约各方的利益要求，以及为了实现各自利益最大化所进行的斗争和争夺，因而契约理论实际上忽视了国家作为契约各方实现各自利益最大化工具的功能。因此，契约理论的最大缺点就在于没有提供契约实现过程的有力证明。对于掠夺或剥削论，这种解释虽然揭示了国家为了实现统治者利益最大化而竭力榨取选民租金的本质，但忽视了国家同选民之间的互动关系。实际上选民也在通过追求个人利益最大化来制约国家行为。这种解释的另一个缺点是没有看到国家也会成为促进社会总利益提高的一种力量，单纯地把国家同选民以及社会之间的利益关系看成是零和博弈。

正是基于国家的契约论和掠夺或剥削论存在不足，诺思对国家的性质进行了重新界定，他指出："国家可视为在暴力方面具有比较优势的组织。……理解国家的关键在于实行对资源的控制而尽可能地利用暴力。"③ 这就是说，具有暴力比较优势才是国家最根本的性质。

如果这样来看国家，国家性质的契约论和掠夺或剥削论也就没有多大的区别了，区别仅仅在于两种国家的暴力潜能的分配状况，其中，契约论国家的暴力潜能在签约主体间是平等分配的，掠夺或剥削论国家的则是不平等分配的。正如诺思所说："正是暴力潜能分

① 诺思. 经济史中的结构与变迁 [M]. 陈郁，罗华平，等译. 上海：上海三联书店，1994：20.
② 诺思. 经济史中的结构与变迁 [M]. 陈郁，罗华平，等译. 上海：上海三联书店，1994：22.
③ 诺思. 经济史中的结构与变迁 [M]. 陈郁，罗华平，等译. 上海：上海三联书店，1994：21.

配理论使两者统一起来。契约论假定主体间暴力潜能的平等分配，而掠夺论假定不平等的分配。"① 这就是说，若暴力潜能在公民之间进行平等分配，便产生契约性国家；若这样的分配是不平等的，便产生掠夺性或剥削性国家，由此出现统治者和被统治者。

诺思的国家暴力本质及其潜能分配的理论将契约理论和掠夺或剥削论有机地结合在了一起，克服了契约理论和掠夺或剥削论各自的不足，能够对"国家的存在是经济增长的关键，然而国家又是人为衰退的根源"这一悖论做出更清楚的解释。也就是说，如果一个国家开始时是暴力潜能平等分配的契约型国家，它将是有利于经济增长的，而一旦它转变成了暴力潜能不平等分配的掠夺或剥削型国家，就会抑制经济增长，衰退也就不可避免。

这里，有必要对诺思所说的"暴力"加以说明。显然，诺思提出的"暴力"范畴包含较丰富的内容，它既包括军队、警察、法院和监狱等正式制度的实施机制这些"硬"暴力形式，也包括各种法律、规章和契约等正式制度以及价值观和意识形态等非正式制度这些"软"暴力。正如诺思所说："现代社会一般是通过制度来限制暴力的。制度设计出规则，通过改变暴力行为的代价来直接制止暴力，最明显的，就是规范对暴力行为的惩罚。……为了使一个正式规则能约束暴力特别是发生在互不相识的人之间的暴力，一些组织必须发展起来，这些组织中的官员必须非人际关系化地（铁面无私地）实施规则。"②

诺思所说的"暴力"是一种对付非法暴力的合法暴力。正如韦伯的著名格言所说："国家是唯一能合法地使用暴力的组织。"③ 在 2009 年出版的《暴力与社会秩序》一书中，诺思等进一步阐述了国家的"暴力"（即各种社会制度及其实施机制）对于克服非法暴力的重要作用。正如他们所说："所有社会都要面对暴力问题。暂且不论我们的基因构造中是否预设了人的暴力倾向，如果某些人有动用暴力的可能，这对任何群体来说都是一个要害的问题。没有一个社会能够以完全消灭暴力的方式来解决暴力问题，至多能对暴力加以控制和应付。……在小群体的社会里，人们通过获取个人的详细信息来学着相互信任，这些信息包括个人是否有暴力癖好，以及对多次重复交往后不断增进的关系能否带来收益的信念。在相对较大的群体里，没人能知道群体中或社会上所有成员的个人信息，因此，单靠人际联系是不能控制暴力的。社会如果要发展大群体，某些形式的社会制度就必须建立起来以控制暴力。"④ 显然，起源于"自然状态"（或"原始社会"）的国家，正是通过构建起法律、规章和契约等正式制度以及其实施机制军队、警察、法院和监狱等才实现了对非法暴力的抑制，降低了整个社会的交易费用，保障了社会的有序和稳定，促进了经济和社会的发展。

要理解诺思的国家暴力比较优势理论，还有一个问题需要搞清楚，即国家为什么能够形成暴力比较优势？

众所周知，在国家未产生以前，进行产权保护、契约和制度实施的暴力都分散在"社区"或"庄园"之类的组织中。也就是说，国家垄断性拥有暴力并不是暴力配置的唯一形式。这就提出了一个有趣的问题："暴力"是分散配置在许多社团组织中好，还是由国家集中掌握好？对于这一问题，诺思（1981）从两个方面分析了国家集中掌握暴力的好

---

① 诺思. 经济史中的结构与变迁 [M]. 陈郁, 罗华平, 等译. 上海: 上海三联书店, 1994: 22.
② 诺思, 瓦利斯, 温格斯特. 暴力与社会秩序 [M]. 杭行, 王亮, 译. 上海: 格致出版社, 2013: 20.
③ 诺思, 瓦利斯, 温格斯特. 暴力与社会秩序 [M]. 杭行, 王亮, 译. 上海: 格致出版社, 2013: 21.
④ 诺思, 瓦利斯, 温格斯特. 暴力与社会秩序 [M]. 杭行, 王亮, 译. 上海: 格致出版社, 2013: 16-18.

处。奥尔森（1993）则补充了一种新的解释。

首先，在许多社团组织分散掌握暴力的情况下，这些社团组织在实施产权保护、契约和制度实施等方面的职能时难以避免"搭便车"问题。如果改由国家统一提供，则可以解决"搭便车"问题。

诺思这样论证道：虽然我们可以设想自愿的组织可以在有限范围内保护所有权，但是很难想象没有政府权威而可以推广这种所有权的实施。其理由不妨试想一下。自从游牧生活让位于农业定居以来，人们已找到两种方法来获取产品和劳务。一种是生产它们，另一种是从别人那里把它们偷来。在后一种情况下，强制是财富和收入再分配的一种手段。在抢劫者的威胁下，产品和劳务的生产者做出的反应是对军事防御投资。但是构筑堡垒和征募士兵随即便带来"白搭车"的幽灵。既然堡垒和军队几乎不可能保护某些村民而不保护所有的村民，因此对每个人都有利的是让他的邻人出资。于是，防卫作为公共产品的典型例子，包括一个排除第三方受益的问题。最有效的解决办法过去是并继续是确立政府权威和向一切受益者征税。

其次，由国家统一掌握暴力进行产权保护、契约和制度实施等还有一个明显的好处，即可以带来规模经济效应，这完全类似于产品市场上的自然垄断情形。诺思说："政府能够确定和实行所有权，费用低于自愿团体的费用；随着市场的扩大，这些收益会更为显著。因此便有一种刺激（除白搭车问题外）促使自愿团体用岁入来交换政府对所有权的严格规定和实施。"[1]

最后，对于国家集中掌握暴力相对于暴力的分散配置的优势，奥尔森的"匪帮论"提供了另一种理论上的解释，即"坐寇"（常驻匪帮）代替"流寇"（流动匪帮）可以减少辖区内的公地悲剧。

在1993年发表的《独裁、民主与发展》一文中，奥尔森提出了一种不同于社会契约论的国家起源观。他指出，由于在社会人口众多的情况下，要自愿达成和平与秩序的一致契约的成本非常高，个人收益与成本极不对称，"搭便车"现象不可避免。其结果是，和平和秩序难以实现。在这个无政府的社会中，"暴力企业家"很快发现，组织强大的暴力机器进行掠夺是谋生的一种较好手段，于是流寇四起、土匪丛生。但是，流寇在抢劫一个地方老百姓的财富时，通常会有这样的心理，即今天我不抢，明天别的强盗也会抢，这意味着一个地方的财富会被各种流寇抢光，类似于竭泽而渔，不会给老百姓留下任何可供继续生产的资料。流寇无组织的竞相掠夺使人民失去投资和生产的积极性，创造的财富越来越少，流寇抢到的东西也越来越少，社会变得极为贫困，即出现了公地悲剧。这种状况使聪明的暴力企业家发现，只有垄断了掠夺权才能杜绝这种恶性竞争，避免公地悲剧。于是，群雄争霸的局面出现。最后，能组织最大暴力机器的暴力企业家最终胜出，垄断了掠夺权，成为了坐寇，戴上皇冠，自封君主、国王、天子或者皇帝，以政府取代无政府状态。时间长了，坐寇会发现，如果提供和平与秩序，保证财产权利和契约的执行，以及提供其他公共产品，甚至将抢夺的份额（即税率）降低到一定程度，还能够提高生产力从而增加自己的收入，他的理性也会驱使他这样做，于是国家诞生了，这个"坐寇"给社会带

---

① 诺思，托马斯. 西方世界的兴起 ［M］. 厉以平，蔡磊，译. 北京：华夏出版社，1999：12.

来了比无政府状态下更高的生产力。①

以上分析说明，正是由于国家在进行产权保护、契约实施和制度提供等方面可以解决"搭便车"问题、带来规模经济效应和避免公地悲剧现象，使得国家自然而然地掌握了暴力，并成为在暴力上具有比较优势的组织。

综上所述，对于国家的起源与性质问题，诺思、巴泽尔、霍布斯和马克思等学者至少在以下几点上的认识是共同的：一是国家不是从来就有的，它起源于缺乏制度安排的某种状态，不管这一状态是叫"自然状态"，还是叫"原始社会"，并且，缺乏制度安排通常都意味着冲突和矛盾，给个人带来不便。用新制度经济学的术语来说就是，交易费用高昂。国家（主权者或统治者）正是顺应个人对人权和产权加以保护、给社会提供稳定和秩序的（即降低交易费用）要求而形成的。二是国家要提供保护就必须拥有对暴力或暴力潜能的控制权，这是国家的本质，不管这一控制权是来自个人与主权者（或统治者）的自愿签订的契约还是"强盗们"通过武力征服取得的。

第二节　国家的范围及其决定

正像企业的边界讨论的是其在纵向领域的扩张，即一笔交易是自己"制造"还是去市场"购买"的问题一样，国家范围研究的也是一项职能（如公共品生产、反垄断和外部性的解决等）究竟是应该交给市场去解决还是由国家自己来承担的问题，以及在合约实施中国家权力未涉及和涉及的范围问题。这就是说，国家范围讨论的问题包括两个方面，即国家的实施者职能所及范围与权力所及的范围。对国家的职能范围，科斯在其前人的基础上做了开创性研究。至于国家的权力所及范围，则是由巴泽尔提出并加以深入研究的问题。

一、国家职能的范围及其决定

国家产生于个人对统治者为其提供产权保护、契约实施和制度保障等方面的需求，这意味着，提供产权保护、契约实施和制度保障等是国家的重要职能。那么，除了产权保护等这些最基本的职能外，国家还应该承担哪些职能？有没有一个合理的范围？对这些问题，古典经济学和新古典经济学家也有过讨论，科斯的国家职能范围理论则是建立在前者的基础之上的。

（一）古典经济学家的观点

在古典经济学家中，对国家职能范围的认识最有代表性的是斯密提出的"守夜人"说。斯密在其1776年出版的《国民财富的性质和原因的研究》一书中给国家的职能做了界定。他认为，自由企业制度和自由市场机制即"看不见的手"完全能够实现资源的最佳

---

① 奥尔森. 独裁、民主与发展［M］//盛洪. 现代制度经济学（上卷）. 北京：北京大学出版社，2003：361-364.

配置和经济发展，国家只需充当一个"守夜人"角色。具体来说，作为"守夜人"的国家只需要承担以下三项职能："第一，保护社会，使其不受其他独立社会的侵犯，即国家负有维护国家安全之责。第二，尽可能保护社会上每个人，使其不受社会上任何他人的侵害或压迫。这项职责可以具体分解为：用警察维持良好的社会秩序，设立公正的司法机关仲裁商务纠纷，制定制度、规则以利自愿交易。第三，建立并维护某些公共事业及某些公共设施，如道路、桥梁、运河和港口。"①

斯密提到的国家职能的三项内容就是后来新古典经济学家所说的公共品提供问题。如第四章第四节所述，在新古典经济学看来，公共品的私人生产会存在收费困难，因而私人是不愿生产公共品的，所以公共品通常都是由国家来提供的，也就是说，提供公共品是国家的一项最基本的职能。

（二）新古典经济学的观点

新古典经济学对国家职能的扩展是建立在市场失灵的理论基础上的，主要包括微观经济学中的福利经济学和宏观经济学中的凯恩斯主义经济学两个领域。

众所周知，微观经济学的主要任务就是论证市场这只"看不见的手"在资源配置中的美妙之处，其最主要的成果是一般均衡理论和福利经济学基本定理。根据该理论，只要满足均衡条件，资源配置就可以达到"帕累托最优"状态。但是，一些经济学家发现，除了前述公共品提供问题，在以下情形发生时，资源配置也是达不到最优的，市场就被认为失灵了，于是就有了国家干预经济的理由，并形成了相应的国家职能。具体来说包括以下情形：

第一，垄断。在 1890 年著的《经济学原理》中，马歇尔看到了现实经济中存在不利于市场竞争的垄断因素。庇古也认识到，垄断是对市场机制的破坏，导致资源在不同部门、产业和产品上分配失当，因而垄断在破坏市场功能的同时也为国家干预提供了基础。"由于这种种原因，没有人会真的反对，处于垄断性极强的地位的工业，特别是提供所谓公共服务的运输、自来水、煤气和电力等工业，即使交由私人经营的话，为了公共利益，也必须受公共当局的监督。"② 据此，西方经济学家提出了一些国家应该采取的反垄断具体措施，包括：政府颁布和执行反垄断法；对垄断企业的价格、利润和服务质量进行监督，在规模经济的限度内由政府强行拆散大企业以及对自然垄断行业实行政府直接经营等。

第二，外部性。如第三章所述，外部性的存在导致资源配置中的私人边际成本与社会边际成本、私人边际收益与社会边际收益的差异。这种差异是市场本身难以消除的。两者的差异会导致从社会利益角度看的资源配置失误：有正外部性的经济活动达不到社会需要的最佳水平，有负外部性的经济活动则超过了社会需要的最佳水平。庇古提出的措施是，国家"可以用设计恰当的补助金和征税的办法加以纠正"③。

第三，不对称信息。市场经济中存在委托人与代理人事前和事后的信息不对称、生产

---

① 斯密. 国民财富的性质和原因研究（下卷）［M］. 郭大力，王亚南，译. 北京：商务印书馆，1974：253.
② 庇古. 社会主义和资本主义的比较［M］. 谨斋，译. 北京：商务印书馆，1963：28.
③ 庇古. 社会主义和资本主义的比较［M］. 谨斋，译. 北京：商务印书馆，1963：26.

者与消费者对产品质量信息的不对称等多种情形，进而会导致逆向选择和道德风险等资源配置的低效状态，斯蒂格利茨把它称为是一种"新的市场失灵"。他说："新的市场失灵是以不完全信息、信息有偿性以及不完备的市场为基础的；而原始的市场失灵是与诸如公共品、垄断和外部性等因素相联系的。"①

第四，社会平等问题。人们要求国家干预市场的另一个理由是市场自由运转会导致收入悬殊和社会不平等。市场机制承认人们的所有差别，包括遗传素质、选择运气、社会地位、劳动能力和财产数量等。市场会把所有这些差别转化为收入的差别。而且，收入差别一旦产生，市场就会使它逐步放大，但不存在抑制它的力量。由于市场只能扩大而不能抑制收入差距，国家就有义务去阻止它。由国家通过税收体制来实施收入再分配计划，可以改变收入分配的对比，缓和收入分配的不公。只有国家才能够充当收入再分配的主体。国家进行社会收入再分配的手段主要是税收、转移支付以及失业救济制度。

如果说福利经济学家是从微观经济学的角度论证市场失灵和国家干预的必要性的，那么，凯恩斯主义者则是从宏观经济学的角度论证市场失灵和国家干预必要性的。

1936年，凯恩斯出版了《就业、利息和货币通论》。在这部著作中，凯恩斯首先批判了市场机制能自动保持总供给等于总需求的萨伊定律。他指出，在三大心理规律的作用下，有效需求必然不足：心理上的消费倾向"使消费的增长赶不上收入的增长，引起消费不足"；"心理上对资产未来收益之预期"和"心理上的灵活偏好"使预期利润率有降低趋势，与利息率不相适应，引起投资需求不足。也就是说，如果任由市场机制和自由企业制度自发作用，宏观经济就不能保持均衡状态。那么，应该由谁来填平总供求的缺口呢？显然应该由国家。"国家可以向远处看，从社会福利着眼，计算资本品之边际效率，故我希望国家多负起直接投资之责"；"要达到离充分就业不远之境，其唯一办法，乃是把投资这件事情，由社会总揽"②。凯恩斯特别强调对基础设施的投资。在凯恩斯理论政策化的过程中，逐步形成了人们广泛接受的国家对宏观经济的干预方式——国家"相机"运用财政和货币政策。

（三）科斯对国家职能范围的新认识

根据古典和新古典经济学家对市场失灵问题的分析可知，广义上的市场失灵和需要国家发挥职能的情形有三种，分别是宏观经济不稳定、微观经济无效率和社会不公平。这是加尔布雷斯在其1977年著的《不确定的年代》一书中首次提出来的。狭义上的市场失灵则主要指其中的微观经济无效率，具体包括四种情况，分别是公共品生产、垄断、外部性和不对称信息问题。

新制度经济学家并不否定国家应该承担的上述各种职能，其不同点主要在于，不能像新古典经济学家所认为的那样，只要有市场失灵，尤其是其中的微观经济无效率意义上的市场失灵就需要国家来干预。在科斯看来，市场失灵的存在和范围，进而是国家干预经济的范围和程度等都要取决于交易费用的高低。只要交易费用不高，外部性、垄断和公共品生产等这些传统被认为是市场失灵从而由国家管制的领域，都可以让市场去进行资源的有

---

① 斯蒂格利茨. 社会主义向何处去 [M]. 周立群，韩亮，余文波，译. 长春：吉林人民出版社，1998：48.
② 凯恩斯. 就业、利息和货币通论 [M]. 徐毓枬，译. 北京：商务印书馆，1983：326.

效配置。只有那些市场解决它的交易费用很高的外部性、垄断和公共品生产等问题，才会出现市场失灵，也才需要国家的干预职能来加以解决。正如弗鲁博顿和芮切特所说的："市场失灵并非是绝对的。最好是思考一个范围更广的类别——交易费用，它在一般的意义上妨碍了市场的形成，而在一些特殊的情形下则完全阻碍了市场的形成……对不同的情形以及不同资源配置制度中的交易费用的认识应该是公共品理论以及一般意义上资源配置理论的研究日程上的一个主要问题。重要的是认识到，所谓的市场失灵并非是绝对的。仅仅是在那些交易费用太高以至于阻碍了交易的情形下，才会产生这种困境。"①

当然，由国家干预来解决市场失灵，也并非没有交易成本，最终选择市场解决还是国家干预，要根据科斯第三定理来决定。

这里仅以公共品的生产为例对科斯的思想略作补充。传统经济学之所以认为，私人不愿意生产公共品，会出现市场失灵，是因为私人厂商很难了解消费者是否消费了其公共品及其出价意愿，从而导致收费困难（参见第四章第四节有关公共物品的提供问题的讨论）。私人厂商的收费困难是信息不对称导致的，而这正是交易费用高昂的表现和原因。如果公共品的私人生产者在了解消费者的消费情况和出价意愿方面的交易费用不高，私人生产公共品就不会存在困难，公共品的私人生产也就不会出现市场失灵了。现实中就存在大量私人参与公共品生产的情况，充分说明了只要公共品的私人生产者在了解消费者的消费情况和出价意愿方面的交易费用不高，就是可以进行公共品的生产和提供的。斯密在提到国家要承担某些公共事业及某些公共设施的生产时，就指出，这类工程由政府主持建设，但其费用可取自受益者，其中有些设施，如运河，其具体经营也可交给私人，这比政府直接经营更有效。② 可见，斯密已经认识到，私人是可以参与公共品的生产和经营。科斯1972年的《经济学上的灯塔》一文，第一个以事实为根据反驳了传统经济学家普遍接受的认为私营灯塔（典型的公共品）是无从收费或无利可图从而只能由政府提供的观点。因为，英国早期的灯塔绝大部分是由私人厂商建造的，而且这些私人建造的灯塔并不存在收费的困难。因为灯塔是在不少船主的要求下建造的，过往的船只经过灯塔后需要到港口停留，这样可以通过统计船只的大小及航程经过的灯塔多少而确定要收的过路费。正是因为收费的交易费用低，使私人参与灯塔这种公共品的生产成为可能。③ 今天普遍存在的 PPP 模式（即政府和社会资本合作进行公共基础设施项目运作模式）就是私人厂商（私营企业和民营资本）与政府进行合作参与公共基础设施（典型的公共品）的建设的典型例子。还有如手机中的各种应用软件，它们作为典型的公共品，不都是私人生产的吗？上述例子充分说明，只要私人生产公共品在收费时的交易费用不太高或者可以通过其他途径收费，私人生产公共品仍然是可行的，公共品的私人生产也不一定会市场失灵。

总之，科斯定理中的交易费用决定市场失灵与不失灵的理论有助于划定在外部性、垄断和公共品生产等这些问题出现时的国家职能范围，将"让市场在资源配置中起决定作用性和更好发挥政府作用"的原则也渗透到在传统经济学中被认为是完全只能够靠国家来解决的领域，更好地解决"政府干预过多"的问题。

---

① 弗鲁博顿，芮切特. 新制度经济学 [M]. 姜建强，罗长远，译. 上海：上海三联书店，2006：84.
② 斯密. 国民财富的性质和原因研究（下卷）[M]. 郭大力，王亚南，译. 北京：商务印书馆，1974：285-293.
③ 科斯. 企业、市场与法律 [M]. 盛洪，陈郁，等译. 上海：上海三联书店，2010：189.

二、国家权力所及的范围及其影响因素

在 2002 年的《国家理论》一书中，巴泽尔在研究国家的起源与性质问题的基础上，进一步研究了国家的范围问题。当然，他对国家范围的讨论是与其对国家的性质的界定相一致的。即是说，巴泽尔讨论的并非科斯说的国家的职能范围问题，而是所谓国家的权力实施所及的范围问题。具体来说，其国家范围理论包括对国家范围的界定和影响国家范围的因素分析等内容。

（一）国家范围的定义

在巴泽尔的国家定义中，实际包括两个部分："①一群个体，这些个体臣服于一个使用暴力执行合约的单一的终极第三方；②一个疆域，就是这些个体居住的地方，也是实施者权力所及的地方。"① 其中，前者指的是国家的性质，后者指的就是国家的范围，即实施者在其国土疆域内权力所及的地方。

根据上述定义可知，国家的权力所及的范围与国家的地理范围具有密切的联系。巴泽尔用下面的例子来说明两者的联系。在地图上将欧洲某一特殊时点上的所有个体都进行定位。在任意两个人之间画一道直线，这两个人之间的合约受制于权利维系的第三方的实施，并注意到实施者的身份。给每一个活动于该区域的实施者赋予完全不同的颜色，并相应地对所有的线条进行着色。这样，这个地图就有许多着色的线条。由这里的定义，并对其他国家进行抽象，可知：由所有的这些给定色彩的所有线条组合所贯穿的地区，就构成了一个国家的领土。当不同颜色的线条不相交时，每一个第三方都控制其独有的领土，而且，这些颜色之间的边界就是国境线。

但是，国家的权力所及的范围与国家的地理范围还是有一定区别的，有时国家的权力所及的范围会小于国家的地理范围。比如，在一个大国的边远地区，如果国家的法律和制度在这里得不到执行，国家也不能征税，这个地区就不能算作该国有效的范围。再如，由于罪犯组织和造反组织等类组织的存在，国家的权力所及的有效范围也会小于地理疆域。当然，也有可能出现国家的权力所及的范围大于国家的地理范围的情形。例如，国家可以通过与其他国家建立经济同盟，在经济上遵循共同的法律和制度，从而形成一个超级的国家，如现在的欧盟，虽然在政治上保持着彼此的独立，但从经济的角度看，已经很接近一个国家。

理解巴泽尔国家范围概念的关键是搞清楚他对"经济权利"和"法律权利"两个概念的关系的界定。如前所述，经济权利是个体直接消费某一资产服务的能力或通过交换间接消费这种服务的能力。巴泽尔指出，经济权利可以在法律权利缺位的情况下存在。但是，这种缺乏法律权利的经济权利具有很大的不确定性，在他人欺骗、偷窃或抢劫的情况下，个体对其资产的权利得不到保障。当然，如果一旦个人选择国家这一第三方来实施其合约，它就上升成了法律权利。所谓法律权利，就是"资产的索取权，它是由国家以特定

---

① 巴泽尔. 国家理论 [M]. 钱勇，曾咏梅，译. 上海：上海财经大学出版社，2006：31.

个体或机构的财产来进行界定的"[①]。法律权利显然就是国家权力所及的范围内的组成部分，而不受法律权利支持的经济权利则不是国家范围的组成部分。这也就意味着，人类相互作用的三种协议实施方式中，只有国家作为暴力第三方实施的合约才是国家权力所及的范围，自我实施协议和私人第三方实施协议则不在其内。

在上述分析的基础上，巴泽尔给出了国家范围一个更具可操作化的定义，即"国家范围是暴力维系的第三方所实施的协议价值与一国境内总产品的价值之比，总产品包括输入的产品"[②]。

根据定义可知，在一个没有权力维系的第三方实施合约的国家里，这个比值为零。一个国家合约交换的范围越广，比值就越高，而国家的范围就越大。显然，国家范围是小于100%的，因为不可能所有的合约都由国家来实施。需要注意的是，巴泽尔的国家范围概念与通常所说的国家规模并非一个概念，国家规模与领土规模和人口规模有关，国家规模扩大并不必然意味着国家范围扩大。

（二）国家范围的影响因素

由于个体对合约（或协议）的实施方式的选择不同，国家范围也就不同。不同合约（或协议）选择面临的交易费用不同并且是变化的。这就意味着，凡是提高自我实施和私人第三方实施协议交易费用或者降低国家作为暴力第三方实施的合约交易费用的因素都可以增加国家范围，反过来，则会缩小国家范围。

如前所述，人类社会可以通过制度和技术两种手段来降低（或提高）交易费用。巴泽尔（2002）和诺思（1981）提出的一些影响国家范围的因素，要么属于制度，要么属于技术，它们共同的作用是降低或提高不同合约（或协议）的交易费用，进而影响了一国的范围。

第一，人们对协议实施方式的选择。协议可以自我实施，也可以由第三方实施，第三方实施可以是国家也可以是其他的方式，人们选择国家作为实施方式的合约越多，国家的范围自然越大。当然，人们最终选择哪种合约实施方式，是基于各种方式的具体成本和收益的比较。影响人们在自我实施型协议与第三方实施协议之间选择的成本和收益的因素主要有以下四种：协议带给各方的收益的时间路径、执行和实施协议时所需要的信息、维系长期关系的能力以及惩罚成本。[③]

第二，市场经济中个体的纵向一体化程度。如前所述，纵向一体化，可以减少交易的成本。一个国家中纵向一体化的程度越低，市场交易就会越多，合约就增多，国家的范围就会越大。试举一例，假设某人A买了价值100元的原材料，劳动力和资本服务增值为200元，订立合约将他的产品以300元的价格卖给了B。接着，B在300元的材料上又增加了300元的劳动力和资本服务，并以600元的合同价格将他的产品卖给了其他人。这两项增加值总值为200+300＝500元。这两项交易合约的货币总值，也就是国家所实施的数值，是300+600＝900元。后者与前者的比值，即国家范围为900元/500元＝1.8。如果这

---

① 巴泽尔. 国家理论 [M]. 钱勇，曾咏梅，译. 上海：上海财经大学出版社，2006：215.

② 巴泽尔. 国家理论 [M]. 钱勇，曾咏梅，译. 上海：上海财经大学出版社，2006：32.

③ 巴泽尔. 国家理论 [M]. 钱勇，曾咏梅，译. 上海：上海财经大学出版社，2006：84.

两个个体合并成一个单一的纵向一体化企业，增加值依然是 500 元，而交易合约的货币值只有 600 元，得到的比值是 600 元/500 元 = 1.2。由于纵向一体化降低了分子数，但是，却没有改变分母值，因此，它必定降低了比值。在这里，比值从 1.8 降低为 1.2。这说明，纵向一体化程度提高减少了一个国家合约交换的范围，进而导致比值下降和国家的范围缩小。

第三，犯罪组织使用暴力来实施协议的程度。犯罪组织使用暴力来实施协议是私人第三方实施协议的一种，不在国家范围之内。巴泽尔指出，虽然很难观察到他们所实施的协议，但这种协议实施的增加，显然会减少人们对国家作为暴力第三方实施的合约的选择，进而缩小国家的范围。

第四，国家的实施能力。当国家有强大的实施能力，能够更容易地对交易财产权利进行界定，能够提供统一的、标准化的度量单位和货币，能够公正地裁决争议时，协议的内容会更加明确，个体之间订约的成本就会下降。订约成本是交易费用的一部分，它的降低将促使交易者的合约中包含更多的商品属性，进而产生很多更"宏观"的效应，例如：法律界定和匿名交易将更加普及；纵向一体化的水平将下降以及市场的范围和国家的地位将上升。因此，由这里的订立成本和协议的准确内容会极大地影响国家范围。[①]

第五，军事技术的变化。军事组织是国家暴力和权力实施的关键组成部分，军事技术的进步可以大大提高国家军事实力，提高国家权力所及能力和国家范围。国家在对合约进行以暴力为基础的保护实施时通常意味着相应服务的提供，其平均成本曲线具有典型的 U 形特征，如图 7-1 中的 AC_1。即是说，开始时，保护成本会随着保护数量的增加而递减，但到了一定量 Q_1 之后，又会上升。给定一个与税收相应的保护成本，如 C_1，国家将确定一个有效率的军事组织规模并提供相应的保护服务 Q_1。军事技术进步可以降低同一规模军事组织提供军事保

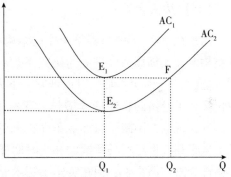

图 7-1　军事技术与保护规模

护服务的平均成本曲线，如降低到 AC_2。在与税收相应的保护成本不变的情况下，同一军事组织可以大大提高保护服务到 Q_2，从而带来更大的权力实施范围。当然，如果维持相同的保护服务 Q_1 不变，则国家需要付出的保护成本会下降到 C_2，即国家只需要维持一个较小的有效率的军事组织规模。

从长期来看，国家范围扩大，税收增加。当然，保护服务的数量也会增加，这时，国家会在保护的边际成本等于增加的税收时确定一个新的有效率的军事组织规模。

① 巴泽尔. 国家理论 [M]. 钱勇，曾咏梅，译. 上海：上海财经大学出版社，2006：107.

第三节　国家的特征及其影响

在探究国家起源、性质与范围之后，诺思等新制度经济学家通过构建一个简单的国家模型进一步分析了作为一种在暴力上具有比较优势的新古典国家的基本特征以及由其特征造成的消极影响，即作为经济人的统治者追求租金最大化的目标会与使社会产出最大化的有效产权制度形成存在冲突，造成低效产权制度难以改变，从而导致国家的停滞和增长过程的不稳定性。

一、诺思的国家模型对国家的特征及其影响的分析

诺思的新古典国家模型是由历史背景、国家的特征分析、静态模型和动态分析四个部分构成的。

（一）历史背景

诺思在 1981 年的《经济史中的结构与变迁》一书中开篇就指出："我把按时序解释经济结构及其实绩作为经济史的研究任务。……所谓'解释'意味着明显的理论化及被证伪的可能性。"[1] 即使非常一般地观察一下人类经历也能清楚地看出，"曾有一些政治—经济单位实现了经济的长期持续增长。我所说的经济持续增长是指产出的增长快于人口的增长。这种现象并不限于自产业革命以来的 200 年。在公元前 8000 年的农业发展时期与公元 1 世纪和 2 世纪罗马帝国的和平时期都曾有过巨大的财富积累。确实，在那期间，整个文明都衰落与消亡了，但在美索不达米亚、埃及、希腊和罗得岛，当然还有罗马共和国与罗马帝国，仍存在着经历长期经济增长的文明"[2]。但是，另一方面，一个十分明显的事实是，"导致经济持续增长的产权制度结构很少在整个历史中占统治地位，……没有什么东西比政治—经济单位最终导致经济衰落更具有必然性"[3]。所以，为了解释经济史的这两个基本方面，即产生无效率的产权制度与不能实现经济持续增长的国家的扩展趋势和导致经济变迁并最终致使经济衰退的所有国家的内在不稳定性，诺思提出了下面的简单的国家模型。

（二）国家的特征

诺思的国家模型也被称为新古典国家模型，原因在于其研究方法是新古典主义的方法论上的个人主义。方法论上的个人主义与方法论上的集体主义是相对的。前者的特点是，强调人是不同的，每个人均具有不同的以及变化的偏好、目标、目的和想法。这意味着组织或者集体在本质上不是关注的焦点。它认为，社会现象的理论研究首先应该从个体成员

---

①　诺思. 经济史中的结构与变迁 [M]. 陈郁，罗华平，等译. 上海：上海三联书店，1994：3.

②③　诺思. 经济史中的结构与变迁 [M]. 陈郁，罗华平，等译. 上海：上海三联书店，1994：23.

的认识和行为的分析出发，并将对它的解释建立在这一基础之上。

由于国家是一种组织，对组织特征的研究必须从其把持者角度进行。弗鲁博顿和芮切特说："国家可以、有时也确实被理解成一个企业，一个岁入或社会产品最大化的组织，这个组织可能由一个统治者、一个统治阶级或人民的代表把持着。"[①] 这意味着，对国家特征的分析，可以从对统治者的行为特征角度加以剖析，诺思的国家模型就是这样做的。诺思（2009）在与其合作者瓦利斯和温格斯特所著的《暴力与社会秩序》一书中对此做了清楚的说明："国家可以被当作是一个单独的行动者，或者，是组织的组织。大多数社会科学家将实施者的组织抽象地看作是一个单独的实体，并将研究重点放在实施实体与社会其他成员的关系上。……国家的身份沦为一个单独的行动者，使我们能容易地理解为何一个只通过分析国家所面对的约束和激励来处理大众之事的国家，会被定义为'统治者'。"[②] 为了使问题简化，诺思假设国家只有一个统治者。他指出，一个福利或效用最大化的统治者的国家模型具有以下三个基本特征：

第一，国家为获取收入，以一组被称为"保护"与"公正"的服务作交换。由于提供这些服务存在着规模经济，因而作为一个专门从事这些服务的组织，它的社会总收入要高于每一个社会个体自己保护自己拥有的产权的收入。这里，国家（统治者）提供的基本服务的内涵主要在于宪法的形成和执行——不管它是成文的还是不成文的。宪法规定了选民的产权结构，其目标是最大化受政治和经济交易费用约束的统治者的租金。为了达到这一点，它必须提供系列的公共（或半公共）物品和服务"以便降低作为经济交易基础的合约定义、谈判和执行的成本"。

第二，由于第一条，统治者成为其选民的最高权威。国家有权领导，有权要求服从，从而也有提高强制性征税的能力。一个收益最大化的国家试图像一个带有歧视性的垄断者那样活动，为使国家收入最大化，它将选民分为各个集团，并为每一个集团设计产权。不过，需要注意的是，为了征税，统治者需要征税者（即代理人）。这样，就会产生委托—代理问题，统治者的垄断租金在一定程度上被代理人所挥霍，像民选国家中的官僚。

第三，由于总是存在着能提供同样服务的潜在竞争对手，国家受制于其选民的机会成本，而后者的大小取决于其选民在下面一些情况上所面临的困难：一是移民到另一个有较好生活条件的国度的成本（"退出"）。二是罢免现在的统治者，而推举另一个许诺给选民提供更好服务的竞争者上台（"发言权"）所需的成本。它的对手是其他国家，以及在现存政治—经济单位中可能成为潜在统治者的个人。因而，统治者垄断权力的程度是各个不同选民集团替代度的函数。

（三）静态模型

在阐述国家特征的基础上，诺思进一步分析了统治者在提供博弈的基本规则和宪法秩序这些职能过程中出现的统治者的目标与有效产权制度的冲突问题。

诺思指出，国家提供博弈的基本规则有两个目的："一是界定产权结构的竞争与合作的基本规则（即在要素和产品市场上界定所有权结构），以使统治者的租金最大化，二是

① 弗鲁博顿，芮切特. 新制度经济学［M］. 姜建强，罗长远，译. 上海：上海三联书店，2006：533.
② 诺思，瓦利斯，温格斯特. 暴力与社会秩序［M］. 杭行，王亮，译. 上海：格致出版社，2013：20-21.

在第一个目的框架中进一步降低交易费用以使社会产出最大，从而使国家税收增加。这第二个目的将导致一系列公共（或半公共）产品或服务的供给，以便降低界定、谈判和实施作为经济交换基础的契约所引起的费用。"①

国家通过界定产权结构的竞争与合作的基本规则能否既使统治者自己的租金最大化又使社会产出最大化？诺思认为，这两个目的常常是不一致的。国家提供一套制度要想保证自己的租金最大化，就不能实现社会产出的最大化，而要实现社会产出的最大化，就不能实现自己的租金最大化。其原因在于，第二个目的要求国家提供一套能使社会产出最大化的完全有效率的产权，即只有在完全有效率的产权制度的基础上才能使社会产出最大化，而第一个目的是企图确立一套基本规则以保证统治者自己的收入最大化（如果放宽单一统治者假设，那就是使统治者所代表的集团或阶级的垄断租金最大化）。即是说，保证统治者自己收入的最大化常常相伴的是一套低效的产权制度。诺思指出，从再分配的古埃及王朝到希腊与罗马社会的奴隶制再到中世纪的采邑制，在使统治者的租金最大化的产权制度与降低交易费用和促进经济增长的完全有效率产权制度之间，存在着持久的冲突。这种基本矛盾是使历史上的国家不能实现持续经济增长的根源。使统治者的租金最大化的产权制度与降低交易费用促进经济增长的有效率产权制度之间的冲突可用图 7-2 表示。

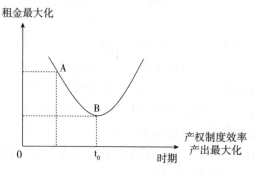

图 7-2　统治者的目标与有效制度的冲突

从图 7-2 中可以看出，统治者选择 A 点，则意味着选择低效的产权制度，它虽然可以使统治者的租金最大化，却不能保证社会产出的最大化。如果统治者选择 B 点，即选择降低交易费用促进经济增长的有效率的产权制度，它可以保证社会产出最大化，但在短期内却不能保证统治者的租金最大化。在图 7-2 中，$0 \sim t_0$ 表示短期，t_0 之后表示长期。

国家两个目标冲突的根源在于有效率的产权制度的确立与统治者的利益最大化之间的矛盾。建立有效率的产权可能并不有利于统治者利益（租金）最大化。这可以用西班牙历史上的"羊主团"的例子来说明。在 15~16 世纪的西班牙，由于羊主团交付的税金是统治者三大岁入来源之一。为了换取羊主团的税收收入，统治者制定了一系列对羊主团有利但却不利于土地所有权发展的法令和制度，如 1501 年的土地租借法允许羊主到任何地方放牧羊群，并允许羊主永远按最初规定的租金支付。如果羊群放牧不为土地主人知道，则可以不交租金。这种羊主团对土地使用的特权，使农民的土地所有权得不到保障，因而农民从事农业生产的积极性极大地受到了损害，经济的停滞不可避免。这个例子说明，为了社会产出的最大化就必须要废除羊主团的特权，建立一种保护土地所有权的有效率的产权制度，但是建立有效率的产权制度将在短期内"危及"统治者的利益，于是羊主团的特权迟迟得不到废除。所以，诺思说："不能保证说政府会认为保护增进效率的所有权与反对

---

① 诺思．经济史中的结构与变迁［M］．陈郁，罗华平，等译．上海：上海三联书店，1994：24.

可能完全阻挠经济增长的业已受到保护的所有权，同样对其有利。我们已经在西班牙的羊主团一例中看出了这种情况。作为一种比较，君主在出售可能阻挠创新和要素流动（从而阻挠经济增长）的专有的垄断权时会得到短期利益，因为他直接从这种出售中所得到的岁入多于从其他来源所得岁入，即经济结构重组的交易费用将超过直接收益。"①

在使统治者租金最大化的产权制度与降低交易费用和促进经济增长的有效率产权制度之间存在矛盾的情况下，为什么统治者不愿意改变低效的产权制度呢？主要是因为以下原因。

首先，改变低效的产权制度，建立高效的产权制度需要高昂的交易费用，这往往会损害统治者的短期利益，而统治者由于某些原因更偏爱短期利益，这使得低效的产权制度难以得到改变。由统治者重新界定产权，建立高效的产权制度，至少会产生两方面的交易费用：①一个经济总是包含着不同集团的活动，这些活动具有不同的生产函数，统治者要通过界定产权来确保它对每一个不同的经济实体的垄断租金最大化，就必须监督与测量经济实体每个环节的投入与产出。当统治者要改变低效产权制度时，必然引起监督与测量经济实体多个环节的投入与产出的改变。②由于统治者是通过国家基础结构来界定和实施产权的，它离不开作为其权力代表的代理人——各级官员。由于代理人的效用函数与统治者并不一致，因此统治者要设立一套规则以图迫使他的代理人与他自己的利益保持一致。然而，代理人一定程度上并不完全受统治者的约束，他们的利益并不完全与统治者一致，其结果是，统治者在其代理人头上或多或少要耗费一些垄断租金。这种垄断租金的耗费就是统治者雇用代理人必须付出的交易费用。如果统治者是完全理性的，在建立高效产权制度带来的利益大于重新界定产权所费交易费用的情况下，统治者显然会选择改变低效的产权制度。但是，统治者也是人，其理性也是有限的，加之"统治者终有一死"，所以统治者在面临"长期利益"与"短期利益"的两难选择时，常常会选择后者，这使得低效的产权制度持续存在。

其次，统治者与竞争对手的力量对比加上选民的机会成本大小，决定了统治者的自由度，并进而影响低效产权制度的存续。如前所述，统治者总存在竞争对手，包括与之竞争的国家和本国内部的潜在竞争对手。显然，替代者越是势均力敌，统治者拥有的自由度就越低，选民所保留的收入增长份额也就越大。但是，如果不存在势均力敌的替代者，那么现存的统治者的自由度就很高，他的行为就会如同一个暴君、独裁者或专制君主。不同的选民有着不同的机会成本，注意即使是在现代的西方社会，永久地离开某个国家的成本也是相当可观的。在一个特定的国度里出生并长大的事实，更加强化了选民的专用性投资（沉没成本）。沉没成本中，包括他们在其祖国度过的青年阶段所掌握的语言、正式的和非正式的行为规则、宗教以及文化等。而且，专用性投资是那些投入其家庭、朋友和业务关系中的成本。因而选民发现自己被祖国锁定，这种状况可能诱致一个政府的机会主义行为，任何类型的政府都不例外。不同选民的机会成本决定每一团体在界定产权和承受税负方面具有的谈判能力。机会成本同时也反映了统治者提供的服务的配置，通常来说，统治者要给那些势均力敌的对手比那些无威胁的人们以更多的服务。这意味着"统治者将避免触犯有势力的选民。如果势力接近候选统治者的集团的财富或收入受到产权的不利影响，

① 诺思，托马斯. 西方世界的兴起［M］. 厉以平，蔡磊，译. 北京：华夏出版社，1999：13.

那么统治者就会受到威胁，因而，统治者会同意一个有利于这些集团的产权结构而无视它对效率的影响"[1]。

专栏 7-2

刚果的长期痛苦

葡萄牙人和荷兰人于15世纪、16世纪到达刚果时，对这里的评价就是"赤贫"。当时，刚果的技术非常初级，刚果人既没有文字、车轮，也没有犁铧。刚果王国是由姆班扎以及后来圣萨尔瓦多的国王统治的。远离首都的区域都由某位精英统治着。该精英的财富建立在圣萨尔瓦多周围奴隶种植园，以及从该国其他地方征税的基础上。奴隶制是经济的中心，各地的统治头领不仅在自己的种植园使用奴隶，还将奴隶贩卖到欧洲沿海国家。税收非常任意，甚至国王的地位受到影响时就会征收一种税。按说，人们要想致富，总得储蓄和投资，比如购买犁铧等。但是，在刚果这样做是不值得的，因为他们运用更好的技术所增加的额外产量会被国王及其精英征用。刚果人不再投资提高生产率，不再在市场上销售产品，他们把村庄搬离了市场；他们尽量远离公路，为的是减少被掠夺的可能以及避免奴隶贩子的到来。

刚果的贫困是阻碍了所有推动繁荣的力量甚或使它们起相反作用的经济制度的结果。刚果政府向其人民提供的公共服务非常少，甚至连最基本的像保护产权或维持法律秩序这样的公共服务都不提供。相反，政府自己成了对其人民产权和人权最大的威胁者。奴隶制度意味着，市场中最基本的劳动力市场都不存在，人民不能够以对经济繁荣最重要的方式选择职业或工作。而且，远距离贸易和商业活动都被国王控制着，只向与他有关系的人开放。

在这一系列经济制度下，刚果不可能实现持续经济增长，甚至连产生暂时增长的激励都十分有限。改革经济制度、改进个人产权会使刚果社会总体上更加繁荣。但是，精英们不可能从这种广泛繁荣中受益，因为这些改革会使精英成为经济的输家，会减少奴隶贸易和奴隶种植园给他们带来的财富。

资料来源：阿西莫格鲁，罗宾逊. 国家为什么会失败［M］. 李增刚，译. 长沙：湖南科学技术出版社，2016：61-63.

(四) 模型的动态分析

以上是诺思有关统治者目标与有效产权制度冲突的静态模型。从长期和动态来看，低效的产权制度是否会永远存在下去呢？诺思认为并不一定。其中的原因如下：由于使统治

---

① 诺思. 经济史中的结构与变迁［M］. 陈郁，罗华平，等译. 上海：上海三联书店，1994：28.

者（或统治阶级）租金最大化的低效产权制度结构与它推动经济增长的作用是相冲突的，故而，这样的国家的增长过程一定是内在不稳定的，其中，统治者终归一死是一个不稳定因素。此外，信息费用、技术和人口（或一般相对要素价格）的变化也是影响不稳定的因素，因为这些因素的变化会改变相对价格与选民的机会成本，尤其是提高一个选民集团谈判力量的相对价格变化，可以导致规则的改变以给这一集团更多的收入，或者，这一集团的选民可以迫使统治者放弃一些规则的制定权。例如："希腊城邦从君主专制到寡头制再到民主制（在雅典时期）的转变是军事技术变化（方阵的发展）的结果，这种变化只能通过民间部队的发展才能完成。统治者付出的代价是放松他的规则制订权。类似地，在近代欧洲，军事技术（长枪、大弓和火药）的改进导致某些规则决策权转向议会或三级会议，而这反过来可以增加生存所需要的收入。"[①]

总之，当一个政治—经济单位生存在一个由竞争的政治—经济单位所组成的世界里的时候，如果增长是不稳定的，那么不增长也是如此。在与更有效率的邻邦相处的情形下，相对无效率的产权将威胁到一个国家的生存，统治者面临着或者灭亡或者修改基本的所有权结构以使社会降低交易费用提高增长率的选择。当然，如果本国选民的机会成本或竞争国的相对地位没有变化，那么停滞的国家就可以幸存。这最后一种状况通常意味着国家近似于一种垄断状态和为一群弱国所环抱并占有，这些国家对统治者来说并无净收益。

二、芬德雷和威尔逊对诺思国家模型的规范化

诺思的新古典国家模型用有力的历史证据论证了国家一般并不提供能促进国家经济增长的有效产权制度。芬德雷和威尔逊（1984）在诺思的研究的基础上构建了一个规范化的模型。

假设在某种经济中只生产一种复合产品 Y，它由私人企业提供。劳动力 L 和固定资本存量 K 是仅有的投入。投入产出关系是传统的生产函数 f(L, K)。再假设产出还受第三个要素——公共秩序 P（由产权体系所提供的服务）的影响。只有国家能有效地提供公共秩序，并且政府工作人员 G 是唯一被使用的投入品。公共秩序的生产函数为 P(G)。这样，总生产函数可表述为：

$$Y = f(L, K)P(G) \tag{7-1}$$

假设劳动力是同质的，其总量 H 是一个常量，并且人们只在公共和私人两部门工作，这样我们得到：

$$H = L + G \tag{7-2}$$

因为劳动力总供给是一个常量 H，且 G=H−L，所以有：

$$Y = y(G) \tag{7-3}$$

图 7-3 描绘了 Y 与 G 之间的关系。[②] 该图显示公共部门的扩张在最初使国民收入 Y 增加，然后在经过某一点后又使之降低。当公共部门就业水平为 G^* 时，即在公共部门和私人部门的劳动者的边际产量相等时产量达到最大 Y^*。

---

① 诺思. 经济史中的结构与变迁 [M]. 陈郁，罗华平，等译. 上海：上海三联书店，1994：30.

② 假定 $P_g>0$，$P_{gg}>0$，f(L, K) 中的 L 和 K 是同质的。

前述国家契约理论常把国家看作一种平等人之间的契约安排，其目的是提供生产型公共服务。根据芬德雷—威尔逊模型，G 的水平将由一个公共目标来决定。假定该目标包括在社会共有收入最大化这一目标之内，完成这一目标要求 G=G*。但国家必须征税用以支付公共部门工作人员（G* 工作小时）的工资（注意：该部门的产出是公共产品，不可市场化）。假设国家对一切收入征收一个比例税 t，则政府税收为 tY。现在最优化问题包括：既要求寻找 G*，又要求寻找相应的税率 t*，该税率恰好能使政府偿付其工资账单（并且平衡预算）。假定劳动力市场是竞争的，它使公共和私人部门的工资相等：$W_G = W_L$。图 7-4 展示在 t=t* 时，一个契约型政府的税收函数和财政支出函数。[1]

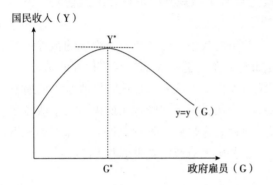

图 7-3　国民收入是公共部门就业水平的函数

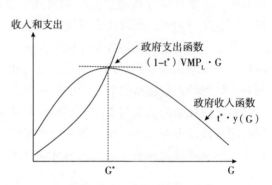

图 7-4　在契约状态里的均衡的公共就业

诺思将国家定义为："一个在暴力方面有比较优势的组织，在扩大地理范围时，他的界限要受其征税权力的限制。"控制国家的统治者既垄断暴力又垄断公共服务的供给，而且充当一个具有歧视性的垄断者角色。统治者与臣民们有长期契约关系，它规定公共服务与税收之间的交换条件。统治者给这种服务定价的能力受其垄断权力大小的限制。特别地，统治者提高垄断利润的能力被三个因素所约束：①来自于国内国外的潜在竞争对手，即取决于统治者被替代的可能程度。各集团之间替代可能性有差别，因而他们抵制征税的能力就有差异，结果统治者就采取价格歧视政策，这显然是理性的。②源于国家代理人的投机倾向，而国家又不得不雇用他们来提供公共服务和收税。③涉及各种度量成本，特别是度量税基的成本。

在上述三个条件约束下统治者使自己的福利最大化。统治者只有在满足了他的生存要求之后才会采取措施增加税基。诺思的中心论点是：统治者在谋求自身利益最大化时要受到生存问题、代理问题及度量成本问题等的限制，因而它所采用的征税方法和建立起来的产权体系很可能会引致经济远离它的技术性生产边界。在一些极端情况中，统治者的最优战略能产生一种产权结构，足以使经济停滞和崩溃。

芬德雷—威尔逊的规范模型与诺思的理论并不完全相似，但图 7-5 可以描述诺思理论的一些基本要素。假定统治者有征税权但不能控制税率，t 作为外生变量被置为 t_0。可以

---

① 政府的支出函数反映了两个部门工资的一致，$W_G = W_L$，同时假定了私人部门工资等于该部门劳动者的边际产量，$W_G = W_L = VMP_L$，注意，公共部门劳动者同样被征税。因此，支出函数为 $(1-t^*) VMP_L \cdot G$，收益函数则为 $t^* Y$（G）。

想象 t 被某些代议制机构所控制或被比统治者更强有力的传统习俗所保护。根据规范模型，t 固定于 t_0 意味着公共部门的就业人数是统治者唯一能控制的变量。在图 7-5 中，统治者寻求其福利最大化是通过选择一个公共部门总就业水平 G_R 来实现的，而 G_R 使收益超过支出，即政府所得剩余最大化。这里的"支出"指的是公共部门的净工资。在图 7-5 中，剩余最大化即是寻找一个 G_R 以便使税收函数和支出函数之间垂直距离最大。

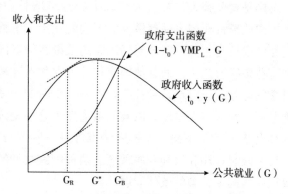

图 7-5 当税率（t_0）为外生或官僚机构失去控制时，不能使国民收入最大化

可以从这个模型得到如下结论：

首先，G_R 会总是在 G^* 的左侧，而 G^* 对应于经济最大产出 Y^*，这就意味着 Y_R 将总小于 Y^*。

其次，较高的 t_0 值提高收益函数值同时降低支出函数值（通过降低政府工作人员的净收入），类似地，较低的 t_0 值降低收益函数同时提高支出函数。但统治者的公共部门最优规模 G_R 将永远不会与使经济产出最大化的 G^* 一致，因此 $Y_R<Y^*$。[①]

再次，统治者向经济提供的公共服务不足，从 G_R 向 G^* 的移动（因此 Y_R 向 Y^*）则会趋向帕累托效率。经济产出最大化可以通过改变税收规则来实现。例如，统治者的收入不是来自征收剩余税，而是来自征收总额税和收入比例税。税收规则的这种变化既能增加统治者的净收益，又能提高居民的税后收入。诺思认为，这样的调整常常会因为度量成本、契约成本和强权政治等原因而受阻。

最后，假定统治者不能有效控制它的代理人——公共部门的工作人员，一种可能情况是政府雇员扩充失控直到政府支出消耗掉全部税收。在图 7-5 中，这一点是 G_B，现在政府向经济提供过量的公共服务，而我们则还是得到 $Y<Y^*$。

第四节 国家的类型与转型

如果说诺思（1981）提出的新古典国家理论主要是解释历史上的国家为什么在绝大部分时期是以停滞为主，那么诺思、瓦利斯和温格斯特 2009 年出版的《暴力与社会秩序》

---

① 一个追求最优化的统治者，在边际收益（税收增量）大于边际成本（工资账单的增量）的时候，将增加 G。统治者不可能把经济带到 Y 的峰点（Y^*），因为该点的边际收益（t 收入的变化值）为零，而同时扩张公共部门的边际成本却总是大于零。以上是芬德雷和威尔逊的假定。

一书则是要解释人类社会近代以来的经济增长中的"大分岔"[①]现象。这部著作与1981年提出的新古典国家模型最大的不同就在于，不再把国家看作是同质的，而是通过寻找决定经济增长与否的、区分不同国家的关键特征对国家进行分类研究，以帮助人们理解为什么有些国家发达了，而其他国家仍然处在相对比较落后的状态。正如诺思等所说："社会科学的任务在于解释诸种社会在不同历史时期的绩效特征，包括富裕国家和贫穷国家在人类福利上的根本性差异，以及所由生发出这种绩效差异的截然不同的政治组织形式、信念和社会结构。"[②] 下面，先阐述诺思等进行国家分类的主要理论依据，然后是对他们提到的权利限制秩序和权利开放秩序这两种国家类型的介绍，最后是从权利限制秩序向权利开放秩序的国家转型的条件问题。

一、国家分类的理论依据

要解释"诸种社会在不同历史时期的绩效特征"，关键是对国家进行分类研究。新古典模型用于解释1800年前的国家绩效特征还是基本可以胜任的，原因在于1800年前的国家基本上都是帝王、君主绝对统治地位的同质性国家，即下文所称自然国家（或权利限制秩序国家）。但是，到了1800年世界出现"大分岔"之后，还假设国家中只有一个统治者是不现实的。正如诺思等所说："众多国家理论都将正式认可的领袖或统治者视作是给定的。巴泽尔（2001），……诺思（1981）以及奥尔森（1993）都假定国家是一个垄断暴力的单一行动者并研究其行为。这种进路是有着根本缺陷的。"[③] 这一研究进路的具体缺陷是什么呢？用诺思等的话说就是："忽略了支配联盟中的精英间的内部动态关系是如何影响到国家与大众之间互动的方式的。……用单独行动者进路来研究国家的困难，在于其忽视了一个根本性的问题：国家该如何达成其对暴力的垄断？我们知道，这一过程对于个人和组织该如何在社会中行事，以及一个联盟怎样来构建国家与社会，都是关键性的。"[④]

诺思等上述论述的意思是，作为一种在暴力上具有比较优势的组织的国家，其暴力不可能仅仅掌握在统治者这一单一行动者身上，至少还有一些"强势的人"（或"精英"）也部分拥有暴力。所谓暴力，可以表现为身体行动，也可以表现为威胁将采取身体行动。暴力举动和口头威胁都属于暴力。暴力有可能是个人的行动，也可能是有组织的群体——从帮派到军队——的行动。诺思及其合作者在这里所说的"暴力"，主要指的是有组织的暴力，是群体行使的暴力或发出的暴力威胁。当一个国家的暴力分散掌控在多个"强势的人"的手上时，为了防止暴力冲突，保证社会秩序，一个问题必须回答，即"强势的个人是怎么真正做到放弃争斗的？"按照诺思等的观点，对暴力的控制依赖于强势的个人之间的关系的结构及其维系状况。正是基于对暴力的控制中强势的个人之间的关系结构及其维

---

① 彭慕兰（Pomeranz）（2000）所著的书名就叫《大分岔》，揭示的是18世纪以来世界各国经济增长与停滞并存的现象，即一方面，在18世纪后半期，随着英国、欧洲大陆国家和北美民族国家形成后市场经济的发展、海外贸易的扩展，尤其是第一次和第二次工业革命发生并在其推动下，西方国家出现了较快的经济增长。但另一方面，世界其他地区的绝大多数国家却仍然处在传统社会自然经济的缓慢发展和经济停滞之中。

② 诺思，瓦利斯，温格斯特. 暴力与社会秩序［M］. 杭行，王亮，译. 上海：格致出版社，2013：1.

③ 诺思，瓦利斯，温格斯特. 暴力与社会秩序［M］. 杭行，王亮，译. 上海：格致出版社，2013：355-356.

④ 诺思，瓦利斯，温格斯特. 暴力与社会秩序［M］. 杭行，王亮，译. 上海：格致出版社，2013：21-22.

系状况的不同，诺思等把在人类社会历史演进进程中形成的国家大体上分为了两种大的类型，即权利限制秩序（即自然国家）和权利开放秩序。

根据诺思等的观点，有记载的人类历史始于距今约 5000～10000 年前的第一次社会革命（也称新石器时代革命或第一次经济革命等），在这次革命期间，产生了权利限制秩序的自然国家。第二次社会革命（也称工业革命或第二次经济革命等）始于 200 年前，并且绵延至今。这次革命后，产生了权利开放秩序国家。当然，即使是今天，除了少数发达国家进入了权利开放秩序外，世界人口中的 85% 还生活在权利限制秩序的自然国家里。

上面提到 1800 年以来世界经济增长中出现的"大分岔"现象，现在应该不难理解了。因为正是国家类型的重大变化，即以英国、法国和美国等少数权利开放秩序国家的形成，带来了这些国家经济绩效的巨大提升。当然，国家绩效的提升反过来也促进了这些国家权利秩序的开放。至于 1800 年前以及后来很长一段时期的自然国家发展相对缓慢，则与其权利限制秩序的国家制度有关。当然，作为一种在人类历史中的社会组织的主流模式的权利限制秩序，其形成之初乃至很长一段时间内，都不是以社会产出最大化而是统治者们的租金最大化为目标的，所以，经济绩效并不是统治者们关心的首要问题。那么，最高统治者关心的是什么呢？用诺思等的话说就是"社会秩序"。社会秩序的特征主要表现在以下两个方面："社会是如何设计制度以保证各种特定类型的人类组织的存在的？社会限制或开放创建这些组织的权利的方式，以及，组织模式到底能产生些什么样的激励。社会秩序特征还与一个社会对暴力的限制和控制有着密切关系。"[①] 显然，正是对暴力的限制和控制的考虑，使自然国家的统治者采取了一种对竞争性组织的进入限制，降低了经济效率，导致了其经济绩效不佳。按照诺思等的说法，"限制成立组织及获得经济权利的机会，必然会限制竞争和经济效率。换言之，这个解决暴力问题的方案，可能构成长期经济发展的障碍，尽管它并不构成对经济增长的绝对限制"[②]。

二、权利限制秩序国家

权利限制秩序并不是特指某套政治、经济和宗教制度，而是指组织社会的一种根本的方式。作为权利限制秩序的自然国家，之所以说是"自然的"，是因为在近一万年来的大部分时期，它事实上是规模超过几百人的社会能够保障实际秩序并应对暴力的唯一社会形态。"自然国家"涵盖了大量的社会，它们并不都是一样的。

（一）权利限制秩序的逻辑

对暴力施加控制是自然国家的头等大事。它是如何对暴力进行控制的？按照诺思等的说法，暴力的停息（和平）并不是因为暴力专家们放下了武器，而是发展出了一些能减少暴力的动用的安排（明确的或暗含的）。这种安排就是："自然国家通过形成支配联盟，将获得的有价值的资源——土地、劳动力和资本——的权利，以及举办和控制有价值的活动——如贸易、崇拜和教育——的权利限制在精英群体范围内，来处理暴力问题。通过限

---

① 诺思，瓦利斯，温格斯特. 暴力与社会秩序 [M]. 杭行，王亮，译. 上海：格致出版社，2013：2.
② 诺思等. 暴力的阴影 [M]. 刘波，译. 北京：中信出版集团，2018：10.

制权利来设立租金，使得支配联盟凝聚在了一起，并且，使精英群体内部能建立起支持政权履行职责和克制暴力的可信承诺。只有精英群体才能够利用联盟的第三方实施来构造契约性组织。在组织形式上的这种权利限制对于自然国家十分关键，因为，权利限制不仅能通过排外的特权来设立租金，而且组织使精英的生产力得到提升，这又直接增加了特权的价值。"①

考虑一个只有两个组织和两位领导人的简单例子。假设这是两个自我组织起来的群体，规模很小，除了已经存在并发展起来的私人关系外，无法形成其他形式的人际信任。一个群体的成员信任本群体内的其他人，但不信任其他群体的成员。他们认识到，如果解除武装，就将导致另一个群体摧毁或奴役他们，所以任何一个群体的成员都不会放下武器。为了避免出现持续武装冲突的结果，两个群体的领导人同意，把这个世界里的土地、劳动力、资本和机会在彼此间分配，并同意确保每位领导人都拥有获得本群体资源的特权。这种特权产生租金，如果在和平条件下，两位领导人从特权中获得的租金价值高于暴力条件下的租金价值，那么每位领导人就都能有理有据地相信，对方群体不会选择冲突。不过两位领导人仍会保持其武装，他们仍然是危险的，并能有效地威慑周围的人，从而确保每位领导人的特权。

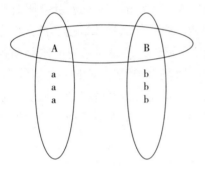

图7-6　权利限制秩序的逻辑

两位领导人达成的协议有一个重要特征，即他们都能要求对方帮助将其群体的成员组织起来并施加约束。尤其是，他们能限制其他人创立竞争性组织的可能性。在创建组织的机会方面限制准入是权利限制秩序的主要标志。图7-6描述了这一安排。作为个人的A和B是两位领导人，横向的椭圆代表他们之间的协议。纵向的椭圆代表两位领导人就他们各自控制的劳动力、土地、资本和资源所形成的安排，也就是他们的侍从，用小写的a和b代表。两位领导人之间的横向安排是否可靠取决于纵向安排。两位领导人从控制侍从组织中得到的租金确保他们恪守对彼此的承诺，因为如果合作瓦解、爆发冲突，租金就会减少。一旦发生暴力，源于和平的租金就会丧失，这就构成了抑制暴力的激励机制。同时，两位领导人之间的协议让每一方都能把自己的侍从组织构建得更好，因为他们可以相互请求外部支援。实际上，两位领导人相互求援的能力可以让各自的组织变得更有效率，从而产生一种互补效应。由此一来，两位领导人享受的租金不仅来自他们获得资源和组织活动的特权，也来自他们创造并维持高效组织的能力。

诺思等把这两位领导人组建的联盟称为支配性联盟。这个支配性联盟为两个成员组织提供了第三方执行机制。这两个纵向组织可能是政党、民族或者犯罪团伙等。多种组织的结合，由组织结合而成的组织，缓和了这些真正危险的人之间存在的暴力问题，通过利益的构建，使有暴力潜能的组织相互之间做出可信承诺，同时创造某种信念，即组织的领导人与其侍从有着共同利益，因为他们分享租金价值。图7-6把支配性联盟描述为一个由个人组成的团体，而现实中的联盟通常是由不同组织构成的。权利限制秩序框架提醒人们注

---

① 诺思，瓦利斯，温格斯特.暴力与社会秩序［M］.杭行，王亮，译.上海：格致出版社，2013：38.

意这些组织的功能：它们不仅是获利品的分配者，而且是让有暴力潜能的组织相互合作而非诉诸暴力的必要制度。

权利限制秩序对社会群体组成政治、经济、社会和军事等组织参与社会活动施加了各种限制，并由这种机会限制产生的租金，构成抑制暴力的激励机制。拥有实力的群体和个人明白，如果发生暴力，他们的租金就会减少，因此他们更倾向于保持和平。除了最分裂的权利限制秩序外，在所有权利限制秩序中居于核心的都是支配性联盟，这个联盟依靠其成员间紧密连接的利益而凝聚在一起。对于支配性联盟的成员而言，一项宝贵的特权是，联盟为执行成员组织之间及各组织内部的安排提供了排他性的第三方服务。这些排他性特权创造的租金是把不同组织及其领导人之间的协议凝聚在一起的激励机制之一。

权利限制秩序解决暴力问题的逻辑对经济发展有着显著影响。限制成立组织的权利，为创造租金而规定的无数特权，必然意味着对经济实施广泛的政治约束。地方性垄断和对经济进入的限制，会阻碍竞争性市场的形成和长期的经济增长。简而言之，权利限制秩序解决暴力问题的方式本身就是发展问题的一部分。

（二）权利限制秩序的共同特征及共同面对的问题

权利限制秩序主要具有以下特征：①经济增长缓慢且容易受到冲击。②政治未获被统治者的普遍认同。③组织的数量相对较少。④政府较小并且较集权。⑤主要的社会关系是沿着人际关系这条线路展开的，包括特权、社会等级、法律实施上的不平等、产权缺乏保障，以及一种普遍的观念：人并非生而平等的。

此外，自然国家面对的三个问题具有共同性。其中，前两个问题与支配联盟的规模和社会实际规模有关，第三个问题则是由社会规模的增大所带来的专业化收益问题。

（1）给定国家实际规模，支配联盟的规模应该多大的问题。在自然国家，当国家的实际规模给定，支配联盟的规模选择就是一个两难选择。扩大联盟的规模而生产租金的活动没能增加；增加成员能增强联盟抵御内外部威胁的生存能力，但这也会使租金消散，租金的消散不仅降低了作为联盟成员的价值，还降低了成员通过撤回他们的支持来惩罚联盟的能力。由于这样的租金消散，自然国家中的联盟自然而然地会对规模进行自我限制。

（2）国家实际规模变化带来的支配联盟稳定问题。权利限制秩序必须决定地理面积上的大小。从某种意义上说，支配联盟的结构就是控制着不同地理单元的精英们的结盟。使自然国家在地理面积上合并的力量，与促使自然国家内部合并的力量相似：较大的国家能控制更多的军事资源因而更安全。然而国家变大，联盟内部的冲突也会增多。

（3）由社会规模的增大所带来的专业化收益问题。对自然国家而言，社会规模的扩大带来了第三个问题，即自然国家到底要不要促进劳动的专业化和分工？增加贸易和推进劳动的专业化和分工能使生产力提高，精英们的剩余增加，从而使自然国家的联盟有推进贸易的激励。然而，要增强劳动的专业化和分工，需要开放进入和开放权利，这又会使租金消散从而威胁到支配联盟的稳定。这两种力量同时在自然国家起作用，造成了"进入和权利"在不同历史时期的兴衰起伏。

（三）权利限制秩序的区别：自然国家的类型

自然国家存在的时间长、种类繁多、差别巨大，用什么标准来区分它，是一个重要问题。诺思及其合作者认为，自然国家之间的主要不同在于国家的结构以及它们所能支持的组织的复杂程度。在自然国家，最重要的组织是国家本身，或更准确地说，是支配联盟内部的关系网络。基于双重平衡的思路，社会如果能够支持复杂的私人组织，那么公共组织也会变得复杂和精致。一个社会若不能管理好它自己，当然就不能支持强大的私人组织了。

正是基于上述标准，诺思等把自然国家区分为脆弱的、初级的和成熟的三种不同的类型，它们也被看成是连续光谱上的不同点，这三种不同的自然国家类型之间并没有清楚的边界，也不代表清晰的阶段，区别主要在这些国家内部的和外部的组织的复杂程度。

第一，脆弱的自然国家。支配性联盟在面对内部和外部暴力时，只能勉强维持自身。大多数组织都与其领导层的个性密切相关，而在支配性联盟里，领导人之间维持着个人关系。在脆弱的自然国家，支配联盟内部的承诺是易变的和不稳定的，这取决于联盟成员的个人身份和个人特性。联盟的脆弱是就这样的意义而言的，即联盟成员所处的环境发生微小的变化就能颠覆联盟。

由于易变性，脆弱的自然国家的制度结构一般比较简单。当联盟内部的平衡状况逐日在变时，联盟的成员不可能对规则和章程做出可靠的承诺。在脆弱的自然国家，保护人—客户网络在组织中占据支配地位，它们通常也是有能力行使暴力的网络。脆弱的自然国家的不稳定性，使社会无法维持一个针对组织结构的、有着复杂的规则的法律系统，无论是在公共方面，还是在私人方面。

第二，初级的自然国家。它能为国家维持一个持久的和稳定的组织结构。初级的自然国家的制度主要是公法制度：为国家的各个方面、其内部联系以及与支配联盟成员之间的联系提供结构的制度。这些公共制度为几个目的服务：①它们为一些反复出现的难题提供了标准化的解决方案，比如领导人的接替、税率和进贡比例的决定，以及战利品的分发。所有这些问题都有可能在支配联盟内部引发暴力或导致重新谈判，因而都是潜在的危险。制度化决策程序可以减轻但并不能完全消除这种危险。②公共制度还能在精英之间产生出有关行为的一些共同信念。精英之间共同拥有的信念越多，可信承诺的范围也就越大，从而支配联盟能够继续维持。③公共制度还为精英们提供了一些可以被利用来进行相互竞争的组织形式，无论是在公共领域还是私人领域。

初级的自然国家能支撑的社会安排种类也是有限的，因为国家不是永久存在的，对暴力也只能实施有限的控制。所有的国家都是组织，而永久性国家是指组织的身份独立于组织成员的个人身份的那些国家。初级的自然国家在国家内部发展出了公共制度，这些制度使有关国家的预期寿命的共同信念有可能发展出来，即关于国家对未来的承诺的可信程度的信念。初级的自然国家对未来做出可信承诺的能力是有限的。初级的自然国家中可能存在着一些持久的制度但国家不是永久性组织。

第三，成熟的自然国家。其特征是：有持久的制度结构为国家服务，并且有能力支持那些处于国家直接框架之外的精英组织。达到某种极限时，一个成熟的自然国家甚至能够创建并维持永久性组织，但这不是成熟的自然国家的共同特征。

成熟的自然国家的制度必须同时在两个方面发挥作用，即发展更为复杂的公共组织和私人组织，以及发展更多高度明确的公法和私法。私法让人们能够理解个人之间的关系，认识到上帝（或他的代理人、法院）将会来执行，这样就为个人在法律的范围内达成协议提供了框架。一个明确的公法体系针对的是国家的公职机关及其功能，以及公职机关与其职能之间的关系。公法提供了解决国家内部的——甚至是支配联盟内部的——冲突的办法。公法必须具体化为国家组织，比如法院，这种国家组织要能够明确说明并实施公法。在正常情况下，支配联盟构成上的改变不会影响到成熟的自然国家的存续。

组织内部以及组织之间的契约，不仅需要由某种形式的法律系统来管理，还需要有一个体系来保护这些组织不被国家或其他支配联盟成员侵占。也就是说，对组织的法治必须在成熟的自然国家实行。提供这种服务的制度必须以某种方式嵌入国家中，这种方式要能保护这些组织免受自然国家频繁的动态波动带来的特权在支配联盟成员间定期重新安排对法治造成的侵蚀。

三、权利开放秩序国家

自第二次社会革命以来形成的权利开放秩序，不仅有一套不同于权利限制秩序的逻辑来控制暴力，也是一种政治和经济协调发展和有利于经济增长和发展的新的社会模式。

（一）权利开放秩序的逻辑

权利开放秩序控制暴力的逻辑不同于自然国家。这些社会建立了强大的、统一的军事和警察组织，隶属于政治系统。所有权利开放社会都满足韦伯假设：国家拥有唯一的合法地使用暴力的权利。统一的暴力使国家不能为了自己的目的来动用暴力。

权利开放秩序中的暴力控制逻辑包含了三个要素：①由政治系统控制的军事和警察的统一组织；②政治系统必须受到一系列制度和激励的约束，以限制暴力的非法使用；③一个政治集团或党派要想保住权力，就必须得到经济和社会利益（广义的）的支持。经济体系中的权利开放阻止了政治系统对经济利益的操纵，并且保证了如果一个政治集团滥用其对军队的控制，就将失去权力。

国家垄断暴力的这三个要素必须在这样的制度框架中发展出来：承诺限制暴力的使用，以及确保政治和经济的开放进入。在一个大型社会控制暴力，是通过威胁将受到国家的惩罚和剥夺那些利用暴力来实施组织性支持的非国家组织来实现的。

对政治系统的控制，是指通过规定典型正式的手段，如宪法，来对所有群体和竞争对手开放进入。所有的公民都有创建组织的权利，他们能够利用国家的服务来构造其组织与他人或其他组织之间的内外部联系。无须国家的同意就可以创建组织，这保障了在政体、经济以及事实上的权利开放社会的一切领域内的非暴力竞争。经济行动者和其他行动者可以通过竞争来获取政治控制的权利，这便约束了政治行动者利用有组织的军事力量和警察力量来强制个人的能力。当在宪法环境中嵌入了能对保护各种权利提供可靠激励的制度之后，权利开放和民主竞争便能阻止暴力的非法使用。

当大量的个体有权创立组织来开展广泛的经济、政治和社会活动时，一个权利开放秩序才算建立。此外，创建组织的权利必须是非人际关系化的。"非人际关系化"是指对所有人一样对待。没有非人际关系化就没有平等。权利开放社会有能力通过支持非人际关系化的永久性组织来大规模地维持非人际关系化关系。

在权利开放社会，个人和组织与在自然国家一样追逐租金，但非人际关系化的经济和政治竞争会使租金迅速消散。熊彼特（1942）将经济中的创新描述成"创造性毁灭"。创新本身是租金的一个来源，经济竞争的一种重要方式是发展出新的产品和服务。人们成立组织去开掘新的机会和追逐与创新有关的租金。开放进入以及有权利组建复杂的经济组织，是实现创造性毁灭以及建立一个有活力的经济的前提条件。

熊彼特的理论对政治行为具有重要的意蕴。如果经济利益格局因为创新和进入而定期地变化，政治家就无法用与在自然国家一样的方式来操纵利益。太多的利益行为和形式的出现，使国家难以控制。在权利开放秩序国家，政治家也希望像自然国家那样设立租金，但由于权利开放秩序允许任何公民为了实现各种目标而成立组织，因此，不论是由政治过程，还是由经济创新所创造出来的租金，都会吸引竞争者去创造出新的组织。用熊彼特的术语来说就是，政治企业将新组织汇聚在一起竞争租金，通过这种方式来降低现有租金并努力创造出新的租金。这样，创造性毁灭便统治了权利开放的政治，正如在权利开放的经济中那样。

这个基本的洞识，再一次揭示了双重平衡的存在，经济领域中的组织权利的开放进入，支持了政治领域的权利开放；而政治领域内的组织权利的开放进入，又支持了经济领域的权利开放。经济权利的开放产生了一大批各式各样的组织，它们是创造性毁灭过程的主角。当许多群体在利益受到威胁时能有能力积极参与政治，公民社会的基础便形成了。经济的创造性毁灭过程使经济利益的分配持续地发生变化，政治官员因而很难通过设立租金来稳固他们的优势。同样地，政治领域的权利开放通过党派竞争也造就了政治的创造性毁灭。

（二）权利开放秩序的共同特征

相对于权利限制秩序模式，权利开放秩序模式具有以下特点：①政治和经济的发展。②在经济中负增长出现得较少。③存在着大量组织的、丰富而充满活力的公民社会。④庞大的、较为分权的政府。⑤普及的非人际关系化的社会关系，包括法治、产权保护、公正和平等，即平等对待所有人的一切方面。

就权利开放秩序本身而言，已经形成的权利开放秩序国家并非铁板一块，实际也是存在差别的，这些差别既体现在它们各自发展的历史上，也表现在这其中的任一时点上。有些是议会制的，有些是总统制的；有些是小的贸易国家而有些是大的、复杂的、多样化的经济体。尽管如此，所有的权利开放秩序都有一些共同特征。

第一，人民普遍秉持一系列的信念。这些信念包括各种形式的包容、平等和共享成长。所有公民都是平等的，所有公民都有权建立组织、签订合同、利用法庭和官僚机构、获得公共品和服务。

第二，权利开放。权利开放促进了所有体系内的竞争，尤其是在政治和经济体系中。对国家控制权的系统性竞争，意味着这些国家是民主的；经济体系中的系统性竞争则意味着这些国家是市场经济的。所有权利开放秩序都有宪法，包括各种制度和激励系统，来作为支撑。

第三，大部分权利开放秩序是非人际关系化的。这些社会只有一种类型的政府，它在非人际关系化的基础上为公民和组织系统化地提供服务和福利，也就是说，它在提供这些服务和福利时无须考虑公民的社会身份或是组织机构负责人的身份以及政治关系。非人际关系化的一个重要特征是法治：权利、正义以及实施机制是受规则约束的，也是公平的。

第四，在权利开放秩序中无法轻易操纵利益。原因是这些国家的政府是受到限制的：他们的宪法创造出了一个哲学家所谓的"私人行动不受政府侵犯的王国"。

（三）权利开放秩序的动态稳定性

所有国家都会碰到同样的问题：在面对不确定性以及层出不穷的新挑战、困境和危机时，如何能生存下来？

在权利开放秩序中，处理重大社会问题上的竞争提高了其动态稳定性，即社会在面对一系列不断变化的问题和困难时生存下来的能力。权利开放秩序之所以能表现出动态稳定性，主要原因有两个。

一是基于权利开放和竞争，它们促进了新问题的解决。权利开放以及思想的自由流动生发出理解和解决新问题的各种可能的方式。社会所面对的问题越大，有关该问题的本质的争论就越是广泛，所提出的各种可能的解决方案就越多。受该问题影响的个人和组织有致力于创造和推广新的解决方案的动力。各种政党、利益集团和组织也在重大问题的解决和各种危机的分析上展开竞争。当相互竞争的政党或是寻求对权力的维持，或是寻求重获权力时，他们将利用这种解缺方案上的竞争来找到能够增进他们的利益的思想。

这一过程远不是完美的，事实上，常常表现得一团糟。但不管怎样，比之自然国家，权利开放秩序更容易产生各种解决问题的方案，也更有可能对各种解决方案进行试验，它们也更容易抛弃那些不能解决问题的领导者。这种试验过程的不完美性，部分是由于问题本身所具有的不确定性，部分是由于投票人的无知。但尽管如此，试验过程为权利开放秩序的存留提供了最好的机会。

二是权利开放秩序有能力提供可信的承诺。政治冲突在所有社会都会发生，比如，发生在富人和穷人之间、农业与工业之间、工人和厂商之间，以及不同的地区之间。权利开放秩序做出可信承诺的能力，与非人际关系化地提供福利的能力结合在一起，拓宽了解决冲突的渠道。于是，权利开放秩序能更容易地处理这些冲突而不至于走向无序。

权利开放秩序的其他几个特性也使得它在化解危机方面的弹性空间更大。①市场经济中的企业家总是力图发现和开拓新的有利可图的市场。自然国家所面对的一些问题，在权利开放秩序中根本就不成为问题，因为市场会来解决或缓解这些问题。②权利开放秩序所需要应对的问题比自然国家要少，这部分是因为自然国家所要面对的自我引致的问题远多于权利开放秩序。③能够在非人际关系化的基础上提供福利、意味着权利开放秩序能提供远多于自然国家的公共品。同样，政策的巨大的灵活性也使得权利开放秩序能够通过政策的变动来解决特定的问题。

四、从权利限制秩序向权利开放秩序的国家转型

由权利限制秩序的自然国家向权利开放秩序的转型，就是第二次社会革命，是现代性的崛起。这些转型是怎么发生的？需要什么条件？对这些问题，诺思等（2009）也进行了探讨。鉴于可能产生的误解，诺思等强调指出，基于历史中的国家的转型的讨论"没有目

的论的含意"①。即是说，他们讨论自然国家向权利开放秩序的转型，并不是要给仍然普遍存在的自然国家进行转型支招。当然，对于这两种秩序在应对变化的能力和长期经济绩效等方面的表现的优和劣，诺思等还是有着较为明确的观点和态度。

按照诺思等的观点，社会并不是从权利限制直接跳跃至权利开放的。转型分为两步，第一步是支配联盟内部关系从人际化关系转化为非人际化关系，然后这种安排扩展到更多的人之间。转型是在自然国家开始的，所以，最初的步骤必须同自然国家及其人际关系的逻辑相一致。非人际关系化的精英关系可以通过改变正式规则，将精英特权转化为权利而在自然国家中发展。当一个自然国家发展出了可以让精英相互间非人际关系化地对待的制度、组织和信念时，那么这个社会就在转型的门阶上了。第二步，即真正意义上的转型，是指处在门阶上的社会进一步转化精英内部之间的关系。正式保护非人际关系化精英身份和精英的组织通路的制度得以构建，使得这种权利被扩展到更广阔的人群中。

（一）转型的门阶条件

在自然国家中，精英并非一个统一的群体，而是由相互竞争和合作的不同群体构成的。按照自然国家的逻辑，权利开放是为了解决如何构建支配联盟内部的关系以保持联盟的秩序这一问题而出现的。第一步的转变发生在当一些精英发现转向更加非人际关系化的关系会使他们的状况变得更好的时候，并且这不会威胁到联盟的稳定性。赋予所有精英同样的特权，那么这种特权就变成了权利。

任何关于转型的解释必须从社会仍处于自然国家这个前提着手。这在逻辑上有三个特定要求：①在转型开始的时候，这个国家中的制度、组织和个人行为必须同自然国家的逻辑相一致。②在转型期间，制度、组织和行为的变迁必须与支配联盟成员的利益相符合。（但变迁的结果可能不是像预想的那样）。③转型必须发生在这样的历史过程中：一系列制度、组织和个人行为不断地强烈变迁，以至于在每一步转型中增量的通路可以通过现有政治经济体系来支撑。

自然国家的社会有三个方面对于维持精英中非人际化关系十分必要，诺思等把这三点称为门阶（或临界）条件。一旦门阶条件达成，精英间的非人际化关系就有可能（但并非一定）产生政治和经济上权利开放的激励。这三个门阶条件是：

（1）对精英的法治。每一个自然国家里的支配联盟都是一个黏合性组织②，这个组织是由一群由共同的利益和威胁绑定的个人组成。他们之间不断地互动，必然催生出通过正式或非正式的规则来规范行为、管理精英间特定关系的可能性。解决精英间的纠纷是维持精英间关系的一个重要部分。所有自然国家都通过建立仲裁和调解程序来解决这一问题。在有些自然国家，这些职能被正式纳入政府和司法机构。实际上，产权和法律系统就是起源于自然国家中对精英特权的界定。法治需要建立司法系统，在这套司法系统中，有合适身份的个人可以利用各种规则和程序的权利，这些规则和程序是有约束力并且公正的，至少对于精英们来说是如此。

① 诺思，瓦利斯，温格斯特. 暴力与社会秩序［M］. 杭行，王亮，译. 上海：格致出版社，2013：15.
② 诺思将组织区分为两种类型：第一种是"黏合性组织"，特征是成员间有自我实施的、激励相容的协议。这类组织不依赖于第三方来实施其内部协议，一个黏合性组织成员间的合作，必须在任何时点上，对所有成员都是激励相容的。第二种是"契约性组织"，则需要合同的第三方实施，并需要在成员间签订激励相容协议。

（2）公共或私人领域内的永久性组织。一个永久性组织能够在存续的时间超过其成员的生命长度。永久性并不是说不朽，而是说其生命不是由组成成员的身份所决定的，是由其组织身份所决定的。永久性的组织需要一个能够实施与组织有关的法规的法律系统。永久性的私人组织必须存在于一个永久性的国家中。一个即将倒台的国家无法提供可信的承诺来支撑永久性的契约型组织，后面的继任者无须承认原先的国家所创建的组织。如果一个国家无法做出跨越当前支配联盟时依然能兑现协议的可信承诺，那么他就无法承诺实施超过精英成员生命的组织的协议。永久性组织的出现创造出了一种非人际关系化的交换和联系方式。合同和协议变得更为可靠，因为这是由组织而非组织的成员来签订的。这些合同也超越了组织成员的生命期限。

（3）对军队的统一控制。自然国家很少能对军队进行统一控制，其使用暴力的权利分散于精英之中。对军队统一控制需要存在一个能控制国家所有军事资源的组织，并将各种军事工程的控制权都统一到这个组织中，同时还需要一系列可信的公约来界定个人和联盟成员如何使用这些军事力量。控制军事的组织通常嵌入到政府的一个更大的结构中。对军队的统一控制是一个敏感问题。不排除自然国家中的某一个派系夺取军事资源的可能。然而，这样的自然国家很可能会产生暴政而不是一个在门阶条件上的社会。此外，一个由某一单一派系支配军队的国家不可能长久地保持统一，因为该支配联盟中那些无法保护自己的派系和群体没有理由相信哪个单一派系会信守对他们的承诺。在绝大多数自然国家中，对军队没有统一的控制是一件司空见惯的事情。

所有这三个门阶条件都和自然国家的逻辑相一致，并曾在权利限制秩序下出现。建立法律和法庭是支配联盟规范精英之间关系的一种方式。永久性组织是限制进入和系统性产生租金的载体。对军事力量的统一控制集中于政治体系，建立了对暴力的垄断，减少了国家发生暴力的频率。这三个门阶条件的结合为创造精英内部的非人际关系化关系提供了可能性，尽管这并不一定是精英所想要得到的结果。

（二）真正意义上的转型

一旦门阶条件使得精英中非人际关系化联系得以发展，那么当精英将个人精英特权转换为非人际关系化的精英权利时，真正意义上的转型就开始了。当精英普遍认识到如果特权是界定为普遍享有的权利而不是个人特权，其特权在精英内部斗争中将变得更加稳固时，那么特权转换为权利就发生了。只要创立组织的能力还是一种特权，那么权利就还没有开放。权利开放并不要求是对所有人开放，也不要求消除所有特权；但是权利开放要求人口中足够大比例的人群能按他们的意愿创建政治组织、经济组织以及其他组织。一旦清楚地界定并实施公民权利，精英权利将紧接着迅速扩展到人口中更大范围的群体。一旦通过非人际关系化清楚地界定公民权利，那么权利开放秩序的逻辑就表明在更广泛的政治和经济竞争中，这些权利将更容易维持。

西方政治思想中一个重要观点是政体中的利益平衡能保护权利。历史上，直到1790年，在英国、法国和美国社会，政党和法人团体还被认为是对共和社会的威胁，因为这些组织化的利益对联盟内部的利益平衡构成了威胁。尽管英国辉格党、法国共和党以及美国的建国者都试图建立具有正式和非正式制衡机制的社会来保护精英权利，但是他们中几乎没有人主张过权利开放。

起初的转型，独特之处在于 1790 年还令人担心的那些政党和法人团体在 19 世纪中叶之前开始被视作是维持稳定的重要因素。在真正意义上的转型中，社会将建立在人际关系化身份上的精英特权转换为精英权利，精英权利是建立在非人际关系化界定的公民身份上的。相互竞争的政党和经济组织的权利开放成为保护公民权利的内在基础。在后来的转型中，最初做出转型的"先行者"——英国、法国和美国的例子改变了人们认为政党和法人团体是内在危险因素的信念。

1880 年以前，相互竞争的政党以及对经济、社会生活众多领域中法人团体竞争组织形式的权利开放是所有这三个先行者的突出特征。然而，这些国家的制度结构演化却遵从了截然不同的路径。没有一个清楚简单、独一无二的特定制度处方能生成这种转型。英国转向了明确的制衡机制较少的议会主权国家。法国则经历了八年的宪政不稳定——从普选共和政体到君主制，还有立法暴政。美国发展出了一套选举制的联邦体系，其中有稳定的全国宪法和不断进行制度试验的州政府。

一旦 1830 年以后真正意义上的转型开始，通路便不断开放，非精英开始利用组织形式来实现其目标。与欧洲历史上更早时期形成对比，19 世纪晚期，在那些先行者国家中既不镇压也不禁止非精英组织。完全公民身份不仅包括选举权，还能使非精英成立组织。工会、社会主义者、教会以及女权主义者都开始在经济和社会组织中扎根，并将其作为政治运动的发射平台。人们追求权利开放，新生组织的成长没有受到镇压。政治和经济上的竞争氛围更广了，强度也更大了。

公民身份扩展到更多人是日益激烈的政治竞争的一个重要元素。政府开始提供基础设施、教育以及社会保障等公共品，并在为政治利益操纵那些公共品前，将其在非人际关系化标准的基础上进行分配。随着选举权的扩大，越来越多的人被囊括进来选举政府，非人际关系化的公民身份大规模地发展。加之政府能力与日俱增并开始分配公共品，并且公共品的分配不用考虑派系或党派，也不用考虑性别、种族、信仰、肤色或者年龄，非人际关系化的公民身份大规模地发展起来。

 ## 基本概念

自然状态；社会契约论；集体行动机制；掠夺或剥削论；暴力潜能优势论；国家范围；经济权利；法律权利；权利限制秩序；权利开放秩序；脆弱的自然国家；初级的自然国家；成熟的自然国家

 ## 复习思考题

1. 在巴泽尔看来，国家是怎样起源的？它具有什么样的性质？
2. 诺思是如何看待国家的性质的？

3. 国家为什么能够在暴力潜能上具有比较优势？

4. 如何认识国家的职能范围？

5. 什么是国家权力所及的范围？它有哪些影响因素？

6. 诺思的新古典国家模型有哪些内容？

7. 权利限制秩序控制暴力的逻辑是怎样的？

8. 从权利限制秩序向权利开放秩序的国家转型有哪些门阶条件？

 本章练习题

一、单项选择题

1. 把国家的性质定义为"使用暴力执行合约的单一的终极第三方论"的是（　　　）。

A. 霍布斯和洛克　　　　　　　　B. 巴泽尔

C. 马克思和恩格斯　　　　　　　D. 诺思

2. 一些学者假设国家起源于某种"自然状态"，下列学者中除外的是（　　　）。

A. 霍布斯　　　　　　　　　　　B. 洛克

C. 巴泽尔　　　　　　　　　　　D. 马克思

3. 按照诺思的观点，如果暴力潜能在公民之间进行平等分配，便产生（　　　）。

A. 剥削性国家　　　　　　　　　B. 初级的自然国家

C. 契约性国家　　　　　　　　　D. 成熟的自然国家

4. 将国家起源和性质看作是阶级剥削和压迫的工具的学者是（　　　）。

A. 霍布斯　　　　　　　　　　　B. 奥尔森

C. 诺思　　　　　　　　　　　　D. 恩格斯

5. 国家集中掌握暴力有比较优势，由奥尔森提出的一个理由是（　　　）。

A. 减少了"搭便车"现象　　　　B. 避免了公地悲剧

C. 带来了规模经济效应　　　　　D. 防止了"敲竹杠"问题

6. 以下不属于狭义上的市场失灵的是（　　　）。

A. 外部性　　　　　　　　　　　B. 社会不公平

C. 垄断　　　　　　　　　　　　D. 公共品生产

7. 按照巴泽尔的理论，以下因素中，可以扩大国家范围的是（　　　）。

A. 降低纵向一体化程度　　　　　B. 协议的自我实施程度增加

C. 国家实施能力下降　　　　　　D. 犯罪组织使用暴力实施协议增加

8. 第二次社会革命产生了（　　　）。

A. 自然国家　　　　　　　　　　B. 权利限制秩序国家

C. 成熟的自然国家　　　　　　　D. 权利开放秩序国家

9. 相对于权利限制秩序，下面不属于权利开放秩序特征的是（　　　）。

A. 在经济中负增长出现得较少　　B. 政治和经济的发展

C. 组织的数量相对较少　　　　　D. 庞大的、较为分权的政府

10. 不属于从权利限制秩序向权利开放秩序的国家转型的三个门阶条件的是　（　　　）。

A. 对军队的统一控制　　　　　　　B. 相互竞争的政党

C. 对精英的法治　　　　　　　　　D. 公共或私人领域内出现的永久性组织

二、多项选择题

1. 基于"自然状态"假设分析国家起源与性质的学者有　（　　　）。

A. 霍布斯　　　　　　　　　　　　B. 洛克

C. 恩格斯　　　　　　　　　　　　D. 巴泽尔

2. 国家集中掌握暴力有比较优势，以下理由中正确的是　（　　　）。

A. 减少了"搭便车"现象　　　　　B. 避免了公地悲剧

C. 带来了规模经济效应　　　　　　D. 防止了"敲竹杠"问题

3. 诺思的新古典国家模型揭示了的含义中正确的是　（　　　）。

A. 产权制度常常是无效率的

B. 统治者提供博弈规则的首要目标是租金最大化

C. 统治者的租金最大化目标与社会产出最大化目标是一致的

D. 统治者为了租金最大化会对选民集团采取差别化的产权安排

4. 自然国家的类型包括　（　　　）。

A. 成熟的自然国家　　　　　　　　B. 初级的自然国家

C. 脆弱的自然国家　　　　　　　　D. 高级的自然国家

5. 属于权利开放秩序共同特征的是　（　　　）。

A. 权利开放

B. 人民普遍秉持包容、平等和共享成长的信念

C. 非人际关系化关系

D. 无法轻易操纵利益

三、判断说明题

1. 若暴力潜能在公民之间进行平等分配，便产生契约性国家，若这样的分配是不平等的，便产生掠夺或剥削性国家。

2. 只有国家作为暴力第三方实施的合约才是国家权力所及的范围，自我实施协议和私人第三方实施协议则不在其内。

3. 国家范围就是国家的地理范围。

4. 决定垄断是不是市场失灵的关键是交易费用的大小。

5. 权利限制秩序与权利开放秩序控制暴力的逻辑是相同的。

四、计算与案例分析题

1. "禁摩"是禁止摩托车的简称，指的是政府通过行政措施严格禁止摩托车在特定的城市行驶或一些城市严格规定部分道路禁止摩托车通行，或规定部分道路在特定时间段禁止摩托车通行。中国的"禁摩"历程是于 1985 年从北京开始的。迄今为止，已经有 170余个城市对驾驶摩托车做出禁止或限制。回答以下问题：

（1）政府"禁摩"的主要理由是什么？

（2）除了禁止和限制，政府在解决摩托车在城市道路行驶带来的问题上还有什么办法？

（3）在国家职能范围上，科斯的观点与新古典经济学有什么不同？

（4）根据科斯的观点，对摩托车在城市道路行驶带来的问题，应如何解决？

2. 根据专栏7-2"刚果的长期痛苦"对刚果的长期贫困及其原因的分析，回答以下问题：

（1）刚果属于诺思所说的哪种类型的国家？

（2）刚果的产权制度效率如何？

（3）造成刚果产权制度效率低下的原因是什么？

（4）刚果的统治者为什么不愿意改变其效率低下的产权制度？

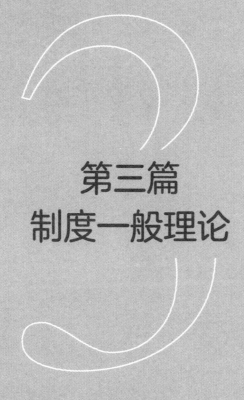

第三篇
制度一般理论

第八章

制度理论

制度是对之前介绍的产权、契约、企业和国家以及其他各种具体正式和非正式制度的统称。本章遵循从具体上升到抽象的原则，拟就制度的本质、特征、类型、形成途径、功能和效率等各种具体制度的共同（或一般）问题进行讨论和分析。第一节是制度的含义、特点与类型，第二节是制度的形成与制度自发演进的博弈论解释，第三节是制度的功能及其实现，第四节是制度的效率及其决定。

第一节　制度的含义、特点与类型

制度的含义就是通过定义揭示制度的本质特征。制度的特点与类型是与制度的含义相关的制度的最基本、最一般的问题。

一、制度的含义

新旧制度经济学家从不同角度研究过制度的本质属性，包括对制度的定义、对组织是不是制度的讨论以及从博弈论角度给制度下定义等。

（一）新旧制度经济学家对制度的界定及评价

尽管经济学中对制度这个概念的使用频率很高，但是，不同的经济学流派，甚至同一流派的不同经济学家赋予制度的含义也不完全一致。不过，在众多经济学流派的经济学家中，真正从最一般意义上讨论过制度含义的主要是旧制度经济学家凡勃伦、康芒斯和新制度经济学家舒尔茨、诺思等。

凡勃伦是旧制度经济学家中最早给制度下过一般定义的人。他说："制度实质上就是个人或社会对有关的某些关系或某些作用的一般思想习惯；而生活方式所由构成的是，在某一时期或社会发展的某一阶段通行的制度的综合，因此从心理学的方面来说，可以概括地把它说成是一种流行的精神态度或一种流行的生活理论。"[①] 凡勃伦所谓"一般思想习

---

① 凡勃伦. 有闲阶级论［M］. 蔡受百，译. 北京：商务印书馆，1964：139.

惯""流行的精神态度"无非是新制度经济学家所指的以非正式约束形式存在的制度。因为新制度经济学家所说的非正式约束指的就是伦理道德、风俗习惯和意识形态等。可见，在凡勃伦看来，制度无非是"指导"个人的行为的各种非正式约束。

另一位旧制度经济学的主要代表人物康芒斯也对制度的含义进行了界定。他说："如果我们要找出一种普遍的原则，适用于一切所谓属于'制度'的行为，我们可以把制度解释为集体行动控制个体行动。集体行动的种类和范围很广，从无组织的习俗到那许多有组织的所谓'运行中的机构'，例如家庭、公司、控股公司、同业协会、工会、联邦储备银行以及国家。大家所共有的原则或多或少是个体行动受集体行动的控制。"集体行动控制个体行动的手段则是各种行为规则。他说："为个人决定这些彼此有关的和交互的经济关系的业务规则，可以由一个公司、一个卡特尔……一个政党或是国家本身规定和实行。……业务规则有时候叫作行为的规则。亚当·斯密把它们叫作课税的原则。最高法院把它们叫作合理的标准，或是合法的程序。可是不管它们有什么不同以及用什么不同的名义，却有这一点相同：它们指出个人能或不能做，必须这样或必须不这样做，可以做或不可以做的事，由集体行动使其实现。"① 可见，在康芒斯看来，制度就是集体行动控制个人行动的一系列行为准则或规则。

旧制度经济学家关于制度内涵的界定显然是有价值的。尽管科斯对旧制度经济学批评得很厉害，声称它除了一堆需要理论来整理不然就只能一把火烧掉的描述性材料外，没有任何东西流传下来。但在制度的定义上，新制度经济学家舒尔茨和诺思等就基本上继承了旧制度经济学家康芒斯的上述观点。

舒尔茨给制度下的定义是："我将一种制度定义为一种行为规则，这些规则涉及社会、政治及经济行为。例如，它们包括管束结婚与离婚的规则，支配政治权力的配置与使用的宪法中所包含的规则，以及确立由市场资本主义或政府来分配资源与收入的规则。"②

诺思是新制度经济学家中给制度下定义最多的。他说："制度是一系列被制定出来的规则、守法秩序和行为道德、伦理规范，它旨在约束主体福利或效应最大化利益的个人行为。"③ 他还说："制度是一个社会的游戏规则，更规范地说，它们是为决定人们的相互关系而人为设定的一些制约。"④ 尽管诺思关于制度的界定有不少，但只不过是文字表述不同而已，其实质是一样的，即制度就是一种"规范个人行为的规则"。诺思所讲的制度是"规范人们相互关系的约束"显然与制度是"规范个人行为的规则"是一致的。因为，作为规范人们相互关系的制度是以对个人行为的约束和规范为基础的。

综上所述，在新旧制度经济学家看来，制度无非是约束和规范个人行为的各种规则和约束。

需要指出的是，仅仅把制度定义为约束个人行为的规则不全面，制度的完整定义是约束个人与组织行为的规则。因为不仅个人会受到规则的约束，各种具体组织同样会受到规则的约束。如美国依据反垄断法对微软的制裁，针对的就是微软这个组织，而不是盖茨本

① 康芒斯. 制度经济学 [M]. 于树生，译. 北京：商务印书馆，1962：87-89.
② 舒尔茨. 制度与人的经济价值的不断提高 [M]//科斯等. 财产权利与制度变迁. 刘守英，等译. 上海：上海三联书店，1994：253.
③ 诺思. 经济史中的结构与变迁 [M]. 陈郁，罗华平，等译. 上海：上海三联书店，1994：226.
④ 诺思. 制度、制度变迁与经济绩效 [M]. 刘守英，译. 上海：上海三联书店，1994：3.

人。当然，要准确理解制度的含义，还有必要进一步讨论组织与制度的关系。

（二）组织是不是制度

在制度经济学家中，对于组织是不是制度一直存在分歧。这里主要存在两种观点，即肯定的观点和否定的观点。

持肯定观点的主要代表有康芒斯、舒尔茨和拉坦等。康芒斯说："制度——这三种类型的交易（指买卖的交易、管理的交易和限额的交易）合在一起成为经济研究上的一个较大的单位，根据英美的惯例，这叫作'运行中的机构'。这种运行中的机构，有业务规则使得它们运转不停；这种组织，从家庭、公司、工会、同业协会，直到国家本身，我们称为制度。"① 可以看出，在他看来，组织内的业务规则是制度，各种组织（如家庭和公司等）也是制度。舒尔茨也持组织就是制度的观点，他在谈到制度的类型时，把合作社、公司、飞机场、学校和农业试验站等各种组织都当作制度。拉坦则明确指出："制度概念包括组织的含义。"②

持否定观点的主要是诺思、柯武刚和布罗姆利等。诺思明确指出，要将制度与组织区分开来。组织是在基础规则即制度约束下，为实现一定目标而创立的个人团体。制度类似于运动员的比赛规则，而组织则是运动员在该规则下为赢得比赛胜利，把其策略和技能加以组织或模型化的方式。制度是"基本规则"，这一规则不仅创造了一系列机会，也形成了约束，组织是在既定约束下为了捕捉这些机会以实现一定目的而创立的。组织的存在和演进受到制度的根本影响。柯武刚与史漫飞也认为组织不是制度："普通英语的习惯用法经常将这里所定义的制度与'组织'混为一谈。组织是对资源的系统安排，其目的在于实现一个共同目标或目标集。因此，公司、银行、政府机构是有目的的组织，而基督教的'十诫'和交通规则却是制度。"③

上述两种观点看起来是根本对立和不可调和的，其实不然。这里，问题的关键在于制度经济学家们在使用组织这个词时，其具体含义并不完全一致。否定组织是制度的制度经济学家是在组织的"具体性"和"特殊性"含义上使用组织这个词的。这就是说，虽然各种组织内部存在各种各样的作为规则的制度，但具体组织本身不是制度。例如，微软作为一个大公司，它是一个典型的具体的企业组织，我们当然不能说微软是制度。诺思等新制度经济学家说组织不是制度，实际上说的也是具体组织不能被称作制度。

为什么一些制度经济学家会把组织看作制度呢？这是因为，"抽象的"的组织确实是和制度分不开的。即是说，存在一种叫作"组织制度"的制度。所谓组织制度，指的是有关组织这种主体的构造形式或结构的内部规则，它是不同组织区分开来的依据。例如，政治组织与经济组织之所以不同，就在于其内部构造规则不同。同样是经济组织，由于内部构造规则不同，有不同的性质，有些是营利性的企业组织，有些是非营利性的经济组织。企业组织也因为构造形式不同而分为多种。如股份公司制与业主制和合伙制就不同。认为组织是制度的制度经济学家正是在"组织制度"的含义上使用组织这个词的。

---

① 康芒斯. 制度经济学 [M]. 于树生，译. 北京：商务印书馆，1962：86.
② 拉坦. 诱致性制度变迁理论 [M]//科斯等. 财产权利与制度变迁. 刘守英，等译. 上海：上海三联书店，1994：329.
③ 柯武刚，史漫飞. 制度经济学 [M]. 北京：商务印书馆，2000：33.

显然，对于组织是不是制度的问题，如果我们能够清楚地区分组织的具体含义的话，关于组织是不是制度的矛盾性观点也就不存在了。

对组织制度，或者说与组织有关的制度，布罗姆利指出："学校、企业和期货市场……这些组织之所以存在只是因为有界定它们的一套工作规则。一家公司作为一个独立的法律实体而存在只是因为有一套工作规则（所有权）定义什么是以及什么不是一家公司。期货市场、学校和医院同样如此。……在制度中有两类工作规则和社会组织有关：①通过社会其他部分界定一个组织的制度；②描述出组织内部特征的制度。……就公司的例子而论，第一类制度说明想成为并保持一个公司要遵循的必要步骤。第二类制度说明应如何指派雇员，如何保存会计记录，如何作出行政决定等诸如此类的工作。前一类制度通过更大的团体来界定公司，而后一类制度则决定公司的结构。"①

组织内部制度又有多种类型，主要包括：①进入制度或成员制度，规定什么人可以成为组织成员；②目标制度，规定组织的目标如何形成；③职位制度或授权制度，规定组织成员在组织内的角色身份，涉及他们在组织内的责、权、利的分配。这类内部制度往往规定了组织中各个成员在实现组织目标过程中的职责分工、权力安排、成本分摊和目标实现后的收益分配，从而使得组织成员在责、权、利的分配上存在系统稳定的差异，造成一种等级制或科层制结构。

关于组织本身的制度和调节组织之间关系的外部制度与组织内部制度的区别在于前者是在更大的社会范围中制定的，对组织来讲是外生的行为约束；而组织内部制度是由组织成员自己刻意制定的（当然不同成员的决定权不会一样）。以企业这种组织为例，其人事制度、岗位责任制等，便是由内部成员制定的制度；公司法则是关于企业这种组织本身的制度；而反不正当竞争法、反垄断法等便是约束企业行为的外部制度。

（三）制度可以定义为博弈的均衡解吗？

随着制度演化的博弈分析的兴起，一部分学者开始从博弈论的角度定义制度，其共同特点是把制度定义为博弈的均衡解。如肖特把制度定义为"重复进行的策略博弈的解的部分"②。青木昌彦的定义是："制度是关于博弈如何进行的共有信念的一个自我维系系统。制度的本质是对均衡博弈路径显著和固定特征的一种浓缩性表征，该表征被相关域几乎所有参与人所感知，认为是与他们策略决策相关的。这样，制度就以一种自我实施的方式制约着参与人的策略互动，并反过来又被他们在连续变化的环境下的实际决策不断再生产出来。"③

显然，将制度定义为一般博弈的均衡解是不妥当的。主要在于：一是如果把制度定义为一般博弈的均衡解，就意味着先有博弈，然后才有制度，那么形成制度的博弈的策略集和得分情况是不是制度，如果不是，那它们是什么？如果是，它们又从何而来？二是并非任何博弈的均衡解都是制度，起码一次性囚犯博弈的均衡解就不能称作制度。因此，制度至多只能是某些类博弈的均衡解。

---

① 布罗姆利.经济利益与经济制度［M］.陈郁，郭宇峰，汪春，译.上海：上海三联书店，1996：54.
② 肖特.社会制度的经济理论［M］.陆铭，陈钊，译.上海：上海财经大学出版社，2003：43.
③ 青木昌彦.比较制度分析［M］.周黎安，译.上海：上海远东出版社，2001：28.

实际上，人与人之间的博弈可以分为两类：一类博弈的解是给博弈的参与者划定行为的可行范围或可行空间，这类博弈的均衡解才是制度或行为规则。这类博弈无限递归到最后，最初始的博弈的策略集是参与者除生理条件不许可之外所有可能的行为，包括各种对别人有利或不利的行为。初始博弈的均衡解构成元制度，元制度又构成进一步博弈的可行策略集和得分规则，它们又构成更下一步博弈的可行策略集和得分规则，如此不断递推，导致全部制度。另一类博弈的策略集是参与者行为的可行范围或可行空间，它们由制度或行为规则所规定，其均衡解是博弈的参与者在既定制度下的最优行为，而不是制度或行为规则。前一类博弈可称作决定制度的博弈，简称制度博弈；后一类博弈可称作既定制度下决定行为的博弈，简称行为博弈。

可以看出，将制度定义为博弈的均衡解之所以不妥当，就在于它没有将制度博弈与行为博弈区分开来，并认为任何博弈的均衡解都构成制度。事实上，只有制度博弈的均衡解才可能产生制度。

一些博弈论研究者之所以把制度定义为博弈的均衡解，其目的是把制度作为被解释的内生变量，而不再是制约博弈结果的外生变量。这样做当然是有价值的，但是，一定要将制度博弈和行为博弈区分开来，只有在制度博弈中，制度才是取决于博弈结果的内生变量，而在行为博弈中，制度是制约博弈结果的外生变量。

（四）　与制度相关的两个概念：制度安排与制度结构

在理解制度的内涵时，还有必要搞清楚两个与制度密切相关的概念，即制度安排与制度结构。

新制度经济学家经常使用"制度安排"这一概念。所谓制度安排，按照林毅夫的解释，就是管束特定行动和关系的一套行为规则。例如，专利制度就是一种保护发明创新、打击侵犯知识产权行为的一套行为规则和制度安排。显然，"制度安排"一词与"制度"一词的含义是非常接近的。

对制度结构的含义，新制度经济学家的界定不完全相同。例如，林毅夫将其界定为："一个社会中正式的和不正式的制度安排的总和。"[①] 诺思的界定则是"正式规则、非正式约束以及它们的实施特征的结合"[②]。显然，两位学者的界定并没有实质上的差别，前者没有将制度的实施机制作为制度结构的一部分主要在于，制度的实施机制本身就是正式规则与非正式约束的一个构件。

理解制度结构概念，还要注意，任何制度结构总是有一定的范围或者特定的对象。因此，所谓制度结构总是某一特定对象的制度结构。这里，"某一特定对象"可能是一个国家或社会，也可能是指某种活动，如生产、技术创新等。例如，根据对象的不同，可以有一国的制度结构、生产的制度结构、市场经济的制度结构、技术创新的制度结构等。

对制度结构的含义与意义，诺思作了深刻的论述。他说："应该认识到任何社会、经

① 林毅夫．关于制度变迁的经济学理论 [M]//科斯，等．财产权利与制度变迁．刘守英，等译．上海：上海三联书店，1994：378.

② 诺思．理解经济变迁过程 [M]．钟正生，刑华，等译．北京：中国人民大学出版社，2008：6.

济或政治体制都是由人构建的，并且这种结构在我们所处的这个有序社会里，具有人为的功能。这个结构是规则、惯例、习俗和行为信念的复杂混合物，它们一起构成了我们日常的行为选择方式，并决定了我们达到预期目标的路径。……我们必须发展制度理论，因为没有一个有效率的市场不是处于由市场参与者参与其中的制度结构之中。……每个要素和产品市场都不一样，即每个市场都有不同的结构；更进一步，在整个时期内，这种结构将一定发生变化。在时期 T 内能使一个有效率资本市场形成的结构因素，在 T+1 时期内就未必如此。……对我们来说，一个巨大的挑战就是，我们不仅要在理论上能对每种要素和产品市场以及对于我们来说非常重要的政治市场的制度结构给予定义和分类，而且还要分析在整个时期内制度结构的变化、演进。"①

二、制度的特点

在讨论了制度概念的基础上，为了提升对制度概念的理解，有必要进一步分析制度的特点。下面先看制度安排的特点，然后再看作为一个整体的制度结构的特点。

(一) 制度安排的特点

就单项制度安排而言，其主要特点有：强制性、外部性、公共性、有界性、利益性、明晰性与模糊性等。

1. 强制性

制度的强制性是指不论行为主体愿意与否都必须遵守制度。一项具体制度安排通常包括四个基本要素：角色规定（即规定只有具备何种条件者才具有某种身份或者才能成为某种角色）、行为规定（即关于各种角色的社会成员必须做什么、禁止做什么、可以做什么及可以不做什么的规定）、度量标准（即测定和判断社会成员是否遵守行为规定、是否超越其可行性空间的有关标准）和奖惩措施（即对社会成员遵守或不遵守行为规定进行奖励和惩罚的措施）。制度的强制性依存于度量标准和奖惩措施，它大致可以看作是三个因素的函数：①度量标准的清晰度，度量标准不清晰，难以判定某人是否遵从了制度，则社会也就无法对其进行强制。②奖惩措施的强度，奖惩措施若强度不够，遵从制度者得不到足够奖励而违反制度者也得不到有力的惩罚，则制度的强制性便要大大削弱。③违规行为被发现或确认的概率。即便奖惩措施有足够的强度，但只要违规的行为很难被发现，则制度仍然没有强制性。

2. 外部性

制度的外部性是指一项具体制度安排的创立、维持和取消，往往对大量并未参与创立、维持和取消决策的人造成可能好或坏的影响。由于一项具体制度安排往往（但不一定）为不同身份角色的人规定了不同的行为规则，使他们具有不同的行为可行性空间或不同的博弈策略集。因此它的外部性可能对于某种角色身份的人为正，同时对于另一些身份角色的人为负，并且其大小也可能不同。一项具体制度安排的外部性的大小，与该项制度安排的创立、维持和取消的决策方式有关。或许决策越是专断，则由此产生的制度的外部

---

① 诺思. 对制度的理解［M］//梅纳尔. 制度、契约与组织. 刘刚，等译. 北京：经济科学出版社，2003：15-16.

性（不论正负）也越大。因为决策越专断，受其影响的人便越无发言权，越是只能被动地接受该项制度安排。

3. 公共性

由于制度的强制性，制度的外部性便进一步表现为公共性，即制度类似于产品（劳务）中的公共物品，具有影响上的非排他性。当某人从某种制度的创立、维持和取消中获益（受损）时，不会排除与他有相同身份角色的其他人也同时获益（受损）。并且，制度中的非正式规则（习俗与惯例）还具有公共物品通常具有的非竞争性，即遵从某项习俗和惯例的人增多不会引起社会维持该习俗和惯例的费用增加。但制度中的正式规则往往不具有非竞争性，正式规则所约束的人增多后，其维持费用也会增加。例如城市人口越多，用于维持交通秩序的费用往往也越多。

4. 有界性

制度的有界性是指各项具体制度其适应范围或管辖范围有大有小，但总有一定的界限。这里的范围有三重含义：一是指适用行政区域的多少，二是适用人数的多少，三是适用的组织多少。从行政区域角度来看，有些制度如国际法是全球性的，有些制度如宪法等是全国性的，有些制度只是地方性法规。从适用人数的角度来看，有些制度（如禁偷盗制度）适用于几乎所有人，而有些制度（如对高收入人群征收更高的所得税制度）只适用于小部分人。从适用的组织的角度来看，有些制度（如八小时工作制、财会制度）适用于多类组织，而有些制度（如军衔制）只适用于军队一个组织。

5. 利益性

制度的利益性是指制度的创立或废除总是与人的利益有密切的联系，又包括利益中性和利益非中性两种情况。制度的利益中性是指一项制度会给所有的人带来正（负）值净收益，例如规定人人都须种牛痘预防天花的制度，统一文字的制度，推广普通话的制度等对所有人有益的制度，以及不卫生的习俗等对所有人有害的制度。制度的利益非中性是指一项制度会给部分人带来正值净收益但给其他人造成零值或负值净收益。如政府提高进口汽车关税的制度就会给国内汽车生产商带来正值净收益，而给国内汽车的消费者带来零值或负值净收益。

6. 明晰性与模糊性

制度含义的明晰性与模糊性是指有些具体制度的含义是明晰的，清楚地告诉人们哪些行动是被允许的、哪些是不被允许的；而还有一些具体制度的含义是模糊的，只是笼统地给人们的行为划分了可行的范围和不可行的范围。明晰的制度把人们所有可能的行为划分为两个界限分明的子集，被允许的和不被允许的，任何一种行为不是在这个子集中就是在那个子集中。模糊的制度把人们所有可能的行为划分为两个界限模糊的子集，有些行为可以明确界定在这个和那个子集中，但还有一些行为则往往难以确定它属于哪个子集。例如，不准谋财害命，就是一项含义明晰的制度，而要尊老爱幼，就是一项含义模糊的制度，家长因孩子学习不用功而实施非致命致残致伤的体罚，是否属于爱护孩子，人们往往不能达成共识。许多国家的立法机构往往要把对某项制度的解释权托付给某些人或某个机构，这就意味着该制度的含义具有模糊性。制度的模糊性是导致人们钻空子行为的重要原因。制度虽然可以划分为明晰的和模糊的，但不能绝对地认为明晰的制度一定优于模糊的制度。在动态社会中模糊的制度由于对人们的行为规定有一定的弹性，允许人们采取一些性质不太明确的行为，探索其后果，因此可能更有利于人们通过试错来适用动态环境。

（二）制度结构的特点

制度结构是由许多正式的和非正式的制度安排构成的总和，它们组成了一个系统。制度结构系统往往具有下述共同特点，即相关性和层次性。

1. 相关性

制度结构的相关性指的是制度结构中各项具体制度安排之间的不同类型的关系。制度结构系统中的制度安排之间的关系主要有三种，即互斥关系、耦合关系和独立关系。

互斥（或冲突）关系意味着两项制度对于同一个行为主体的同一种行为的约束正好相反。例如，对同一个企业来说，不可能既按照计划经济的一套制度去约束它，又按照市场经济的一套制度来要求它。同时实施两套具有互斥关系的制度，必定使任何一套制度所要达到的目标都难以充分实现。例如，在政治生活中，一方面实行政治领导人的选举制度，另一方面又实行限制言论出版自由的制度，其结果必然是使得选举制度不能达到其应有的效果。

耦合关系意味着两项制度对于同一行为主体的行为约束互相配合，使得行为主体的行为比没有这种配合时能更好地实现这两项制度的需求者的目标。例如，市场经济制度和民主政治制度便具有耦合关系，而统制经济制度和专制政治制度也具有耦合关系。劳动市场制度和失业保险制度之间也是耦合关系。

若两种制度之间既无互斥关系也无耦合关系，那就是独立关系。如我国的计划生育制度、体育竞赛制度、交通规则三者之间便是独立关系。

2. 层次性

制度结构系统的层次性是指一个制度结构系统的各项制度安排从总体上看构成一个层级系统，其中一些是最基本的制度，其他制度则由它们衍生而来，可称之为派生制度。

基本制度往往是一些抽象原则，不加阐释直接实施的操作性不强。派生制度往往是对基本制度内涵的具体规定和具体实施措施，具有较强的可操作性。如宪法可以规定私有财产不可侵犯，这是一个基本制度，在此基本制度之上可以派生出一系列的制度，一是关于界定私有财产的各种规则，即确定什么是私有财产的规则，这些规则还要派生出一套确定某件具体物品是否属于某个具体人的规则。二是关于什么样是侵犯的一系列规定，偷盗显然是侵犯，但拾遗是不是一种侵犯呢？三是关于度量某人的行为是否构成侵犯的一套规则，这里又要派生出什么样的度量方式才是合法的规则，由非执法人员进行搜身来度量某人是否偷盗，显然是不合法的。四是关于对侵犯行为的惩罚规则。五是关于各种例外的规则，如战争时期为取得胜利不得不将私人的麦苗地作为坦克的通道，等等。

制度系统的层次性的功能有两点：其一，通过具体的派生制度，使得基本制度能够得到有效贯彻。基本制度对人的行为的约束往往比较抽象比较模糊，而派生制度则比较具体比较明确。且基础度越低的制度，其约束往往越是具体明确。如影响劳动者工作行为的主要是收入分配的一些具体制度而非按劳分配这个一般制度。其二，相对稳定的基本制度有助于事先避免和事后消解为适应条件变化而需要经常变动的不同派生制度之间的互相冲突。制度层级系统在受到外部因素扰动时，往往比非层级系统更容易进行适应性调整。因为它可以在保持深层结构稳定的同时，对于浅层结构进行调整。社会的非制度因素的变化，往往需要对制度进行一定的调整，如取消一些原有的制度或建立一些新的制度。这种调整可以首先在派生制度的层面上进行，如果被取消的派生制度与其他原有的派生制度之间不存在耦合关系，则调整将是简单的；如果被取消的派生制度与其他原有的派生制度之间存在耦合关系，则调整将导致新的派生制度与原有的未被调整的派生制度之间的互斥和冲突。这时，就需要通过相对稳定的基本制度来消解这类冲突。一个国家的宪法就是最基本的制度，它经常被用于消解一些具体法律法规之间的不和谐。

三、制度的类型

如何合理地对制度进行分类一直是新制度经济学家十分关注的一件事，因为能否对制度进行合理、科学的分类关系到制度分析的效果。下面先介绍制度经济学家对制度的不同分类，然后对其中的一种重要分类作进一步的讨论。

(一) 制度的不同分类

根据不同的标准，制度经济学家们对制度进行过不同的分类。这些分类，有些是合理的，有些则存在一定的缺陷。

舒尔茨 (1968) 对制度进行过初步的分类。他把制度分为以下四种类型：①用于降低交易费用的制度，如货币、期货市场等；②用于影响生产要素的所有者之间配置风险的制度，如合约、分成制、合作社、公司、保险、公共社会安全计划等；③用于提供职能组织与个人收入流之间的联系的制度，如财产、包括遗产法、资历和劳动者的其他权利等；④用于确立公共品和服务的生产与分配的框架的制度，如高速公路、飞机场、学校和农业试验站等。显然，舒尔茨主要是从制度的不同功能来对制度的类型进行划分的。由于制度的功能往往是多重的，如分成制、公司制等，并非只有配置风险的功能，它们同样具有节约交易费用的功能。因而其制度分类难免具有重叠性。

根据制度的起源的不同，柯武刚和史漫飞将制度分为内在制度和外在制度。所谓内在制度，是群体内随经验而演化的规则，而外在制度是外在地设计出来并靠政治行动由上面强加于社会的规则。显而易见，柯武刚和史漫飞关于制度的内在性与外在性之间的区分也是有问题的。因为，许多制度的形成并不完全是自发演化来的，也不完全是外在地设计出来的，而是自发演化过程与人为设计相互交织的结果。正如卢瑟福所说："人们常常可以发现，看不见的手过程与设计过程会在给定制度的历史中相互影响并发挥作用。奥地利学派经常援引货币和市场作为来自看不见手过程的自发发展的例子。虽然这是可能说明这些制度的最初起源，但政府早就卷入到两种制度的发展和管理之中也是事实。"[①] 既然许多制度是自发演化过程与人为设计相互交织的结果，那么，我们如何将它们区分为"内在制度"和"外在制度"呢？显然，要作这样的区分是十分困难的。这就说明，制度的内在性与外在性之间的区分并非一种合理的制度分类方法。

肖特也从制度的起源方式的角度对制度进行了分类，具体分类如下：一是作为博弈均衡解的有机滋生的制度，二是社会计划者设计的制度，三是作为多边谈判结果的制度，他

---

① 卢瑟福. 经济学中的制度 [M]. 陈建波，郁仲莉，译. 北京：中国社会科学出版社，1999：107.

把后两类制度统称为显性创生的制度①。很明显，肖特的制度分类也与柯武刚和史漫飞的分类一样，存在分类的重叠性问题。

诺思以制度约束人的方式，即制度对人的约束是正式的还是非正式的这一标准将制度分为正式约束与非正式约束，即正式制度和非正式制度两种类型。他说："制度是由非正式约束（道德约束、禁忌、习惯、传统和行为准则）和正式的法规（宪法、法令、产权）组成。"② 这一分类没有重叠性，是一种较为合理的分类方法，它也是目前为新制度经济学家们普遍接受的一种分类方法。

在新制度经济学中，另一种较有影响的制度分类是将其分为个人规则和社会规则。卢瑟福是较早做出这一分类的制度经济学家，他分类的标准是一种制度是否具有广泛的社会意义。其中，个人规则是不具有广泛社会意义的规则，社会规则是具有广泛社会意义的规则。凡伯格（1993）也把制度分为个体规则与社会规则两种类型，其分类的标准是从主体对于制度的遵从和违反是否具有外部性这一角度出发。其中，个体规则是指是否遵守只影响本身的福利，不涉及其他主体的福利，即个体的遵守或违规行为不具有外部性的规则，而社会规则是指个体是否遵守之将影响其他主体的福利，即个体的遵守或违规行为具有外部性的规则。显然，两位学者对个人（体）规则与社会规则的分类的标准在本质上是一致的，因为所谓存在外部性的社会规则，即是具有社会意义的社会规则，而不存在外部性的个人规则，即是不具有社会意义的个人规则。将制度分为个人规则与社会规则这一分类的主要问题在于，一种遵守或违规行为是否具有外部性（即真实的外部性）与是否被人们认为具有外部性（即观念上的外部性）经常是两回事。由于这种差异，虽然从理论上可把行为规则分为个人规则和社会规则，但要确定一项具体规则的归属并非易事。

除了上述制度分类，制度经济学家们还给出了其他多种分类。如从行为规则所涉及的活动领域来区分，可把一个社会的所有制度区分为经济制度、政治制度和社会制度等；从一种制度安排在整个制度结构中的地位和作用的不同来区分，可以把制度分为基础性制度安排和第二级制度安排等。

（二）正式制度与非正式制度

鉴于正式制度与非正式制度的区分是新制度经济学中最重要的一种制度分类，因此，有必要对其作进一步的讨论。

1. 正式制度

正式制度也叫正式规则，它是指人们有意识创造的一系列政策法规。按照诺思的观点，正式制度包括政治规则、经济规则和契约。它们是一种层级结构，从宪法到成文法与普通法，再到具体的内部章程，最后到个人契约，它们共同约束着人们的行为。其中，政治规则广泛地界定了政治的科层结构，包括其基本的决策结构、日常程序控制的外部特征。经济规则界定产权，包括了对财产的使用、从财产中获取收入以及让渡一种资产或资源的一系列权利。契约则包含了专属于交换的某个特定合约的条款。

① 肖特. 社会制度的经济理论 [M]. 陆铭，陈钊，译. 上海：上海财经大学出版社，2003：42-43.
② 诺思. 论制度 [J]. 经济社会体制比较，1991（6）：55.

柯武刚和史漫飞则认为，外在制度（即正式制度）的层级结构本质上由三个不同层次的规则构成，即：顶层的宪法、中层的成文法和底层的政府条例。这种层级结构如图8-1所示。[①] 在正式制度的层级结构中，可以很清楚地看到各种规则相互联系的状态。最高层次的宪法规则往往包含在权利法案、基本法或成文宪法的序言当中，它们统率着所有其他的规则。沿正式制度的层级下行，立法者的层次也相应下降，从靠简单多数制定大量成文法的议会，直到基于授权法制定具体细则和条例的政府行政机构。这样的制度层级结构按以下方式运转：个人缔结私人契约以实现合作。这可能要服从于具体的条例或细则。这些条例或细则规定缔约当事人所能做的事，阐述该交易中不由契约作出规定的方面。如果契约与高于政府条例的成文法之间有明显矛盾，还要服从正式的成文法。所有的成文法都从属于更高层次的规则。这类高级规则包含在成文的或不成文的宪法当中。

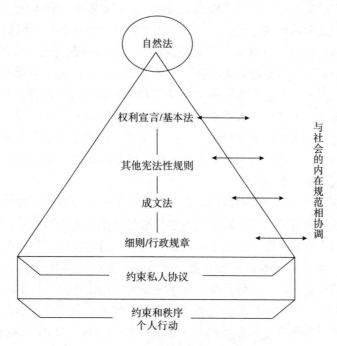

图8-1 正式制度的层级结构

2. 非正式制度

非正式制度，又称非正式约束、非正式规则，是指人们在长期社会交往过程中逐步形成，并得到社会认可的约定成俗、共同恪守的行为准则。非正式制度是由一定的地域范围（大至一个国家，小至一个村落）的人们在长期的交往中无意识形成的，并且各地随时间的变化，地域范围的远近、大小而存在一定的差异，因而也就有不同的表现形态。但不管怎样，这种非正式制度一旦形成就具有持久的生命力，还能继承给下一代甚至几代人，构成一种文化传统。从历史上看，一种正式制度在未公布之前，人们之间的各种行为就受到非正式制度的制约。这种由生活习惯和一脉相承的文化形成的非正式制度，是依靠每个客观现实的人的内在行为和良心来自觉维持的，并且能够渗透到社会生活的各个领域，因而

[①] 柯武刚，史漫飞.制度经济学 [M]. 北京：商务印书馆，2000：165.

其作用范围相当广泛。

非正式制度是一个十分宽泛的概念，泛指一切不需要正式社会组织以正式成文方式加以确认和强制实施的社会规范，它存在于社会生活的各个方面和各个层次，约束着人类的各种行为和相互关系。就一般而言，大致上可以认为非正式制度主要包括：习惯和习俗、伦理道德、文化传统、意识形态。

（1）习惯和习俗。习惯和习俗是人类社会最早形成的，也是最基本的非正式制度。在相当长的人类社会初期，即原始社会，人们之间的行为及其关系就是靠习惯和习俗来调节的。今天，尽管人类的各种制度体系已经非常详尽，但习惯和习俗仍然是调节人们行为和相互关系的基本约束，也是各种制度赖以生成和发挥作用的基础。

习惯指的是人们重复活动所形成的一种行为惯性，它使人们不假思索地去做出某种既定的行为选择。习惯是人类一种习得性的行为模式，它既不是一种本能，而是人类后天行为的不断重复、积淀而形成的；同时，也区别于人类的理性选择，习惯是不假思索、按过去的经验的惯性做出选择，有时甚至是无意识的。习惯可以区分为个人习惯和群体习惯，作为非正式制度的习惯指的是群体的习惯。群体习惯是群体共同活动所形成的一种行为惯性，这种习惯一旦形成，就会作为一种"惯例"约束着群体成员的行为选择，调节着群体中人与人之间的关系。习惯对于人类来说是非常重要的，如果没有习惯，人类的每次行为都必须重新进行选择，人类的效率将大大降低，所以，习惯首先是人类为节约理性选择成本的一种机制。同时，习惯作为一种非正式制度，又是人们之间关系的一种成本很低的调节机制，可以大大降低交易成本。

习俗与习惯既紧密联系，又有区别。从一定意义上说，习俗是一种长期延续并积淀为一定群体的固定的生活方式习惯。同时，习惯一般是指单一的行为模式，习俗则是一系列习惯组成的一套行为方式系统。更为重要的是，习俗中蕴含着一定群体的价值观念、思维方式和行为方式，体现着群体的文化特色。习俗是一定群体世代延续下来的一种行为模式。对于群体中的成员来说，习俗是他们继承下来的一种传统，一种不需要理解却必须遵守的行为约束。由于一定的习俗是一定群体在寻求最佳生存方式过程中产生的，其中，必定包含着一定有利于群体生存和发展的合理因素。作为一种群体的生活方式和行为规范，它也是群体节约交易成本，达成合作与协调的有效机制。

（2）伦理道德。广义的伦理道德包括人们的价值观念、伦理规范和道德精神。就一般意义而言，伦理道德是调节人们之间关系的一种行为规范，它以善恶为评价标准，通过社会舆论、内心信念来维持。作为一种调节人们之间关系的行为规范，伦理道德与法律的不同，主要就在于它是一种非强制性约束，是主体的一种自律性约束机制。

（3）文化传统。文化传统是一定民族或群体在长期的社会生活实践中形成并世代相传的一种稳定的价值观念和行为模式。它是一定民族在一定的自然环境条件下，社会生活实践活动的积淀和精神创造的产物，体现着民族的经历和行为方式，传达着民族的价值取向和精神追求。一定的文化传统，既是民族凝聚的精神纽带，也是民族成员行为选择的基本导向和规范，因此，它是非正式制度中最为深厚、最为广泛的构成部分。一定的文化传统首先是民族成员生活的精神食粮，作为一种内在的因素规定着成员的思维方式和行为方式；其次，它是成员之间达成协调与合作的共同精神基础；最后，它是最为广泛的约束全体成员的价值和行为规范。

（4）意识形态。意识形态指的是一定群体所持有的一种社会价值理念，是一定群体关于自己与外部世界关系的一种信念体系。就本质上而言，意识形态是一定群体社会利益的反映，是建立在一定的经济基础之上的，其核心是群体的社会价值观，表达着人们对社会现象的评价态度和行为取向。在现代社会中，意识形态往往与政治是紧密联系在一起的，是一定政治上层建筑的思想基础和理论依据，也是一定政治方略赖以实施的手段和方式。在非正式制度中，意识形态处于核心地位，因为它不仅可以蕴含价值观念、伦理道德和风俗习惯，而且还可以在形式上构成某种正式制度安排的"先验"模式。对于一个勇于创新的民族或国家来说，意识形态有可能取得优势地位或以"指导思想"的形式构成正式制度安排（或正式约束）的理论基础和最高准则。

3. 正式制度与非正式制度的关系

一般认为，正式制度与非正式制度有着不同的表现形态和构成特点，具体来说，主要表现在以下几个方面。

第一，就表现形式而言，非正式制度规则是无形的，它一般没有正式的形诸文字、制成条文，也不需要正式的组织机构来实施，它存在于社会的风俗习惯和人们的内心信念之中，以舆论、口谕的方式相互传递，世代承传。正是这种无形的表现方式，使得非正式制度可以渗透到社会生活的方方面面发挥作用。正式制度都有其相应明确的具体存在和表现形式，它通过正式、规范、具体的文本来确定，并借助于正式的组织机构来实施或保障。这种具体有形的存在方式是正式制度的正规性、严格性的必要保障。

第二，从实现机制来看，非正式的制度不具有外在的强制约束机制，而是内在的心理约束，不是依靠外界的压力，而是依靠内心的自省和自觉。即使违反了也只受到良心的谴责和道德的评判，一般不会受到法律法规的制裁，只要自己的内心感到心安理得，一般也不会因此而付出什么代价。与此相反，正式的制度具有外在的强制约束机制，凡生活在一定的组织机构内，其行为都受到某种正式制度规则的约束，不管你愿意与否，都必须遵守和执行这种行为规则，否则，就可能招致组织纪律或国家法律的制裁，从而为自己的违规行为付出代价。

第三，从实施成本来看，由于非正式制度的实行是依靠人们的自觉自愿，或社会的风尚和习惯，既不需要设立专门的组织机构，也不需要雇请特别的人员监督和执行，其实施几乎不需要花费多大的社会成本。正式制度的制定和执行是一个公共选择的过程，不仅需要建立一套专门的组织机构，而且需要通过一定的工作程序，其间不乏讨价还价和营私寻租等活动，这些都要耗费一定的社会资源，因而其运行成本较高。

第四，从形成和演变的过程来看，非正式制度的建立和形成需要较长的时间，有的甚至是长期历史发展的产物，而一旦形成就具有较大的稳定性，其变化和演进也是一个相对较慢的、渐进的过程。正式制度的建立虽然需要通过一定的程序，但是建立的过程所需时间较短，甚至一个决定、一道命令即可完成，其变迁也可以在短时间内以激进方式完成。人们常说的"朝令夕改"说的就是正式制度可以在早上宣布，晚上就废除，其变迁速度可见一斑。

第五，从制度的可移植性来看，由于非正式制度内在所具有的传统根性和历史积淀性，使它很难在国家或区域之间移植。正式制度较之非正式制度则具有较大的可流动性、可移植性。例如，我国在向市场经济体制转轨的过程中就移植了一些发达市场经济国家有关市场的正式制度。这些制度的移植大大降低了制度创新和变迁的成本，给"输入国"带来了不少好处（或收益）。一种非正式制度尤其是意识形态能否被移植，不仅取决于所移植国家的技术变迁状况，而且更重要的是取决于后者的文化遗产对移植对象的相容程度。如果两者具有相容性，那么，制度创新的引入，不管它是通过扩散过程，还是通过社会、经济与政治程序所进行的制度转化，它们都会进一步降低制度变迁的成本。

新制度经济学家认为，正式制度只有在社会认可，即与非正式制度相容的情况下，才能发挥作用。这一原理对于进行经济体制改革与制度变迁的国家具有一定的启发意义。改变了的正式制度与持续的非正式制度之间的紧张程度，对经济变化的方向有着重要的影响。进行制度变迁的国家总想尽快通过改变正式制度实现新旧体制的转轨（如从计划经济体制转向市场经济体制），但这种正式制度的改变在一定时期内，可能与持续的非正式制度并不相容，即出现了"紧张"。这种紧张程度取决于改变了的正式制度与持续的（或传统的）非正式制度的偏离程度。1993 年诺思在接受诺贝尔经济学奖发表的演讲中指出，离开了非正式制度，即使"将成功的西方市场经济制度的正式政治经济规则搬到第三世界和东欧，就不再是取得良好的经济实绩的充分条件"。因此，国外再好的正式制度，若远远偏离了土生土长的非正式制度，也是"好看不中用"。

正式制度与非正式制度虽然在表现形态和构成特点方面存在不小的差别，但两者之间又是紧密联系、相互依存的。

首先，两者是相互生成的。就制度起源看，是先有非正式的习俗习惯、伦理道德等制度，然后，在非正式制度的基础上才形成正式法律、政治制度的，非正式制度是正式制度产生的前提和基础，一定正式制度常常是依据一定的价值观念、意识形态建立起来的。一定的正式制度确立以后，必将约束人们的行为选择，并逐步形成一种新的行为习惯和伦理观念，形成一种新的非正式制度。

其次，两者的作用是相互依存、相互补充的。任何正式制度作用的有效发挥，都离不开一定的非正式制度的辅助作用，就像法律，如果没有相应的伦理观念为基础，人人都在观念上缺乏相应的自我约束意识，法律就不可能得到有效实施，甚至会形同虚设。同时，任何正式制度安排都是有限的，只有依靠各种不同形式的非正式制度的必要补充，才能形成有效的社会约束体系。同样，非正式制度作用的有效发挥，也依赖于正式制度的支撑。非正式制度的约束是非强制性的，只有借助于一定的强制性的正式制度的支持，才能有效地实现其约束力，特别是在涉及面广泛的各种复杂经济关系和社会问题上，离开了正式制度的强制作用，非正式制度是软弱无力的。

总之，正式制度与非正式制度作为社会制度体系的两个组成部分，是不可分割、相互依存、互为条件、相互补充的。在运用制度创新来促进社会经济发展的过程中，必须同时关注两者的作用，不可偏废。

第二节　制度的形成与制度自发演进的博弈论解释

制度的形成讨论的是制度产生的最根本途径问题。本节还对制度形成的自发演进进行了简要的博弈论分析并指出了制度演化博弈论分析的不足。

一、制度形成的途径

对于制度的形成，一般认为存在两条途径，即设计和演化。对此，新旧制度经济学家的认识是一致的。英国学者卢瑟福指出："新旧制度主义者都承认制度有可能被精心设计和实施，也有可能在未经筹划或'自发的'过程中演化。人类是有目的的行动者，制度是个人有目的行为的预期或未预期的结果。个人可能（经常通过某种集体选择）设计或修正制度，使之发挥或更好地发挥某种作用。与此同时，制度也可能以未经设计的方式产生和延续，成为人们有意行为的无意结果。"①

早在18世纪，苏格兰思想家休谟、福格森和斯密就提出了自发过程可能产生未预期的制度安排的思想。休谟曾谈到，一种体制"对公众有利"，但它的发明者却可能"并未打算达到该目的"。福格森也说过："国家的偶然创立确实是人类行为的结果，但却不是任何人类设计的产物。"斯密提出过著名的"看不见的手"的原理，它表明个人对自我利益的追逐会带来未预期的社会利益：个人"在一只看不见的手的引导下促成他并没有想到的目标的实现"。门格尔也研究了"没有公共意志的引导，为公共福利服务并对改进公共服务至关重要的制度怎样才能建立起来"这一问题，门格尔将他研究的目标规定为"从理论上理解那些并非来自协议或积极立法，而是属于历史发展中自然形成的社会现象"。哈耶克认为，"传统人类习惯形成的结构，既没有遗传决定意义上的自然性，又没有智力设计意义上的人为性，而是筛选或过滤过程的产物，受到群体从习惯中获得的差别优势的引导，而群体接受习惯的原因尚属未知，或许还纯属偶然"。旧制度主义经济学家凡勃伦也指出，资本主义经济中的许多制度的形成不过是人们追求自身利益所带来的未预期的制度后果。例如，他认为社会的时尚制度本身并非设计者努力的结果，而是无意中来自个人试图通过服装媒介展示其财富的行为。

也有一些制度主义者研究了制度形成的审慎设计过程。门格尔把设计的制度称作"务实的"制度，而把自发出现的制度称作"有机的"制度。务实的解释就是"从人类社会联盟或其统治者的意图、观点以及可利用的手段等方面来解释社会现象的性质和起源"。哈耶克认为，政府行为，即使包含多数规则，它的结果显然不是"自发社会发展"的例子。其他一些例子也可以证明个人或群体会建立具体的组织来实现特定的目标。哈耶克的"人为秩序"思想包括任何被审慎设计以"服务于设计者目的"的制度，它包括企业、协会以及"所有公共制度"。

对制度形成的两条途径，柯武刚和史漫飞也指出："制度是如何产生的？一种可能性是规则及整个规则体系靠人类的长期经验而形成。人们也许曾发现过某些能使他们更好地满足其欲望的安排。例如，向约见的人问好的习惯可能已被证明是有用的。有用的规则如果被足够多的人采用，从而形成了一定数量（临界点）以上的大众，该规则就会变成一种传统并被长期保持下去，结果它就会通行于整个共同体。当规则逐渐产生并被整个共同体所了解时，规则会被自发地执行并被模仿。不能满足人类欲望的安排将被抛弃和终止。因

---

① 卢瑟福.经济学中的制度［M］.陈建波，郁仲莉，译.北京：中国社会科学出版社，1999：98.

此，在我们日常生活中占有重要地位的规则多数是在社会中通过一种渐进式反馈和调整的演化过程而发展起来的。并且，多数制度的特有内容都将渐进地循着一条稳定的路径演变。……其他类型的制度因设计而产生。它们被清晰地制定在法规和条例之中，并要由一个诸如政府那样的、高居于社会之上的权威机构来正式执行。这样的规则是由一批代理人设计出来并强加给社会的。"①

在实际的制度形成过程中，完全自发演进的制度和完全人为设计的制度并不存在。许多制度的形成往往是自发演进过程与人为设计过程相互交织的结果。货币制度和市场制度的形成常被作为自发过程的两个典型例子。虽然这两种制度最初的起源确实是自发演进的结果，但值得注意的是，政府早就卷入到这两种制度的发展和管理之中。市场的例子特别富有启发性，因为任何发达的市场事实上都是一种高度复杂的现象，它包括了一系列社会惯例和规范、习惯法规则、成文法以及实施机构，它们共同规定为自己或为组织而行动的个人进行经济交易的方式。认为这类市场纯属自发发展，实在是过于简单化了。另外，组织常常被表述为经过设计的、将个人行为引向特定目标以符合最高权威意志的制度。然而，决定组织实际上如何运行以及它实际达到的结果的规则远比精心设计的规则要多。再说，组织也建立其自身的非正式规则、传统以及习俗。公司"文化"彼此可以有很大的差异。构成这些文化的非正式规则可能在组织的运行中极为重要，但却不是任何人所设计的。

总之，制度的形成既不是纯粹的自发过程，也不是纯粹的设计过程，而是自发过程与设计过程交织着的过程。

二、制度自发演进的博弈论解释

随着博弈论在近几十年的迅速发展，博弈论在经济学中得到了广泛的应用。在解释制度形成的自发演进方面，博弈论也显示了它"令人着迷"的一面。

(一) 博弈论简介

博弈论也称"对策论"，是研究决策主体的行为发生直接的相互作用的时候的决策以及这种决策的均衡问题。也就是一个人或一个企业的选择受到其他人、其他企业选择的影响，而且反过来影响到其他人、其他企业的选择时的决策问题和均衡问题。

传统微观经济学在分析个人决策时，就是在给定一个价格参数和收入的条件下，如何使个人效用最大化；个人效用函数只依赖于自己的选择，而不依赖于其他人的选择；换言之，个人的最优选择只是价格和收入的函数而不是其他人选择的函数。这里，经济作为一个整体，人与人之间的选择是相互作用的，但对单个人而言，所有其他人的行为都被抽象在一个参数里，这个参数就是价格。这样，个人在决策时面临的是一个非人格化的东西，而不是面临另外一个人或另外一个决策主体。他既不考虑自己的选择对其他人的影响，也不考虑其他人的选择对自己的影响。但是，在博弈论里，个人效用函数不仅依赖于自己的选择，而且依赖于其他人的选择，个人的最优选择是其他人选择的函数。从这个意义上

---

① 柯武刚，史漫飞. 制度经济学 [M]. 北京：商务印书馆，2000：35-36.

讲，博弈论研究的是具有相互外部经济条件下的个人选择问题。

博弈论进入主流经济学，反映了经济学越来越重视人与人的关系的研究，特别是人与人之间行为的相互影响和作用、人们之间的利益冲突与一致以及竞争与合作的研究。传统经济学过分强调了对竞争的研究，而忽视了对合作的研究。社会经济生活中，人与人之间的关系并不仅仅只有竞争，而且还有合作。撇开其他条件，竞争与合作是一对矛盾，因为人的有限理性与信息不对称等方面的原因，人自身不可能处理好竞争与合作的关系，而制度安排就能有效地解决合作问题。许多非正式制度安排正是人们在长期的交往和"博弈"中为解决合作问题而自发形成的。

（二）"囚犯困境"与合作制度的形成

"囚犯困境"是博弈论中最著名、最典型和最有启示意义的博弈类型之一。它最早是由塔克尔（Tucker）于 1950 年定义的。从"囚犯困境"博弈中可以透视人类合作中的诸多问题，也有利于我们理解某些合作制度的自发形成和演进。

"囚犯困境"讲的是，有甲、乙两个囚犯因共同作案被警方抓获，但警方对他们犯罪的证据掌握得并不充分。他们每一个人都被单独囚禁，并单独进行审讯，双方无法建立攻守同盟。警方向这两个嫌疑犯交代量刑原则是：如果一方坦白，另一方不坦白，则坦白者从轻处理，判一年，不坦白者从重处理，判刑八年，如果两人坦白，则每人都判刑五年。如果两人都不坦白，则警方由于证据不足，只能对每个人各判刑两年。最终，两个囚犯各自会得到什么结果呢？在分析这个问题之前，有必要对博弈论描述博弈的方法作些介绍。

在博弈论中，表示一个博弈至少需要三个要素：参与者或局中人，他们可以选择的行动或策略，以及他们在不同的策略组合下将得到的报酬或支付。每一个参与者的报酬都是所有参与者各自所选择策略的共同作用的结果。描述博弈的常用工具是支付矩阵（也称报酬矩阵），图 8-2 就是"囚犯困境"博弈的支付矩阵。

图 8-2　囚犯困境

图 8-2 中结果（报酬）均为负数，以表示判刑的年数。在这个博弈中，甲、乙两个犯人是博弈的参与者，他们都有两个可选择的策略：坦白与不坦白。甲的两种策略写在左边，乙的两种策略写在上边。图中的每一格表示对应于甲、乙的一个策略组合的一个结果（或者说报酬）组合，每个格中的第一个数字表示甲的结果，第二个数字表示乙的结果。例如，图中的第一格表示当甲、乙都采取坦白策略时，甲的结果是判刑五年，乙的结果也是判刑五年。

从图 8-2 中可以看出，如果甲、乙双方都选择不坦白策略，则对他们来说是最佳的结果，两人都只判两年，总共四年；如果甲、乙两者有一方选择坦白，而另一方选择不坦白，则选择坦白一方判一年，而选择不坦白一方判八年；如果甲、乙双方都选择坦白的策略，则对他们来说是最差的结果，两人都被判五年，总共十年。那么，甲、乙双方博弈的最终的结局是什么呢？显然，如果博弈进行的次数很少时，一定是两个人都坦白，各判刑五年。要明白这一点，有必要先介绍占优策略均衡这个概念。

占优策略是指，无论其他参与者采取什么策略，某参与者的唯一的最优策略就是他的占优策略。先分析甲的策略选择，可以看到，当乙选择坦白策略时，甲若选择不坦白策略，判八年；若选择坦白策略，只判五年。于是，甲肯定选择坦白策略。当乙选择不坦白策略时，甲若选择坦白策略，判一年，若选择不坦白策略，判两年。于是，甲肯定会选择坦白策略。很清楚，不管乙采取坦白策略还是不坦白策略，甲都会采取坦白策略。因而，坦白策略就是甲的占优策略。类似的分析对于乙也是适用的。因为，不管甲选择坦白策略还是不坦白策略，乙都肯定会选择坦白策略，所以，坦白策略也是乙的占优策略。

博弈均衡是指博弈中所有参与者都不想改变自己的策略的这样一种状态。在上例中，（坦白，坦白）这一对策略组合（前者表示甲选择的策略，后者表示乙选择的策略）下的博弈状态，就是一种均衡状态。此时，任何一方都不想偏离各自的坦白策略。由于在均衡时甲、乙双方选择的都是自己的占优策略（即坦白），所以，该博弈均衡又被称为占优策略均衡。一般地说，由博弈中的所有参与者的占优策略组合所构成的均衡就是占优策略均衡。

"囚犯困境"博弈揭示：尽管从对社会的利益来说，罪犯都受到了应有的惩罚是非常理想的结果。但从博弈中两个参与者的立场来看则是很不理想的结局，因为两个参与者从各自的最大利益出发选择行为，结果是既没有实现两人总体的最大利益，也没有真正实现自身的个体最大利益。该博弈既揭示了个体理性与团体理性之间的冲突——从个体利益出发的行为往往不能实现团体的最大利益，同时也揭示了个体理性本身的内在矛盾——从个体利益出发的行为最终也不一定能够真正实现个体的最大利益，甚至会得到相当差的结果。

以上"囚犯困境"的形成是因为博弈只进行一次，是一种静态博弈。博弈双方自身的占优策略的选择却导致了整体的最坏结局。他们想合作，想改善自己的境况，但又害怕被另一位参与者所欺骗而使自身落到更差的境况。在一次性博弈中任何欺骗和违约行为都不会遭到报复，"囚犯困境"的不合作解通常是难以避免的。但是，在重复博弈中，情况就会得到改变。在重复博弈中，对于参与者中任何一方的欺骗和违约行为，另一位参与者总会有机会给予报复。这样，采取违约或欺骗的一方就有可能永远丧失与对方合作的机会，并因此而遭受长期的惨重损失。在长期的交往和"博弈"中，处于"囚犯困境"中的参与者双方会越来越发现合作的重要性，并最终导致有利于合作的制度的自发形成。因为，合作是建立在大家共同遵守某些规则、惯例的基础上的。

"囚犯困境"的状况并非像通常所说的那样，是一个特例或不现实的案例，相反，它适用于许多基本的社会经济交换过程。几乎所有人类之间的相互作用，都能够在"囚犯困境"博弈中找到自己的影子，因为对每一个人来说，通过相互欺诈而获得一次性收益永远是可能的。同样地，市场经济中的经济人在多次交换中也会发现，遵从某种合作规则要比通过欺诈自作聪明地获得少数几次不义之财更有利，这时制度便会自发地产生。在这里，所谓制度就是市场交换中的合作规则及习惯。经济人选择合作规则，好像最初他们不合作（欺诈）一样，也是经过成本—收益计算的结果。生意场上的"利他主义"，并不是道德说教的结果，它也是基于经济原则。

（三）协调博弈与交通规则的形成

协调博弈也是博弈论中一种重要的博弈类型，它对于理解某些社会惯例的自发形成是很有用的工具。

协调博弈常用的例子是交通行驶中的左行与右行问题。它指的是这样一种情形：两辆迎面行驶的汽车，如果司机都靠左行驶或都靠右行驶，那么，两辆车能够相安无事，顺利通过。但是，如果一位司机靠左行，一位司机靠右行，其结果必然是相撞，导致交通事故。可以用图8-3的支付矩阵来表示这一博弈。图8-3显示，如果甲乙两人都靠左

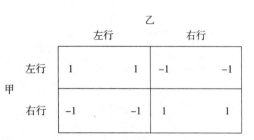

图8-3 交通行驶中的协调博弈

行或都靠右行，则都得正报酬1，如果一个靠左行，一个靠右行，则都得报酬-1。

理解这个博弈，先要了解纳什均衡这个概念。纳什均衡是指如果其他参与者不改变策略，任何一个参与者都不改变自己的策略的情形。纳什均衡与"囚犯困境"博弈中所讲的占优策略均衡概念有所不同。占优策略均衡要求对任何一个参与者的任何策略选择来说，其最优策略都是唯一的。而纳什均衡只要求任何一个参与者在其他参与者的策略选择给定的条件下，其选择的策略是最优的。所以，占优策略均衡一定是纳什均衡，而纳什均衡不一定是占优策略均衡。

在上面的博弈中，就存在两个纳什均衡，即（左行，左行）和（右行，右行）。就是说，当甲选择左行时，乙也会选择左行；当乙选择右行时，甲也会选择右行。

在存在多重均衡的情况下，在一次性博弈中，参与者难以协调他们的行动，因而双方难免出现你选择左行、我选择右行因而引发事故的情况。想象一下，汽车刚上市的时候人们驾车的情形，由于还没有都左行或者都右行的行为规则，汽车相撞的事情一定不少。但是，在博弈的重复进行中，人们会逐渐形成一种约定或者说规则，或者都靠左行，或者都靠右行。至于一个国家或地区具体选择的是都靠左行还是都靠右行，可以用"进化稳定策略"（ESS）概念来说明[①]。所有进化的稳定结果一定是纳什均衡，但并非所有纳什均衡都是进化稳定的结果。生物学模型中的支付是根据生物适应性来衡量的，但如果我们分别用效用和学习来替换适应性和自然选择，那么这种方法也可以用于解释人类行为。采用既定策略的平均支付是支付和采用每一种策略的人占总人数的比例的组合。一个策略可能被他人"击败"，因而最终在演进的过程中被驱逐出局，如果它的平均所得较低的话。在协调博弈中，如果各协调解都有相同的支付，那么第一个获得总人数50%以上的人赞同的方案将淘汰另一个方案。如果不同的协调解有不同的支付，则支付较高的方案只需要较低比例人口的初始参与就可以击败另一个方案。如果每个参与者靠左行驶只获得2，而靠右行驶支付是5，则若最初选择右边行驶者超过总人数的2/7，那么靠右边行驶将击败靠左边行驶。若最初选择右边的少于总人数的2/7，那ESS将是靠左边行驶，尽管它不是帕累托最优。这就是说，在英国等国家，车辆之所以靠左行驶，是因为一开始靠左行驶的人多，最后，大家便形成了都靠左行驶的习惯。在中国等国家车辆靠右行驶主要是因为一开始靠右行驶的人多，于是便形成了行车靠右的习惯和规则。

---

① 这一概念来自生物进化博弈。生物进化博弈是以达尔文的自然选择思想为基础的生物学理论，研究生物种群通过变异和增殖的共同作用，拥有增殖成功率较高的性状（形态、行为特征）的个体在种群中的比例变化、稳定及其对生物进化的影响。其中生物进化中性状特征的频数、比例稳定性主要由"进化稳定策略"描述。

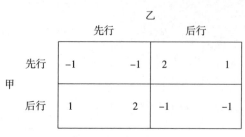

图8-4 "先行后行"博弈

这里还可以用一个"先行后行"协调博弈来进一步解释某些社会规范的自发形成。在社会中，常常会碰到这样的情形：乘公共汽车时，大家都希望先上车（先上车可以抢到座位），所以，大家挤来挤去，结果对大家都不利，如果大家遵守秩序，一个一个地上，反而能够更快地上车。还有，比如，有一座桥，一次只能通过一个人（或一辆车），如果两个人都想先行的话，结果两个人都过不去，如果一个人先行，一个人后行，肯定比两个人都想先行好，尽管后行者的报酬没有先行者高。这个博弈的支付矩阵如图8-4所示。

显然，这个博弈也存在两个纳什均衡，即（甲先行，乙后行）和（乙先行，甲后行）。那么，在长期的博弈中，社会自发地形成了什么样的规则和惯例呢？只要我们考虑一下这个博弈的参与者双方，如果一个是男的，一个是女的；或者，一个是年轻的，一个是年老的或年幼的，那一定是女的先行，或者年老的或年幼的先行。当大家都这么做时，"女士优先"和"照顾老人孩子"的社会习惯和惯例就自发地形成了。

上面两个协调博弈的例子对我们理解"入乡随俗"这句话是很有意义的。每个国家、每个地区、每个民族都可能有一些在解决协调博弈问题时形成的一些特有的规则和习惯，当我们进入别的国家、地区和民族时，就必须按照他们特有的规则行事，否则，就难免出问题，闹笑话。比如，在英国，车辆是靠左行驶的，一个中国人到了英国，如果仍然按照中国人的习惯开车，肯定会出问题。还有，在欧洲，女士优先是男人绅士风度的表现，如果我们中国人去了欧洲，一定要知道这一点，在有女士一块儿等车等场合，千万不要像在国内一样，不顾先后。

（四）鹰/鸽博弈与"先来者先受用"规则的形成

鹰/鸽博弈（也称小鸟博弈）也是极为常见的协调博弈。它对于我们理解"先来者先受用"规则或尊重在先所有权规则的自发形成是很有帮助的。鹰/鸽博弈的支付矩阵如图8-5所示。

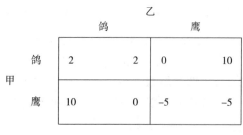

图8-5 鹰/鸽博弈

这里的问题不是让每个人做同样的事，而是让人们以互补的方式行事。纳什均衡既包括两个正对角之外的解（甲取鹰，乙取鸽；甲取鸽，乙取鹰），也包括每个参与者以一定比例的时间（在给出的例子中是8/13）取鹰的混合战略[①]。如果我们想象在成对的交互作用中随机相遇的同质群体只是一致地选择鹰或鸽（没有混合战略）的话，哪一个战略都不会击败另一个

---

① 混合战略的求解方法：设乙选择鸽和鹰的概率分别为 $P_鸽$ 和 $P_鹰$，$P_鸽+P_鹰=1$，甲选择鸽和鹰两种策略时期望得益要相等，即：$P_鸽\times2+P_鹰\times0=P_鸽\times10+P_鹰\times(-5)$，解得：$P_鸽=5/13$，$P_鹰=8/13$。同样，设甲选择鸽和鹰的概率分别为 $P_鸽$ 和 $P_鹰$，$P_鸽+P_鹰=1$，乙选择鸽和鹰两种策略时期望得益也要相等，即：$P_鸽\times2+P_鹰\times0=P_鸽\times10+P_鹰\times(-5)$，解得：$P_鸽=5/13$，$P_鹰=8/13$。

战略。随着取鹰者比例的上升，代价高昂的鹰/鹰相互作用的概率也会增加，而平均支付则会下降。就鸽战略而言，当取鸽者的比例增加时，采用更具进攻性的鹰战略的报酬也在增加。演进均衡将包含 5/13 的参与者取鸽，8/13 取鹰。然而，这个均衡的特性却是相当常见、令人不快的鹰/鹰冲突。解决这个问题的方法，起码在缺乏某个外部权威强制执行某种行为模式的情况下，不是很容易看得出来的。

有人认为，如果该博弈作适当修正，考虑构成更复杂的行为规则的战略，就有可能出现向避免冲突的均衡的演进。赫希雷夫（1982）分析了鹰、鸽以及"资产阶级"的情形，这里资产阶级遵循的规则是"最早占有资源的，取鹰；占有得晚的，取鸽"。假定资产阶级一半时间是所有者，一半时间是闯入者。在这种情况下，资产阶级/资产阶级相互作用提供了另一个纳什均衡，但它是三个战略中唯一幸存于稳定演进均衡的战略。类似地，萨顿（1989）分析了三种战略的相互作用：①甲取鹰，乙取鸽；②甲取鸽，乙取鹰；③不论甲或乙都以 8/13 的时间取鹰的混合战略。如果个人拥有角色甲或乙是随机的，可以证明战略③不是 ESS，而其他两个都是。如果大部分参与者都选择③，只有小部分参与者采用①，那么不采用③的参与者的状况将不会比采用任何别的战略时差，但若他们自己相互配对，得到的支付还会更高。偏离战略的运用常常会因此获益，用得越多，支付也越高。

这些主张已经被应用于解释某些规则，如"先来者先受用"规则或尊重在先所有权规则的自发演进。这些规则规定了先来者（鹰）与后到者（鸽）的角色。只要每个人都有机会成为先来者，那么，规定一旦确立，就将是自我实施的。后到的人最好推迟进入（可能下一次先来），而不是卷入冲突。

这里要注意的是获得该自发演进所需环境的特殊性质。每个人都必须拥有取鹰的同等机会。如果个人不断发现他们自己取鸽，那么该规则不可能保持自我实施。规则"国王取鹰不取鸽"不是自我实施的，它可能导致周期性的代价高昂的争当国王的竞争。

（五）制度自发演进的博弈分析的局限性

博弈论对社会惯例和习惯（主要是非正式制度）的出现的讨论的确令人着迷，因为它证明自利行为导致社会协调以及对社会有利的结果。它同样或多或少为理解（非正式）制度自发演进的环境提供了基础。但是，这种分析又确实存在一定的局限性。

首先，上面分析中出现的社会惯例是一种附带现象。社会惯例不过是自利引导所有个人采用同一规则的产物，规则不会在其他方面对参与者有什么影响。换言之，作为博弈产物的规则始终是惯例而绝非严格意义上的社会规范。的确，就其本性来说，博弈论分析不可能包含以前荒无人烟处的社会规范出现的问题，因为规范意味着社会的认可与否决，它的出现将改变每个参与者的支付。

其次，上面讨论的所有情形都适用于先前不存在处理社会协调问题的情况下出现的制度。就制度变迁的历史过程来说，更为通常的是去发现相关制度已经存在的环境。在这种情况下，自发过程的限制更大。尽管有可能自发出现某个惯例或制度规则，但是没有审慎的制度改革，改变那项规则或许就是不可能的事，即使每个人的处境最后都会因规则改变而得到改善。放弃某种货币或度量单位，或者不再在道路的某一边行驶，需要由整个社会发动一场能够集中协调和实施的变革。

制度自发演进存在的这些局限意味着，尤其在大规模的社会里，社会合作所要求的基本规则可能并不总是自发地产生于个人的自利，总有具有自我实施的性质或者总能随环境的变化而调整。它们的自发发展需要一个已存在的制度安排来接受社会规则，或者它们可能不得不被审慎地设计或被有组织地加以实施。观察告诉我们，不能指望自发演进过程提供解决社会群体面临的所有协调以及冲突问题的方案，实际上它也没有提供什么解决方案。

三、制度设计对制度形成的重要意义

对于制度形成的自发演进与人为设计这两条途径，新制度经济学家更强调后者。在他们看来，仅靠制度的自发演进难以满足社会对有效制度的需求，因此，制度的设计和变迁十分必要。在此基础上，诺思等人还提出了一个比较完整的分析制度设计和制度变迁的理论框架。鉴于下面的章节要对新制度经济学的这一理论框架作比较详细的讨论，这里仅就人的制度设计在制度形成中的主要作用作些说明。

第一，人的制度设计能够弥补仅靠制度演进难以满足社会对有效制度的需求的不足。如前所述，仅靠制度自发演进，只能形成一些规范个人行为的习惯和惯例，即所谓非正式制度。对于解决社会群体面临的所有协调以及冲突问题的方案是离不开人们设计的正式制度的。

第二，制度的人为设计能够加速制度的演进过程。由于制度自发演进的主要动力来自环境的变化，如生产力的发展、技术的进步、人口数量及资源稀缺程度的变化等，因此，在生产力和技术等因素发生变化的情况下，制度也会随之发生演进。但是，需要指出的是，如果只有制度的自发演进，没有人们的有意识的制度设计，有利于人类社会的各种有效制度的形成历程将会十分漫长。以促进技术创新的制度的形成来看，如果没有人们的制度设计，专利制度、风险投资制度等极大地促进技术创新的制度的自发形成还不知道需要多长时间。20世纪以来，西方国家技术进步的速度加快，除了科学知识的迅速发展和积累的影响以外，有利于技术进步的新制度的不断出现与完善显然起了重要作用，而后者正是人们加速了制度设计与制度创新的结果。

第三，人为的制度设计有利于纠正制度自发演进中的路径依赖现象。路径依赖是制度自发演进中的一种重要现象。路径依赖意味着以往形成的制度对现在和未来的制度演进会产生深刻的影响。用诺思的话说就是："路线依赖性意味着历史是重要的。"[①] 沿着既定的路径，制度的变迁可能进入良性循环的轨道，但也可能顺着错误路径往下滑；甚至被锁定在某种无效率状态之下。一旦进入了锁定状态，要摆脱出来就会变得十分困难。这时，通过政府主导下的人为设计来解决制度演进过程中的路径依赖问题就变得极为重要。

---

① 诺思. 制度、制度变迁与经济绩效 [M]. 刘守英，译. 上海：上海三联书店，1994：134.

第三节 制度的功能及其实现

制度之所以被人为地选择和创造出来，就是因为它（们）具有满足人们的需要的功能。制度到底有哪些功能？这个问题看似简单，其实是一个难以简单概括的问题。下面先介绍新制度经济学家对制度功能的论述，然后再对制度的功能进行分析。

一、新制度经济学家对制度功能的揭示

对制度的功能进行过揭示的新制度经济学家主要有科斯、德姆塞茨、舒尔茨、诺思和林毅夫等。

如前所述，早在 1937 年发表的《企业的性质》一文中，科斯就发现了交易存在费用，他认为企业代替市场就是因为它可以节省一部分交易费用。因此，降低交易费用显然是制度的一项重要功能。

德姆塞茨说："产权是一种社会工具，其重要性就在于事实上它们能帮助一个人形成他与其他人进行交易时的合理预期。……产权的一个主要功能是导引人们实现将外部性较大地内在化的激励。"[①] 这就是说，产权制度具有两项重要的功能，即帮助人们形成合理的预期和外部性内在化。他同时认为，外部性内在化功能是一种具有激励功能的功能。

舒尔茨说：制度是某些服务的供给者，它们可以提供便利，便利是货币的特性之一。它们可以提供一种使交易费用降低的合约，如租赁、抵押贷款和期货；它们可以提供信息，正如市场与经济计划所从事的那样；它们可以共担风险，这是保险、公司、合作社及公共社会安全安排的特性之一；它们还可以提供公共品（服务），如学校、高速公路、卫生设施及实验站。这就是说，制度主要具有五种功能，即提供便利、降低交易费用、提供信息、共担风险和提供公共品（服务）。

诺思也多次讨论了制度的功能。他说："制度构造了人们在政治、社会或经济方面发生交换的激励结构。""制度在一个社会中的主要作用是通过建立一个人们相互作用的稳定的（但不一定有效的）结构来减少不确定性。"[②] 显然，在诺思看来，制度主要具有激励功能和减少不确定性的功能。

威廉姆森（1985）认为，人的机会主义行为是引起交易成本上升的一个重要因素，许多合约安排和治理结构都是适应减少人的机会主义行为和降低交易费用的需要而产生的。当然，除了人的机会主义行为外，他还从人的有限理性、资产专用性、交易的不确定性、交易的频率和交易的市场环境因素等方面对引起交易费用上升的因素进行了分析。

综上所述，对于制度究竟包含哪些功能，新制度经济学家们确实进行了不少的研究。

---

① 德姆塞茨. 关于产权的理论［M］//科斯等. 财产权利与制度变迁. 刘守英，等译. 上海：上海三联书店，1994：97-98.

② 诺思. 制度、制度变迁与经济绩效［M］. 刘守英，译. 上海：上海三联书店，1994：3, 7.

但是，他们对制度究竟包含哪些功能并没有形成统一的认识。另外，尽管德姆塞茨等认识到了激励是制度的一种重要功能，它可以从制度的外部性内部化功能中产生，从而在一定程度上认识到了制度功能的层次性与关联性，但它毕竟还是不完整的和初步的。

二、我国学者对制度功能与实现的论述及评价

对新制度经济学家有关制度功能的论述加以总结，可以发现他们揭示的制度功能主要有以下这些，如降低交易费用、帮助人们形成合理的预期、外部性内部化、提供便利、提供信息、共担风险、激励、抑制人的机会主义行为、减少不确定性等。现在的问题是：这些功能是否都是制度的一种独立的功能？还有，是否制度的这些功能在层次上都是一样的？

从表面上看，制度的上述功能都是一种独立的互不关联的功能，但实际上这些功能之间存在着密切的关联。例如，外部性内部化功能和激励功能，很明显，外部性内部化了就可以形成激励，因此，激励功能的形成在某种程度上是以外部性内部化为基础的。再看制度提供信息的功能和减少不确定性功能，显然，不确定性的形成主要是因为信息的不完全，因此，提供了信息也就减少了不确定性。还有减少不确定性和降低交易费用功能，不确定性是交易费用产生的重要原因，因而，制度减少了不确定性也就降低了交易费用。

制度功能之间的关联性至少说明了两点：首先，上述制度功能在层次上并非完全一致，而是存在层次上的差别。即是说，有些功能可能是制度的具体功能，有些则是比这种具体功能层次更高的核心功能。其次，有些制度功能可以看作是其他制度功能的隐含物或伴生物，因而可以把它不看作是一种独立的功能。

制度到底有哪些具体功能和核心功能？图8-6是我国一位学者提出的制度功能结构图。从图中可以看出，制度主要具有以下六种具体功能：降低交易成本、为经济提供服务、为合作创造条件、提供激励机制、外部利益内部化和抑制人的机会主义行为。这六种功能又从属于两种更基本、更核心的功能，即提供刺激（正向或反向）与提供有限及有效信息使预期成为可能。

图8-6虽然有助于人们对制度功能的认识，但也存在一定的不足之处。首先，它对制度具体功能的分类存在一定的重叠性。例如，把为合作创造条件与抑制人的机会主义行为看作是制度的两种不同的功能，实际上这两者是制度的同一种功能，因为某些制度正是通过对人的机会主义行为的抑制而创造了有利于经济合作的条件的。因此，为合作创造了条件也就是指制度抑制了人的机会主义行为，而抑制了人的机会主义行为也就为合作创造了条件，这两者是密不可分的。其次，将提供激励机制作为制度的具体功能与制度的其他功能并列。实际上，制度的激励功能正是通过降低交易成本、减少外部性和减弱不确定性等功能实现的。激励功能（与提供刺激是一回事）是制度的一种更基本、更核心的功能，把它与具体的制度功能并列显然是混淆了制度功能的不同层次。最后，更为重要的是，它对制度功能的前后关联性认识不准确，以至于对制度发挥作用的过程和机理认识不清。例如，对制度降低交易费用、抑制人的机会主义行为和提供有效信息使预期成为可能这三种制度功能之间的关系的认识就不正确。实际上，制度之所以能够降低交易费用，是因为制度抑制了人的机会主义行为和提供了有效的信息使预期成为可能，所以，制度抑制人的机会主义行为和提供有效的信息使预期成为可能这两种功能的发挥是制度降低交易费用功能

的前提，是先有制度抑制人的机会主义行为和提供有效的信息使预期成为可能，后有制度对交易费用的降低。可是，在上面的制度功能结构图中，我们看到的是，制度降低交易费用的功能和抑制人的机会主义行为功能并列，而提供信息的功能则在降低交易费用功能之后，这显然不是对制度功能实现途径的正确揭示。

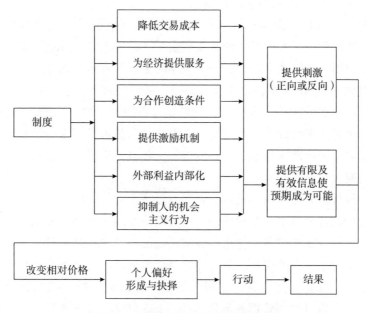

图 8-6　我国学者提出的制度功能结构

三、制度的核心功能及其实现的进一步讨论

在制度的核心功能问题上，我们否认"提供有效信息使预期成为可能"是制度的一种核心功能，认同将给市场经济中的经济人提供刺激（即激励与约束）作为制度的核心功能。因为，只有受到刺激，经济人才会去从事合乎社会需要的活动，也才会有作为这一活动结果的资源配置效率的改善、比较利益的获得、经济的增长等。关于这一点，布罗姆利也作过深刻的论述。他说："任何一个经济体制的基本任务就是对个人行为形成一个激励集，由此鼓励发明、创新和勤奋以及对别人的信赖并与别人进行合作。通过这些激励，每个人都将受到鼓舞去从事那些对他们是良有益处的经济活动。"[1]

现在的问题是，作为一种规范人的行为的规则的制度是如何实现对人的行为产生激励与约束作用的？换句话说，制度的激励与约束这一核心功能是怎么实现的？显然，它是通过一些次级功能实现的。但是，与上述观点不同的地方在于，我们认为，抑制人的机会主义行为、提供有效信息、降低不确定性、降低交易费用和外部性内部化等这些制度的次级功能并不都具有给经济活动中的主体直接提供激励与约束作用的功能。实际上，抑制人的机会主义行为、提供有效信息、降低不确定性、降低交易费用和外部性内部化等制度的次级功能之间仍然是有层次的。其中，降低（或提高）交易费用确实具有直接给经济活动的

---

① 布罗姆利. 经济利益与经济制度 [M]. 陈郁，郭宇峰，汪春，译. 上海：上海三联书店，1996.

主体提供激励与约束的功能，而抑制人的机会主义行为、提供有效信息、降低不确定性和外部性内部化等功能则更多的是服务于降低（或提高）交易费用这一制度的次级功能的。或者说，抑制人的机会主义行为、提供有效信息、降低不确定性和外部性内部化等功能是制度的再次一级的功能。因为，正如威廉姆森所揭示的，人的机会主义行为、有限信息和不确定性等是造成交易费用高昂的重要原因。

为什么降低（或提高）交易费用具有直接给经济活动的主体提供激励与约束的功能呢？这就需要从经济学关于人的行为的基本假定——经济人假定说起。如前所述，这是自斯密以来，大多数西方经济学家构建其经济理论时都首先肯定的假定。新制度经济学强调机会主义和"契约人"，但并不否定经济人假设。所谓经济人，就是说，人的行为是自利性的，人的经济活动的内在动力来自自身利益要求的驱使。既然人的行为都是自利性的，人们在经济活动中必然进行成本—收益比较并以之作为是否进行某种经济活动的原则。只有收益大于成本的经济活动才是经济人愿意做的。收益大于成本的差额越大，经济人进行经济活动的动力越大，反之则越小。

制度作为一种规范人的行为的规则，它要对经济人的行为施加影响，就必须影响经济人进行经济活动的收益和成本。换句话说，作为经济人的主体要得到激励与约束，无非可以从两方面进行，一是提高或降低他进行经济活动的收益，二是降低或增加他进行经济活动的成本。显然，对于有利的交易，只要能够降低他活动的交易费用，也就降低了他活动的成本，增加了他的收益。交易费用在很大程度上是由人的机会主义行为、信息的不完全、交易的频率、不确定性和外部性等因素决定的，因此，能够抑制人的机会主义行为、提供有效信息、降低交易频率（主要指将市场交易内化到企业内交易）和正外部性内部化的制度就能够降低交易费用，从而起到激励经济人的作用。当然，对于有害的交易，如毒品交易、走私交易、野生保护动物交易、赌博交易等，政府通过严厉的打击，以提高其交易费用，则具有减少和阻止有害交易发生的约束作用。

综上所述，制度给经济人提供激励与约束这一核心功能是通过降低（或提高）交易费用这种制度的次级功能实现的。制度的降低（或提高）交易费用功能，则是通过抑制人的机会主义行为、提供有效信息、降低不确定性和外部性内部化等制度的再次一级功能实现的。我们将上述分析用下面的制度功能结构图加以描述（见图8-7）：

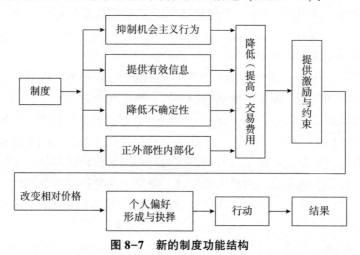

图8-7　新的制度功能结构

从图 8-7 中可以看出，制度的激励与约束功能的实现主要通过以下四条途径：①通过抑制人的机会主义行为可以起到降低交易费用进而给经济人提供激励与约束的作用。例如，市场经济中禁止坑、蒙、拐、骗的法律规则就能起到抑制一部分人的机会主义行为的作用，就能使市场经济中的主体合理地预期，从而降低交易费用，达到激励经济人的作用。②通过提供有效信息起到降低交易费用进而给经济人提供激励与约束的作用。如建立婚姻介绍所就可以起到提供有效信息、降低人们谈恋爱的交易费用的作用。③通过降低不确定性来降低交易费用，起到提供激励与约束的作用。例如，政府对企业技术创新产品的采购制度，就可以直接起到降低企业技术创新活动的不确定性，进而降低交易费用，提供激励与约束的作用。④通过外部性内部化减少或提高交易费用起到激励与约束的作用。例如，通过专利制度、奖励制度和财政补贴，使技术创新者的一部分正外部性内部化，通过降低其交易费用提高了发明者的收益，能够起到激励经济人发明创新的作用。对污染环境的企业征税，通过提高其交易费用降低了其收益，则具有负外部性内部化的约束作用。

第四节　制度的效率及其决定

新制度经济学之"新"就在于有了"交易费用"概念，可以对制度进行成本收益分析，即效率分析，这就意味着制度有效率差别。本节主要对制度效率的含义、类型、影响因素等进行讨论。

一、制度效率的含义与类型

制度效率可以分为静态效率和动态效率两类。其中，新制度经济学的静态效率概念来自新古典经济学，而动态效率概念则主要来自马克思主义经济学和旧制度经济学。

（一）静态效率

新制度经济学的"内核"是新古典经济学的，因而在讨论制度的静态效率时，它也继承了新古典经济学的效率概念。新古典经济学的静态效率又分为微观静态效率和宏观静态效率两种。

首先，微观静态效率。新古典经济学的微观静态效率指的是反映消费者消费的支出效用比和反映企业生产的成本收益比（或投入产出比）。例如，所谓消费的最优效率，是指在预算约束给定的情况下，消费者在消费均衡点购买的商品组合可以实现既定支出下的效用最大化，就体现了最优消费效率。如果消费者购买的商品组合不在消费者均衡点上，就做不到最优效率。同理，所谓最优生产效率，也可以用生产者均衡来描述。只有在生产者均衡点，生产者购买的生产要素组合才可以做到既定成本下的产量最大化，或者既定产量下的成本最小化，就体现了最优生产效率。

其次，宏观静态效率。新古典经济学静态效率的另一种类型是配置效率，这是一个宏观静态效率概念，因为它描述的是一个经济社会的资源配置状况。反映最优配置效率的标准是帕累托最优标准，即一旦资源配置到这样一种状态，要增加一个人的福利，不得不损害另一个人的福利时，资源配置就达到了最优状态了。如果一个经济社会的资源配置可以在增加一个人的福利时不损害另一个人的福利，就说明还存在帕累托改进的余地，这也就意味着，该经济社会的资源配置还没有达到最优效率。

新古典经济学中的微观最优效率和宏观最优配置效率是什么关系？有关的讨论并不多见。我们认为，这两者存在一定的联系。至少可以说，要实现宏观最优配置效率，必须首先做到微观最优效率。

新古典经济学的这两个最优效率标准是建立在严格的假设前提基础上的，如完全理性的经济人假设就是实现该最优效率不可或缺的假设前提。此外，还包括制度完美、产权私有和交易费用为零等假设前提。现实中的人不可能做到完全理性，制度不一定完美、除了私有产权也有共有产权、交易费用肯定是大于零的，这就意味着无论是微观静态效率还是宏观静态效率，其最优状态都是达不到的。

既然微观和宏观最优状态都是达不到的，这是否意味着新古典经济学的效率标准没有现实意义呢？其实不然。虽然说最优效率达不到，但这并不意味着最优效率标准没有意义。至少从比较的视角看，它可以为我们对现实的消费或生产状况以及宏观资源配置状况的效率进行比较提供一个可供参考的标准。现实中的消费者和生产者通过对这些假设前提的比较（即经济学家所说的引入约束条件）还为改进消费效率和生产效率寻求更优提供了路径。基于同样的原因，制度效率也是不可能达到最优的，但这并不能否定制度静态效率分析的意义。因为，我们可以在给定的约束条件下追求尽可能的更优。正如德雷希所说："效率正在被定义成约束下的最大化。效率条件可视为由给定的理论框架得到的确定（均衡）解的特征。依赖于这个观点，一个系统的解总是有效率的，只要它满足表明系统特征的那些约束条件就行。"[①] 这就是说，新制度经济学的效率概念关注的是实际选择，通过"比较制度分析力图对不同的制度安排进行评价，看哪种安排最能对付经济问题"，从而结束了将观察到的现实同纯粹假设的、不可实现的方案进行对比的不可信的新古典实践。正因为如此，有关制度静态效率的分析就是有意义的。实际上，前面讲的科斯第三定理、不同产权安排的效率比较、张五常的交易费用与土地契约选择的理论以及威廉姆森的治理结构、契约与交易匹配的理论等，都是制度静态效率分析观的应用。显然，制度的静态效率也可以分为微观静态效率和宏观静态效率来考察。

首先，制度的微观静态效率，也就是一项制度安排的效率。在新制度经济学家看来，每一项制度安排都有成本和收益，自然可以对其进行效率分析。制度成本（即交易费用）主要包括制度变革过程中的界定、设计、组织等成本和制度运行过程中的组织、维持、实施等费用；制度收益则指制度通过降低交易成本、减少外部性和不确定性等给经济人提供的激励与约束的程度。制度的微观静态效率有两种表示方法：一种是，假定制度成本为给定，那么能够提供更多服务或实现更多功能的制度是更有效的制度；另一种是，假定制度所提供的服务或实现的功能为既定，则（交易）费用较低的制度是更有效的制度。正如林毅夫所说："制度安排的选择将包括对费用和效益的计算。……在生产和交易费用给定的情况下，能提供较多服务的制度安排是较有效的制度安排。换句话讲，如果两种制度提供

---

① 弗鲁博顿，芮切特. 新制度经济学 [M]. 姜建强，罗长远，译. 上海：上海三联书店，2006：591-592.

的服务数量相等，那么费用较低的制度安排是较有效的制度安排。"①

其次，制度的宏观静态效率，也就是制度结构的效率。一个经济社会，其制度系统十分复杂，制度安排之间可能相互协调，也可能存在冲突和摩擦，甚至出现制度真空，因此，制度结构中，其总体效率也与制度的配置状况有关。

基于上面对微观最优效率和宏观最优配置效率关系的认识，我们也可以说，要使制度结构有效率，首先要做到制度安排的微观静态效率。

（二）动态效率

动态效率反映的是一种事物在时间进程中的效率。制度的动态效率就是制度在时间进程中的效率。一种制度安排或结构，也许过去有效率，但现在或将来不一定有效率。或者，一种制度安排或结构现在不一定有效率，但将来有可能会有效率。这就是制度动态效率概念的含义。

新古典经济学的"内核"之一是强调均衡分析，即最优效率的分析。它关注的重点是选择最优效率（即均衡）需要的条件，当然，一旦确定了最优，非最优效率（非均衡）也就找到了。新古典经济学并不关注一种事物在时间进程中的效率问题。或者，换一句话说，新古典经济学的效率观在处理制度变迁和演化问题上是有难度的。正如德雷希所说："现在的效率概念深深植根于约束下的最优化数学模型中，后者体现着新古典经济学的特征，同时这种方法着眼于对不同均衡条件进行比较。为了对建立在均衡条件基础上的制度安排进行比较，变迁过程本身的所有信息却被忽略了，同时这样一些均衡条件是一个不断变化和充满不确定的世界所不可能达到的。"②

新制度经济学以制度作为研究的中心，它不仅要静态地比较不同制度的效率，也要动态地分析制度的变迁和创新。既然要分析制度的动态变迁和创新，也就离不开制度的动态效率概念。新制度经济学家诺思就是这样看的。他说："资本市场似乎对随着经济演化需要不断地改变这一点最为敏感，经济危机的历史也充满了金融市场在这些事件中的关键角色的故事。然而，几乎没有对动态有效率的资本市场所需要的制度调整的系统研究；对其他要素和产品市场的系统研究也同样缺乏。"③ 弗鲁博顿和芮切特总结说："诺思在他关于制度变迁的文章中草绘了一个效率方法，……它所指的是，经济增长可视为提升社会福利的一种发展过程，一个'有效率'的体系通过创设制度和其他条件来促进这个过程。从这个观点出发，传统上对配置效率和帕累托规则的关注就是不必要的了。更确切地说，我们应关注的是'适应性效率'，这个概念着眼于系统的整个结构以及结构对系统演化过程的影响。"④

制度的动态效率概念主要来自马克思主义经济学和旧制度经济学。制度作为以往历史的产物，一旦"生产"出来，也就具有了独立性。作为一种独立物的制度显然也有动态效率问题。也就是说，作为以往历史产物的制度是不是能够永远保持既有的效率？制度效率

① 林毅夫. 关于制度变迁的经济学理论［M］//科斯等. 财产权利与制度变迁. 刘守英，等译. 上海：上海三联书店，1994：382-383.
② 弗鲁博顿，芮切特. 新制度经济学［M］. 姜建强，罗长远，译. 上海：上海三联书店，2006：597.
③ 诺思. 理解经济变迁过程［M］. 钟正生，邢华，等译. 北京：中国人民大学出版社，2008：125.
④ 弗鲁博顿，芮切特. 新制度经济学［M］. 姜建强，罗长远，译. 上海：上海三联书店，2006：610-611.

是递增的，还是不变，或者递减的？又是什么因素影响制度的动态效率？这是制度的动态效率问题需要讨论和回答的。

二、制度静态效率的决定

制度的静态效率分为单项制度安排的（微观）静态效率和整个制度结构的（宏观）静态效率两个方面。显然，制度安排的静态效率和制度结构的静态效率的影响因素是不尽相同的。

（一）制度安排静态效率的决定

在新制度经济学家看来，制度安排的静态效率主要取决于制度安排本身及该制度安排与其他制度安排的关系两大方面的因素，具体来说有四个因素，其中，前三个因素都是制度安排本身的因素，最后一个因素涉及制度安排与其他制度安排的关系。

首先，制度的"普适性"。柯武刚和史漫飞认为，只有具有"普适性"的制度安排才是有效率的。所谓制度的普适性，是指制度是一般而抽象的、确定的和开放的，能适用于无数的情境。它包含三项准则：①一般性。即制度不应在无确切理由的情况下对个人和情境实施差别待遇。用通俗的话说就是，制度不应当将人分为三六九等，不应当在不同集团之间亲此疏彼。违背这一准则的制度一般都会削弱人们对它的服从，并因此降低制度的效率。例如，如果警察能违反交通规则而不受惩罚，或者如果用于政府官员的道德标准比用于普通公民的标准更宽松，则对制度的自发遵守就可能衰退。②确定性。制度要富有效率，就必须易于理解。为此，它们应当是简单而确定的，对违规的惩罚应当得到清晰的传达和理解。③既具有稳定性又具有一定的开放性。总在变化的规则难以被了解，在指引人们的行动上效率也较低。因此，规则应当稳定。但稳定性的另一面是制度僵化的危险，因此，必须要有一点调整的余地，以便允许行为者通过创新行动对新环境做出反应。

其次，制度安排的效率还与该制度设计是否合理有关，而制度安排设计是否合理则主要看其是否体现了信息效率和激励相容。这是作为新制度经济学重要理论分支的机制设计理论的重要发现和贡献。机制设计理论起源于2007年诺贝尔经济学奖获得者之一赫尔维茨（1960，1972）的开创性工作，它所讨论的一般问题是，对于任意给定的一个经济或社会目标，在自由选择、自愿交换、信息不完全等分散化决策条件下，能否设计以及怎样设计出一个最有效的机制（即制度），使经济活动参与者的个人利益和设计者既定的目标一致。机制设计通常涉及信息效率和激励相容两个方面的问题。信息效率是关于经济机制实现既定社会目标所要求的信息量多少的问题，即机制运行的成本问题，它要求所设计的机制只需要较少的关于消费者、生产者以及其他经济活动参与者的信息和较低的信息成本。任何一个经济机制的设计和执行都需要信息传递，而信息传递是需要花费成本的，因此对于制度设计者来说，自然是信息空间的维数越小越好。再来看激励相容问题，我们知道，现代经济学的一个基本假定是每个人在主观上都追求个人利益，按照主观私利行事。机制设计理论在信息不完全的情况下将该假定进一步深化，认为除非得到好处，否则参与者一般不会真实地显示有关个人经济特征方面的信息。当经济信息不完全并且不可能或不适合直接控制时，人们需要采用分散化决策的方式来进行资源配置或做出其他经济决策。这样，在制度的设计者不了解所有个人信息的情况下，他所要掌握的一个基本原则，就是所制定的机制能够给每个参与者一个激励，使参与者在最大化个人利益的同时也达到了所制定的目标。这就是机制设计理论的激励相容问题。具体来说，就是假定机制设计者（委托人）有某个经济目标作为社会目标，比如社会福利最大化或者是某个企业主追求的目标，设计者采用什么样的机制或者制定什么样的游戏规则就能保证在参与者参与，并且满足个人自利行为假定的前提下，激励经济活动参与者（包括企业、家庭、基层机构等）实现这个目标。总之，能够做到信息效率和激励相容的制度一般都是高效的制度，反之，则是低效的制度。

再次，制度的实施机制的完善及其实施程度。实施机制是制度不可或缺的组成部分和构成要件。一种制度的效率，除了取决于制度的各种规定要尽量完善外，更主要的是看其实施机制是否健全、对制度的实施是否有力。离开了有力的实施，任何制度尤其是正式规则就形同虚设。"有法不依"比"无法可依"更坏。检验一种制度的实施程度或者说实施是否有效，主要看违约成本的高低。强有力的制度实施将使违约成本极高，从而使任何违约行为都变得不划算，即违约成本大于违约收益。经济学家的分析表明，当某人从事违约行为（也可变为违法行为）的预期效用超过将时间及另外的资源用于从事其他活动所带来的效用时，此人便会选择违约。因此，一些人成为违约者不在于他们的基本动机与别人有什么不同，而在于他们的利益同成本之间存在的差异。在现实经济生活中，制度实施机制的主体一般都是国家。或者说，交易者总是委托国家执行实施职能的。既然是交易者委托国家执行实施职能，那么交易者与国家之间就会形成委托代理关系。国家能否有效行使代理职能（或实施职能）至少受两大因素的影响。一是实施者有自己的效用函数，他对问题的认识和处理要受到自己利益的影响。二是发现、衡量违约和惩罚违约者也要花费代价，即制度的实施也有成本。

最后，其他相关制度安排实现其功能的完善程度。由于任何一种制度安排都是"嵌在"制度结构中，它必定内在地联结着制度结构中的其他制度安排，因而每一种制度安排的效率还取决于其他制度安排实现其功能的完善程度。最有效的制度安排是一种函数，尤其是制度结构中其他制度安排的函数。举例说，美国宪法通常被认为促进了该国经济的发展。许多拉美国家 19 世纪独立后采用了类似的宪法，但由于缺乏有利于革新和发展的行为准则和世界观，宪法的效率大打折扣。同样，虽然许多发展中国家采用了与发达国家相类似的产权体系，但由于同样的原因这些体系收效甚微。弗里曼在谈到技术创新政策的影响时也指出：虽然我们现在知道了私人企业在创新的竞争中成功或者失败的许多因素，但是，我们对于哪一种政府政策可能会鼓励创新者并促使它们成功，则知道得少得多。妨碍人们对于后一问题认识的主要障碍是，我们很难把某一个政策措施如税收刺激、研究开发补贴等因素的重要性，同对厂商行为有更为普遍影响的或者对单个厂商有特殊影响的无数其他因素区别开来。因此，如果仅仅挑出某个特定的制度安排并孤立地讨论它的效率，是难以得到什么结果的。研究制度安排的效率需要有关历史时间及地区的专门知识，了解该制度安排在制度结构中所处的地位。缺乏这种了解，对特定制度安排效率的讨论就往往不得要领。

（二）制度结构静态效率的决定

制度结构是由不同制度安排构成的系统，它的效率首先取决于构成这一结构的各单项制度安排的效率，因此，上述决定制度安排静态效率的因素同样是决定制度结构静态效率的因素。但是，制度结构静态效率的决定与制度结构中某一项制度安排静态效率的决定又是不尽相同的，因为，任何制度结构都是由众多制度安排耦合而成的复杂的制度系统，制度安排之间总是存在着各种各样的相互依存性和关联性，它意味着制度结构的宏观静态效率不可能通过简单加总单项制度安排的微观静态效率来说明。

与单项制度安排静态效率决定不同的是，制度结构的静态效率决定还受到制度配置状况的影响，正如经济效率是受资源配置的状况影响一样。这里所谓制度配置，是指在一个制度系统中各项制度安排之间应当相互协调和匹配，以使整个制度系统能够发挥最大的功效。制度配置需要研究各种制度安排间的层次、关系、影响以及相互协调等问题，确定制度的最佳结构。

制度结构之所以需要制度配置，主要在于制度结构中各项制度安排之间并非总是能够相互协调和匹配，即制度结构中各种制度安排之间并不一定总是耦合得很好。制度结构中单个制度安排的结合状态有三种情形，即制度耦合、制度冲突与制度真空。

首先，制度耦合。它指的是制度结构内的各项制度安排为了实现其核心功能而有机地组合在一起，从不同角度来激励与约束人们的行为。在制度耦合的情况下，制度结构内的各项制度安排之间不存在结构性矛盾，没有互相冲突和抵制的部分，从而能最大限度地发挥现有制度结构的整体功能。

其次，制度冲突。这是指在制度结构内部不同制度安排之间的作用方向不一致，在行为规范上存在互相矛盾和抵触，对于同一行为某些制度给予鼓励，而另一些制度则加以限制。这将造成人们无所适从，行为紊乱，使制度结构系统不能发挥其应有的整体功能。

最后，制度真空。这是指对于某些行为没有相应的制度安排予以规范，形成制度结构中的"漏洞"，造成制度功能的缺失，从而使人们的某些行为得不到有效的约束和规范，给社会经济带来危害。

就社会的制度结构来说，制度耦合可以从不同的方面来分析，如正式制度与非正式制度的耦合、政治制度与经济制度的耦合等。就正式制度与非正式制度之间的耦合来看，国家制定的各种法律制度与社会的传统道德习俗对个人的行为都有重要的影响。两者作用的范围和程度虽然有所差异，但它们常常对同一类行为从不同角度进行规范，如果其作用方向一致，则它们就是耦合的。但如果正式制度与非正式制度对某种行为的约束不一致，则两者就没有实现耦合，并使制度难以发挥作用。

制度冲突在我国现阶段就有突出的表现。例如，改革开放以来，由于我国的正式制度主要是在求强求富的目标指引下，通过自上而下的人为选择过程而导入的；而非正式制度却更多地表现为以适应传统的自然经济和计划经济为特征的意识形态和风俗习惯体系。所以这两种制度在我国的市场经济建设场景下相遇时，它们之间就产生了强烈的震荡和冲突。其主要表现是，家族观念与平等自由观念的冲突、信任危机的出现、保守和封闭观念与创新和冒险观念的冲突、"理"与"情"的冲突、利益原则与关系原则的冲突等。

制度真空的例子在转型经济中表现较为突出，例如，McMillan（1997）就发现，转型经济大多伴有突出的制度缺失问题，从而造成严重的后果。首先，私人部门可能插手缺失制度的创设。如苏联解体后有些地区中私人产权和商务合同不能通过适当的法律制度得到有效保障，因此，有时涉及某些企业利益的私人机构会利用暴力手段追索债款。尽管此类手段有时确实有效，但由于它不能提供普遍服务而且严重损害法治原则而不被社会所认同。但是，这样做可以填补制度缺失造成的"空缺"。相反，现有制度软弱或法律执行不力时，更具掠夺性的私人部门式的"解决方式"就会通行，甚至造成"黑社会"有组织犯罪，诸如索要"保护费"。这种情况会抑制企业的发展，而且严重损害经济环境。其次，由于制度的缺失以及政治、法律和其他障碍造成制度难以创设。如俄罗斯和其他国家，由于制度上的严重的政治对立，阻碍了农用土地合法的私人市场交易，结果造成俄罗斯私有农场发展严重受阻，而国家又缺少扶持现存国有农场和其他非私有的农业组织的充裕基金。当然，这并不是俄罗斯农业发展的唯一问题，但毫无疑问是其中最为重要的问题之一①。

在制度结构中出现了制度冲突和制度真空时，其制度配置显然是非帕累托最优的。这时如果能够通过制度的重新配置，如通过制度创新弥补制度真空，或者通过制度调整，解决制度冲突，制度结构的效率自然能够得到提高，即出现帕累托改进。当然，是否一定是帕累托改进需要看情况。如果制度变迁是中性的，这一点是毫无疑义的。但对于非中性制度变迁，就不一定了。不过，如果非中性制度变迁增加的一部分人的利益大于损害的那一部分人的利益，这意味着增加的人的利益足以弥补受损害的人的损失，也可视为帕累托改进型效率提高。

三、制度动态效率的决定

一种制度安排（或结构）现在有效率，是否将来也会有效率？或者说，一种制度安排始终满足上面所说的四个条件（具有"普适性"、满足信息效率和激励兼容、实施机制健全、相关制度配套完善）是否就意味着永远有效率，不会出现效率递减的情况。在新古典经济学看来，这是不存在什么问题的。因为，它认为只要经济人按照最优条件进行选择，就可以永远保持最优效率。这就意味着新古典经济学理论是超历史的，它不可能历史地、动态地看待制度的效率问题，这显然是新古典经济学静态效率观的不足。

在经济学史上，马克思是较早注意到制度效率的历史性、动态性的经济学家。诺思就说过："在详细描述长期变迁的各种现存理论中，马克思的分析框架是最有说服力的。马克思强调在有效率的经济组织中产权的重要作用，以及在现有的产权制度与新技术的生产潜力之间产生的不适应性。这是一个根本性的贡献。"这就是说，在马克思看来，制度的效率不是永恒的。制度是否有效，还要看生产过程的技术性质，因为它会从动态上对制度的效率产生影响。生产过程的技术性质之所以会从动态上对制度的效率产生影响，主要在于，任何制度的产生都是由一定的生产力状况和技术水平所决定的，随着生产力和技术的进一步发展和进步，制度必须做出相应的变化和调整。否则，制度的效率必然会降低。

马克思有关制度动态效率的观点就包含在其生产力与生产关系的辩证关系原理中。马克思认为，生产关系实际上是有关生产、交换、分配和消费关系的经济规则和合约，即各

---

① 黑尔，赵阳. 转型时期的制度变迁和经济发展 [J]. 经济社会体制比较，2004 (5)：1-11.

种制度安排。生产力是社会生产中最活跃的因素，它经常处于发展变化中。随着生产力的发展变化，生产关系必然经历从适应生产力的性质和状况到不适应的变化过程。当生产关系适应生产力的性质和状况时，生产关系会对生产力产生巨大的促进作用，反之，则会阻碍生产力的发展。这即是说，生产关系（即制度安排）的效率必然随着生产过程的技术性质的变化而变化。一般表现为，从促进生产力时的高效变成阻碍生产力时的低效。

对于制度效率的历史性和动态性，旧制度经济学家凡勃伦在其《有闲阶级论》一书中也做了研究。他指出，制度是由物质环境决定的，因而，制度必然随着物质环境的变化而变化。但物质环境是不断变化的，制度是以往过程的产物，同过去的环境相适应，无论如何也赶不上天天都在变化的环境。这就是说，随着环境的变化，制度的效率必然会降低。

对于制度效率的历史性与动态性，诺思也是认同的。他说："随着时间的流逝：不仅各个要素和产品市场要求不同的特定约束以便为参与人提供恰当的激励，而且经济变迁也要求制度结构不断变化，以维持效率。对资本市场来说这一点尤其重要。不管资本市场在某一时刻多么好地促进了增长，在另一时刻也可能成为增长的障碍；并且无法保证资本市场会随着经济演化而自动演化。……20世纪90年代的日本史就是经典实例：最初激起突飞猛进发展——第二次世界大战之后的发展——的资本市场只是发展了随后的硬化症。资本市场如此，动态变迁世界中的其他市场也是如此。"[①]

从马克思、凡勃伦和诺思的论述可以看出，他们对制度的动态效率有一个共同的观点，即制度的效率具有递减趋势。有学者据此将其归结为制度效率的先增后减假说。例如，李怀（1999）认为，同任何事物的发展过程一样，制度本身也有一个产生、发展和完善以及不断面临被替代的过程。某一特定的制度只能存在于一个特定的时期，有着它自己的"生命周期"。制度的效率"生命"曲线在达到一定点之后，会随着生存时间的递增而同时出现效率递减的趋势。一般来说，制度的效率往往和时间负相关。黄少安（2000）提出了"同一轨迹上制度变迁的边际收益先增后减"的假说，进一步揭示了制度效率递减的特点。所谓"同一轨迹上的制度变迁"，是指一个重大的制度变革发生后，在这个大的变革框架内具有完善、修补意义的持续的变迁过程；也可以认为是依存于主制度的从属制度的变迁。变迁收益是指多投入一单位变迁成本带来的制度效益的变化。先增后减是指一个制度在连续变迁过程中边际效益先因巨大的成本支出而从一个较低的水平上升，达到最高点以后再持续下降，呈倒U形。其观点可用图8-8作进一步的说明。

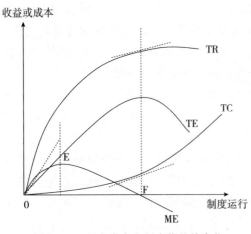

图 8-8　制度成本和制度收益的变化

一般来说，制度变革过程中的总成本和总收益都是递增的。制度变革得以进行，那么收益肯定是大于成本的，所以总收益曲线 TR

---

① 诺思. 理解经济变迁过程 [M]. 钟正生，刑华，等译. 北京：中国人民大学出版社，2008：110.

一般位于总成本曲线 TC 的上方（也可能在短期内 TR 位于 TC 的下方，但长期内 TR 肯定位于 TC 的上方），据此得出总效益曲线 TE＝TR-TC，由此也可得出边际效益曲线 ME，可以看出，在 E 点边际效益最高，在 F 点边际效益为零，但此时改革取得的效果最好，即此时收益大于成本的额度最大。

对制度的效率会递减，有学者还从人们对制度的需求和"消费"的角度进行了解释。该观点声称：既然制度也是一种"产品"，能给人们提供服务，人们自然会产生对它的需求。一项制度的效率如何，显然也与制度需求者的接受和适应程度有关。制度需求者也就是制度的"消费"者。既然是制度的"消费者"，那么，制度"消费"的过程也一定符合"边际效用递减"律。根据汪丁丁（1996）的论证，"边际效用递减"律是以生理心理学理论——神经元对等量外界刺激的条件反射强度随刺激次数的增加而递减——为基础的。既然人是由神经系统组成的，心理疲劳就是先天性的，当同一制度的信号刺激达到一定点后，人们反应强度的曲线就会随着刺激频率的递增而呈现下降的趋势，从而预示着制度"消费"的边际效用递减。这就是说，新制度产生的新激励水平，会随着时间的推移逐渐丧失激励的新鲜感。人们更喜欢"新鲜"的产品，即所谓的"喜新厌旧"。

制度效率递减在现实生活中可以找到例证。例如，以我国农村联产承包责任制的变迁为例。我国自 1978 年开始在农村实行联产承包责任制，到 1983～1984 年基本上在全国推行完毕。之后农村改革基本上没有重大进展，保持着承包制以后形成的基本格局。我国农业的增长也自 1978 年开始，到 1984 年达到了增长高峰，之后出现徘徊不前的状态。这里，农村经济的增长与停滞基本上与承包制的实施是一致的。1978 年改革开始启动，农村经济随之增长，1984 年承包制基本推行完毕，农村经济增长失去了一个主要的推动力，由增长转向停滞。由此可见，承包制的效率确实存在递减现象。

我国联产承包责任制为什么会出现效率递减？这与生产力的发展和环境的变化存在紧密的关系。1978 年，联产承包责任制突破原有的集体所有、集体生产的经济体制，土地承包给农户家庭经营，适应了当时中国农村的生产技术特点，突出强调了农民的投入与产出间的直接联系，极大地激发了农民的投入热情，农村经济进入增长路径。1984 年后，随着市场经济的快速发展，承包制制约农村经济实行规模经营的缺陷逐渐暴露出来。一方面，为激励农民进行长期投资，必须保证土地承包的稳定性。另一方面，农村人口的变化和产业化的发展要求土地具有流动性。承包制不能解决这一矛盾，难以提供更高的激励水平，因而农村经济一度出现徘徊局面。

制度的动态效率观与制度效率的递减假说显然具有较大的价值，在后面对制度变迁的动因与过程的分析中，我们将不再以新古典经济学的静态效率观作为主要的效率观，而是采用制度的动态效率观，即诺思所说的"适应性效率"。

基本概念

制度；组织；制度安排；制度结构；正式制度；非正式制度；微观静态效率；宏观静态效率；动态效率；制度耦合；制度冲突；制度真空

复习思考题

1. 组织与制度是什么关系？
2. 正式制度与非正式制度有哪些区别和联系？
3. 制度的形成有哪几条途径？
4. 用博弈分析制度自发形成有何局限性？制度设计对制度形成有何意义？
5. 制度的核心功能是什么？它是通过哪些具体功能实现的？
6. 在新制度经济学家看来，制度的微观静态效率主要受哪些因素影响？
7. 制度的宏观静态效率受哪些因素影响？
8. 制度的动态效率与什么有关？它具有怎样的趋势？

 本章练习题

一、单项选择题

1. 以下定义中，哪个是康芒斯对制度的界定？（　　　）

A. 制度可解释为集体行动控制个体行动

B. 制度实质上就是个人或社会对有关的某些关系或某些作用的一般思想习惯

C. 制度是一系列被制定出来的规则、守法秩序和行为道德、伦理规范，它旨在约束主体福利或效应最大化利益的个人行为

D. 制度是关于博弈如何进行的共有信念的一个自我维系系统

2. 下列名词中，不属于组织的是（　　　）。

A. 体育运动队

B. 聚在街头事故现场周围的旁观者

C. 农业合作社

D. 同一群旁观者，但他们已一致公议要一起来帮助受害者

3. 制度的强制性大致可以看作是三个因素的函数，以下不属于这三个因素的是（　　　）。

A. 行为规定的严格度　　　　　　　　B. 度量标准的清晰度

C. 奖惩措施的强度　　　　　　　　　D. 违规行为被发现的概率

4. 一项制度安排的创立对未参与创立的人造成的影响叫作制度的（　　　）。

A. 外部性　　　　　　　　　　　　　B. 利益性

C. 相关性　　　　　　　　　　　　　D. 有界性

5. 以下不属于非正式制度的是（　　　）。

A. 风俗习惯　　　　　　　　　　　　B. 意识形态

C. 伦理道德　　　　　　　　　　　　D. 行政规章

6. 正式制度相对于非正式制度具有以下特征, 但例外的是 (　　)。

A. 具有外在的强制实施机制 　　　　B. 实施成本更高

C. 形成和演变时间更长 　　　　　　D. 更易于移植

7. 在图 8-2 的 "囚犯困境" 博弈中, 甲乙双方的占优策略分别是 (　　)。

A. 坦白, 坦白 　　　　　　　　　　B. 坦白, 不坦白

C. 不坦白, 不坦白 　　　　　　　　D. 不坦白, 不坦白

8. 在图 8-2 的 "囚犯困境" 博弈中, 如果博弈不再是一次性的, 而是长期的、重复性的, 甲乙双方将达成的均衡是 (　　)。

A. (-5, -5) 　　　　　　　　　　　B. (-1, -8)

C. (-8, -1) 　　　　　　　　　　　D. (-2, -2)

9. 制度最核心的功能是 (　　)。

A. 抑制机会主义行为 　　　　　　　B. 提供激励与约束

C. 外部性内部化 　　　　　　　　　D. 降低交易费用

10. 以下效率中, "适应性效率" 说的是 (　　)。

A. 微观静态效率 　　　　　　　　　B. 配置效率

C. 宏观静态效率 　　　　　　　　　D. 动态效率

二、多项选择题

1. 诺思把制度分为 (　　)。

A. 内在制度 　　　　　　　　　　　B. 正式制度

C. 外在制度 　　　　　　　　　　　D. 非正式制度

2. 认为组织不是制度的学者有 (　　)。

A. 康芒斯 　　　　　　　　　　　　B. 诺思

C. 柯武刚 　　　　　　　　　　　　D. 布罗姆利

3. 以下属于单项制度安排的特征的是 (　　)。

A. 外部性 　　　　　　　　　　　　B. 利益性

C. 相关性 　　　　　　　　　　　　D. 强制性

4. 非正式制度主要包括 (　　)。

A. 风俗习惯 　　　　　　　　　　　B. 意识形态

C. 伦理道德 　　　　　　　　　　　D. 文化传统

5. 按照机制设计理论的观点, 机制 (制度) 设计要合理, 应该具有的特点是 (　　)。

A. 普适性 　　　　　　　　　　　　B. 信息效率

C. 实施有力 　　　　　　　　　　　D. 激励相容

三、判断说明题

1. 博弈的均衡解就是制度。

2. 制度的利益非中性是指一项制度会给部分人带来正值净收益但给其他人造成零值或负值净收益。

3. 人们常说的"朝令夕改"就是说任何制度都可以在一天之中形成，也可以在一天内废除。

4. 制度的核心功能是降低交易费用。

5. 制度结构是由不同制度安排构成的系统，它的效率就取决于构成这一结构的各单项制度安排的效率。

四、计算与案例分析题

1. 我在美国旧金山工作时，有一次驾驶同事的私家车外出，在高速公路上超速，被交通警察拦了下来。那名警察向我敬了个礼，检查完我的证件后，他从随身携带的包里拿出罚款单。见势不妙，我赶紧笑眯眯地说，自己和当地的警察局局长很要好，并从包里掏出我和那位局长的合影。令人失望的是，警察对我的"所作所为"视而不见，没有因为我的"特殊情况"而对我"刮目相看"取消处罚。我很是郁闷，回到公司，把这件事讲给美国同事听。几个同事听罢，摇摇头说："以后千万别这样做了，否则，不但自己脱不了干系，还会对你的那位局长朋友造成负面影响。"原来，美国的交通警察有着严格的执法程序。如果有人利用职权为熟人开脱，试图逃避处罚，就属于"蓄意妨碍执法"，甚至可能被追究刑事责任。此外，美国各地的警方高层人员都是选举产生，如果发生徇私舞弊的行为，想谋求连任将十分困难。我问同事，如果已经开了罚单，是否可以找熟人疏通？他们严肃地说："No。警察开出罚单以后，即刻将处罚信息输入电脑，系统会将此信息传达至当地警察局、法院和车辆管理部门。要想同时搞定这三个部门，谈何容易？"吃一堑长一智，以后，我再也不敢违章了。回答以下问题：

（1）根据上面的案例，请分析交通规则在美国比较有效率的主要原因。

（2）众所周知，中国人不太遵守交通规则，你认为是哪些因素导致了这一制度的低效？

2. 在 17~18 世纪，英国的许多犯人被送到澳大利亚流放服刑，私营船主接受政府的委托承担运送犯人。刚开始，英国政府按上船时犯人的数量给船主付费。船主为了牟取暴利，克扣犯人的食物，甚至把犯人活活扔下海，运输途中犯人……的死亡率最高时达到 94%。后来英国政府改变了付款的规则，按活着到达澳大利亚下船的犯人数量付费。结果是船主们想尽办法让更多的犯人活着到达目的地，犯人的死亡率最低降到 1%。回答以下问题：

（1）英国政府按上船时犯人的数量给船主付费的制度安排，导致运输途中犯人的死亡率很高，体现了什么经济学原理？

（2）按活着到达澳大利亚下船的犯人数量付费的制度安排为什么可以降低犯人的死亡率？

（3）该案例揭示了一个什么道理？

（4）该案例还说明，有效的制度设计应该注意什么原则？

第九章

制度变迁的动因理论

一个动态的制度变迁理论必须对制度变迁的原因做出解释，对此，新制度经济学家借鉴新古典经济学的供求均衡价格理论，发展了一个关于制度变迁的供求分析框架予以解释。本章第一节概述了制度变迁供求分析的形成与框架，以及该框架的优点和缺点；第二节介绍了制度变迁需求的含义、形成及其影响因素；第三节则分析了制度变迁的供给的含义、原则、主体和影响因素等；第四节讨论了制度的均衡和非均衡的含义及非均衡的两种表现。

第一节　制度变迁的供求分析

本节主要介绍新制度经济学制度变迁供求分析框架的形成过程、框架的构成及主要的优点和缺点。

一、制度变迁供求分析的形成

最早对制度变迁进行供求分析的新制度经济学家是舒尔茨（1968），他明确地提出了制度需求、制度供给、制度供求分析、制度均衡和非均衡等概念。他说："制度是某些服务的供给者，……对每一种这类服务都有需求，这正好可以在经济理论的范围内，用供求分析来探讨决定每一种服务的经济价值的因素。我们的下一步分析是要将这一供求分析方法置于均衡框架中。其中的一个关键假定是：当这些制度所提供的服务与其他服务所显示的报酬率相等时，关于这些制度的每一经济服务的经济就达到均衡。"他还说："我们的理论是用于解释那些作为对经济增长动态的反应而发生的制度变迁，制度被视为一种具有经济价值的服务的供给者。我们假定增长进程改变了对服务的需求，并且这种需求上的改变又导致了以长期成本与收益来衡量的供求之间的非均衡。"①

戴维斯和诺思（1971）也用制度供求、制度均衡与非均衡分析了制度变迁。他们指

---

① 舒尔茨. 制度与人的经济价值的不断提高 [M]//科斯等. 财产权利与制度变迁. 刘守英，等译. 上海：上海三联书店，1994：256-258.

出："制度均衡状态（安排的变迁将得不到任何好处）在任何时候都是有可能的。可是，成本与收益的变动会使制度产生不均衡，并诱致了安排的再变迁。尽管大多数经济模型将现存的制度安排视为既定，但我们的目的是要将这一常量变成一个变量。不过传统的理论仍为我们目前的工作提供了重要的支持，与传统理论一样，我们的基本假定是，安排变迁的诱致因素是期望获取最大的潜在利润；而且，我们所使用的模型是非常传统的经济学家所常用的，即'滞后供给'模式的一个变形。在滞后供给模型中，某一段时间的需求变化所产生的供给反应是在较后的时间区段里做出的。在此模型中，产生于安排变迁后的潜在利润的增加，只是在一段滞后后才会诱致创新者，使之创新出能够获取潜在利润的新的安排。"①

拉坦（1978）明确使用了"制度变迁的需求"和"制度变迁的供给"概念，并在诺思的基础上对引起制度变迁需求与供给变化的因素做了进一步的分析。

菲尼（1988）对制度变迁供求分析中过于强调需求忽视供给的不足提出了批评。他说："正像早期就技术变化所做的研究中有很多集中分析需求引致这个机制一样，制度变化方面的若干重要论著是遵循科斯的观点，即认为制度是在变化所得利益超过变化所需成本时改变的。这种观点确认交易成本在影响制度安排的选择中的重要性。遗憾的是，制度变化中的供给的政治经济方面普遍地未作明白交代。……制度变化的供给是重要的；需求的变动趋势虽为必要条件，但不是了解变化路线的充分条件。政治经济分析的要素是决定性的；对于统治精英的政治经济成本和利益，是对变化的性质和范围做出解释的关键。"②

林毅夫（1989）总结性地指出："制度能提供有用的服务，制度选择及制度变迁可以用'需求—供给'这一经典的理论框架来进行分析。"③

二、制度变迁供求分析的框架

对制度变迁的供求分析框架进行了比较全面的总结的学者是菲尼，他（1988）勾画了一个分析制度变迁的启发式框架。

在他所勾画的分析框架中，菲尼把制度分为三种类型：①宪法秩序。宪法被定义为对管理的条款和条件（集体选择）的规定。管理包括规则的制定、规则的应用和规则的坚持与评判。宪法规定确立集体选择的条件的基本规则，这些规则是制定规则的规则。它包括确立生产、交换和分配的基础的一整套政治、社会和法律的基本规则。这些规则一经制定，那就要比以它们为根据制定出来的操作规则更难以变动，因而变化缓慢。这类制度的重点在于集体选择的条款和条件。②制度安排。它是在宪法秩序框架内所创立的，包括法律、规章、社团和合同。③规范性行为准则。跟宪法秩序一样，规范性行为准则也具有变化缓慢、难以变动的特点。它对于赋予宪法秩序和制度安排以合法性来说是很重要的。

---

① 戴维斯，诺思. 制度创新的理论［M］//科斯等. 财产权利与制度变迁. 刘守英，等译. 上海：上海三联书店，1994：296.

② 菲尼. 制度安排的需求与供给［M］//奥斯特罗姆等. 制度分析与发展的反思. 王诚，等译. 北京：商务印书馆，1992：126，130.

③ 林毅夫. 关于制度变迁的经济学理论［M］//科斯等. 财产权利与制度变迁. 刘守英，等译. 上海：上海三联书店，1994：371.

菲尼认为，作为一个制度变迁的需求与供给的启发式分析框架，除了提出各类制度的定义外，还得具体说明有哪些内生变量和外生变量。在这一方面做出了先驱性贡献的应该是戴维斯和诺思。他们（1971）提出的制度创新模型中明确区分了模型的内生与外生变量。其中，内生变量是各种制度安排，而外生变量则是以宪法秩序为核心的制度环境。正如戴维斯和诺思所说："制度环境，是一系列用来建立生产、交换与分配基础的基本的政治、社会和法律基础规则。支配选举、产权和合约权利的规则就是构成经济环境的基本规则类型的例子。……环境当然是可以改变的。在美国法律结构的逻辑中，这类变迁可能源于政治行动对宪法的修正，或是源于对司法解释的变迁，或是由于公民偏好的改变。……在这一研究中，我们并不想解释经济环境的变迁，这类变迁是肯定发生了，对它们所发生的原因的任何解释将是十分有意义的。不过，它们对这一制度创新模型来说是外生的。"[1]

菲尼在借鉴戴维斯和诺思理论的基础上，提出了自己的制度变迁的需求与供给分析框架。他指出，在这一分析框架中，内生变量包括制度安排及其利用程度，外生变量则包括宪法秩序和规范性行为准则。对于外生变量，又分为需求因素和供给因素两类。需求因素主要包括相对产品和要素价格、宪法秩序、技术和市场规模。供给因素则包括制度设计的成本、现有的知识积累、实施新安排的预期成本、宪法秩序、现存制度安排、规范性行为准则、公众的一般看法以及居于支配地位的上层强有力决策集团的预期净利益。菲尼用表 9-1 详细勾画了他的分析框架。

表 9-1　制度安排的需求与供给的分析框架概览

制度类别	外生变量：制度变化的供给
宪法秩序	宪法秩序
制度安排	现存制度安排
规范性行为准则	制度设计的成本
内生变量	现有知识积累
制度安排	实施新安排的预期成本
制度安排的利用程度	规范性行为准则
外生变量：对制度变化的需求	公众态度
相对产品和要素价格	上层决策者的预期净利益
宪法秩序	动态顺序
技术	变化途径/制度演变
市场规模	

应该说，菲尼这种由内部决定的制度安排的分析框架相对于所有制度都被明确地（或含蓄地）认为是由外部决定的传统经济分析是一大进步。以制度安排为内生变量的分析框架，与视所有制度变化都为内生变量的分析框架相比，既有优点又有缺点。其优点是：首先，规模小一

① 戴维斯，诺思. 制度创新的理论 [M]//科斯等. 财产权利与制度变迁. 刘守英，等译. 上海：上海三联书店，1994：270-271.

些的分析框架，分析起来容易一些；由于把宪法秩序看作是已知的，分析简化多了。其次，采用这种分析框架还有助于对分析框架作更精确定量的检验。其缺点在于：由于把两大类制度（宪法秩序和规范性行为准则）看作是外生的，因此该分析框架不能对所有的，尤其是最剧烈的制度变化进行分析。不过，需要指出的是，由于新制度经济学家主要关注的是经济制度及其变迁，因而将宪法秩序和规范性行为准则看作是制度变迁模型中的外生变量还是可取的。

下面，我们将以新制度经济学文献及菲尼的这一分析框架为基础，对制度变迁供求分析的两方面作进一步的分析。需要指出的是，菲尼的制度变迁供求分析框架有关外生变量的划分并不十分全面和准确，因此，下面对制度变迁需求与供给影响因素的分析并不完全按他的框架中所列因素逐一介绍和讨论。还要指出的是，新制度经济学家对制度变迁供求及其影响因素的分析，实际上就是他们关于制度变迁原因的分析，只不过他们不是直接分析制度变迁的原因，而是用"需求—供给"这一新古典经济学的方法来分析而已。这就是说，所有影响制度变迁需求和供给的因素都是影响制度变迁的原因。

第二节　制度变迁的需求

制度变迁需求是制度变迁供求分析框架的一个组成部分。本节主要就制度变迁需求的含义、制度变迁需求的形成和影响因素等进行讨论。

一、制度变迁需求的界定

在微观经济学中，一种商品的需求是指消费者在一定时期在各种可能的价格水平愿意而且能够购买的该商品的数量。人们之所以会对商品形成需求，主要在于它能给人们带来某些满足和效用。至于说到制度，人们之所以会对它形成需求，显然也是因为它具有一定的经济价值或能够给制度的消费者提供某些服务，如降低不确定性、减少交易费用和外部性内部化等。制度变迁可以被理解为一种效率更高的（或者更公平的）制度对另一种效率低的（或者不那么公平的）制度的替代过程。所以，人们对制度变迁的需求就是对效率更高的（或者更公平的）新制度的需求。

这里，有必要区分个人的制度变迁需求与社会的制度变迁需求。在分析个人的制度变迁需求前，首先需要对"需求"这一概念加以剖析。个人的需求实际上包含三层内容：需求指向、需求落点和需求数量。需求指向是指个人需要满足哪方面的欲望、解决哪方面的问题；需求落点是指个人需求哪种具体对象来满足欲望、解决问题；需求数量则是指个人需要多少哪种对象①。可以用物质需求的例子来说明需求指向、需求落点和需求数量的区别。当一个人饥饿时，他的需求指向是满足食欲，但他的需求落点可以是米饭也可以是面包或者其他，而对于每一种具体的食物，个人都会有一个与其收入和价格相关的需求数量。微观经济学研究的是需求数量的决定，研究的前提是个人的需求指向和需求落点既

---

① 张旭昆. 制度演化分析导论 [M]. 杭州：浙江大学出版社，2007：164-165.

定。这种思路往往给人以拘束，以为研究需求就是研究需求数量的决定，于是觉得研究制度变迁的需求似乎不可思议。

制度具有单件性，也就是说，在一个国家中，一项具体制度一旦创立，就不再需要重复创立。由于制度的单件性，个人对制度变迁的需求并非以数量计，而是以性质为特征的。这意味着制度变迁需求与物品需求不同，物品需求可以数量计，而制度变迁需求是以性质计的，因此，研究个人的制度变迁需求不需要研究需求数量。个人对制度变迁的需求不是需要多少同质的制度，而是需要哪方面的制度，以及在哪个方面需要哪一种制度。这是两个不同的层次，即制度变迁的需求指向和制度变迁的需求落点。当交通混乱时，人们的制度变迁需求指向是交通规则，但具体需要什么样的规则，是车辆左行还是右行，则属于制度变迁的需求落点。

决定制度的需求指向和需求落点的因素是有所不同的。个人对制度的需求指向，取决于他感到哪方面的外部性、不确定性或者问题最大，最需要建立一定的制度。它所涉及的不是哪种具体制度最好，而是哪方面的制度最重要。个人对制度的需求落点，取决于克服同一种外部性、不确定性或同一种问题的各种具体制度的成本—收益比较，涉及的是哪种具体制度最好。

再来看社会对制度变迁的需求。我们知道，个人对某种物品的需求是价格的单调递减函数，社会对该种物品的需求函数是个人需求函数的水平加总（私人物品）或垂直加总（公共物品）。但是社会对于制度变迁的需求不可能从个人的制度变迁需求简单加总求得。

由个人的制度排序综合成社会的制度排序的过程是一个公共选择的过程。如果非合作制度博弈的纳什均衡解是唯一的，那么所有人将需求这个唯一的制度，从个人制度需求综合成社会制度需求的过程将极其简单，就是制度博弈的过程本身；如果均衡解是多重的，每个人将对这多重解（多项可能实行的制度）进行排序，从个人的制度排序（需求）综合成社会制度排序（需求）的过程将可能非常复杂，成为一个典型的公共选择过程。

按照阿罗的看法，在个人的制度排序是弱序（连通、存在无差异关系、传递）的前提条件下，如果每个人的制度需求（或排序）高度一致，那么社会的制度排序将和每个人的排序相一致，从而将选择大家共同最喜欢的制度。如果每个人的制度需求（或排序）不一致，那么个人最需求的制度未必就是能够维持或出现的制度，因为他要受到其他人制度需求的制约。但是只要博弈的均衡解只有两个，即可供选择的制度只有两项，或者虽然有多项，但是每个人的排序都是单峰的，那么社会的制度需求（或排序）就具有唯一性，社会所选择的制度往往就是大多数人排序较前面（不一定是最前面）的制度。社会就可能在同时遵循广泛性（指每个人对于制度的任何一种排序都是允许的）、一致性（指选举规则的变化不会改变制度的排序）、独立性（指任何两个制度的排序与其他制度的排序变化无关）、非强制性（指选举者具有主权，不会受到强制）和非独裁性（指不存在这样的一个主体，即便所有其他主体都认为 x 先于 y，只要他认为 y 先于 x，社会的排序就是 y 先于 x，即不能一个人说了算）这五条原则的条件下，从所有个人的制度排序综合出社会的制度排序。当然，如果每个人的制度需求（或排序）不一致，并且有一定数量的人的排序是多峰的，那么社会的制度需求（或排序）就不会具有唯一性，社会排序的结果就会依据社会排序的形成程序的不同而不同。整个社会不可能在同时遵循广泛性、一致性、独立性、非强制性和非独裁性这五条原则的条件下，从所有个人的制度需求（或排序）中综合出统一的社会需求（或排序）。

二、制度变迁需求的形成

人们在什么情况下会产生对新制度的需求？根据菲尼的观点，当出现了这样一种情况："按照现有的制度安排，无法获得某些潜在的利益。行为者认识到，改变现有的制度安排，他们能够获得在原有制度安排下得不到的利益，这时就会产生改变现有制度安排的需求。"① 诺思也认为："正是获利能力无法在现存的安排结构内实现，才导致了一种新的制度安排（或变更旧的制度安排）的形成。"②

根据诺思的观点，在现有的制度安排下无法获得的潜在利益（或称"外部利润"）主要来源于以下四个方面：

（1）规模经济。生产中的规模经济是一种技术现象，它反映的一个事实是，最有效（单位成本最低）的产出可能需要企业的规模很大。这就是说，相对于规模小的企业而言，规模大的企业由于具有规模经济优势，单位成本低，因而利润更高。要形成规模大的企业以获取内含于规模经济中的利润，需要较大的资本量，而企业可得资本量在很大程度上取决于企业自身的组织（制度）形式。企业的组织形式包括业主制、合伙制和现代公司制。传统业主制和合伙制企业的特征是有限的寿命和无限的责任，这使得企业难以筹措大额资金扩大规模，也就不能获取由规模经济带来的潜在利益。具有无限寿命和有限责任的公司的创新提高了对获取资本的限制，因而允许创新者获取内含于规模经济中的利润。

（2）外部性。在现代经济学中，外部性概念是一个出现较晚但越来越重要的概念。关于外部性问题我们已在前面做了分析。"外部性"一词就是指有些成本或收益对于决策单位是外在的事实。无论这些外部成本或收益何时存在，它们都无助于市场产生最有效的结果。从科斯到诺思，都十分关注外部性问题。科斯认为，经济生活中的许多外部性都根源于产权界定不清，因此，产权的界定及产权制度的完善可以大大减少外部性。科斯主要关注的是如何使负外部性内在化，而诺思则主要关注的是如何使正外部性内在化。外部性的存在是制度创新的一个重要源泉。在某种程度上，制度创新的过程实质上是外部性内在化的过程。制度的再组织旨在使外部性内在化，因而它可能增加社会的总收益。

（3）克服对风险的厌恶。风险的盛行是另一个削减经济活动的因素。实际生活中大多数人都是厌恶风险的。厌恶风险的程度随偶然性的增加而增强。人们倾向于有更为确定结果的活动，而避开那些报酬变化很大的活动。由于利润的预期值在那些没有人从事的高变异活动中要高于低变异活动，如果有些能够克服厌恶风险的机制被创新（如将这些人的风险集中于不厌恶风险的人），总利润就可能增加，或使得风险的结果相比于所获取的收益

---

① 菲尼.制度安排的需求与供给［M］//奥斯特罗姆等.制度分析与发展的反思.王诚，等译.北京：商务印书馆，1992：138.

② 戴维斯，诺思.制度变迁的理论［M］//科斯等.财产权利与制度变迁.刘守英，等译.上海：上海三联书店，1994：296.

表现得更为确定。如专门市场的发展（如期货交易市场等）、保险公司的建立等都是克服对风险的厌恶的制度创新。

（4）市场失败和不完善市场的发展。由于正交易费用的存在，相关的经济信息流的组织与增进可能是安排创新的主要领域。如果获取信息是没有成本的，那么所有市场上的价格就只有因交通费用而产生差别。事实上，信息是有成本的，而且纯粹地方市场的普遍存在正好反映了关于在更远距离地区交易的获利机会的信息的缺乏。当关于不同地区的价格信息是可以获得时，商人将他们的产品送往市场的净价格差（即对交通费用的调整）是最大的。正统经济学家假定所有市场都是完全的，这就排除了由市场运作失败所引起的任何可能的潜在利润。但是，在现实世界中，信息并不是免费的，因此，完全的市场（取决于完全的知识）是不存在的。一般来说，信息不仅是有成本的，而且是报酬递增的，即人们常常必须支付信息，但成本不会有很大变化，而不管这一信息是被用于影响一种、一百种或更多交易。如果信息成本十分大，而且它们是属于成本递减的，则人们从使不确定性降低的信息流的递增中可能会获取巨额利润。最为经济的安排性创新可能是一种专门化的企业，因为它不仅供给了信息，而且也实现了潜在的规模经济。

三、制度变迁需求的影响因素

在新制度经济学家看来，对于制度变迁需求来说，最主要的影响因素是：要素和产品相对价格的变动、技术进步、偏好的变化、市场规模、其他制度安排的变迁和偶然事件等。

（一）要素和产品相对价格的变动

德姆塞茨是最早对要素和产品相对价格变动影响制度变迁需求进行论述的新制度经济学家。在 1967 年发表的《关于产权的理论》一文中，他考察了美国印第安人土地私有产权的发展。德姆塞茨认为美国山区的印第安人之所以在 18 世纪之后开始形成了土地的私有产权，主要原因是动物毛皮的贸易大大地提高了动物的相对价格。动物相对价格的提高促进了更为经济的畜养毛皮动物。畜养毛皮动物要求有能力阻止偷猎，于是诱致了对圈养毛皮动物的土地私有产权进行界定和保护的制度的产生。相反，美国西南部印第安人却迟迟未发生私有产权的制度变迁，因为平原地区的动物和森林地区毛皮动物相比没有商业上的重要性，而且平原动物主要是食草动物，其习性是在广阔的土地上漫跑，因此，为确立私有狩猎边界所获得的价值，因阻止动物跑到相邻的土地的成本相对较高而降低了。德姆塞茨由此证明，新的产权制度的形成是相互作用的人们对新的收益—成本的可能渴望进行调整的回应。相对价格是决定这种新的收益—成本比较的关键因素。

舒尔茨（1968）也研究了要素和产品相对价格变动对制度变迁需求的影响。他指出：随着经济的增长，作为生产要素的人的经济价值相对于物质资本的经济价值不断提高，因而产生了保护人力资本权利的制度变迁的需求。他说："大多数执行经济职能的制度是对经济增长动态的需求的反映。""人的经济价值的提高产生了对制度的新的需求，一些政治和法律制度就是用来满足这些需求的。"①

诺思和托马斯从另一个角度研究了要素和产品相对价格变动对制度变迁的需求的影响。他们（1973）主要根据支配产权的规则的制度变迁解释了西欧在 900~1700 年的经济增长。在他们看来，制度变迁是由人口对稀缺的资源赋予的压力增加所引致的。他们论证道：在欧洲中世纪的成熟时期（1000~1300 年），人口持续增长，劳动的经济价值因而下降，同时土地变得愈益稀缺从而更有价值。由于土地的稀缺性变得普遍起来，它对限制共有财产使用的压力增加了。对土地使用的更为有效的控制是与更为集约的农业生产体制的采用相联系的，三圃制开始替代传统的两年一次的轮作制。在现代早期，人口对土地的持续压力导致公地的废除和从以使用奴隶劳动为基础的耕作制转向由农民所有的所有者经营，或转向由资本主义所有的对工资劳动力的使用。其结果是更为集约的作物生产体制的演进。

总之，要素和产品相对价格的变动是诱致历史上多次产权制度变迁的主要原因。之所以要素和产品相对价格的变动会产生制度变迁的需求，是因为当某种要素或产品因为某种原因变得稀缺因而相对价格（或价值）上升时，其所有者可以从对这种要素或产品的所有权中获得更多的收益，当所有者从对产品或要素的专有权中获得的收益大于保护这种专有权而支付的成本时，产权制度的建立就会成为迫切的需要。

（二）技术进步

在新制度经济学家看来，技术进步是引起制度变迁需求变化的另一个重要因素。戴维斯和诺思在（1971）认为，尽管几乎有无数事件可能引起外在于现存安排结构的利润产生，但在美国历史上有三类事件曾经是特别重要的。它们在过去对新制度安排的"需求"做过很大贡献，可能在将来仍能继续起主导作用。其中，技术进步就是这三类事件中最重要的一个。他们认为，技术对改变制度安排的利益有着普遍的影响。在过去两个世纪里，技术进步使产出在相当范围里发生了规模报酬递增，因此使得更复杂的组织形式的建立变得有利可图。同时，技术进步产生了工厂制度，也产生了使当今城市工业社会得以形成的经济活动之凝聚。这些结果反过来产生了广泛的外部效应（如环境污染和交通拥挤）。在某些外部效应已为自愿组织所内部化时有些则没有，这种未获得利润的存在是诱致政府干预经济这种制度创新的主要力量。

拉坦（1978）也认为技术进步是影响制度变迁需求的一个主要因素。他指出：对制度变迁需求的转变是由要素与产品价格的变化以及与经济增长相关联的技术变迁所引致的。从新的和更为有效的技术中获取潜在收益，这确实是私人部门的研究与发展以及公共部门对自然资源的探索与发展科学技术的一个强有力动机。从政府拥有允许建立有限责任的股份公司的垄断特权的阶段，到一般合并法的实施，确立了旨在指导经济活动的协会的权利的今天，现代法人组织的发展代表了对 19 世纪的运输、交通和制造技术的进步所创造的经济机会的制度回应。

归纳起来看，技术进步对制度变迁需求的影响可以从它对生产和交易的作用等方面来

---

① 舒尔茨. 制度与人的经济价值的不断提高 [M]//科斯等. 财产权利与制度变迁. 刘守英，等译. 上海：上海三联书店，1994：251，255-256.

说明:

从生产方面看,新的制度安排往往需要利用新的潜在外部性。这在存在某种技术进步的情况下容易得到保证。例如,大工厂生产制度之所以能取代家庭工业,一个至关重要的原因就是,机器的使用产生了规模经济问题。在机器大工业的条件下,工厂制度较之家庭工业具有规模经济性,可以大大提高生产率。

从交易方面看,技术进步可能影响交易费用并使原先不起作用的某些制度安排起作用。例如,在可以有效地保护私有产权的技术没有被创新出来之前,私有产权的制度安排是不可能真正发挥作用的。因此,当在现有技术水平下保护私有产权的费用过于高昂时,财产将成为共同所有。只有当技术进步使得产权所有者得自产权的收益大于他排除其他人使用这一产权的费用,私有产权才能真正得到确立。在美国,正是出现了用带铁蒺藜的铁丝构成的低费用围栏的技术创新,才引起西部公共牧场出现私人产权和牧场出租现象。

从分配方面看,技术进步可以有效地改变要素所有者或各个经济部门之间的收入流的分割。例如,菲律宾由于引进了现代化高产水稻和可用劳动力的增加,从而导致了加玛合约取代了传统的佛纳桑合约;拖拉机和其他先进农业机械的创新极大地降低了农场主对农民的监视费用,结果出现了要么土地所有者自己操作农业机械,要么佃农变为拿工资的农业工人。总之,传统的租佃农场制开始解体,家庭农场制变成美国式农业制度。

(三) 偏好的变化

偏好的变化是影响制度变迁需求的又一个重要因素。这里所指的偏好并不是一般意义上的个人的偏好,而是群体的偏好,即某一集团的共同的爱好、价值观念等。偏好的形成与变动,有一部分原因是相对价格的变化,是相对价格长期变化缓慢地促成的。但是,文化无疑是偏好的决定性因素。一个民族或国家的历史文化传统、社区的由来已久的习俗都决定性地影响着集团的偏好。同样,偏好的改变也基于文化的变迁。偏好与一个社会占统治地位的意识形态有着十分密切的关系。意识形态与社会性偏好之间存在着互动关系。人们之所以接受某种意识形态,一方面,往往与该社会由来已久的历史文化传统所造就的社会偏好结构有关;另一方面,长期的占统治地位的意识形态的影响,社会偏好也会在潜移默化中发生变化。时髦现象是比较常见的、重要的社会偏好变化的情况。在任何社会和任何时代都存在着时髦现象。

偏好变化对制度变迁需求的影响有直接和间接两种情况。前者指偏好变化直接地导致制度变迁需求;后者指偏好的变化并不直接指向某一制度安排,而是在一个较长的时期里影响制度环境和制度选择的集合空间并最终导致制度安排发生变化。偏好影响制度变迁需求本质上是由于它改变了人们的效用函数,从而改变了人们的成本—效用比较链条,由此导致人们的利益判断的变化。这意味着原来符合人们的利益判断的制度安排变得不再与这种利益判断相符,制度变迁成为人们改变了的利益判断的客观要求。

(四) 市场规模

将市场规模看作是影响制度变迁需求的一个重要因素的新制度经济学家也是戴维斯和诺思。他们指出:市场规模的变化能够改变特定制度安排的利益和费用:搜集信息或排除非参与者的成本并不随交易的量而同比例增长,这两类活动都体现了成本递减特性。菲尼也指出：市场规模一扩大，固定成本即可以通过很多的交易而不是相对很少的几笔交易收回。这样，固定成本就成为制度安排创新的一个较小的障碍了。[①]

19世纪美国州政府公司一般法的创立提供了一个例子。有限责任保障企业投资者的预期利益，即使股票受严格控制时也不例外。有限责任还大大促进了必须积累充分的资本以获得规模经济的很多投资者的参与组建公司。由于交通部门的发展扩大了市场规模，由于技术的进步提高了规模经济的重要性，因此，随着时间的推移，这些优点变得更加重要了。

采取特别授予私人厂商有限责任的形式的公司特许状，在欧洲是从17世纪起一直沿用下来的，在美国则是在殖民地时期成为众所周知的。随着全国交通网的发展，特别是随着铁路网的扩展，厂商有机会向全国市场提供服务了。新技术（酸性转炉炼钢法、石油提炼中的分馏法等）进一步突出了组织大企业的优越性。1845年以后，尤其是19世纪60年代和70年代，南方以外的大多数州都通过了公司一般法。这些法规按照标准的一套规则进行新公司的注册工作，从而大大减少了组建公司的成本。所产生的结果包括收入分配的变化，即收入分配从因通过特许状而得到付款的立法者那里转移到了寻求有限责任的资本所有者手里。此外，公司一般法还减少了立法日程中的管理费用和拥挤成本。制度安排上的这些变化是随市场规模扩大和规模经济重要性提高而发生的。

（五）其他制度安排的变迁

林毅夫（1989）还分析了引起制度变迁需求的另一个重要因素——其他制度安排的变迁。他指出：由于某个制度结构中制度安排的实施是彼此依存的。因此，某个特定制度安排的变迁，可能引起对其他制度安排的服务需求。

（六）偶然事件

影响制度变迁需求的因素除了上面所列的五个以外，笔者认为，还有一个重要的因素，这就是偶然事件。在某种情况下，偶然事件对制度变迁需求的影响是很大的。例如，2003年发生在中国等国家的SARS病毒流行事件，对有关流行病防治法、公共卫生法等制度变迁的需求就有很大的影响。还有像发生在美国的"9·11"事件，它对美国公共安全方面的法律等制度变迁的需求就产生了直接的影响。

第三节　制度变迁的供给

关于制度变迁的供给涉及的问题主要包括：制度变迁供给的含义、原则、主体、影响制度变迁供给的因素等。

---

① 菲尼. 制度安排的需求与供给［M］//奥斯特罗姆等. 制度分析与发展的反思. 王诚，等译. 北京：商务印书馆，1992：142.

一、制度变迁供给及其原则

在微观经济学中，一种商品的供给是指生产者在一定时期内在各种可能的价格下愿意而且能够提供出售的该种商品的数量。生产者之所以愿意供给某种商品，显然是因为供给它的收益大于成本，即有利可图。以此推论，所谓制度变迁供给，就是一种新制度的供给主体在制度变迁收益大于制度变迁成本的情况下设计和推动制度变迁的活动，它是制度变迁的供给主体供给愿望和能力的统一。

显然，制度变迁的供给与一般商品的供给也是有所不同的。一般商品的供给主要涉及的是供给数量的问题，而由于制度变迁的供给具有单件性，供给者要解决的就不是供给多少数量的制度的问题，而是供给什么性质和质量的制度的问题。这是理解制度变迁供给的含义需要注意的。

制度变迁的供给主体在什么情况下会进行制度变迁的供给，其原则是什么？显然，只要制度变迁的供给主体是经济人，其进行制度变迁供给的基本原则就一定是：只有当制度变迁的收益大于或等于制度变迁的成本时，制度变迁主体才会供给或者说推动某一项制度变迁。正如戴维斯和诺思所说："如果预期的净收益超过预期的成本，一项制度安排就会被创新。只有当这一条件得到满足时，我们才可望发现在一个社会内改变现有制度和产权结构的企图。"①

二、制度变迁供给的主体及其关系

要有制度变迁的供给，必须有制度变迁的供给主体。制度变迁的供给主体是不是一定要是制度变革运动，特别是大规模运动的领导者，或者一定是某种制度的直接设计者或摧毁者呢？其实不然。在新制度经济学家看来，只要是推动制度变迁或者对制度变迁施加了影响的单位，都是制度变迁的供给主体。

制度变迁的供给主体有哪些呢？实际上，制度变迁的供给主体可以是政府，可以是一个阶级、一个企业或别的组织，也可以是一个自愿组成的或紧密或松散的团体，还可以是个人。诺思就说过："一个制度的改变可能涉及一个单独的个人，也可能涉及由自愿的协议组成的团体，或涉及被结合在一起或其影响决策的权力被置于政府管理的这类团体。"②当然，以上三种主体，即个人、团体和政府，在制度变迁供给中的地位并不完全相同。实际上，在这三种制度变迁供给主体中，政府是最重要的。也就是说，政府是制度变迁的主要供给者。正如菲尼所说："制度变化的供给，取决于政治秩序提供新的安排的能力和意愿。"③

---

① 戴维斯，诺思．制度变迁的理论［M］//奥斯特罗姆，菲尼，皮希特．制度分析与发展的反思．王诚，等译．北京：商务印书馆，1992：274.
② 戴维斯，诺思．制度变迁的理论［M］//奥斯特罗姆，菲尼，皮希特．制度分析与发展的反思．王诚，等译．北京：商务印书馆，1992：302.
③ 菲尼．制度安排的需求与供给［M］//奥斯特罗姆等．制度分析与发展的反思．王诚，等译．北京：商务印书馆，1992：144.

根据制度变迁供给主体的自觉程度，可以将其分为两种类型：一种是不自觉的制度变迁供给主体；另一种是自觉的制度变迁供给主体。前者是指某个人从不论什么动机（往往不是声誉或社会地位，也不大可能是利他动机）出发，设想并采取了某种非制度的行为，而这种行为又被他人自发地广泛模仿，从而形成习俗惯例。如那些最早避免近亲结婚的人，那些最早想到使用货币（原始的）进行交易的人。这些人创立的新制度往往是利益中性的。后者是指某个人根据自己对人们的制度变迁需求指向的认识而设想并鼓吹（若他没有制定制度的权力）或制定并实施（若他有如此做的权力）某项制度，以消除原有制度下不能令人满意的现象的制度根源，约束原有制度下不能令人满意的行为，或释放原有制度下被束缚的行为，以便改变有关变量，使之趋近于制度变迁供给主体的目标值。

在同一时间和地点，制度变迁的供给主体往往不是唯一的。只有在极端的独裁统治下，才可能存在唯一的制度变迁供给主体。当存在众多制度变迁供给主体时，他们在制度变迁供给中的相互关系就值得研究。

对于互不隶属的平行的制度变迁供给主体来说，他们之间的关系主要是竞争和模仿。面对有待解决的问题或有利可图的机会，个人和非政府组织都会提出各种制度来解决之或捕捉之。这时，不同制度之间处于竞争状态。一旦有哪一种制度表现出优越性，其他的制度变迁供给主体就会去模仿和移植，并可能在模仿和移植的过程中加以修正完善。值得注意的是，竞争的结果也可能是出现唯一的优胜者，这时将有一种制度被普遍供给，其他的制度被淘汰，出现制度趋同化现象；竞争的结果也可能是出现不止一个优胜者，他们每一个都没有绝对优势，每一个都有一批模仿者，这时将出现制度的多元化，即人类社会对待同一个机会处理同一个问题时会有不同的行为规则。

对于有着隶属关系的两个制度变迁供给主体来说，以政府为例，在许多国家都存在中央政府和地方政府，地方政府对中央政府的制度变迁供给可能赞同也可能抵制，而中央政府对地方政府的制度变迁供给在短期中可能观望，在长期中可能认可并推广，从而使之成为全国性的制度，也可能限制和封杀。地方政府对于中央政府的制度变迁供给的态度，取决于该制度变迁对地方政府的效用（如当地公众的损益，地方的经济增长、财政收入，地方领导人的个人权势、福利和发展等）的影响以及因地方政府的态度而受到的中央政府的褒贬对地方政府的效用。如果地方政府持赞同态度，那么中央政府的制度变迁供给将成本较低；否则将成本较高，因为中央政府要支付许多监督成本和奖惩成本。中央政府对于地方政府的制度变迁供给的态度，取决于该制度变迁对中央政府的效用（如全国的经济增长、财政收入，中央领导人的个人权势和福利、偏好等）的影响。

三、制度变迁供给的成本与收益

制度变迁供给的成本与收益，要比一般经济活动中的成本—收益分析复杂得多。因为制度变迁供给的成本与收益中有些是可计量的，有些是不可计量的；有些是公开的，有些是隐蔽的；有些是现在就可计量，有些未来才能计量（这就涉及"贴现"的问题）；有些具有"经济效益"，但有些只具有"社会效益"。

制度变迁的供给成本虽然是类似于工程开办费或建设费的一次性开支，但又与建设成本有很大的差异。关键在于工程建设是一种物质生产活动，具有确定的目标设计、物质内容、活动方式和技术要求，其成本构成和成本水平比较容易确定。制度变迁和制度建设是人们的一种复杂的社会活动过程，其活动内容和活动方式有很大的不确定性，其成本构成和成本水平也有很大的不确定性。

制度变迁的供给到底包括哪些成本？有学者认为，它至少包括以下几种成本：第一，规划设计、组织实施的费用。制度是规范人们行为的规则，制度变迁是用新的规则代替现行的规则，因而需要对新的规则及代替旧规则的过程进行规划和设计，并按照一定的程序组织实施，使之获得通过和正式建立起来，并开始投入运行，这是一个立规矩的过程，这个过程中直接发生的一切费用，都构成制度变迁成本。第二，清除旧制度的费用。工程建设需要清理现场，拆除旧的建筑物，需要开通道路，为此所花费的费用都要计入工程成本。同样，制度变迁也需要清理"场地"，开通"道路"，也需要对旧制度进行拆除和清理，这也需要一定的费用。第三，消除变迁阻力的费用。工程建设一般不会遇到人为的反对，制度变迁则不同，它往往会遇到人为的阻力，招致一部分甚至大部分人的反对。这是因为，制度变迁总要改变权力和财富的分配。如果制度变迁使一部分人受益、一部分人受损，受损者就会起而反对；如果制度变迁使获利机会在团体或社会成员间分配不均，有的受益较大，有的受益较小，受益较小者就会感到自己吃了亏，就会认为破坏了公平原则，因而表示异议或消极对抗。为了消除制度变迁的阻力，就需要付出一定的代价，包括对反对者实行强制措施和引诱手段所花费的成本，包括对变迁受损者的补偿措施。这是制度变迁成本的重要组成部分。第四，制度变迁造成的损失。由于制度变迁直接涉及人们之间的利益关系，经常引起一部分人的反对和阻挠，虽然制度变迁者可以采取办法予以缓解，但由此引起的破坏和损失则是不可避免的。特别是一些大的制度变迁，其破坏和损失更是经常发生的。这种损失也是制度变迁中需要考虑的重要问题。第五，随机成本。由于制度变迁具有较大的不确定性，特别是制度变迁可能发生某些随机事件，尤其是政治事件，会使变迁的风险突然大增，从而加大变迁成本，甚至使制度变迁的成本达到极限，使制度变迁无法进行。

诺思认为，对于不同主体推动的制度变迁，其成本与收益是有所不同的。例如，在个人安排和供给的制度变迁中，既没有与之相联系的组织成本，也没有强制服从成本，但收益的增长只限于一个人。在自愿团体和政府安排的制度变迁中，都要支付创新的组织成本，组织的总成本将随参加者的人数增加而增加。不过，在自愿的安排下，要达成一致性可能会进一步增加组织的成本。给定同样数量的参与者，在政府安排下的组织成本可能要低于自愿安排下的成本；在政府安排下内含着一个追加的成本要素。每个参加者都受制于政府的强制性权力，而不管他对政府的强制性方案有多大的不满意，他都不可能退出。不过，一个政府的强制性方案可能会产生极高的收益，因为政府可能利用其强制力，并强制实现一个由任何自愿的谈判都不可能实现的方案。

还要指出的是，由于不同的行为主体的效用函数和约束条件的差异，他们对某一制度变迁供给的收益和成本可能有不同的评价标准。制度变迁不都是帕累托改进型的，有不少制度变迁是非帕累托改进型的，即一项新制度安排不可能在不减少任何当事人的个人福利的条件下使社会福利最大化，一部分人利益的增加可能要以另一部分人利益的损失为代价，因而，要求全体行为主体对每一制度安排作出一致协议几乎是不可能的。显然，从不同行为主体的角度研究同一项制度安排变迁的成本和收益对于理解现实的制度变迁供给规律是很有意义的。以政府推动和供给的制度变迁为例，不同行为主体对同一制度变迁的成本与收益的计算包括以下几个方面。

首先是个体成本与收益。这是从家庭、企业或某个利益团体的角度来衡量某项制度安排的成本和收益。该项安排可能给他们带来更多的近期或远期收益，如更高的货币收入、企业的利润留成额增加、更大的自主权等，但也要为此付出相应的代价，如可能在增加货币收入的同时减少了非货币收入、工作更紧张、承担的风险增大等。只有在收益大于成本的条件下，微观经济主体才会产生制度变迁的需求或对政府安排的制度变迁持赞同态度。

其次是社会成本与收益。这是从微观经济主体的行为相互联系的角度，考察某项制度安排为社会全体成员带来的收益和付出的成本。其社会收益主要表现为国民收入的增加和收入分配更趋公平；其社会成本则至少包括实施成本和摩擦成本两类。所谓摩擦成本是由新制度规则的引入所引起的人与人之间的利益冲突所导致的损失。摩擦成本源于制度变迁的"非帕累托改变"性质，在制度变迁中失去既得利益或相对收入增加缓慢的一方会阻碍制度变迁，阻力越大，摩擦成本越高。

最后是政治成本与收益。这是从权力中心的角度衡量的某项制度变迁供给的成本与收益。政治规则主要不是按照效率原则确立的，它还受到政治、军事、社会、历史和意识形态等因素的约束。制度变迁的政治收益主要表现为，因给予微观经济主体更大的政治或经济自由而强化了激励机制，导致更多的社会总产出，这不仅有利于增加财政收入，而且国力增强后更有利于获得人民的政治支持和加强在国际政治经济中的谈判力量。但由此带来的政治代价也是明显的，如权力的扩散弱化了权力中心所下达指令的权威性、为控制代理人的偏差行为需支付更多的费用、经济自由化所诱发的多元化政治力量可能会对权力中心的执政地位产生某种潜在威胁、由利益关系调整引发的社会不稳定因素所产生的不安全感等。只有在制度变迁的预期政治收益大于政治成本时，权力中心才会主动推动制度变迁进程。

四、制度变迁供给的影响因素

正像影响一般商品的供给的因素很多一样，影响制度变迁供给的因素也很多。正如菲尼所说："制度变化的供给有这样的显著特点：它取决于政治秩序提供变化的能力和意愿，这种能力和意愿好比影响传统产品市场上货物供应的那种种因素。"[①] 根据新制度经济学家的分析，影响制度变迁供给的因素主要有：宪法秩序和规范性行为准则、制度设计的成本和实施新安排的预期成本、社会科学知识的进步和制度选择集的改变、上层决策者的净利益等。

（一）宪法秩序和规范性行为准则

如前所述，在新制度经济学家的制度变迁供求均衡分析框架中，宪法秩序和规范性行为准则被看作是外生变量。显然，外生变量也是会改变的，因此，当宪法秩序和规范性行为准则发生变化时，它也会对制度变迁供给产生影响。

宪法秩序是如何影响制度变迁的供给的呢？首先，宪法秩序通过对政体和基本经济制

---

① 菲尼. 制度安排的需求与供给 [M]//奥斯特罗姆，等. 制度分析与发展的反思. 王诚，等译. 北京：商务印书馆，1992：145.

度的明确规定来界定制度创新的方向和形式。宪法对政体和基本经济制度规定得越具体越明确，制度安排的选择空间越小。其次，随着生产规模的扩大，交易费用和外部性成倍扩大，由宪法赋予政府掌握国家的"暴力潜能"，可产生"规模经济"效应。尤其是在一个实施供给主导型制度变迁的国度里，维护权力中心的政治权威有助于稳定有序地推进改革，减少谈判成本。但是，如果由宪法界定的权力结构使政府处于绝对支配地位，且缺乏有效的监督机制，非政府主体的权限很小，那么，当政府垄断行政权力、立法权和资源配置权后，一方面因政府可借助宪法赋予的权限达到经济和政治目标，为维护既得利益，政府主动进行制度创新的愿望可能会不强，除非遇到外部因素的冲击；另一方面因非政府主体的权限极小，它在利益诱导下的某种制度创新需求，因缺乏实践机会或与政府谈判力量过小，而难以通过权力中心成为现实的制度供给。最后，随着制度的演变和经济关系的调整，在经济上获得独立地位的利益主体就有进入政治体系和增大自己谈判力量的愿望，以上过程也将要求对与新的制度安排不相适应的法律条文进行修改或制定新的法规。宪法秩序将直接影响进入政治体系的成本和建立新制度的立法基础的难易度。如果在现有宪法秩序下利益主体无法承受进入政治体系的成本或者既得利益格局对新的立法阻力过大，都将有可能限制制度变迁；反之，则有助于制度变迁。

规范性行为准则对制度变迁的供给会产生深刻的影响。规范性行为准则是受特定社会文化传统和意识形态的强烈影响的。新制度经济学家（如诺思、拉坦等）反复强调制度安排应与文化准则相和谐，否则就使一些制度安排难以推行或者使制度变迁的成本大大地提高。以日本与美国在20世纪80年代和90年代的产业竞争为例，日本是个特别重视团队精神与个人顺从的国家，日本国民的行为受上述文化特征的影响极深，所以在汽车生产厂中，"看牌制"生产制度就应运而生，并发挥了积极的效用。"看牌制"生产制度就是将流水线上相邻岗位的工人组成一个团队，并要求这些工人能够同时掌握几种操作技能，生产过程中，每一道生产环节的产量都会被及时地写在题板上，当相邻岗位的工人发现某道环节发生产量的波动时，便会自动地合作以使其恢复正常。"看牌制"生产制度的确立，可以使生产进度在事前得到准确的掌握，因此，生产厂家在准备物料的时候可以只准备十天的储备，这就加速了资金的周转，降低了生产成本，从而为在市场竞争中掌握胜机提供了条件。美国是个充分崇尚个人主义的国家，这种文化传统对个人的要求是做好个人的本职工作，每个人只要对自己和自己的工作负责即可，因此，美国汽车生产厂商的生产流水线在运行发生波动时，生产并不能得到迅速的调整，同时，物料部门也往往会根据年度生产计划在年初即准备好一年的备料，使资金周转放慢。所有这些都会增加美国汽车厂商的生产成本。由两种不同文化背景而引发的汽车生产线制度决定了两国汽车生产的效率和效益，成本的轻重在此也就被决定下来，因此，20世纪80年代日本就是借此在竞争中获得了胜利。到了90年代，信息产业成为国际主流社会的主导产业，由于信息技术的特征，决定了崇尚个人主义的美国更适应由技术特征而决定的信息产业生产制度的特征，并且，个人英雄主义的文化背景还能巩固由技术特征而决定的信息产业生产制度，因此，美国在竞争中赢得了对日本经济挑战的胜利。由此可见，文化背景所决定的行为规范对制度安排的选择及其绩效是至关重要的。

（二）制度设计的成本和实施新安排的预期成本

制度变迁供给的基本原则是制度变迁的收益大于制度变迁的成本，因此，在制度变迁的收益已定的情况下，制度变迁的成本，包括制度设计的成本和实施新制度安排的预期成本等，就成为影响制度变迁供给的重要因素。

制度设计的成本，按照菲尼的观点，主要取决于设计新的制度安排的人力资源和其他资源的要素价格。拿人力资源来说，如果要保障某种新制度安排的供给是非有高度熟练而尖端的劳动投入不可的话，那么这种制度安排的设计，耗费必然很大；如果反之，有欠熟练的劳动投入也就足够了，这种设计，耗费自然小些。这可以从19世纪美国技术变化的发展趋势中得到印证。19世纪初、中叶的那一系列机械创新依靠的是直觉知识和反复试验，在提供新的机械技术上，自耕农发明家就可以同受过训练的工程师媲美。但19世纪晚期，随着电学、磁学和化学知识的进步成了创新的重要来源，新技术的设计就非有更为尖端的、训练有素的劳动投入不可。这有赖于专业工程师和科学家以及现代公司的正规研究开发部门发挥作用了。

至于制度设计的要素的成本，我们可以比较美国两个州用水管理制度的不同而引起的制度设计的要素的成本差异。按照加利福尼亚州的法律，是允许组织用户自愿协会和划定地方公共水区的；反之，在同样位于干旱地区的亚利桑那州，用水管理权归州政府掌握。这样，加州的一般居民都能参与制度安排的设计，管理水的使用，消除因为抽出地下水而带来的外部性问题；然而在亚利桑那州，则只有政府官员才能参与制度安排的设计。由此可知，用水管理上的制度创新的成本在加州会低得多（事实上也如此），而且如果其他条件相同，制度变化的供给也多一些，用水管理工作也做得好一些。

制度变迁的供给还受实施上的预期成本的影响。制度从潜在安排转变为现实安排的关键就是制度安排实施上的预期成本的大小。一些好的制度安排因实施的预期成本太高而无法推行。美国大平原牧区土地所有权的演变提供了说明实施上的预期成本的影响的一个例子。在19世纪60年代，牧场上的土地所有权一开始是谁先占用就归谁。由于土地极多，想进入一个牧区的牧场主很容易找到还没有人捷足先登的地区并占用它。随着养牛业日益普遍发展，土地的排他性使用变得日益重要，但在缺乏有效的排他技术的条件下，以养畜者或牧场主协会的形式的自愿协会组织了起来，采取驱逐非协会会员的措施，把自由放牧区变成了协会公共所有财产。控制进入缺水区和畜群聚集区的结果，降低了排他的实施成本。显然，协会公共所有财产形式并非一种理想的制度安排。然而在岩石或林木等类围篱材料奇缺的环境下，严格限定私人放牧权的实施成本很高。有刺铁丝明显改变了实施私有化的成本。有刺铁丝的销售量由1874年的1万磅增加到1880年的8050万磅。围篱首先是在耕地和有水源的最好放牧地周围修建起来的。这个例子表明，实施成本对制度安排的选择及利用程度有着较大的影响。

戴维斯和诺思（1971）还分析了影响制度设计和实施新制度安排的预期成本的一些因素。他们指出，在美国发展史上，有四件事对制度设计和实施新制度安排的预期成本特别值得一提：其一，如果一个其组织费用因某种意图已有人愿意承付的安排能够用于实现另一个这样的安排，那么安排革新的成本可以显著地减少。在设立任何组织所需的成本中，组织费用几乎总是一个主要部分。如果组织费用已被支付的话，使一种安排调整到实现新目标的方向上来的边际成本可能低到足以使革新变得有利可图。其二，技术革新，特别是使信息成本迅速降低的技术发展，如电报、电话、广播和计算机，使得一系列旨在改进市场和促进货物在市场间流通的安排革新变得有利可图。其三，知识的积累、教育体制的发展导致了社会和技术信息的广泛传播，以及与工商业和政府机构的发展密切相关的统计资料储备的增长，减少了与某种革新相联系的成本。其四，政府权力的稳固上升和它对社会生活更多方面的渗透，明显减少了政府性制度变迁供给的成本。例如，在1890年，试图通过社会保险计划的政府性形式实现收入再分配的政治联盟的成本似乎是无限高昂的。但是在20世纪30年代，这样的政府性安排被创造出来，只是成本还很高。然而今天，一个类似的政府性安排创新（如老年人的照顾医疗方案）就在低得多的成本下实现了。关于这一点有两个影响因素：一是一旦一个政府性安排为人们所接受，那么它的推广的政治成本就会下降；二是因某项计划而建立起来的现存官僚政治的基础，经常可以相对更便宜地扩展到另一个方案的使用上。

（三）社会科学知识的进步和制度选择集的改变

最早认识到社会科学知识的进步是影响制度变迁供给的重要因素的新制度经济学家是拉坦。他指出：正如当科学和技术知识进步时，技术变迁的供给曲线会右移一样，当社会科学知识和有关的商业、计划、法律和社会服务专业的知识进步时，制度变迁的供给曲线也会右移。为什么呢？因为社会科学和有关专业知识的进步降低了制度发展的成本，正如自然科学及工程知识的进步降低了技术变迁的成本一样。

社会科学知识的进步有助于制度变迁的供给并不是说制度变迁的供给完全依赖于产生社会科学和有关专业的新知识的正规研究。正如技术变迁并不完全是自然科学和技术的正规研究的产物一样，制度变迁也可能是政治家、官僚、企业家及其他人指导他们的日常活动时所实施的创新努力的结果。社会科学的正规化和制度化研究，其目标之一是为了在社会科学研究资源的配置中实现更高的效率。这些资源的更好配置将有可能：一是加速那些用作由社会给定的更为重点的制度变迁领域的新知识的产生，二是应用新的知识以使制度变迁的目标与实际实施的制度变迁之间保持更为准确的联系。

纵观历史，社会科学知识使制度绩效和制度创新得以增进，这主要是通过成功先例的逐渐积累或作为行政与管理知识与经验的副产品来实现的。在最近的一个世纪，社会科学知识的进步已为制度创新的效率开辟了新的可能性。社会科学知识可能会经由现存的制度或通过促进新的更为有效的制度的发展和创新而导致更为有效的制度绩效。例如，对商品供给数量与需求关系的研究已导致更为有效的供给管理、食品的获得与食品的分配计划；对影响新技术的扩散的社会与心理因素的研究已通过农业推广服务导致了更为有效的绩效，并导致了农业生产运动的更为有效的设计；对土地租佃或团队农作安排的效应的研究已导致了在获取自然资源的更大的公平与对农村地区的资源的利用带来更大的生产率的制度创新。

社会科学中的新知识对制度变迁供给的影响还可以用与凯恩斯革命相联系的对宏观经济关系的新的理解来说明。要准确估计凯恩斯革命在第二次世界大战后使西方发达经济以更接近于充分就业方式运转所形成的经济利益是比较困难的。不过，奥肯确实估计了美国在1964年的税收法下个人和公司所得税的降低对经济增长的贡献。税收在1964~1965年削减 130 亿美元，其明确的目标是要减低实际与名义 GNP 之间的差距。这些税收的削减是经济咨询委员会以对存款收入、消费、投资及存货关系的估计为基础所做出的数量预测的结果。奥肯的事前估计表明，在税收削减后的头两年，税收的降低使 GNP 增长了 250 亿美元，对增长的最终贡献是 360 亿美元。拉坦指出：第二次世界大战后，由于政策干预，无论是统计资料和分析能力还是制度可信性都是无法获得的。商业经济部的统计能力的制度化以及总统经济咨询委员会的分析能力的制度化，就是与凯恩斯革命相联系的经济学知识进步的直接产物。

制度选择集合是林毅夫提出的概念。他说："一种制度安排是从一个可供挑选的制度安排集合中选出来的，其条件是，从生产和交易费用两方面考虑，它比这个制度安排集合中的其他制度安排更有效。"[①] 制度选择集合的改变显然也能移动制度变迁的供给曲线。除了社会科学的进步能够扩大制度选择集合以外，还有以下两个因素可以改变制度选择集合：

首先，是否与其他经济接触。正如与其他经济接触能增大适用性技术选择集合一样，与其他经济接触能扩大制度选择集合。通过借用其他社会制度安排来完成本社会制度变迁的可能性，极大地降低了在基础社会科学研究方面的投资费用。拉坦也指出：引入制度创新的可能性，不管它是通过扩散过程，还是通过社会、经济与政治程序所进行的制度转化，它们都会进一步降低制度变迁的成本。

其次，政府政策的改变。制度选择集合还可能因政府政策的改变而扩大或缩小。由于某些原因政府可能将某些制度安排从制度选择集合中剔除出去。因此，取消一种带有限制性的政府政策的效应，相当于扩大制度选择集合。一个典型的例子是 20 世纪 80 年代中国政府在农村地区实行的农业作业制度的改革。在发生这一制度变迁之前，家庭农作这种制度安排是被禁止的，集体农作制是唯一可接受的模式。然而，由于 1978 年以来政府政策的改变，中国约 95% 的家庭在 1980~1983 年转到了新的以家庭为基础的农作制（即家庭联产承包责任制）。

（四）上层决策者的净利益

上层决策者的净利益如何影响制度变迁供给是一个比较复杂的问题，这首先取决于一个国家或地区的集权程度。在一个高度集权的国家，上层决策者的净利益对制度变迁的供给将起到至关重要的作用。关于这一点，泰国的例子具有启发性。

由于 19 世纪泰国经济与世界经济的一体化和大米价格的上涨，大米出口形势突然好转，因而水稻耕种面积和大米出口量急剧增长。这种趋势引起的一个重要反应是地价上涨（即相对价格变化了），进而使政府把注意力放到了旨在提高土地生产率的干预上：农业研究与灌溉投资。

由于湄南河谷中央平原（该区占大米出口的绝大部分）的自然特点，为了给中央平原提供灌溉服务，必须修建一座大坝和广泛的运河网。河谷地势坦荡，无法建造高效且小型的水利工程，或进行零敲碎打式的开发。灌溉设施的不可分性（资产的专用性）以及一个

---

① 林毅夫. 关于制度变迁的经济学理论 [M]//科斯等. 财产权利与制度变迁. 刘守英，等译. 上海：上海三联书店，1994：384.

大的地理区内实现协调的必要性，说明只有中央政府才能承担这一任务，而不是各级政府或当地集体行动团体。如果由地方承担就涉及巨额的协调费用以及"搭便车"问题。

1902 年晚期，在湄南河畔的猜那兴建水坝的建议出台。该工程由荷兰一位著名的灌溉工程师范德海德设计。1902~1909 年，他一而再，再而三地阐述其建议，且以一项周密的计划证实他的观点，该计划内含政府财政成本和效益的估计数。其后使用社会成本和效益分析框架所做的分析证实了范德海德所提出的观点：该工程能给泰国带来大量的净社会利益。一旦完工，该工程能带来 19%~22% 的内部投资收益率，与同期其他基础设施相比，这是一个有利的投资收益率。再者，到 20 世纪初至 20 年代初，就提高水稻产量来说，灌溉投资是一种比扩大耕种面积投资更为廉价的途径。此外，该工程一上马，还有其他无法计算的一些社会收益率。

尽管范德海德及其拥护者的论据颇有说服力，有证据表明这种投资的潜在社会收益率是高的，泰国官员也十分熟悉运河开发的利益，但灌溉建议还是一再遭到否决，直到第二次世界大战以后，由于有世界银行的支持，范德海德设计的水利工程才最终得以完成。

是什么原因导致该项目延期呢？其中的原因固然较复杂，但不符合上层决策者的净利益是一个重要的原因。这是因为，假使范德海德的计划实施了，中央平原大部分地区有了灌溉之利，居民就会离开 Rangsit 地区（在那里，许多政府官员和王室成员拥有土地）移居新辟灌溉区。第二次世界大战前在中央平原所作金额最大的灌溉投资，是 Pasak 水利工程，该工程的设计，旨在使 Rangsit 地区得益。Rangsit 地区还是 1916~1917 年所建的泰国第一座水稻试验站所在地。由此可知，当政府官员会成为公共投资主要受益者时，对采取干预措施、提高土地生产率的要求就会得到满足；而当这种干预影响所及有损于政府要员的利益时，这种要求就不一定得到满足。[①] 上层决策者的净利益并不等于社会净利益，社会净利益的存在并不一定导致制度供给。因为能给社会带来净利益的制度变迁供给不一定能给上层决策者带来净利益。

第四节 制度的均衡与非均衡

制度既然有变迁需求与供给，就一定存在制度的均衡与非均衡。下面主要讨论制度均衡的与非均衡的含义以及制度非均衡的主要表现。

一、制度的均衡

制度均衡是指在影响人们的制度变迁需求和供给因素一定时，制度变迁的供给适应制度变迁需求、制度安排不再变动的一种相对静止状态。之所以不再变动，主要是因为改变

---

① 菲尼. 制度安排的需求与供给 [M]//奥斯特罗姆，菲尼，皮希特. 制度分析与发展的反思. 王诚，等译. 北京：商务印书馆，1992：130.

现存制度安排的成本超过了变迁带来的收益。按照诺思的话说，制度均衡是"指这样一种状态，在给定的一般条件下，现存制度安排的任何改变都不能给经济中任何个人或任何个人的团体带来额外的收入。如果安排的调整已经获得了各种资源所产生的所有潜在收入的全部增量；或者这样的潜在利润存在，但是改变现存安排的成本超过了这些潜在利润；或者如不对制度环境作某些改变，就没有可能实现收入的重新分配，那么，这一状态就存在。"①

由于制度的单件性，制度均衡不是数量均衡，不是制度的供给数量等于制度的需求数量，而是一种行为均衡，即任何个人或组织都不再有变动现存制度的动机和行为，因为他们都不可能从这种变动中获取比不变动时更多的净收益。

由于制度均衡时，制度变迁的供给适应制度变迁需求，即制度变迁需求者的意愿得到充分满足，因此，有学者也将制度均衡定义为人们对既定制度的一种满足状态或满意状态。例如，张曙光说："所谓制度均衡，就是人们对既定制度安排和制度结构的一种满足状态或满意状态，因而无意也无力改变现行制度。"②

从人们的主观评价角度理解制度均衡与诺思对制度均衡的解释在本质上是一致的。因为，任何一项制度的选择都不是随意决定的，人们在选择一种制度时，首先要进行成本—收益分析和权衡，只要当感知到制度净收益大于零时才会选择这种制度。但制度净收益大于零只是制度选择的前提和必要条件而不是充分条件。因为在同一具体条件下，往往存在着多种制度，即存在一个制度选择集合，并且它们的净收益可能都大于零，但人们只能选择其中的一种制度。这时就需要进行多个成本—收益分析，最后选择净收益最大的那种制度。一种制度只要其净收益大于零，且在各种可供选择的制度中净收益最大，就是最佳的制度。显然，对于最佳的制度人们自然会对它感到满意和满足。

制度实现均衡比一般商品实现均衡要困难得多。因为，无论是从制度变迁的需求还是制度变迁的供给来说，都比一般商品的需求与供给要复杂得多。仅就制度变迁的需求来看，每个人对制度变迁的需求不可能完全一致，而是千差万别。更为关键的是，人们对同一制度变迁的需求可能存在根本对立的态度。例如，某些制度的变迁常常要涉及人们利益的重新分配和调整，其中，某些人会受益或获得更多利益，而另外一些人可能只获得少量利益或得不到利益甚至受损。显然，要使一种制度变迁的供给完全适应所有人的制度变迁需求显然是十分困难的。因此，诺思说，甚至在制度均衡时还可能存在人们不满意的情况。"制度均衡是这样一种状态，即在行为者的谈判力量及构成经济交换总体的一系列合约谈判给定时，没有一个行为者会发现将资源用于再建立协约是有利可图的。要注明的是，这一状态并不意味着，每个人对现有规则和合约都满意，只是由于改变合约参加者游戏的相对成本和收益使得这样做不值得，现存的制度制约确定和创立了均衡。"③

① 戴维斯，诺思．制度创新的理论［M］//科斯等．财产权利与制度变迁．刘守英，等译．上海：上海三联书店，1994：297.

② 张曙光．论制度均衡和制度变革［M］//盛洪．现代制度经济学（下卷）．北京：北京大学出版社，2003：244.

③ 诺思．制度、制度变迁与经济绩效［M］．刘守英，译．上海：上海三联书店，1994：115.

二、制度的非均衡及其类型

显然，制度非均衡就是指在影响人们的制度变迁需求和供给因素一定时，制度变迁的供给不适应制度变迁需求，制度安排处于将要变动的一种状态。也就是在现行制度安排下，出现了新的盈利机会。但是如果不改变现行制度安排，这种盈利机会是得不到的。这时就会产生新的潜在的制度变迁需求，并造成潜在制度变迁需求大于制度变迁供给的情况。

如前所述，引起制度非均衡的原因包括：所有影响制度变迁需求的外生因素，如要素和产品相对价格的变动、技术进步、其他制度安排的变迁、市场规模的变化、偏好的变化和偶然事件等；影响制度变迁供给的外生因素，如宪法秩序和规范性行为准则的改变、制度设计的成本和实施新安排的预期成本的变化、社会科学知识的进步和制度选择集的改变以及上层决策者的净利益的变化等。无论是上述因素中哪一个发生变化，都会导致制度非均衡的出现。正像一般商品的供求存在供给不足和供给过剩两种非均衡情况一样，制度的非均衡也有供给不足和供给过剩两种表现形式或类型。

（一）制度供给不足

制度供给不足，是指制度的供给不能满足社会对新制度的需求从而导致制度真空的存在或低效制度的不能被替代。制度供给不足存在两种情形。

其一，制度的短期供给不足。在要素和产品相对价格等发生变动的情况下，制度变迁的需求曲线会右移，即产生对新制度服务的需求，但由于该制度实际供给的形成往往要经过一段时间，即诺思所说的制度供给"时滞"①，从而造成制度的暂时供给不足。制度的短期供给不足一般会随着制度的实际供给即制度的变迁而得到克服，至于制度短期供给不足到底会持续多长时间，这取决于制度变迁"时滞"的长短。

其二，制度的长期供给不足。制度的长期供给不足，是指制度的供给长期不能满足社会对新制度的需求从而导致制度真空的存在或低效制度的持久不能被替代。对于制度长期供给不足的原因，新制度经济学家主要从以下几个方面来解释。

首先，由个人或自愿团体在潜在利润的诱致下推动的制度变迁常常会导致外部效应和"搭便车"问题，这会导致制度的长期供给不足。这一点主要体现在新制度经济学家拉坦提出的诱致性制度变迁理论中。关于诱致性制度变迁理论将在下一章进行介绍。

其次，在潜在利润诱致的制度变迁不能满足社会对有效制度的需求的情况下，政府的强制性制度变迁成为必然。应该说，政府的强制性制度变迁确实在一定程度上能够弥补由潜在利润诱致的制度变迁导致的制度供给不足，但是，政府也可能"失灵"。在政府失灵的情况下，制度的长期供给不足就不可避免。

政府在什么情况下会失灵呢？新制度经济学家又从政府所处的制度市场的特点等方面进行了分析。

---

① 从认知和组织制度变迁到启动制度变迁有一个过程，这个过程就是制度变迁时滞。关于制度变迁时滞理论，下一章有更详细的介绍。

市场最一般的含义是供求关系的总和。相应地，既然制度变迁有需求与供给，自然可以把由制度变迁需求与供给关系构成的总和称为制度市场。在新制度经济学家中，"制度市场"这个概念已经在不断得到使用。但是，制度市场到底是由哪些要素构成的？对于这一问题，新制度经济学家却很少回答。

其实，分析制度市场的构成要素并不难，因为只要我们知道一般商品市场的构成要素，就可以用类比法对制度市场的构成要素加以揭示，尽管制度市场和一般商品市场会存在一定的差别。

一般商品市场无非是由交易的对象、交易的媒介、交易者（包括需求者和供给者）、交易的条件和行为规范等要素构成，制度市场显然也离不开这些要素。表9-2从以上这些方面对一般商品市场与政治市场进行了对比。政治市场显然是一种最重要的制度市场。

表9-2　商品市场与政治市场对比

项目	一般商品市场	政治市场
交易商品	消费品	法案、政策
交易媒介	货币	货币、选票
需求面	消费者	选民、利益集团
供给面	厂商	官员、议员
市场组织	存在垄断或寡占	政党政治居强势
中间人	服务业	政党、媒体
清算系统	货币、银行	政党政治下才有党纪协商和党鞭
非委托交易	现货交易、契约交易	公民投票也是契约交易
委托交易	采购中心、基金经理人	直接与间接选举都是委托交易
"正当性"	诚信、声誉	诚信、声誉
社会规范	敬业精神	政治家典范
法律	民法与刑法	主要是宪法
争议处理	调解人	党鞭

从表9-2中可以看出，政治制度市场构成的要素包括：①交易的"商品"主要是各种法案、政策，即各种正式制度；②交易的媒介主要是货币和选票；③交易的双方：制度的需求者主要是选民和利益集团，制度供给者则主要是政府官员和议员；④市场组织：政治市场组织最显著的特点是政党政治居强势，即居于垄断地位；等等。

在传统微观经济学中，市场结构被分为完全竞争市场、垄断竞争市场、寡头垄断市场和完全垄断市场四种类型，其划分的标准主要是行业中厂商的数量和这些厂商的产品是否同质。显然，制度市场同样也可以区分为完全竞争的制度市场、垄断竞争的制度市场、寡头垄断的制度市场和完全垄断的制度市场四种类型，这里区分的标准仍然是制度供给者的多少和供给的制度是否存在差别。

（1）完全竞争的制度市场。完全竞争的制度市场的最大特点是制度的供给者数目很大，而制度产品完全没有差别。可以设想这样一种情况：在一个较大范围的社区，其管理者按照择优采用原则向全社区征集一种规范社区成员行为的制度方案，如果谁的方案被采纳就有奖励，这时，社区每一成员都是这种制度的潜在供给者，他们之间就存在较充分的竞争。一旦一种方案被选择，它就成了公共品，对所有人都是无差异的。在现实生活中，完全竞争的制度市场是存在的。许多个人或自愿团体在出现新的获利机会时推动的制度变迁就是在完全竞争的制度市场中实现的。

（2）垄断竞争的制度市场。这一制度市场的主要特点是制度的供给者较多，但每个制度供给者供给的制度存在差别。一个典型的例子是我国各地的开发区竞争，每个开发区都想更多地招商引资，因而出台更多的、更优惠的政策。例如，2011 年 11 月至 2012 年 3 月，国家审计署组织对全国 18 个省的 54 个县财政性资金进行了审计调查，调查中发现的问题之一是：一些县在招商引资过程中，将企业缴纳的税收、土地出让收入等，通过财政列支等手段返还给相关企业。审计调查的 54 个县中，有 53 个县 2008 年至 2011 年出台了 221 份与国家政策明显相悖的招商引资优惠政策文件，以财政支出方式变相减免应征缴的财政性收入 70.43 亿元，其中 2011 年变相免征 33.36 亿元，相当于其当年一般预算收入的 5.81%。这里，每个开发区引资的政策（即制度）不一样，说明存在制度差异，设计引资的制度的开发区很多，说明制度供给者多，这就是典型的垄断竞争的制度市场。

（3）寡头垄断的制度市场。这一制度市场的主要特点是制度的供给者由少数几个人、自愿团体或政府构成。一个典型的例子是现在的国际政治经济秩序制度市场，构成这一秩序基础的基本规则和制度大多体现的是少数强国和富国的意志，或者说由少数强国和富国进行制度的供给，并没有完全体现"地球村"全体"村民"（即各民族国家）的意志，或者说"地球村"的多数"村民"并没有参与制度制定和供给的权利。这说明，目前的国际政治经济制度市场带有明显的寡头垄断性质。中国政府提出建立国际政治经济新秩序，实质上就是想打破现有国际政治经济秩序由少数寡头垄断的局面。

（4）完全垄断的制度市场。完全垄断的制度市场是指制度的供给者只有一个主体的市场，它或者是一个个人，或者是一个自愿团体或政府。人类历史上，自从国家产生以来，在一国范围内的正式制度的供给都是由国家的权力中心政府或者说统治者一个主体提供的，因此，由国家提供制度的制度市场带有明显的完全垄断性。新制度经济学家常把由国家及其政府进行制度供给的市场称为"政治市场"，并认为政治市场是典型的垄断型市场。诺思明确指出：政治市场中的"统治者像一个歧视性的垄断者一样行事"[1]。

前面（第八章）讨论了制度效率递减问题。我们已经知道，由于生产力的不断发展和技术的不断进步，制度的效率会出现递减趋势。问题是：如果低效制度一旦出现，马上就有新制度去替代旧制度的话，低效制度就不会持久存留，制度的长期供给不足也就不会出现。

有一种观点认为，当生产力发展或环境变化以后，变得相对低效的制度安排会随着制度安排之间实际或潜在的竞争而被有效的制度自动替代。例如，阿尔钦 1950 年提出的演进性假说就是这一观点的代表，其主要内容是，普遍存在的竞争将扬弃那些不好的制度，

---

① 诺思. 制度、制度变迁与经济绩效［M］. 刘守英，译. 上海：上海三联书店，1994：66.

而那些有益的制度则会幸存下来，它们将被用于更好地解决人类面临的问题。[1] 这一观点显然就没有认识到制度市场的垄断性及其对制度供给的影响。

正像一般商品市场在出现垄断的情况下会出现产品供给不足和价格偏高的低效率情形一样，带有垄断性的政治制度市场同样会导致制度供给的低效率。正像拉坦所说："由技术与制度创新所形成的新收入流提供了利用政治资源来分割收益的激励，用于使制度变迁的供给与需求的转变以及用于分割资源所有者与社会集团之间的制度变迁收益的资源，是通过政治资源的相对无效的市场来分配的。"[2]

诺思也指出，由于正式制度（如政策法规、产权规则、契约条例等）主要是由统治者创造的，因此，正式制度的有效性与政治市场的有效性密切相关。由于政治市场中的统治者像一个歧视性的垄断者一样行事，因而，有效的政治市场在现实中几乎不存在。如果断言作为其结果的有效的政治市场就如我们所指的有效的经济市场一样，那就错了。有效的经济市场的存在，必须要竞争十分激烈，经由仲裁和信息反馈，这近似于科斯的零交易费用条件。这类市场即便是在经济世界也是十分稀罕的，在政治世界就更为稀罕了。诺思还说："只有在例外的情况下，才能找到能大体满足效率必要条件的经济市场。但要找到这样的一个政治市场是不可能的。原因很简单，交易成本就是指定所交易的东西以及执行最终协议的成本。在经济市场，所要指定（测度）的东西是商品、服务在实物或产权方面的价值属性，或代理人（商、机构、银行）的绩效。测度常常需要支付成本，但毕竟有一些公认的标准：实物方面有客观特征（尺寸、重量、颜色等），产权方面有法律术语界定。竞争在降低实施成本上也发挥着关键作用。司法体系则提供强制实施。尽管如此，无论过去还是现在，典型情况依然是，经济市场是不完全的，且为高交易成本所困扰。在政治市场上，测度和实施协议远比经济市场困难。所要交易的东西（在民主国家，交易是在选民和立法者之间进行的）是对投票的许诺。没有什么刺激投票者去变成信息灵通人士。因为，一个人的投票事关全局的可能性是极小的；而且，投票过程的复杂性使其结果完全没有确定性可言。政治协议的实施也困难重重，政治市场上的竞争远没有经济市场上那么有效。"[3]

正由于有效的政治市场在现实中比较稀少，所以，诺思放弃了正式规则总是有效的观点。他说："在1981年发表的论文中，我修正了1973年的观点，解释了无效产权存在的原因。这些无效性之所以会存在，可能是由于统治者没有强有力的选民与之作对，这种力量如果存在，就会通过实施有效的规则来反对统治者的利益。这也可能是由于监督、计量及征税的成本非常高，通过不甚有效的产权所获得的税收比有效产权时更多。这一观点是对效率观点的一个改进。"[4] 诺思还认为，如果政治交易的费用较低，并且政治行为者有准确的模型来指导他们，其结果就是有效的产权规则。但是，在政治市场存在高昂交易费用的情况下，往往会导致无效的产权规则，从而也导致经济无法增长，各种组织也不会有创造更有生产率的经济规则的激励。

① 诺思. 制度、制度变迁与经济绩效［M］. 刘守英，译. 上海：上海三联书店，1994：8.
② 拉坦. 诱致性制度变迁理论［M］//科斯等. 财产权利与制度变迁. 刘守英，等译. 上海：上海三联书店，1994：340.
③ 诺思. 历时经济绩效［J］. 经济译文，1994（6）：3.
④ 诺思. 制度、制度变迁与经济绩效［M］. 刘守英，译. 上海：上海三联书店，1994：70-71.

上面，我们主要从政治制度市场的垄断性角度说明了低效制度会持续存在的问题。实际上，有关制度低效原因的分析还是十分初步的。在下一章中，我们还要对政治制度市场的制度的垄断性供给者——国家及其统治者的行为进行分析，以进一步加深我们对制度可能并不一定有效的理解。

（二）制度供给过剩

制度供给过剩是指相对于社会对制度的需求而言有些制度是多余的，或者是故意供给或维持一些过时的、低效的制度。制度供给过剩显然也有短期和长期之分。

（1）制度短期供给过剩。短期过剩主要与制度变迁需求或供给的变动有关。一般来说，如果制度变迁供给或需求能够随着制度供给的过剩而得以自动调整（时间当然不能太长），制度的供给过剩也就不会持久。

（2）制度长期供给过剩。新制度经济学家比较关注的是制度的长期供给过剩。一般商品出现长期供给过剩常与政府的价格控制（支持价格）有关。制度的长期供给过剩与政府的干预、管制也有密切的关系。政府过多的干预、管制会导致寻租与设租活动。在存在寻租与设租活动的情况下，就难以避免制度的长期供给过剩。

首先，一些行业或部门的企业的寻租活动会导致过多的政府管制，进而导致过多的低效制度的长期供给。

一般认为，政府干预和管制是寻租产生的条件。布坎南指出，寻租活动直接同政府在经济中的活动范围有关，同公营部分的相对规模有关。政府的特许、配额、许可证、批准、特许权分配等，这些密切相关的词的每一个都意味着由政府造成的任意或人为的稀缺。稀缺就会导致潜在的租金的出现，而后者又意味着寻求租金的活动。政府为什么要干预和管制经济活动，流行的解释是因为存在市场失灵，所以需要政府出面干预和管制。施蒂格勒认为，现存的美国经济中的管制现象并不能用市场失灵理论来解释，却可以用利益集团对政府管制的需求来解释。他运用许多政府机构的例子，如民用航空委员会对进入航空业的影响、联邦存款保险公司对限制商业银行进入的影响，以及证券交易委员会限制小型互助基金会的影响，得出结论说：经济管制主要不是政府对公共需要的有效和仁慈的反应，而是行业中的一部分厂商利用政府权力为自己谋取利益的一种努力。管制通常是产业自己争来的，管制的设计和实施主要是为受管制产业的利益服务的。一些行业或部门的企业为了获得垄断利润，而不愿只获得收益较低的竞争性报酬，于是通过种种手段或途径，对政府有关部门施加压力，获得一些政策性保护，限制其他企业进入，他们还企图使这些保护政策制度化、固定化，甚至法制化。

在政府管制下，市场竞争已失去了作用，谁获得了管制的特许权和经营权，谁就获得了垄断地位，同时谁也就获得了丰厚的利润。产业管制的最大受害者是消费者。管制的过程实际上是消费者剩余转变为生产者剩余和垄断利润的过程。当消费者面对管制带来的负效用（如高价低质服务等）忍无可忍的时候，国家不得不逐步放松管制。放松管制的过程实际上也是寻租减退的过程。此时，国家放松管制的最大障碍是受管制的部门。因为受管制的部门在受管制的过程中已经形成了既得利益。这种既得利益主要表现在以下两个方面：①受管制企业是在管制的条件下形成的，其生产体系、营销体系、人力资源体系等都是适应管制的要求建立起来的。因此，一旦国家放松管制，那么这些受管制企业的整个体系必须重构或重组。这个重组过程不仅需要成本，而且也是痛苦的。②国家一旦放松管制，受管制企业面对激烈的市场竞争就有一个重新学习的过程。在受管制时期形成的"路径依赖"是很难一下子改变的。这些既得利益就是一些受管制的企业不愿放松管制的根源。

既得利益者会拼命地维护这些过时过剩的制度，从而造成低效和过时的制度持续存在。里与奥尔（1980）从寻租理论的角度研究了政府干预经济政策的延续性问题。他们指出，由于寻租的性质，政府干预经济活动将呈现这样的规律：一项政府政策造成的市场扭曲越是严重，有关人员和利益集团享有的租或剩余就越多，于是这项政策就越是难以得到矫正，因为任何矫正扭曲的努力都会遇到来自既得利益维护者的强有力的抵抗。同时，如果由于其他寻租者的竞争活动，租渐渐地从原先的享受者手中消散了，那么，矫正扭曲政策的阻力就会小得多，尽管寻租竞争本身未必会矫正扭曲。所以，一项扭曲市场的政策要延续下去，需要符合两个条件：一是该政策造成的扭曲要相当严重，从而形成一个积极维护这项政策的利益团体；二是该政策造成的租应当集中在少数寻租者手中而不会轻易消散。

其次，制度的长期供给过剩还与政府官员的设租行为有关。所谓设租，就是权力个体在政府对经济活动的干预和行政管理过程中阻止供给增加，形成某种生产要素的人为的供给弹性不足，造成权力个体获取非生产性利润的环境和条件。麦克切斯内（1988）在设租概念的基础上提出了"政治创租"和"抽租"的概念。前者指政府和政客利用行政干预的办法来增加某些企业的利润，人为创租，诱使这些企业向他们"进贡"，作为得到租的条件；后者则指政府官员故意提出某项会使个人利益受损的政策作为威胁，迫使这些行为人割舍一部分既得利益与政府官员分享。

为什么会产生政府官员的设租行为？主要在于：①政治家或官员也是经济人，他们也有自己的利益和追求。把政治家们描述成只为公共利益而无私利的人是不现实的。②政府干预会产生租金和寻租活动，有寻租就必然有设租。

设租与寻租是一个相互联系、相互制约的过程。从供求关系来看，寻租和设租关系的形成可以分为三种情况：第一种情况是，先有租的供给，即设租，如国家对某些行业的垄断经营、特许权制度等，然后产生寻租行为；第二种情况是，先有对租的需求，即寻租，如经济主体对优惠政策的要求，然后有租的供给，即设租；第三种情况是，寻租和设租相互制约，因为一些设租和寻租不是一次完成的，有一个不断反复寻租和设租的过程。

在存在设租活动的情况下，政府官员会从自身利益出发增加一些低效的制度或者使一些本来合理的制度变形变质，造成制度的长期供给过剩。

总之，制度供给不足与制度供给过剩是制度非均衡的两种基本形式。制度供给不足表明潜在利润的存在，制度创新能弥补制度供给不足，并能增进经济效率；制度供给过剩也表明潜在利润的存在，不过此时不是增加制度供给而是要取消一些制度。减少规章制度也能带来巨大的经济效益。这可以用美国通过减少对基础设施部门的规章制度而由竞争带来的利益的例子来说明。

在美国，基础设施的提供是根据一种特定的社会契约而进行的。服务提供者往往被允许有特定市场的专有权，而政府则负有公共责任，要保证服务责任是在"合理而公平"的价格上完成。20 世纪 70 年代早期的通货膨胀压力，使得立法者更深地干预服务提供者的业务。在这一时期，卫生、社会保障和环境上的立法也加快了步伐。

在 20 世纪 70 年代末和 80 年代，公众渐渐对制定规章的结果不满，这导致了在许多部门减少经济立法的活动。这实际上是减少强制性制度供给。根据一项评估表明，1977年，美国 GNP 中的 17% 是由完全受管制的产业生产的，而到了 1988 年，这一比率下降至 6.6%，因为交通运输、通信、能源和金融部门中的很大一部分已经不受经济法规的制约了。经营上的更大自由以及竞争的压力，促使服务提供者采取新的市场、技术和组织上的做法。美国的证据表明，减少规章制度能带来巨大的经济效益，如表 9-3 所示。

表 9-3　美国通过减少对基础设施部门的规章制度而由竞争带来的估计利益

部门	规章制度减少的程度	因减少规章制度每年估计增加的收益（1990 年美元，10 亿）
航空	完全取消	13.7～19.7
汽车	大量	10.6
铁路	部分	10.4～12.9
电信	大量	0.7～1.6
天然气	部分	为消费者带来巨大收益

注：由竞争带来的收益包括生产者（根据利润测算）、消费者（价格和业务质量）以及产业工人（工资与就业）的净收益。

资料来源：世界银行.1994 年世界发展报告［M］.北京：中国财政经济出版社，1994.

在制度的形成和发展过程中，制度非均衡是一种"常态"。制度均衡是很少出现的，即使"偶尔"出现也不会持续存在，这是因为影响制度变迁需求与供给的因素始终处在不断变化之中。制度变迁实际上是对制度非均衡的一种反映。正是制度非均衡的出现，或者说，正是不断出现的潜在利润促使人们推进制度的变迁和创新。当然，也要注意，制度非均衡并不等于制度变迁。制度非均衡是制度变迁的必要条件，却不是充分条件。制度变迁只可能在非均衡状态下发生，而非均衡却不一定导致更不等于制度变迁。至于从非均衡到制度变迁有多长时间，非均衡发展到什么程度才会发生制度变迁，还取决于许多因素。在下一章，我们将进一步讨论制度变迁的过程、方式及国家、意识形态等在制度变迁中的作用等问题。其中某些方面就是对这一问题的回答。

 ## 基本概念

制度变迁需求；制度变迁供给；制度变迁供给原则；制度变迁供给主体；制度均衡；制度非均衡；制度供给不足；制度市场；制度供给过剩

 ## 复习思考题

1. 菲尼的制度变迁供求分析框架是怎样构成的？其优点和缺点各是什么？

2. 如何理解制度变迁需求的含义？影响制度变迁需求的因素有哪些？

3. 制度变迁供给的原则是什么？制度变迁供给主体有哪些？

4. 制度变迁的供给主要包括哪些成本？

5. 在个人、自愿团体和政府推动的制度变迁中，其成本和收益各是什么？

6. 影响制度变迁供给的因素有哪些？

7. 什么是制度供给不足？为什么会出现制度供给不足？

8. 什么是制度供给过剩？为什么会出现制度供给过剩？

 本章练习题

一、单项选择题

1. 在菲尼的制度变迁供求分析框架中，以下因素属于内生变量的是 （　　）。

A. 宪法秩序　　　　　　　　　　　B. 相对产品和要素价格

C. 制度安排　　　　　　　　　　　D. 规范性行为准则

2. 个人的需求实际上包含三层内容，下面不属于该内容的是 （　　）。

A. 需求落点　　　　　　　　　　　B. 需求数量

C. 需求指向　　　　　　　　　　　D. 需求质量

3. 平台经济和平台组织（制度）的出现降低了交易费用，其潜在利润来源于（　　）。

A. 外部性　　　　　　　　　　　　B. 市场失败和不完善市场的发展

C. 规模经济　　　　　　　　　　　D. 克服对风险的厌恶

4. 最易于获得由规模经济带来的潜在利益并引致制度变迁需求形成的企业组织形式是 （　　）。

A. 业主制　　　　　　　　　　　　B. 公开发行股票的股份公司制

C. 合伙制　　　　　　　　　　　　D. 不公开发行股票的股份公司制

5. 以下不属于影响制度变迁的需求的因素的是 （　　）。

A. 技术进步　　　　　　　　　　　B. 要素和产品相对价格的变动

C. 偏好的变化　　　　　　　　　　D. 宪法秩序和规范性行为准则

6. 德姆塞茨认为，美国印第安人山区土地私有产权的形成是因为毛皮贸易导致（　　）所致。

A. 技术进步　　　　　　　　　　　B. 要素和产品相对价格的变动

C. 偏好的变化　　　　　　　　　　D. 宪法秩序和规范性行为准则

7. 以下不属于影响制度变迁的供给的因素的是 （　　）。

A. 市场规模

B. 社会科学知识的进步和制度选择集的改变

C. 制度设计的成本

D. 宪法秩序和规范性行为准则

8. 由个人或自愿团体在潜在利润的诱致下推动的制度变迁常常会导致外部效应和"搭便车"问题，这会导致 （　　）。

A. 制度的短期供给不足　　　　　　　　　B. 制度的长期供给不足

C. 制度的短期供给过剩　　　　　　　　　D. 制度的长期供给过剩

9. 一些行业的企业的寻租活动会导致过多的政府管制，进而导致 （　　）。

A. 制度的短期供给不足　　　　　　　　　B. 制度的长期供给不足

C. 制度的短期供给过剩　　　　　　　　　D. 制度的长期供给过剩

10. 我国各地的开发区竞争激烈，每个开发区都想更多地招商引资，因而出台各不相同的优惠措施，由此构成的制度市场是 （　　）。

A. 完全竞争的制度市场　　　　　　　　　B. 寡头垄断的制度市场

C. 垄断竞争的制度市场　　　　　　　　　D. 完全垄断的制度市场

二、多项选择题

1. 根据诺思的观点，在现有的制度安排下无法获得的潜在利益主要来源于 （　　）。

A. 外部性　　　　　　　　　　　　　　　B. 市场失败和不完善市场的发展

C. 规模经济　　　　　　　　　　　　　　D. 克服对风险的厌恶

2. 按照林毅夫的观点，可以改变制度选择集合的因素主要有 （　　）。

A. 社会科学知识的进步　　　　　　　　　B. 制度设计的成本

C. 政府政策的改变　　　　　　　　　　　D. 是否与其他经济接触

3. 以下属于影响制度变迁的供给的因素的是 （　　）。

A. 市场规模

B. 社会科学知识的进步和制度选择集的改变

C. 制度设计的成本

D. 宪法秩序和规范性行为准则

4. 以下属于制度变迁供给成本的是 （　　）。

A. 清除旧制度的费用　　　　　　　　　　B. 消除变迁阻力的费用

C. 规划、组织实施的费用　　　　　　　　D. 制度变迁造成的损失

5. 制度长期供给过剩的原因主要有 （　　）。

A. 政府官员的设租行为

B. 个人在潜在利润诱使下推动的制度变迁难免出现外部性和"搭便车"问题

C. 政府推动强制性制度变迁可能存在政府失灵

D. 企业的寻租活动会导致过多政府管制

三、判断说明题

1. 要素和产品相对价格的变动是引起制度变迁需求形成的最重要原因。

2. 通常来说，累进制个人所得税制国家调整税率的制度变迁是帕累托改进型的。

3. 制度均衡就是制度的供给数量等于制度的需求数量。

4. 当生产力发展或环境变化以后，变得相对低效的制度安排会随着制度安排之间实际或潜在的竞争而被有效的制度自动替代。

5. 一些行业的企业的寻租活动会导致过多的政府管制，这进而会导致制度的长期供给不足。

四、计算与案例分析题

1. 2003 年，中共中央、国务院作出关于加快林业发展的决定后，福建、江西、辽宁、浙江等省率先推进以"明晰产权、减轻税费、放活经营、规范流转"为主要内容的集体林权改革，在保持林地集体所有制不变的前提下，把林地的使用权、林木的所有权、经营权、处置权和收益权交给农民，实现"山定权，树定根，人定心"，进一步解放和发展了农村生产力，林业发展的活力和农民增收的潜力得到极大的焕发。实践证明，集体林权制度改革是继家庭承包责任制后，我国农村经营制度的又一成功创新，实现了生态效益、经济效益、社会效益的有机统一和协调发展。回答以下问题：

（1）引起我国集体林权制度变迁的需求因素有哪些？

（2）引起我国集体林权制度变迁的供给因素有哪些？

2. 我国酝酿 14 年之久的燃油税费改革从 2009 年 1 月 1 日起开始实施，取消原来在成品油价外征收的公路养路费、公路运输管理费、公路客货运附加费等六项收费，逐步有序取消政府还贷二级公路收费，开征燃油税。显然，燃油税费改革可以促使人们增强节约意识，抑制成品油的消费总量，同时又体现了"多用油多交税，少用油少交税"的公平纳税原则，这显然要比定额的养路费更公平合理。回答以下问题：

（1）引起我国燃油税制度变迁的需求因素有哪些？

（2）引起我国燃油税制度变迁的供给因素有哪些？

第十章

制度变迁的过程理论

如前所述，制度的形成有两条基本途径，分别是自发演化和人为设计。新制度经济学的制度变迁理论主要强调后者。这一理论不仅包括上一章有关制度变迁的需求、供给的制度变迁动因分析以及制度的均衡和非均衡的两种状态分析，而且包括对制度变迁过程中的制度变迁方式、主要现象、影响因素及其变迁结果的分析。本章第一节主要介绍了作为制度变迁过程开始时的制度变迁方式选择的理论；第二节分析了制度变迁的一般过程及其主要现象；第三节分析了在制度变迁过程中国家、意识形态、组织和学习这些因素的作用；第四节介绍了在制度变迁过程中，由于目标获取途径的不同导致的变迁结果的差异的制度变迁分类理论。

第一节　制度变迁的方式

制度变迁方式分析是新制度经济学制度变迁理论的一个重要内容。把握制度变迁方式的多样性及其不同特点，对于合理选择制度变迁方式，减少制度变迁的成本，具有重要的作用。根据不同的标准，可以对制度变迁方式进行不同的分类。

一、渐进式制度变迁与突进式制度变迁

根据制度变迁的速度来考察，可以分为渐进式制度变迁与突进式制度变迁。

渐进式制度变迁，就是变迁过程相对平稳、没有引起较大的社会震荡、新旧制度之间的轨迹平滑、衔接较好的制度变迁。这种制度变迁是假定每个人、每个组织的信息和知识存量都是极其有限的，不可能预先设计好终极制度的模型，只能采取需求累增与阶段性突破的方式，逐步推动制度升级并向终极制度靠拢。这种变迁方式的特征决定了从启动变迁到完成变迁需要较长时间。当然，时间长短是相对的。不同层次、不同种类制度的变迁所需时间是不同的。

突进式制度变迁，也可以称为激进式制度变迁。突进式制度变迁是相对于渐进式制度变迁而言的。也就是在短时间内、不顾及各种关系的协调、采取果断措施进行制度变迁的方式。一般是强制性废除或破坏旧制度，制定和实施新制度。不能把突进式制度变迁简单

地理解为制度变迁的全部任务都在极短的时间内完成。突进式制度变迁意在变迁的果断性，在变迁主体看来，必须抓住关键，"快刀斩乱麻"。

渐进式制度变迁和突进式制度变迁都有被采用的价值，人们可以根据具体情况选择。有些条件下可以采取突进式，而另一些条件下却只能采取渐进式。两者各有利弊和适用条件，不能凭主观好恶简单判断和取舍。渐进式变迁所需时间长，新旧制度对峙、摩擦大，而且，本来为了缓和或不激化矛盾，协调好各方关系，却也可能使矛盾悬而未决，而且，还可能增加新矛盾。但是，它毕竟不会引起大的社会动荡，见效虽然慢一些，但成功率较高，风险也较小。突进式制度变迁确实可能短时间解决关键性问题，但是风险大，不成功就是失败，就会造成大的社会震动，如果缺乏较强的社会承受力，就会引发社会动乱。所以，人们应该从实际出发，谨慎选择，要充分考虑两种方式的预期成本、收益和风险。

二、诱致性制度变迁与强制性制度变迁

根据制度变迁的主体来考察则可以分为诱致性制度变迁与强制性制度变迁。诱致性制度变迁与强制性制度变迁的区分是新制度经济学中最重要的一种制度变迁方式分类，也是目前影响较大的一种分类。

（一）诱致性制度变迁

诱致性制度变迁，是指现行制度安排的变更或替代，或者是新制度安排的创造，它由个人或一群人，在响应获利机会时自发倡导、组织和实行。

在上一章关于制度变迁的需求理论中，分析了外部利润（或潜在利益）的形成问题。这里"外部""潜在"的含义是指，这些利润存在于尚未形成的新制度里，在现有制度的范围内，人们是不可能获得这些利润的。外部利润内在化的过程实质上就是制度变迁的过程。外部利润内在化的过程涉及一系列环节：首先，要有外部利润和新制度安排的"发明者"，这个发明者就是我们前面所讲的"初级行动团体"。其次，还要看制度环境和其他外部条件给新的制度安排留下的空间和边界。即使制度变迁的预期收益大于预期成本，如果新的制度安排可能超过制度环境所允许的边界，那么新的制度安排就难以实现，历史上这类例子并不少见。

诱致性制度变迁的发生必须要有某些来自制度非均衡带来的获利机会。当影响制度变迁需求或供给的因素中有一个变动，制度就会处于非均衡中。制度非均衡则意味着获利机会的形成，就可能诱致制度的变迁。

专栏 10-1

安徽凤阳小岗村的承包制改革

1978 年春夏之交，安徽遇到了百年不遇的大旱，全省农业大幅度减产。时值秋

收秋种季节，时不等人。9月1日，安徽省委召开紧急会议，研究对策。经过激烈的争论，省委最终做出了"借地种麦"的决定，规定凡是集体无法耕种的土地借给农民种麦种菜，鼓励多开荒，谁种谁收，国家不征统购粮。于是，不少生产队把麦子、油菜包到户去种，结果加快了进度，抓住了季节。群众和不少干部都看到了承包的好处，这样便诱发了包产到户。1978年冬，凤阳县梨园公社一个最穷的小岗生产队实行了包干到组，将20户人家分成4个包干组，后又分成8个包干组，每组两三户，但存在矛盾。一天夜里，生产队召开社员大会，讨论解决矛盾的办法，结果，讨论到天亮时也没提出解决的好办法。社员都说：这样干不好，干脆包干到户干。生产队副队长严宏昌说：如果大家能答应我两个条件，我就同意包干到户。第一，夏秋两季每户打的头场粮食就要把国家的公粮和集体提留交齐，谁也不能装孬种；第二，我们是明组暗户，不准对上级和外队人讲。有位老农民说：我再加个第三条，今后如果队长因为让我们包干到户犯法坐班房，他家的农活由我们全队包下来，小孩由全队养到18岁。大家都说行，并纷纷在保证书上按了手印或盖了图章。于是，开始抓阄分牲畜、农具，丈量土地，一个早晨就全部分好了。但是，小岗农民冒险分田的秘密没过几天就被公社知道了，硬让他们并到组里干，不并就不发给种子、肥料和耕牛等。但小岗人硬是顶着不干，就这样僵持了一段时间。1979年4月，县委书记陈庭元下来检查工作，公社干部汇报了小岗生产队群众自发分田单干，搞"资本主义"的问题。陈庭元听后说：小岗已经穷"垮"掉了，还能搞什么资本主义？已经分到户了，就让他们干到秋后再说吧！就这样，农村实行责任制首先在安徽省由部分农民自发搞了起来。1979年底，小岗生产队获得了大丰收，全年粮食产量由原来的3万多斤提高到12万多斤。这个从合作化以来从未向国家交过公粮的穷队，这一年向国家交公粮65000斤，油料20000多斤，生猪35头，人均口粮800多斤，人均分配收入200多元，一年就变成了当地的"冒尖村"。

资料来源：于洋. 经济转轨：中国的理论与实践 [M]. 北京：中国财政经济出版社，2000：68-70.

诱致性制度变迁的许多特征都与其制度变迁主体有关。诱致性制度变迁的主体是一群人或一个团体。如果人的理性是无限的，且建立制度安排是不花费用和时间的，那么在出现制度非均衡时，社会会立即反应并消除非均衡。然而，人的理性是有限的。领会所有的制度变迁并在同时设计所有最佳的制度安排，已超出人心容量的范围。而且，具有不同经验和在团体中具有不同作用的个人，他对制度非均衡的程度和原因的感知也不同。他还会寻求分割变迁收益的不同方式。在这种情况下，要使一套新的行为规则被接受和采用，个人之间就需要经过讨价还价的谈判并达成一致的意见。在诱致性制度变迁过程中，谈判成本是至关重要的一个制约因素。谈判成本过高往往使一些诱致性制度变迁无法产生。

作为一个整体而言，社会将从抓住获利机会（由制度非均衡产生）的诱致性制度安排创新中得到好处。然而，这种创新是否发生却取决于个别创新者的预期收益和预期成本的比较。制度安排包括正式的和非正式的两种，对于创新者而言，正式和非正式制度安排的预期收益和预期成本是不同的，而这又会反过来深刻地影响诱致性制度变迁的发生。

正式制度安排指的是这样一种制度安排，在这种制度安排中规则的变动或修改，需要得到其行为受这一制度安排管束的一群人的准许。也就是说，没有异议是一个自发的、诱致的正式制度安排变迁的前提条件。因此，正式的制度安排变迁，需要变迁者花时间、精力去组织、谈判并得到这群人的一致性意见。这就涉及组织成本和谈判成本。正式制度变迁中的一个突出问题是会碰到外部性和"搭便车"问题。外部性产生的原因是创新的制度安排并不能获得专利。当一种制度安排被创造出来后，其他人可以模仿这种创新并大大降低他们的组织和设计新制度安排的费用。因此，创新者的报酬将少于作为整体的社会报酬。"搭便车"问题可能会因为制度安排是一种公共品而产生。一旦制度安排被创新和被建立，每一个受这个制度安排管束的个人，不管是否承担了创新和初期的困难，他都能得到同样的服务。制度变迁中的外部性和"搭便车"问题导致的一个严重后果是，正式制度安排创新的密度和频率将少于作为整体的社会最佳量。正如林毅夫所说："经济增长时会出现制度不均衡。有些制度不均衡可以由诱致性创新来消除。然而，有些制度不均衡将由于私人和社会在收益、费用之间有分歧而继续存在下去。""如果诱致性创新是新制度安排的唯一来源的话，那么一个社会中制度安排的供给将少于社会最优。"①

非正式制度安排指的是这样一种制度安排，在这种制度安排中规则的变动和修改纯粹由个人完成，它用不着也不可能由群体行动完成。起初，个别创新者将被其他人认为是违反了现行规则。只有当这个社会中的大多数人放弃了原来的制度安排并接受新制度安排时，制度安排才发生转换。这种制度安排的例子有价值观、伦理规范和习惯等。非正式制度安排的创新不包含集体行动，所以尽管它还有外部性，但却没有"搭便车"问题。新规则的接受完全取决于创新所带来的收益和成本的计算。个人认为新规则对自己有利就接受，否则就不接受。因为非正式制度安排的执行主要取决于社会的相互作用，所以创新者的费用主要来自围绕着他的社会压力。新制度经济学家认为，由于一系列原因，非正式制度安排显示出一种比正式制度安排更难以变迁的趋势。即使有政府行动，发生这种变迁也不容易。但是，当制度非均衡所带来的预期收益大到足以抵消潜在成本时，个人便会努力接受新的价值观、伦理规范和习惯等。

（二）强制性制度变迁

强制性制度变迁是指由政府命令和法律引入和实现的制度变迁。强制性制度变迁的主体是国家及其政府。与诱致性制度变迁必须由某种在原有制度安排下无法得到的获利机会引起不同的是，强制性制度变迁可以纯粹因在不同选民集团之间对现有收入进行再分配或重新分配经济优势而发生。

为什么除了诱致性制度变迁外，还需要国家的强制性制度变迁？主要在于：①弥补制度供给不足。如前所述，诱致性制度变迁会碰到外部性和"搭便车"问题。由此使制度安排创新的密度和频率少于作为整体的社会最佳量，即制度供给不足。在这种情况下，国家

---

① 林毅夫. 关于制度变迁的经济学理论 ［M］//科斯等. 财产权利与制度变迁. 刘守英，等译. 上海：上海三联书店，1994：396，394.

的强制性制度变迁就可以在一定程度上弥补制度供给不足。②国家的基本功能是提供法律和秩序，并保护产权以换取税收。统治者至少要维持一套规则来减少统治国家的交易费用。这些规则包括统一度量衡、维持社会稳定、安全的一系列规则。统治者的权力、威望和财富，最终取决于国家的财富，因此统治者也会提供一套旨在促进生产和贸易的产权和一套执行合约的程序。③制度是一种公共品，而公共品一般是由国家"生产"的，按照经济学的分析，政府生产公共品比私人生产公共品更有效，在制度这个公共品上更是如此。

作为强制性制度变迁主体的国家在供给制度时也必须遵循经济原则。国家尽管可以通过税收等手段克服制度变迁中的外部性和"搭便车"问题，但是国家最终还是要对自己的行动从总体上进行成本与收益的比较。就制度变迁而言，只有在以下条件下才会发生强制性制度变迁：只要统治者的预期收益高于他强制推行制度变迁的预期成本，他就会采取行动来消除制度非均衡。在这一点上，作为制度变迁主体的国家与作为制度变迁主体的其他个人或团体是一样的，即制度变迁的预期收益必须高于预期成本。

然而，在制度变迁问题上，个人或团体的成本—收益计算与国家的成本—收益计算还是有差别的。国家预期效用函数毕竟不同于个人预期效用函数，国家的成本—收益计算比个人的成本—收益计算更复杂。这是因为，在国家的预期效用函数中除了经济因素以外，还有非经济因素。例如，如果制度变迁会降低统治者可获得的效用或威胁到统治者的生存的话，国家可能仍然会维持某种无效率的制度非均衡，制度供给不足就不能得以消除。因此，我们要对国家或统治者的强制性制度变迁的诱因进行修正：按税收净收入、政治支持以及其他进入统治者效用函数的商品来衡量，强制推行一种新制度安排的预计边际收益要等于统治者预计的边际费用。在这种情况下，统治者的效用最大化与作为整体的社会财富最大化可能并不一致，这是新制度经济学的一个基本命题。

（三）诱致性制度变迁与强制性制度变迁的比较

在社会实际生活中，诱致性制度变迁与强制性制度变迁是很难划分开的，它们相互联系、相互制约，共同推动着社会的制度变迁。诱致性制度变迁与强制性制度变迁有许多共同点，如两者都是对制度非均衡的反应；都是遵循成本—收益比较的基本原则等。但是这两种制度变迁方式又存在一些差别。主要表现在：①制度变迁的主体不同。诱致性制度变迁的主体是个人或一群人，或者一个团体，而强制性制度变迁的主体是国家或其政府。②制度变迁的优势不同。诱致性制度变迁主要依据的是一致性同意原则和经济原则。所以，诱致性制度的变迁的遵从率较高，人们一般都能自觉遵守。强制性制度变迁的优势在于，它能以较短的时间和速度推进制度变迁，还能以自己的强制力降低制度变迁成本。③制度变迁面临的问题不同。诱致性制度变迁面临的主要问题是外部性和"搭便车"问题。强制性制度变迁面临的问题主要在于违背了一致性同意原则，遵从率相对较低。一致性同意原则并不仅仅是一个政治范畴，还是一个经济范畴。从某种意义上讲，一致性同意原则是经济效率的基础。某一制度尽管在强制运作，但它可能损害了一些人的利益，这些人可能并不按这些制度来约束自己的行为，甚至对强制性制度采取对抗的态度，造成强制性变迁的制度遵从率不高的后果。我国过去持续了多年的人口政策中的"一胎"政策就是突出的例子。

第二节　制度变迁的过程及主要现象

制度变迁是一个怎样的过程，有哪些步骤？会出现哪些重要的现象？在新制度经济学家看来，路径依赖就是其中最重要且具有深远影响的现象。

一、制度变迁的一般过程

根据诺思等的分析，制度变迁过程主要包括以下五个步骤：

第一，形成"初级行动团体"。由于相对产品及要素价格变化、市场规模变动、技术进步等原因，若干个人或团体从制度不均衡中预见到潜在利润的存在，从而形成制度变迁的初级行动团体。初级行动团体是一个决策单位，它们的决策支配了安排创新的进程，这一单位可能是单个人或由个人组成的团体。

在诺思等看来，任何一个初级行动团体的成员至少是一个熊彼特意义上的创新企业家。熊彼特所说的创新含义很广，它包括：引入一种新的产品或提供一种产品的新质量；采用一种新的生产方法；开辟一个新的市场；获得一种原料或半成品的新的供给来源；实行一种新的企业组织形式。在这里，他的创新概念与创新者（即企业家）概念是不可分割的。企业家指有眼光、有能力、敢于冒风险实现创新的人，他们除了受追求最大限度利润这一动机支配以外，还受到一种文化的、精神的力量（如事业心、荣誉感等）的支配。他们具有显示个人"成功"的强烈欲望，即竭力争取事业的成就。熊彼特认为这是一种"战斗的冲动"、非物质的精神力量，即所谓"企业家精神"。正是这种精神在导致创新。但是，熊彼特忽视了企业家在制度变迁和创新中的作用。实际上，企业家的许多创新活动都是通过制度创新来实现的。

第二，初级行动团体提出制度变迁方案。新的方案可能来自于其他经济体系在类似活动方面的制度安排，也可能来自社会科学研究已取得的新发明，还可能来自局部实践和探索所取得的经验。如果这时还没有一个可行的现成方案，那就要等待制度方案的新发明。这个等待的时间可能很长，因为对制度初始条件的估价，对方案的设计是复杂的，涉及面很广。需要指出的是，初级行动团体所提出的方案应该得到基本制度结构或制度环境的许可。否则必须首先推动制度环境的变革，以排除来自现行制度环境对制度变迁构成的障碍。

第三，在有了若干可供选择的制度变迁方案之后，初级行动团体对预期纯收益为正值的几种制度变迁方案进行比较和选择，选择的标准就是利润最大化原则。

第四，形成"次级行动团体"。次级行动团体是指制度变迁中为帮助初级行动团体获得预期纯收益而形成的决策单位。初级行动团体可以通过选举、贿赂、收买等手段建立次级行动团体，或在现有的制度结构中自动产生次级行动团体，或利用专门提供制度变迁服务以谋利的社会经济团体。次级行动团体可能是个人或团体，也有可能就是政府部门本身。

第五，初级行动团体和次级行动团体一起努力使新的制度方案得以通过并付诸实施。当某项制度变迁实现以后，初级行动团体和次级行动团体之间可能就制度变迁的收益进行再分配。

可以用下面这个例子进一步说明上述制度变迁过程。考虑一下一家工厂的生产既产出了产品又导致了烟尘的情形。烟尘是生产流程的一部分，要消除它是有成本的，但是生活在工厂附近的人发现它是很难达成协议的。假定烟尘的真实成本（以消除它时人们愿意支付的消除量来衡量）大于工厂所有者安装一个控烟装置所需的成本，很显然，如果烟尘被消去了，总收入就可能会增加。不过，在现有的制度安排内没有一种达成交易的方式（在现有制度安排下，当烟尘的成本使一个团体的费用增长时，消除它的成本是由另一个团体来支付的）。这一问题是几乎每个城市的市民都碰到过的。对于寻求追加收入的人来讲，至少有两种选择是向他敞开的：它们可能联合起来以形成一个政治联合体（初级行动团体），如果他们在选举投票时成功，他们（或他们的代表）可能会议定一项法律以禁止工厂排烟。另一种可供选择的形式是，成功的政治联合体通过法律建立一个防止空气污染的管理机构（一个次级行动团体）来对工厂的排污问题进行处理。法律或专门管理机构有权勒令工厂按居民的要求处理污染，或停产或进行有害烟尘处理或给居民以赔偿。于是一项消除烟尘污染的新制度安排就建立起来了。

二、制度变迁过程中的主要现象

在新制度经济学家看来，人们有意识、有目的地推动制度变迁的过程主要存在以下三种现象，即时滞、路径依赖和连锁效应。

(一) 时滞

上一章讨论了制度的均衡与非均衡问题，当制度变迁需求或供给发生变动，制度就从均衡变成了非均衡。制度非均衡意味着制度变迁潜在利润的存在，从而产生了制度变迁的可能性。但是从认知制度非均衡、发现潜在利润的存在到实际发生制度变迁之间存在一个较长的时期和过程，这就是制度变迁过程中的时滞现象。

制度变迁滞后是人类社会经济发展史上经常出现的一种现象，其中的原因是什么？制度变迁滞后对社会经济发展带来了哪些影响？深入研究这些问题，显然具有重要的意义。尤其是在我国新旧体制转轨时期，对制度变迁时滞问题的研究就更具现实意义。

新货币主义者曾探讨过从货币供给到货币对经济和物价的影响之间存在时滞问题。新制度经济学家中最早揭示制度变迁中存在时滞现象的是戴维斯和诺思。在1971年出版的《制度变迁与美国经济增长》一书中，他们提出了一个制度变迁的"滞后供给"模型，并分析了制度变迁时滞的构成和影响制度变迁时滞的因素。

根据戴维斯和诺思的分析，制度变迁中的时滞由以下四个部分构成：

(1) 认知和组织的时滞。这是指从辨识潜在利润的存在到组织初级行动团体所需要的时间。这个时滞的长短主要取决于：潜在利润的大小、合法的制度安排选择单子的多少、组成有关行动团体的成员数量、原型组织是否存在、通信和交通条件好坏等多方面的因素。一般来说，一种制度安排创新中得到的潜在利润越大，时滞就越短；已知的合法制度安排选择单子越长，时滞越短；组成有关行动团体的成员越少，时滞越短；通信和交通条件越好，时滞越短；组成有关行动团体的成员的原型组织已经存在也会缩短时滞。

（2）发明时滞。从事制度变迁的人们组织起来后，如果存在既定的制度安排方案则所要求的只是对这些既定方案的选择。但是，如果没有现成的制度变迁方案，或者现成的制度变迁方案的预期收益都是负数，那就需要一个等待新制度发明的时间。发明时滞的长短主要取决于：从新安排中得到的利润、可以借用的创新方案、法律和政治环境的可靠性、经济环境对可选择方案的制约等因素。一般来说，从新制度安排中能够实现的利润越大越确定，发明时滞就越短；以完整的形式被借用或修正了的形式运作于其他行业或经济中的相似安排数目越多，时滞就越短；基于法律和政治环境的经济安排越可靠，能为将来安排的广延性提供基础的现存安排数目越多，发明的时滞就越短；经济环境对可选择方案的制约越少，时滞就越短。

（3）菜单选择时滞。菜单选择时滞是指搜寻已知的可替换的单子和从中选定一个能满足初级行动团体利润最大化的安排的时间。一般来说，在已知菜单上可行的安排选择数目越多，时滞就越长；显现在菜单上的选择方案的现值分布（即方案之间的差距）越大，时滞将越短；对外部利润内在化至少能起部分作用的现存安排的总成本中固定部分越大，时滞则越长。

（4）启动时滞。启动时滞是指选择最佳的制度变迁方案和实际进行的制度变迁之间的时间间隔。启动时滞的长短与制度变迁供给主体有密切的关系。无论是个人安排的变迁，还是自愿团体或政府安排的变迁，都有一个共同的特点，即潜在利润越大越确定，启动时滞越短。在自愿团体安排的变迁的场合，启动时滞还与初级行动团体成员间的意见一致程度和成员规模有关。一般来说，初级行动团体成员间的意见一致程度越高，而且成员间对潜在利润的分配越公允，启动时滞越短；初级行动团体的成员规模越小，启动时间越短。在政府安排变迁的场合，启动时滞还与选举频率和相互对立的政治联盟的力量对比有关。一般来说，选举频率越高，时滞越短；相互对立的政治联盟的力量越是平衡，在这一特定问题上受初级行动团体影响的代表的热情越少，时滞就越长。

戴维斯和诺思认为，尽管影响制度变迁时滞的因素很多，但最重要的因素是现存法律和制度安排的状态。可以从以下三个方面来看：

第一，不管什么时候，现存法律（普通法和成文法）限制着制度安排的演化范围。尽管法是可以变化的，但至少在短期里，它制约了安排的选择。例如，由于谢尔曼反垄断法的限制，要创新一个从政府那里获得强制力量的类似卡特尔的安排，尽管不是不可能，但是相当困难的。同时，居先的法律和其他安排结构的存在，不仅影响安排创新的形态，而且还影响安排创新需要酝酿的时间。人们可以预料，如果法律必须改变，或在一项新的创新之前已形成的原有安排仍能被采纳，那么，酝酿一种新安排的时间必定会延长。

第二，现存的制度安排可能还有残存价值，这就像某一台机器用了一段时间后，在物质和精神磨损的双重作用下会发生贬值，但只要这台机器还未彻底报废，其残余价值就存在，这种价值越大，抛弃它就越觉得可惜，设备更新就越慢。制度变迁也适用于此理，只不过一个是有形的（机器），一个是无形的（制度）。

第三，发明是一个困难的过程，如果变迁必须等新安排形式的发明，那么新制度安排的供给时滞一定很长。然而，如果在一种情况下被证明可行的安排形式稍作变动后也能适用于另一种情况，安排供给的时滞可能被缩短。

制度变迁的时滞直接影响了一个国家或地区制度变迁的速度，使一些有效的制度在一定时间内难以建立起来，自然也就不能满足人们的某些制度需求，这意味着一些潜在利润短时间内难以实现，从而影响了经济发展的步伐。因此，如何采取有效的措施，缩短制度变迁的时滞，具有重要的现实意义。

（二）路径依赖

路径依赖也是制度变迁过程中的一种重要现象，它是描述过去对现在和将来产生强大影响的术语。路径依赖不仅意味着现在的选择要受到从过去积累而成的制度传统的约束，"更全面的理解路径依赖含义的一个步骤是认识到积累而成的制度产生了一些组织，它们能否持续下去依赖于那些制度的持久力，因此这些组织会动用资源来阻止那些威胁它们生存的变革"①。

制度变迁是制度的替代、转换与交易过程。根据达尔文优胜劣汰、适者生存的理论和有效竞争原理，社会、政治和经济的长期演进会朝着一个方向收敛，所有的国家会在一条跑道上，尽管有先有后。然而，实际的图景却大相径庭，在经济发展过程中，有的国家很快走上了经济高速增长的道路，而有的国家却长期陷入贫穷的恶性循环的泥潭；同样的制度变迁，在有的国家促进了经济发展而有的国家却导致了动乱和衰退。这其中的原因是什么？诺思认为，这主要是由制度变迁过程中的路径依赖性决定的。

揭示制度变迁过程具有路径依赖性是诺思对新制度经济学的一个重大贡献。当然，路径依赖思想最早并非由诺思提出。路径依赖思想最早是从技术变迁分析中产生的，由大卫和阿瑟在 20 世纪 80 年代后期先后提出。

专栏 10-2

你知道电脑键盘为什么这么排列吗？

我们在提到"电脑"这个词的时候，脑中大都会形成某种概念化的印象：一台显示器，一部机箱，一架键盘，以及拖着一根长线的鼠标。键盘作为计算机文字输入的标准设备之一，已经伴随着计算机的发展走过了数十年的历程。然而我们现在所广泛使用的这种键位排序成"QWERTY"的键盘，历史还要再早几十年。

早在 18 世纪早期，人们就开始研制打字机，以期获得更清晰的文字和更快的书写速度。目前可以查证到的最早的打字机专利，是 1714 年的英国人米尔申请的，当时他的打字机只能打出大写字母。

---

① 诺思. 理解经济变迁过程 [M]. 钟正生，刑华，等译. 北京：中国人民大学出版社，2008：48-49.

1868 年，美国排字工肖尔斯获得了打字机模型专利，并取得了经营权。他于几年后设计出了通用至今的键盘布局方案，即"QWERTY"键盘。这种键盘的基本原理是通过按键驱动一根长杆，长杆上带着一个字锤，字锤隔着色带敲击在纸上，从而留下深色的字母印，像是在纸上盖章一样。

在刚开始的时候，肖尔斯是把键盘字母键的顺序按照字母表顺序安装的，也就是说，键盘左上角的字母顺序是"ABCDEF"。但是他很快发现，当打字员打字速度稍快一些的时候，相邻两个字母的长杆和字锤可能会卡在一起，从而发生"卡键"的故障。据说为了解决这个难题，肖尔斯去请他的数学家妹夫帮忙。这位数学家建议他把键盘上那些英语字母中最常用的连在一起的字母分开，以此来避免故障的发生。肖尔斯采纳了他妹夫的解决办法，将字母杂乱无章地排列，最终形成了我们现在看到的"QWERTY"的布局。

1873 年，雷明顿公司购得了这项专利，并开始了打字机的商业生产。由于 19 世纪 70 年代的经济不景气，这种价格为 125 美元的办公设备上市的时机并不好。1878 年，当雷明顿公司推出这种打字机的改进型时，企业已经处于破产的边缘。因此，虽然销售开始缓慢上升，1881 年打字机的年产量上升到 1200 台，但"QWERTY"布局的打字机在其早期发展远没有获得稳固的市场地位。19 世纪 80 年代的 10 年，美国的"QWERTY"布局打字机的总拥有量不超过 5000 台。

19 世纪 80 年代，打字机市场开始繁荣起来，出现了很多键盘与 QWERTY 键盘竞争。然而，就在"QWERTY"布局的技术原理优势要被打字机工程学的进步所取代时，美国的打字机产业迅速倒向"QWERTY"布局，使之成为打字机的"通用键盘"。在这一过程中，被认为起关键作用的事件是 1888 年 7 月 25 日在美国辛辛那提举行的一场打字比赛。比赛中，一个来自盐湖城的法庭速记员麦古瑞，使用"QWERTY"布局打字机和盲打方法，以绝对的优势获得冠军和 500 美元的奖金。麦古瑞显然是第一个熟记这种键盘并盲打的人。这一事件确立了雷明顿打字机技术上更先进的看法。麦古瑞选择雷明顿打字机可能是随意的，但却为这种标准的确立做出了贡献。

历史的偶然性就这样决定了键盘的布局。打字机的键盘布局被继承到了计算机键盘上，成为了我们今天还在广泛使用的标准键盘布局。

然而，"QWERTY"的布局方式的确是效率不高的。对于英文输入来说，大多数打字员惯用右手，但使用"QWERTY"布局键盘，左手却负担了 57% 的工作。两小指及左无名指是最没力气的指头，却频频要使用它们。排在中列的字母，其使用率仅占整个打字工作的 30% 左右，因此，为了打一个单词，时常要上上下下移动指头。对于中文来说，这种问题同样存在。

1936 年，德沃拉克为使左右手能交替击打更多的单词，又发明了一种新的键盘布局，即"DSK 键盘"，并申请了专利。他声称这种键位布局可缩短训练周期并大幅提高打字速度。DSK 布局原则有三项：尽量左右手交替击打，避免单手连击；越排击键平均移动距离最小；排在导键（即双手食指放置的键）位置应是最常用的字母随后在"二战"期间美国海军曾做过的一个实验证实,"对一组打字员进行再培训的成本将被使用 DSK 在随后十天的全职工作中增加的效率来弥补"。尽管存在上述优势,但直到 1975 年德沃拉克去世,DSK 键盘也没有被市场所接受。虽然不久后,苹果Ⅱ型计算机从"QWERTY"布局转向 DSK,并且通过商业广告劝说人们放弃"QWERTY"键盘,但这种做法显然没有产生效果。

资料来源:David. Clio and the Economics of QWERTY [J]. American Economics Review, 1985,76:332-337.

大卫(1985)以 QWERTY 键盘的历史发展为例(尽管 QWERTY 键盘与德沃拉克于 1936 年发明的 DSK 键盘相比效率较低,但仍在市场上占据了支配地位),用三种机制解释了技术变迁中的路径依赖。他提出的三种机制是:①技术的相关性,技术的相关性与键盘技术和打字者的能力之间的相容性需要有关:按 QWERTY 顺序安装的键盘越多,学会按 QWERTY 键盘打字的人就越多,拥有这种能力的打字者就越多,购买这种技术的雇员就越多;②规模经济,或采用这种技术的报酬递增,来自于使用 QWERTY 键盘的成本递减,这种技术增加了打字者拥有所需能力的可能性;③投资的准不可逆性,重新训练打字者使他们由一种标准转向另一种标准的成本过于高昂,导致了在专用键盘技术上的投资的准不可逆性。由于技术不是根据效率选择,而是由递增报酬和偶然事件决定的,因此缺乏效率的技术可能流行。

阿瑟(1989)提出了与大卫相似的观点:一种技术的市场份额不是依赖偏好和技术的可能性,而是由于报酬递增导致"锁住"的历史小事件。所谓"历史小事件",是指"那些在观察者的事前知识之外的事件或条件",它们决定几种可互相替代的方案中哪一种可能产生。某些小的事件可能会使一种技术比另一种技术更有优势。因此,一种技术将获胜并维持一种垄断地位,尽管它的成功同被废弃的可选技术相比处于劣势。

阿瑟论述了四种自我强化机制:①大量的初始组织成本或固定成本,随着产量的增加,会出现单位成本下降的优势。②学习效应,随着它们不断处于支配性,会使产品改进或生产它们的成本降低。③协作效应,由于其他经济当事人采取相配合的行为,会产生合作利益。④适应性预期,这种技术在市场上不断处于支配性,从而增强了进一步处于支配性的信念。

在阿瑟看来,这些自我加强机制会导致四种特性:①多重均衡,即可能会有多种解决方案,所以结果是不确定的。②锁定,即一旦偶然性因素使某一方案被系统采纳,收益递增机制便会阻止它受到外部因素的干扰或被其他方案替代。③可能非高效率,即由于其他方案的开发利用和动态认识被阻止,使陷入锁定的方案并非最优。④路径依赖性,小的事件和偶然情形的结果可能使解决方案一旦处于优势,它们就会导致一个特定的路径。

在 1990 年所著的《制度、制度变迁与经济绩效》一书中,诺思借鉴大卫和阿瑟的路径依赖思想,并把它拓展到制度变迁的分析中,形成了制度变迁的路径依赖观。诺思指出,有两种力量对制度变迁的路径起规范作用:一种是报酬递增;另一种是存在交易费用的不完全市场。在一个不存在报酬递增和不完全市场的世界,制度是无关紧要的。因为报酬递减和市场竞争会使制度选择上的初始错误得到纠正。

但是，在存在报酬递增时，制度是重要的，阿瑟所说的四个自我增强机制也适用于制度变迁：①当制度的创立是重新开始的时候，初始建立的成本就很高，而随着这项制度的推行，会使这种成本逐渐下降。②学习效应，对制度的学习效应使得制度的适应变得容易，产生了适应效应。③协调效应，一项制度的实施将会产生一些与此制度相适应的大量正式和非正式制度，形成新的制度连接体，最终形成统一的、具有互补性的制度体系。④适应性预期，随着某一制度不断居于支配地位，人们对制度会持续下去的预期普遍化，反过来会强化对制度的预期。简单地说，这种制度矩阵的相互依赖的构造会产生巨大的报酬递增，而报酬递增又成为阻碍制度框架变革的保守力量。

不过，如果相应的市场是竞争性的，即政治市场是竞争性的，或即便是大致接近于零交易费用，报酬递增造成的对低效率路径的依赖，是容易得到矫正的。这时，制度变迁的轨迹将是有效的，经济长期运行的轨迹也是有效的，即经济总会保持增长的势头，也就不会出现发散的轨迹和持久的贫困。但是一旦市场是不完全的，信息的反馈又是分割的，且交易费用也是十分显著的，那么，当事人根据不完全的信息建立的主观模型不仅是不完全的，而且也是多种多样的，从而会使制度变迁的轨迹呈现发散的状态，并使无效的制度保持下去，从而贫困不可避免。

历史上有两条形成鲜明对照的路径依赖：一条是成功的路径依赖；另一条是持续失败的路径依赖。

成功路径依赖的例子就是美国经济史中的故事——美国19世纪的经济增长。它的基本制度框架于19世纪初就开始演进（宪法和西北法令以及给辛劳工作付酬的行为规范），它们极大地诱使了经济和政治组织的发展（议会、地方政治团体、家庭农场、商人协会和造船企业），这些组织的最大化活动直接和间接地诱致了对教育投资的需求，从而促使生产率提高和经济增长。教育投资不仅导致免费公共教育体制的建立，而且也导致了有利于提高农业生产率的农业试验站的建立；摩利尔法则产生了土地赋予的公立大学。由于经济组织的演进是为了捕捉这些机会，它们不仅变得更加有效了，而且还逐渐改变了制度框架。不仅政治和司法框架改变了（第十四修正案），产权结构在19世纪末被修正（谢尔曼法），而且许多行为规则和其他非正规约束也发生了变化（它们反映在对奴隶、妇女的作用等问题的态度的变化以及行为规范上的变化）。无论是政治与经济交易费用，还是行动者的主观主义观念，它们所导致的肯定不常是与生产率的提高及经济福利增长背道而驰的选择。从19世纪美国经济史的平衡来看，它是一个经济增长的故事，因而其所依赖的制度框架尽管同时混杂着某些相反的结果，但它总的来讲是不断增强了对从事生产活动的组织的激励。

持续失败的路径依赖可以用近似于许多第三世界国家今天的条件来说明。在这些国家，提供给政治和经济企业家的机会是一个混合物，他们所从事的活动更多的是有利于促进再分配，而不是促进生产活动；他们所创造的是垄断而不是竞争性条件；他们限制机会，而不是增加机会。他们很少进行有利于生产率提高的教育投资。在这一制度框架下发展起来的组织也变得更为有效——但是他们却是在使社会更具非生产性上更为有效，基本的制度结构选择很少有利于生产活动。这一路径可能会持续下去，因为这些经济中政治与经济市场的交易费用加上行动者的主观主义模型并没有使他们不断地向更为有效的结果迈进。

显然，历史上的路径依赖，即成功的路径依赖和持续失败的路径依赖各有不同的特点和特征：

首先来看成功的路径依赖。一旦一种独特的发展轨迹建立，报酬不断增加，制度变迁不仅得到了支持与巩固，而且在此基础上，各种因素如外在性、组织学习过程、主观模仿等相互依存、相互促进，将允许组织在环境的不确定性条件下选择最大化的目标，允许组织进行各种实验，允许组织建立有效的反馈机制，去识别和消除相对无效的选择，保护组织的产权，从而形成长期经济增长。这条轨迹的特点是：增加了资本流动性；减少了信息成本；分散了风险；有一个稳定的政府并致力于规范的市场秩序和法律制度的建设。

其次是持续失败的路径依赖。一旦在起始阶段带来报酬递增的制度，在市场不完全、组织无效的情况下，阻碍了生产活动的发展，并会产生一些与现有制度共存共荣的组织和利益集团，那么这些组织和利益集团就不会进一步投资，而只会加强现有制度，由此产生维持现有制度的政治组织从而使这种无效的制度变迁的轨迹持续下去。这种制度只能鼓励进行简单的财富再分配，却给生产活动带来较少的报酬，也不鼓励增加和扩散有关生产活动的特殊知识。结果往往像泥牛入海一样在痛苦的深渊里越陷越深。其主要特点有：①市场交换依赖于社会关系，受一种脆弱的权力平衡的统治，是人治不是法治。②有大量的小型企业，存在大量的小额交易，没有用来收集和分配市场信息的制度，存在的是一种以人情为纽带的贸易关系，缺乏普通的竞争和法律准则。③产权没有正式的法律制度的保护，产权的界定和保护带有个人偏好的性质。④缺乏一个强有力的稳定的政府，政府财力不足，无力从事法律建设。政府官员出于私利，处于复杂的社会关系网络中，追求权势和金钱，任意侵犯产权，使规模经济得不到发展，市场交换个别化，商业中欺诈、机会主义盛行，偷税漏税；反过来，又使国家税收减少，市场发育更加不规范，政府和经济组织或社会成员处于报酬递减的恶性循环之中。

路径依赖理论是对长期经济变化作分析性理解的关键。能较好地解释历史上不同地区、不同国家发展的差异。它对于处于经济体制转型过程中的国家来说也具有重要的现实意义。我国现阶段正处于从计划经济向市场经济的转轨的过程中，这是一个巨大的制度变迁过程，整个过程具有路径依赖特征是不言而喻的。首先，初始的体制选择会提供强化现存体制的刺激和惯性，因为沿着原有的体制变化路径和既定方向往前走，总比另辟蹊径要来得方便一些。其次，一种新的体制形成以后，会形成在该种体制中有既得利益的压力集团。即使下一步改革有利于整体效率的改进，这些压力集团也会阻挠改革或者使改革朝着有利于他们既得利益的方向发展。于是，初始的改革倾向在有意无意之间为下一步的改革划定了范围。由此看来，改革能否成功，除了改革方向要正确以外，还取决于一开始所选择的路径。因此，我们在作出任何一项改革决策时，都要慎之又慎，不仅要考虑将要采取的决策的直接效果，还要研究它的长远影响；要随时观察改革是否选取了不正确的路径，如果发现了路径偏差要尽快采取措施加以纠正，以免出现积重难返的局面。

（三）连锁效应

在制度变迁过程中，还有一种非常重要的现象，这就是连锁效应。连锁效应本来是著名经济学家赫希曼为了分析经济发展的过程而提出的概念。所谓连锁效应，是指国民经济中各个产业部门之间相互联系、相互影响和相互依赖的关系机制。产业部门之间的这种关系可以分为前向连锁和后向连锁两种形式。前向连锁是指一个产业部门同以它的产出为投入的部门之间的联系，如钢铁工业的前向连锁指向的是机械工业和汽车工业等部门。后向连锁是指一个产业部门同向它提供投入品的上游部门之间的联系，如钢铁工业的后向连锁指向的是采矿业。一般来说，一个产业部门的后向连锁部门大都是农业、初级产品制造业、原材料加工业等，而前向连锁部门通常是制造业、最终产品生产部门等。产业部门之间的连锁效应强弱可以用该产业的需求价格弹性和收入弹性来测量，价格弹性和收入弹性大，表明该产业部门连锁效应大；反之，则连锁效应小。

前面讨论了制度结构概念，一个制度结构意味着它是由许多正式和非正式的制度安排构成。制度结构有一个重要的特点：制度结构中的制度安排都是相互关联的。任何一项制度安排的运行都必定内在地联结着制度结构中其他的制度安排，制度安排是共同"镶嵌在"制度结构中的。从制度均衡理论来看，在制度均衡状态下，各项制度是严格互补而非互替的。一项制度的存在和作用是因为它为其他制度所需要。与关键制度发生抵触、冲突的制度是不可能存在的。但是在现实情况里，制度之间发生抵触、冲突的情况是经常发生的。制度冲突给制度变迁提供了潜在利润，针对制度冲突而产生的制度变迁必将使得该项潜在利润趋向于消失。

无论在何种情况下，制度变迁都会存在着某些外部性，同时它也受到其他制度变迁的外部性的影响。这种制度之间的相互关系形成的是一种称之为"制度连锁"的机制。在既定的制度结构中，一项制度被变迁必然导致一种连锁效应，导致其他制度发生变迁，至少是创造出新的制度变迁的可能。这里，制度连锁也有前向连锁和后向连锁两类。所谓制度变迁的前向连锁，就是指一项制度的变迁将对以该项制度为基础和依托的其他制度安排产生促进或制约的影响。后向连锁则是指一项制度的变迁对该项制度赖以产生的其他制度安排的创新所产生的拉动或限制的影响。

制度变迁的前向连锁的一个典型例子是宪法的修订对其他制度安排产生的影响。它的连锁效应主要是通过改变（扩张或收缩）制度选择的空间或集合来实现的。如一部保护私产不受侵犯和一部不主张保护私产的宪法所提供的制度选择空间是不同的。前向连锁的效应是扩散的，一项根本性的法律制度的变革会造成全面和深刻的影响，会造就一个新的制度结构。即使是在次级制度安排上发生的变迁也会造就一种新的制度系列。制度的前向连锁不仅具有重大的影响，而且会对社会造成巨大的冲击和震动。

制度变迁的后向连锁则主要是通过特定的拉动作用实现其效应的。具体来说，次一级制度的变迁对初级制度提出了变迁的必要性。这种必要性的实现往往也是强制性的。对它的抗拒所导致的后果要么是已经变迁的次级制度安排的废除，要么是对新的次级制度安排功能的损害。这种后向连锁必然把问题以尖锐的方式提到人们面前：是保留旧的无效的初级制度安排，还是对该制度安排进行适合于次级制度安排变迁要求的变迁？

前向连锁和后向连锁两者的作用往往是难以明确区分地密切联系在一起的，任何前向连锁效应的发生往往都是有关后向连锁效应累积起来导致的，而后向连锁的效应之所以现实地存在总是要以隐含的某种事实上的前向连锁效应为依据的。因此不存在彼此完全隔离的后向连锁和前向连锁。但是，当具体到某种制度安排的变迁时，变迁效应的作用方向又是可以也有必要加以界定的。这一点，在分析考察制度变迁的方式、确定制度变迁的先后次序、比较制度变迁的成本—收益时是很重要的。

制度之间的连锁效应大小应该如何衡量，这是一个尚未在经济学界展开研究的问题。能否用弹性分析方法去衡量制度之间的连锁效应？能否以弹性大小作为决定制度变迁的优先次序的标准？这些问题有待于进一步的深入研究。潜在利润或许是衡量制度变迁连锁效应的重要依据。潜在利润大的制度变迁，其连锁效应大，反之则小。但问题是制度变迁的潜在利润大小很难直接加以衡量，往往只能从变迁者的变迁动力大小来间接地加以判断。如果潜在利润是衡量制度之间连锁效应的主要标准，那么，潜在利润最大的制度变迁必然是最有必要加以变迁的制度。

第三节 国家、意识形态等与制度变迁

制度变迁过程中的影响因素分析，是新制度经济学制度变迁过程理论的重点内容。在新制度经济学家看来，国家、意识形态、组织和学习这四个因素对制度变迁过程有着重大的影响，其中尤以国家为甚。

一、国家与制度变迁

对于国家，第七章已经做了较详细的介绍。在前面的制度变迁原因与过程分析中，也涉及了一些与国家有关的问题，如制度供给不足与过剩、政治制度市场的低效、强制性制度变迁和持续失败的路径依赖等。这里还有一个问题与国家有关，即在制度变迁中，国家究竟起着怎样的作用？根据前面的分析，可以将其作用归结为以下几点：

（一）国家是制度变迁最大的设计者、提供者和维护者

如前所述，起源于自然状态的国家，出于交换税收和租金最大化的需要，有给个人和社会提供人权和产权保护、契约实施以及其他各种制度的义务。即使是靠武力击败各种"流寇"成为"坐寇"的掠夺或剥削型国家的统治者，最后也会发现，通过制度化管理保证社会秩序，可以给其提供稳定的、源源不断的税收租金。所以，作为"坐寇"的统治者（或统治阶级、精英联盟），对被掠夺和剥削的老百姓，也要有所节制，也要按照规矩和制度来。

从脆弱的自然国家到初始的自然国家，再到成熟的自然国家乃至权利开放秩序国家，国家越发展，国家承担的职能越来越多，需要通过制度变迁来创设和维护的制度也越来越多，从对市场中的个人施加的约束（私法）到给国家自身施加的约束（公法），从正式制度到非正式制度中的意识形态和道德等，都是由国家来设计、提供和维护的。

国家为什么能够成为制度变迁的主要设计者、供给者和维护者？除了这是国家的职能使然外，还与国家的性质有关，即国家在暴力上的比较优势。正是因为国家集中掌握了暴力，才使其有能力代替其他主体来进行制度变迁和制度提供与维护。

为什么暴力对制度变迁的设计、提供和维护很重要呢？众所周知，制度包括正式的和非正式的，它们作为规范个人的行为和各种具体组织的规则，都离不开实施机制。非正式制度中的习俗、习惯和文化传统一般可以通过人们的相互作用而自觉实施，但伦理道德和意识形态则离不开国家的有意设计和推动。至于正式制度——这是国家给社会设计、提供和维护的最主要的制度——则不同，它是离不开强制性实施机制的，而强制性实施机制则是离不开暴力的。这就是说，如果国家不拥有暴力的话，它是不可能对制度进行实施的。比如说，《刑法》规定不许偷窃和抢劫别人的财物，如果没有警察、法院和监狱等暴力工具来帮助实施，那么，这项正式制度就会形同虚设。

（二）国家提供的制度有低效与高效之分，这反过来又决定了其经济绩效

在前面介绍的诺思的新古典国家模型中，他提出了一个重要的观点，即追求租金最大化的统治者难以通过一套博弈基本规则来做到社会产出的最大化，这就意味着，作为国家代表的统治者通过制度变迁形成的制度不一定是有效率的。这一理论在一定程度上解释了历史上的自然国家在绝大多数时期发展为什么常常处于停滞和贫困状态，即所谓"国家是人为衰退的根源"。

在随后的国家分类及其转型研究中，诺思及其合作者发现，1800 年以来，西方世界形成了一种不同于传统权利限制秩序的权利开放秩序国家，它通过在经济和政治领域的权利开放和各种精细化的制度设计与制度变迁，不仅有效地解决了暴力的控制问题，维护了社会秩序，还促进了各种组织的创立，充分发挥了人的潜能，极大地推动了国家的经济增长和富裕。这也就丰富了诺思说的"国家的存在是经济增长的关键"这句话的内涵。

阿西莫格鲁和罗宾逊在 2012 年出版的《国家为什么会失败》一书中指出，国家的兴衰、贫穷或富强，都与国家通过制度变迁形成的制度优劣有关。他们通过历史比较发现，历史上的贫穷国家都与他们通过制度变迁创设的"汲取性制度"有关，而富裕的国家则与其创设"包容性制度"有关。在此基础上，他们还分析了包容性制度的历史形成以及两类不同的制度对一个国家长期经济绩效的影响。

1. 包容性制度与汲取性制度的区分

基于包容性和汲取性的维度，阿西莫格鲁和罗宾逊对政治制度和经济制度进行了区分。他们把所有的政治和经济制度分为包容性政治制度和汲取性政治制度、包容性经济制度和汲取性经济制度四种类型，并且认为，历史上的不同国家是由这四种制度中的不同政治和经济制度的组合。他们没有对这些概念进行学术性的界定，而是借用历史上不同国家或地区的政治和经济制度进行了描述性的说明。

（1）汲取性政治制度和汲取性经济制度。所谓汲取性，从政治上说，人民或者说广大公众没有决策权或表决权，既没有选择当权者或统治者的权利，也没有选择政治制度或经济制度的权利，当权者或者统治者要么是世袭的，要么是通过革命由军阀或军人担任的，精英人物或者既得利益者在制度的选择或政策制定中起着重要作用，结果所选择的制度或者制定出来的政策成为一部分人攫取另一部分人利益的工具；从经济上说，所有的经济制度或者经济政策都是由当权者、统治者或者精英人物制定出来的，他们通过各种垄断权、专卖权、市场控制等掠夺生产者，使得生产者只能够得到所生产产品的一少部分甚至得不到所生产的产品，结果就是生产性激励的不足。汲取性政治制度和汲取性经济制度是对应

的，如果一个国家或地区采取汲取性政治制度，那么其很有可能建立起来的是汲取性经济制度。比如，历史上欧洲殖民者对南美洲秘鲁、巴西和北美洲墨西哥等的殖民，欧洲殖民者从非洲大量贩运奴隶到美洲、亚洲等国家或地区进行奴役等，殖民地的土著居民被剥夺了所有的政治权利和经济权利，被迫为殖民者工作，他们建立起来的是典型的汲取性政治制度和汲取性经济制度。

（2）包容性政治制度和包容性经济制度。所谓包容性，从政治上讲，强调人民或者说广大群众具有政治权利能够参与政治活动，选举领导人或当权者，选举政策制定者，领导人或当权者是人民或者选民的代理人而不是统治者，任何人都有成为领导人、当权者或政策制定者的机会或可能性；从经济上讲，强调自由进入和竞争，任何人都没有通过垄断、专卖或者市场控制获得超额利润的机会，人们都可以获得生产性收益的绝大部分或者全部，人们具有很高的生产性激励。历史上，许多国家通过革命建立起了包容性政治制度和包容性经济制度，现在大多数发达的国家采取的就是包容性政治制度和包容性经济制度，如美国、英国、法国、日本和韩国等。

（3）汲取性政治制度和包容性经济制度。阿西莫格鲁和罗宾逊认为，采取汲取性政治制度和包容性经济制度的国家是存在的，比如只进行了经济改革而没有进行政治改革的国家，但是这种国家的包容性经济制度难以长期存在，很快就会由于汲取性政治制度而发展成为汲取性经济制度。这种国家往往是为了刺激人们的生产性激励而制定的包容性经济制度，但是不会从根本上触动既得利益者或者当权者的利益，而他们刺激生产的目的是能够有更多可以汲取的资源。

（4）包容性政治制度和汲取性经济制度。如果一个国家采取的是包容性政治制度，那么它就不会采取汲取性经济制度了，所以这样的国家不可能存在。

2. 为什么有些国家建立起了包容性制度而有些国家建立起了汲取性制度

阿西莫格鲁和罗宾逊在对建立包容性制度和汲取性制度的国家或地区进行历史分析的基础上给出了答案。他们认为，在现代有些国家建立包容性制度之前，几乎所有国家采用的都是汲取性制度，比如光荣革命之前的英国、大革命之前的法国、独立之前的美国以及明治维新之前的日本等。这些国家能够建立起包容性政治制度和包容性经济制度并非必然，而是偶然的。

阿西莫格鲁和罗宾逊强调偶然因素和偶然事件的作用，他们采用了"制度漂移"这个术语。制度的发展变化就像浮在水面上的冰块的漂移，两块本来在一起的冰块，两者之间的距离可能会越漂越远，原因就在于它们在许多偶然因素的影响下渐行渐远。两个国家或地区的制度本来可能一样，但是它们的发展变化可能会在各种偶然因素的影响下渐行渐远，并最终导致了本质的差别。比如，北美洲和南美洲都同为欧洲人的殖民地，在欧洲殖民之前，这些地区并没有本质的差别。但是，西班牙人最先到达了南美洲，并且开始了掠夺性殖民地的建立过程，到处搜刮黄金、白银以及其他各种贵重物品，西班牙人迅速致富；当英国殖民者到达北美洲的时候，试图学习西班牙人在南美洲的殖民做法，但是由于资源分布和人口分布的差别，英国人没能学到西班牙人的殖民模式。结果，北美洲和南美洲走向了不同的发展道路。

在当时的条件下，西班牙发现南美洲是偶然的，在南美洲的登陆地点是偶然的，在南美洲登陆后的所作所为也是偶然的。西班牙能够从南美洲获得大量的黄金、白银等，英国人却不能，结果西班牙人在南美洲的殖民方式就是掠夺性的，而英国人却不得不在北美洲发展生产，通过生产获得可以攫取的资源。这导致了北美洲能够发展起生产活动、先进的技术等，而南美洲却在资源受到严重掠夺的情况下越变越穷。

这还导致了欧洲不同地区之间制度的差异，光荣革命发生在英国而没有发生在西班牙，这是因为面对奢侈的王室生活和战争等威胁，英国王室相对于西班牙面临着更大的财政压力，而不得不跟议会妥协以获得更多的征税许可，但是西班牙王室不需要，因为它从南美洲获得的大量金银使其国库充足。由于光荣革命首先发生在英国，使其最早建立起了包容性政治制度，进而建立起了包容性经济制度，结果工业革命最早发生在英国而不是欧洲其他国家。所以，按照阿西莫格鲁和罗宾逊的观点，包容性制度的建立具有偶然性。

3. 包容性制度与长期经济增长

阿西莫格鲁和罗宾逊认为，无论是包容性制度还是汲取性制度，都能够产生经济增长。关键是经济增长能否持续，能否实现长期经济增长，只有包容性制度才能够实现长期经济增长。

首先，汲取性制度也能够实现经济增长，但是不能够持续。汲取性制度也能够实现经济增长，汲取者也有实现经济增长的强烈动机，因为他们需要汲取资源。无论汲取者要汲取什么，首先必须要有可供汲取的资源，无论是生产者生产出来的产品还是劳动者本身。这样，在汲取性制度下，统治者（或者当权者）也有发展生产、促进增长的动力，只不过他们发展生产、促进增长的动力可能不是基于劳动者的自愿而是通过对劳动者的强制进行。比如，农奴制度下的西欧和东欧社会，统治者通过农奴来发展生产；美国南北战争时期的美国南方通过黑奴来发展生产；殖民地时期的美洲、非洲等，殖民者都是通过对殖民地劳动力的强制劳动生产产品然后占有。当生产的物质产品越多越丰富的时候，汲取者能够汲取到的资源越多，能够汲取到的产品越多，所以汲取者有实现或者促进增长的强烈激励或动机。只不过汲取性制度下汲取者推进经济增长的能力不能够持续而已。

汲取性制度下的增长不可持续有几个方面的原因：①汲取者的任职期限。统治者或者当权者都有生命期限和任职期限，而不可能无限期任职，这会导致其短期行为，也就是在其任职期限内尽可能汲取，而不会有长远打算。②生产者的激励不足。生产者或者劳动者虽然被强迫努力劳动或者工作，但不是自愿的劳动激励，结果就是劳动所创造出来的产品越来越少。即便是表面上努力劳动，也会在实际上努力不足。③汲取者之间的竞争或者冲突。汲取者之间会为获得有利的汲取条件展开竞争，使得既得利益者为维护既得利益、非既得利益者为获得汲取机会展开竞争，既得利益者之间的竞争、既得利益者与非既得利益者之间的竞争，其结果是降低了生产的激励，阻碍长期经济增长的实现。比如垄断者为保持垄断地位、竞争者为获得垄断地位而相互竞争或斗争，必然不利于生产的发展。

其次，只有在包容性制度下才能够实现长期经济增长。包容性制度是实现长期经济增长的条件。一个国家或地区要实现长期经济增长，需要包容性政治制度和包容性经济制度并存。这是因为包容性政治制度和包容性经济制度能够克服汲取性制度下阻碍经济增长的条件或因素，并且能够为长期经济增长创造条件。这也有几个方面的原因：①生产者之间的激励。在包容性制度下，生产者有充分的激励从事生产活动，因为生产者能够占有所生产产品的大部分或者绝大部分，并且对此有稳定的预期，生产者从事生产活动的激励完全是内生的，不需要强制，这种生产具有稳定性和持续性，能够长久进行下去。②避免汲取者任职期限内的掠夺性汲取。在包容性制度下，没有汲取者，总统或首相等所谓的当权者或统治者不是汲取者，而更大程度上是议会等机构的代理人或议会等机构决策的执行者，这就避免了汲取性制度下统治者、当权者或任职者通过个人权力或权威进行汲取的行为。如果首相或总统等当权者不按照选民的意志行事或者做了违背选民意志的事情，就会受到选民的抵制，或者不能够再次当选。正是通过这种包容性制度，避免了汲取性行为，提高了生产者的激励性。③避免了汲取者之间的非生产性活动，并促进了生产性活动的发展。在包容性制度下，人们更多的是从事生产性活动，通过发明、新技术等的采用获得有利的生产条件，而不是通过从别人那里汲取维护既得利益或者获得额外收益，这样能够鼓励创新、发明和新技术、新的生产条件的采用，进而促进生产。

二、意识形态与制度变迁

前面关于诱致性制度变迁的理论告诉我们：诱致性制度变迁之所以难以满足社会对制度变迁的需求，其根本原因在于"搭便车"问题。如果有什么力量能够减少诱致性制度变迁中的"搭便车"行为，不就能够提高诱致性制度变迁的发生率了吗？显然，意识形态就是这样一种力量。所以，诺思认为，研究制度变迁一定离不开意识形态理论。

（一）意识形态理论的提出

诺思的意识形态理论是在大量观察现实生活中发生的制度变迁现象的基础上提出来的。根据新古典理论，如果每个人都完全按照经济人本性即自我利益最大化动机行事，那么，在涉及需要由集体行动推动制度变迁的场合，人人都存在的"搭便车"心理和行为必然使集体行动十分稀少。但是，现实的情形是，虽然存在"搭便车"问题，但制度变迁从未停止过。一些新的制度安排仍然在被不断创造出来，许多团体照样在继续行动。事实上，集体行动在很多制度变迁中都发挥了重要的作用。这是新古典理论解释不了的。正如诺思所说："大量的个人行为能够在新古典的行为假定中得到说明——从而表现了新古典模式的力量。'搭便车'问题确实说明了没有明确利益存在的大的团体的不稳定性、人们对投票的反感和匿名的自愿献血不会给医院提供充足的血液的事实。但迄今为止新古典模式没有充分说明事实的反面：对于个体参与而言，当抵消实际成本后没有明显收益时，大的团体确实在行动；人们确实去投票；他们确实也去匿名献血。我并不是争辩这些行为是非理性的——而仅仅是说我们使用的收益成本的分析大有局限性，以至于不能捕捉到人们决策过程中的其他因素。"①

个人效用函数远比新古典理论迄今为止体现的简单假定复杂。社会科学家的任务是拓展理论以便能预言人们什么时候像搭便车那样行动和什么时候他们不那样。理论不扩展，我们就无法说明由大团体行为所导致的大量现实的变化。如果没有一种明确的意识形态理论，那么我们在说明历史的制度变迁的能力上就存在着无数的困境。他说："政治和经济制度的结构（与变迁）理论一定要与意识形态理论相结合。"② 正是基于上述认识，诺思

① 诺思. 经济史中的结构与变迁 [M]. 陈郁，罗华平，等译. 上海：上海三联书店，1994：50.
② 诺思. 经济史中的结构与变迁 [M]. 陈郁，罗华平，等译. 上海：上海三联书店，1994：19.

在将国家成功地引入制度变迁的分析后，又将意识形态这一新古典经济学的"禁区"引入制度变迁分析。

（二）意识形态理论的构成及其作用

诺思的意识形态理论主要由意识形态的特征、意识形态的变化和成功的意识形态的特点等内容构成。

关于意识形态的特征，可以归结为以下三个方面：①意识形态是个人与其环境达成的一种节约交易费用的工具，它以"世界观"的形式出现从而使决策过程简化。②意识形态同个人所持的道德、伦理评价相互交织在一起，需要在相互对立的理性和意识形态中选择。③意识形态会随着人们的经验的变化而变化。当然，人们在改变其意识形态之前，其经验与意识之间的矛盾必须有一定的积累。对新古典理论来说，这一含义很重要。相对价格的一个单独变化本身可能不会改变人们的观念及据此所做的决策，但有悖于人们理性的持续的变化或影响人们幸福的根本性变化，将迫使人们改变意识形态。

伦理和道德评判是意识形态不可或缺的组成部分。每个人的意识形态的一个固有部分是关于制度的公平或公正的评判。当这个评判超出个人所面临的交换的特定条件时，这些条件在评价这个制度的公平性方面就是至为关键的。诺思提出了有关相对价格的四种选择，并认为这些相对价格会改变个人对制度公平性的原有看法，导致他（或她）的意识形态方面的改变：①产权的改变，即否定了个人对其过去一直拥有的资源的权利，而这些权利已被人们作为习惯或公正予以承认；②在要素市场和产品市场上，交换的条件偏离了已为人们认为是公平交换的比率；③在劳动力中，一个特殊的集团的相对收入状况发生了偏离；④信息成本降低的结果是，人们相信不同的或更优惠的交换条件可能在别处占优势。

人类社会的意识形态显然是多种多样的，这种多样性主要源于地理位置的差异和职业专门化。经验相异的人在不同的地理、自然环境中生存发展，逐渐形成不同的语言、习惯、禁忌、神话、宗教等，最后发展为不同的意识形态。职业专门化和劳动分工也导致了对于现实的相异的经验和不同的乃至对立的观点。

在诺思看来，不管意识形态是证明现存的产权结构和交换条件的合理、公正，或者是抨击现存的结构不公，它必须具有以下特点才是成功的：

第一，因为意识形态是由相互关联的、包罗万象的世界观构成的，它必须解释现存的产权结构和交换条件是如何成为更大的体制的组成部分。

第二，成功的意识形态必须是灵活的。这意味着它要能够得到新的团体的忠诚拥护，或者能够作为外在条件变化的结果而得到旧的团体的忠诚拥护。也就是说，意识形态要能够适应变化了的现实情况，才能够继续生存和发挥作用。

第三，成功的意识形态必须克服"搭便车"问题，其基本目的在于促进一些群体不再按照有关的成本与收益的简单的、享乐主义的和个人的计算来行事。

成功意识形态的最后一个特点即它必须克服"搭便车"问题是意识形态的中心问题，因为它不管是对维持现存制度还是对推翻现有的秩序都是不可或缺的。维持一个现存制度离不开人们对它合理性的正面评价。在人们相信这个制度是合理公平的时候，即使个体可以从违反规则中受益，也可能不会违反规则或侵犯产权。社会规则和产权的执行费用大大降低，秩序就相对稳定。如果人人都坚信私人财产神圣不可侵犯，那么我们就不需要防盗措施。这些让人们相信现行制度是合理公正的意识形态不是与生俱来的，它需要一个社会教育体制的灌输和投资。

如果占支配地位的意识形态旨在使人们相信现存的规则与正义是共存的，那么，成功的反意识形态就是要让人们相信现行的制度是不公正的、缺乏正义和公平。并且，要人们确信只有改变现行制度才会得到一个公正的体制。它们还提供了没有这些不公正的备选制度和实现它的道路。

总之，一个有关制度变迁的动态理论如果限于严格的对个人主义的、有理性目的的活动的新古典式约束，我们就无法以此来解释从古代犹太人顽强的斗争到 1935 年通过社会保障法其间所发生的大多数现实变化。现实的经济变化的发生不仅是因为相对价格的变动对新古典模型产生压力，而且是因为不断演变的意识形态观念使得个人和集体对自身地位的公平性产生相互对立的观点，并使他们按照这些观点而行动。①

三、组织与制度变迁

如前所述，组织和制度是不同的。制度是我们这个社会的游戏规则，是一种框架，一种由人们创造出来的、用于限制人们相互交流行为的工具。组织就是这个社会游戏的参与者，也就是角色。他们是一群人，有某种共同的目的，走到了一起，并共同做出努力，以至达到解决某一具体的问题的目的。

诺思认为，组织是一种有目的的实体，如政治实体（如政党、参议院）、经济实体（如企业、银行）、社会实体（如教会、体育协会）和教育实体（如大学、职业培训中心）等。实体中的创新者用它来使由社会制度结构赋予的机会所确定的财富、收入或其他目标最大化。在追逐这些目标的过程中，组织会逐渐改变制度结构。他说："组织和它们的企业家所从事的有目的的活动及它们在其间所起的作用是制度变迁的代理实体，并勾勒了制度变迁的方向。"② 具体来说，组织的最大化行为是通过以下三个方面规范和影响制度变迁的：

首先，制度变迁是组织对所有类型知识进行投资的派生需求。众所周知，任何组织都是在资源稀缺的背景下追求最大化目标的，因而各种组织之间的竞争是不可避免的。竞争迫使各个组织必须连续不断地进行投资——在获取知识和技能方面进行投资，以求生存。至于是什么性质、什么准备的技能知识，以及各个组织所获取的方式，又将决定人们对机会和表面存在的各种选择和他们的看法。所有的一切将不断地、渐进地改变着我们的制度。

如果从新古典企业开始研究，可以发现，在新古典企业理论中，由于假定信息是完全免费的，计算也是无成本的，管理者的唯一功能就是选择利润最大化的产出量与投入量（这意味着决定数量和价格的因素确定了），因而，管理者的意义并不大。这种新古典方法首先在奈特 1921 年的《风险、不确定性和利润》，接着在科斯 1937 年的《企业的性质》中受到了批评。奈特主要强调了企业家在试图减少不确定性中的作用，科斯则引入了交易费用概念，他开始认识到企业的存在。

奈特和科斯的分析告诉我们，企业中的管理者并不是可有可无的。管理者的真正任务

---

① 诺思．经济史中的结构与变迁 [M]．陈郁，罗华平，等译．上海：上海三联书店，1994：64.
② 诺思．制度、制度变迁与经济绩效 [M]．刘守英，译．上海：上海三联书店，1994：99.

是设计和发现市场，评估产品和生产技术，并积极地管理雇员的行动；所有这些方面都是不确定的，且对它们的投资都需要信息。市场的发现、对市场和技术的评价以及对雇员进行管理都不可能在真空中进行。要解决与衡量和实施有关的问题的复杂性，就需要默认的知识（Polanyi 于 1967 年提出默认的知识概念以相对于交流的知识，交流的知识是那些能由一个人传达到另一个人的知识，默认的知识则难以交流）。信息的形式和由企业家所获取的知识正是某些制度逻辑发展（即制度变迁）的一个部分。这一逻辑不仅规范了内部组织，决定了纵向一体化的程度和控制结构，而且还决定了提供使组织目标最大化的最大承诺的易受影响的边际。例如，在 20 世纪初，美国的一个化学制造商要想获得成功，他必须要有关于化学和在不同的中间品和最终品的制造中化学原料的使用以及市场和大规模组织问题的知识。成功的化学制造商会增加对应用化学和纯化学研究的需求，以及对市场和降低生产与交易成本的新组织形式的研究的需求。显然，对市场和降低生产与交易成本的新组织形式的研究需求，必然导致这方面知识的增长，并促进制度的变迁。

其次，制度变迁是有组织的经济活动、知识存量及制度框架之间相互影响的结果。对于这一点，诺思主要从有目的的组织（及它们的企业家）与历史上影响经济绩效的制度之间的相互作用来说明。

诺思认为，制度框架所建立的激励结构在规范组织技能与知识的形式中起着决定性作用。一个组织中的成员可以获得的各种知识、技能及学习机制，将反映内含于制度制约中的报酬支付——激励形式。用他的话说就是：组织对技能和知识的投资方向反映了潜在的激励结构。如果盗版能够带来最高收益率，那么组织会对那些能够使他们成为更好的盗版商的技能和知识进行投资。同样地，如果生产活动能够带来高收益率，组织会投资于那些能够提高生产效率的技能和知识。组织对技能和知识的系统投资以及它们在一个经济中的应用表明，该经济的动态演进必须要有一系列特定的制度特征。这些特征的描述要求我们超越传统的直接配置效率概念。正是基于此，诺思提出了一个新的效率概念，即适应性效率。所谓"适应性效率考虑的是确定一个经济随时间演进的方式的各种规则。它还要研究一个社会去获取知识、去学习、去诱发创新、去承担风险及所有有创造力的活动，以及去解决社会在不同时间的瓶颈的意愿"[1]。

尽管我们还远未了解使组织具有适应性效率到底要求哪些方面的规则，但是显然，一个使组织具有适应性效率的制度结构要在促进探索、实验与创新的程度上起关键作用。制度框架中所内含的激励结构会引导组织边学边做的进程以及默认知识的发展，后者将个人的决策进程引向不断演进的系统，以使之不同于它们开始时的情形。使组织具有适应性效率的制度结构还要允许组织进行分权决策、允许试验、鼓励发展和利用特殊知识，积极探索解决经济问题的各种途径。同时，使组织具有适应性效率的制度结构还要能够消除组织的错误，分担组织创新的风险。

哪些制度能使组织具有适应性效率？诺思认为，有效的竞争性市场、激励人们分散决策、低成本地衡量产权以及破产法是十分关键的[2]。那些不仅能消除错误的经济组织，而

---

① 诺思. 制度、制度变迁与经济绩效 [M]. 刘守英，译. 上海：上海三联书店，1994：108-109.

② 诺思. 制度、意识形态和经济绩效 [M]//汉科，瓦尔特斯. 发展经济学的革命. 黄祖辉，蒋文华，译. 上海：上海三联书店，2000：112.

且能消除错误的政治组织的制度和规则是至关重要的。制度和规则的有效结构不仅要成功地支付报酬，而且还要能禁止组织结构的不适应部分的生存。这意味着有效的制度和规则将废除不成功的努力。下面，对能使组织具有适应性效率的主要制度和规则略加说明。

（1）竞争。达尔文的"物竞天择，适者生存"的原理同样适用于经济分析。竞争是使组织充满活力的动力源。新制度经济学在注重对合作问题分析的同时，并未忽视对竞争的分析。西方国家反垄断法方面的制度安排实质上就是要为组织（包括企业）创造一个自由竞争的制度环境。竞争能带来社会经济发展的繁荣是一个公认的真理，自由竞争也能够给组织带来适应效率。

（2）分散决策。分散决策的重要作用是可以减少不确定性和降低风险。分散决策就是"不要把所有的鸡蛋都放在一个篮子里"。制度在分散决策体系的形成过程中起着举足轻重的作用，因为只有制度约束才能有效地界定决策权的范围，从根本上杜绝决策权的集中和无序状态。

（3）低成本地衡量产权（即有效产权）。产权制度是制度最基础的部分，低成本地衡量产权是组织适应效率形成的关键。离开了产权，我们不可能分析组织问题，更谈不上组织的适应效率。

（4）破产法。可以说，破产法是人类历史上的一种重要制度创新，它使市场经济的"优胜劣汰"的原则制度化、法律化。在美国，几乎 2/3 的行业的新建企业生存不能超过六年，即在六年内会破产或被兼并。破产法对某个企业而言是一个"残酷之法"，但对整个社会而言却是一个"繁荣之法"。破产法是形成组织适应性效率的重要制度约束。

最后，非正式制度的渐进变迁是组织的最大化活动的副产品。诺思指出，组织的最大化活动会通过以上途径引起正式规则的变迁。正式规则的变迁会导致制度结构处于非均衡状态，因为构成一个稳定选择理论逻辑的是正式与非正式规则及实施方面的总和。其中一种制度的变迁，会改变交易成本，并引发演化新的习俗和准则以有效地解决将要出现的新问题。一种新的非正规均衡将在正式规则变迁后逐渐演化。不过，正式规则有时会被用于否定和替换现存的那些不再适应新演进的谈判结构的非正式规则，准则（非正式规则）常被演进来补足稳定时期存在的正式规则。

四、学习与制度变迁

新制度经济学家认为，人类的学习活动对制度变迁也有重要的影响。人类从野蛮、愚昧、落后走向文明、进步就是不断学习的结果。人类从无序到有序的过程实际上就是制度形成的过程。诺思指出："制度形成了一个社会的激励结构。因此，政治和经济制度是经济绩效的根本决定因素。时间，由于它与经济、社会变迁密切相关，因此，它是一个重要因素。在时间进程中，人的学习过程决定了制度的演变方式。也就是说，决定选择的个人、群体和社会所持的信仰是在时间——不仅仅指个人一生的时间或社会一代人的时间——过程中学习的结果。"[1] 具体来说，学习对制度变迁的影响可以从以下三个方面来看：

---

① 诺思．历时经济绩效［J］．经济译文，1994（6）：1.

　　首先，制度是人通过学习形成的思维模型和信仰结构的外化。学习需要发展一种结构，由此解释感官接受的各种信号。虽然这个结构的初始基础是基因，但是后续的基础是个人经验积累的结果。经验可以分成两类：从有形环境得到的经验和来自社会文化、语言环境的经验。结构由范畴—分类所组成，从最早的幼儿时期逐步演进到组织我们的看法，唤起我们分析结果和经验的记忆。建立在这些分类之上，我们形成了解释和说明（一般与某种目标有关的）环境的思维模型。范畴与思维模型都会演变，反映源自新的经验的反馈：反馈有时强化了我们的初始范畴和模型，或者可能导致修改——简言之，就是学习。因此，包括与其他人的思想接触，新的经验不断地重新确定思维模型。

　　诺思认为，共同的文化遗产为减少一个社会中人们拥有的思维模型的差异性提供了一种工具，并且构成了统一的看法在代际间转移的工具。在前现代社会里，文化学习提供了一种内在交流的方法，还以宗教、神话和信条的形式对社会成员直接经验以外的现象提供了共同的解释。无论如何，这种信仰结构并不局限于原始社会，它也是现代社会的基本部分。信仰结构借助于制度——正式的规则和非正式的行为规范两方面——转变为社会与经济结构。思维模型与制度之间有着密切的关系。思维模型是个人认知体系创造来解释环境的内在表象；制度是个人创造来构造和安排环境的（相对于大脑的）外在机制。制度变迁的方式反映出人们的信仰，人们已有的信仰要求我们去了解人类怎样学习，学习什么，为什么学习以及为什么相信等问题。信仰转变为制度，制度转变为经济的演进方式。

　　其次，经验和学习的差异是形成不同社会和文明（从而不同制度结构）的重要原因。由于不同部落是在不同的物质环境中演化的，它们便发展了各自不同的语言，且因不同的经验而发展了用来解释周围世界的不同思维模型。语言和思维模型构成了非正式强制，这种强制界定了该部落的制度框架，并以习惯、忌讳和神话的形式代代相传，从而也使得文化具有延续性。

　　随着专业化和劳动分工的日益发展，部落演化为政治实体和经济实体。经验和知识的分歧产生了越来越不同的社会和文明，从而在解决稀缺这一根本经济问题上成功的程度不同。原因是，人类生存环境越复杂，人类依赖性也就日益增强。为了获得交易带来的好处（交换能获得来自劳动专业化和分工的生产率好处，"国富"就是由劳动专业化和劳动分工造成的），需要更复杂的制度结构。向这个方面演化的前提是，社会要构造这样一种制度，它准许不具名的、不以特定个人为对象的跨越时间和空间的交易。

　　在整个历史发展过程中，绝大多数社会被锁定在某种制度母体内，没能演变为不以特定个人为对象的重大转换。其中的关键因素是什么？诺思认为，主要是社会成员在时间推移过程中学习的类型。时间不仅涉及现时的经验和学习，而且涉及体现在文化中的过去各代积累的经验。群体学习（哈耶克使用的一个术语）包括那些体现于语言、制度、技术和做事方式之中的、经过漫长时间检验的、被继承下来的经验。在路径依赖中起关键作用的是文化，任何一代人当前的学习活动都发生于群体知识形成的概念结构中。因此，学习是一个由社会文化渗入的增进过程。因为社会文化决定了能得到的报偿。但是，并不能保证，一个社会过去积累下来的经验肯定适用于它解决新问题。那些被锁定的社会把那些不能正视和解决新的社会复杂问题的信仰体系和制度沉淀了下来。

　　最后，经济和制度变迁的速度是学习速度的函数。经济变迁是一个无处不在、持续进行的增量过程，它是组织内的个体行为人和组织内企业家每日每时进行选择的结果。虽然绝大多数决策是例行公事，但是，有些决策则涉及改变现存的个人与组织之间的"契约关系"。有时，在现有的产权结构和政治规则之内就可以重建契约关系；有时，新的契约形式的建立则要求改变规则。同样，指导人们交换的行为规范也会被逐渐地加以修改和抛弃。在上述两种情况下，制度都是被逐步改变的。

规则之所以会被修改，是因为人们认识到重建交换关系（政治的或经济的），他们会干得更好。人们认识发生变化的源泉对于经济来说可能是外部的。例如，其他经济的竞争性商品的价格或品质的变化会使本国的经济企业家对盈利机会的看法发生改变。但是，认识发生变化的基本的、长期的根源则是个人和组织内企业家的学习和领悟。

至于个人和企业家为什么要不断进行学习和领悟则是由于无处不在的稀缺性引起的竞争。竞争诱导组织为生存而学习和领悟。学习和领悟的程度反映了组织间竞争的强度。一般来说，竞争力越强，学习和领悟的激励力就越强；反之，垄断力越强，学习和领悟的激励力就越弱。总之，经济和制度变迁的速度是学习和领悟率的函数，但变迁的方向则是获得不同类型知识的预期报酬的函数。

第四节　依据变迁结果差异的制度变迁分类

制度变迁是变迁的供给者在收益大于变迁成本前提下做出的理性选择的结果，获得制度变迁带来的利益是其根本目标。不同的制度变迁过程，其目标的实现途径不一样，自然也就会导致不一样的变迁结果，如有些制度变迁会导致生产效率的提高，有些只是导致收入的重新分配，还有一些重新配置了经济机会或者只是重新分配经济优势而已。[①]

一、提高生产效率的制度变迁

人们最为熟悉、发生最频繁的制度变迁类型是通过改变人类行为的选择集以提高生产效率使货币化的社会所得即净国民收入无可争议地得到增加的制度变迁，它类似于"增大馅饼"的活动。

在任何一种经济中都有一套占主导地位的标准、准则、规则、惯例和法律结构界定个体和集团的选择集。制度交易通过对社会某些成员的鼓励和对某些成员的限制来修改选择集。那些选择集范围被缩小的人经常会说他的或她的权利或者自由受到了限制。注意，一个选择集可以是消费者的消费集 X，或者可以是企业的生产集 Z。一个社会的制度结构决定了 X 和 Z 的性质和范围。对消费者来说，新产品能扩大消费集（$X^* > X$），就像新技术能扩大企业的生产集（$Z^* > Z$）。同样，如果发现 X^* 中的一个新的化学制品是致癌的，现在必须禁止生产，这将会产生一个新的生产集（$Z' < Z^*$）。

制度对人类行为选择集的限制、解放、扩展等显然会影响生产效率。例如，在妇女通常不参与经济活动的穆斯林社会，其生产可能性边界就与一个妇女参与经济活动的社会的

---

① 布罗姆利. 经济利益与经济制度 [M]. 陈郁，郭宇峰，汪春，译. 上海：上海三联书店，1996：153-172.

生产可能性边界不同。制度安排决定了商业性劳动力的性质和数量，据此，它也决定了生产可能性边界的位置和形状。

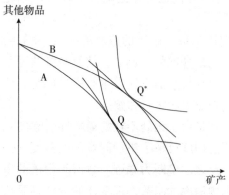

其他物品

图 10-1　提高生产效率的制度变迁

再如，在美国西部开采金矿和银矿的早期，对各人不同的权利实际边界存在着极大的混乱，权利的实施也存在着不确定性，而且实施成本高得惊人。每个采矿者如果能更仔细明确地标明他们对矿藏的产权，他们总会有所收益，尽管少数好斗的采矿者更喜欢无政府状态。认识到参与者的预期和行为应该具有条理性和稳定性促使人们进而认识到需要对矿产建立一种新的制度安排。

图 10-1 有两条生产可能性边界，分别表示在含糊不清的采矿法（A）下矿产和所有其他物品与服务的可能产量以及在改善后的制度安排（B）下的可能产量。可以看到，一项更为全面的采矿法有助于提高生产效率，使经济从点 Q 移到点 Q*，在此过程中采矿成本得到了降低。一项更为全面的采矿法之所以有助于提高生产效率，主要在于：在这种新的制度结构下，每个参与者的权利和义务得到了明确界定，即改变了参与者的选择集，这种选择集的改变使背信弃义行为大大减少，较之于无政府状态，人们能够更合理地预期，减少了采矿中的不确定性，因而也就降低了交易成本和生产成本，这自然有利于生产效率的提高，在图 10-1 中表现为产量的提高和生产可能性曲线的外移。

二、重新分配收入的制度变迁

重新分配收入的制度变迁的显然意图是改变收入的分配，它类似于"仅仅是重新分割一块大小固定的馅饼"的活动。

设想一种情形，其中的集体行动是为了改变所得税法。最初的考虑是现存的税收制度对富人太宽厚而对穷人太苛刻了。所选择的机制是大大提高富人的边际税率，并对一些穷人免于征税。这一制度变迁的影响可借助于埃奇沃思方框图来描述，其中货币影响是以随时间变化的消费来描述的。图 10-2 中现行的分配状况由点 D 给出，而通过修正税制所导致的新的分配状况由点 D* 表示。

在图 10-2 中，D 和 D* 确定的社会状态都是帕累托最优状态，因为它们都是交换空间内契约曲线上的帕累托最优点，因此，实际上是帕累托不可比的。然而，社会总是在不断采取改变收入分配的行动，其中的原因与个人和集团的效应函数的变化有关，即从认为社会成员之间的收入状况无差异到重视不同成员的净收入状况的变化，因为重新分配收入的集团行动是受个人和集团的效用函数驱使的。或者说，直接重新分配收入的制度变迁是建立在社会福利函数的变化的基础上的。如图 10-3 所示，其中绘出了两种可能的社会福利函数，一个显然对穷人的利益较为重视（W_p），另一个显然对富人的利益较为重视（W_r）。

假设新的税法反映了一个一般认识，即需要比以前更加重视穷人的利益，因此相对社会福利函数从 W_r 转变到 W_p。W_p 的存在及对它的承认成为促成政策实施的引擎——例如改变边际税率——以实现图 10-2 中从 D 到 D* 的移动。

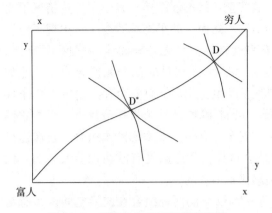

图 10-2　改变收入分配的制度变迁

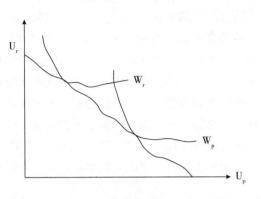

**图 10-3　要求两种可能的收入分配政策的
社会福利函数**

三、重新配置经济机会的制度变迁

重新配置经济机会的制度变迁与以下活动相关：一些矿工组织起来进行游说疏通以增加矿井安全。改善煤矿安全状况的集体行动如果成功的话（即产生新的安全法或安全体制），会导致有利于矿工的经济机会的重新配置。

下面用煤炭开采与安全条件的关系的例子进一步说明重新配置经济机会的制度变迁。首先要承认，煤炭的安全条件代表了为实现这一目标的专项投资，而不仅仅是煤炭生产的投资。对煤炭和安全条件都有一个生产层面。给定总支出，用于安全的开支多了就意味着用于采煤的开支少了。如图 10-4 所示，该图应被理解为代表了一个国家中所有煤炭生产的加总，而不仅仅是某一煤矿。

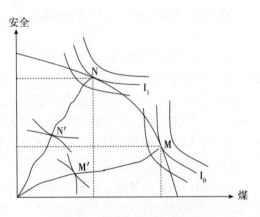

图 10-4　煤矿开采中的生产关系

在图 10-4 中，提高采煤的安全度意味着社会无差异曲线有一个不同的结构（I_0 和 I_1 分别由两束不同的社会无差异曲线组成）。

注意：这里的社会无差异曲线是根据社会效用（不是福利）函数得到的，其形式如下：

$$U=U(x, y, \cdots, m)$$

其中，（x, y, …, m）反映了社会中可得到的物品和服务。物品不仅包括煤炭、食物、服装和其他在商品交易中购买的私人物品，而且还包括公共物品，诸如文化、环境质量、人类健康的一般状况以及工厂、矿山的工作条件等。所有这些组成了在一个社会中对个人一般满意程度的投入品，所以社会无差异曲线的位置必须被看作是反映了对这一完整消费集的占主导地位的态度。

公民消费的不仅仅是在商品交易中购买的私人物品，还消费在制度交易中购买的集体物品。如果社会对童工、奴隶制或者矿井的一般安全条件态度漠然，以至于这些情况不为人所关注，那么这就是社会无差异曲线的一种结构。然而，如果态度改变了，出现了对渴望的消费组合的新的口味和偏好，那么相对而言这就是社会无差异曲线的一种不同的结构。如果矿井的工作条件并不会引起多少社会反响，那么相对的社会无差异曲线可能如图 10-4 中 I_0 描绘的那样。当有关这些事情的态度发生变化后，对安全和人道的工作条件的偏好就会改变，它或许就会被描绘成 I_1 那样。点 M 和 N 都是帕累托最优点，因为它们都在社会的生产可能性边界上。两者都是煤炭和安全的有生产效率的产出组合，就像边界上所有的点一样。而且，给定 I_0 或 I_1 反映的社会目标，两点都是有潜在社会效率的。然而，边界上的每一点既是帕累托最优，也是帕累托不可比的。

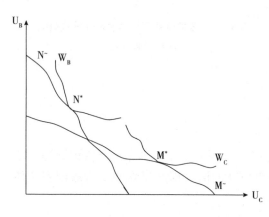

图 10-5　B 和 C 的矿井安全和社会福利

M 和 N 的两种组合在交换空间内都有与它们相联系的契约曲线，有可能为两个人描述出他们对煤炭可得到的数量和矿井的一般安全条件的各个满足水平。这两条契约曲线都会在效用空间内映射出（或产生出）一条效用可能性边界。可用图 10-5 来表示这两种可能性边界。曲线 N˜ 是根据图 10-4 中的产出组合 N 得出的，而曲线 M˜ 是根据组合 M 得出的。图 10-5 中的两个人对煤炭的产量和矿井的工作条件有不同的偏好。吝啬的人的偏好（U_C）显示出煤炭的产量和价格比工作条件重要得多。另一方面，好心肠的人的偏好（U_B）表明更重要的是采煤的工作条件。图 10-5 中的点 N* 与图 10-4 中点 N' 表示的效用组合水平相对应，而 M* 与图 10-4 中点 M' 相对应。

对社会效率作出判断要求把分析建立在某一社会福利函数及其内含的社会效用函数的基础之上。如前所述，社会效用函数是以物品和服务的组合（包括公共物品或集体物品）来确定的，而社会福利函数是以社会成员的效用来确定的。即：

$$W = W(U_A, U_B, U_C, \cdots, U_N)$$

社会福利函数是对社会成员的偏好进行加总的一种集体选择规则。应该认识到它在集体选择问题中扮演着一个非常特殊的角色。图 10-5 中对社会福利函数的运用关注的是个人判断的加总得出集体福利判断的问题。也就是说，图 10-5 中这个社会福利函数的确切位置是一个怎样进行确定的问题，即如何将个人对其自己的福利的判断进行加总而形成某种集体规则。这要求将集体判断建立在社会中个人所作出的判断的力度和相关性之上——在本例中为好心肠的人和吝啬的人。显然，要确定对个人各自的福利判断进行加总时谁的利益更为重要这是件不容易的事情。如果政治过程决定好心肠的人的判断与集体选择较相关（对好心肠人的利益的间接认可），那么社会福利函数则由图 10-5 中的 W_B 给出。或者，如果决定吝啬的人的判断较相关（对吝啬的人的利益的间接认可），那么社会福利函数则由 W_C 给出。不管选择了何者（而且选择可能是图 10-5 中没有表示出来的无限多个），除非选择已经作出，否则不可能对社会效率——且最终的社会最优——做出判断。一旦确认了一个社会福利函数是相关的，就可以回过头来通过所有的传统福利理论来实现生产要素的最优配置、社会产出的最优组合以及个人间物品和服务的最优分配。

因此，经济机会的重新分配被看作是由整个社会中的态度和偏好的本质的变化驱动的。在任何一个给定的制度结构下的生产可能性边界上有无限多个生产效率点，但经济机会的重新分配并不因为这个简单的原因而受对生产效率执着追求的驱动；而且还存在着无限多个制度可能性。分析的唯一起点是相关社会福利函数背后的社会观念看法。当采取了集体行动——发生了制度变迁——以对新的社会偏好做出反应，那么这就与改变的相关社会福利函数背后的观念看法相一致。重新配置经济机会的制度变迁是对新的经济条件进行的重新调整，这种调整与有关谁的利益更为重要的新的看法相一致。

四、重新分配经济优势的制度变迁

重新分配经济优势的制度变迁与以下活动相关：一些制鞋者组织起来进行游说疏通以对便宜的外国鞋实行进口限制。限制便宜进口鞋的集体行动如果成功的话，会导致有利于国内鞋类生产者的经济优势的重新配置。

上述活动显然是一种典型的寻租活动。有越来越多的有关寻租行为的文献说明了使用稀缺资源来改变社会中产品的组合、竞相争夺由此而产生的租金的做法。基本的寻租模型是克鲁格在其 1974 年发表的《寻租社会的政治经济学》一文中提出的。假设一种仅消费两种物品的情形，其中劳动是唯一可得的数量固定的稀缺要素（L^*）。一种物品按照生产函数 $Y=aL$ 进行生产，其中 a 是劳动的平均和边际产出。第二种物品按固定价格 P（以 Y 计算）进口。个人消费者有相同的口味，它由一个无差异曲线集表示，因此它也反映了个人和社会的偏好。图 10-6 中的直线 FM 是一条消费可能性边界。如果进口品必须进行分配，而且这一过程是无费用的，那么 FM 实际上就表示了沿这一轨迹的消费可能性的所有范围。然而，由于进口品的分配并不是无费用的，因此克鲁格模型按原先国内食物生产费用描绘出进口品的额外费用。因此，实际消费可能性轨迹是 FM^*。

如果社会偏好由 U_1 给定，那么可以发现点 C 是社会效率点。C 点的自由贸易是最优的，因为 Y 的消费与进口之间的边际转换率与消费的边际替代率相等。价格率由 FM 给定，它表示，产量是 OG，进口是 OM′，Y 的消费是 OH，Y 的出口是 HG。

如果现在允许对进口加以限制，这样 M′ 就减少为 $M^\sim$。结果是，进口品的国内价格将上升（DD），它们的分配的费用也上升。从 U_1 移到 U_2 会造成福利损失。国内生产从 OG 增加到 OJ，出口从 HG 减少到 KJ，以及消费从 OH 增加到 OK。对进口的限制给那些拥有进口许可证的幸运者带来了经济价值，因此就衍生出对获得这些许可证的竞争或者对已经得到的许可证的保护。这一对许可证的竞争是使用稀缺资源在 B 点产生一个新的均衡的寻租行为——效用甚至更低。像 B 这样一点可在同一进口水平上（$OM^\sim$）达到，但由于需要付出一定的资源以获得宝贵的进口权利，因此 Y 的总产量变小了（比如说 OL）。Y 的消费水平也降低了（ON），能够出口的也减少了（NL）。

由进口限制得到的租金通常被看作是把消费者的收入重新分配给那些有幸得到它的人。然而，认识到一些稀缺性劳动资源的配置不是为了 Y 的生产而是为了保护限制进口的进口许可证或进口份额，情况就变得更加严峻了。回顾一下限制便宜的外国鞋进入市场这一问题，就可以用较浅易的语言来重塑这一模型。存在一条自由贸易下的生产可能性边

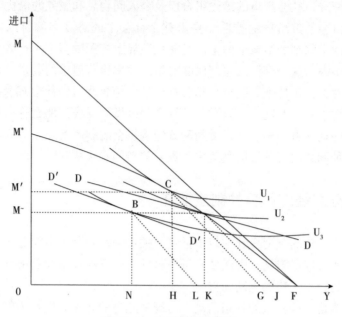

图 10-6　限制进口和寻租

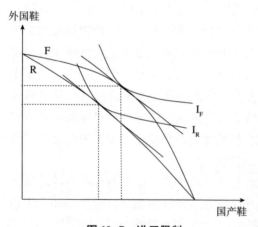

图 10-7　进口限制

界，还存在一条包括资源的配置以维持对外国鞋的进口限制的生产可能性边界。这些可用图 10-7 中的 F 和 R 表示。

导致对进口加以强行限制的制度变迁把社会生产可能性边界从 F 变为 R，并导致这两种物品相对价格的变化和社会效用的相应损失。我们可以在社会效用函数的本质中发现重新分配经济优势的制度变迁和重新配置经济机会的制度变迁之间的区别。在矿井安全问题中存在一个社会效用函数和社会无差异曲线的相应结构，显示出社会效率与矿井更好的安全条件相一致（如图 10-4 中相对于 I_0 的 I_1）。在对进口外国鞋加以限制的问题中，由于不存在显示这些限制是社会所孜孜以求的社会效用函数（和相应的社会无差异曲线），因此通过这些限制并没有实现社会效率；在图 10-7 中，I_F 和 I_R 属于同一族的社会无差异曲线，而在图 10-4 中，I_0 和 I_1 分属于两个不同的社会无差异曲线族。

综上所述，至少存在四种类型的制度变迁，第一种类型的制度变迁直接增加了货币化的净社会所得，第二种类型的制度变迁直接改变了收入分配，第三种类型的制度变迁重新配置了经济机会，第四种类型的制度变迁重新分配了经济优势。其中，最后一类制度变迁，即重新分配经济优势的制度变迁与前三类制度变迁是不相同的，因为前三类制度变迁每一个都对社会福利做出了积极的贡献，而重新分配经济优势的制度变迁完全是对福利的重新分配，寻租作为重新分配经济优势的特殊例子还减少了社会总福利。显然，这些制度变迁可以在不同的情况下出现，如它们会作为对新的经济条件和机会的自动反应而出现，或者它们会由于缺乏自动的变化以至于由外部强制而出现。但是，不管它们是在什么情况下出现，了解制度变迁的不同结果对于理解制度和制度变迁显然是至关重要的。正如维拉所说："布罗姆利关于制度变迁来源的扩展探讨表明，增进效率的变迁（即能够实现潜在的帕累托改进的变迁），可能并不是唯一需要分析的经验上相关的变迁。此外，即使是这些最初被看作增进效率的变迁，之所以产生净社会收益的原因可能只是因为对成本和收益的选择性知觉，这种变迁可能仅仅只是对经济优势进行重新分配的努力。这是对新古典制度主义议程的非常重要的延展，新古典主义只集中于分析那些增进净社会收益的变迁，只研究阻碍这种社会可欲的结果得到实现的不完全的政治体系。"①

基本概念

渐进式制度变迁；突进式制度变迁；诱致性制度变迁；强制性制度变迁；初级行动团体；制度变迁中的时滞；路径依赖；汲取性制度；包容性制度；适应性效率；提高生产效率的制度变迁；重新分配收入的制度变迁

复习思考题

1. 渐进式制度变迁与突进式制度变迁各有何利弊和适用条件？
2. 为什么仅有诱致性制度变迁会导致制度变迁供给不足？
3. 强制性制度变迁有何必要性？诱致性制度变迁与强制性制度变迁有何不同？
4. 什么是制度变迁时滞？它一般包括几个构成部分？
5. 制度变迁过程中出现路径依赖的原因是什么？
6. 什么是"适应性效率"？哪些制度能使组织具有适应性效率？
7. 学习对制度变迁有何影响？
8. 依据变迁结果差异可以把制度变迁分为几种类型？它们有何不同？

本章练习题

一、单项选择题

1. 现行制度安排的变更或替代，或者是新制度安排的创造，它由个人或一群人在响

① 维拉. 政治科斯定理：新古典制度主义与批判制度主义的区别［M］//诺思等. 交易费用政治学. 刘亚平，译. 北京：中国人民大学出版社，2011：25.

应获利机会时自发倡导、组织和实行。这种制度变迁是（　　）。

　　A. 渐进式制度变迁　　　　　　　　B. 强制性制度变迁

　　C. 诱致性制度变迁　　　　　　　　D. 突进式制度变迁

　　2. 2018 年 3 月 13 日，国务院向全国人大会议提交了国务院机构改革方案，根据该方案，国务院正部级机构将减少八个，副部级机构将减少七个。这种由政府命令实现的制度变迁是（　　）。

　　A. 渐进式制度变迁　　　　　　　　B. 强制性制度变迁

　　C. 诱致性制度变迁　　　　　　　　D. 突进式制度变迁

　　3. 以下不属于新制度经济学家所说的制度变迁过程中的主要现象的是（　　）。

　　A. 连锁效应　　　　　　　　　　　B. 蝴蝶效应

　　C. 路径依赖　　　　　　　　　　　D. 时滞现象

　　4. 以下不属于戴维斯和诺思所讲的制度变迁中的时滞的构成部分的是（　　）。

　　A. 启动时滞　　　　　　　　　　　B. 认知和组织时滞

　　C. 反馈时滞　　　　　　　　　　　D. 菜单选择时滞

　　5. 有效的竞争性市场、激励人们分散决策、低成本地衡量产权以及破产法是使组织具有（　　）的关键。

　　A. 成本收益比效率　　　　　　　　B. 适应性效率

　　C. 配置效率　　　　　　　　　　　D. 帕累托效率

　　6. 适应性效率是一种（　　）。

　　A. 微观静态效率　　　　　　　　　B. 配置效率

　　C. 宏观静态效率　　　　　　　　　D. 动态效率

　　7. 以下是使组织具有适应性效率的主要制度安排和规则，但除外的是（　　）。

　　A. 破产法　　　　　　　　　　　　B. 计划决策

　　C. 竞争　　　　　　　　　　　　　D. 低成本地衡量产权

　　8. 现阶段我国农村土地制度实行的所有权、承包权、经营权的"三权"分置改革，属于（　　）的制度变迁。

　　A. 提高生产效率　　　　　　　　　B. 重新配置经济机会

　　C. 重新分配收入　　　　　　　　　D. 重新分配经济优势

　　9. 以下制度变迁类型中，最后会减少社会总福利的一种是（　　）。

　　A. 提高生产效率的制度变迁　　　　B. 重新配置经济机会的制度变迁

　　C. 重新分配收入的制度变迁　　　　D. 重新分配经济优势的制度变迁

　　10. 根据布罗姆利的观点，一些制鞋者组织起来进行游说疏通以对便宜的外国鞋实行进口限制。限制便宜进口货的集体行动如果成功的话，这种制度变迁被称为（　　）。

　　A. 提高生产效率的制度变迁　　　　B. 重新配置经济机会的制度变迁

　　C. 重新分配收入的制度变迁　　　　D. 重新分配经济优势的制度变迁

二、多项选择题

　　1. 按照诺思的观点，成功的意识形态的特点主要有（　　）。

　　A. 必须是灵活的

B. 必须解释现存的产权结构和交换条件是如何成为更大的体制的组成部分

C. 必须克服"搭便车"问题

D. 必须给个人提供有选择性的激励

2. 要使一个国家实现长期可持续经济增长，其制度组合必须是（　　　）。

A. 汲取性经济制度　　　　　　　　B. 包容性经济制度

C. 包容性政治制度　　　　　　　　D. 汲取性政治制度

3. 制度的自我增强机制主要有（　　　）。

A. 对制度的学习使得制度的适应变得容易从而产生适应效应

B. 制度高昂的初始建立成本会随着制度的推行而下降

C. 制度的实施将会产生与之适应的制度进而产生协调效应

D. 随着某一制度居于支配地位会强化人们对制度的预期

4. 包容性政治制度和包容性经济制度有利于长期经济增长的原因是（　　　）。

A. 生产者有充分的激励从事生产活动

B. 汲取者之间会为获得有利的汲取条件展开竞争

C. 避免了汲取者任职期限内的掠夺性汲取

D. 避免了汲取者之间的非生产性活动

5. 组织在制度变迁中的作用主要表现在（　　　）。

A. 制度变迁是有组织的经济活动、知识存量及制度框架相互影响的结果

B. 非正式制度的渐进变迁是组织的最大化活动的副产品

C. 经验和学习的差异是形成不同社会和文明的制度结构的重要原因

D. 制度变迁是组织对所有类型知识进行投资的派生需求

三、判断说明题

1. 被称为"休克疗法"的突进式制度变迁会带来较为严重的社会问题，因此，它不如渐进式制度变迁合理。

2. 制度变迁中即使存在报酬递增机制，但只要政治市场是完全竞争的，就不会出现路径依赖现象。

3. 制度变迁的前向连锁，就是指一项制度的变迁对该项制度赖以产生的其他制度安排的创新所产生的拉动或限制的影响。

4. 人类的学习活动对制度变迁有重要的影响，制度就是人类通过学习形成的思维模型和信仰结构的外化。

5. 提高生产效率、重新分配收入、重新配置经济机会和重新分配优势这四种制度变迁都能够增加社会总福利。

四、案例分析题

1. 根据专栏 10-1"安徽凤阳小岗村的承包制改革"，回答以下问题：

（1）小岗生产队搞承包到户的制度变迁属于新制度经济学所说的哪一种制度变迁？

（2）这种制度变迁的成本与收益各有哪些？

（3）这种制度变迁会遇到什么突出的问题？

2. 大家知道，美国铁路两条铁轨之间的标准轨距是 4 英尺 8.5 英寸。为何是这样一个标准呢？它源自英国铁路标准。因为英国人是修建铁路的指挥者。英国人又从哪里得到这样一个标准呢？英国的铁路是从电车车轨标准中脱胎来的。电车车轨为何采用这样一个标准？原来最先造电车的人以前是造马车的，而他们是把马车的轮宽标准直接搬用过来。为何马车要用这样一个标准，因为英国传统路程上的辙迹的宽度为 4 英尺 8.5 英寸。这一宽度又是谁制造的呢？答案极为简单：两匹拉战车的战马的屁股的宽度。这样一个宽度有利于战马的驰骋。回答以下问题：

（1）上述案例说明了一个什么现象？

（2）这一现象是技术变迁中的现象，还是制度变迁中的现象？

（3）在制度变迁中存在这种现象吗？如果存在，其原因是什么？

第十一章

制度变迁的影响理论

科斯定理揭示出，产权制度在交易费用大于零的世界对资源配置效率的影响。诺思等的研究发现，有效的制度变迁对经济增长具有决定性影响。即是说，经济增长的决定因素不是传统经济学家所说的资本积累、技术进步、人力资本等因素，而是制度变迁。本章第一节阐述诺思的经济增长的"制度决定论"提出及相关理论背景；第二节是制度变迁决定经济增长的途径及相关制度的理论；第三节基于"制度决定论"对一些经济史做了新解释；第四节介绍了制度变迁与经济增长相关性的计量与实证研究。

第一节　经济增长的"制度决定论"

经济增长的最简单定义是以国民生产总值表示的一国在一定时期生产的最终商品和劳务总量的增加。不仅国民生产总值的绝对量要有所增长，按人口平均的国民生产总值的绝对量也要有所增长，即人均国民生产总值也要增加。这两种增长（总量增长与人均增长）可能一致，也可能不一致。

在人类历史上，这两种增长现象连在一起（即一致）是例外情况，而相反的关系（即不一致）倒是一般的情况。在工业社会以前，总生产量的增加往往伴随着个人生活水平的下降，而不是增长。这是人口因素在起作用：经济的繁荣导致人口的增长，而人口的增长又往往超过生产的发展，并使每个居民的生活水平下降。著名的马尔萨斯循环规律表现在个人的贫困化恰恰出现于经济普遍繁荣的时期；相反，大危机时代，至少对于活下来的人来说，倒是个收入增加的时代。

现代意义上的经济增长应该是两种增长的统一。它是始于 17 世纪的新现象。说得更明确一些，现代意义上的经济增长现象是 17 世纪在荷兰和英国最早出现的。当时欧洲人口和经济第一次出现了差别，在法国和西班牙，人口减少了，生活水平却停滞不前，甚至出现了倒退。在荷兰和英国，虽然人口持续增加（英国增加了 25%），实际生活水平却提高了（大约提高了 35% 和 50%）。这是史无前例的事情：在欧洲历史上，同时也是人类历史上，两个国家第一次能够持续地向不断增长的人口提供不断提高的生活水准[①]。

---

① 勒帕日. 美国新自由主义经济学 [M]. 李燕生，译. 北京：北京大学出版社，1985：100.

为什么能做到这一点的是荷兰和英国，而不是法国和西班牙？经济增长的决定因素是什么？为了更好地回答这些问题，我们先看诺思之前的传统经济增长理论是怎样看待经济增长的决定因素的。

一、传统的经济增长决定论

现代意义上的经济增长理论始于 20 世纪 30 年代末哈罗德—多马模型的提出。该模型强调经济增长主要依赖于资本积累（储蓄、净投资）。因此，在 20 世纪 40 年代和 50 年代，经济学家主要强调增加资本对于长期经济增长的重要性。

哈罗德—多马模型强调资本积累通常需要不同的人采取两种不同的行动：一是在当前收入中推迟消费，"储蓄牺牲"；二是由已配备生产设备、建筑和其他实物资本的企业借用储蓄存款（投资）。资本积累过程常被认为具有潜在的不稳定性。

20 世纪 40 年代和 50 年代的一些经济学家视经济增长为一种暂时现象。因为他们假设，资本投资量的不断增长将导致资本边际生产率的递减。在这方面，他们反复引用马克思在 19 世纪的预言。马克思曾预言，资本主义体制终将垮台，因为投资者迟早会再也找不到使资本生出利润的办法，所以，资本回报率将下降。

在 20 世纪 50 年代，经济学界开始不满于狭隘地以资本聚集来解释经济增长过程。这种状况出现于经济增长在战后重新恢复了生机的时候。那时，经济学家们提出了国民生产函数的概念。这个概念反映着如资本、劳动、技术一类投入与预期产出量之间的一种关系。19 世纪的一些理论曾断言人口增长是影响经济增长的关键因素。现在这种理论又复活了，并被与劳动力的增长联系起来。劳动供给的迅速增长对经济增长来说显然是一种具有积极影响的因素。当时的研究人员假设，所有生产要素投入都具有正的但却是递减的规模效益。

这一新古典方法有其优越性，它能有效地证明，增长过程与马克思的预言不同，并非必然是不稳定的，也并非注定要陷入增长率的下降。用一种技术术语来讲就是，经济学家再也不从一个既定生产函数的角度来思考，而是认识到更优良的技术会提升生产函数的水平。这意味着更好的技术有可能使既有的资本流和劳动流被转换成更多的产出。这一理论还考虑到这样一个明显的事实，即要素价格会变化——例如，当资本剩余的增加使资本利率下降时——这会引发要素替代：较便宜的资本将得到更多的使用以节省昂贵的劳动力。为使这样的劳动力—资本替代成为可能，必须清晰地重新认识技术。因为这种替代需要有不断变化的技术。事实上，从 20 世纪 60 年代起，技术创新就成了探索经济增长原因的研究者们集中关注的问题之一。

为什么经济学家们会在 20 世纪 60 年代集中关注技术创新问题呢？这实际上与 20 世纪 50 年代初一些美国经济学家，如库兹涅茨（1952）、舒尔茨（1953）、阿布拉莫维茨（1956）和索洛（1956），在对美国经济增长的研究中发现的一个令人困惑的现象——美国的产出增长率远远超出了生产要素的投入增长率——有关。正如舒尔茨所说："大量的估计数字表明，国民收入的增长比国民资源的增长要快……与用于生产收入的土地、实际劳动量和再生产性资本的数量三者结合起来的数量相比，美国国民收入持续增长的速度要高得多。而且最近几十年间，从一个商业周期到另一个商业周期，两个增长速度之差变得越来越大。"① 根据传统经济增长理论，经济增长率要和土地、资本和劳动力的投入增长率相等，因为产出的增长只取决于土地、资本和劳动力数量的增加。那么，是什么导致了产出增长超过投入增长的这部分"余值"？在经济增长的决定因素中究竟漏掉了什么？

许多研究者发现：技术创新和技术进步是决定这一"余值"的主要因素。例如，索洛1957年发表的《技术变化与总生产函数》一文明确指出：从长远的角度看，不是资本的投入和劳动力的增加，而是技术进步，才是经济增长的最根本的决定因素。再如，在经济增长因素分析方面做出了突出贡献的经济学家丹尼森把影响经济增长的因素分为两类：生产要素投入量和生产要素生产率。其中的要素投入量，主要是指土地、资本和劳动力投入。要素生产率，丹尼森把它看成是资源配置的改善、规模经济和知识进展的结果。资源配置的改善、规模经济和知识进展都与技术进步有关。

在对"余值"源泉的探索中，另一种比较有影响的观点是由舒尔茨和贝克尔等提出的人力资本决定论。舒尔茨指出："经济学家们一直面临着的一个谜就是产出增长率大大高于投入资源的增长率。现在清楚了，这个谜主要是由我们自己造成的，因为我们使用衡量资本与劳动的方法太狭窄了，没有把资源质量提高因素考虑在内。"② 在舒尔茨看来，其中一个最重要的质量因素变化就是人力资本投入的增加。据他估计，在1930~1957年，美国劳动力的"教育资本"存量从1800亿美元增加到5350亿美元（按1956年的价格计算），美国同期的经济增长有1/5是来自教育资本存量的增加。人力资本决定论强调的是更好的教育和技能培训的重要影响，即各种能增加人力资本的方法。

这一研究思路突出了一种深刻的认识：要保证不断增多的存量资本在应用中具有不断上升的资本生产率，就必须具备较好的技术知识和较好的技能。"发展软件"（技能、技术知识和组织知识）能确保"发展硬件"（资本、劳动力）变得更有效率，这一点很快就变得确凿无疑。

随着20世纪60年代的逐渐逝去，其他观察者（罗马俱乐部）强调自然资源对增长的贡献，并指出，某些自然资源可能正在被逐步耗尽。然而，了解知识和技术的经济学家们却持有一种乐观的看法，即某些资源的日益稀缺会使它们的价格上升，这将在如何更多地获取这类资源或如何节约可用资源方面调动新的知识，从而为增长开辟出新的途径。

关于"软件要素"的数据很难获得。但在许多有关经济增长的计量分析（以新古典生产函数和竞争市场假设为基础）中还是证明，这些要素的确往往极为重要。在可测度的生活水平上升中经常有一半或一半以上可被合理地归结于第三类要素，即劳动力和资本以外的各类投入。尤其是，人们发现，低增长经济和高增长经济之间的差异往往能用第三类要素来"解释"。

然而，尽管在什么对长期增长绩效至关重要这一点上，这种分析提供了有用的量化认识，但它并没有真正解释为什么有些社会比其他社会积累了更多的物质资本和人力资本。所有上述分析都只对增长提供了近似的解释。我们仍然不能说清楚为什么人们会储蓄、投资、开发自然资源、学习技能，或为什么会不这么做。

---

①　Schultz. Investment in Human Capital ［J］. American Economic Review, 1961, 51：1-17.

②　Schultz. Reflections on Investment in Man ［J］. Journal of Political Economy, 1962, 70：1-8.

其他一些分析新老工业国中经济增长的经济学家们专注于 20 世纪 30 年代就已出现的方法，即观察收入水平的上升在经济活动的结构成分中导致的系统变化。尤其是，在一定收入水平阶段上，制造业是"增长的引擎"，它的增长要快于整个经济的增长。超过一定收入水平之后，服务业大都会加快增长。人们还观察到，在不同的收入水平阶段，会有不同的产业显得欣欣向荣：当收入（及工资）水平很低的时候，具有增长优势的是劳动力密集型产业；而当收入水平上升时，则是资本密集度和技术密集度较高的产业具有增长优势。国民产品的结构突出了一个事实，在总的宏观经济增长现象背后，事实上存在着各种有机演化的微观经济结构。价格高度灵活和要素高度流动的经济一般比僵化的经济增长得更快。因此，结构变迁是增长过程的重要组成部分。

在 20 世纪 70 年代，还有一些经济学家吸收了熊彼特等学者在 20 世纪前半期所做的工作。他们曾研究过企业家在经济进步中的作用和竞争的重要性。竞争被他们视为一种发现有用的人类知识的过程。他们认为，知识、技术和经济的演化是由敢于冒险的知识发现者推动的——但条件是他们有实际的激励去保持敏感和从事创新，并且面对不间断的竞争挑战。

只有在具备专门知识的人们能相互合作时，知识才能得到利用和增值。因此，更好的劳动分工——它实际上是对知识的分解和协调——就成为经济进步的真正源泉。这一见解并不新颖。斯密在 200 年前就写道："在一个政治修明的社会里，造成普及最下层人民的那种普遍富裕情况的，是各行各业的产量由于分工而大增。"①

二、传统经济增长决定论的不足

上面对诺思之前的传统新古典经济增长决定论进行了简要的介绍，可以看出，传统经济增长决定论主要包括：资本决定论、技术创新决定论和人力资本决定论等。

传统的新古典经济增长决定论存在什么不足呢？新制度经济学家认为，其最大的不足就在于它对制度和制度变迁的忽视。在新古典经济增长模型中几乎看不到制度和制度变迁的作用。如舒尔茨就说："现有的大量增长模型是将制度视为'自然状态'的一部分，因而制度被剔除掉了。在他们看来，这些制度不会发生变迁，它们或者是外生的，或者是一个适应于增长动态的变量。"② 诺思也说：新古典经济增长理论暗含的假设前提是"世界是和谐的，制度并不存在，所有的变化都可以通过市场的完全运行来实现。简言之，信息费用、不确定性、交易费用都不存在"。"在新古典模型中，除了市场外并不存在任何组织和制度。"③

新古典经济增长理论的主要内容是：它假定资源是稀缺的，面对稀缺人们必须在机会成本的意义上作出选择，即追求物品"宁多毋少"。由于更多的物品可以通过提高生产力来生产，因此社会中的个人将努力做出自己的贡献来增加资本存量，这种存量的规模决定了构成一个经济体制产出的物品与劳务的流量。决定产出的资本存量又是实物资本、人力

① 斯密. 国民财富的性质和原因研究（上卷）[M]. 郭大力，王亚南，译. 北京：商务印书馆，1972：11.
② 舒尔茨. 制度与人的经济价值的不断提高 [M]//科斯等. 财产权利与制度变迁. 刘守英，等译. 上海：上海三联书店，1994：255.
③ 诺思. 经济史中的结构与变迁 [M]. 陈郁，罗华平，等译. 上海：上海三联书店，1994：5，8.

资本、自然资源和知识的一个函数。传统新古典经济增长理论是建立在一系列忽视制度及其变迁作用的假设的基础上的，这些假设基本上是站不住脚的。

第一，假定存在这样一种激励结构，它使得个人在边际上完全能获得投资的社会收益，即私人收益与社会收益相等。这一假设意味着交易费用为零，产权被充分地界定，且在行使过程中不需要任何费用。然而，现有的许多产权并非完全排他，计算清晰的产权的费用是昂贵的，许多资源更接近于共有产权，而非专有的私有产权。因此，作为达到有效率的边际均衡所需要的条件，无论在罗马共和国还是在 20 世纪的美国和苏联都从未存在过。在历史上，增长比停滞更罕见，有效率的产权在历史中并不常见。社会所曾达到的最好状态是提高私人收益使之尽可能接近社会收益，以提供充分的刺激来实现经济增长。

第二，假设由于能使增加自然资源存量的成本不变，因此新知识的获取与运用不存在收益递减。在历史上大多数时期，自然资源存量的收益是递减的，仅仅到了现代，科学技术的进步才使得克服收益递减成为现实。换句话说，新古典经济学无法解释历史上为什么会发生技术进步缓慢发展这一事实，要想解决这一难题，必须进行产权结构的分析。

第三，假设储蓄正收益的存在。储蓄是否得到正收益，同样取决于产权结构。通观历史，收入的储蓄率和资本形成率（实物与人力的）通常是极低的，有时甚至为零或负数。只有当产权能够得到社会的公认和尊重，能够得到法律的保障时，储蓄率和资本形成率才能大大提高，才能得到正的收益。

第四，假设抚养儿童的私人成本与社会成本相等。要使抚养儿童的私人成本与社会成本相等，不仅要有效地控制人口出生，而且要通过激励和非激励的制度结构调整人们的生育决策，改变增加人口的社会成本。历史上的马尔萨斯拐点的反复出现提供了一个充分的证据，表明这一条件是不可能达到的。

第五，假设人们的选择与其期望的结果是一致的。在逻辑上，当存在不确定性时，选择与结果一致发生的可能性是很低的，但在新古典经济学中，由于普遍存在着稀缺性，竞争规则完全可以保证福利最大化的存在，这意味着经济的充分效率。但是，经济史学的事实说明：在非市场决策的社会中，无效率的政治结构确实维持了相当长的时期；另外，个人、集团和阶级对现实的理解各不相同，甚至他们所信奉的政策彼此冲突，这些都难以使选择与结果相同。

诺思等对新古典增长理论的批评深刻地揭示出：对经济增长而言，制度不是外生给定的，而是内生的。制度是影响经济增长的重要因素。

为什么传统经济学家要把制度变迁在经济增长中的作用忽略或剔除呢？可能有以下几方面的原因：第一，经济学家"分工"观念的产物，在一些经济学家看来，制度、规则、意识形态、法律、文化等因素在经济发展中固然重要，但它们应该留给政治学家、法律专家、文化专家去研究；第二，在交易费用概念和方法产生之前，经济学家缺乏一种分析制度问题的工具；第三，这些经济学家主要关注的是短期的经济增长问题，而不是长期的经济增长问题；第四，也许更重要的是，第二次世界大战后，西方经济学家研究经济增长问题主要是以发达国家为背景进行的。发达国家的制度问题显然没有在其发展初期或其他发展中国家的制度问题严重。

三、发展经济学家对制度变迁在促进经济增长中作用的研究

诺思之前的西方经济增长理论家主要将资本、技术进步或人力资本投资看作是经济增长的决定因素或源泉，至于制度变迁在经济增长中的作用基本上被忽视了。那么，这是不是说诺思之前的经济学家就没有研究过制度变迁与经济增长的关系呢？其实不然。尽管以研究发达国家的经济增长为主要任务的增长经济学家忽视了制度，以研究发展中国家的经济增长与发展为己任的发展经济学家并没有忽视制度变迁在经济增长中的作用。实际上，发展经济学家是十分重视制度变迁在发展中国家经济增长和发展中的重要作用的。

在发展经济学家中，1979 年诺贝尔经济学奖获得者刘易斯较早注意到了制度变迁在经济增长中的作用。在其 1955 年所著的《经济增长理论》一书中，他分析了影响经济增长的主要因素，经济制度就是其中一个重要的因素。其他影响经济增长的因素还有人们从事经济活动的愿望、知识、资本、人口与资源、政府等。

刘易斯认为，经济增长一方面取决于可利用的自然资源，另一方面则取决于人的行为。自然资源的贫乏显然使人均产出的增长受到很大的限制。但是，一些国家资源大致相等发展却存在巨大差异的事实说明，人的行为对经济增长有深刻的影响。因此，有必要探讨影响经济增长的人的行为的差异。刘易斯把决定经济增长的人类行为分为"近因"（即直接原因）和"近因的起因"（即间接原因），其中，直接原因是从事经济活动的努力、知识的增进与运用及资本积累，而决定这些直接原因的原因则是制度与信念。他说："为什么在有些社会这些近因起着巨大的作用，而在另一些社会则不；或是在某些历史时期，这些近因起着巨大的作用，而在其他历史时期则起的作用较小。我们要问，什么样的环境对促进增长的力量的出现最为有利？这个阶段的探讨又可细分如下：一是我们必须探讨哪类制度对增长有利，而哪类制度对努力、革新和投资是有害的。接着我们将进入信念领域并探讨哪些原因造成一国建立的制度有利于增长而不是不利于增长？……什么样的制度或信念或环境适合于经济增长，可是还存在演变的问题。信念和制度是怎样转变的？为什么会发生有利于或者有害于增长的转变？增长对转变又有何影响？增长是否为累积性的，即是说增长一旦开始，信念和制度会不会不可避免地趋向于进一步促进增长；抑或增长是否为自我制约的，即是说按辩证的观点，新的信念和制度的建立会不可避免地抵制增长并使其缓慢下来？"他还说："制度是促进还是限制经济增长，要看它对人们的努力是否加以保护；要看它为专业化的发展提供多少机会和允许有多大的活动自由。……除非努力的成果确实属于他们自己或属于他们承认有权占有的人，否则，人们是不会做出努力的。社会改革者们的努力，很大一部分是针对不断变化的制度的，以便使制度为努力提供保护。"[①]

刘易斯重视制度变迁在发展中国家经济增长和发展中作用的思想对其他发展经济学家产生了深刻的影响。例如，1957 年，发展经济学家鲍尔与耶梅写了一本开创先河的著作《欠发达国家经济学》。该书批驳了传统发展经济学的许多谬误，并号召对比较制度进行研究，以考察哪些制度更有助于经济增长。鲍尔与耶梅并不是把非经济变量，如产权制度和非正规行为规则作为既定的变量，而是作为决定经济增长的重要因素。过去不少人把缺乏

---

① 刘易斯. 经济增长理论［M］. 周师铭，等译. 北京：商务印书馆，1983：7–8，63.

资本看作是一个国家经济增长的主要约束。其实，缺乏资本的主要原因是制度安排的缺乏。法国历史年鉴学派的代表人物布劳代尔发现，在历史上，一些国家有大量的钱被闲置，这些钱都没有用于生产和投资活动。其中的原因固然很多，但缺乏有效的制度显然是关键的原因之一。鲍尔与耶梅对发展中国家在发展进程中过分关注资本积累的作用而忽视社会和政治制度的作用的做法提出了严厉的批评。他们指出，与其说发展依赖资本积累，不如说是经济发展创造了资本①。

发展经济学家对经济增长与发展过程中制度及其变迁作用的强调显然具有很高的价值，诺思经济增长的"制度决定论"的提出显然也借鉴了发展经济学家的研究成果。不过，需要指出的是，由于发展经济学家对制度变迁在经济增长中作用的强调是以发展中国家为背景，研究经济增长的理论家可能会以发展中国家情况特殊为由否定其理论的普遍意义，因而其影响受到限制是自然的。

四、诺思经济增长的"制度决定论"的提出

如前所述，在诺思之前的经济增长模型中，制度因素是被排除在外的，即将制度视为已知的、既定的或者说将制度因素作为"外生变量"，主要是通过各种物质生产要素的变化去说明生产率的变化和经济增长与否。其中，经济增长的技术创新论风行一时。那么，是不是可以说：当物质生产要素不变时，尤其是技术不变时，生产率就无法提高，经济增长就不能实现了呢？显然不是，因为历史上存在着反例。例如，在1600~1850年，世界海洋运输业中并没有发生用轮船代替帆船之类的重大技术进步，但这期间海洋运输的生产率却有了很大的提高，这又作何解释呢？诺思正是充分意识到这一点，于1968年发表了《1600~1850年海洋运输的生产率变化的原因》一文，该文通过对海洋运输成本的各方面的统计分析发现，尽管这一时期海洋运输技术没有大的变化，但由于船运制度和市场制度发生了变化，例如，海运因海盗受到打击而变得安全了，保险费用减低，武装护航人员减少，结果是单位船员的载货能力提高和船速加快；其次是市场规模扩大，运输的货物总量大大提高，因此空返次数和滞港时间减少，装卸人员由港口提供，不再随船跟从，从而劳动成本降低，装载量提高。这些制度变迁最终降低了海洋运输成本，使得海洋运输生产率大有提高。揭示在技术没有发生变化的情况下，通过制度创新或变迁也能提高生产率和实现经济增长，这点使诺思的这篇论文不仅成为新制度经济学的代表作，而且也启迪他从此以后就制度变迁与经济增长这一课题进行深层的、全面的研究。

在随后发表的《制度变迁与经济增长》（1971）一文中，诺思明确提出了制度变迁对经济增长十分重要的观点。他说："经济史学家已经集中注意力于技术变化，把它看作增长的源泉，但是，如上所述，制度安排的发展才是主要的改善生产效率和要素市场的历史原因。更为有效的经济组织的发展，其作用如同技术发展对于西方世界增长所起的作用那样同等重要。"他还说："我深信，在过去的25年里，经济学家们解释经济增长的努力是误入歧途。答案并不在于他们的资本形成的模型或各种现成的其他'战略性'变量的狭窄

---

① Bauer，Yamey. The Economics of Under-Developed Countries [M]. Chicago：University of Chicago Press，1957：127.

的经济范围中；答案取决于基本制度环境的特征以及这些基本规则实行的程度。"①

在 1973 年出版的《西方世界的兴起》一书中，诺思进一步指出："有效率的经济组织是经济增长的关键；一个有效率的经济组织在西欧的发展是西方兴起的原因所在。有效率的组织需要在制度上作出安排和确立所有权以便造成一种刺激，将个人的经济努力变成私人收益率接近社会收益率的活动。"这里，在制度上作出安排和确立所有权即指进行制度创新，就是说，制度创新是有效率的经济组织从而经济增长的关键。他还说："我们列出的原因（创新、规模经济、教育、资本积累等）并不是经济增长的原因，它们乃是增长。"② 也就是说，按照诺思的观点，以往经济学家提出的各种经济增长决定论，无论是"资本决定论"，还是"技术决定论"或"人力资本决定论"等，都是不正确的。创新、规模经济、教育、资本积累等各种因素都不是经济增长的原因，它们不过是由制度创新引起的经济增长的表现而已，对经济增长起决定作用的只有制度因素。这就是诺思著名的经济增长的"制度决定论"。

第二节　制度变迁决定经济增长的途径及相关制度

为什么制度变迁对经济增长起决定作用？其途径是什么？决定经济增长的根本性制度是什么？这些都是经济增长的"制度决定论"必须回答的问题。

一、制度变迁决定经济增长的途径

制度是一种规范人们行为的规则。作为一种规则的制度是如何决定经济增长的呢？新制度经济学家认为，制度及其变迁对经济增长的决定正是通过对人的行为的影响，确切地说，是通过对人们参与各种经济活动的积极性的影响来实现的。如前所述，刘易斯 1955 年就提出了这一观点。正如他所说：制度是促进还是限制经济增长，要看它对人们的努力是否加以保护；要看它为专业化的发展提供多少机会和允许有多大的活动自由。

众所周知，经济增长的出现取决于人们是否从事合乎社会需要的、促进经济增长的活动，如发明创新、实物资本投资、人力资本投资等。正如勒帕日所说："从根本上讲，经济增长的起因是社会全部运转费用的下降（不仅包括本来意义上的生产费用，还包括交易费用、情报费用、组织费用等），而这种下降本身又取决于社会成员愿意在全部活动中更加节省共同体有限资源的积极性。换句话说，市场的存在，销路和级差积蓄新能力的出现，或一项发明使技术发生革命，这都不足以使上述因素立刻转变成剩余的增长能力。要达到这个结果，还需要有足够数量的经济人员，有足够的积极性抓住出现在他们面前的新机会。"③ 要使人们积极地从事这些有利于经济增长的活动，显然必须使他们受到刺激和

---

① 诺思. 制度变迁和经济增长［M］//盛洪. 现代制度经济学（上卷）. 北京：北京大学出版社，2003：290，293.

② 诺思，托马斯. 西方世界的兴起［M］. 厉以平，蔡磊，译. 北京：华夏出版社，1999：5，7.

③ 勒帕日. 美国新自由主义经济学［M］. 李燕生，译. 北京：北京大学出版社，1985：100-101.

激励。没有受到刺激和激励，人们是不可能积极地去从事这些活动的。按照诺思的话说就是必须对人"造成一种刺激"，"个人必然受刺激的驱使去从事合乎社会需要的活动"。他还说："就算社会上个人可能忽略这类实际刺激而进行选择，就算全社会有一些人满意他们现有的地位；然而，偶尔经验主义提出大多数人仍宁愿选择较多的物品而不选择较少的物品，并依这一原则行事。经济增长需要一部分人对它怀有渴求。"[①]

什么因素能给人们以刺激和激励呢？显然，它离不开各种各样的制度，即一个有效的制度结构。如前所述，诺思在 1973 年提出其"制度决定论"时，明确指出：有效率的组织需要在制度上作出安排和确立所有权以便造成一种刺激。在 1991 年的《制度、制度变迁与经济绩效》一书中，诺思还提出了制度结构的主要功能是给人们以刺激与激励的观点，并使用了"制度激励结构"的概念。他说："制度构造了人们在政治、社会或经济方面发生交换的激励结构。""为了试图解释不同的历史经验以及当今的发达经济、集中计划经济与欠发达经济的经济绩效的差异，如果不将制度中派生的激励结构作为这一研究的一个重要组成部分，这一研究对我来说将是一个无结果的试验。……无论是新古典模型还是剥削模型，都受财富最大化游戏者所驾驭，因而它们也由制度激励结构所决定。这里的差别是，前者暗含的制度结构产生了有效的竞争性市场经济，它受报酬递增或资本积累及增长所驱使；而在后者，帝国主义国家或核心国经济的增长却是由一种靠剥削依附国或边缘经济的制度结构所致。"[②] 这里，诺思的观点很明确，即对人的刺激和激励离不开制度结构，而刺激和激励人的制度结构有优劣和好坏之分。好的制度结构驱使人们做有利于经济增长的事，不好的制度结构则驱使人们做不利于经济增长的事。

对制度与激励的关系，布罗姆利在其《经济利益与经济制度》一书中也作了深刻的论述。他指出，任何一个经济体制的基本任务就是对个人行为形成一个激励集，由此鼓励发明、创新和勤奋以及对别人的信赖并与别人进行合作。通过这些激励，每个人都将受到鼓舞去从事那些对他们是良有益处的经济活动，但更重要的是，这些活动对整个社会有益。

专栏 11-1

格兰德河的经济：如此近邻却如此不同

诺加利斯城由一道栅栏分割成了两部分。如果你站在南边，向北望去，你就看到亚利桑那州圣克鲁兹县的诺加利斯。那个地方一般家庭的年收入在 30000 美元左右。绝大多数十多岁的孩子在学校读书，大多数成年人受教育水平至少是中学毕业。尽管所有人都认为美国的医疗体系非常不完善，但是这里的人们都很健康，按全球标准来衡量，预期寿命很高。许多居民的年龄都在 65 岁以上，都可以得到医疗服务。

---

① 诺思，托马斯. 西方世界的兴起［M］. 厉以平，蔡磊，译. 北京：华夏出版社，1999：6-7.
② 诺思. 制度、制度变迁与经济绩效［M］. 刘守英，译. 上海：上海三联书店，1994：3，180.

这只是绝大多数想当然地认为政府应该提供的公共服务之一，这些公共服务还包括：供电、电话、供排水、公共卫生，以及把该地区和全国其他城市联系起来的公路网，此外，还有法律和秩序。亚利桑那州诺加利斯居民在日常生活中，无须担心生命或安全问题，也不必害怕被偷、被征用或者其他可能对他们在商业或住房的投资造成危害的行为。同样重要的是，尽管政府低效率，也存在偶尔的腐败，但亚利桑那州诺加利斯的居民仍想当然地认为当地政府是他们的代言人。他们可以投票选举他们的市长、众议员和参议员；他们还参与投票选举总统以决定谁将领导他们的国家。民主是他们的第二本性。

栅栏南边，仅仅几英尺之遥，情况却完全不同。索诺拉州诺加利斯的居民生活在墨西哥一个相对繁荣的地区，但是户均年收入却大约仅为亚利桑那诺加利斯的1/3。索诺拉州诺加利斯的大多数成年人未受过中学教育，很多十多岁的孩子辍学在家。母亲们为非常高的婴儿死亡率担心。落后的公共卫生条件意味着索诺拉州诺加利斯居民的平均寿命毫不奇怪地低于他们北面的邻居。他们也没有公共娱乐设施，道路条件很差，法律状况也很差，犯罪率很高；开公司属于高危活动，不但要冒被抢劫的风险，而且为开业获得所有的许可盖章也要历尽艰辛。索诺拉州诺加利斯的居民每天都要忍受政客的腐败和无能。

与他们北面的邻居相比，对他们来说，民主只是最近的事。在2000年的政治改革之前，索诺拉州诺加利斯就像墨西哥其他地区一样，一直在制度革命党（PRI）的腐败统治下。

从根本上说，这两个地方本来是同一个城市的两个部分，可是它们之间为什么会有如此大的差距呢？它们在地理、气候上毫无差异，而且病菌在美国和墨西哥之间来回传播不受任何阻碍，所以两个地区的流行疾病没有差别。当然，两地的居民健康状况差距很大，但是这与疾病环境无关；而是因为边境线以南的人民生活条件较差，缺乏足够的医疗保障。

要不就是两地居民存在很大差别。难道亚利桑那诺加利斯的居民是欧洲移民的后代，而南边的居民是阿兹特克人的后代？非也。边境线两边的人的背景非常相似。墨西哥于1821年从西班牙独立之后，诺加利斯周围地区就是墨西哥的"上加利福尼亚"的一部分，甚至在1846~1848年的美墨战争之后，仍旧如此。在1853年加兹登购买协议之后，美国的国境线才扩展到这个地区。当年米奇勒上尉在边境线驻守时，曾记录下这里有"诺加利斯美丽的小山谷"。就在这里，在国境线两边，建起了两个城市。亚利桑那州诺加利斯和索诺拉州诺加利斯的居民具有共同的祖先、相同的饮食结构、相同的音乐以及相同的"文化"。

当然，对诺加利斯两个部分的差距，有一个非常简单而明显的解释，这就是：把它们分成两部分的国境线。亚利桑那州的诺加利斯在美国，其居民拥有的是美国的经济制度，他们可以自由地选择职业，获得教育和技能，并且鼓励他们的老板投资于最好的技术，从而给他们带来更高的工资。他们拥有的政治制度，也能让他们参与民主过程，选举自己的代表，并且在代表不尽职的时候再通过选举替换之。因此，政治人物就会提供居民需要的基本服务（从公共卫生到道路和法律秩序）。索诺拉州诺加利斯的居民就没有这么幸运了。他们生活在一个具有不同制度的完全不同的世界。这两种不同的制度给两个诺加利斯的居民带来了完全不同的激励，也给打算在那里投资的企业家和商人带来了不同的激励。两个诺加利斯以及它们所在国家的不同制度带来的这些激励就是国境线两边经济繁荣程度存在巨大差异的主要原因。

资料来源：阿西莫格鲁，罗宾逊 . 国家为什么会失败 ［M］. 长沙：湖南科技出版社，2015.

制度对人的行为具有刺激和激励作用（好的制度起正激励作用，不好的制度起负激励作用）可以借助博弈论来说明。"囚犯困境"博弈中的报酬矩阵实际上可以看作是一种奖惩或者说分配制度安排，如果我们改变其报酬矩阵（即奖惩或分配制度），两个囚犯的行为也必然不同。我们来看一看原来的"囚犯困境"博弈（见图8-2）。在这一博弈中，奖惩或分配制度是这样安排的：如果甲不坦白，乙坦白，则甲判八年，乙只判一年。反之，若甲坦白，乙不坦白，则甲只判一年，乙判八年。这里体现了警察审犯人的最常用奖惩制度——"坦白从宽，抗拒从严"。显然，这一博弈的双方都有占优策略——坦白，因此，其均衡结果是一个占优策略均衡，即双方都选择坦白，最后两个人都要坐五年牢，达到了警察审犯人的目的。

现在，我们来看图11-1。这里奖惩制度作了如下改变：如果甲不坦白，乙坦白，则甲只判一年，乙判八年。反之，若甲坦白，乙不坦白，则甲判八年，乙只判一年。这里的奖惩制度是"坦白从严，抗拒从宽"。这一博弈的结果是什么？还是不是"囚犯困境"？显然，在改变了奖惩制度的情况下，"囚徒困境"不再是困境，而是囚犯的快乐，囚犯的解放日。因为，在这种奖惩制度下，两个囚犯都会选择不坦白作为自己的最优策略，占优策略均衡是都不坦白，因而两囚犯都只得到两年的轻判。正因为如此，我们不妨将这一博弈称为"囚犯的快乐"。

同样两个囚犯，同样的犯罪行为，在一种制度安排下，得到了严厉的惩罚，在另一种制度安排下却没有得到应有的惩罚，这会使犯罪行为变得更加猖獗。这说明：制度安排的不同对人的行为的确影响很大。

现在将这一博弈做些改变，博弈中的参与人不再是囚犯而是企业的两个员工。他们有两种策略：偷懒和勤快。我们来看一看在奖勤罚懒的分配制度和"干多干少一个样"的平均主义分配制度下，两个员工的工作积极性会有什么样的不同。图11-2表示的是奖勤罚懒的分配制度的报酬矩阵。从图中可以看出，在奖勤罚懒的分配制度下，两个人的占优策略都是选择勤快，占优策略均衡是两个人都勤快。

		乙		
		坦白		不坦白
甲	坦白	−5	−5	−8 ‖ −1
	不坦白	−1	−8	−2 ‖ −2

图 11-1　"囚犯的快乐"博弈

		乙		
		偷懒		勤快
甲	偷懒	2	2	2 ‖ 4
	勤快	4	2	4 ‖ 4

图 11-2　奖勤罚懒博弈

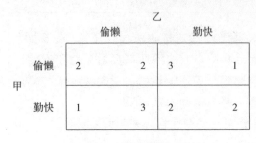

图 11-3　平均分配博弈

再来看平均主义分配制度下的报酬矩阵（见图 11-3）。在这一博弈中，无论甲和乙选择什么样的策略（偷懒或勤快），企业始终给予甲和乙 2 单位的报酬。鉴于在一人勤快一人偷懒的情况下，勤快者会产生不满心理（这会降低 2 单位报酬的效用），而偷懒者会有幸灾乐祸心理（这会增加 2 单位报酬的效用），因此，我们假定：在甲偷懒、乙勤快的情况下，甲的 2 单位报酬相当于 3 单位的效用，而乙的 2 单位报酬只有 1 单位的效用。同样，在甲勤快、乙偷懒的情况下，甲的 2 单位报酬的效用会降低为 1 单位，乙的 2 单位报酬的效用会增加为 3 单位。这一博弈的结果可想而知，最后，两个人的占优策略均衡一定是都选择偷懒。

通过上面的分析，可以清楚地看出：好的制度的确能够使人更积极地工作，不好的制度往往使人不是更好地工作，而是想办法如何尽量少工作、多偷懒。

很明显，制度及其变迁对经济增长之所以十分关键，是因为如果没有制度给予人们从事合乎社会需要的、有利于经济增长的活动的刺激与激励，那么，所有这些活动都会变得十分稀缺。也就是说，如果人们缺乏进行各种有利于经济增长的活动的积极性，那么，无论是发明创新活动，还是实物或人力资本投资活动，都会因缺乏动力而萎缩或停滞不前。正如诺思所说："如果社会上个人没有刺激去从事能引起经济增长的那些活动，便会导致停滞状态。……如果一个社会没有经济增长，那是因为没有为经济创新提供刺激。"[①] 改革开放前，我国经济发展的停滞状况就与人们进行经济活动的积极性不高直接相关，至于为什么人们的积极性不高，关系最大的恐怕就是当时的各种制度安排没有对人们造成从事合乎社会需要的活动的刺激。所以，诺思强调指出："制度在社会中起着更为根本性的作用；它们是决定长期经济绩效的基本因素。"因为，"激励是经济绩效的基本决定因素，……应该将激励置于它应有的位置来研究，即它是经济绩效的关键"[②]。

二、决定经济增长的根本性制度

既然制度激励结构对经济增长如此重要，哪些制度对经济增长最为关键和根本呢？深入研究这一问题，显然具有重要的理论与现实意义。诺思也说："由于历史上和当今经济中都存在大量的关于经济处于成长、停滞或衰退的例子，对那些决定绩效的制度特征的分析就是有价值的。"[③]

在 1973 年的《西方世界的兴起》和 1981 年的《经济史中的结构与变迁》这两部著作中，诺思特别强调了能够使私人收益率接近社会收益率的产权制度安排在给予人们从事合乎社会需要的活动的刺激与激励从而促进经济增长中的关键作用。他指出，应当设计某种

---

① 诺思，托马斯．西方世界的兴起［M］．厉以平，蔡磊，译．北京：华夏出版社，1999：6.

② 诺思．制度、制度变迁与经济绩效［M］．刘守英，译．上海：上海三联书店，1994：143，181.

③ 诺思．制度、制度变迁与经济绩效［M］．刘守英，译．上海：上海三联书店，1994：180.

机制使社会收益率和私人收益率相等。"为有效率的资源配置提供激励的所有权结构（即一套使创新和人力资本投资等方面的私人收益率接近社会收益率的产权）将是重要的。"[①]这里，私人收益率是指经济单位从事一种活动所得的净收入款。社会收益率是社会从这一活动所得的总净收益（正的或负的），它等于私人收益率加这一活动使社会其他每个人的净收益。

什么样的制度安排能使私人收益率和社会收益率相等呢？诺思以对经济增长起到巨大促进作用的发明创新活动为例，说明了奖金制度和专利制度等就是这样一种机制。他指出，付给数学家报酬和提供奖金是刺激努力出成果的人为办法，而一项专为包括新思想、发明和创新在内的知识所有权而制定的法律则可以提供更为经常的刺激。没有这种所有权，便没有人会为社会利益而拿私人财产冒险。为了使个人收益接近社会收益，保密、报酬、奖金、版权和专利法在不同的时代被发明出来。一套鼓励技术变化，提高创新的私人收益率使之接近社会收益率的系统的激励机制仅仅随着专利制度的建立才被确立起来。

为什么使私人收益率接近社会收益率的产权制度安排能给人们造成一种进行有利于经济增长的经济活动的刺激呢？

这就需要从经济学关于人的行为的经济人假设说起。既然人都是经济人，人的行为都是自利性的，人们在经济活动中必然进行成本—收益比较，并以之作为是否进行某种经济活动的原则。只有收益大于成本的经济活动才符合经济人本性，也才是经济人愿意做的。收益大于成本的差额越大，经济人进行经济活动的动力越大；反之，则越小。但是，由于人是生活在社会之中，个人的经济活动除了会造成私人成本与私人收益外，还会造成社会成本或社会收益。有些经济活动，经济人自己付出了私人成本，同时也给社会带来了成本；还有些经济活动，经济人得到的私人收益很少，而社会收益却很大。对于经济人来说，他的经济活动造成的社会成本，他是不会计较的。但如果他的经济活动造成了很大的社会收益，而私人得不到补偿，即私人收益小，就会出现私人和社会的收益之间的不一致。这种不一致的出现就会挫伤经济人从事经济活动的积极性。

在什么情况下会出现私人收益率和社会收益率间的不一致呢？正如诺思所说："每当所有权未予确定限制或没有付诸实施时便会出现这种不一致。如果私人成本超过了私人收益，个人通常不会愿意去从事活动，虽然对社会来说可能有利。"[②] 也就是说，没有界定产权或者产权界定不清时，就会出现这种情况。只有通过界定和行使产权，才能造成一种刺激，将个人的经济努力变成私人收益率接近社会收益率的活动。这就是说，在缺乏有效的产权制度保证私人收益接近社会收益的情况下，人们是不会去从事有利于经济增长的活动的。在发明创新活动的例子中，如果他人可以随意模仿发明创新者的研究成果，而不受专利等制度的约束，那么，发明创新活动一定会比有专利制度保护的国家或社会少得多。

勒帕日在其《美国新自由主义经济学》一书中，对产权制度安排（他称之为"所有权"）在经济增长中的关键作用进行了分析。他所谓的"所有权"，就是有助于确定每个人占有、使用、转让生产出来的财富的权利的一切法律、规定、惯例和条例。例如，赋税和关税就是把公民经济活动收益的"所有权"——授予国家的制度，这些制度强迫公民与

[①] 诺思. 经济史中的结构与变迁 [M]. 陈郁，罗华平，等译. 上海：上海三联书店，1994：29.

[②] 诺思，托马斯. 西方世界的兴起 [M]. 厉以平，蔡磊，译. 北京：华夏出版社，1999：7.

第三者分享他们自身努力得来的"利益"，限制了公民对劳动成果的个人所有权。相反，当国家把"垄断"权授予某个人或某个企业时，它加强了这个人和这个企业的专属所有权，最终向他们转让了某种购买力的所有权，而如果可以自由竞争的话，该所有权就会属于消费者。

从上述观点来看，任何立法行动——无论是涉及选举法，老年人补助制度，还是保障工会权利法等——都由于它直接或间接改变了社会剩余价值的分配法则，因而对改变或建立新所有权起到了促进作用。任何一个有组织的社会，不管它是否承认"所有权"，都是以某种"所有权体系"为特征的。各社会之间的区别，只在于所有权体系在保障个人（或集团）——他们所做的努力使他们成为社会"剩余价值"的创造者——使用、规定用途和转让个人努力成果方面的专一程度是最大还是最小；或者相反，只在于所有权体系采取下列行动时方式上的不同：一方面它强迫个人同第三者分享个人创造的"利益"（如集体农业组织），另一方面又限制个人防范来自第三者的劫掠的可能性或者邻人或对手无偿的仿效（这最终减少了创新者努力的"收益"，并使该收益变得毫无把握）。

很明显，一个社会的所有权体系如果明确规定每个人的专有权，为这种专有权提供有效保护，并通过缩小对创新带来额外"利益"可能性无把握的程度，促使发明者的活动得到最大的个人收益（在其他条件不变的情况下，使越来越多的人准备冒些风险，以获得额外"利益"，因为获得这些利益的"费用"降低了），那么，这个社会就更富于"创新精神"，并且更能使经济增长。相反，如果一个社会规定个人权利的制度不明确，如果该社会的保护结构没有效力（或"故意"限制个人的专有权），这就会提高创新活动的"费用"，并减少发明者努力的个人收益，那么，这个社会进步就更慢，更难使经济增长。与可能得到的"利益"相比较，创新（不仅指"技术"，还包括有助于降低社会运转费用的全部社会活动）的"费用"越高，人们就越没有理由把他们的努力和精力用于"有益"社会的创新活动。相反，这些"费用"越少，个人和社会集团就越有理由寻求"有益于"社会的新解决办法。

柯武刚和史漫飞也表达了与诺思和勒帕日相似的观点："至少有三项制度对人类进步和文明社会来讲是具有根本性的：保障产权、通过自愿的契约性协议自由转让产权以及信守诺言。"[①]

詹森和梅克林（1979）通过构建一个包含产权和契约结构的生产函数，说明了产权制度对企业绩效和经济增长的影响。他们认为，新古典经济学中的生产函数理论，只看到了资本、劳动和技术这些要素对企业绩效的影响，而没有认识到产权制度的重要性，这是存在缺陷的。正如詹森和梅克林所说："生产函数依赖于企业赖以生存的财产和契约权利的结构。"[②] 在理论分析的基础上，詹森和梅克林提出了如下包含产权制度变量的生产函数，其公式如下：

$$Q = F_\theta \ (L, \ K, \ M, \ \Phi; \ T)$$

式中，Q 为产出数量，L、K、M 分别为劳动、资本和原材料投入，T 是一个描绘与生

---

① 柯武刚，史漫飞. 制度经济学 [M]. 北京：商务印书馆，2000：24.

② 詹森，梅克林. 权利与生产函数：对劳动者管理型企业和共同决策的一种应用 [M]//陈郁. 所有权、控制权与激励. 上海：上海三联书店，1998：85.

产有关的知识和物质技术状况的向量，Φ 是一个广义化指数，用来描述一系列的"组织形式"的选择，或者是一定的 θ 条件下企业可选用的内部博弈规则，θ 是描述企业赖以生存的契约和产权体系的有关方面的一个特征向量或参数向量。符号 F 代表生产函数族，它的成员根据权利体系的特征值 θ 而有所不同，所以 F_θ 代表了这个函数族的某一特定成员。排除不确定性，$Q = F_\theta$（L，K，M，Φ：T）就代表了企业实际产出可能线的边界，该企业在 θ 描述的权利体制中，采用 T 表示的适用技术，选择一种组织结构 Φ，并使用劳动 L、资本 K 和原材料 M 这些投入品。

权利结构 θ，作为外生变量，表示为企业赖以生存的政治、社会和法律体系，它概括了外部博弈规则。这种外生的权利结构变量 θ 也界定了一系列潜在的、适用于企业的组织结构 Φ。组织结构或界定 Φ 的各种要素的内部博弈规则的特征值包括合伙或合作形式、成本部门化或利润中心、分散决策程度、是拥有还是租赁设备、补偿计划（包括利润分享和激励机制）的性质、工会组织、就业条件、与供给者和消费者有关的契约的性质等这样一些参数。詹森和梅克林强调指出："权利结构 θ 和组织结构 Φ，在激励自我利益和个人最大化以达到实际上可能的产出方面起着重要作用。"[①]

三、政治制度在决定经济制度及经济增长中的作用

以上对决定经济增长的根本性质制度的讨论主要强调的是产权保护、契约实施等经济制度。近年来，诺思、阿西莫格鲁等新制度经济学家进一步研究了政治制度在决定经济制度变迁及其对经济增长的重要作用，从而推进了决定经济增长根本性制度问题的研究。正如诺思所说："人类为规范政治、经济环境所创建的结构是经济绩效的基本决定因素。这种结构提供了一种激励机制，人类根据这种激励作出选择。……经济运行中的正式规则是由政治体制来定义和保证实施的，因此政治体制是决定经济绩效的基本因素。"[②] 当然，政治制度与经济制度的因果关系并不是单向的，而是双向的。用诺思的话说，作为经济制度的"产权以及由此产生的个人契约是由政治决策过程界定并实施的，而经济利益结构也会对政治结构产生影响。在均衡状态下，一个既定的产权结构（及其实施）将与一套特定的政治规则（及其实施）相一致。其中一个变化，将导致另一个的变化"[③]。

政治制度又是如何决定经济制度变迁与经济增长并进而引起自身的改变的呢？阿西莫格鲁等（2004）构建了一个政治制度决定经济制度、经济制度又决定经济增长的动态分析框架深化了人们对政治制度在决定经济增长中的作用的认识。下面对其分析框架做一个简要的介绍。

第一，经济制度决定经济增长，因为它为社会中的经济主体提供激励，特别地，它影响人力资本、物质资本和技术的投资，影响产业组织。尽管文化和地理因素也影响经济绩效，经济制度的差异是各国收入和经济增长速度差异的主要原因。经济制度不仅决定经济增长，也影响一系列其他经济结果，包括资源分配、财富的分配、物质资本的分配、人力

---

① 詹森，梅克林. 权利与生产函数：对劳动者管理型企业和共同决策的一种应用 [M]//陈郁. 所有权、控制权与激励. 上海：上海三联书店，1998：88.

② 诺思. 理解经济变迁过程 [M]. 钟正生，刑华，等译. 北京：中国人民大学出版社，2008：46-57.

③ 诺思. 制度、制度变迁与经济绩效 [M]. 杭行，译. 上海：上海三联书店，2008：67.

资本的分配等。换句话说，经济制度不仅影响经济的总量，也影响经济的结构。阿西莫格鲁等将其图示化为（其中 t 代表现期，t+1 表示将来）：

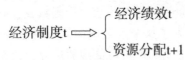

第二，经济制度是内生的。它是社会的公共选择的结果。由于社会的利益存在冲突，所以没有一个制度能够满足所有人和团体的要求，任何一个制度都将产生胜利者和失败者。所以在制度选择上，利益冲突的人和团体的观点是相互冲突的。最终的制度均衡取决于政治权力。当然一个好的制度取代一个差的制度，对于这个社会来说是一个改进，但是这个改进能否实现，最终取决于利益冲突的社会集团之间政治权力的较量。哪个集团能够拥有更多的政治权力，它就更能保证制度变迁向着它所偏爱的方向进行。这引出了分析框架的第二块：

政治权力t ⟹ 经济制度t

第三，政治权力决定经济制度所暗含的观念是这种想法，即在资源分配上存在冲突的利益，因而会对经济制度施加间接的限制。为什么利益相互冲突的集团之间不能就最大化社会产出的经济制度达成协议，然后运用他们的政治权力决定资源的分配？为什么政治权力冲突的结果是无效率的经济制度和贫困？原因是政治权力的运用有可信性问题。拥有政治权力的人不能向没有政治权力的人做出可信的承诺，这使得资源的分配和资源的有效利用成为不可分割的同一问题。如果成功者对于失败者的补偿不是可信的，那么失败者就不会支持有效率的制度变迁。

第四，社会中的政治权力的分布也是内生的。在此，区分政治权力的两个部分——法定的政治权力与实际的政治权力——是有用的。这里，法定的政治权力是指源自社会的政治制度的权力。政治制度与经济制度类似，决定了关键政治代理人的激励与约束，它同时决定了法定的政治权力的分布。政治制度的例子包括政府的形式（如民主、专制或独裁）、政治家所受到的限制等。如在君主制下，政治制度把所有的法定的政治权力都赋予君主，君主在行使政治权力时受到很少的限制。在君主立宪制下，政治制度把很多政治权力下放给议会，这样就有效地限制了君主的政治权力。这里的讨论表明：

政治制度t ⟹ 法定的政治权力t

第五，政治权力不仅来源于政治制度的规定。一个群体，即使没有政治制度赋予的政治权力，也可能拥有政治权力。如他们可以造反，雇用军队，或者采取抗议等形式向社会表达他们的诉求。这类的政治权力被称为实际的政治权力。实际的政治权力有两个来源：其一，集团解决集体行动困境的能力，也就是说该集团的成员行动的一致性程度，或者说是集团克服成员"搭便车"问题的状况。如在中世纪，农民没有宪法赋予的政治权力，但是农民常常能够解决集体行动的问题，发动起义对当权者造成威胁。其二，实际的政治权力取决于该集团所占有的资源，这又决定了该集团利用现存政治制度的能力和决定了它使用暴力的能力。所以：

资源分配t ⟹ 实际的政治权力t

第六，这带来了分析框架中两个主要的状态变量之一的政治制度的演进（另一个状态变量是资源分配，包括物质资本和人力资本存量的分配等）。政治制度和资源分配是这个动态框架中的状态变量，因为它们的变换很慢，而且更重要的是，它们直接或间接地决定了经济制度与经济绩效。它们的直接效应很容易理解。如果政治制度把所有的政治权力都放在一个人或者一小群人手中，那么经济制度不会对其他人提供相同的产权保护和平等的机会。间接效应通过上面讨论的渠道起作用：政治制度决定法定政治权力的分配，而这又影响了经济制度的选择。所以这个框架提供了一个制度的层级概念，即政治制度影响经济制度的均衡，而经济制度又影响经济结果。

尽管政治制度变动比较慢，但它也是内生的。社会从独裁体制变到民主体制，通过修宪来限制当权者。既然政治制度也是公共选择的结果，社会中政治权力的分布也是政治制度演化的关键因素。这使得政治制度有一种持续的力量：政治制度赋予当权者政治权力，当权者能够运用政治权力影响政治制度的演进，一般来说，他们会保持赋予他们政治权力的政治制度。然而，实际的政治权力有时会带来政治制度的变迁。当然，这些变迁一般都是不连续的，如当不平衡的权力导致革命或革命的威胁导致政治制度的重要变革，它们常常会简单地影响现存政治制度起作用的方式。将上面的讨论加以总结，我们有：

政治权力t $\Longrightarrow$ 政治制度t+1

把上面的几个环节综合在一起，我们可以得到下面的完整图示（见图11-4）。

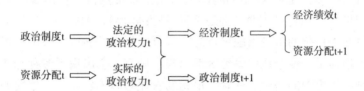

图11-4　政治制度决定经济制度变迁和经济增长的动态分析框架

图11-4中，两个状态变量是政治制度和资源分配，这两个状态变量在时间 t 足以决定体系中其他变量。政治制度决定社会中法定政治权力的分配，而资源分配影响 t 期实际政治权力的分配。政治权力的这两种来源，又依次影响了经济制度的选择以及政治制度的未来的演进。经济制度决定经济结果，包括经济的增长率和资源在 t+1 期的分配。尽管经济制度是决定经济绩效的最根本的因素，但它自身是内生于政治制度和社会的资源分配的。

第三节　制度变迁与经济增长：经济史新解

诺思经济增长的"制度决定论"并非毫无根据的猜测和臆想，而是在对经济史的深入研究的基础上提出来的。正是基于"制度决定论"，诺思等新制度经济学家对经济史进行了全新的解释，给人以耳目一新的感觉。

一、第一次经济革命的原因

在人类有别于其他动物后的 100 多万年时期内，人类一直在地球上漫游，从事狩猎和采集植物的活动。由于人类生存的基本生活资料都取自自然界猎杀的动物或采集的植物，人类生活的许多方面与其他动物并没有多大的区别。在这一段时期里，人类并未改善资源基数。即是说，人类维持生存的资源就是地球上既有的动物和植物数量。由于人类未能改善资源基数，人类生活的有限性仍没有被突破，人类只生活在地球的生物圈内。

到了大约 1 万年前，情况发生了很大的变化。人类开始发展定居农业，如放牧、饲养动物以及栽培植物以获取食物。这使得人类扩大资源基数的能力大大提高。诺思认为，定居农业的出现导致了根本性的经济革命，即第一次经济革命①，它大大加速了人类学习的过程，从根本上改变了人类进程，使人类获得了超常的发展。用诺思的话说，所谓超常发展，是指人类编年史上那种 10 分钟的发展相当于以前 23 小时 50 分钟的发展。

据诺思分析，从定居农业出现到罗马帝国鼎盛时期的约 8000 年时间里，人类在以下方面获得了迅速发展：①人口在增长，而且是以前所未有的速度增长。人类定居的区域也在扩大。②定居农业取代狩猎采集成为主要的经济活动。③第一次出现了国家政治组织。这一时期国家所采取的特定形式多种多样且变化不定，既有专制的，又有民主的。但是，尽管形式多样，每种形式的国家都承担了管理的职责，国家的出现伴随着战争和政治上的动乱。国家的规模一直在扩大，直至整个西方世界在罗马帝国时期统一为止。④在技术发展方面取得了重大进步，在 8000 年的时间里，紧接着青铜器时代出现了铁器时代。⑤贸易得到了发展和扩大。在这一时期，地区间贸易发展得特别快，终于出现了非人格化市场，并逐步通过非人格化的市场来配置资源。⑥首次出现了城市。城市的规模扩大了，城市功能的复杂性增强了，整个地中海地区都出现了城市。⑦出现了各种经济组织。⑧各种产权奠定了各种经济组织的基础。开始，最初的农业共同体建立了排他性的公有产权。在某些地区，这类排他性的公有产权已让位于排他性的国有产权，而在其他一些地区，排他性的公有产权则被个人私有产权所取代。⑨出现了快速的经济增长。经济增长的部分收益用于维持人口增长的需要，部分收益用于提高一般生活水准。⑩随着最初普遍存在的分配不均等，收入分配变得明显地较不公平。

第一次经济革命的原因是什么？或者说，为什么在人类发展定居农业以后，发展速度如此迅速呢？诺思认为，根本的原因是产权制度的不同，是制度变迁的结果。正是产权制度的变迁导致了第一次经济革命。正如诺思所说："狩猎的共有产权与农业的排他性公有产权的差异是解释第一次经济革命的关键。"②

为什么狩猎的共有产权与农业的排他性公有产权的差异是解释第一次经济革命的关键？我们有必要对狩猎的共有产权与农业的排他性公有产权及其差异作些简要的介绍。

众所周知，史前人类把劳动与自然资源结合起来进行谋生，自然资源不论是狩猎的动物还是采集的植物，开始都是作为共有财产而被占有的（即共有产权）。共有产权意味着所有人都能自由使用这些资源。经济学家们都熟知这样一种观点，即无限制地使用一种资源会导致其无效率性。当对资源的需求增加时，这种无效率会导致资源的枯竭。如果是再生资源，这种枯竭的形式就是使生物的存量减少到维持获取量所需的水平以下。

---

① 诺思认为，人类历史上存在着两个重要的人口与资源比例的转折点，即两次经济革命。第一次经济革命就是指发生在 1 万年前的定居农业的出现所引起的一系列变化。第二次经济革命则指 17～18 世纪在西方国家发生的经济革命，即通常所说的"产业革命"或"工业革命"。

② 诺思. 经济史中的结构与变迁［M］. 陈郁，罗华平，等译. 上海：上海三联书店，1994：90.

让我们考察一下几个群落为共同占有迁徙性动物而竞争的情形。动物只有被捕获以后才对群落有价值。于是群落就有开发这一资源的激励，直至所捕杀的最后一个动物的价值与捕杀这一动物的私人成本相等为止。采集过程也会持续下去，直至在私有产权制度下稀缺资源的收益消失。这就是说，在竞争的情况下，没有任何一个群落有保存资源的激励，因为人们都唯恐剩下的用于繁殖的动物可能会被竞争对手捕杀了去。因此，动物存量面临着灭绝的危险。导致这种无效率的关键因素是开采共有资源没有任何障碍。

与狩猎采集不同的是，定居农业是建立在排他性公有产权的基础上的。农业的排他性公有产权的建立与人口的扩张、资源变得越来越稀缺有关。当人口压力持续增大和为了占有共有财产资源而展开竞争的时候，这些资源就会日渐稀缺，并使得获取资源所需的劳动时间相对昂贵。那么，解决史前人类所面临的共有财产的两难困境的办法是什么呢？诺思认为，最根本的办法就是建立排他性的公有产权。当动植物相对于人口的需求还算丰盛的时候，就没有激励机制去承担因建立对动植物的产权所产生的费用。只要在稀缺性增大的过渡时期内，才值得去承受建立和行使产权所必需的费用。

农业的排他性公有产权显然比狩猎的共有产权有效率，因为排他性公有产权能够限制开发资源的速度，不会出现资源过度利用的问题。用诺思的话说，如果禁止一些潜在的进入者利用这些资源，那么，收入的所有来源就不会枯竭。因此，作为排他性的公有财产而组织起来的原始农业，从产权的效率来看，优于狩猎业。

农业的排他性产权较之狩猎的共有产权的优势，不仅在于它可以限制资源的开发速度和过度利用问题，而且更为重要的是，它带来了激励机制的变迁。因为，排他性产权能够加强对获取新知识的刺激（这又是因为，在排他性产权制度下，新知识的应用所带来的收益完全归产权的所有者）。正是这种激励机制的变迁，导致了第一次经济革命。正如诺思所说："之所以说第一次经济革命不是一次革命，是因为它使人类的主要经济活动从狩猎采集业转到了定居农业。之所以又说它是一次革命，是因为这种转变为人类带来了基本均衡的激励机制的变迁。激励机制的变迁起源于两种体制下的不同的产权。当某些资源的共有产权存在时，对获取较多的技术和知识很小有刺激。相反，对所有者有利的排他性产权能够提供对提高效率和生产率的直接刺激，或者用一个更基本的术语来说，能够直接刺激获取更多的知识和新技术。可以用这种激励机制的变迁来解释过去一万年人类所取得的迅速进步和漫长的原始狩猎采集时代发展缓慢的原因。"[①]

二、为什么现代经济增长最早出现在荷兰和英国

现在我们回到本章第一节提出的问题：为什么现代意义上的经济增长最早于17世纪在荷兰和英国出现，而不是法国和西班牙？对于这一问题，诺思（1973，1981）给予过解释。

对于上述问题，诺思的观点很明确：产权制度的不同是造成四个国家经济增长率不同的根本原因。诺思说："17世纪正兴起的欧洲各民族国家之间出现不同增长率的原因可以从每个国家建立的产权的性质中找到。……在两个成功的国家里，所建立的产权激励人们

---

① 诺思. 经济史中的结构与变迁 [M]. 陈郁，罗华平，等译. 上海：上海三联书店，1997：98.

更有效地使用资源，并把资源投入发明与创新活动之中。在不太成功的国家里，税收的绝对量和取得财政收入的具体形式刺激个人做相反的事情。"①

问题是，为什么荷兰和英国能够形成有利于经济增长的产权制度，而法国和西班牙却不能？诺思认为，这与四个国家王权在扩大国家征税权方面是否受到制衡有关。他指出，所建立的产权类型是各个国家所使用的特殊方式的结果。政府与臣民之间在扩大国家征税权方面的制衡特别重要。

对于诺思的这一观点，勒帕日有一段更详细的论述。他说，差距是由"专制"权力国家和"有限"王权国家的"政治距离"造成的。16～17世纪的欧洲，民族国家形成。"国家"冲突代替了过去地方或地区的对抗。当时各王国所面临的问题实际非常简单：他们的初步、通常是极短时期的任务，是最大限度地增加他们的收入。鉴于形势，国家总是追求尽可能大的直接收益；这种约束决定了国家选择怎样的手段。"强大"君主政体的国家，当局实际上可以自由地施行他们选定的税收和预算政策。由于在短期内最大限度地增加捐税收入的做法很少符合长期经济发展的要求，因此在16～17世纪，君主"专制"国家内所有权体系的发展不利于鼓励个人冒险，并且不利于在经济方面更"有效率"的社会制度的发展。相反，在"议会制"君主国家，由控制议会的商人和资产者组成的院外活动集团的存在，限制了政权的立法创议权。这些商人需要政权存在：这一方面是为了保护既定权利并使之得以实行；另一方面是为了在人们想抓住新的"获利"可能性，而必须使新经济活动形式"制度化"时，可以得到政权的干预。为此，商人们准备付出某种"代价"，也就是说，允许国家征集它要求的财政收入；但是，只有当政权使用的方法符合商人自身经济利益时，他们才准备这样做。由于存在这种"反权力"，在这些国家，政府的行动更有利于长期的经济发展。尤其重要的是：这种情况使上述国家所有权体系的演变不同于君主"专制"国家所发生的演变，这是一种更有助于缩小"个人费用"和"社会费用"间差距的演变。由于存在资产者和商人施加压力的能力，英国人或荷兰人比法国人和西班牙人抓住了更多的机会②。下面分别对这四个国家的具体情况作些介绍③。

（一）法国和西班牙为什么不增长

法兰西民族国家的兴起是对百年战争所造成的破坏的反应。它是在查理七世1422年登基以后才名义上成为一个国家。查理七世面临着重建法律与秩序以及从英国人和勃艮第人手中夺回其声称拥有主权的半数以上疆土的艰巨任务。

完成这样的任务需要大量的日益增长的皇室收入，于是成立了一个称为三级会议的代理机构对皇室开征应急特别税进行投票表决。查理七世不得不在他执政的头几年反复地要求三级会议增加收入。他能够要求而且可望得到的收入量受到富有竞争力的英占法兰西和勃艮第地区征税水平限制。

查理七世有效地使用了他的财政收入，与勃艮第人实现了有利的和平，把英国人赶了回去。随着权力的扩大，查理七世以其特权开始把原先由三级会议投票开征的特种税定为

---

① 诺思. 经济史中的结构与变迁 [M]. 陈郁，罗华平，等译. 上海：上海三联书店，1994：167.

② 勒帕日. 美国新自由主义经济学 [M]. 李燕生，译. 北京：北京大学出版社，1981：106-108.

③ 诺思，托马斯. 西方世界的兴起 [M]. 厉以平，蔡磊，译. 北京：华夏出版社，1999：150-192，诺思. 经济史中的结构与变迁 [M]. 陈郁，罗华平，等译. 上海：上海三联书店，1997：168-177.

常规税种。三级会议试图结束法国内部混乱状态的强烈愿望使得皇室抓住了征税权，而无须征得被统治者的同意，这种征税权往往比创造征税权的紧急状态存在的时间更长。

法国皇室能有效地行使产权，根除了地方政敌或使之保持中立，以及获得了无约束征税权，这些都使法国皇室获得了转让或变更产权的排他性权利。由于兴起的民族国家之间的敌对行为，因而不断要求取得越来越多的财政收入，皇室千方百计搜集钱财。用产权换取税收收入是一种有效的短期解决办法，但这种短期解决方法产生了具有破坏性的长期后果。

在百年战争以后出现的法兰西王国是由许多地区性和地方性经济组成的。皇室不得不分门别类地对每个地区征税，完成这项任务要求形成庞大的官僚机构，并得到现有志愿性组织的帮助。随着14~15世纪经济活动的衰退，行会在法国城镇的权力越来越大。行会试图通过制定垄断性限制使萎缩的当地市场免受外部竞争的影响。皇室从这些行会中找到了筹集财政收入的社会基础。皇室以保障地区性垄断权而换取行会缴费的方式强化了行会，实际上是用地区性垄断权换取有保证的收入源。这种财政体制在17世纪柯尔培尔的统治下得到了发展和完善。

随着外部和内部敌手权力的削弱，皇室增强了向臣民强征收入的能力，但它也受到对主要由当地或地区性生产与贸易产生的财富和收入进行考核所需费用的限制。这种用产权换取收入的体制提供一种解决问题的途径，但需有一种完备的代理机构对这种体制实行监控。由此而产生的官僚机构不仅会吸走一部分由此而来的收入，而且也成了法国政治机构中的一种顽强势力。尽管皇室和官僚机构的收入增加了，但对生产率的影响却是抑制了经济增长。法国经济本质上是一种地区经济，因此牺牲了扩大市场的收益。由于存在许多地区性垄断从而失去了竞争的益处，地区性垄断不仅使他们利用了自己的合法地位，而且抑制了创新。在法国，由于国家的财政需要而牺牲了改善市场效率的好处，结果，法国并未摆脱17世纪的马尔萨斯循环规律。

再来看西班牙。在西班牙历史的早期，当土地依然充裕时，羊毛工业就已出现了。牧羊人把他们的羊群夏天赶到高地，冬天赶到低洼地。在1273年，当地称为梅斯塔的牧羊人行会被阿方索十世合并为一个行会，叫作卡斯第牧羊人梅斯塔荣誉议事会。梅斯塔作为皇室筹措与摩尔人作战经费的主要收入来源，皇室允许其特权扩大到可以在整个西班牙国土上来回放牧羊群。结果，有效土地产权制度的建立被拖延了几个世纪。

与摩尔人的战争和封建领主间无休止的内战持续了几个世纪以后，在弗第南德和伊萨贝拉的统治下，成立了民族国家。由于厌倦了内乱，西班牙的代议制机构——卡斯第议会把征税权交给了皇室。从1470年至1540年税收收入增长了22倍，与法国一样，国家转让垄断权是收入的主要来源，并产生了类似的、更具破坏性的后果。

1516年查理五世登基后，西班牙称霸欧洲的时代开始了。起初是一个欣欣向荣的时期，来自阿拉贡、那不勒斯和米兰的财政收入大幅度增加，特别是来自繁荣的低地国家的收入有些年份超过来自其他渠道包括来自印第斯的收入的10倍。但是，由于查理五世拥有欧洲最庞大且最精锐的陆军以及庞大的海军，增加的收入只能应付增加的支出。查理五世和他的继承人菲力普二世每年必须花更多的钱才能维持帝国的生存。由于低地国家的抵制，当来自荷兰的收入不复存在，而且来自新世界的收入下降时，对财政收入的需要也就变得至关重要了。城镇的行会获得了对新增收入的排他性地方垄断权。没收财产，出售可以免税的贵族身份，即使是这种孤注一掷的对策也不能使皇室免于破产。

垄断、重赋和没收的结果是贸易和商业的衰落。与政府的财政政策相适应的产权结构简直就是抑制个人从事多种生产性活动，而鼓励社会从事可以免向国家承担义务的非生产性活动。

法国和西班牙的经历在许多方面是相似的。在这两个国家里，人民保护和行使基本产权的初始欲望是如此强烈，以至于国家能够掌握征税权。对越来越大的财政收入的需求使得这两个国家基本上都用产权来换取收入。被转让的产权并没有提高效率，而是相反。在17世纪，西班牙比法国更深受这种后果的危害。

（二）荷兰和英国为什么会增长

荷兰具有特殊的地理位置。自文艺复兴时期以来，它实际上就掌握了长距离贸易的垄断权，成为西欧商业和贸易的中心。从14世纪开始，勃艮第公爵们的主要预算收入都来自同交换和贸易有关的赋税。荷兰国库的命运与领土内贸易的繁荣息息相关。

14世纪的经济危机在欧洲所有地方都引起同样的倒退，该危机促进了保护贸易主义措施的发展。城市变成了贸易要塞，在那里，手工制造业活动、开业、就业、学艺及报酬等条件都被规章制度严格规定下来。

到了16世纪，欧洲人口得到恢复。鉴于荷兰在欧洲贸易中所占的地位，人口膨胀立即对荷兰人产生了影响，它扩大了荷兰人的市场，并且为他们的获利活动创造了新机会。由于经济方面的利益和统治者的利益是一致的，因此勃艮第公爵们采取了与大部分邻国相反的系统地反重商主义的政策。面对布鲁日或根特的马尔萨斯同业公会，他们鼓励在阿姆斯特丹等城市周围的农村地区发展一种摆脱了对要素可变性的一切传统束缚的新工业。他们为德国或意大利商人及金融家来荷兰提供方便，尽全力和一切垄断倾向做斗争。这些公爵的行动遭到从前的商业城市的敌视；但是，他们在政治上比较慷慨，因此得到新一代资产者的拥护，这些资产者得到政权的支持，可以自由发挥他们的首创精神和革新精神了。

哈布斯堡家族继续前人的事业（荷兰是西班牙帝国最富裕的省份，因而要照顾好这棵摇钱树），因此荷兰很快就建立起欧洲最尖端的贸易和金融制度，虽然有些制度往往在三个世纪以前就被意大利商人发明出来了，但是，欧洲市场的发展使这些制度在效率高千百倍的条件下得到运用。

结果是荷兰贸易部门的生产率得到非凡的提高，这种提高促进了农业和工业部门生产率的提高，后者反过来又提高了贸易组织的效率。这是一种滚雪球现象，经济发展带动了新的经济发展，同时大量增加了有利可图的创新机会。只要政治气氛有助于发挥人们的事业精神，这个进程就不会停止下来。

正因为如此，荷兰成为欧洲第一个突破"马尔萨斯循环规律"的国家，但它不是通过哪一个技术变化，而是通过贸易部门生产率令人难以置信的提高做到这一点的，这种提高乃是荷兰所有权体系的产物，该体系比其他任何地方都更有助于产品和要素市场的迅速调整。

再来看英国。英国经济成功地摆脱17世纪的危机，可以直接地归因于逐渐形成的私有产权制度。早在两个世纪以前，几乎还没有迹象表明英国会走上促进经济增长之路，民族国家在英国的出现与法国一样，经历了一个漫长且代价高昂的过程。在14~15世纪，英国遭受了百年战争和玫瑰战争之苦，以及随着贵族权力的缩小而产生的动乱、叛乱和司法弊端。

都铎王朝使英国的君主制度达到了顶峰。尽管亨利七世仍然希望自强，但他试图增加收入的方式却是我们很熟悉的方法——转让特权。他的继承人亨利八世用同样的方法进行管理，并没收了修道院的土地。都铎王朝依赖商人阶层和众议院的支持，众议院充分地代表商人阶层及有土地的中上阶层的利益。都铎王朝与任何大陆国王一样，在处理产权问题上采取机会主义态度。他们千方百计地追求收入，而不考虑经济效率。他们培植议会而不是压制议会，因为这样做对其有利。

斯图亚特王朝继承了都铎王朝的衣钵，把政府视为自己的排他性特权，而议会则认为王室应受习惯法的限制。由于卷入了国家之间代价日益高昂的竞争，斯图亚特王朝要谋求新的财源，而议会却表现得桀骜不驯，注定要发生冲突，但皇室在冲突中往往失利。

议会的征税权直到 15 世纪晚期才形成，这是由争夺羊毛贸易的控制权而引起的。羊毛长期以来就是英国国际贸易的大宗出口品，也是皇室收入的主要来源。在征税程度问题上形成了皇室、羊毛出口商以及代表养羊售毛者利益的议会三方之间的斗争，结果以各方利益的妥协告终：皇室得到羊毛税收入，但议会有权规定羊毛的征税水平，而商人则垄断了羊毛贸易。虽然羊毛垄断最终消失了，而且羊毛税变成政府收入很小的一个来源，但议会排他性的征税权却继续存在。

从此以后，至关重要的征税权一直在议会掌握之中。皇室就这样把原来掌握了长达两个世纪的产权的控制权交给了由商人和有土地的中上阶层组成的代议制议会，他们的兴趣在于通过阻止国王的权力来终止各种限制性措施，并保护私有产权和竞争。

议会的出现使英国产权的性质偏离了欧洲大陆模式。转让产权的权力日益落在那些自身利益与私有产权和废除皇室垄断权息息相关的集团手中。如果不发生这种转变，英国的经济史就会大不相同。正如我们所看到的，都铎王朝的经济政策与欧洲大陆王国的经济政策是一样的。如果都铎王朝的统治者能自由地用垄断权和限制权来换取收入，那么经济效果也应相似。但是，在英国，皇室遇到了强有力的反对。都铎王朝出于建立综合产业管制体系而制定的规定被证明是无效率的。这些规定与法国类似，它在法国能通行无阻，在英国却步履维艰。最终，皇室的垄断特权被其自身推行的议会立法终止了。

就在建立这一有效产权的过程中，16 世纪曾出现过人口增长。在法国和西班牙，增长着的人口遇到了一种限制性产权，使人们不可能针对变化着的要素比例作出有效的调整。英国与荷兰一样，出现了完全不同的局面。在英国，人口的增长意味着贸易和商业的复兴。制度格局的演变增进了贸易利益。通过市场组织经济活动使成本降低是这一时期生产率方面收益的主要因素。随着市场的扩大，英国人采用了类似荷兰人那样的商业、工业和农业创新。正是由于私人产权的建立和贸易与商业上的竞争降低了交易费用，使英国在 17 世纪逃脱了使法国和西班牙深受其害的马尔萨斯循环规律。

三、李约瑟之谜：工业革命为什么没有发源于中国

对研究中国历史和比较经济史的学者来说，一个最富挑战性的问题是：在 14 世纪，为什么中国没有发生工业革命？因为那些被经济学家和历史学家认作是产生了 18 世纪末

英国工业革命的所有主要条件，在 14 世纪的中国几乎都已存在。

许多历史学家都承认，到 14 世纪，中国已经取得了巨大的技术和经济进步，它已到达通向爆发全面科学和工业革命的大门。可是，尽管中国早期在科学、技术和制度方面处于领先地位，但中国却并没有再往前迈进。因而，当 17 世纪后西方的技术进步加快之后，中国却远远落后了。1839 年鸦片战争后，中国就一直被光荣的历史回忆和现实落后的屈辱所困扰。英国科技史专家李约瑟将这样一个矛盾归纳为具有挑战性的两难问题：第一，为什么中国在历史上一直远远领先于其他文明？第二，为什么中国现在不再领先于外部世界？

如何破解"李约瑟之谜"？

大量的研究，包括李约瑟本人，都试图在中国的政治经济制度中找出上述原因。李约瑟的解释如下：中国是"官僚体制"，这一制度的存在主要是为了维护灌溉体系的需要，而欧洲是"贵族式封建体制"，这种制度非常有利于商人阶层的产生，当贵族衰落之后，资本主义和现代科学便诞生了。中国的官僚体制没有能力把工匠们的技艺与学者们发明的数学和逻辑推理方法结合在一起。中国之所以没有经常的技术创新，是由于商人总是被压在下层，没有办法上升到掌握国家权力的地位。他们虽然确实组织过行会，但是，这些行会从来没有像在欧洲的行会那样重要。所以，他指出，在这里，我们可能指出了中国文明未能产生现代技术的主要原因，因为在欧洲（正如大家所公认的）技术的发展是同商人的上升掌权紧密相连的。

钱文源和其他一些学者的观点与此同出一脉，然而侧重点不同。他们认为，帝国的统一和意识形态的统一阻碍了现代科学在中国的成长。依据他们的观点，所有前现代社会都不容异说。然而，欧洲的教会与政府、教会与教会，以及政府与政府之间，都存在着竞争，对新思想的排斥也不那么有效，因此，许多封建的和独立的政权的存在，非常有利于科学的发展。与此相反，中国却被一种与绝对政治权力紧密联系的主导意识形态体制所统治，任何有关不同体制问题的公开讨论都在被禁之列。因此，虽然中国人在机械技能和技术方面非常具有创造力，传统的政治和意识形态障碍仍然使得他们无法为现代科学的理论方法基础做出直接的贡献。

林毅夫认为，中国没有成功地从前现代时期的科学跃升到现代科学，这或许与中国的社会政治制度有一些关系，然而，问题的根源并不像许多学者所说的那样，是由于中国的制度抑制了知识分子的创造力。实际的原因是什么呢？

林毅夫分析道：前现代时期，许多基本的科学发现是由少数天生敏锐的天才在观察自然时自发做出的。当然，个人的独创性对现代科学的进步仍然十分重要；然而，即使在现代科学开端的时候，用数学和可控实验方法对有关客观世界的假设进行系统化这类的工作，也只有科学家才有能力完成。所谓科学家，是指那些掌握了前人获得的自然知识，并在深奥的数学和可控实验方法方面有良好训练的少数天才人物。这些知识和训练赋予科学家一种独特的"通过学习而获得的人力资本"存量，以使他们有能力观察周围的自然环境，盘算是否能通过实验和经验观察为科学增添一些新的内容。这种独特的人力资本，就像现代科学家俱乐部的通行证一样，要想获得它，代价昂贵且极费光阴。

在获得现代科学研究所需的人力资本方面，与他们西方的同代人比起来，前现代时期的中国天才们受到的激励要少一些。这里有中国历史的和政治制度的多种原因。在西方，国家由一群世袭封建贵族统治。在中国，公元前221年秦实现统一之后，官僚掌握了政权。隋朝创立了科举制度。自宋朝开始，所有官僚的选拔都要通过竞争性极强的科举考试来进行。在前现代的中国，由于从各种意义上讲，在政府任职都是最为荣耀、最有利的职业，因而，传统中国社会把进入统治阶层看作是人们在社会中不断往上爬的最终目标。有才华的人自然被吸引到这一工作上来。为积累参加这些考试所需的特殊人力资本，他们具有将他们有限的时间和资源用于这些方面的足够激励。参加这类科举考试所需阅读的基本读物，是儒家学说的四书五经，它们长达431286个字，而且所有这些读物，学生们都必须熟记在心。如果以每天200字的速度背诵，背完这些著作恰好需要六年。在背完儒家著作之后，学生们还要求阅读有关注解，其篇幅数倍于原来的正文。此外，为了应付考试中作诗和作文的需要，对其他历史、文学和经典著作仔细浏览也是十分必要的。由于科举考试的这种特殊课程设置，大多数学生，包括那些天才的考生，都没有心思分神，所以他们没有兴趣积累科学研究所需的人力资本，这是十分自然的。

应该承认这样一个事实：无论国家大小，无论人口多少，每个民族的人口，其天生素质的分布和对自然的好奇程度都是一样的。由此，前现代中国的人口比欧洲多，意味着她比欧洲的天才人物更多；然而，由于政治制度规定了这种特殊的激励体系，中国很少有人像欧洲人那样，有浓厚的兴趣获得科学革命所必需的人力资本。因此，林毅夫认为，既不是儒家伦理、政治意识形态的统一，也不是科举制度本身抑制了中国的天才们发起一场科学革命，真正起阻碍作用的，是科举考试的课程设置和其激励结构①。

上述解释从不同侧面揭示了"李约瑟之谜"。现在我们要搞清楚的是，什么是工业革命（或产业革命）？工业革命是怎么产生的？以往人们总是把产业革命作为资本主义经济增长的原因。诺思经过大量的考证后指出："产业革命不是经济增长的原因，它不过是一种新现象，即经济增长现象的一种表现形式，一个能说明问题的迹象。经济增长的起源可以远远追溯到前几个世纪所有权结构的缓慢确立过程，该结构为更好地分配社会财富的社会活动创造了条件。"②

工业革命是与有效的产权制度联系在一起的，工业革命只不过是经济增长现象的表现形式。为什么现代意义上的经济增长首先发生在荷兰和英国呢？在诺思看来，"在这两个国家，持久的经济增长都起因于一种适宜所有权演进的环境，这种环境促进了从继承权完全无限制的土地所有制、自由劳动力、保护私有财产、专利法和其他对知识财产所有制的鼓励措施，直到一套旨在减少产品和资本市场缺陷的制度安排"③。产权不是万能的，但是任何国家的人们在从事经济活动和进行技术创新时都离不开有效的产权制度。到1700年，英格兰制度框架为增长提供了宜人的环境：产业管制衰减和行会权力下降促进了劳动力流动和经济活动的创新；股份公司、存款银行、保险公司降低了资本市场的交易成本，鼓励了资本流动；更重要的是，议会的最高权威和纳入共同法中的财产权利，把政治权力赋予那些渴望开拓新机会的人，并且为保护和鼓励生产性活动的立法体系提供了基本框架。

① 林毅夫.制度、技术与中国农业发展 [M].上海：上海三联书店，1994：268-270.
② 勒帕日.美国新自由主义经济学 [M].李燕生，译.北京：北京大学出版社，1981：61.
③ 诺思，托马斯.西方世界的兴起 [M].厉以平，蔡磊，译.北京：华夏出版社，1999：23-25.

值得一提的是，为什么工业革命首先发生在 18 世纪末的英国？除了上述因素以外，还有一个很重要的因素，那就是英国还率先建立了鼓励创新和鼓励技术发明的专利制度。1624 年诞生的《独占法》是英国的第一部专利法。新技术和纯科学知识发展速度的决定因素是什么？是专利制度和知识产权制度。在人类历史上，我们可以看到新技术不断地被开发出来；但步伐缓慢，时有间断。其中主要原因在于对发展新技术的激励是偶然的。通常，创新可以被别人无代价地模仿。发明创造者得不到任何报酬，人类对知识产权保护的程度还远远不及对实物产权保护的程度。有效的知识产权制度应该使技术发明创新者的私人收益率不断地接近社会收益率。公民的知识产权意识，专利制度、版权、商标制度的不断完善，法律要保护和执行界定产权的契约，等等，这些都是建立有效知识产权制度的基本条件。科教兴国的发展战略固然重要，但是建立一个能持续激励人们创新的知识产权制度更重要。

前面提到，有人认为，18 世纪末英国发生工业革命的主要条件在 14 世纪的中国几乎都存在了，但是这个判断可能忽略了最主要的条件，那就是中国当时没有建立起一套有效的保护创新、调动人的积极性的产权制度。中国自夏商周以来，就是一个国（官）营主导型经济社会，在中国奴隶社会一直是国有土地制，秦汉以后至明清年间的封建时代，土地国有制也是主导的形式。与此相应，国（官）营手工业在奴隶、封建时代也主宰着当时的工商业的社会，在鸦片战争以后至中华人民共和国成立前，近代商品经济在外来影响下才开始发展，但主导的也是官办或官商合办、官督民办形式，也就是官僚资本。西方在公元前 8 世纪至公元前 6 世纪，古代斯巴达也盛行过奴隶制国有经济，但雅典国家则较早出现了非国有的民间经济，德拉古成文法和梭伦改革，主要目的就是维持私有财产制度，到马其顿国王统治希腊各城邦时期，私有财产不可侵犯已成为基本律令。

由上述分析，我们可对"李约瑟之谜"作一个"补充"问答。在古代时期，如林毅夫所说，技术发明是人口的函数，人口增多，能工巧匠也就相应增加，而且这个时候的发明大多数是自发的、零星的、非营利的。这时候除了父传子、师傅传徒弟这种"保密"措施以外（这种"保密"可算作专利制度和知识产权保护制度的萌芽），人类还没有专利制度和知识产权制度。进入现代时期后，技术发明和科学发展的进程发生了巨大变化：一是发明方式的变化，即由经验型转向了试验型，实际上是组织形式的变化，试验室制度是技术史上的一个重大制度变迁；二是发明与市场、盈利、风险、成本等因素联结在一起了，它还与产业化联系在一起。发明创新已成为一种职业。所有这些变化都要求有较完善的产权（包括知识产权）制度，使发明者的私人收益率不断接近社会收益率。英国在进行工业革命以前已建立了包括专利制度在内的有效所有权体系。中国在 14 世纪之所以没有发生工业革命，关键就在于没有建立有效的、刺激人们创新的并把风险降到最低限度的产权体系（包括私有产权、专利制度以及知识产权保护制度）。

第四节　制度变迁与经济增长：制度计量与实证研究

诺思等新制度经济学家对制度变迁与经济增长关系的考察显然极具价值，但不足之处在于，其研究主要是通过历史事件和案例分析进行的描述性论述。近些年来，国内外学者开发出一些反映制度变迁的代理指标，通过大量数据，运用计量方法对制度变迁与经济增长的相关性进行了实证研究。研究表明，制度变迁与经济增长之间确实存在高度的相关性，从而进一步证实了诺思有关制度变迁对经济增长至关重要的结论。

一、制度变迁的计量

要对制度变迁与经济增长的相关性进行实证研究，首先要找到计量制度变迁的方法。

制度变迁是为了减少经济运行过程中的交易费用，并对经济活动的参与者提供激励与约束，促进经济增长。显然，要直接计量制度变迁的质量参数——制度变迁对经济活动参与者的激励与约束水平——是非常困难的。

在直接计量制度变迁的质量参数非常困难的情况下，计量制度变迁的代理变量方法就成为必然。这种方法虽然不能精确计量制度变迁的质量参数，但并不会从根本上影响分析和结论。因为，制度变迁是一个动态变化过程，虽然很难测出不同的制度下激励和约束水平的绝对值，但由于我们已经在理论上明确了不同的制度具有不同的激励与约束水平，因此，可以用制度的动态变迁来计量制度的质量。例如，由于已经有了公有产权的激励与约束机制弱于私有产权制度的理论前提，就可以用产权的非公有化——公有产权比重的下降、非公产权比重的上升——这一代理变量来表示制度变迁和制度质量的改进；同样，由于已经有了集中计划配置资源效率低于市场配置资源——前者需要更多的信息和交易费用——的认识前提，因此，可以用资源的市场配置程度的提高（市场化）来表示制度变迁和制度质量的改善。可见，制度本身虽不可计量，但制度变迁和制度质量改善的动态过程却可以通过具体的制度变迁动态过程表示出来。

从既有的研究看，制度代理变量指标大致可以分为两类：一是采用单一指标；二是进行指数合成。前者的优点在于数据易得，且因不用计算权重而保持了客观性，但这种方法有时不能完整地反映制度变迁所包含和涉及的各个方面及领域。后者克服了这一缺点，但出现了指标选取和权重确定的主观性问题，而且数据获得的难度加大了。

二、国外学者对制度变迁与经济增长相关性的实证研究

国外学者对制度变迁与经济增长相关性的实证研究开始于 20 世纪 80 年代末 90 年代初，研究中，多数学者使用了合成指数来计量一国（或地区）的制度变迁与制度质量的改善，当然，也有少数学者开发出了计量一国（或地区）的制度变迁的单一指标。他们的实证研究表明，制度变迁与经济增长之间确实存在高度的相关性。

Scully（1988，1992）是较早使用合成指数来计量一国制度变迁质量的学者，他利用 Gastil 指标[①]的数据对世界上 100 多个国家和地区的政治自由度和经济自由度进行了测算，

---

① 由自由之家（Freedom House）制定。该指数从 1973 年开始对世界上大部分国家和地区的民主程度和自由水平进行测度。到 2010 年为止，该指数涵盖了 194 个国家和 14 个地区。该指数包括三个子目录：公民自由、政治自由和自由之家指数。

通过经济增长率对物质资本和制度两个因素的回归分析发现，具有较大的政治自由度和经济自由度的国家和地区，常常具有更高的经济增长率。

Knack 和 Keefer（1995）、Keefer 和 Knack（1997）以及 Clague 等（1997）发展出 ICRG 指数和 CIM 指数来计量不同国家（或地区）产权的安全性，用于研究制度变迁与经济增长之间的关系。ICRG 指数由 ICRG（international country risk guide）指标[①]中的五个项目（包括一国的法律制度、财产受剥夺风险、政府否认契约的可能性大小、政府腐败以及官僚机构的质量）合成，而 CIM（contract-intensive money ratio）指数由单一指标——货币供给总量中的非现金比重——来度量。Clague 等（1997）认为，支持复杂和非自动实施交易的产权和契约执行制度也会影响到人们持有资产的形式。如果一个社会里没有建立稳定的法律和政策环境，人们最好是向政府隐瞒自己的活动和资产，在交易中大量使用现金。尽管使用现金不如支票、信用卡和其他一些正式的支付手段方便，但由于担心政府没收或者征税，人们还是很容易产生这种想法。而且，如果正式合同在法庭上得不到可靠的执行，或者，人们害怕留下书面记录而企图向政府隐瞒交易，现金交易就显得更有吸引力，因为它能有效地掩盖交易的过程。同时，可能是由于人们对银行及其他金融资产发行者的信用缺乏信心，或者是怀疑政府实施金融监管的能力，往往不愿意持有金融权证，而选择持有更多的现金资产。相反，如果一个社会能建立安全的产权和可靠的契约执行机制，人们几乎没有理由在大宗交易中使用现金，也不会保留大量的现金资产。他们更希望交易被正式记录，防止出现纠纷，也可以省去携带大量现金的不便和因此可能引发的危险。即使是进行一些小额的交易，他们也通常喜欢使用支票或信用卡，强化他们在税收当局心目中的信用记录。正因为如此，他们认为，可以用契约密集型货币比率（CIM）作为衡量一国或地区产权安全性的代理指标。所谓契约密集型货币比率就是非现金货币与总货币供给之比，也就是 $(M_2-C)/M_2$，这里，M_2 指广义货币供给，C 指银行以外持有的现金。这个比率的分子包括支票账户、长期存款以及其他金融权证等，分母是所有这些资产的总和加上现金资产。契约密集型货币比率的值越大，可以认为一国或地区的产权安全程度越高。当然，制度质量也越高。一系列的多元回归分析显示，制度变量在经济增长模型中呈现很强的统计显著性，即使在回归因子中加入劳动、物质资本和人力资本因素也是如此。

Gwartney 和 Lawson（1999）以加拿大 Fraser 研究所公布的世界经济自由指数（EFW-Index，即 index of economic freedom of the world）作为制度变量，目的是要弄清在经济增长和保障经济自由的制度间的联系是否具有系统性。这一指数包含着下列可作国际比较的信息：①货币稳定性；②管制秩序，即政府在开支和生产上的直接卷入、对市场的价格控制和数量控制、进入和退出市场的自由，以及资本市场的自由；③政府的规模和政府的再分配职能；④贸易上向国际竞争的开放性和资本流动的自由度。对于每个国家的这种信息都要被加权以形成一个指数。该指数要作为一种手段，在统计缺陷所允许的范围内反映一国经济的制度构成。1997 年指数是根据 115 个国家汇编出来的，它测度了 20 世纪 90 年代中

---

① ICRG 指标大部分反映的是跨国投资者在投资时对被投资国家的主观风险评价。该指标涵盖的时间从 20 世纪 80 年代到现在，包括 140 多个国家。ICRG 指标包含三个子目录：政治、经济和金融。仅政治子目录又涵盖 12 个子目录，分别是：法律、政治稳定性、官员质量、腐败、国家机会主义（没收公民财产）、政府违背契约的风险等。

期的经济自由度。这个指数的组成部分被分为 0 到 10 级，0 代表完全受控制，10 代表自主的个人决策。然后，就拿这个指数与收入水平和经济增长率作对比。图 11-5 概括了这项研究的发现：如果根据 1997 年的经济自由度排列，将所有国家分为从最高经济自由度到最低经济自由度的五个档次中（从 1 到 5），就可以看到，收入水平以及中期经济增长（从 1985 年至 1996 年）与经济自由度有着明显的强相关性。

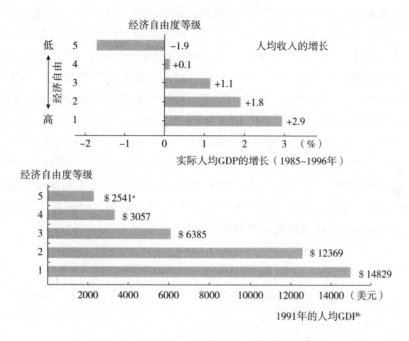

图 11-5 经济自由与繁荣

说明：

a. 人均收入数据是 Penn World Tables 的最新数据，又按购买力平价法转换为美元。

b. 各经济自由度等级中人均收入的平均值。

一个相似的经济自由度指数是遗产基金会经济自由指数（Index of Economic Freedom of Heritage Foundation），该指数自 1994 年以来由遗产基金会（Heritage Foundation）和华尔街时报（Wall Street Journal）联合发布。该指数衡量了业主从事不受政府干预的经济活动的自由度，这又在一定程度上反映了一国或地区的制度质量和制度状况。这一指数考虑了十个因素，每个因素的指数得分从 1 到 5，1 代表经济自由的最高程度，5 代表最低程度，在计算每个国家或地区的总分（平均分）时，这十个因素的权重都相同。该指数考虑的十个因素具体是：①贸易政策。这个因素考虑了平均关税税率和贸易的非关税壁垒，并以此来衡量政府对税收的管制。贸易壁垒越低，得分越低，经济越自由。②税收政策。该因素考虑了国有企业和个人的税率及其他税种，包括增值税、资本收益税、销售税、财产税、国税和地税，并以此来衡量政府把私有财富公有化的情况。税收水平越低，得分越低，经济越自由。③政府对经济产出的消费。该因素考虑了国内生产总值中的政府消费，以此来衡量政府干预经济活动的能力。政府消费水平越低，得分越低，经济越自由。④货币政策。该因素考虑了年均通货膨胀率，以此来衡量一个国家维持币值的能力。年均通货膨胀率较低，得分越低，经济越自由。⑤外国投资。该因素考虑了投资法规、法律保障措施以及合同的神圣性，并以此来衡量政府对外国投资的控制。政府对外国投资控制越少，得分越低，经济越自由。⑥银行政策。该因素考虑了银行及证券法规，以此来衡量政府对银行及其他金融机构的控制。政府控制下的银行越自由，得分越低，经济越自由。⑦工资及价格控制。该因素考虑了工资及价格控制法规，以此来衡量政府对工资及价格的控制。政府对工资及价格控制水平越低，得分越低，经济越自由。⑧产权。该因素考虑了以往财产被征用的程度，以此来衡量政府对私有财产的保护。对私有财产的保护水平越高，得分越低，经济越自由。⑨管制。该因素考虑了商业管制及实施管制时的官员腐败水平，以此来衡量政府对经济活动的控制。管制水平越低，得分越低，经济越自由。⑩黑市活动。该因素通过把黑市活动视为国民生产总值的一个百分比，来衡量政府政策引起的不合法的经济活动水平。黑市活动越少，得分越低，经济越自由。经济自由指数的得分被分成四类：得分为1.00~1.99的国家或地区经济上是自由的；得分为2.00~2.99的国家或地区经济上较自由；得分为3.00~3.99的国家或地区经济上较不自由；得分4.00以上的国家或地区经济上不自由。这一指数评估了100多个国家或地区的经济自由程度。图11-6表明了经济自由和经济绩效间的联系。一般地，正如1980~1993年人均实际收入所衡量的那样，经济越自由的国家或地区（指数越低），其经济增长水平越高。同样，经济自由程度越低的国家或地区（指数越高），其经济增长水平越低。

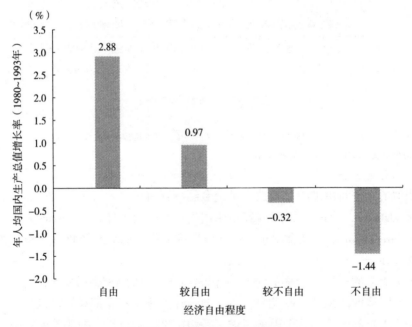

图11-6　经济增长和经济自由

注：人均 GDP 是以购买力平价表示的。

最近的文献，不仅研究制度与经济绩效之间的关联，而且把制度与其他可能的经济变量进行比较。Acemoglu 等（2000，2002）把人均国内生产总值针对制度和地理因素进行回归；Rodrik 等（2002）把人均国内生产总值针对制度、地理因素和国际贸易往来进行回归；Eastedy 和 Levine（2002）把人均国内生产总值针对制度、地理因素和宏观经济政策进行回归。结果表明，制度在国家之间的经济绩效差别中扮演了比其他因素更重要的角色。

三、中国学者对制度变迁与经济增长相关性的实证研究

自 1978 年改革开放以来，中国进行了一场从计划经济体制到市场经济体制的重大制度变迁，中国也因此获得了高速的经济增长。实证研究中国改革开放以来的制度变迁与经济增长的关系，自然成为一个备受关注的问题。20 世纪 90 年代以来的大量实证研究表明，制度变迁确实是促进中国经济增长的一个至关重要的因素。

林毅夫（1994）借助柯布—道格拉斯生产函数研究了中国 1978~1984 年农村改革对于农业生产的影响。他使用参加农村家庭联产承包责任制的村庄比重作为反映制度变迁速度的指标。计量经济分析结果表明，制度变迁对农业经济增长做出了重大贡献。

栗树和（1995）、郭克莎（1996）认为，产权结构的变化是中国改革最实质的内容，非国有经济比重的上升是当今中国改革最重要的特征。因受数据可得性的限制，他们用非国有工业总产值的比重作为制度变量。针对我国的区域比较研究表明，非国有经济比重上升快的地区，经济增长率也越高。

陈宗胜等（1999）发布了测算中国市场化制度变迁进程的研究成果。该成果首先分析了中国整个国民经济的改革进程，对企业、政府和市场三个领域，以及第一产业、第二产业和第三产业三个部门的制度变迁进程进行了定量测算，并合成了综合的市场化程度指数。该指数由五个因素合成：市场化的前提条件、市场体系建设、商品的市场化程度、要素的市场化程度和市场化的社会保障，各因素的权重通过专家调查确定。进一步的分析显示，在中国人均国内生产总值增长速度与合成的制度指数之间存在密切的相关关系。改革快的年份，经济增长率也越高。市场经济程度高的地区，人均国内生产总值的水平也越高。

为了比较中国不同地区的制度变迁速度，中国经济改革研究基金会国民经济研究所于 2001 年发布了 1997 年、1998 年和 1999 年的国民经济研究所指数，该指数由五个领域的因素计 19 个因子合成（樊纲、王小鲁，2001）。这五个领域分别是政府与企业的关系、非国有经济的发展、产品市场的发展、要素市场的发展，以及中介与法制秩序的发展，其权重通过主成分分析法得出。实证研究显示，国民经济研究所指数和中国不同地区的人均国内生产总值之间存在正相关关系。

刘伟（2001）认为，中国制度变迁的一个重要特征在于国有制比重下降而非国有制比重上升。这一特征体现在中国经济增长上，即非国有经济已成为经济增长的主力，包括在 GDP 中所占比重和在年增长率中所做的贡献。在他看来，所有制不同，经济效率就是不同的。私有制经济效率最高，全民所有制经济效率最低。因而当所有制结构发生变化，当非公有制经济成分的比重提高时，经济系统及生产要素的效率就会提高，从而经济增长速度加快。刘伟的分析结果表明，所有制结构的改变对生产要素的影响是不相同的，它对资本要素的影响是对劳动要素影响的 900 多倍。

沈坤荣（2002）就制度创新的四个方面（非国有化水平提高、经济开发度扩大、市场化程度加深和经济利益分配格局转变）对中国经济增长的贡献进行了经济计量分析，表明制度因素对中国经济增长起着十分重要的作用。

傅晓霞和吴利学（2003）从实证的角度评估和验证了中国改革开放导致的制度变迁对

经济增长的影响，结果表明，市场化和开放型的改革对经济增长有巨大的影响（贡献率高达 35%），是中国 20 多年来经济增长的主要源泉之一。

薛宏雨（2004）构建了评价制度的指标体系，利用回归分析将各个指标逐步合成得到了一个评价制度要素的综合指标。构建了包含制度要素在内的经济增长模型，考察了 1978~2002 年中国经济增长与制度之间的关系，定量测算了制度在经济增长中的作用，验证了制度在经济增长过程中的重要性。

 ## 基本概念

经济增长的制度决定论；经济增长的技术决定论；包含制度变量的生产函数；第一次经济革命；第二次经济革命；李约瑟之谜；ICRG 指数；CIM 指数；世界经济自由指数

 ## 复习思考题

1. 诺思之前的经济增长理论如何看待经济增长的决定因素？有什么缺陷？

2. 诺思经济增长的"制度决定论"是怎么提出来的？

3. 在新制度经济学家看来，制度变迁是如何决定经济增长的？或者说，制度变迁决定经济增长的途径是什么？

4. 在新制度经济学家看来，决定经济增长的根本制度是什么？

5. 什么是第一次经济革命？第一次经济革命的原因是什么？

6. 什么是现代意义上的经济增长？为什么现代意义上的经济增长最早出现在荷兰和英国？

7. 如何认识"李约瑟之谜"？

8. 什么是 CIM 指数？为什么可以用该指数计量一国（或地区）的制度变迁和制度质量？

 ## 本章练习题

一、单项选择题

1. 现代意义上的经济增长是指 （　　）。

A. 国民生产总值的绝对量增加

B. 按人口平均的国民生产总值绝对量增加

C. 国民生产总值的绝对量增加，人均国民生产总值绝对量减少

D. 国民生产总值与人均国民生产总值绝对量都增加

2. 在 20 世纪 40 年代和 50 年代,经济学家认为对长期经济增长最重要的是 (   )。

A. 资本积累   B. 技术创新

C. 人力资本积累   D. 制度创新

3. 在 20 世纪 60 年代,经济学家认为对长期经济增长最重要的是 (   )。

A. 资本积累   B. 技术创新

C. 人力资本积累   D. 制度创新

4. 在经济增长的决定因素问题上,舒尔茨和贝克尔强调 (   )。

A. 资本决定论   B. 技术决定论

C. 制度决定论   D. 人力资本决定论

5. 新古典经济增长理论最大的不足在于忽视了 (   ) 在经济增长中的作用。

A. 资本积累   B. 技术创新

C. 制度变迁   D. 人力资本投资

6. "有效率的经济组织是经济增长的关键;一个有效率的经济组织在西欧的发展是西方兴起的原因所在。有效率的组织需要在制度上作出安排和确立所有权以便造成一种刺激。"这句话反映了作者在经济增长问题上属于 (   )。

A. 资本决定论   B. 技术决定论

C. 制度决定论   D. 人力资本决定论

7. 图 11-2 "奖勤罚懒博弈" 中双方的占优策略分别是 (   )。

A. 偷懒,偷懒   B. 偷懒,勤快

C. 勤快,偷懒   D. 勤快,勤快

8. 图 11-3 "平均分配博弈" 中双方的占优策略分别是 (   )。

A. 偷懒,偷懒   B. 偷懒,勤快

C. 勤快,偷懒   D. 勤快,勤快

9. 诺思所说的第一次经济革命发生在 (   )。

A. 8000 年前   B. 1 万年前

C. 17 世纪、18 世纪   D. 2 万年前

10. 被认作是产生了 18 世纪末英国工业革命的所有主要条件,在 14 世纪的中国几乎都已存在了。但当时中国为什么没有发生工业革命?最根本的原因是 (   )。

A. 帝国的统一和意识形态的统一阻碍了现代科学在中国的成长

B. 科举考试的课程设置和其激励结构抑制了中国的天才们发起一场科学革命

C. 没有建立有效的、刺激人们创新并把风险降到最低限度的产权体系

D. 中国的官僚体制没有能力把工匠们的技艺与学者们发明的数学和逻辑推理方法结合在一起

二、多项选择题

1. 现代意义上的经济增长最早出现在 (   )。

A. 法国   B. 荷兰

C. 英国   D. 西班牙

2. 刘易斯把决定经济增长的人类行为分为"近因"（即直接原因）和"近因的起因"（即间接原因），属于后者的是（　　）。

A. 从事经济活动的努力　　　　　　B. 制度

C. 知识的增进与运用　　　　　　　D. 信念

3. 根据柯武刚等的观点，有三项制度对人类进步和文明社会来讲是具有根本性的，它们是（　　）。

A. 保障产权　　　　　　　　　　　B. 通过自愿的契约性协议自由转让产权

C. 信守诺言　　　　　　　　　　　D. 政治制度

4. 传统新古典经济增长理论的假设前提包括（　　）。

A. 人们的选择与其期望的结果是一致的　　B. 储蓄总是具有正收益

C. 抚养儿童的私人成本与社会成本相等

D. 存在一种激励结构使个人投资的私人收益与社会收益相等

5. 下面计量一国制度变迁与制度质量改善的指标中属于合成指标的是（　　）。

A. 契约密集型货币比率指数（CIM）　　B. 国际国家风险指南指数（ICRG）

C. 世界经济自由指数（EFW）　　　　　D. 遗产基金会经济自由指数（EFHF）

三、判断说明题

1. 经济增长不仅包括国民生产总值的绝对量要有所增长，也包括人均国民生产总值要增加。

2. 在新古典经济增长理论中，制度是内生的，而不是外生的。

3. 制度变迁对经济增长之所以十分关键，是因为如果没有制度给予人们从事合乎社会需要的、有利于经济增长的活动的刺激与激励，那么，所有这些活动都会变得十分稀缺。

4. 一套鼓励技术变化，提高创新的私人收益率使之接近社会收益率的系统的激励机制仅仅随着专利制度的建立才被确立起来。

5. 现代经济增长最早出现在法国和西班牙，与这两个国家所建立的产权激励人们更有效地使用资源，并把资源投入发明与创新活动之中有关。

四、案例分析题

1. 根据专栏11-1"格兰德河的经济：如此近邻却如此不同"对处于美国的诺加利斯和墨西哥的诺加利斯的人们在收入、生活水平、受教育和享受的各种服务等方面的差异的分析，回答以下问题：

（1）案例说明了哪些因素不是造成两地人们在收入、生活水平、受教育和享受的各种服务等方面的差异的根本原因？

（2）案例说明了什么因素是造成两地人们在收入、生活水平、受教育和享受的各种服务等方面的差异的根本原因？

2. 在20世纪90年代中期，阿尔及利亚处于经济自由度排序的末尾（115个国家中的第115位）。这样一种经济制度状态在实践中意味着什么呢？阿尔及利亚在民族解放阵线的领导下，经过一场对抗法国的严酷战争，于1962年获得了独立。新领导人拥有了一部由普遍公民投票认可的新宪法，并建立了一个一党制政府。许多法裔居民，虽拥有宝贵的技能，却被"鼓励"离去。针对曾与法国人勾结的阿尔及利亚人，还出现了一个报复浪潮，那样的阿尔及利亚人往往受过最好的教育。居于领导地位的民族解放阵线政治局着手导入了社会主义的中央计划，并对大量耕地，所有的制造、采矿、石油和天然气部门，以及所有的外贸和银行实行了国有化。对收购和分配农产品实行了国家垄断，政府将重工业的发展置于优先地位。阿尔及利亚变成了 OPEC 石油卡特尔和所谓"不结盟运动"的核心成员。后者是一个本质上反西方的第三世界国家联合体。在阿尔及利亚，尽管有巨额的石油和天然气储藏正在得到开采，其经济仍发展得缓慢而不充分，并伴有很高的人口出生率。私人投资，在独立后的最初几年里仍约占总资本积累的 60%，但在 20 世纪 70 年代后期缩小至不超过 5%。失业率居高不下，城市移民加重了当地的失业问题。逐渐地，官员和充分联合起来的商人们获得了更多的机会，能自行从事有利可图的生意。由于一般的阿尔及利亚人得不到这些机会，收入不平等便随之扩大。经济自由化多变而任意，规则的执行依赖于个人与官僚的关系。1988 年，官方食品价格的上涨引发了一系列激烈的暴乱。起初，暴动被镇压了下去，但一个宗教激进主义运动展开了狂热的鼓动，要组织进一步抵抗，直到 1991 年一系列自由选举获得允许。在第一轮选举中，那个宗教激进主义党赢得了绝大多数选票。这使许多人担心会发生政治制度和经济制度上的大幅度变化，并可能进一步丧失公民自由。军方中止了那些选举。1992 年，军方领导人被宗教激进主义者暗杀。从 1992 年至 1997 年，有记录的谋杀有十万起，包括恐怖主义的刺杀自由主义的大学教师、记者和外国技术人员。在 1995 年和 1997 年，又举行了选举，它使新的前军方领导人获得了一定程度的合法性。到 20 世纪 90 年代中期，阿尔及利亚（1995 年：居民 2800 万）是世界最大天然气田的所有者，并具有欧洲附近的、现成的能源和农产品市场，却只具有中下收入水平国家的人均收入（按购买力平价计算为 5300 美元）。从 1985 年至 1995 年，人均收入每年下降 2.4 个百分点，或总体上下降 1/5。通货膨胀以每年约 25% 的速度上升，或十年间上升了近 600%。自 1980 年起，投资不断萎缩，文盲率始终较高，只有极少数妇女参加了工作。尽管有源于外流劳动者的大量汇款和来自外国政府的援助转让，阿尔及利亚的外汇储备仍少得可怜，外债居高不下。回答以下问题：

（1）从上述案例中，我们可以得到一些什么启示？

（2）按照你的观点，要对阿尔及利亚进行怎样的改革，才能改变其糟糕的经济状况？

参考文献

［1］Acemoglu, Johnson, Robinson. Reversal of Fortune: Geography and Institutions in Making of the Modern World Income Distribution ［J］. The Quarterly Journal of Economics, 2002 (11): 1231-1293.

［2］Acemoglu, Johnson, Robinson. The Rise of Europe: Atlantic Trade, Institutional Change and Economic Growth ［Z］. National Bureau of Economic Research, 2002 (12).

［3］Acemoglu, Robinson, Johnson. Institutions as the Fundamental Cause of Long-Run Growth ［Z］. National Bureau of Economic Research, 2004 (4).

［4］Akerlof. The Market for Lemons: Quality Uncertainty and the Market Mechanism ［J］. Quarterly Journal of Economics, 1970, 84 (3): 488-500.

［5］Arthur. Competing Technologies, Increasing Returns and Lock-in by Historical Events ［J］. Economic Journal, 1989, 99 (394): 116-131.

［6］Brousseau, Glachant. New Institutional Economics: A Guidebook ［M］. Cambridge: Cambridge University Press, 2008.

［7］Coase. The Lighthouse in Economics ［J］. The Journal of Law and Economics, 1974, 17 (2): 357-376.

［8］Gordon. The Economic Theory of a Common Property Resource: The Fishery ［J］. Journal of Political Economy, 1954, 62 (4): 178-203.

［9］Hardin. The Tragedy of the Commons ［J］. Science, 1968 (162): 1243-1248.

［10］Joskow. Vertical Integration and Long Term Contracts: The Case of Coal Burning Electric Generating Plants ［J］. Journal of Law Economics and Organization, 1985 (1): 33-80.

［11］Libecap. State Regulation of Open Acccess, Common-Pool Resources ［Z］. National Bureau of Economic Research, 2003 (6).

［12］Menard, Shirley. Handbook of New Institutional Economics ［J］. Springer-Verlag Berlin Heidelberg, 2008, 57 (3): 296-298.

［13］Meramveliotakis, Milonakis. Surveying the Transaction Cost Foundations of New Institutional Economics: A Critical Inquiry ［J］. Journal of Economic Issues, 2010 (4): 1045-1072.

［14］North, Wallis. Integrating Institutional Change and Technical Change in Economic History: A Transaction Cost Approach ［J］. Journal of Institutional and Theoretical Economics, 1994, 150 (4): 609-624.

［15］Spence. Job Market Signaling ［J］. Quarterly Journal of Economics, 1973, 87 (3):

355-374.

［16］Wallis, North. Measuring the Transaction Sector in the American Economy, 1870-1970 ［M］//Engerman and Gallman. Long-Term Factors in American Economic Growth. Chicago: Liniversity of Chicago Press, 1986: 95-162.

［17］Williamson. Contract Analysis: The Transaction Cost Approach ［J］. The Economics Approach to Law, 1981.

［18］Williamson. The New Institutional Economics: Taking Stock, Looking Ahead ［J］. Journal of Economic Literature, 2000, 38 (3): 596-613.

［19］阿尔斯通，等. 制度变革的经验研究 ［M］. 罗仲伟，译. 北京：经济科学出版社，2003.

［20］埃格特森. 经济行为与制度 ［M］. 吴经邦，等译. 北京：商务印书馆，2004.

［21］埃格特森. 新制度经济学 ［M］. 吴经邦，等译. 北京：商务印书馆，1996.

［22］奥尔森. 国家兴衰探源 ［M］. 吕应中，等译. 北京：商务印书馆，1999.

［23］奥斯特罗姆，菲尼，皮希特. 制度分析与发展的反思 ［M］. 王诚，等译. 北京：商务印书馆，1992.

［24］奥斯特罗姆. 公共事物的治理之道 ［M］. 余逊达，陈旭东，译. 上海：上海译文出版社，2012.

［25］巴泽尔. 产权的经济分析 ［M］. 费方域，段毅才，译. 上海：上海三联书店，1997.

［26］巴泽尔. 国家理论 ［M］. 钱勇，曾咏梅，译. 上海：上海财经大学出版社，2006.

［27］鲍尔斯. 微观经济学：行为、制度和演化 ［M］. 江艇，等译. 中国人民大学出版社，2006.

［28］庇古. 社会主义和资本主义的比较 ［M］. 谨斋，译. 北京：商务印书馆，1963.

［29］波斯纳. 法律的经济分析 ［M］. 蒋兆康，译. 北京：中国大百科全书出版社，1997.

［30］布罗姆利. 经济利益与经济制度 ［M］. 陈郁，郭宇峰，汪春，译. 上海：上海三联书店，1996.

［31］德勒巴克，奈. 新制度经济学前沿 ［M］. 张宇燕，等译. 北京：经济科学出版社，2003.

［32］德姆塞茨. 所有权、控制与企业 ［M］. 段毅才，译. 北京：经济科学出版社，1999.

［33］迪屈奇. 交易成本经济学 ［M］. 王铁生，葛立成，译. 北京：经济科学出版社，1999.

［34］杜玛，斯赖德. 组织经济学 ［M］. 原磊，王磊，译. 北京：华夏出版社，2006.

［35］段文斌等. 制度经济学 ［M］. 天津：南开大学出版社，2003.

［36］凡勃伦. 有闲阶级论 ［M］. 蔡受百，译. 北京：商务印书馆，1964.

［37］弗鲁博顿，芮切特. 新制度经济学 ［M］. 孙经伟，译. 上海：上海财经大学出

版社，1998.

［38］费尔德．科斯定理1-2-3［J］．经济社会体制比较，2002（5）：72-79.

［39］弗鲁博顿，芮切特．新制度经济学［M］．姜建强，罗长远，译．上海：上海三联书店，2006.

［40］高萍．经济发展新阶段政府经济职能的创新［M］．北京：中国财政经济出版社，2004.

［41］格雷夫．大裂变：中世纪贸易制度比较和西方的兴起［M］．郑江淮，译．北京：中信出版社，2008.

［42］哈特．企业、合同与财务结构［M］．费方域，译．上海：上海三联书店，1998.

［43］汉科，瓦尔特斯．发展经济学的革命［M］．黄祖辉，蒋文华，译．上海：上海三联书店，2000.

［44］何维达．企业委托代理制的比较分析［M］．北京：中国财政经济出版社，1999.

［45］黄景贵．发展经济学研究：制度变革与经济增长［M］．北京：中国财政经济出版社，2003.

［46］黄少安．产权经济学导论［M］．济南：山东人民出版社，1995.

［47］黄少安．关于制度变迁的三个假说及其验证［J］．中国社会科学，2000（4）：37-49.

［48］黄少安．制度经济学［M］．北京：高等教育出版社，2008.

［49］凯恩斯．就业、利息和货币通论［M］．徐毓枬，译．北京：商务印书馆，1983.

［50］康芒斯．制度经济学［M］．于树生，译．北京：商务印书馆，1962.

［51］考特，尤伦．法和经济学［M］．张军，等译．上海：上海三联书店，1994.

［52］柯武刚，史漫飞．制度经济学［M］．北京：商务印书馆，2000.

［53］科斯等．财产权利与制度变迁［M］．刘守英，等译．上海：上海三联书店，1994.

［54］科斯等．契约经济学［M］．李风圣，译．北京：经济科学出版社，1999.

［55］科斯．论生产的制度结构［M］．盛洪，陈郁，译．上海：上海三联书店，1994.

［56］科斯．企业、市场与法律［M］．盛洪，陈郁，等译．上海：上海三联书店，1990.

［57］克劳奈维根．交易成本经济学及其超越［M］．朱舟，黄瑞虹，译．上海：上海财经大学出版社，2002.

［58］勒帕日．美国新自由主义经济学［M］．李燕生，译．北京：北京大学出版社，1981.

［59］罗兰．私有化：成功与失败［M］．张宏胜，等译．北京：中国人民大学出版社，2013.

［60］李怀．制度生命周期与制度效率递减———一个从制度经济学文献中读出来的故事［J］．管理世界，1999（3）：68-77.

［61］李增刚．新政治经济学导论［M］．上海：上海人民出版社，2008.

［62］利贝卡普．产权的缔约分析［M］．陈宇东，等译．北京：中国社会科学出版社，2001．

［63］林毅夫．再论制度、技术与中国农业发展［M］．北京：北京大学出版社，2000．

［64］林毅夫．制度、技术与中国农业发展［M］．上海：上海三联书店，1994．

［65］刘诗白．主体产权论［M］．北京：经济科学出版社，1998．

［66］刘易斯．经济增长理论［M］．周师铭，等译．北京：商务印书馆，1983．

［67］刘元春．交易费用分析框架的政治经济学批判［M］．北京：经济科学出版社，2001．

［68］卢瑟福．经济学中的制度［M］．陈建波，郁仲莉，译．北京：中国社会科学出版社，1999．

［69］卢现祥．西方新制度经济学［M］．北京：中国发展出版社，2003．

［70］鲁明学．凡勃伦制度经济学述评［J］．南开经济研究，1996（6）：44-49．

［71］罗能生．非正式制度与中国经济改革和发展［M］．北京：中国财政经济出版社，2002．

［72］马斯腾．契约和组织案例研究［M］．陈海威，李强，译．北京：中国人民大学出版社，2005．

［73］梅纳尔．制度、契约与组织［M］．刘刚，等译．北京：经济科学出版社，2003．

［74］米德玛．科斯经济学：法与经济学和新制度经济学［M］．罗君丽，等译．上海：上海三联书店，2007．

［75］米尔格罗姆，罗伯茨．经济学、组织与管理［M］．费方域，译．北京：经济科学出版社，2004．

［76］米勒．管理困境——科层的政治经济学［M］．王勇，等译．上海：上海三联书店，2002．

［77］诺思等．暴力的阴影：政治、经济与发展问题［M］．刘波，译．中信出版集团，2018．

［78］诺思等．交易费用政治学［M］．刘亚平，译．北京：中国人民大学出版社，2011．

［79］诺思．经济史中的结构与变迁［M］．陈郁，罗华平，等译．上海：上海三联书店，1994．

［80］诺思．理解经济变迁过程［M］．钟正生，刑华，等译．北京：中国人民大学出版社，2008．

［81］诺思，托马斯．西方世界的兴起［M］．厉以平，蔡磊，译．北京：华夏出版社，1999．

［82］诺思，瓦利斯，温格斯特．暴力与社会秩序［M］．杭行，王亮，译．上海：格致出版社，2013．

［83］诺思．制度、制度变迁与经济绩效［M］．杭行，译．上海：上海三联书店，2008．

［84］诺思．制度、制度变迁与经济绩效［M］．刘守英，译．上海：上海三联书店，1994．

［85］潘永．略论产权清晰标准［J］．前沿，2005（1）：47-50.

［86］配杰威齐．产权经济学［M］．蒋琳琦，译．北京：经济科学出版社，1999.

［87］秦海．制度、演化与路径依赖［M］．北京：中国财政经济出版社，2004.

［88］青木昌彦．比较制度分析［M］．周黎安，译．上海：上海远东出版社，2001.

［89］盛洪．现代制度经济学［M］．北京：北京大学出版社，2003.

［90］施密德．财产、权力和公共选择［M］．黄祖辉，等译．上海：上海三联书店，1999.

［91］史蒂文斯．集体选择经济学［M］．杨晓维，等译．上海：上海三联书店，1999.

［92］斯密．国民财富的性质和原因研究（下卷）［M］．郭大力，王亚南，译．北京：商务印书馆，1974.

［93］速水佑次郎，拉坦．农业发展的国际分析［M］．郭熙保，张进铭，译．北京：中国社会科学出版社，2000.

［94］孙斌栋．制度变迁与区域经济增长［M］．北京：科学出版社，2007.

［95］孙涛．埃斯莫格鲁的新政治经济学研究述评［J］．理论学刊，2009（3）：60-64.

［96］塔洛克．对寻租活动的经济学分析［M］．李政军，译．成都：西南财经大学出版社，1999.

［97］汪洪涛．制度经济学［M］．上海：复旦大学出版社，2003.

［98］王宏昌．诺贝尔经济学奖金获得者讲演集1987—1992［M］．北京：中国社会科学出版社，1994.

［99］王跃生．没有规矩不成方圆：新制度经济学漫话［M］．北京：生活·读书·新知三联书店，2000.

［100］威廉姆森，温特．企业的性质：起源、演变和发展［M］．姚海鑫，刑源源，译．北京：商务印书馆，2007.

［101］威廉姆森．治理机制［M］．石烁，译．北京：机械工业出版社，2016.

［102］威廉姆森．治理机制［M］．王健，方世建，等译．北京：中国社会科学出版社，2001.

［103］威廉姆森．资本主义经济制度［M］．段毅才，王伟，译．北京：商务印书馆，2002.

［104］威廉姆森．契约、治理与交易成本经济学［M］．陈耿宜，译．北京：中国人民大学出版社，2020.

［105］魏建，黄立君，李振宇．法经济学：基础与比较［M］．北京：人民出版社，2004.

［106］吴宣恭等．产权理论比较［M］．北京：经济科学出版社，2000.

［107］向松祚．张五常经济学［M］．北京：朝华出版社，2005.

［108］肖特．社会制度的经济理论［M］．陆铭，陈钊，译．上海：上海财经大学出版社，2003.

［109］杨继国，郭其友．GHM模型的理论演化及其发展趋向［J］．经济学动态，2004（9）：69-75.

[110] 杨瑞龙．论制度供给 [J]．经济研究，1993（8）：45-52.

[111] 杨瑞龙．企业理论：现代观点 [M]．北京：中国人民大学出版社，2005.

[112] 杨小凯．经济学：新兴古典与新古典框架 [M]．张定胜，译．北京：社会科学文献出版社，2003.

[113] 姚先国，罗卫东．比较经济体制分析 [M]．杭州：浙江大学出版社，1999.

[114] 易宪容．现代合约经济学导论 [M]．北京：中国社会科学出版社，1997.

[115] 袁庆明．关于交易费用的几个问题 [J]．江苏社会科学，2004（1）：54-59.

[116] 袁庆明．技术创新的制度结构分析 [M]．北京：经济管理出版社，2003.

[117] 袁庆明，刘洋．威廉姆森交易成本决定因素理论评析 [J]．财经理论与实践，2004（5）：17-21.

[118] 袁庆明，吕翔翔．产权清晰与交易费用：以广州垃圾收费制度为例 [J]．江西财经大学学报，2013（6）：5-12.

[119] 袁庆明．论决定经济增长的根本性制度及其机理 [J]．改革与战略，2007（9）：1-5.

[120] 袁庆明．论制度的效率及其决定 [J]．江苏社会科学，2002（4）：34-38.

[121] 袁庆明．"诺思第二悖论"及其新破解 [J]．当代财经，2012（9）：5-15.

[122] 袁庆明．威廉姆森企业边界理论评析 [J]．当代财经，2009（12）：23-27.

[123] 袁庆明．微观与宏观交易费用测量的进展及其相互关系研究 [J]．南京社会科学，2011（3）：15-20.

[124] 袁庆明．新制度经济学的产权界定理论述评 [J]．中南财经政法大学学报，2008（6）：25-30.

[125] 袁庆明，熊衍飞．科斯三定理的新表述与新证明 [J]．当代财经，2010（7）：11-18.

[126] 袁庆明，尹玉婷．产权清晰与效率增进：以公车制度改革为例 [J]．江西财经大学学报，2018（4）：26-34.

[127] 袁庆明．资源枯竭型公地悲剧的原因及对策研究 [J]．中南财经政法大学学报，2007（5）：9-13.

[128] 张军．书里书外的经济学 [M]．上海：上海三联书店，2002.

[129] 张军．现代产权经济学 [M]．上海：上海三联书店，1994.

[130] 张维迎．企业理论与中国企业改革 [M]．北京：北京大学出版社，1999.

[131] 张五常．佃农理论 [M]．北京：商务印书馆，2000.

[132] 张五常．经济解释 [M]．北京：商务印书馆，2000.

[133] 张五常．经济解释（卷一、二、三） [M]．香港：花千树出版有限公司，2007.

[134] 张五常．卖桔者言 [M]．成都：四川人民出版社，1988.

[135] 张旭昆．论制度的均衡与演化 [J]．经济研究，1993（9）：65-68.

[136] 张旭昆．制度演化分析导论 [M]．杭州：浙江大学出版社，2007.

[137] 张宇燕．经济发展与制度选择 [M]．北京：中国人民大学出版社，1992.